KB042427

U.S. Security and the Great Power Competition

미국의 외교안보와 강대국 경쟁

유찬열 지음

조지 W. 부시
블라디미르 푸틴
후진타오
고이즈미 준이치로 시대 이야기

박영사

In Memory of Professor George Liska

머리말

  이번에 또다시 세계 강대국들의 이야기에 관한 책을 출판하게 됐다. 이 책은 조지 W. 부시가 대통령으로 재직하던 2000년대의 미국 외교안보, 그리고 그와 동시대에 경쟁과 협력을 반복하던 러시아, 중국, 일본에 관한 내용으로 지난번 발간한 강대국 패권경쟁과 남북한 관계: 1990년대 이야기의 후속편 성격을 띤다. 이번에는 남북한 관계보다는 강대국관계에 초점을 맞췄는데, 그 이유는 그들의 정책, 관계가 세계사의 진행방향과 한반도 운명에 직접적 영향을 미치는 현실에서 남북한 이야기는 국내의 심한 이견, 논란에도 불구하고 대부분 그 내용이 비교적 상세히 알려져 있기 때문이다.

  지난 번 책을 쓸 때 중시했던 생각은 두 가지로, 하나는 강대국들이 추구하는 정책, 현실을 어느 한쪽에 치우치지 않고 가능한 한 객관적으로 서술해야 한다는 것이고 다른 하나는 한국이 세계 속의 일원으로 오늘의 시점을 살면서 미래로 가고 있다는 인식의 중요성이었다. 그리고 그 과정에서 국제질서와 더불어 한국이 처해 있는 입장, 남북한 관계, 한국의 국익에 관해 자세히 설명했다. 강대국의 행동에 초점을 맞추는 이번 시도에서도 필자는 가능한 한 사실에 가깝게 서술하려 노력했다. 그 이유는 그렇게 해야만 조금이라도 더 진실에 가까이 갈 수 있고, 또 그렇지 않을 경우 그것이 잘못된 미래로 가는 길일 수 있기 때문이다. 주장을 전개할 때 많은 경우 각 개인, 집단, 국가는 무의식적으로 각자가 처해 있는 입장을 옹호하기 쉬운데, 그것은 인간이 대부분 사회화 과정을 통해 자동적으로 습득한 특정 가치, 특정 이데올로기의 주관적 입장을 취하기 때문이다. 물론 정부의 정책입안자들은 국익을 증진시키기 위해 최선을 다해야 하고 그 과정에서 자국 입장을 과도하게 주장할 수 있다. 만약 그들이 타국에게 지나치게 시혜적이거나 또는 국제 현실 판단에서 완전히 중립적이라면, 그들은 오히려 이기적 투쟁, 전쟁과 약탈로 점철된 국제관계 속에서 계속 불리한 입장에 처하게 될 것이다. 그러나 그런 입장에 있지 않은 경우의 인식은 가치중립적(value-free)인 것이 더 나은데, 왜냐하면 그 과정에서 사실을 편견 없이 바라보고 또 미래를 위해 더 나은 대안을 마련할 수 있기 때문이다.

여기 서술한 내용은 특정국가, 문명을 선호하기보다는 오랜 역사 속에서 발견된 국제정치의 구조와 원리를 그 판단기준으로 삼았다. 여기서 강조하는 것은 조지 리스카(George Liska), 한스 모겐소(Hans Morgenthau)가 말하듯 모든 나라는 자국에 유리한 입장을 내세우고 그로 인해 모든 나라는 충돌하게 되어 있으며, 니콜로 마키아벨리의 교훈과 같이 항상 다가오는 위험 속에서 몰락을 면하고 전진하기 위해서는 신중하게 판단하고 차선책을 택할 준비가 되어 있어야 한다는 인식이다. 그런 입장은 동시에 새뮤얼 헌팅턴(Samuel P. Huntington)이 '문명의 충돌'에서 설명하는 바와 같이 모든 나라와 모든 문명은 서로 다르고 모두는 충돌을 예견해 그에 대비할 동등한 권리를 갖는다는 논리적 추론과 동일한 맥락을 띤다. 그것은 서방은 서구민주주의라는 특별한 이데올로기와 문화를 갖고 있고, 러시아는 정교회(Orthodoxy)와 범슬라브주의, 중국은 유교사회주의, 일본은 군사공동체의 뿌리 위에 자유민주주의가 덧붙여진 문화, 이슬람은 이슬람 문화를 갖고 있을 뿐이며, 어느 누구도 이것만이 옳다고 말할 권리는 없음을 의미한다. 그리고 그 논리의 연장선상에서 그것은 어느 국가이건 문명이건 상대방이 부당한 행위를 할 때 그에 대해 반격할 권리를 갖고 있음을 뜻한다. 그런 입장에서 볼 때, 미국과 EU가 러시아 안전을 침해하면서 나토 확대와 미사일방어망 설치를 일방적으로 밀어붙이는 것에 대해 모스크바가 반발, 투쟁하는 것이 이상할 이유는 없을 것이다. 마찬가지로 사실인 것은, 존 머샤이머(John Mearsheimer)가 말하듯 중국이 미국보다 더 선하거나 더 도덕적인 국가가 아니며, 중국이 미국보다 덜 패권적일 것도 아니며, 중국이 지배하는 세계가 더 나을 이유도 없다는 것이다. 중국이 지배하는 세계는 오히려 중국 국내체제와 비슷한 형태를 닮을 것인데, 아마도 공산주의 특성에 비추어 더 강압적이고 내정간섭은 더 심할 것이다. 러시아의 경우도 마찬가지로 러시아적 특성을 발휘할 것인데, 만약 냉전에서 미국이 패배했다면 소련이 지배하는 국제사회가 어땠을 지 상상이 갈 것이다. 이슬람이 세계를 지배하고 세계 최대의 영향력을 갖게 될 경우의 현실은 시아파, 수니파로 나뉘어 이란과 사우디아라비아적 특성이 나타날 것이다. 그래도 서방 사람들은 인간사회 모두가 결함이 있는 상태에서 자유, 인권, 법치를 옹호하는 서구민주주의가 '상대적'으로 더 낫다고 주장할 수 있지만, 문제는 민족자결, 주권의 존중, 국가의 존엄성과 평등이라는 국제규범 하에서 다른 나라, 다른 문명이 그것을 그들의 자국 중심적 결론일 뿐이라고 반박하는 것이다. 서방문화에 익숙한 사람들은 자유민주주의적 가치를 중시하지만, 그에 속하지 않는 타국, 타문명은 동일한 개념에 대해 다른 인식을 갖고 있고 또 동시에 비록 부족하더라도 그들은 자기들 고유의 체제 발전 고수를 원한다고 말할 것이다. 이란의 최고지도자 하메네이가 서방의 과학, 물질적 풍요의 장점과 우수성을 인정하면서도 이슬람 문명이 더 소중하다고 말하는 것이 하나의 예다. 마지막으로 하나 더 덧붙이고 싶은 것은 국제정치에서 가장 중요한 현실인 강대국 세력구조(Great Power Configuration)에 대한 중립적이고 균형적인 서술은 모두에게 이익을 가져다 줄 것인데, 왜냐하면 정확한 평가 아래에서 각자는 냉철하게 국익에 조금이라도 더 나은 정책을 수립할 수 있기 때문이다.

이 책을 쓰는데 여러 동료들로부터 많은 도움을 받았다. 여인곤, 안승국, 김우연 박사께서는 원고를 읽고 세부적 코멘트를 해 주었고, 연현식, 김의곤, 정상돈, 최대석, 유승익, 연상모, 박진수 교수로부터는 국제관계 이론 및 현실 전반의 이해에 관해 많은 도움을 받았다. 그 모든 분들께 감사의 말씀을 드린다. 또 이번에도 출판을 허락해 주신 박영사의 안종만 회장님, 임직원 여러분, 그리고 전채린 과장, 김한유 대리께 특별한 감사의 말씀을 올린다. 항상 격려를 아끼지 않는 아내 병춘, 사회과학 배움에 정진하는 딸 성주에게도 감사의 마음을 표한다. 많은 면에서 미진하지만, 세계정치, 강대국 관계, 외교안보, 남북한 문제에 관심이 있는 분들께 조금이라도 도움이 되기를 바라며 모든 부족한 점은 필자의 책임이라는 것을 말씀드리는 바이다.

2020년 2월
유찬열

차례

서언

    조지 W. 부시가 집권하고 그의 상대역으로 블라디미르 푸틴, 후진타오, 그리고 고이즈미 준이치로가 활동한 2000년대는 이미 지나간 과거이다. 그러나 그 시대는 미국에서는 빌 클린턴에서 버락 오바마, 그리고 오늘날의 도널드 트럼프로 이어지는 중요한 한 시기이고, 다른 나라에서도 또 다른 리더들이 나타나 새로운 역사를 창조하는 의미 있는 한 순간이다. 어느 시대나 그 나름대로의 특징과 특별한 역사적 의미를 갖는다. 그 시대에 그 리더들이 다른 방향으로 의사를 결정했다면 그 이후의 역사는 크게 달라졌을 것이다. 그러나 그들은 모두 그렇게 결정했고, 그들로서는 나름대로 그럴만한 타당한 이유가 있었다. 흥미 있는 것은 세계의 모든 나라가 서로 다르게 생각하면서도 그 중에서 서로 비슷한 입장을 가진 나라들이 모여 힘을 합쳐 서로 경쟁하는 것이다.

    빌 클린턴은 조지 W. 부시에게 막강한 국력의 미국을 물려주었다. 미국의 군사력은 전 세계에서 타의 추종을 불허했고, 8조 달러 GDP의 경제력은 더 이상 국가부채를 걱정할 필요가 없게 만들었으며, 새로이 풍미하는 신자유주의 사조는 서방식 정치체제와 시장경제의 우수성을 자랑했다. 지정학적 상황평가에 기초해 미국 군대는 유럽과 동아시아에 각각 10만의 병력을 배치했지만 그것은 전 세계를 지배하고 예기치 않은 위기에 대응하기에 충분한 전력이었다. 유럽에서는 이미 클린턴 시대 확대되기 시작한 나토로 인해 미국의 군사적 장악력은 더 공고해졌고, 전보다 더 많은 동유럽 국가들이 그 동맹에 가입하기를 원했다. 동유럽 국가들은 나토에 가입하고 시장경제를 도입하면서 새로운 문물을 받아들이고 과거의 낡은 정치, 경제체제에서 벗어나 새로운 삶, 새로운 문명을 건설할 것을 기대했다. 미국의 리더십을 따라 서유럽 국가들은 나토의 확대를 선호했고, 동유럽에 확산되는 시장경제는 EU 국가들에게 더 풍부한 자원, 노동력, 시장을 제공할 것으로 보였다.

세계 나머지 지역의 전반적인 정세도 미국에게 유리했다. 안보 측면에서 문제가 되는 국가는 몇 나라 되지 않았지만, 일단 과거 강대국 러시아는 아직 옐친시대의 정치, 사회, 경제적 혼란에서 벗어나지 못했고, 워싱턴의 러시아에 대한 의도에 관한 확신이 없는 상태에서 새로이 등장한 푸틴정부는 미래 대내외 정책방향과 관련해 고심 중에 있었다. 아시아의 거대한 나라 중국의 경제는 지난 20년 간 성장에도 불구하고 1인당 GDP가 4천 달러에 불과한 상태에서 명목상 GDP는 1.5조 달러를 밑돌았고, 군사력은 미국에 비해 아직 20~30년 뒤떨어져 있었다. 아시아의 맹방 일본은 지난 10년 미국 리더십을 충실히 추종했지만 국내의 정치, 경제적 난관에서 아직도 벗어나지 못하고 있었고, 오히려 미국이 '잃어버린 10년'에서 헤매는 일본경제를 걱정하는 입장에 있었다. 불량국가로 간주되는 이라크와 북한이 핵무기를 개발하면서 지역정세를 어지럽히는 것으로 보였지만, 워싱턴은 그들이 도발하는 문제 해결에 큰 어려움이 없을 것으로 생각했다.

부시 행정부는 한편으로는 국내정치 목적상 클린턴이 추진하던 정책 모두를 부정하면서(ABC: All But Clinton) 다른 한편으로는 그로부터 물려받은 미국의 파워를 더 증대시키기를 원했다. 그러나 결과적으로 조지 W. 부시 시대는 미국에게는 희망과 고난이 교차하는 시기였다. 세계를 더 자유민주주의로 전환시키고, 대량살상무기를 제거해 지구적 안전을 더 보장하며, 또 클린턴 행정부 당시 확보된 국제적 주도권을 더 강화시키겠다는 생각을 갖고 있던 부시 행정부는 9·11로 인해 뜻하지 않은 일에 휘말리게 됐는데, 그것은 '테러와의 전쟁'에서 비롯된 아프간, 이라크 전쟁, 그리고 세계 각지에서 치러지는 수많은 작은 전투였다. 물론 미국은 알카에다에 보복하고 급진 이슬람을 저지하기 위해 자발적으로 그 전쟁들을 시작했지만, 본토가 공격당한 이후 무대응으로 일관할 수는 없었다. 만약 그랬다면 그것은 당연히 직무유기였을 것이다. 그러나 아프간 전쟁은 예상보다 많은 어려움을 초래했고, 유엔안보리 승인 없이 시작한 이라크 전쟁은 전 세계의 비난 대상이 됐다. 동시 다발적으로 시작한 전쟁, 전투에서 미국은 수많은 병사를 잃고 천문학적 전쟁 비용을 지불했는데, 오바마 행정부가 종국적으로 전쟁에서 철수할 때까지 비용은 1조 달러를 넘는 것으로 추산됐고 미군 사망자 수는 6천 명에 육박했다. 부시는 두 번째 임기 퇴임 전 2007년 초 수만 명 병력증원을 통해 가까스로 이라크 전쟁을 승리의 국면으로 이끌었는데, 그것만이 그에게 유일한 위안이었다. 반면 처음에 쉽게 여겨졌던 아프간 전쟁은 이제 전 세계로부터 이슬람 급진주의자들이 몰려들면서 오히려 더 악화일로를 걸었다. 그 상황에서 미국은 설상가상으로 주택관련 부실 은행대출 문제로 보기 드문 재정위기까지 겪었다. 그렇게 부시 시대의 미국은 고난의 가시밭길이었지만 특히 이라크 전쟁이 입증하듯 그것은 부분적으로는 지나치게 자신만만한 일방주의로 인해 스스로 자초한 결과이기도 했다.

조지 W. 부시 시기 유럽 국가들은 미국과 함께 움직였다. 유엔안보리 결정에 따라 수십 개의 EU 국가들이 아프간 전쟁에 병력을 파견했고, 미국은 국제안보지원군(ISAF: International Assistance Security Forces)을 구성해 지원하는 EU 국가들로부터 병력, 장비 측면에서 많은 도움을 받았다. 서유럽 국가들은 워싱턴이 주도하는 나토의 확대와 동유럽 MD 설치를 지지했고, EU를 동유럽에 개방하면서 서방의 고유한 문화, 경제영역을 넓혀 나갔다. 그래도 EU 국가들은 영국과 같은 소수국가를 제외하면 대부분 미국의 이라크 전쟁에는 반대했는데, 그것은 그 전쟁이 유엔안보리 승인이 없는 상태에서 이라크의 알 카에다와의 내통, 이라크의 핵개발이라는 불분명한 이유로 시작됐기 때문이다. 그러는 사이 EU의 미래가 밝은 것만은 아니었다. EU 확대는 1990년대의 희망과는 달리 일찍부터 진통을 겪었는데, 2000년 리스본 정상회담 이후 부유한 국가들이 더 많은 기여를 거부한 것은 EU 통합에 부정적 영향을 미쳤다. 2004년 10개국이 가입하고 2007년 불가리아, 루마니아가 가입하면서 EU 회원국은 27개로 확대됐지만, 그때에도 내부적 관계는 순탄치 않았다.[1] 2005년 봄에는 프랑스, 네덜란드 국민들이 EU 헌법 비준을 거부했다. 그것은 충분한 논의가 없이 진행된 EU의 동유럽 확대에 대한 불만, 그리고 EU 성장이 정체되고 고실업, 공공재정 적자 등 경제적으로 EU가 미국, 중국, 또 신흥시장들에 뒤지고 있다는 위기감에서 비롯됐다. 그 이후에도 EU의 동쪽으로의 확대로 인한 경제, 사회, 정체성 문제, 취약한 경제성과, 불확실한 장기전망을 포함해 EU의 미래에 관한 비관론이 많이 확산됐다.[2] 서유럽 국가들은 EU 확대에 피로감을 느꼈는데, 그 이유는 경제적으로 취약한 동유럽에 대한 무한정의 지원, 그리고 동유럽의 가난한 근로계층이 서유럽으로 진입해 자국 국민들의 직업을 뺏어갈 것을 우려했기 때문이다. 그로 인해 부유한 회원국들에서는 경제 보호주의가 증가했다. 독일, 영국은 새 회원국에 더 적은 예산 할당을 주장했고,

----

1) 2004년 EU에 가입한 국가는 발트 3국, 폴란드, 체코, 헝가리, 슬로바키아, 슬로베니아, 몰타, 키프로스 10개국으로 그로 인해 회원국 수는 25개국으로 확대됐다. 크로아티아는 2013년 가입했고, 터키 이외에 몇몇 동유럽 국가들이 가입 후보군으로 남아있다. 터키의 EU 가입시도는 논란의 대상인데, 왜냐하면 그 나라는 종교, 인종, 지정학적으로 유럽과 크게 다른 이슬람 국가이기 때문이다.

2) Laurent Cohen-Tanugi, "The End of Europe?" Foreign Affairs, Vol. 84, No. 6 (November/December 2005), pp. 55-67.

프랑스, 스페인에서는 자국 에너지를 포함해 핵심산업 보호를 위한 경제 애국주의 현상이 나타났다. 반면 EU에 새로 가입한 동유럽 국가들 내에서는 민족주의적 파퓰리즘이 확산됐는데, 리투아니아, 폴란드, 체코, 슬로바키아 같은 나라들에서 유럽회의론, 친시장 개혁에 반대하고 강력한 국가역할을 선호하는 극우정당이 집권했다. 그런 배경에는 동유럽 경제가 전체적으로는 번영하지만 그것이 주로 주요도시에 국한돼 시골과 쇠퇴한 공업지구(rust belt)는 혜택을 보지 못하는 경제 불평등이 자리 잡고 있었다.1)

반면 미국의 잠재 경쟁국들은 국력증강의 기회를 얻었다. 미국이 아프간, 이라크 전쟁에 몰두하는 사이, 푸틴은 더 자유롭게 국내정치 공고화, 사회 내 반체제 움직임을 진압할 수 있었다. 미국의 끝없는 나토 확대와 MD 설치에 강력히 반대하면서, 그는 원래의 목표인 러시아의 강대국화에 한걸음 더 다가섰다. 그것은 조지아, 우크라이나의 나토 가입 의도를 좌절시키기 위한 메드베데프 정부의 러시아–조지아 5일 전쟁, 그리고 나중에 푸틴이 세 번째 대통령직을 수행하던 시기인 2014년 모스크바의 크리미아 합병 당시 미국을 비롯한 서방 어느 나라도 그것을 저지할 수 없었던 사실에서 단적으로 입증됐다. 중국도 마찬가지였다. 장쩌민을 승계한 후진타오는 중국을 사실상 강대국으로 발전시켰다. 경제는 GDP에서 일본을 넘어서는 세계 제2위 수준으로 성장했고, 그것은 국내 모든 분야 발전의 기초를 제공했다. 중국의 경제발전은 과거 독일, 일본, 그리고 한국의 근대화를 넘어서는 역사적 위업으로 간주됐다. 해외무역과 외국으로부터의 투자유입, 중국의 해외자산에 대한 투자 규모는 획기적으로 증가했고, 국내에는 외화가 넘쳐났으며, 수억 명의 인구가 빈곤에서 해방됐다. 중국기업들은 동남아, 중동, 아프리카, 미국, 중남미로 진출했고, 규모면에서 중국무역의 최대 상대역은 EU였다. 비록 국유기업의 비효율성, 환경오염을 포함해 몇몇 경제적 약점은 아직 남아 있었지만 그것은 큰 문제가 되지 않았다. 군사현대화 역시 빠르게 진전됐다. 미국과 서방이 가장 경계하는 것은 베이징의 '접근방지, 지역거부'(A2/AD: Anti–Access, Area Denial) 전략, 첨단 지휘통신체계(C4ISR) 발전이었는데, 왜냐하면 그것들은 미국의 군사우위에 도전하는 성격을 띠었기 때문이다. 후진타오가 두 번의 임기를 마치고 물러날 즈음 이미 중국은 부정할 수 없는 강대국으로 자리매김했는데, 그의 치하에서 중국의 대외 영향력은 놀라울 정도로 증진됐다. 결과적으로 9·11이 중국과 러시아의 운명을 바꾸고 세계정세를 새로운 상황으로 이끌어 간 계기임을

1) E. Stephen Larrabee, "Danger and Opportunity in Eastern Europe," Foreign Affairs, Vol. 85, No. 6 (November/December 2006), pp. 117–131.

부인할 수 없을 것이다. 그러는 사이 새로운 리더로 나타난 고이즈미 준이치로는 일본의 개혁을 추진하면서 경제 살리기와 미·일 관계 강화에 나섰다. 러시아가 유럽에서 미국과 극단적으로 반목하고 동아시아 이웃 중국이 강대국으로 부상하고 북한의 핵무장이 지속되는 상황에서, 도쿄의 새로운 리더십은 지난 10년의 침체에서 탈피해야 한다는 사명감으로 충만했다. 그러나 고이즈미의 정책은 신사참배, 과거 역사 부정, 교과서 논쟁을 포함하는 우경화로 인해 아시아 국가들과의 분쟁을 야기했고, 특히 중·일 관계는 제1기 아베 신조 내각 출범 이후에야 비로소 진정될 수 있었다. 그러나 두 나라 관계는 그 이후에도 많은 부침을 겪으며 그것은 결코 궁극적 안정을 이룰 수 없다는 것이 증명됐다.

2000년대의 부시, 푸틴, 후진타오, 고이즈미 시대가 지나가고 그들을 승계한 새로운 정치리더의 시기에도 미국, 러시아, 중국, 일본 간의 관계, 그리고 그들의 국내현실은 순탄치 않았다. 그래도 조지 W. 부시로부터 모든 어려움을 물려받은 버락 오마바(Barack Obama) 대통령은 모든 난제를 차분하게 성공적으로 해결했다. 취임 직후 그는 가장 시급한 현안으로 대두된 재정위기를 극복하는 데 총력을 기울였는데, 1조 달러 이상의 양적완화가 추진되면서 미국경제는 순차적으로 경기를 회복했다. 이라크 전쟁은 미국−이라크 미군철수 합의를 포함해 부시 퇴임 시까지 기본절차는 거의 결정된 상태였는데, 오바마는 2011년 12월 소수의 잔류해병이 이라크 미 대사관, 영사관 경비를 책임지는 상태에서 모든 미군을 철수시켜 이라크 전쟁을 성공적으로 종식시켰다. 그러나 그 이후에도 그는 이라크 문제로 계속 골치를 앓았는데, 그 이유는 알카에다 후신 이슬람 국가(IS: Islamic State)가 등장하면서 미국이 또 다시 공중폭격과 수천 명 지상군 파병 형태로 군사 개입해야 했기 때문이다. 나중에 트럼프 행정부 시기에 이르러 IS가 완전히 진압되면서 미국과 이라크는 간신히 평화를 되찾았다. 아프간 전쟁의 경우는 이라크 전쟁보다는 더 어려운 과제였는데, 왜냐하면 오바마 취임시 그 전쟁은 거의 실패로 기울고 있었기 때문이다. 그래도 그는 3만 명 병력증파로 전세를 역전시키고 빈 라덴을 사살하면서 2014년 말까지 '항구적 평화' 작전(OEF: Operation Enduring Freedom)을 종식시켰다. 그래도 오바마는 퇴임 시까지 아프가니스탄에 거의 1만 명 규모의 병력을 주둔시켜야 했는데, 그 이유는 탈레반이 또다시 부활했기 때문이다. 2019년 현재에도 탈레반은 아프가니스탄 상당지역으로 세력을 확대하면서 아쉬라프 가니(Ashraf Ghani) 친미 시아파 정부를 위협하고 있다.

한편 강대국 관계에서 오바마 대통령이 가장 많은 어려움을 겪은 나라는 러시아였다. 오바마는 러시아와 조지 W. 부시 못지않은 갈등을 겪었는데, 그것은 워싱턴이 나토 확대와 동유럽 MD 설치의사를 포기하지 않았기 때문이다. 결국 오바마 행정부는 동유럽에 미국이 원하는 미사일방어체계(EPAA: European Phased Adaptive Approach)를 설치했지만, 메드베데프를 거치고 푸틴이 세 번째 임기를 시작하는 사이 러시아는 서방 MD를 피할 수 있는 또 다른 신형미사일을 개발했다. 그러는 동안 미·러 두 나라가 관계된 몇몇 국제현안이 발생했는데, 그것은 '아랍의 봄' 과정에서 비롯된 리비아, 이집트, 시리아 사태, 그리고 결정적으로 나중의 우크라이나 사태였다. '아랍의 봄' 당시 오바마 행정부는 나토의 리비아 공습에는 참여했지만, 시리아 내전에는 대체로 공중공습에 한정해 부분적으로만 군사 개입했다. 오바마는 중동지역 국가들은 스스로 자기 운명을 결정할 권리가 있다는 생각으로 부시 당시의 전면적 개입을 자제하는 형태를 취했는데, 반면 푸틴은 미군 철수의 분위기에서 시리아에 더 깊은 군사개입을 통해 세력을 확대하고 이란, 이라크, 레바논 헤즈볼라, 시리아 시아파 정부와 관계를 강화했다. 2014년 우크라이나에서 친EU 시위가 발생해 빅토르 야누코비치 정부가 붕괴됐을 때 푸틴은 그 사태에 개입해 순식간에 크리미아를 장악했는데, 그때 미국과 서방은 실효성 없는 대러 경제제재와 러시아 비난 이외에는 할 수 있는 일이 없었다. 그 이후 오늘날까지 미·러 관계는 적대상태로 남아 있는데, 트럼프 대통령은 이유가 무엇이건 러시아에 대해 일체 침묵으로 일관한다. 오늘날 중동, 이슬람지역의 국제정세는 미국이 그곳에서 상당 부분 철수하면서 러시아가 그 정치, 안보 공백을 채우는 형태로 진행되고 있다.

오바마 시대 미국의 중국과의 관계는 러시아와 같이 험악한 요소는 없었다. 오바마와 후진타오는 여러 계기에 수시로 만나 현안을 논의했고, 미·중 양국은 부시 시기와 비슷한 형태로 대테러, WMD 및 무기 비확산에서 협력했다. 중국의 외교 영향력, 경제, 군사력의 급격한 성장에 대응해 오바마 행정부는 중동으로부터의 재균형, 피보트 전략을 선언하고 일본, 호주, 인도와 함께 중국을 견제할 것이라고 말했지만, 그것은 거의 선언적 제스처에 불과했다. 오히려 오바마 행정부 당시 미·중 관계는 상당수준의 협력을 구가했는데, 그것은 워싱턴의 요청에 따라 베이징이 자국통화의 30% 이상의 획기적 평가절상을 허용한 것에서 잘 나타난다. 미국은 중국 군사, 경제와 관련해 불투명한 국방비 규모, 중국군의 미국정부 및 기업해킹, 지적재산권 절도, 사이버 행위를 통한 상업정보 절취 등 몇몇 현안을 갖고 있었지만, 워싱턴이 그를 위해 실제로 동원할 수 있는 수단은 없었다. 아마 미국은 재정위기로부터의 회복, 이라크, 아프간 전쟁 종식과 전후 처리, 그리고 나토와 MD 문제, 아랍의 봄, 우크라이나 사태로 인해 러시아와 극단적으로 대치하는 상태에서 중국과 투쟁할 여력이 없었을 것이다. 오바마는 후진타오 퇴임 후 등장한 중국 리더 시진핑과도 우호관계를 유지했다. 시진핑은 신형대국관계라는 새로운 대외관계 원칙을 주장했는데, 그것은 미·중 간에 강대국끼리 내정간섭을 자제해야 한다는 것이었다. 오바마는 시진핑의 그런 요청에 크게 반대하지 않았는데, 아마 간섭하려 했다면 오히려 역작용만 초래했을 것이다. 한편 미·일 관계는 처음에는 오바마를 우려케 했는데, 왜냐하면 그 당시 새로 집권한 하토야마 유키오 정부가 반미, 친 중국정책을 추진하면서 오키나와 주일미군 기지이전에 관한 기존합의를 취소했기 때문이다. 그러나 그 문제도 해결됐는데, 왜냐하면 하토야마가 생각을 바꿔 그 합의를 재승인하고 동중국해 영토문제로 중국과 극단적인 갈등을 겪으면서 일본의 민주당(DPJ: Democratic Party of Japan) 정부가 미국의 중요성을 재인식했기 때문이다. 그 후 2012년 말 자민당이 재집권하고 제2차 아베내각이 출범하면서 미·일 관계는 과거 형태로 복귀, 정상화됐다.

그러는 동안 미국의 가까운 파트너 EU는 계속 어려움을 겪었다. 미국이 부시 임기 말 재정위기를 겪는 동안 EU 국가들 역시 비슷한 고통을 겪었는데, 그 이유는 그들이 미국의 재정 파생상품을 대규모로 구입해 미국과 마찬가지로 부실채권 사태에 휘말렸기 때문이다. 그 사태는 EU 재정의 최고권한을 가진 독일이 거의 1.5조 달러에 달하는 양적완화를 승인해 간신히 진정됐는데, 그 이후에도 포르투갈, 그리스, 스페인 같은 남유럽 국가들의 산업, 재정경쟁력은 아직 원상회복되지 못했다.[1] 그 밖에도 EU는 여러 문제로 시달리는데, 각 개별국가들은 환율, 정부 재정적자의 한도 등 경제정책에 관한 유럽중앙은행(ECB: European Central Bank)의 엄격한 규정, 동유럽 이민자들의 서유럽 직업취득, 시리아 포함 중동 및 북아프리카 출신 무슬림의 유럽이민에 관한 회원국 간 이견 등 다양한 문제에 대해 불만을 갖고 있다.[2] 브렉시트(Brexit)는 EU 분열의 대표적 경우인데, 프랑스, 독일을 포함하는 수많은 유럽 국가들에서 EU에 대한 불신이 커지고 주권국가로 복귀해야 한다는 자국 우선주의를 주장하는 파퓰리스트 정당이 활성화되면서 오늘날 EU

1) 남부 유럽의 PIGS 국가들에서 유로화 위기가 발생했을 때 유로와 EU를 구하기 위해 독일, 영국, 프랑스와 같은 대표적 국가들이 어떻게 행동했는가에 관해서는 Henry Farrell and John Quiggin, "How to Save the Euro (Reading Keynes in Brussels)," Foreign Affairs, Vol. 90, No. 3 (May/June 2011), pp. 96-103 참조할 것.

2) Andrew Moravcsik, "Europe After the Crisis (How to Sustain a Common Currency)," Foreign Affairs, Vol, 91, No. 3 (May/June 2012), pp. 54-68.

는 해체 위기에 처해있다. EU를 되살리려는 프랑스 대통령 에마뉘엘 마크롱과 독일 총리 앙겔라 메르켈의 노력에도 불구하고 그 추세는 쉽게 수그러들지 않을 것이다.1)

　　한편 2017년 트럼프 행정부가 출범한 이후 미국의 대외정책은 몇몇 두드러진 양상을 드러내는데, 트럼프 대통령 자신은 그의 정책이 '미국 (국익) 우선'(America First) 원칙에 근거한 것이라고 말한다. 그는 오바마 대통령이 어렵게 체결한 테헤란과의 핵 협정을 파기하고 이란에 대해 새롭게 적대감을 부활시켰는데, 그와 그를 지지하는 이스라엘의 주장에도 불구하고 그 결정이 현명한 것이었는지는 미래역사가 증명할 것이다. 그는 또 맹방 사우디아라비아와 함께 최근 발생한 예멘 반군의 사우디 유전 폭격에 테헤란이 개입했다며 이란과 일전을 불사할 것이라고 말하지만, 막상 전쟁에는 망설이는 모습이다. 그러나 이란의 세력 확대를 막기 위해 만약 미국이 이스라엘, 사우디를 동원해 테헤란을 공격한다면 그것은 불행을 자초하는 결정일 가능성이 높은데, 왜냐하면 그것은 그곳에 세력을 새로이 확대한 러시아의 개입과 더불어 중동의 대폭발로 이어질 것이고, 중국 역시 어떤 형태로든 이란 편에서 개입해 제2차 세계대전 이후 세계 최대의 분쟁으로 비화할 것이기 때문이다. 동시에, 트럼프는 미국 경제부활에 모든 노력을 쏟아 붓는다. 그의 주안점은 대중국 무역적자 축소에 맞춰져 있는데, 그가 동원하는 1차 방법은 중국 수입품에 대해 높은 관세를 부과하는 것이다. 그러나 중국의 맞불작전으로 인해 트럼프의 정책이 성공할 수 있을지는 미지수이다. 그는 또 나토를 포함하는 가까운 동맹국들을 펌하하고 그들에게 더 많은 방위비 분담을 요구하는 방식으로 국방비를 줄이려 시도하는데, 그 과정에서 세계의 많은 국가들은 트럼프의 미국 리더로서의 자격에 대해 의문을 제기한다. 더 나아가 트럼프는 국내 직업보호를 위해 멕시코 인들의 미국 진입을 막는 장벽을 설치하는 좀처럼 보기 드문 정책을 추진하는데, 볼로디미르 젤렌스키 우크라이나 대통령에게 민주당 대선후보 중 하나인 조셉 바이든의 뒷조사를 청탁한 것이 드러나 2019년 12월 현재 하원으로부터 탄핵당하는 큰 수모를 겪고 있다.2)

---

1) EU의 미래에 대해 다음과 같은 비관적 견해가 제시됐다. EU라는 초국가 기구는 유럽대륙이 하나로 통일될 수 있을 것 같은 환상을 주지만 그런 통일은 전혀 불가능하고, 그것은 러시아의 우크라이나 침공 당시 EU의 무기력, 무슬림 난민유입에 대한 합의 불가능, 또 회원국 경제위기에 서로 도우려 하지 않는 것 등 여러 경우에 입증된다. 오늘날 유럽인들 대부분은 유럽이 EU라는 초국가 기구에 쓸데없는 기대를 하기보다는 주권국가로 돌아가 서로 필요할 경우 협력하는 것이 더 현명하다고 판단한다. Jakub Grygiel, "The Return of Europe's Nation-States (The Upside to the EU's Crisis)," Foreign Affairs, Vol. 95, No. 5 (September/October 2016), pp. 94-101.

　　뒤에 이어지는 챕터들은 계속 진행되는 역사적 맥락 속에서 조지 W. 부시와 그의 상대역인 푸틴, 후진타오, 고이즈미가 함께 경쟁, 협력하던 2000년대 4개 강대국의 국제관계, 그리고 그들의 국내외 정책에 관해 논의한다. 그것은 부시 행정부 시기 세계정치의 구조와 경쟁하는 최고 강대국들의 국내외적 상황에 대한 동시적 비교분석을 제시하고, 세계가 오늘날에 이르는 중간 어느 한 시대의 역사적 현실을 조명할 것이다. 오바마, 메드베데프, 푸틴 3기, 시진핑, 아베 신조 제2차 내각 시기 등 부시 시대를 넘어서는 부분도 약간 기술되어 있는데, 그것은 전체 맥락의 이해를 돕기 위한 것이다. 또 아프간, 이라크 전쟁의 경과를 포함해 각 강대국들의 입장, 정책목표, 결과, 한계에 대해 상세하게 기술했는데, 그것은 각 사건의 연관관계와 역사의 진행방향을 더 구체적으로 조망하는 목적을 띠었다. 본문 각 챕터에 연계된 석학들의 견해는 그 당시 현실에 관해 체계적이고 깊이 있는 이해를 도울 것이다.

---

2) 2019년 10월 과거 IS와의 투쟁을 위해 시리아에 주둔하던 미군을 철수하는 과정에서 터키의 레제프 에르도안(Recep T. Erdogan) 정부가 쿠르드족을 공격해 수백, 수천 명이 살상당하고 수만 명 난민이 양산되는 사태가 발생했는데, 트럼프는 그 대책으로 기껏해야 터키에 대한 실효성 없는 경제제재만 운운한다. 트럼프는 쿠르드족이 과거 IS와의 투쟁에서 미군의 동지였다는 사실에 연연해하지 않는다.

제1장
조지 W. 부시의 미국

01 테러와의 전쟁

2001년 초 새로이 등장한 미국 조지 W. 부시 행정부의 외교안보 관심사는 전임 빌 클린턴(Bill Clinton) 행정부와 거의 비슷한 이슈에 초점이 맞춰져 있었다. 그것은 큰 틀에서는 어느 나라가 미국의 패권에 도전할 것인가, 대량살상무기의 확산은 어떻게 규제하고, 또 불량국가가 제기하는 위험에는 어떻게 대응할 것인가를 포함했다.[1] 그러나 외교안보 세부내용에 있어서 부시 행정부는 전임 행정부와 상당한 차이를 보

_빌 클린턴

였다. 강대국 관계에서, 이제 미국은 자국에 가장 큰 도전을 제기하는 국가로 중국을 겨냥했다. 과거 중국은 아직은 취약한 국가로 민주화 되어야 되는 수동적 대상인 반면, 지난 8년간의 성장 이후 이제는 미국의 정치, 군사, 경제 이익을 침해할 가능성이 가장 큰 경계대상 국가로 분류됐다. 그 이유는 중국이 대량살상무기 기술, 부품을 비밀리에 수출하고, 국방비 규모가 불확실한 가운데 지속적, 비대칭적으로 군사력을 확장하며, 지적재산권 침해, 아동 노동력 착취, 위안화 평가절하 등 불공정한 방식으로 경제를 성장시키면서 워싱턴이 요구하는 인권개선에 전혀 반응하지 않고 있는 것으로 보였기 때문이다. 러시아도 아직은 경계대상으로 지목됐는데, 그 이유는 넌-루가(Nunn-Lugar) 핵감축 프로그램에도 불구하고 러시아에서 핵무기 기술과 부품이 해외로 흘러나가고 그 나라의 국내 정치, 사회, 경제적 진전방향이 워싱턴이 기대하는 자유민주주의와는 거리가 멀기 때문이

---

1) 부시 행정부는 경제문제에는 상대적으로 관심이 적었는데, 그 이유는 이미 미국 GDP가 8조 달러로 증가해 이제 더 이상 워싱턴은 미국 국가부채에 대해 걱정할 필요가 없었기 때문이다.

었다. 반민주, 반서방적 성향을 가진 몇몇 지역강국과 관련해서는 전통적인 불량국가인 이라크, 북한에 이란을 추가시켜 이들을 강력하게 통제해야 할, 그리고 경우에 따라서는 정권을 교체시켜야(regime change) 하는 '악의 축'(axis of evil)으로 규정했다.

(1) 9·11 발생 이전

1) 조지 W. 부시 행정부 초기구상

_조지 W. 부시

부시의 대선후보 연설 조지 W. 부시의 세계정치 운영에 관한 비전은 그가 대통령이 되기 전 대선후보 시절 캘리포니아의 레이건 대통령 도서관에서 행한 연설에서 잘 드러난다. 그것은 그의 가장 유명한 연설로 간주되는데, 그때 그는 집권할 경우 추진할 정책에 관해 다음과 같이 말했다. 미국은 페르샤 만에서 국익을 방어하고, 중동에서 이스라엘에 기초한 평화를 증진시키며, 자유 속에서 무역하는 세계를 이끌어야 한다. 중국과 러시아는 체제전환의 도중에 있는 국가로 만약 이들이 자유주의 국제규범을 수용한다면 세계가 편안할 것이지만, 만약 그렇지 않다면 미국이 옹호하는 세계평화는 실현되지 않을 것이다. 공화당과 민주당의 당리당략이 아니라 객관적 시각에서 중국을 냉철하게 판단해야 한다. 미국은 부상, 번영하는 중국을 환영하지만 베이징 정부의 행동은 미국의 희망과는 많은 차이를 보인다. 베이징은 증대하는 부를 전략 핵무기, 탄도 미사일, 대양 해군, 그리고 장거리 공군에 투자해 왔고, 국내에서는 공산당과 정부에 대한 모든 공적 반대를 효율적으로 잠재웠다. 미국은 중국을 나쁜 의도 없이 다루어야 하지만, (전임 빌 클린턴 대통령이 말하는 것과는 달리) 실제에 있어서 중국은 전략적 동반자가 아니라 경쟁자이다. 러시아도 아직은 경계대상이다. 러시아는 그 국민들의 재능과 용기, 풍부한 재원, 군사력에 있어서 강대국이고 또 항상 그렇게 대우받을 자격이 있다. 그렇지만 아직도 러시아는 수천 개의 핵무기를 그대로 보유하고 있고, 핵물질은 불량국가의 구매, 핵 절도 등 여러 형태로 무책임하게 다루어진다. 워싱턴은 모스크바와 러시아 핵무기의 추가 해체를 강력하게 추진할 것이다. 미국은 국가(national) 및 전역(theater) 미사일방어체계를 개발, 배치할 계획을 갖고 있는데, 러시아가 핵확산을 중단하고 미사일방어체제에 참여할 것을 촉구한다. 워싱턴은 러시아가 더 확실하게 자유민주주의로 이행해 갈 것을 기대한다. 유라시아대륙 남쪽에 위치한 인도는 21세기에 세계의 주요국가로 부상할 것이다. 인도의 거대한 인구, 경제잠재력, 미래 정책방향은 워싱턴의

많은 관심을 유도하고, 미국은 아시아 안정을 위해 인도와 더 긴밀한 안보, 무역관계를 설정해야 한다.[1]

대량살상무기 확산을 금지시키는 데 있어서 포괄적 핵실험금지조약(CTBT: Comprehensive Test Ban Treaty)은 답이 아니다. 핵실험 중단은 계속되어야 하지만 더 중요한 것은 핵 물질의 공급과 그 운반수단을 제한하는 일이다. 미국, 중국, 러시아는 핵확산 방지문제를 최고의 우선순위를 갖고 논의, 협력해야 하고, 미사일방어체제는 불량국가, 테러집단으로부터의 핵위협 방지에 큰 방어막이 될 것이다.

세계에서 가장 강력한 힘은 무기가 아니라 진리, 자유, 영혼이 살아 숨 쉬는 민주적 권리이다. 그러나 공화당행정부는 자유와 민주의 원칙을 제시하면서도, 미국 자신의 문화를 강요하지는 않을 것이다. 세계평화를 위해 미국은 군사력, 군사동맹을 중시할 것이다. 국제정치에서 중요한 것은 식견 있는 현실주의이다. '미소(smile)에만 의존하는 외교'에는 한계가 있다. 적의 공격적 행동은 힘, 목적, 처벌의 약속에 의해 견제되고, 이를 위해 미국정부는 군대의 사기를 회복시키고, 충분한 재원, 더 좋은 대우를 제공해야 한다. 군사동맹도 군사력 못지않게 중요하다. 유라시아에서 미국의 목적은 군사동맹 강화에 의존한다. 나토가 방위력을 강화시키고 회원국 간의 갈등을 넘어 더 응집력 있는 동맹이 되기 위해 미국 대통령의 강력한 리더십이 필요하다. 미국은 동맹국을 중시하고 그들의 의견을 경청해야 하는데, (클린턴 대통령의 경우와 같이) 미국 대통령이 중국에 9일을 머무르면서 긴밀한 동맹국 일본, 한국, 필리핀을 방문하지 않는 일은 결코 없어야 한다. 국제기구들도 평화에 공헌한다. 그렇지만 워싱턴은 다시는 미군을 유엔 지휘하에 처하게는 하지 않을 것이다. 유엔은 평화유지, 인도주의, 무기검색에서는 도움이 되지만, 미국은 유엔관료제의 개혁, 공정한 비용분담의 조건 하에서 유엔분담금을 지불할 것이다. 세계은행, IMF 같은 국제 재정기구도 개혁대상이다. 이들은 경제성장, 자유시장의 기초를 고무시켜야 하고, 부패하고 실패한 재정체계를 지원하지 말아야 하며, 그들 자신들이 먼저 더 투명하고 책임 있게 행동해야 한다.

조지 W. 부시 대통령의 후보 당시 연설에서 나타나듯, 임기 초 부시 행정부는 아직

---

1) George W. Bush, "China and Russia—Powers in Transition," Speech at the Ronald Reagan Presidential Library in Simi Valley, California (November 19, 1999)

자기들의 집권기간 내내 그렇게 미국을 괴롭힌 이슬람 국제테러와의 전쟁에 많은 노력, 시간, 자금, 인명을 바쳐야 하리라는 생각은 조금도 없었다. 2000년 조지 테닛(George Tenet) 국장 당시 이미 CIA 정보보고서가 국제테러를 대량살상무기 확산이나 이라크, 북한이 제기하는 지역위협보다 더 큰 미국에 대한 안보위협으로 적시했지만, 아직 워싱턴은 그 심각성에 대해 절실하게 느끼지 못하고 있었다. 그동안 세계무역센터 빌딩 테러사건, 케냐 나이로비 및 탄자니아 미 대사관 자살폭탄 테러, 또 미국 군함 USS Cole에 대한 자살보트 사건이 있었지만, 워싱턴은 아직 알카에다가 미국본토에 자살폭탄 테러까지 감행할 것이라고는 생각하지 않았다.[1]

9·11 이전 부시 행정부 고위관리 정책발언 9·11 사태가 발생하기 전 부시 행정부가 구상했던 외교, 안보정책의 초기 모습은 행정부 핵심인사들의 정책발언에서 자세히 드러난다. 2001년 1월 상원 인사청문회에서 국방장관 지명자 도널드 럼스펠드(Donald Rumsfeld)는 21세기의 새로운 안보환경에 적응하기 위해 국방정책을 전면 재검토하고 필요한 정책조정을 거칠 것이라고 말했다. 대량보복에 기초한 냉전시기의 핵 억지는 아직

_콘돌리자 라이스

도 미국 안보전략의 중요 요소이지만, 그것은 공격적 핵능력과 비핵 방어능력의 혼합을 통해 잠재적국의 대량살상무기 사용이나 그 위협을 거부하도록 재조정되어야 한다. 준비태세 증진과 우수자원 확보를 위해 장병들에게 높은 급여를 지급해야 하고, 전투 가능성에 대비해 C3I(Command, Control, Communication, Intelligence)와 우주능력이 더 현대화되어야 하며, 더 나은 무기체계를 위해 과거 8~9년이던 무기획득 기간을 더 짧게 단축해야 한다.[2] 국가안보 보좌관 콘돌리자 라이스(Condoleezza Rice)도 미국의 전반적

1) 클린턴 행정부 정책에 대한 부시 행정부의 불만은 공화당 국제통화 정책 및 무역 소위원회 위원장 더글러스 버루터(Douglas Bereuter)의 헤리티지 재단 특강에 잘 나타나 있다. 그 강연에서 그는 몇 가지 점을 강조했다. 미국에 대한 아시아로부터 궁극적 위협은 중국으로부터 유래할 가능성이 높은데, 중국은 국제사회에 통합되기 이전에 이웃을 위협할 능력을 갖게 될 것이다. 1994년 미·북 제네바합의에도 불구하고 북한은 비밀 핵 프로그램을 유지할 개연성이 충분하다. 워싱턴은 평양의 잘못된 행동에 보상하고 오히려 조공을 바치는 형태로 행동했다. 워싱턴은 그 원조가 북한 군부로 흘러가지 않는지에 대해서도 확실하게 알지 못한다. 한·미 관계는 김대중 대통령이 추구하는 햇볕정책이 이산가족 상봉, 상호방문을 넘어 실질적 관계개선에 필요한 역할을 하는데 기여하고 평양이 경제적으로 착취하지 못하도록 정책조정을 필요로 한다. (The Honorable) Doug Bereuter, Perspectives on U.S. National Interests in Asia, Heritage Lectures, No. 698, March 9, 2001 (The 7th Annual B.C. Lee Lecture held on March 6, 2001)
2) Defense Secretary–Designate Rumsfeld Outlines Policy Objectives, Washington File (U.S.

안보이슈에 관한 본인의 생각을 밝혔다. 핵무기 기술, 부품이 이라크, 북한과 같은 나라들에게로 흘러들어갈 위험성, 러시아 안보의 취약성, 그리고 대탄도미사일협정(ABM: Anti—Ballistic Missile Treaty)의 개정에 관해 미국은 러시아와 논의할 필요가 있다. 발칸의 미사일방어망 설치와 보스니아 주둔 미군철수는 모두 나토에 새로 가입한 동맹국들과 논의해 처리할 것이다. 불확실한 유럽안보를 위해 유럽국가들 자체의 방위능력 강화는 환영하지만, 나토는 잠식되지 말아야 한다. 중국과는 제1차 걸프전 이후 지금까지 지속되는 대이라크 제재에 관해 베이징이 유엔안보리 상임이사국으로서의 책임을 더 확실하게 이행할 것을 촉구할 것이다. 이라크에 대해서는 사담 후세인이 유엔안보리의 제재에 순응하고 대량살상무기를 개발하지 못하도록 더 확실하게 규제하고, 북한에 대해서는 핵, 미사일 개발 및 기술 확산에 관한 우려를 해결하기 위해 한국, 일본과 긴밀하게 논의할 것이다. 재래식 무기에서 취약한 적들이 비 재래식 분야로 눈을 돌릴 가능성에 대비해 국내에서는 식수공급, 교통, 에너지, 은행, 정보통신 등의 사이버경제, 핵심인프라 보호에 많은 노력을 기울일 것이다.[1]

럼스펠드는 여러 계기에 국방문제에 관해 더 자세하게 설명했는데, 시간이 가면서 부시 행정부의 국방, 안보구상이 나토의 존속, 확대와 더불어 미사일방어망(MD: Missile Defense) 설치에 큰 관심을 갖고 있음이 드러났다. 럼스펠드는 나토가 유럽 안보구조의 핵심으로 존재해야 한다고 강조했다. 나토는 평화를 위한 동반자관계(PFP: Partnership for Peace)를 설정했는데, 그 기제는 보스니아, 코소보에서 볼 수 있듯 유럽 국가들이 힘을 합쳐 함께 안보를 발전시키는 견인차 역할을 했다. 유럽 국가들의 방위정체성은 새로운 진전이지만 혼란스러운 복제나 대서양 연계에 역행해 나토의 효율성을 감소시키는 행동은 바람직하지 않다. 유럽국가 자신들의 방위에 관한 자체구상은 그것이 어떤 형태를 띠던 모든 나토 회원국들에게 개방되어야 한다. 미사일과 다른 테러무기로부터 미국과 동맹국을 보호하기 위해서, 본토, 해외미군 기지, 동맹국에 MD가 설치되어야 한다. 핵 억지의 신뢰성, 효율성은 그대로 지켜져야 하지만 이를 보완하기 위해 MD가 필요하다. 오

Department of State International Information Programs), (January 11, 2001)

1) Condoleezza Rice, "U.S. Security Policy: Protecting the Nation's Critical Infrastructure," Statement by National Security Advisor Condoleezza Rice on Key Security Issues (Dept. of State, International Information Program: The Bush Team), White House Briefing, (February 22, 2001)

늘날 상호확증 파괴(MAD: Mutual Assured Destruction)는 잘 맞지 않는데, 그 이유는 여러 국가와 테러조직들이 다양한 형태의 위협을 제기하기 때문이다.1)

미사일방어체제 논란　미국 본토 및 해외주둔 미군, 또 동맹국에 대한 잠재 적국으로부터의 대량살상무기 공격에 대비하고 초기 부시 행정부 시절 가장 중요한 이슈 중 하나로 간주되는 미사일방어체계는 과연 어떤 것이고, 또 어떤 효율성을 갖는가? 원래 MD는 냉전시기 레이건 행정부의 '별들의 전쟁'(Star Wars), '전략방위구상'(SDI: Strategic Defense Initiative) 개념에서 시작됐다. 그러나 그 당시 기술 및 자금부족으로 그 구상은 큰 진전을 보지 못했는데, 클린턴 행정부 후반기로 접어들면서 불량국가, 그리고 나중에는 테러집단의 위협에 대비해 미사일방어체계의 필요성에 대해 더욱 큰 관심이 집중됐다.

클린턴 행정부에서 오랜 기간 국방차관으로 재직한 월터 슬로콤(Walter B. Slocombe)은 왜 미사일방어망이 필요한지에 대해 다음과 같이 설명했다. MD 문제는 탄도미사일 배치 이후 계속 중요한 관심의 대상이었다. 지금 필요한 미사일방어는 제한적 성격을 갖는데, 그 이유는 미국과 동맹국에 대한 위협이 이란, 북한 등으로부터 유래하기 때문이다. 미사일방어체제는 원래 미국의 오랜 전략적 전통인 억지(deterrence)를 보완하는 성격을 띤다. 초기체계는 100개의 요격미사일(interceptor)을 알라스카에, 또 기존의 조기경보 능력을 향상시킨 새로운 X 밴드(X−Band) 레이더를 알류샨에 배치할 것이다. 초기체계는 북한의 공격에 대비하는 것이지만, 중동의 공격에 대비해서 두 번째 지역에 100개의 요격미사일, 레이더, 센서를 설치할 것이다. 미사일방어는 단지 수십 개의 운반수단을 막는 제한적 목표를 가진 것으로, 러시아와 중국 같은 나라들이 제기하는 위협을 막기에는 불충분하다. 1993년 이후 미국은 미사일방어에 70억 달러를 지출했다. 2007년까지 초기 방어망 무기획득에 약 150억 달러가 소요된다. 2010~2012년의 두 번째 국면에서는 또 다른 방어기지 건설에 전체비용의 두 배가 필요하지만, 미국은 현재의 경제능력상 이를 충분히 감당할 만하다. 전략방위구상(SDI: Strategic Defense Initiative) 당시의 기술적 토대에 비추어 그 작동에 문제가 없을 것이다. 실험이 계속될 것이고, 요격미사일을 대량생산할지 여부는 2003년 경 결정될 것이다. 이것은 과거 별들의 전쟁, 전략방위구상과는 다

1) Remarks at Munich Conference on European Security Policy (February 3, 2001); Statement by Secretary Donald Rumsfeld on Key Defense Issues, The U.S. Defense Challenge: Peace amid Paradox, Dept. of State, International Information Program: The Bush Team (March 29, 2001)

른데, 왜냐하면 현재 추진되는 미사일방어는 기껏해야 이라크, 북한과 같은 불량국가들의 수십 개 탄두를 방어하는 제한적 임무를 띠기 때문이다. 별들의 전쟁이 수백, 수천 개의 요격미사일을 상정한 반면, 지금 구상하는 요격미사일은 그 수가 훨씬 적다. 또 우주배치 무기, 레이저장치는 배제한다. 새로운 MD 설치를 위해서 과거 소련과 체결한 대탄도 미사일(ABM) 협정이 개정돼야 하는데, 만약 미국의 노력에도 불구하고 러시아가 동의하지 않으면 워싱턴은 ABM에서 단독으로 탈퇴할 수 있을 것이다. 북한의 대륙간탄도탄이 2005년경 완성될 것에 비추어 2001년 여름에는 결정이 나야 한다.[1]

반면 미사일 관련 세계 최고 전문가 중 하나인 리처드 가윈(Richard L. Garwin)은 클린턴 행정부의 미사일방어 구상에 대해 여러 이유를 들어 반대했다. 2000년 현재 러시아는 아직도 6천개 이상의 핵미사일을 보유하고 있고, 중국은 현재 보유한 20여 기의 (3메가톤 탄두) 대륙간 탄도미사일(ICBM: Inter－Continental Ballistic Missile)로 20개의 미국 도시와 2,500만 미국인을 살상할 수 있을 것이다. 1950년대에 사정거리 300Km의 스커드(SCUD) 소련 미사일이 동유럽, 이집트, 이라크, 북한에 흘러들어갔는데, 여기서 북한은 노동미사일, 대포동미사일과 같은 토착미사일을 개발해 냈다. 파키스탄의 가우리(Ghauri) 미사일은 사정거리 1,300Km의 북한 노동미사일을 도입, 개량한 것으로, 이슬라마바드는 이것으로 인도를 위협할 수 있다. 1998년 7월 럼스펠드위원회는 이라크, 이란, 북한이 최대한으로 노력하면 5년 내에 장거리미사일 개발이 가능하다고 결론 내렸는데, 북한은 보고서 발간 6주 후 2단계 중거리미사일인 대포동 1호를 시험 발사했다. 대포동 1호보다 4배 큰 대포동 2호가 알루미늄 합금 개량형으로 경량화 된다면, 그것은 미국에 도달할 수 있을 것이다. 그러나 10K 톤의 핵무기를 장착하는 1세대 ICBM은 매우 부정확해 원래의 목표에서 멀리 떨어진 곳을 공격할 것이다.[2] MD의 요격미사일은 1초당 10Km의 속도로 적의 미사일과 충돌한다. 요격실험은 1차(1999. 10)에는 성공했고, 요격미사일에 대한 체계교신(system communications)이 추가돼 기술적으로 더 복잡한 2차(2000. 1) 실험에서는 실패했다. 제3차 실험은 2000년 3월로 예정돼 있는데, 일단은 3달간 연기됐다. 그렇지만 MD는 많은 문제점이 있는데, 예컨대 적 미사일이 요격미사일에 대비해 반대조치

---

1) Walter B. Slocombe, "The Administration's Approach," The Washington Quarterly, Vol. 23, No. 3 (Summer 2000), pp. 79－85.

2) 제1차 걸프전에서 쿠웨이트 주둔 미군을 겨냥해 발사된 이라크 군 미사일은 정확도 부족으로 인해 오히려 사우디아라비아에 도달하는 경우가 있었다.

(counter-measure)로 무장해 MD를 무력화시키는 것이다. 우주 진공상태에서 작동하는 핵무장 요격미사일은 탄두와 비슷하게 만들어진 수많은 경량급 유인체(decoy)에 의해 공중에서 무력해질 것이다. 파괴 시킨 후에도 수백, 수천 개의 파편이 핵, 화학, 생물 물질과 함께 지구 곳곳으로 낙하할 것이다.[1]

　　러시아와 중국은 이미 다양한 반대조치를 개발했다. 이라크, 이란, 북한과 같은 나라들도 침투수단과 반대조치를 아마 쉽게 구매, 개발할 수 있을 것이다. MD 기안자들은 85%의 격추율을 예상하지만, 반대조치를 감안하면 그 성공률은 아주 낮을 것이다. 냉전시대에도 소련이나 중국의 탄도미사일 공격을 효과적으로 방어할 수 없다고 결론 내렸다. 러시아는 미국의 선제공격에서 살아남은 핵탄두가 MD에 의해 무력화될 것을 우려해 미국 미사일이 도달하기 이전에 발사하는 즉응경고체제(Launch-on-Warning System)를 유지한다. 중국은 조기경보가 없어 자국 미사일이 파괴되기 이전에 발사하는 것은 불가능하고, 그래서 이동 ICBM 프로그램을 운영한다. 현재로서 MD는 러시아의 공격미사일에 대한 방어는 불가능하고, 동시에 북한보다는 중국을 겨냥한 것으로 인식된다. 비용도

_X-Band 레이더

큰 문제이다. 100기의 요격미사일을 가진 첫 번째 미사일방어기지를 운영하는 데 최소 380억 달러가 소요되는데, 이것은 5개의 조기경보 레이더 성능을 상향조정하고 알라스카에 X-Band 레이더를 배치하며 레이더와 요격미사일에 위성 경고시스템을 연결시키는 통신체계 비용을 포함한다. 그러나 시스템을 2개 기지로 확대하고 더 많은 요격미사일, 추가 X-Band 레이더, 더 많은 교신체계, 그리고 우주배치 저고도 적외선위성(SBIRS: Low-Altitude Space-Based Infrared Satellites)을 감안하면 그 비용은 최소 1천억 달러를 훨씬 넘을 것이다. 국가전체를 방어하는 대규모 국가 미사일방어체제는 비효율적이고, 이라크, 이란, 북한의 미사일 위협에 대한 대응은 최고속도 이전에 격추하는 발사단계 요격미사일(boost-phase interceptor)이 가장 효율적일

---

1) Richard L. Garwin, "A Defense that will not defend," The Washington Quarterly, Vol. 23, No. 3 (Summer 2000), pp. 109-118. 가원은 1958-1973년 대통령 과학자문위원회 전략군사패널(Strategic Military Panel of the President's Science Advisory Committee)에서 근무했다. 제3차 요격 실험은 나중에 다시 성공했다. 1972년의 ABM협정은 100기 이하의 요격미사일과, (워싱턴, 모스크바 같은) 수도나 ICBM 배치 지역 중의 300Km 직경 원 내의 1개 기지 방어만을 허락했다. 미국의 닉슨 대통령은 다코타 주(North Dakota)의 미니트맨 ICBM을 보호하기 위해 두 개의 ABM 레이더와 방어미사일 Safeguard를 배치했다. 그 중 20여 기는 5메가톤 핵탄두를 장착한 Spartan Rocket이었다. 그때 소련은 수도인 모스크바를 보호하는 방어미사일을 설치했다.

것으로 판단된다. 그것들은 러시아 ICBM에 대해 위협이 되지 않을 것이고 그래서 모스크바는 ABM 개정에 반대하지 않을 것이다.[1]

그렇듯 MD 설치에 관해 국내에서 많은 찬, 반 논의가 있었고 또 대규모 MD 구축을 위해 러시아와 ABM 협정개정이 필요했지만, 결국 부시 행정부는 모스크바의 지속적 반대 앞에서 ABM으로부터 일방적으로 탈퇴하면서 미사일방어체계를 설치하기로 결정했다. 나토가 지리적으로 점점 러시아에 가까이 다가오고 폴란드, 체코, 헝가리와 같이 새로이 나토에 가입한 동유럽 국가들에 미사일방어망 설치가 가시화되면서 모스크바의 안보불안이 극도로 고조됐지만, 워싱턴은 그에 크게 개의치 않았다. 러시아에 대한 더 견고한 안보우위의 확립은 미국의 절대우위, 경제적 풍요, 자유민주주의의 확산을 더 확실하게 보장해 줄 것으로 보였다.[2]

(2) 9·11 테러와 '문명의 충돌'

그러는 가운데 2001년 9월 11일, 미국을 정신적 공황으로 몰고 간 9·11 테러가 발생했다. 알카에다의 미국 본토공격의 잔인성, 돌발성에 전 세계는 경악했다. 여객기의 동시 다발적 공격으로 인해 뉴욕 세계무역센터 빌딩이 한순간에 무너지고 그 아수라장의 모습이 TV로 실시간 방영되면서 전 세계 사람들은 숙연해지지 않을 수 없었다. 과거 몇몇 테러에도 불구하고 정말로 그런 일이 벌어질 것이라고 생각한 사람은 거의 없었기 때문이다. 타 강대국과의 지정학적 경쟁을 뒤로 하고 이제 워싱턴의 관심은 오로지 '테러와의 전쟁'에 모든 초점이 맞춰졌다. 이슬람 극단주의자들은 왜 미국을 공격했나? 이슬람

---

1) Ibid., pp. 119−123, 러시아 두마는 START II(2000. 4)를 비준했고, 미·러는 1,000~2,500개 범위로의 핵탄두 감축을 위해 START III를 협상 중이었다.

2) 미국 내에서는 조지 W. 부시 행정부 출범 이전부터 미사일방어망 구축에 대해 상당한 반대가 있었는데, 많은 전문가들은 미국이 일방적으로 밀어붙이는 미사일방어는 러시아, 중국, 유럽 동맹국 모두가 반대하는 것으로 인식했다. 그들은 또 그것은 정치적, 경제적, 기술적으로 문제가 있는 발상이라고 주장했다. 미사일방어체계의 세계적 차원에서의 반대와 부정적 여파에 관해 설명하면서, 존 뉴하우스(John Newhouse)는 유럽 국가들도 러시아에게 ABM 협정의 폐기 또는 NMD 창설의 공범으로 보이기를 원치 않는다고 강조했다. 심지어 그는 "미사일 방어는 정치적 관용을 넘어 미국의 일방주의에 대한 다차원적 사생아가 될 것이고 다른 사람의 우려를 무시하는 것이 될 것이다. 오히려 미사일방어는 세계를 더 불안정화시키고 미국을 더 고립되고 더 취약한 곳으로 만들 수 있다"고 주장했다. John Newhouse, "The Missile Defense Debate," Foreign Affairs, Vol. 80, No. 4 (July/August 2001), pp. 98−109.

테러리스트들의 미국 공격은 무엇을 의미하나? 미래에 대한 그러한 예측이 과거에 존재
했나? 이제 미국은 어떻게 대응해야 하고, 테러와의 전쟁은 어떻게 전개될 것이며, 그 미
래는 과연 무엇일까? 여기서 이미 1993년 '문명의 충돌'(The Clash of Civilizations)에서 다
가오는 세계정치의 중심축은 서방 대 이슬람의 갈등이며, 이것은 나중에 서방 대 이슬람
－유교국가 간 대결로 확대될 것이라고 예측한 정치학의 석학, 새뮤얼 헌팅턴(Samuel P.
Huntington)의 탁월한 견해를 살펴볼 필요가 있다.

1) 문명의 충돌

문명 충돌의 논리   헌팅턴은 오늘날 지식인들이 제시하는 역사의 종언, 민족국가
의 갈등, 민족국가의 쇠퇴와 같은 세계정치의 미래에 관한 다양한 의견은 문제의 핵심을
찌르지 못한다는 말로 그의 주장을 시작했다. 미래의 국제정치는 냉전시대와 같은 이념
적, 또는 19세기 제국주의 시대와 같은 경제적인 것이 아니라 문화적 정체성과 관련되어
전개될 것이다. 민족국가는 앞으로도 세계문제에 가장 중요한 행위자, 주체로 남아 있을
것이지만, 지구정치의 주요갈등은 서로 다른 문명의 국민과 그룹 간에 발생할 것이다. 문
명의 충돌이 지구정치를 지배할 것이다. 문명이 무엇인가? 그것은 문화적 구성체로, 언어,
역사, 습관, 제도에 의해 정의되는데, 그것들은 흥망, 분리, 통합을 겪는다. 오늘날에 존
재하는 문명은 서유럽, 슬라브－정교회(Slav－Orthodoxy), 라틴 아메리카, 이슬람권, 아프
리카, 힌두, 유교, 일본, 그리고 아마도 아프리카를 포함해 10개 이내인데, 미래의 주요갈
등은 이들의 문화적 단층선(cultural fault line)을 따라 발생할 것이다. 왜 그러한가? 그 이
유는 여러 가지가 복합된 것인데, 우선 오늘날의 세계는 통신, 교통의 발달, 정보 확산의
여파로 과거에 비해 더 작아졌다. 이 작아진 세계는 각 지역, 문화 간의 상호작용을 증대
시키는데, 여기서 문명 간 충돌이 발생한다. 많은 사람들은 세계의 상이한 문화가 서로에
대해 더 잘 알게 되면 이들이 서로에 대해 더 잘 이해하고 문화적으로 동화되며 더 많은
동질성을 띠게 될 것이라고 생각하지만, 그것은 사실과 다르다. 오히려 서로 다른 각 지
역 간의 상호작용이 활발해지면서 문화적 정체성(cultural identity)이 강화되고 상대방을
배척하는 현상이 생겨난다. 문화, 언어, 전통, 역사, 종교는 생각보다 쉽게 사라지지 않는
다. 소련이 무너진 이후 서방의 힘이 절정에 달한 것에 반대해 오늘날 전 세계에서 뿌리
로의 복귀(fundamentalism) 현상이 나타나는데, 이것이 문화적 정체성의 표현이다. 이슬
람의 이슬람화, 러시아의 서방화 대 러시아화에 대한 논란, 인도의 힌두화, 일본의 아시
아화는 모두 서구화에 반대하는 비서구화와 엘리트의 토속화, 뿌리로의 복귀, 개별 정체
성의 강화를 의미한다. 여기서 사람들은 자기 신분을 민족적, 종교적 형태로 정의하려 하

고, 서방을 '그들 대 우리'의 관계로 인식한다.[1]

문명 충돌의 단층선　　　냉전이 종식되면서 서구 기독교, 정교회 기독교(Orthodox Christianity), 이슬람의 구분이 다시 등장했다. 이슬람은 여러 문명과 피비린내 나는 경계선을 보유하는데, 오늘날의 세계분쟁은 모두 이곳에서 발생한다. 동유럽 보스니아에서 정교회 세르비아(Orthodox Serbs)와 이슬람 알바니아, 아프리카의 수단, 니제르, 에티오피아, 소말리아 지역(Horn of Africa)에서 정교회 대 이슬람, 이스라엘의 유태인 대 이슬람, 중앙아시아의 러시아 정교회(Orthodox Russia) 지지 국가와 이슬람 국가, 그리고 아시아에서 인도—파키스탄 간의 힌두와 이슬람 간 폭력, 긴장, 갈등이 그런 것들이다. 신세계질서에 대한 투쟁은 이슬람 민족들이 시작할 것이다.[2]

현재 세계를 지배하는 서방에 대한 도전은 이슬람에서 유래할 것이다. 기독교 서방과 이슬람의 갈등은 역사적으로 1,300년이나 지속되어온 아주 오래된 것이고, 서방과 이슬람 간의 수세기에 걸친 군사적 충돌은 쉽게 쇠퇴하지 않을 것이다. 11~13세기에는 십자군(Crusaders)이 팔레스타인을 잠시 통치했지만 14~17세기에는 오토만 투르크(Ottoman Turks)가 중동, 발칸에 통치력을 확대했다. 19~20세기 초에는 서방이 북아프리카, 중동을 장악했지만 제2차 세계대전 이후에는 이들 지역에서 아랍 민족주의와 이슬람 근본주의가 대두했고, 이스라엘 대 팔레스타인 해방기구(PLO)의 전쟁은 서방 대 아랍의 전쟁으로 인식됐다. 1990년 이라크가 쿠웨이트를 침공했을 때 대부분의 아랍정부는 사담 후세인(Saddam Hussein)을 지지하지 않았지만 아랍의 많은 엘리트와 대중은 후세인을 지지했다. 후세인과 그의 지지자들은 아랍 민족주의와 이슬람에 호소했고, 이들은 그 전쟁을 문명 간 전쟁, 미국의 탐욕, 공세에 반대하는 성전(Jihad: Holy War)으로 몰아갔다.

서방 대 나머지　　　오늘날 서방의 힘은 절정에 달해 있다. 국제정치, 안보는 미국, 영국, 프랑스가 통제하고, 국제경제는 미국, 독일, 일본이 주도한다. 서방의 문화는 전 세계를 풍미하고 서방은 국제제도, 군사력, 경제력을 활용해 세계를 지배한다. 그러나 사실 서방의 문화는 다른 문명의 문화와 그 성격과 근본이 판이하게 다르다. 개인주의, 자유주

1) Samuel P. Huntington, "The Clash of Civilizations," Foreign Affairs, Vol. 72, No. 3 (Summer 1993), pp. 22−29.
2) Ibid., p. 33

의, 입헌주의, 인권, 평등, 법치, 교회와 국가의 분리는 다른 문명에서는 원래 볼 수 없는 것들이다. 독특하고 이질적 문화를 가진 서구에 대한 가장 큰 반감은 이슬람, 힌두, 유교국가, 불교사회에 존재하고, 동유럽, 남미는 다소 동조, 구소련은 덜 동조하는데, 서방에 동승하기를 원치 않는 국가들은 정치, 군사, 경제력을 길러 서방과 경쟁하기를 원한다. 한마디로 이들은 근대화는 수용하지만 서구화는 거부하는 것이다. 이 맥락에서 특히 두드러지는 것이 이슬람–유교국가 연대인데, 이들은 서구의 이익, 가치에 도전할 목적으로 서로와의 연계를 추구한다. 서구국가들이 군사력을 감축시키는 것과는 대조적으로 중국, 북한, 또 몇몇 중동국가들은 군사력을 증대시킨다.

서방은 이들의 군사력 확대를 견제하는데, 그 방법은 핵무기, 화생무기, 미사일 확산 방지를 위한 비확산 체제와 같은 국제적 합의와 국제제도, 무기와 기술의 이전금지, 또 경제제재를 포함한다. 중국의 군사력 확대가 큰 위협인데, 중국은 구소련에서 무기를 수입하고 경제력을 토대로 군사 현대화를 추진하며 리비아, 알제리, 이라크, 이란, 파키스탄에 미사일기술을 수출한다. 북한도 핵개발을 추진하고 시리아, 이란, 파키스탄에 미사일기술을 이전한다. 무기가 동아시아에서 중동으로 흘러들어 가면서 이슬람–유교 국가 군사연계가 견고하게 진행된다. 다가오는 미래 세계정치의 가장 중요한 축은 서방 대 나머지(the West vs. the Rest), 특히 서방 대 이슬람–유교국가 간의 대립이며, 이들 간의 대결이 미래 세계안보의 운명을 결정할 것이다. 이에 대비하기 위해 서방은 내부협력과 단결을 필요로 한다. 가장 핵심적으로 미국과 서유럽의 협력이 필수적이고, 동유럽, 남미의 동참을 유도해야 하며, 가능하면 러시아, 일본과도 협력해야 한다. 동시에 서방은 군사력 감축을 자제해야 하고 이슬람–유교국가의 군사력 확대 저지를 모색해야 한다.[1]

서방에 대한 도전이 이슬람에 의해 촉발될 것이라는 헌팅턴의 예언은 2001년 9·11 사태로 인해 그대로 적중했다. 비록 그것이 아직은 이슬람문명 전체의 서구문명에 대한 공격은 아니었고 또 조지 W. 부시 행정부도 그것이 문명의 충돌 성격을 띠고 있는 것은 아니라고 계속 강조했지만, 실제로 알카에다 테러리스트들의 미국 공격에 대한 상징성은 앞으로 전개될 서구문명 대 이슬람문명 대결의 시작과 미래 갈등의 초기 모습을 보여주는 것으로 해석되기에 충분했다. 앞으로 그가 예측한대로 이슬람–유교 연결고리가 더

---

1) Ibid. pp. 30−32, 35. 39−40, 45−46, 48.

확실, 확고해지고 결국은 이들의 서방에 대한 도전으로 나타날까? 불행히도 현재의 입장
에서는 그럴 가능성이 농후하고 상당 수준 그렇게 진행되고 있는 것으로 보인다.

2) 알카에다와의 전쟁

9·11 테러리즘과 오사마 빈 라덴   2001년 9월 11일 아침 19
명의 테러리스트들이 미국 동부 해안선 인근에서 4개의 민간여객
기를 납치했다. 그들은 그 중 2대를 뉴욕의 세계무역센터(WTC:
World Trade Center) 공격에 사용했고, 세 번째 비행기는 워싱턴 근
교 미 국방성에 충돌시켰다. 네 번째 여객기는 펜실베니아 들판에
충돌해 탑승객 45명 전원이 사망했다. 몇몇 승무원들은 팔이 뒤로

_세계무역센터

묶인 채 목이 잘려 죽었다.[1] 세계무역센터에는 28개국 430개의 회사 직원들이 근무했는
데 그 참사로 인해 78개국 출신 약 3천명이 사망했고, 펜타곤 충돌에서는 189명 탑승자
전원이 사망했다.[2] 전 세계를 놀라게 한 국제 테러리즘 앞에서 조지 W. 부시 대통령은
9·11 사태는 테러라기보다는 '전쟁행위'(acts of war)라고 말하며 그 범죄자들과 그들을
감싸는 세력을 구분하지 않고 보복할 것이라고 단호히 선언했다.[3] 콜린 파월(Colin
Powell) 미 국무장관은 지구적 협력계획을 발표하면서 모든 것을 총동원해 테러리즘을
격멸할 것이라고 공언했다.[4] 유엔안보리는 9·11 공격을 만장일치로 비난했고, 나토는
헌장 제5조를 발동시켜 그 공격은 모든 19개 나토 회원국에 대한 공격이라고 선언했다.
호주의 존 하워드(John Howard) 총리는 앤저스(ANZUS) 협정을 발효시켜 미국을 도울 것
이라고 말했고, 세계의 리더들은 미국에 대한 조의와 지지를 표시했다.[5]

------

1) 그 테러범들의 짐 속에서는 메모가 발견됐는데, 그 종이에는 "각자는 자기의 칼로 적을 쳐 죽여라"(Let
   each find his blade for the prey to be slaughtered)라고 적혀있었다.
2) http://usinfo.state.gov/products/pubs/terrornet/03.htm
3) The Network of Terrorism, http://usembassy.state.gov/seoul; Bush, in Press Conference,
   Decries Terrorist Evildoers, Washington File (October 11, 2001),
   http://usembassy.state.gov/ircseoul/wwwh5052.html
4) 9·11 발생 6개월 후 콜린 파월 국무장관은 다시 한 번 테러와의 전쟁을 위한 국제협력의 필요성을 촉
   구했다. Colin L. Powell, Seizing the Moment, U.S. Foreign Policy Agenda, (November 2001),
   IIP E─Journals, http://usinfo.state.gov/journals/itps/1101/ijpe/pj63powell─2.htm
5) Raphael F. Perl, "Terrorism, the Future and U.S. Foreign Policy," CRS Issue Brief for Congress,
   Order Code IB95112 (Updated September 19, 2001); Ambassador francis X. Taylor, "Terrorism:
   U.S. Policies and Counterterrorism measures," (Coordinator for Counterterrorism, U.S.

_오사마 빈 라덴

미 사법당국은 9월 11일 테러학살이 오사마 빈 라덴(Osama bin Laden)이 이끄는 알카에다(al Qaeda) 테러조직에 의해 자행됐다는 사실을 밝혀냈다. 이들 납치범들은 빈 라덴 조직원들과 수차례 접촉했고, 알카에다 조직으로부터 정기적으로 자금을 지원받았다. 사전 녹화된 비디오테이프에서, 빈 라덴은 "신은 이슬람 최전선의 무슬림 전위대에게 미국을 파괴하라는 축복을 내렸다"(God has blessed a group of vanguard Muslims, the forefront of Islam, to destroy America)고 말했다. 그는 과거에도 비슷하게 말했다. 1996년 '성전의 선언'(Declaration of Jihad)에서 그는 미국인들을 살해하기 위해서는 무슬림의 노력통합이 전제돼야 한다고 말했고, 1997~1998년 아랍 언론과의 수차례 인터뷰에서 1993년 세계무역센터를 공격한 테러리스트들을 역할모델로 삼아 미국과 싸워야 한다고 말했다. 그는 미국인들은 군인이든 아니면 단순히 세금만 내는 사람이든 상관없이 모두 이슬람의 적이며 무슬림은 세계 어느 곳에서라도 그들과 싸워야 한다고 주장했다.1)

_USS Cole

알카에다의 살상과 파괴는 9월 11일 이전으로 거슬러 올라간다. 알카에다는 1998년 8월 케냐와 탄자니아 미국대사관을 폭탄 테러해 223명을 살상하고, 상당수 현지인을 포함해 4천명 이상에게 부상을 입혔다. 2000년 10월 테러리스트들은 자살폭탄 보트로 미 군함(USS Cole)을 공격해 17명의 해군장병을 살해했다. 알카에다는 이집트 이슬람 지하드(Egyptian Islamic Jihad), 우즈베키스탄 이슬람운동(IMU: Islamic Movement of Uzbekistan), 그리고 다른 테러그룹들과 가까이 연계돼 있다. 알카에다는 오늘날 활동하는 유일한 테러단체가 아니다. 2001년 10월 미국은 테러 지명수배자 명단을 발표했다. 알카에다 혐의자와 더불어 이들 22명은 1985년 TWA 민간 여객기를 납치해 미국인 승객을 살해한 혐의자, 1996년 사우디아라비아 다란(Dhahran) 미군막사에서 유조트럭 폭파로 19명의 미 공군장병을 살해하고 280명을 부상시킨 혐의자, 또 1996년 6명을 살해하고 수백 명을 다치게 한 세계무역센터 폭파 혐의자를 포함했다.2)

....

Department of State), U.S. Foreign Policy Agenda (November 2001), IIP E−Journals, http://usinfo.state.gov/journals/itps/1101/ijpe/pj63taylor.htm.

1) Murderous Declarations, http://usinfo.state.gov/products/pubs/terrornet/04.htm
2) Hijacking the World, http://usinfo.state.gov/products/pubs/terrornet/05.htm

알카에다와 탈레반 연계　　부시 행정부는 오사마 빈 라덴, 알카에다, 아프가니스탄 탈레반이 아주 가깝게 연계되어 있다고 말했다. 이들은 국제 테러리즘을 위해 함께 협력하는 집단이다. 알카에다는 탈레반에게 훈련, 무기, 군인, 자금을 제공해 왔고, 반면 탈레반은 국제공동체의 계속되는 경고에도 불구하고 빈 라덴과 알카에다 조직원들에게 지원과 피난처를 제공했다. 미국이 아프가니스탄 군사작전에서 목표로 하는 것은 아프가니스탄 국민이 아니라 그 사악한 네트워크이다. 1996년 정권장악 이후 탈레반의 아프가니스탄 통치는 체계적으로 인권규범을 위반했고, 그들의 정책은 인도주의적 재앙으로 얼룩져 있다. 그들은 마을을 불태우고, 민간인을 죽이며, 아이들을 군대에 징집하고, 헤로인 마약유통으로 이득을 보았다. 여성에 대한 인권침해는 전례가 없을 정도이다. 여성들은 남자들의 에스코트가 없이는 집을 나갈 수 없고, 보건위생에 접근이 불가능하며, 사업을 하거나 학교에 가는 것이 금지되어 있다. 지난 20년간 4백만 명의 아프간 인들이 가뭄, 전쟁, 그리고 탈레반의 억압정책을 피해 그 나라를 떠나 난민이 됐다.[1]

국제공동체의 비난을 피하기 위해 빈 라덴과 알카에다는 대량학살의 야만적 행동을 이슬람의 이름으로 정당화하려 한다. 그러나 미국은 알카에다 조직원들을 단순한 테러범죄자로 간주할 뿐, 그들에게 이슬람 문명의 도전을 위해 싸우는 전사라는 거대한 인식적 지위를 부여하지 않는다. 수많은 이슬람 리더들과 사제들은 9·11 테러 공격을 '이슬람에 대한 왜곡과 배반'(perversion and betrayal of Islam)으로 규정했다. 테러리스트들은 미국이 이슬람문명 전체에 반대해 전쟁을 수행한다고 주장하는데, 워싱턴은 그것을 서방을 이슬람으로부터 분리시키고 대결을 조장하기 위한 거짓선전으로 인식한다. 미국에는 수백만 명의 무슬림이 거주하는데, 이들은 종교와 언론의 자유라는 미국 정체성의 한가운데 위치한다. 미국은 이슬람을 포함해 어떤 다른 종교적 신념을 그 자체의 이유만으로 공격하지 않는다. 미국과 그 지지자들은 관용, 다양성, 신념의 자유라는 가치를 지키기 위해 테러리스트, 그리고 그들의 광기와 싸울 뿐이다. 이스라엘과 팔레스타인을 위한 평화추구, 세르비아가 인종청소를 자행했을 때 무슬림을 보호하기 위한 미국의 군사개입, 그리고 제1차 걸프전에서 사우디아라비아와 쿠웨이트를 이라크로부터 보호하기 위한 워싱턴의 노력은 모두 미국이 어느 한 종교, 문명에 편견을 갖고 있지 않음을 입증한다.[2]

....

1) The Taliban Connection, http://usinfo.state.gov/products/pubs/terrornet/06.htm
2) Terrorism and US Policy, http://usinfo.state.gov/products/pubs/terrornet/10.htm

부시 행정부의 정책대안　　　알카에다, 탈레반, 국제테러리즘과 싸우기 위한 부시 행정부의 정책대안은 다양한 요소를 포함했다. 첫 번째 정책수단은 외교다. 빈 라덴 조직과 같은 국제 테러집단은 국경을 초월해 운영되기 때문에 그들과의 싸움을 위해서는 여러 나라의 협력이 필수적이다. 대테러 외교는 단순히 직업 외교관만의 책임이 아니다. 그것은 민간항공, 세관을 포함해 관련 임무를 수행하는 관리들이 다른 나라의 동일한 기능을 수행하는 사람들과 교류할 필요를 제기한다. 그 대부분의 협력은 양자적이지만 다자외교도 많이 공헌한다. 유엔총회 결의와 국제테러에 대한 십여 개 국제협약을 포함해 테러리즘에 반대하는 다자외교는 국제규범을 강화시킨다. 그렇지만 외교의 한계는 분명하다. 그 이유는 테러리스트들이 유엔결의에 의해 행동을 바꾸지는 않기 때문인데, 그 때문에 외교는 다른 정책수단과 함께 통합적으로 일관성 있게 사용되어야 한다.1)

두 번째는 형사법(criminal law)에 의한 처벌이다. 형사법정에서의 개별 테러리스트 기소는 그동안 대테러 수단으로 가장 강력하게 작동해 왔다. 그렇지만 여기에도 한계가 작동하는데, 체포되어 처벌받을 가능성에도 불구하고 테러리스트들은 그대로 범죄를 저지르기 때문이다. 더구나 고위 리더들은 범죄현장에서 멀리 있고 체포가 더 어렵다. 미국 법정은 테러행위를 입증하기 위해서는 아주 확실한 증거를 요구하는데, 테러 리더들로부터 직접적 결정, 명령의 증거는 확인하기 어렵다. 그와 동시에 국제적 사법공조가 중요한데, 그 이유는 국제 테러리즘은 수시로 한 나라 밖에서 행해지고 그곳에서 조사하는 미국 수사관의 법적권한이 제한되기 때문이다. 국제범죄인 인도는 정치적 이유, 해외에서의 공격, 또는 자국민들이 연루된 경우에는 거부되는 경우가 많았는데, 이를 위해서도 외국과의 사법공조가 필요하다.2)

세 번째는 재정규제이다. 미국은 통상 두 가지 형태의 제정제한을 사용하는데, 하나는 개별 테러분자, 테러그룹, 테러 지원국가의 자산동결이고 다른 하나는 테러리스트들에 대한 물질적 지원의 방지이다. 클린턴대통령 당시 미국은 12개의 중동 테러조직과 그에

---

1) Paul Pillar, "The Instruments of Counterterrorism," (National Intelligence Officer for Near East and South Asia, National Intelligence Council, Central Intelligence Agency), http://usinfo.state.gov/journals/itps/101/ijpe/pj63pillar.htm; Raphael F. Perl, "Terrorism"

2) 네덜란드의 스코틀랜드 법정(A Scottish Court sitting in the Netherlands)은 1998년 팬암 103기를 폭파한 것으로 기소된 두 명의 범인 판결에 사용됐다. Pillar, "The Instruments"

연계된 18명의 개인재산을 동결했고, 빈 라덴 조직도 예외가 아니었다. 2001년 9월 6일까지 이 리스트에 있는 조직의 숫자는 30개였다. 한편 자금지원 방지에는 두 가지 어려움이 존재한다. 하나는 대부분의 테러리즘이 대규모 자금을 필요로 하지 않는 것으로, 이런 경우 불법 마약유통, 무기매매, 또는 다른 초국가적 범죄보다 대부분 자금소요가 적다. 다른 어려움은 테러리스트 자금의 흐름을 파악하기 어려운 것이다. 많은 돈이 공식은행체계를 벗어나 움직이는데, 차명계좌, 재정 중간자의 사용이 그런 것이다.[1]

_델타 포스

　　네 번째는 군사력의 사용이다. 군사력은 특히 미국과 같은 초강대국에 의해 사용될 경우 실질적인 위력을 발휘한다. 미국은 1986년 4월 독일 디스코텍 폭격의 배후인 리비아에 폭탄 투하를 결정한 바 있다. 다른 예는 1993년 쿠웨이트를 방문하는 동안 조지 H. W. 부시 전 대통령을 암살하려는 이라크 시도에 대응해 미국이 이라크 군사정보본부를 폭격한 것, 또 1998년 8월 아프가니스탄에 있는 군사기지와 수단에 위치한 화학시설을 미사일로 공격한 것이다. 노스캐롤라이나 브래그 기지(Fort Bragg)에 주둔하는 특수부대 델타 포스는 대테러 작전수행을 위해 조직됐다. 그러나 냉전이후시대 군사력 사용은 한계가 있는데, 그 이유는 테러리스트 자산이 통상적 군사자산과는 달리 거대하고 고정된 목표로 정해져 있지 않기 때문이다. 이제 국가보다 테러단체, 그룹으로부터 위협이 유래하는 상황에서 미래위협을 방지하기 위해 공격해야 할 목표를 식별하는 작업은 더 어려워졌다.[2]

　　다섯 번째는 정보수집과 비밀공작이다. 정보수집과 분석은 가장 덜 드러나지만 어느 면에서는 테러리즘 방어의 최전선에 위치한다. 그렇지만 이 수단 역시 한계가 있는데, 대표적인 것은 테러계획을 무산시키기 위해 요구되는 아주 특수하고 전술적 형태의 정보가 희박하기 때문이다. 그런 종류의 핵심정보는 수집하기 어려운데, 왜냐하면 그런 것은 외부인에 대한 의심 때문에 덜 노출되고 또 많은 경우 위험을 무릅쓰고 위험조직에 대한

---

1) 최근의 다자조약은 테러그룹의 자금흐름 중단을 강조하는데, 2000년 1월의 테러재정 금지협약(Convention on the Suppression of the Financing of Terrorism)은 그런 사례다.

2) 미국과 영국이 10월에 아프가니스탄에서 군사작전을 시작한 것은 과거 대테러 네트워크에 대한 주요 원천과 피신처를 괴멸시키겠다는 의미에서 그러하다.

침투를 요구하기 때문이다. 한편, 비밀공작은 여러 형태를 띤다. 이것은 테러그룹에 전달되는 자금, 무기를 차단하는 것에서부터 암살, 살인에 대한 심판목적으로 이들을 체포, 수송하는 것에까지 이르는 긴 과정이다. 1989년 미 법무부 법률자문 당국(Office of Legal Counsel)은 국가이익이 요구할 경우 미국 대통령은 통상적 국제법을 넘어 그런 권한을 검찰총장 레벨로 위임시킬 수 있다고 권고했다. 암살은 미국 행정명령(E.O: Executive Order 12333)에 의해 금지되어 있으나, 현상수배범을 재판목적으로 미국으로 소환하는 것은 금지되어 있지 않다. 1985년 요르단 여객기를 납치하는데 가담했던 레바논의 파와즈 유니스(Fawaz Yunis)는 미 연방수사관에 의해 미국으로 송환되어 재판받고 기소됐다. 그러나 해외공작은 외교관계를 심하게 해칠 수 있기 때문에 조심스럽게 진행되어야 한다. 1990년 미국 마약단속 요원을 고문, 살해한 멕시코 인을 로스앤젤레스 법정에 세우기 위해 미국이 그를 체포, 강제소환 한 것은 멕시코정부로부터 아주 심하게 항의 받았는데, 그 결과 1994년 두 나라는 국경을 넘는 납치금지협약(Treaty to Prohibit Trans-border Abduction)에 서명한 바 있다.[1]

3) 9·11 이후의 워싱턴 외교안보 구상

광범위하고 체계적인 정책 대안을 구상하는 가운데, 2001년 9월 20일 조지 W. 부시 대통령은 '테러와의 전쟁'(War on Terror)을 선포했다. 이 전쟁은 '테러와의 지구적 전쟁'(GWOT: Global War On Terrorism)이라고도 불렸는데, 외교, 법, 군사, 경제, 정보 등 모든 방법을 동원해 알카에다, 무장 이슬람 극단주의 조직, 또 테러리스트를 지지, 지원하는 정권의 제거, 진압을 의도했다. 그 중에서도 가장 두드러지는 것은 미국 군대가 동맹국 군대와 함께 연합군을 구성해 전 세계 각지에서 벌인 엄청난 규모의 군사작전과 전쟁이었다. 2001년 10월 시작한 아프가니스탄 전쟁과 2003년 3월 이라크 전쟁을 자세하게 논의하기 이전에 여기서는 일단 아프간 전쟁을 시작한 지 1년이 조금 못되어 부시 행정부가 발표한 2002년 9월의 국가안보전략을 우선 살펴볼 필요가 있는데, 왜냐하면 그 문서가 '테러와의 전쟁'을 포함해 모든 측면에서 부시 행정부 당시 워싱턴의 외교안보 구상을 포괄적으로 보여주기 때문이다.

2002년 국가안보 전략   미국의 2002년 국가안보 전략은 여러 요소로 구성되어

---

1) Perl, "Terrorism"; Pillar, "The Instruments"

있는데, 그것은 그 중에서도 가장 먼저 인간의 존엄성을 끝까지 수호할 것이라는 의지를 밝혔다. 첫째, 미국은 인간 존엄성을 지키기 위해 법치, 언론의 자유, 여성에 대한 존경, 평등의 정의, 종교와 인종적 관용, 사유재산 존중을 옹호할 것이다. 둘째 미국은 지구적 테러리즘을 패퇴시킬 것이다. 아프가니스탄은 해방됐고 연합군은 탈레반과 알카에다를 계속 추적한다. 그러나 그들 이외에도 수만, 수십만 명의 테러리스트 세포가 북미, 남미, 유럽, 중동, 아프리카, 아시아를 가로질러 전 세계에 포진해 있다. 미국은 테러조직과 그 지원세력의 근절을 위해 지역 파트너들과 계속 협력할 것이고, 그들의 경제고갈을 위해 자금원천 규제, 자산동결, 국제 재정체계 접근방지를 추진할 것이다. 미국은 유엔, 지역 기구를 포함해 국제공동체의 도움을 모색할 것이지만, 필요할 경우 선제적, 단독적으로 행동할 것이다. 셋째, 미국은 다른 나라들과 힘을 합쳐 지역갈등을 규제할 것이다. 서반 구에서 미국은 아메리카 정상회의(Summit of Americas), 미주지역기구(OAS: Organization of American States)와 같은 지역제도를 활용할 것이다. 남미의 경우, 미국은 콜롬비아 정 부와 함께 그 나라의 마약 카르텔을 분쇄할 것이다. 아프리카는 엄청난 크기와 다양성의 대륙이지만, 그곳에는 너무나 많은 질병, 전쟁, 절망적 기아가 존재한다. 그곳에서 미국 은 관련국들과의 협력을 통해 테러리스트 은신처 생성을 막고 초국가적 위협에 대처하 며, 이들 국가들의 국경안전, 법 시행, 정보인프라 구축을 지원할 것이다. 사하라 이남 국 가들의 갈등해결을 위해서는 공동의 책임을 강조하는 아프리카 연합(African Union) 제도 화를 통해 민주정치제도와 민주주의를 강화시킬 것이다.[1] 넷째, 대량살상무기(WMD: Weapons of Mass Destruction) 확산이 금지되어야 한다. 제1차 걸프전 당시, 이라크의 사 담 후세인은 화학무기뿐 아니라 핵무기와 생물학무기의 확보까지 염두에 두고 있는 것으 로 드러났다.[2] 대량살상무기 확산방지를 위한 미국의 전략은 선제적인 반확산(proactive counter-proliferation), 비확산(nonproliferation), 그리고 WMD가 사용될 경우에 대비하는 여러 조치로 구성된다. 반확산은 WMD가 사용되기 전에 그것을 감지, 처벌하는 능력을 의미한다. 비확산은 WMD 물질과 기술전파를 막는 것으로, 그것을 위해서는 외교, 다자 수출금지, WMD 확산에 대한 직접적 저지가 요구된다. 이제 미국은 자국과 동맹국의 인

....

1) 아프가니스탄 공격을 기점으로 테러와의 전쟁을 시작하면서 부시 행정부는 미국 국가안보전략의 전체 적인 모습을 공개했다. The White House, The National Security Strategy of the United States of America, (September 2002), pp. 3-12.

2) 미국 국가안보전략 보고서에서 조지 W. 부시 대통령은 사담 후세인이 핵무기 확보를 염두에 두었다고 말했지만, 잘 알려진 바와 같이 제2차 걸프전에서 미국이 이라크를 침공했을 때 핵무기가 발견되지 않 아 그 전쟁의 징당성이 크게 훼손됐다.

명, 재산을 보호하기 위해 예방공격, 선제공격을 마다하지 않을 것이다. 미국은 무조건적으로 선제공격을 하지는 않겠지만, 적이 가장 파괴적 무기를 추구하는 상황에서 그대로 앉아서 당하지는 않을 것이다.[1]

다섯째, 미국은 시장경제, 자유무역 확대를 통해 지구적 경제성장을 점화시킬 것이다. 세계경제 활성화에 필요한 것은 유럽과 일본이 강력한 경제성장으로 복귀하는 것이다. 유럽 국가들은 구조적 장벽을 제거하려 더 노력해야 하고, 일본은 금융 부실대출 문제를 시정하고 디플레이션에서 벗어나려 노력해야 한다. 지구적 차원에서 세계무역기구(WTO)의 활성화, 그리고 지역차원에서 자유무역지대(FTA)가 활성화되어야 한다. 양자간 자유무역 합의도 경제교류에 중요한데, 미국은 2001년 요르단과 자유무역 합의에 도달했고 2002년 칠레, 싱가포르와 자유무역협정 체결을 완수할 것이다. 미국의 목표는 중남미, 남아프리카, 호주를 포함해 전 세계 모든 지역의 선진국, 개도국과 자유무역협정을 체결하는 것이다. 여섯 번째는 사회개방과 민주주의 구축을 통한 발전지원의 확대이다. 오늘날 세계 인구의 절반이 하루 2달러 미만으로 생활하는데, 그런 세계는 정의롭지 않고 또 안정적이지도 않다. 미국은 '새천년의 도전' 계정(Millennium Challenge Account) 이름으로 수십억 달러를 제공하고, 세계은행과 다자 발전은행들이 더 큰 역할을 하도록 더 많은 자금을 지원할 것이다. 그런 조치는 식량생산을 증대시키고 공공위생을 증진시키며 교육인프라 확충을 통해 민주주의 발전의 기초를 마련할 것이다.[2]

일곱 번째는 다른 강대국들과의 협력증진이다. 미국은 자유를 옹호하는 국가들의 연합(coalition)을 위해 캐나다 및 유럽과 협력을 가속화할 것이다. 유럽에는 세계에서 가장 유능한 두 개의 국제제도인 나토와 유럽연합(EU: European Union)이 동시에 존재하는데, 현재 나토가 필요로 하는 것은 민주국가들에 대한 자격확대, 일단유사시 신속한 군사배치 능력제고, 그리고 회원국들의 공헌증대이다. 미국은 내부적 전환을 경험하는 러시아, 중국, 인도와 협력을 증진하면서 그들과의 차이를 면밀하게 관찰할 것이다. 테러와의 전

---

1) 부시는 다음과 같이 강조했다. 테러와의 전쟁은 보이지 않는 수많은 전선에서의 적과의 투쟁이며 끈질긴 노력에 의해서만 성공할 수 있다. 지역위기는 동맹국들에게 긴장을 유발하고 주요 강대국 간 경쟁을 재점화시킨다. 만약 9·11 당시 테러리스트들이 핵무기를 사용했다면 그 결과는 훨씬 더 참담했을 것이다. Ibid., pp. 13−16.
2) Ibid., pp. 17−24.

쟁, 나토에서의 협력, 모스크바 전략무기 감축협정에서 미국과의 협력에도 불구하고, 러시아는 자유민주주의를 불신하고 WMD 비확산조치에서 미진하다. 중국 역시 테러와의 전쟁, 아프가니스탄의 미래, 한반도 안정에 관한 미국과의 협력에도 불구하고 자기들 국가의 성격에 관한 근본적 선택을 미루고 있다. 베이징의 공산주의 일당체제는 시대착오적 판단이다. 미국은 인도와의 관계증진에 많은 노력을 쏟을 것이다. 미국과 인도 두 나라는 테러방지, 인도양 해상교통로를 포함해 아시아 안전에서 커다란 공통이익을 보유하고, 미국은 그 나라가 전보다 더 자유주의 시장경제로 이동한 것을 환영한다. 비록 양국 간에 인도의 핵 및 미사일 프로그램, 그리고 인도의 경제개혁 속도와 관련해 약간의 차이는 존재하지만, 그것은 양국협력에 장애가 되지 않는다. 여덟 째, 21세기 도전에 대응하기 위해 미국은 군사력 증강을 추구할 것이다. 적의 공격을 억지하고 억지가 실패할 경우 결정적으로 적을 패퇴시키기 위해 미국은 첨단 원거리 탐지(advanced remote sensing), 장거리 정밀타격, 원정군 작전능력을 제고시키고 정보작전, 본토수호, 우주 핵심자산 보호 능력을 증강할 것이다. 미국은 국제형사재판소의 조사, 질의, 판결에 방해받지 않을 것인데, 그들의 사법권은 미국에까지 확대되지 않고 동시에 또 미국은 그런 것을 용인할 의무가 없기 때문이다. 대내외 홍보에서 중요한 것은 테러와의 전쟁이 '문명의 충돌'이 아니라 오히려 이슬람 내에서 미래를 향한 자기들끼리의 전투라는 것이다.[1]

2002년 미국의 국가안보전략을 어떻게 평가할 수 있을까? 9·11 공격에 대한 대응에서 유래한 조지 W. 부시 대통령의 국가안보전략은 부시 행정부 남은 임기의 대내외적 행동에 관한 기본지침을 드러냈다. 핵심적으로 그 전략은 서구민주주의 정당성에 관한 재확인, 국제법과 국제제도를 넘어서는 미국의 독자행동, 미국의 일방주의, 선제공격의 필요성, 강대국들과의 차이에 유념하면서 그들의 협력을 이끌어 내기 위한 외교적 유연성, 그리고 궁극적으로 단독으로 행동할 수 있는 군사력 증강을 의미했다. 그러나 (나중에 설명되는 바와 같이) 그 안보전략은 시간이 가면서 미국에 대한 세계적 거부감을 확산시키는 분수령적 계기로 작용했다. 한 가지 아이러니컬한 것은 부시 행정부는 국가안보전략에서 9·11이 '문명의 충돌'이 아니라는 것을 전 세계에 알려야 한다고 강조했는데, 이슬람을 넘어 전 세계는 그와 반대로 그것을 '문명의 충돌'로 이해한 것이다. 그것은 헌팅턴

---

1) 부시는 미국은 강력하고 번영하는 중국의 부상을 환영하며 중국의 민주발전은 세계안보에 중요한 함의를 갖는다고 말했다. 인도에 대해서는 그 나라와 미국은 대의제 민주주의를 시행하는 세계에서 가장 큰 두 나라라고 강조했다. Ibid., pp. 25~31.

이 설명한대로 세계는 어느 한 나라, 어느 한 문명의 것만이 아님을 입증했다.

★ 전문가 분석

비극적인 9·11 공격의 성격, 본질, 그리고 2001년 10월 아프가니스탄 전쟁이 시작된 이후 테러리즘 및 알카에다와의 투쟁에 관해 많은 저명한 학자들은 흥미 있는 다양한 견해를 제시했다. 그들의 주장은 서로 다른 측면의 중요성을 강조하고 이데올로기적 측면에서 일정수준 다른 모습을 보였는데, 몇몇 탁월하고 합리적인 전문가 분석에 대한 검토는 9·11 및 그 이후 아프가니스탄 전쟁을 포함해 전반적인 대테러 정책과 관련된 많은 사안에 관한 심층적 이해를 도울 것이다.[1]

① 테러리즘에 대한 합리적 현실주의

테러와의 전쟁에서 알카에다가 제기하는 위협, 미국의 대책, 미국 내 방위공동체의 변화방향, 그리고 알카에다와의 전쟁이 미국 대외정책에서 갖는 위상에 관해 MIT 대학의 배리 포전(Barry R. Posen)은 워싱턴이 택할 수 있는 최선의 전략으로 신중하고 절제된 '선별적 개입'(selective engagement)을 제안했다.

알카에다와 빈 라덴

알카에다는 사우디 부자 출신으로 아프가니스탄에서 소련 점령에 반대해 싸운 빈

---

1) 베트남 전쟁과 관련해 '전쟁의 사회적 차원'(Social Dimension of Warfare)이라는 논문으로 널리 알려진 마이클 하워드(Michael Howard)는 국제테러리즘은 테러리스트들이 자기들 나라나 해외에서 모두 대중 여론에 의해 영웅이 아니라 범죄자로 간주될 때 비로소 성공적으로 진압될 수 있다는 점을 강조했다. Michael Howard, "What's In A Name?: How to Fight Terrorism," Foreign Affairs, Vol. 82, No. 1 (January/February 2002), pp. 8-13; 이슬람 전문가 그래함 풀러(Graham E. Fuller)는 이슬람 지역의 구조적 현실에 대해 자세히 설명하면서 다음과 같이 주장했다. 이슬람은 종교이면서 동시에 무슬림 지역에서 가장 강력한 정치이념이다. 이슬람 지역에 거주하는 무슬림들은 권위주의, 부패, 무능한 정권에 의해 탄압, 억압받고 있고, 그런 비참한 상황을 타도하기 위해 정치적 이슬람, 이슬람주의(Islamism)에 의거해 폭력적 행동, 테러를 자행한다. 이슬람주의자들이 미국에 반대, 저항하는 이유는 워싱턴이 그런 정통성 없는 정권을 지지, 지원하기 때문이다. 대부분의 조용한 무슬림 다수는 9·11에 반대하고, 서방의 정치적 가치를 증오하지 않으며, 오히려 미국과 비슷하게 정치적 자유를 열망한다. 미국은 국제테러와 정치적 이슬람 문제해결을 위해 그 조용한 다수를 동원할 방법을 모색해야 하는데, 워싱턴은 (팔레스타인 문제 해결과 함께) 이슬람 지역에 대한 개입을 통해 그 지역의 정치적 민주화와 개방을 추진해야 한다. Graham E. Fuller, "The Future of Political Islam," Foreign Affairs, Vol. 81, No. 2 (March/April 2002), pp. 48-60.

라덴이 조직해 60개국으로부터 무슬림이 모인 집단이다. 그와 그의 근본주의 (fundamentalist) 원칙들은 이슬람 세계에서 일정수준의 대중적 지지를 누린다. 그는 미국이 무슬림을 가난하게 만들고, 이스라엘의 서안지구, 가자지구 점령은 워싱턴의 탓이며, 미국을 필두로 서방이 자기들 문화를 이슬람 지역에 강요하는 것으로 이해한다. 빈 라덴과 알카에다는 미국을 페르샤 만과 중동에서 축출한 이후 사우디와 이집트 정부를 전복하고, 그곳에서 자기들의 탈레반 형태의 근본주의 정권으로 대체하기를 희망한다.[1] 알카에다는 무자비하고 효율적 조직인데, 그들은 앞으로도 미국의 시민, 국내외 군인들에 대해 대규모 공격을 시행할 가능성이 높다. 아프가니스탄의 탈레반 정권은 자기들 나라를 원시적 경찰국가로 운영했는데, 빈 라덴은 그 정권에 의해 보호받고 동시에 그의 돈과 병력은 탈레반 파워의 기둥으로 작동했다. 아프가니스탄은 험준한 지형, 국경과 법의 부재 탓에 빈 라덴에게 좋은 은신처이며 테러리스트를 양성하는 훌륭한 전략기지였다. 알카에다는 다른 정부들로부터도 지원을 받은 것으로 보이는데, 여러 걸프 국가들 중 부유한 개인들이 그 조직에 공헌했고 사우디아라비아는 그 이름이 수시로 거론된다. 오늘날 핵무기, 화생무기 확보의 가능성이 더 용이해지면서, 대량살상무기를 이용한 알카에다와 같은 테러집단의 공격 가능성은 더 큰 우려의 대상이 됐다.[2]

전쟁전략

알카에다에 어떻게 대처해야 하나? 알카에다와의 전쟁에서는 여러 나라와의 외교 및 군사동맹 형성을 위해 외교가 군사작전보다 더 중요하고, 군사차원 내에서는 (억지의 우선성에 비추어) 방어활동이 공격적이고 처벌적인 것보다 더 중요할 것이다. 그런 기본적 대전제 하에서, 미국은 군사적 공격요소가 없이는 이 전쟁을 승리로 이끌 수 없을 것이다. 또 하나 강조할 것은 알카에다와의 전쟁은 기습공격(blitzkrieg)보다는 마모전(war of attrition) 성격이 강한 것인데, 미국과 연합군이 하루아침에 적을 일망타진할 수는 없기 때문이다. 이 전쟁은 불가피한데, 왜냐하면 그렇지 않을 경우 그들은 계속 미국을 공격할 것이기 때문이다. 알카에다와의 전쟁에서 연합세력 구축은 성공의 필수요소이지만, 미국은 이들 국가들을 우회할 준비가 되어 있어야 한다. 테러와의 전쟁, 알카에다와의 투쟁에서 지역 초청국(host country)이 협력하지 않을 경우, 미군 특수부대는 지역 초청국 군대와의 직접교

---

1) 사우디아라비아는 1994년 빈 라덴의 사우디 시민권을 박탈했다.
2) Barry R. Posen, "The Struggle against Terrorism," International Security, Vol. 26, No. 3 (Winter 2001/2002), pp. 39−42.

류 없이 일방적 공격이 허용되어야 한다. 부시 행정부는 아프간 전쟁 개시 전후 여러 차례에 걸쳐 테러리스트를 인도하거나 그들과 운명을 함께 하든지 택일하라고 기회를 주었지만 탈레반은 그 제의를 거부했고, 따라서 아프가니스탄의 탈레반정권이 괴멸되는 것은 당연하다. 탈레반과 같이 알카에다에 동조하는 국가나 집단을 적으로 간주하는 것은 당연하고, 미국은 그런 정권을 제거해 그들이 재구성되는 것을 방지해야 한다. 테러와의 전쟁은 방어적(defensive)이어야 하는데, 알카에다의 억지에 오랜 시간이 걸리고 그들이 미국을 또 공격할 수 있기 때문이다. 그렇지만 동시에 미국은 공격적 행동을 필요로 하는데, 그 이유는 덜 성공적 군사공격이라도 그것이 테러집단을 위축시키고, 테러분자들을 지치게 하며, 그것이 미국외교를 뒷받침 할 수 있기 때문이다. 공격전쟁은 국내에서의 사기진작에도 필요하다. 미국이 또 필요로 하는 것은 방어와 공격 모두를 위한 정보능력의 증대, 그리고 영공, 항구감시, 공항보안을 포함하는 제반임무를 감독할 국토방위 전담부서를 창설하는 것이다.[1] 하나 더 강조하면, 대테러 전쟁에서 무엇보다 요구되는 것은 국민들이 그 전쟁을 지속적으로 지지하고 또 미국 리더들이 국내의 정치적, 관료적 무기력과 싸워야 하는 것이다.[2]

선별적 개입

대테러 전쟁의 외교가 미국의 대전략에서 차지하는 위상은 무엇인가? 미국 내에는 대테러 전쟁, 알카에다와의 투쟁에 관한 몇 가지 대별되는 성향이 존재한다. 신고립주의자(neo-isolationists)들은 미국이 9·11 공격에 대해 강력하게 보복하고 그 이후 가능하면 국제문제에 개입하지 말아야 한다고 주장하는데, 그들의 입장은 미국의 적극적인 세계적 역할을 방어하지 못한다. 자유주의 국제주의자(liberal internationalists)들은 테러와의 전쟁 과정 자체에 더 많은 관심을 갖는다. 그들이 주장하는 것은 유엔의 더 큰 개입, 국제법, 국내법적 조치의 우선성, 협정을 통한 해결, 적의 외교적 고립, 미국의 더 적은 군사행동을 포함하는데, 그것은 미국의 세계역할 유지에도 불구하고 테러리스트들의 적대감과 다른 많은 국가들의 고유하고 독특한 개별특성에 비추어 분명히 실패할 것이다. 패권주의자(primacists)들의 주장도 합당치 못하다. 미 국방부 부장관 폴 월포위츠(Paul Wolfowitz)가 그 대표자로 알려져 있는데, 그는 이라크, 시리아, 그리고 레바논의 헤즈볼라에 대해

---

1) 미국에서 대테러 임무를 총괄하는 국토 안보부(Department of Homeland Security)는 2002년 11월 창설됐다.
2) Posen, "The Struggle," pp. 42-50.

공격을 취하고 미국의 압도적 위상 확립을 주장하는 것으로 알려져 있다. 그러나 그들 누구도 알카에다와 연계된 것으로 보이지 않고, 그 공격은 분명 반 아랍, 반 이슬람 행동으로 간주될 것이며, 그런 전방위 공격은 친미 사우디아라비아, 걸프국가들, 이집트에서까지 미국에 대한 반란을 야기할 것이다. 전문가들은 오늘날 냉전 종식 직후 미국이 누렸던 손쉬운 절대우위, 통제된 저비용 전쟁, 풍족한 예산의 시기는 지나간 것으로 인식하는데, 과거 다소 유리했던 시절이나 지금과 같이 어려운 시절이나 미국의 대테러, 알카에다와의 전쟁, 그리고 전체적인 대외정책의 기본노선은 선별적 개입(selective engagement)이 더 합리적이다. 그 정책은 안정되고, 평화적이며, 개방된 세계정치, 경제체제에 이익을 갖는 미국은 과도한 야심을 가진 국가와 집단을 억지하고 취약한 국가를 재보장하는 정책을 추구할 것을 선호한다. 그 정책은 미국 자신을 위한 파워나 국제정치의 전환을 추구하는 것이 아니고, 다른 나라의 완전한 개혁을 추구하는 것도 아니며, 힘의 현실성을 인정하면서도 그 힘의 행사에 조심하는 제한적 목표를 추구하는 신중한 접근법이다. 만약 알카에다가 원하듯 미국이 페르샤 만과 중동에서 떠난다면, 그것은 분명히 이라크-사우디아라비아 전쟁, 이란과의 전쟁, 이스라엘 전쟁과 같은 많은 부작용을 초래할 것이다. 그것은 그 지역 또는 멀리 있는 어느 누구에게도 지구적 차원에서 부정적인 정치, 군사, 경제적 영향을 미칠 것이다. 선별적 개입은 알카에다에 반대하는 전쟁을 필요로 하고, 이미 부시 행정부는 패권보다는 그런 방향에서 행동하고 있다.[1]

② 미국의 일방주의에 대한 경고

집권 초기부터, 또 2003년 이라크 전쟁을 시작하면서 더 명확해졌지만, 부시 행정부의 일방주의(unilateralism) 태도와 행동은 미국 국내에서 뿐 아니라 전 세계적으로 비난의 대상이 됐다. 이미 이라크 전쟁 시작 이전부터 테러와의 전쟁에서 부시 행정부는 단독으로 행동하기보다는 동맹 및 파트너국가들 또는 다른 관련국들의 입장을 중시해야 한다는 권고가 수시로 제기됐다. 그런 분위기를 반영하듯, 아프간 전쟁이 시작된 지 수개월 밖에 되지 않은 시점에 인도네시아 정치인이며 외교전문가인 유수프 와난디(Jusuf Wanandi)는 현실주의적 입장에서 왜 미국이 국제테러리즘과의 투쟁에 있어서 일방주의를 멀리하고 지구적 연합(global coalition)을 중시해야 하는지에 관해 조언했다.

---

1) Ibid., pp. 51-54.

지구적 연합의 중요성

9·11 발생 이후 4~5개월이 지난 지금까지 워싱턴은 아프간 전쟁을 포함해 필요한 임무를 잘 수행하고 있다. 대테러 투쟁 시작 이후 이미 초기단계가 지나가고 있는 현시점에 탈레반은 더 이상 아프가니스탄을 통치하지 못하고, 빈 라덴은 도피중이며, 평화구축을 위한 아프간 과도정부의 구성은 아프가니스탄 미래에 중요하고 긍정적인 역할을 수행할 것이다. 그러나 9·11 사태 발생과 그 이후 지구적 차원의 대응은 고립주의, 일방주의 모두 테러와의 투쟁에 불충분하다는 것을 입증했다. 초기 성공을 넘어 최근 대테러 동맹이 계속 지속될지에 대한 우려가 대두되는 것에 비추어, 워싱턴은 대외정책 방향을 결정할 때 수시로 동맹 및 파트너들의 견해를 고려해야 한다. 워싱턴은 미국의 정책이 다자적(multilateral) 성격을 띠었다는 것을 인식시켜야 하는데, 그 이유는 미국은 테러와의 전쟁에서 동맹과 우방의 지원 없이는 외교, 정보, 법집행, 재정차원에서 많은 어려움을 겪을 것이기 때문이다. 우방과 동맹국들 역시 수시로 워싱턴에 다자접근의 중요성을 주지시켜야 한다. 워싱턴은 이미 냉전이후 시대에 유엔에서 미국 분담금 지불을 유보한 것, 포괄적 핵실험금지조약(CTBT: Comprehensive Nuclear Test Ban Treaty)과 생물학무기협정(BWC: Biological Weapons Convention) 비준에 반대하고 WMD 확산을 막지 못한 것, 미 해외공보처(USIA: US Information Agency)를 폐쇄하고 '미국의 소리' 방송(VOA: Voice of America) 예산을 축소한 것에서 국내외적으로 많은 비난의 대상이 되었다는 것을 염두에 두어야 한다.[1]

대테러 전략은 지구적 연합을 요구한다. 그동안 많은 국가들이 미국을 지원했다. 나토국가들은 아프간 영토에 병력을 배치하고 아세안(ASEAN)과 동아시아 일부 국가들은 치안, 정보수집에 도움을 주었다. 파키스탄, 우즈베키스탄, 타지키스탄, 카자흐스탄은 미국에게 일정수준 정보를 제공하고 또 탈레반 공격에 사용하도록 일부 군사기지를 제공했다. 러시아의 푸틴대통령은 미국을 지지했고 중국도 알카에다와 연관된 신장지역 국내 테러문제 해결을 감안해 미국에 협력적이다. 인도는 파키스탄 관계로 인해 다소 주춤했지만 장기 전략적으로 중요하다. 무슬림 국가들에게 대테러 지원을 요청할 때 워싱턴이 감안해야 하는 것은 이스라엘-팔레스타인 문제에 대한 균형적 행동인데, 그 이유는 그렇지 않을 경우 이슬람 국가들은 미국이 편파적으로 행동한다고 인식할 것이기 때문이다.[2]

....

1) Jusuf Wanandi, "A Global Coalition against International Terrorism," International Security, Vol. 26, No. 4 (Spring 2002), pp. 184–185.

이슬람에 대한 이해

빈 라덴은 이슬람 종교를 사악한 목적에 남용했지만, 반면 서방은 전 세계 인구의 25~30%가 신봉하는 종교를 비난하기보다는 왜 이슬람 운동이 서방을 증오하는지를 이해해야 한다. 많은 무슬림들은 서방이 십자군전쟁으로부터 오늘날까지 수많은 부정의를 외면하는 것으로 인식한다. 반면 무슬림 리더들은 자기들 종교가 평화와 협력의 종교인지, 아니면 극단주의, 공포, 테러의 종교인지를 결정해야 한다. 이슬람 종교는 테러리스트들에게 이용되지 말아야 한다. 9·11 초기 미국의 아프간 전쟁으로 인한 인명살상과 파괴로 인해 이슬람은 약간 일부 극단주의 무슬림의 영향을 받았지만, 나중에 주류 무슬림 그룹들은 대승적 차원에서 이슬람이 평화의 종교라는 점을 부각시켰다. 인도네시아 이슬람 리더들은 이슬람이 정치이기보다는 종교로서 중시돼야 한다고 생각하면서 서방에 크게 반대하지 않았다. 그럼에도 불구하고 대부분 무슬림은 미국의 아프가니스탄 폭격에 반대했다.[1]

지금까지 대테러 동맹은 성공적이었지만 그것은 긴 여정의 시작일 뿐이다. 탈레반 제거는 단지 1단계일 뿐 평화로운 세계질서를 위해 할 일은 아직 너무 많이 남아있고, 그래서 WMD 확산, 지역갈등, 초국가범죄, 지구적 가난에 대한 더 많은 관심이 필요하다. 미국은 이슬람 전사들이 군사작전을 넘어 사상과 신념의 투쟁에 묶여있음을 잊지 말아야 한다. 만약 일부 국가들이 알카에다를 지원한다면 미국은 확실한 증거를 공개해야 하는데, 그것이 우방의 확실한 지지를 확보하고 미국이 일방주의에 의존하지 않는다는 것을 입증할 수 있기 때문이다. 지금 미국 내에서 이라크전쟁 이야기가 수시로 거론되는데, 미국은 행동을 취하기 전 동맹, 우방의 사전 동의를 구하는 것이 필요하고 이라크 WMD 문제와 관련해서는 전면전보다는 그 의심장소를 부분 공격하는 것이 더 나을 것이다.[2]

③ 9·11의 교훈과 미국의 대외정책 방향

케네디 스쿨의 스테펜 월트(Stephen M. Walt)는 오래전부터 패권국으로서의 미국은 상대방의 입장을 고려하고 무소불위의 힘의 행사에 있어서 스스로 자제해야 한다고 주장

---

2) Ibid., p. 186.
1) Ibid., p. 188.
2) Ibid., pp. 187, 189.

하는 전문가로, 그는 세계 여러 곳에서 미국이 환영받고 있지 못하다는 점을 설명하면서 테러와의 전쟁에서 미국이 다른 국가들과 어떻게 협력해야 하고 어떤 사안에 중점을 두어야 하는지에 관한 의견을 제시했다.

예외주의와 일방주의의 문제점

그동안 미국은 국제적 주도권으로 인해 적은 비용을 사용해 국제정치를 운영할 수 있었다. 예컨대 제1차 걸프전, 미국의 (아이티, 소말리아, 보스니아, 코소보 등) 해외개입, 세계무역센터 폭발, 그리고 USS Cole 사건의 희생자는 상대적으로 소수였다. 그러나 9·11은 미국안보의 취약성을 드러냈고, 향후 미국안보는 테러집단의 대량살상무기 확보 가능성을 감안해 많은 인적, 물적 비용을 초래할 것을 예감케 했다. 둘째, 미국은 세계에서 자국민들이 생각하는 것보다 인기 있는 나라가 아니다. 미국인들은 미국의 예외주의, '언덕 위의 빛나는 도시' 개념에 도취되어 있지만, 외국인들이 미국과 워싱턴의 세계적 역할에 반드시 긍정적인 생각을 가진 것은 아니다. 가장 대표적으로 아랍과 이슬람 세계에는 미국에 대한 적대감이 광범위하게 퍼져 있고, 러시아, 중국, 인도 역시 워싱턴이 그들 이익을 무시하고 미국의 선호만을 강요한다고 비난한다. 2001년 7월 중·러 우호협정 체결은 미국에 대한 반대에서 유래했다. 미국의 많은 우방들 역시 워싱턴의 지구적 안보 안정화 역할을 인정하면서도 워싱턴의 일방주의적 경향을 우려한다. 나토 헌장 제5조에 근거해 유럽 우방들이 9·11 테러를 모든 나토 국가에 대한 공격으로 간주했지만, 그들은 군사행동을 취하기 이전 미국이 유럽 국가들과 상의할 것을 단서조항으로 붙였다. 셋째, 실패한 국가들(failed states)은 미국의 국가안보를 위태롭게 한다. 어느 나라든지 내란이나 경제침체, 재앙에 의해 고통을 겪는다면, 그들은 불만에 쌓이고 테러리스트들은 그런 곳에서 피난처를 찾을 수 있다. 소말리아, 시에라리온, 라이베리아, 르완다, 아프가니스탄 등은 단순히 인도주의 측면에서 다루어질 나라가 아니라 국가안보 문제를 야기하는 국가로 취급되어야 한다. 인도-파키스탄 간 카시미르 분쟁, 그리고 이스라엘의 요르단 서안지구(West Bank)와 가자지구(Gaza Strip)의 테러조직 역시 만성적 갈등의 산물이다. 빈 라덴은 아프가니스탄의 만성적 내전을 기회로 삼은 것이고, 그 나라가 더 안정적이었다면 그것은 불가능했을 것이다. 워싱턴은 그 나라들이 처참한 상태에 처하지 않도록 도와야 하는데, 왜냐하면 그것이 미국안보를 도울 것이기 때문이다. 넷째, 미국은 홀로 갈 수 없다. 부시 행정부는 집권 초기 미사일 방어체제, 교토 기후협약, BWC 감시조항, CTBT, 국제형사법정(ICC: International Criminal Court) 창설을 포함하는 많은 국제협상을 일방적으로 거부했는데, 9·11은 아무리 슈퍼 파워라도 타국의 지원이 필요하다는 것을 입증했다. 앞으로도

대테러 동맹유지는 큰 도전으로 남을 것이다.[1]

전쟁의 운영

앞으로 미국은 테러와의 전쟁에서 어떻게 행동해야 하나? 가장 먼저 미국은 대테러 연합을 잘 운영해야 한다. 아프가니스탄 전쟁에 비추어 그 옆 나라인 파키스탄에서 워싱턴은 페레즈 무샤라프(Pervez Musharraf) 정권을 옹호해야 하는데, 이슬람 과격분자들이 그 정권을 전복시키거나 파키스탄 핵시설에 접근하려는 시도를 방지해야 한다. 인도－파키스탄 간 카시미르 협상의 진척을 위해 워싱턴은 인도에 압력을 가하고 파키스탄 수출에 미국 문호를 개방할 필요가 있다. 미국에 협력하는 우즈베키스탄 정부와 아프가니스탄 내 북부동맹의 인권기록을 당분간은 문제 삼지 않는 것이 필요한데, 우선은 테러와의 전쟁이 시급하기 때문이다. 테러와의 전쟁에서 러시아의 중요성에 비추어, 미국은 나토확대와 미사일방어망 설치를 중단하든지 아니면 모스크바에 수용 가능한 방식으로 전환, 재협상해야 하고, 러시아의 지정학적 이익을 감안해 미군의 중앙아시아 주둔이 영향권 확대가 아니라는 것을 주지시켜야 한다. 신장(Xinjiang)지역 현실에 비추어 베이징은 테러와의 전쟁에 협력하고 있는데, 워싱턴은 중국과 대만 모두가 혼란한 상황에서 서로 도발하지 않도록 주의를 기울여야 한다. 마지막으로 미국은 스스로 양보해 외국의 도움에 보상할 필요가 있는데, 한 예로 교토협정을 대체하는 협상은 미국의 일방주의에 대한 반감을 희석시킬 것이다.[2]

둘째, 대량살상무기 확산방지를 위해 미국은 기존의 WMD를 잘 통제해야 하고 특히 러시아로부터 WMD 유출을 막아야 한다. 파키스탄의 핵무기 부품, 기술유출도 방지해야 하는데, 그 나라 우라늄 농축기술이 북한으로 흘러들어가고 그 반대급부로 평양이 이슬라마바드에 미사일기술을 전수한 것은 널리 알려져 있다. 큰 틀에서 다자 군비통제가 중요하다. 미국은 CTBT, 그리고 BWC의 감시검증조항에 대한 반대를 다시 고려해야 하는데, 부시 행정부는 군비통제가 미국의 군사주권을 방해한다는 생각을 바꿔야 한다. 셋째, 미국은 아프가니스탄에서 자유민주주의 국가건설을 추진해야 한다. 부시는 후보시절 클린턴의 자유민주주의 국가건설(nation－building)을 비난했지만, 아프간 전

---

1) Stephen M. Walt, "Beyond bin Laden," International Security, Vol. 26, No. 3 (Winter 2001/2002), pp. 57－63.

2) Ibid., pp. 66－67.

쟁 시작 이후 그 나라의 신정부수립, 경제재건에 긍정적으로 바뀌었다. 그것은 실패한 국가들이 반미 극단주의자들의 피난처라는 것을 고려한 조치로서 바람직한 변화이다. 미국은 1989년 소련 철수 이후 아프간 국가건설을 멀리했는데, 워싱턴이 그것을 또다시 미룬다면 아프가니스탄에서 또 다른 빈 라덴이 나타날 것이다. 넷째, 미국은 아랍, 이슬람과의 관계를 복원해야 한다. 장기적으로 미국은 아랍의 독재군주들에게만 의존할 수는 없을 것이고, 이슬람 국가들과의 광범위한 관계개선이 필요하다. 그를 위해, 9·11 이전 클린턴대통령 시절부터 워싱턴은 팔레스타인 국가창설을 지지해 왔는데, 부시 행정부는 이스라엘의 정착촌 확장정책에 반대해야 하고 이스라엘은 평화를 위해 1967년 6월에 점령한 가지지구를 포함하는 모든 영토로부터 철수해야 한다. 그것은 미국-아랍 간 분쟁을 줄이고 미국에 대한 극단주의자들의 비난을 희석시킬 것이다. 워싱턴은 아랍, 무슬림 공동체 모두와 직접대화하고 공공외교(public diplomacy)를 통해 이슬람 대중과의 교감을 넓혀야 한다.1)

개입의 축소

그러나 미국의 중동, 중앙아시아로의 진출은 결국에는 그 지역의 반발을 초래할 것이다. 이슬람을 넘어 전반적 대외정책 방향에서 향후 미국은 국제 간섭의 책임을 희석시키기 위해 일방주의가 아니라 다자제도에 더 의존하고, 다른 나라에 이기적으로 행동하지 말아야 하며, 지역 전진배치를 줄이고 지역안보 책임을 당사자들이나 지역안보기구로 이양하는 것이 바람직하다. 미국은 궁극적으로 이슬람을 포함해 세계 여러 지역에 계속 개입할 것인지, 아니면 개입에서 후퇴해 역외 균형자(off-shore balancer) 역할을 할 것인지를 결정해야 한다. "미국은 고립으로 후퇴하지는 않겠지만 전진배치를 축소하고 다른 나라들에게 자기들의 길을 설정하는 자유를 주어 지구적 증오를 축소시키려 노력"해야 할 것이다.2)

---

1) 과거에 외교는 국가 간에만 시행되는 것으로 여겨졌지만, 시간이 가면서 다른 나라 국민에 대한 외교가 중시되기 시작했다. 공공외교는 한 나라가 다른 나라 대중을 상대로 펼치는 외교를 의미한다. 그 목적은 상대 국가뿐 아니라 대중을 설득하기 위한 것이다. Ibid., pp. 68-76.
2) Ibid., pp. 76-77.

02 아프가니스탄 전쟁

알카에다에 의해 9·11 사태가 발생한 직후, 조지 W. 부시 행정부는 본격적으로 '테러와의 전쟁'에 나섰다. 미군은 맨 처음 아프가니스탄에서 '항구적 자유' 작전(OEF: Operation Enduring Freedom)을 시작한 이후 그 작전의 일환으로 필리핀 작전(OEF-P), 동아프리카 작전(OEF-HOA), 트란스 사하라 작전(OEF-TS) 등 다른 더 작은 규모의 작전, 전투를 동시에 추가로 진행했다.[1] 이 모든 작전은 알카에다 및 이슬람 국제 테러조직을 분쇄하기 위한 목적을 띠었다.[2]

....

1) 필리핀 작전(OEF-Philippines, 2002. 1- 2015. 2)은 미국 태평양 사령부 소속 일부 부대가 이슬람 반군과 싸우는 필리핀 정규군을 돕는 목적으로 시작됐다. 미군-필리핀 군은 아부 사야프(Abu Sayyaf) 그룹과 제마 이슬라미야(JI: Jemaah Islamiyah) 집단을 그들 거점인 필리핀 남부 바실란(Basilan) 섬에서 몰아내는 것에 주안점을 두었는데, 그 작전은 2015년 2월 종결됐지만 일부 미군은 필리핀에 계속 남아 필리핀 정부군을 지원했다. 아부 사야프 그룹은 빈 라덴의 부하인 자말 칼리파(Jamal Kalifa)가 설립한 조직으로 필리핀에서 활동하는 가장 적극적인 테러조직이다. 그들은 1990년대부터 해적, 은행 강도, 폭발물 투척 등 수많은 범죄를 저지르고, 2000년 4월 말레이시아 휴양지 인질 납치 협상 당시 1993년 세계무역센터 폭탄 투척의 범인 중 하나인 람지 요세프(Ramzi Yousef)를 포함해 아랍 테러리스트 석방을 요구한 바 있다. 필리핀 여러 조직들은 분명히 알카에다와의 연계를 설정했고, 9·11 사건에서 그들과 연관된 여러 증거가 제시됐다. 5% 무슬림 소수민족을 가진 필리핀은 아시아 최대 기독교 국가로서 무슬림 근본주의 온상이 될 것으로 보이지는 않지만, 미국정부는 필리핀을 알카에다가 활동하는 50개 이상 국가 중 하나로 식별했다. 동남아 전체에는 2억 명 이상의 무슬림 인구가 존재한다. 말레이시아, 브루나이, 인도네시아는 무슬림이 국민 대다수이고, 세계 최대 무슬림 국가인 인도네시아에서는 1억 7천만 인구가 이슬람 교리를 신봉한다. 그들 대부분은 테러리즘을 지지하지 않고 노골적으로 반미도 아니지만, 그 나라들은 알카에다 테러리즘의 비옥한 토양을 제공한다. 전문가들은 그 지역정부들은 테러리즘에 반대하기 때문에 미국은 군사행동에 있어서 반미정서를 유도하지 않도록 조심해야 한다고 조언했다. Dana R. Dillon and Paolo Pasicolan, "Southeast Asia and the War against Terrorism," The Heritage Foundation Backgrounder, No. 1496 (October 23, 2001)

2) 동아프리카 작전(OEF-Horn Of Africa, 2002-2012)은 2002년 10월부터 미국과 영국, 프랑스, 독일, 이탈리아, 캐나다, 호주, 뉴질랜드 연합군 2천명이 지부티(Djibouti)에 군사기지를 설립하고 소말리아 인근에서 다양한 활동을 전개한 것을 말한다. 미군과 연합군의 주요 임무는 반 서방, 테러국가와 집단이 이라크 전쟁을 방해하지 못하게 하는 것이었지만, 다른 사항도 그들 활동의 일부였다. 예컨대 미군과 연합군은 이슬람 반군인 ICU(Islamic Courts Union)가 소말리아를 장악하는 것을 막았다. 연합군은 2010년까지 모가디슈, 라스 캄보니(Ras Kamboni) 등 여러 지역에서 ICU를 공격해 소말리아가 반군기지가 되는 것을 방지했다. 연합군은 에티오피아, 케냐 군이 이슬람 급진 무장단체 알 샤바브 및 히즈불(Hizbul)과 싸우는 것도 도왔다. 이 작전은 사하라 사막벨트를 이루는 국가들인 말리, 차드, 니제르, 모리타니아 지원으로 확대됐다. 사하라 작전(OEF-Trans Sahara, 2007. 2)은 동아프리카 작전의 연장선상에서 진행된 것으로, 사하라 사막을 가로지르는 나라 중 하나인 말리의 북부에 급진 무장 이슬람세력 '이슬람 미그레브'의 영향력이 확대되는 것을 견제할 목적으로 시작됐다. 취약한 말리정부가 서방에 도움을 요청하면서 프랑스가 2013년 1월 그 지역에 개입했고, 미국과 다른 연합군들도 사하

원래 미국이 '항구적 자유' 작전(OEF)에서 목표로 삼은 것은 탈레반 정권이 알카에다에 피난처를 제공하는 것을 막고 동시에 알카에다가 아프가니스탄 영토를 테러활동을 위한 작전기지로 사용하는 것을 방지하는 것이었다. 전쟁 초기단계에서, 미국과 유엔안보리 결의에 따라 파병된 다국적 연합군인 국제안보지원군(ISAF: International Security Assistance Force)은 아프가니스탄 내 탈레반 정권에 반대하는 세력결집체인 북부동맹(Northern Alliance)과 긴밀하게 공조하면서 성공리에 탈레반 정권을 제거했다.1) 그러나 탈레반 정권이 붕괴된 이후 아프간 전쟁은 반 반군(COIN: Counter-insurgency) 전략으로 성격이 바뀌었는데, 그것은 새로이 설립된 아프간 이슬람공화국 정부가 와해되지 않도록 탈레반 및 알카에다 잔당과 투쟁을 계속하는 한편, 다른 한편으로 아프간 신정부의 국정운영, 경제발전 노력, 민생안정을 돕는 두 가지 목표를 지향했다. 군 수뇌부와 전문가들은 단지 기계적인 군사작전만이 아니라 정치, 사회, 문화적인 여러 측면의 다차원적 노력이 성공적 COIN 전략에 핵심적인 것으로 보았다.2) 그것은 아프가니스탄 내에 미국에 의한 친미, 친서방 성향의 자유민주주의 국가건설(nation-building) 과정을 의미했다.3)

아프간 전쟁은 몇 개의 특징적 단계와 국면을 거쳤는데, 그것은 탈레반 정권에 대한 용이한 승리, 탈레반 저항의 증가, 미군과 ISAF의 반군패퇴 시도, 반군진압과 동시에 추진된 아프간 국가건설 노력, 급격한 병력증강(Surge), 그리고 군사철수였다. 수월한 초기 승리는 전쟁 시작 두 달 내에 이루어졌고, 그것은 전쟁 개시 약 1년 반 만에 주요전투 종식선언으로 이어졌다. 처음 3~4년 간 알카에다와 탈레반의 반격이 강력하지 않은 것으

라 지역 인근 국가들이 더 이상 급진 이슬람 영향권에 들지 않기를 희망했다. 그 밖에도 OEF 작전의 일환으로 키르기스스탄 작전(2001. 12-2014. 6), 조지아(Georgia) 판키시 협곡(Pankisi Gorge) 작전, 카리브 및 중미지역 작전(Operation Active Endeavor, 2002. 11)이 있다; Amy Belasco, The Cost of Iraq, Afghanistan, and Other Global War on Terror Operations Since 9/11, CRS Report 7-5700, RL 33110, (December 8, 2014), p. 1.

1) 2001년 12월 유엔 안보리 결의에 의해 49개국에 의한 국제안보지원군(ISAF)이 결성됐다.

2) 미국 중부사령부(CENTCOM: Central Command) 사령관으로 재직할 당시 데이비드 퍼트레이어스(David Petraeus) 장군은 수시로 "반군 진압만이 전부가 아니다 (You can't kill your way out of an insurgency.)"라고 말했다. 전투, 반군진압, 국가건설은 보통 상호의존적이고 상호 강화하는 것으로 인식됐다. Steve Bowman & Catherine Dale, War in Afghanistan: Strategy, Military Operations, and Issues for Congress, CRS Report 7-5700, R40156, (December 3, 2009), p 4.

3) 아프간 COIN 전투의 중추적 기둥으로서, 국제안보지원군의 군사노력은 탈레반과 기타 반군 잔당세력 패퇴, 일반인들의 안전보장, 그리고 아프간 신정부의 정치, 사회, 경제적 성공을 돕는다는 목표를 표방했다. 나토는 ISAF(International Security Assistance Forces) 내에서 중추적인 군사 역할을 담당했는데, 미국은 나토에 병력을 제공하는 동시에 별도로 고유의 OEF 작전과 임무를 수행했다.

로 인식한 미군과 ISAF는 빈도는 높지만 상대적으로 미약한 반군공격에 대처하는 데 문제가 없을 것으로 생각하는 가운데 아프간 정부의 제도적 진전과 효율성 강화, 지역재건, 국민보호를 포함하는 다양한 국가건설 노력을 병행했다. 그러나 이미 전쟁 중반 이전부터 탈레반의 저항이 늘어나고 그 이후 본격적으로 반군공격이 증가하면서, 미국, 유럽에서는 더 적은 피해와 군사철수요구 목소리가 커졌고 아프가니스탄 내에서는 반미, 반서방 정서가 확대됐다. 탈레반과 이슬람 극단주의 세력은 공세의 고삐를 늦추지 않았고, 부시 행정부 임기 말에 이르러 미군과 연합군의 반군진압은 거의 실패할 위기까지 다가갔다. 이제 미군과 ISAF 사상자가 폭발적으로 증가하면서 탈레반과 알카에다의 근절, 아프간 자유주의 국가건설의 희망에 대한 우려가 커졌고, 그것은 급기야 오바마 행정부 출범 직후 전쟁에서의 승리를 위한 수만 명 규모의 대규모 병력증강으로 이어졌다. 압도적 병력으로 무장한 미군과 연합군은 전쟁을 승리로 이끌었고, 그 과정에서 오사마 빈 라덴 사살 이후 연합군은 아프간 군과 경찰로 안보임무를 이양하면서 철수하기 시작했다. 또다시 미국은 철수 이후 잔류시킨 일부 군 병력의 도움을 토대로 아프간 안보는 큰 문제가 없을 것으로 생각했지만, 지속적인 탈레반 반군공격으로 인해 민간인 사상자가 늘어나고 또 동시에 (이라크에서 시작된) 알카에다의 후신 이슬람국가(IS: Islamic State)가 아프가니스탄으로 침투하면서 그 역시 희망적 사고였다는 것이 드러났다.

(1) 전쟁의 과정

1) 전쟁의 시작과 탈레반 붕괴

9·11 테러 발생 직후 부시대통령은 아프가니스탄 집권 정부인 탈레반 정권에게 오사마 빈 라덴 일파의 신병을 인도하고 아프가니스탄으로부터 알카에다를 포함해 모든 테러리스트들을 추방할 것을 요구했다.[1] 그러나 탈레반은 워싱턴의 요구를 들어줄 생각이 없었고, 계속해서 워싱턴에 대립각을 세우는 태도로 일관했다. 탈레반의 전술을 시간끌기로 이해한 미국은 2001년 10월 7일 영국과 함께 아프가니스탄 내 탈레

_탈레반 정권

반 시설에 공중공습을 시작했고, 이로써 OEF 작전명으로 미국의 아프간 전쟁이 시작됐

----

1) Barbara Ssalazar Torreon, <u>US Periods of War and Dates of Recent Conflicts</u>, CRS Report 7-5700, RS21405, (February 27, 2015), p. 6.

다.[1] 처음에 아프간 전쟁은 순조롭게 진행됐다. 미 공군이 일부 탈레반 목표물과 알카에다 병력에 공중공습을 가하는 가운데, 지상에서 약 1천명의 소수 미군특수부대(SOF: Special Operations Forces)와 아프가니스탄 내 탈레반 반대세력 결집체인 북부동맹(Northern Alliance) 병력이 연합작전을 전개했다. 다른 나라들도 미국에 힘을 보탰는데, 전통적 우방인 캐나다와 호주는 주요 전투국면을 지원하기 위해 병력을 제공했다. 우즈

_럼스펠드

베키스탄과 사우디아라비아를 포함해서 걸프 및 중앙아시아 몇몇 나라들은 기지를 제공하고 영공통과를 허용했다.[2] 미국은 럼스펠드 구상에 의거해 최첨단 기술과 정밀무기를 사용하면 작은 숫자의 병력으로도 승리할 수 있다고 생각했다. 미군은 군사작전이 시작되기 전 이미 아프가니스탄 내 정치, 군사상황에 관해 많은 정보를 갖고 있었는데, 그것은 CIA와 아프가니스탄 내 반 탈레반 세력이 제공한 것이었다. 실제 전쟁 시작 전 2001년 9월 후반, '조 브레이커'(Jawbreaker)로 알려진 CIA팀이 아프가니스탄으로 잠입해 반 탈레반 세력과 협력 네트워크를 구축했다. 이들 CIA 팀에 미국, 영국 특수부대가 합류했고, 그들은 사전에 아프간 인들에게 무기, 장비를 제공했다. 전쟁 초기 미국 정부가 의도한 것은 아프간 인들과 협력해 소수의 미군만을 배치하는 것이었는데, 그 이유

---

1) 탈레반은 아프가니스탄의 복잡한 역사 속에서 집권한 집단이다. 아프가니스탄은 제1차 세계대전 이후 영국으로부터 독립했고 그 이후 오랜 기간 왕정의 통치를 받아왔다. 그러나 그 왕정은 1979년 공산당의 쿠데타로 무너지고, 그 공산당 정권에 반대하는 무자헤딘으로 알려진 이슬람 전사들의 전국적 반란, 게릴라 투쟁이 시작됐다. 그때 소련이 아프간 공산당을 보호하기 위해 12만 명의 지상군을 앞세워 침공했고, 그에 반대해 사우디아라비아, 파키스탄, 미국이 무자헤딘을 지원했다. 미국은 스팅어(stinger)로 알려진 어깨에 메고 쏘는 대공 로켓포를 포함해 많은 무기와 장비를 제공했는데, 오랫동안 지하동굴에 보관됐던 그 무기들은 아직도 아프가니스탄에서 사용된다. 그러나 소련이 붕괴되고 아프가니스탄 공산당 정부수뇌 나니불라 아메드자이(Nanibullah Ahmedzai)가 사퇴의사를 밝히면서, 1992년 과거 소련 점령 당국과 투쟁하던 무자헤딘에 의한 공화국이 수립됐다. 그 당시 무자헤딘 여러 파벌은 대통령직을 순환하면서 맡기로 했으나 2개월 대통령으로 재직한 첫 번째 대통령 십가툴라 모자데디(Sibghatullah mojadeddi) 이후 1992년 12월까지 재직하기로 약속한 타지크(Tajik) 부족 출신 대통령 부르하누딘 라바니(Burhannudin Rabbani)가 사퇴를 거부하면서 무자헤딘 파벌간의 내란이 발생했다. 1993~1994년 파슈툰 부족 이슬람 성직자와 학생들이 탈레반운동을 조직했고, 그 후 그들은 파키스탄 이슬람학교에서 유학하면서 가장 보수적인 사우디 와하비즘(Wahhabism)과 비슷하고 파슈툰 전통과 일맥상통하는 이슬람 디오반디(Deobandi) 학파를 추종했다. 탈레반은 1994년 11월 남부 칸다하르, 그리고 1996년 9월 카불을 점령하면서 내전에서 승리해 1996년 탈레반 정권을 수립했다. 탈레반 정권은 무하마드 오마르(Mullah Muhammad Omar)가 통치했는데, 그는 과거 아프가니스탄에서 소련점령 당국과 투쟁하고 수단에서 추방되어 그 즈음 아프가니스탄으로 돌아온 빈 라덴을 환영했다. 오마르는 오사마 빈 라덴과 개인적, 정치적 유대를 갖고 있었다. Kenneth Katzman, Afghanistan: Post-Taliban Governance, Security, and U.S. Policy, CRS Report 7-5700, RL30588, (December 22, 2015), pp. 2-5.

2) 2003년 3월 이라크 전쟁의 시작 전에 긴 준비가 있었던 것과는 대조적으로, OEF는 순식간에 전개됐다.

는 워싱턴이 과거 10여 년간 소련이 아프가니스탄에 묶여 있던 것과 비슷한 형태로 장기 전쟁에 휘말릴 가능성을 우려했기 때문이다.[1]

2001년 10월 늦게 약 1,300명의 미 해병대 병력이 남부 탈레반 거점인 칸다하르에 배치됐지만, 미군과 그들 간에 심한 전투는 거의 없었다. 10월 말 탈레반이 장악한 일부 지역을 탈환한 이후, 북부동맹은 아프간 북부 지역 마자르-이-샤리프(Mazar-e-Sharif)를 장악하고 11월 중순까지 카불에서 성공적으로 탈레반을 몰아냈다. 탈레반은 멀리 파키스탄 인근의 외진 산악지대로 도주했다. 12월 6일 최고지도자 무하마드 오마르(Mullah Muhammad Omar)를 포함하는 핵심 리더들이 남부의 거점 도시 칸다하르를 떠나 산악지대 또는 파키스탄으로 도피하면서 탈레반 정권은 붕괴됐다.[2]

_무하마드 오마르

북부동맹   미국 주도 연합군과 손잡은 북부동맹은 어떤 집단인가? 북부동맹은 탈레반 집권기 정책에 반대해 생성된 그룹으로 아프가니스탄 내 여러 부족파벌로 구성되었다. 반 탈레반 핵심은 타지크(Tajik)족인데, 추방된 대통령 부르하누딘 라바니(Burhannudin Rabbani), 전 국방장관 아마드 마수드(Ahmad Shah Masoud), 그리고 이란과 접경한 아프가니스탄 서부 헤라트(Herat) 지역의 이스마일 칸(Ismail Khan)과 같은 사람들이 대표적 리더였다. 특히 마수드는 북부동맹 결성의 리더였는데, 그는 아프가니스탄의 정치적 혼란을 해결하기 위해 부족장 회의를 소집하면서 이 새로운 동맹을 공식 결성했다. 2001년 초 다른 부족 리더들과 함께 브뤼셀 유럽연합(EU) 의회에서 연설하면서, 그는 국제사회가 인도주의 지원을 제공할 것을 요청했고, 동시에 오사마 빈 라덴 세력이 미국 본토를 공격할 것이라는 정보가 있다고 주장했다. 그는 2001년 9월 타크하르 주(Takhar Province)의 키오자 바하우딘(Khoja Bahauddin)에서 언론인으로 가장해 인터뷰를 요청한 2명의 테러리스트 자살폭탄에 의해 살해됐다.[3]

....

1) Afghanistan War/History, Combatants, Facts, & Timeline/Britannica.com, https://britannica.com〉event〉Af...

2) 남부에 위치한 칸다하르 주의 수도는 칸다하르로서, 그 곳은 아프가니스탄에서 두 번째로 인구가 많은 도시이다. 마자르-이-샤리프는 아프가니스탄 북부 최대도시로서 주민 대부분은 시아파 우즈벡 부족이다. Belasco, The Cost of Iraq, Afghanistan, (2014), p. 1; Bowman & Dale, War in Afghanistan, (2009), p. 8.

3) 처음 아프간 전쟁이 시작됐을 때 탈레반은 북부 일부지역을 제외한 전국 영토의 75% 정도를 통치하고

더 광범위하게 북부동맹을 형성하기 위해 타지크 파벌과 연합한 세력이 우즈벡 (Uzbek), 하자라 시아파(Hazara Shiite), 그리고 일부 파슈툰 이슬람(Islamist) 파벌이다. 우즈벡 무장 세력은 북부동맹의 주요 파벌로서 그 리더는 압둘 도스탐(Abdul Rashid Dostam) 장군이다. 그는 반 소비에트 전쟁 시절 중요한 군사 리더로 활약했는데, 처음에는 1992~1996년 시절 대통령이었던 라바니 축출세력에 가담했으나 이후 라바니가 탈레반에 반대하면서 그와 함께 북부동맹에 가담했다. 하자라 부족의 경우, 그들은 대부분 시아파 무슬림으로 중부 아프가니스탄의 바미얀(Bamiyan), 다이 쿤디(Dai Kundi), 간지 (Ghazni) 주, 그리고 카불 시에서 상당한 영향력을 발휘했다. 주요 하자라 시아파 무장세력은 히즈브－이－와다트(Hizb－e－Wahdat)인데, 그 당시 가장 유명한 하자라 파벌 리더는 모하마드 모하케크(Mohammad Mohaqeq)였다. 파슈툰 이슬람주의자 파벌의 경우, 압둘 라술 사야프(Abdul Rasul Sayyaf)가 이끄는 보수적 이슬람주의 무자헤딘 파벌이 북부동맹에 가담했다. 사야프는 탈레반이 아프가니스탄을 알카에다에 팔아먹는 것으로 인식했다.[1]

유엔 본(Bonn) 회의   지난 수년 간 아프가니스탄을 지배해 온 탈레반 정권이 붕괴되면서, 2001년 12월 5일 유엔은 아프가니스탄의 정치적 공백을 막기 위해 독일 본 (Bonn)에서 회의를 소집했다. 참가자들은 아프간의 4개 탈레반 반대그룹 대표 25명이었고, 미국을 포함해서 이웃 및 기타 핵심 국가 대표들은 옵서버 역할을 수행했다. 본 회의에서 미국 주도 하에 과도기를 책임질 30명 규모 '아프간 과도행정당국'(AIA: Afghan Interim Authority)이 구성됐는데, 그 수반으로 하미드 카르자이(Hamid Karzai)가 선출됐다. 과도행정당국의 임무는 6개월 내에 전국 부족장회의인 로야 지르가(Loya Jirga)의 승인을

있었다. Taliban For Hurt and Aide Killed by Bomb, (September 10, 2001), http://www.nytimes.com/2001/09/10/world/taliban－for－hurt－and－aide－killed－by－bomb. html; In Afghanistan, Assessing a Rebel Leader's Legacy, https://www.npr.org〉 2011/09/09

1) 하자라 부족은 다리(Dari)어를 사용하고 아프가니스탄 중부지역인 헤자라자트(Hezarajat)에 거주한다. 그들은 아프가니스탄 2천 6백만 인구의 20%를 구성한다. Katzman, Afghanistan: Post－Taliban Governance, (December 22, 2015), p. 6; 9·11 발생 전 다수파 파슈툰 부족의 탈레반과 소수부족 중심의 북부동맹이 싸우는 과정, 또 1996년 탈레반 집권을 전후한 사정과 관련해서는 Ahmed Rashid, "The Taliban: Exporting Extremism," Foreign Affairs, Vol. 78, No. 6 (November/ December 1999)를 참조할 것. 그 논문에서 라시드(Rashid)는 탈레반 이슬람 극단주의가 아프가니스탄, 파키스탄을 넘어 중앙아시아 국가들과 그 이상 지역으로 확산될 가능성에 대해 경종을 울린다. 그는 또 아프간 내란에 수니파인 사우디아라비아와 파키스탄이 어떻게 탈레반 정권을 지원하며, 그에 반대해 북부동맹을 위해 어떻게 시아파인 이란이 개입하는지에 관해 자세히 설명한다.

거쳐 '임시당국'(Transitional Authority)을 구성하고 그 기구로 하여금 2년 기간 내에 총선, 대선을 치루고 헌법제정을 포함해 아프간 국가를 건설하게 하는 일이었다. 과도행정당국은 파슈툰 족인 카르자이가 대표했지만 핵심 안보직책은 북부동맹의 다른 파벌이 지배했다. 카르자이는 2002년 6월 비상의회(Emergency Loya Jirga)에서 리더로서 재확인됐다.[1]

_하미드 카르자이

 2001년 12월 20일 본(Bonn) 회의과정 중 소집된 유엔안보리는 결의안 1386호를 통해 국제안보지원군(ISAF: International Security Assistance Force) 파견을 승인했다. 그 당시 유엔안보리는 다음과 같은 취지로 선언했다. 안보리는 유엔헌장에 발맞추어 테러리즘을 제거하는 국제노력을 지원하고, 아프가니스탄에서 그 국민들이 억압과 테러에 의해 방해받지 않는 불가분의 권리와 자유를 향유하게 된 사태발전을 환영한다. 안보리는 아프가니스탄 전역에서 안보, 법, 질서제공의 책임은 아프간 국민들 자신에게 있다는 것을 인식하고, 항구적 정부와 제도설립을 도우며, 아프가니스탄에 ISAF의 조기배치를 요청하는 본(Bonn) 합의에 주목하고, 영국이 ISAF 리더십을 맡기 원한다는 제안을 환영한다. 안보리는 아프간 내 모든 세력들이 인권법 하에서의 의무를 이행할 것을 촉구하고, 아프가니스탄의 주권, 독립, 영토통합, 국가 단결에 대한 강력한 헌신을 재확인한다. 안보리는 아프가니스탄 상황은 아직도 국제평화와 안보에 위협이 되고 있다고 생각하고, 아프간 임시조직과의 상의를 통한 ISAF의 임무시행을 보장하기로 결정한다. 그런 이유에서 유엔은 ISAF 병력이 아프간 임시조직과 유엔관계자들이 안전하게 활동할 수 있도록 카불지역에서 도울 것을 승인한다. 안보리는 또 회원국들이 ISAF에 병력, 장비, 기타 재원을 공헌할 것을 촉구하고, ISAF가 아프간 임시조직 및 유엔 사무총장 특별대표와 긴밀하게 협력할 것을 독려하며, 이웃국가 및 다른 회원국들이 영공통과를 포함해 필요한 지원을 제공할 것을 촉구한다.[2]

 ISAF 리더십은 처음에는 존 매콜(John McColl) 중장의 지휘 하에 영국이 맡기로 결정됐다. ISAF의 목적은 카불에 한정해서 취약한 아프간 과도행정당국의 안보유지를 돕는

---

1) 로야 지르가(Loya Jirga)는 원래 전국 부족장회의(Loya Jirga, Grand Council)를 의미한다. 카르자이는 처음부터 미국의 정치적 지원을 받고 있었다.
2) Official Document―United Nations Security Council Resolution 1386. S/RES/1386(2001), (December 20, 2001), www.un.org

것이었는데, 그 군대규모는 첫해에는 5천명 이하였다. 2002년 2월까지 병력을 파견한 국가는 프랑스, 이탈리아, 노르웨이, 뉴질랜드를 포함해 18개국으로 늘어났다. 그 당시 아무 재원도 없는 과도행정당국은 분열되고 흠집 난 국가를 재건해야 하는 엄청난 도전에 직면했다. 또 그 과도행정조직은 패배 이후에도 잔존하는 알카에다 및 탈레반 세력, 그리고 새로 생겨나는 탈레반 이후의 정치질서에 불만을 가진 채 수년간의 전쟁으로 단련된 토착 지역세력으로부터의 잠재적 폭력도전에도 대비해야 했다. 수십 년간의 전쟁, 무질서, 가난, 운영미숙의 상황에서 그 과도조직은 체계적으로 기능하는 안보병력이나 장비를 전혀 갖출 수 없었고, 그래서 국제 지원세력은 아프간 국방, 안보병력 재구축에 최우선 순위를 부여했다.[1]

초기전투 주요 국면   2003년 5월 부시 행정부가 아프간 주요전투 종식을 선언하기 전까지 미군과 연합전력은 몇 차례의 전투를 전개했다. 2001년 12월 연합군은 탈레반

_토라 보라 지역

1인자 무하마드 오마르, 2인자 아이만 알 자와히리(Ayman al-Zawahiri), 그리고 알카에다의 빈 라덴을 추적하는 과정에서 아프가니스탄 동부 파키스탄 국경 인근의 토라 보라(Tora Bora) 산악지대를 공격했는데, 그 때 200명 적군 사살에도 불구하고 빈 라덴 생포, 사살의 기회는 놓쳤다.[2] 그때 빈 라덴은 파키스탄 국경 내의 부족자치구역(FATA: Federally Administered Tribal Areas)으로 도피했는데, 그는 훗날 2011년 5월 미 해군 특수부대에 발견되어 사살되기 전까지 그곳에 은신했다. 그 후 알카에다는 파키스탄 FATA에 작전기지를 재구축했고, 오마르와 탈레반 지휘부는 파키스탄 도시 퀘타(Quetta)에 정착했다.[3]

....

1) Bowman & Dale, <u>War in Afghanistan,</u> (2009), p. 8.
2) 토라 보라는 여러 층의 동굴이 겹겹이 쌓여있는 곳으로, 그 지역에는 1~2천명 이상의 탈레반 전사가 은둔하고 1980년대 소련군에 대항해 사용하던 스팅어 미사일을 포함해 많은 무기와 탄약이 숨겨진 곳이다.
3) 퀘타는 파키스탄 발루치스탄 주(Balochistan Province)의 주도이며, 아프가니스탄 칸다하르의 동남쪽 방향에 위치해 있다. https://www.nytimes.com/2005/09/11/magazine/lost-at-tora-bora.html; Eric Schmitt & Thom Shanker, "Long Pursuit of Bin Laden, the '07 Raid, and Frustration," The New York Times, (May 5, 2011)

2002년 3월 초에는 아타콘다 작전(Operation Anaconda, March 2−18)이 실시됐는데, 그 전투는 파키스탄 국경 인근 팍티아(Paktia) 주 샤이콧(Shah−i−Kot) 산악지대에 새로 이 결집한 알카에다 및 탈레반 반군 1천명을 소탕하기 위한 것이었다.[1] 그러나 그 전투에서 2천명으로 구성된 연합군은 많은 어려움을 겪었다. 미군은 산악지대의 동쪽, 북쪽, 남쪽방향에서 반군을 공격했지만, 그 작전은 소비에트와의 전쟁으로 다져진 탈레반 전사들의 심한 저항에 직면했다. 미군 헬리콥터 여러 대가 반군의 로켓발사 수류탄(RPG: Rocket−propelled Grenade)에 의해 격추됐고, 미 보병은 2천 5백 미터 고도의 언덕과 동굴진지에서 발사하는 박격포(mortars)와 RPG로 인해 적에 대한 접근이 어려웠다. 훈련이 부족한 아프간 병력은 공중지원이 없이는 작전을 수행할 능력이 없었다.[2] 나중에 AC−130 항공기가 지상의 반군을 공격하면서 연합군이 작전의 우위를 점할 수 있었지만, 그 전투는 많은 문제점을 드러냈다. 아나콘다 작전을 위해 미 특수부대가 수집한 초기정보는 많은 오류가 있는 것으로 밝혀졌는데, 특히 작전 초기에는 알카에다 병력이 150~250명 정도 소규모인 것으로 오인했다.[3] 전투과정에서 산 외각보다 산중턱에 헬리콥터로 병력을 배치해 알카에다와 탈레반의 공격 사정권 내에 스스로 들어간 것 역시 큰 판단착오였다. 그래도 그 전투는 성공으로 간주됐다. 전투를 주도한 미 제10산악사단(10th Mountain Division) 사령관 프랭크 하겐베크(Frank Hagenbeck) 중장은 그 전투는 수백 명의 고도로 훈련된 알카에다 전사를 사살한 성공적 전투라고 말했고, 아프가니스탄 주둔 미군사령관 토미 프랭크스(Tommy Franks) 역시 그 작전을 대성공으로 평가했다. 그 전투에서 수백 명의 알카에다가 사살됐으며, 우즈베키스탄 이슬람운동 리더(Islamic Movement of Uzbekistan) 토히르 율데세브(Tohir Yuldeshev)를 포함해 수백 명의 반군 게릴라들이 와지리스탄(Waziristan) FATA 부족지역으로 도피했다. 미군과 연합군은 11명이 사망하고 80여 명이 부상당했으며, 아프간 군 사망자 수는 정확하게 밝혀지지 않았다.[4]

....

1) 그 반군그룹에는 일부 아랍, 체첸, 우즈벡, 파키스탄인도 포함돼 있었다. 한편, 샤이콧은 '왕의 장소'(Place of the King)라는 의미이다. Sean Naylor, "The Lessons of Anaconda," Operation Anaconda, https://www.nytimes.com⟩ opinion

2) 한때 미군 트럭이 통신두절로 진흙지대에 갇혔고, 연합군 공군의 폭격 실수로 미군이 폭격 당하는 어려움이 있었다. 아프간 병력은 반군의 집중공격에 직면해 싸우기를 거부하면서 도피했고 미군은 홀로 반군에 맞서야 했다.

3) 초기정보는 또 알카에다가 민간인들과 뒤섞여 있는 것으로 판단했지만, 나중에 그 지역에 민간인은 별로 없었던 것으로 판명됐다.

4) Operation Anadonda, Shah−i−Kot Valley, Afghanistan, 2−10 March 2002, https://www.armyupress.army.mil⟩ ...; Afghanistan: U.S., Canadian Troops Reflect on Fighting

2002년 가을부터는 오마르가 공언한 바와 같이 탈레반 일당의 공격이 약간씩 증가하는 경향이 나타났다. 탈레반 반군은 아프가니스탄 동남부 파슈툰(Pashtun) 지역과 파키스탄에서 지하드 전사 모집을 시작했는데, 대부분의 충원은 파키스탄 내 부족자치구역(FATA)의 이슬람학교(madrassas)에서 이루어졌다. 2003년 1월 처음으로 아프간 표적을 겨냥하는 상대적으로 큰 규모의 탈레반 공격이 발생했고, 그들은 2003년 여름까지 파키스탄 국경지역에 수많은 소규모 반군 군사거점, 훈련캠프를 건설하면서 미군과 연합군을 게릴라 방식으로 공격했다. 아프간 동부의 알카에다 잔당세력 역시 매복 작전으로 연합군 병력을 공격했다. 그에 대항해 300명 규모의 연합군 병력이 2003년 1월 말 남부 칸다하르 주 50마일 동남쪽에 위치한 스핀 볼닥(Spin Boldak) 인근 아디 가르(Adi Gahr) 동굴 지역에서 2주간 몽구스 작전(Operation Mongoose)을 전개했다. 그것은 아나콘다 작전 이후 최대 전투로, 미군은 미사일과 폭발물을 사용해 반군이 숨어있는 동굴을 폭파하고 다른 일부 동굴도 폐쇄했다. 그때 연합군은 알카에다 및 탈레반 전사 20여 명을 사살했는데, 반군 일부는 또다시 파키스탄의 치외법권적 FATA로 도피했다. 아디 가르 지역은 파키스탄으로부터의 반군전사 및 물자 공급기지 중 하나인데, 반군은 파키스탄 국경을 오가며 미군과 연합군을 공격했다. 그들은 야간투시경, 저격 라이플, 그리고 박격포로 무장하고 게릴라 방식으로 공격을 가했고, 연합군은 40개 이상의 동굴을 폐쇄했음에도 불구하고 반군이 또다시 또 다른 동굴로 돌아오는 것은 시간문제라고 말했다. 그래도 미군과 ISAF 병력은 아직은 반군활동을 막아내는데 별 문제가 없었다.[1]

주요전투 종식선언 2003년 3월에는 1천명의 연합군 병력이 사미 가르(Sami Ghar) 산악지대에서 밸리언트 스트라이크 작전(Operation Valiant Strike)을 전개했다. 그 작전은 그 인근지역을 수색해 무기와 탄약을 수거하고 탈레반 및 알카에다 잔당을 척결하는 목적을 띠었다. 그 당시 미군은 로켓발사 수류탄, 도로지뢰, 자동소총과 기관총, 그리고 기타 수많은 무기와 탄약을 수거하는 성과를 올렸는데, 어느 무기고에서는 4개 트럭 분량의 무기와 탄약이 발견됐다.[2] 2003년 이후 반군저항이 수적 열세, 장비부족으로

in Operation Anaconda, https://www.rferl.org〉 ...

1) Katzman, <u>Afghanistan: Post−Taliban Governance</u>, (2015), p. 7; Vanessa Gezari, "U.S. forces gain uneasy victory at Afghan caves," (February 10, 2003), https://www.chicagotribune.com〉 ...; Jim Garamone, "Cave−Clearing Ops Proceed in Spin Boldak Area−Defense.gov News Article," (February 5, 2003), https://archive.defense.gov〉 news
2) War On Terror−Operation Valiant Strike−JCS−Group.com, www.jcs−group.com〉 military〉 op...

인해 미미한 것으로 판단하면서, 2003년 5월 1일 미국 관리들은 주요전투는 종식됐다고 선언했다. 미 국방장관 럼스펠드는 아프가니스탄에서 아프간 주요전투 종식을 선언했고, 같은 날 동시에 부시대통령 역시 아브라함 링컨(Abraham Lincoln) 항공모함 선상에서 2개월 전 새로 시작된 이라크 전쟁의 주요전투 종식을 선언했다.

2003년 가을로 접어들면서 또 다시 약간의 반군저항이 있었다. 그들은 파키스탄을 넘나들며 보통 수십 명 그룹으로 나뉘어 폭발물, 로켓공격을 감행했고, 그 과정에서 수십 명의 아프간 정부군, 경찰병력, 비정부기구(NGO: Nongovernmental Organization) 인력, 미군과 연합군이 사망했다. 그러나 그것은 미군과 연합전력에 큰 위협이 되기에는 역부족이었다. 9·11 발생 이후 파키스탄의 협력은 (많은 문제에도 불구하고) 큰 도움이 됐다. 9·11이 발생하면서 이슬라마바드는 워싱턴에 우호적으로 협력했다. 워싱턴의 관점에서 탈레반과 알카에다의 파키스탄으로의 도피에 비추어 파키스탄 정부는 의심스러운 행동을 하기도 했지만, 그래도 이슬라마바드 당국은 700명 이상의 알카에다 반군을 체포했고 OEF의 주요 전투국면에서 자국 영공, 항구, 공군기지를 미군이 사용하도록 허용했다.[1]

2003년 8월에는 미국, 나토 동맹국, 기타 파트너 국가들이 모여 과거 영국, 터키를 포함해서 병력 공여국들이 순환책임을 맡았던 국제안보지원군(ISAF) 지휘권을 나토로 이양하는데 합의했다. 또 그 해 10월 유엔안보리는 결의안 1510호를 통해 처음에 카불에 한정돼 있던 ISAF의 작전범위를 아프가니스탄 전체로 확대시키기로 결정했고, 그것은 미국이 새로이 시작한 이라크 전쟁에 더 집중, 몰두하도록 도왔다. 미국은 처음에는 ISAF 군이 카불 이외 지역에 배치되는 것을 반대했는데, 그 이유는 (이미 언급한 바와 같이) 펜타곤이 군사적으로 아프간 전쟁에 너무 깊숙이 끌려들어가는 것을 피할 목적으로 심한 개입을 자제하는(light footprint) 정책을 선호했기 때문이다. 그러나 2004년 ISAF가 북부 및 서부 아프가니스탄 안보책임을 맡으면서 ISAF 활동영역은 확대되기 시작했다. 제1단계로 ISAF는 2004년에 북부 지역사령부를, 그리고 제2단계로 2005년 서부 지역사령부를 설립했다. 일부 미군과 아프간 군은 별도로 파슈툰 족이 압도적으로 많은 남부와 동부 아프가니스탄에서 작전을 전개했다.[2]

1) Katzman, Ibid., p. 45; http://www.cbsnews.com/news/the-war-in-afghanistan-a-timeline/
2) 마운틴 바이퍼 작전(Operation Mountain Viper, 2003. 8), 아발란치 작전(Operation Avalanch, 2003. 12), 마운틴 스톰 작전(Operation Mountain Storm, 2004. 3-7), 라이트닝 프리덤 작전(Operation

국가건설 노력　　　아프간 안보가 안정되는 듯 보이면서 미군의 초점은 아프가니스탄 재건, 국가건설(nation-building)을 강조했다. 조지 W. 부시는 2002년 4월 아프가니스탄의 '마셜 플랜'을 언급하면서 아프가니스탄에 실질적 재정지원을 제공할 것이라고 강조했다. 그러나 처음부터 발전을 위한 재정지원은 상대적으로 취약했는데, 그것은 이라크와의 군사갈등이 점점 새로운 가능성으로 떠오르고 있기 때문이기도 했다. 결과적으로 2001~2009년 미 의회는 인도주의, 재건지원에 380억 달러 정도만 할당했는데, 그 중에서도 아프간 안보병력 훈련과 지원에 사용되고 남은 약 절반의 나머지 자금만이 아프가니스탄 발전에 사용됐다. 그 자금은 아프가니스탄이 유엔 인적발전(human development) 기준에서 세계 최하위라는 사실에 비추어 그 나라의 수요를 채우기에는 턱없이 부족했고, 그나마 그 지원 프로그램도 낭비와 혼란으로 얼룩졌다.[1]

그래도 2004~2005년 아프가니스탄 국내정치에서 일정수준의 제도적 진전이 있었다. 2004년 1월 입헌의회(Constitutional Loya Jirga)는 신헌법을 채택했다. 강력한 중앙집권을 표방하는 신헌법은 비이슬람적이지 않는 한 모든 정당의 설립을 허용하고 남녀 모두에게 동등한 권리를 부여했으며, 하나피 이슬람(Hanafi Islam) 율법에 따라 법원의 판결을 허용하기로 결정했다.[2] 아프간 공용어는 파슈토(Pashto)와 다리(Dari)로 결정됐다. 2004년 10월 아프가니스탄 최초의 민주적 대통령 선거가 개최됐다. 대선에서 1천만 명 조금 넘는 아프간 등록 유권자들이 16명 대선 후보 가운데 55% 지지율로 하미드 카르자이를 5년 임기의 이슬람 공화국 초대 대통령으로, 그리고 두 명의 러닝메이트를 부통령으로 선출했다. 거의 1년 후 2005년 9월 의회선거가 있었다. 의회는 249명의 선출직 하

Lightning Freedom, 2004. 12-2005. 2), 필 작전(Operation Pil, 2005. 10)은 모두 그런 군사 시도였다. Belasco, <u>The Cost of Iraq, Afghanistan,</u> (2014), p. 10; Katzman, <u>Afghanistan: Post-Taliban Governance,</u> (2015), p. 24; Alyssa J. Rubin, "NATO Chief Promises to Stand by Afghanistan," (December 22, 2009), http://www.nytimes.co,/2009/12/23/world/asia/23afghan.html.

1) Afghanistan War, https://britannica.com〉 event〉 Af...
2) 하나피 법 학파의 창시자는 18세기 이라크 쿠파(Kufa) 학파의 아부 하니파(Abu Hanifah)이다. 하나피 법은 4개 수니 이슬람 종교법 학파 중에서 가장 널리 퍼진 것으로 세계 무슬림의 1/3이 추종한다. 그것은 오토만 제국의 이슬람주의 행정의 압도적 체계였고, 중앙아시아, 인도, 파키스탄, 터키, 그리고 오토만 후계 국가들에서 개인적 위상과 종교 관례의 압도적인 법적 권위로 남아 있다. 비록 하나피 학파가 코란과 예언자 모하메드의 가르침인 하디스(Hadith)를 율법의 일차적 근원으로 인정하지만, 그 학파는 법 형성에 있어서 체계적 이성, 논리, 견해, 유추에 의존한다. 법적 교리는 상대적으로 자유주의적인데, 특히 개인의 자유와 결혼계약에 있어서의 여성의 권리에 대해서 그렇다. Hanafi School of Law-Oxford Islamic Studies Online, www.oxfordislamicstudies.com〉 opr; Hanafi school/ Definition & Facts/ Britannica.com, https://www.britannica.com〉 Hanafiyah

원과 임명직 102명 의석의 상원으로 구성됐는데, 1250만 등록 유권자 중 57%인 680만 명이 투표했다. 주위원회 선거는 의회선거와 동시에 진행됐지만, 구 위원회 선거는 선거구 획정문제로 연기됐다.[1]

그러나 강력한 대통령 권한에도 불구하고 하미드 카르자이는 점차 취약하고 고립되는 것으로 보였다. 그는 여러 번 암살을 모면했는데, 2004년 9월 로켓공격이 그의 헬리콥터를 거의 격추시킬 뻔했다. 그는 주로 카불의 대통령궁에 머무는 형태로 행동을 제한받았다. 카르자이정부는 또 정치인, 공직자들의 부패로 허덕였고, 군대 및 경찰 창설과 제도화는 국제지원 부족과 아프가니스탄 내 인종, 부족갈등으로 많은 문제를 노출했다.[2]

2) 전쟁의 전환점

반군저항의 점진적 증가 2005년 초 조지 W. 부시 행정부가 두 번째 임기를 시작했다. 그때 미군 및 ISAF 사령관들은 반군저항이 거의 진압됐다고 생각했지만 현실은 그와 달랐는데, 왜냐하면 2005년 초부터 탈레반 공세가 증가했기 때문이다. 한 가지 특기할 사항은 탈레반이 존재감을 더 드러내면서 이라크 반군의 수법을 활용하는 양상을 보인 것이다. 과거 전쟁초기 반군은 비록 실패하면서도 계속 미군, ISAF 병력과 공개전투에 개입했지만, 이제 그들은 전술을 바꾸어 자살폭탄, 폭탄매설을 포함해 사제폭탄(IED: Improvised Explosive Device)에 더 의존하기 시작했다. 또 사제폭탄 제조와 폭탄을 다루는 기술이 발전하면서 폭발물로 인한 사상자는 더 늘어났다.[3]

2005년 1월 이후 미군과 ISAF 사령관들은 ISAF 작전영역을 남부와 동부 주까지 확대시키기로 결정했다. ISAF는 역할확대의 제3단계로 헬만드(Helmand), 칸다하르, 우루즈간(Uruzgan) 주에 남부 지역사령부를 설치하면서 남부 아프가니스탄의 공식 안보책임을

---

1) 대선 비용 9천만 달러 중 4천만 달러, 그리고 의회 선거비용 1억 6천만 달러 중 4,500만 달러 역시 미국이 지원했다. 주 선거는 2005년 9월 18일 총선과 동시에 개최됐다. 주 위원회의 권한은 불분명하지만 지역발전, 지방재건과 같은 문제는 주 권한에 속했고, 총 의석수 420석 중 121석은 여성에게 할당되었다. Katzman, Afghanistan: Post-Taliban Governance, (2015), pp. 8-9.

2) Afghanistan War, https://britannica.com〉 event〉 Af...

3) 2007년 11월 아프간의회 대표단이 아프간 북부의 바글란 주(Baghlan province)를 방문했을 때 폭발물 공격으로 인해 70명 이상이 사망했다. 그 1년 이내에 다시 발생한 카불의 인도대사관 폭발 당시에는 50명 이상이 사망했다.

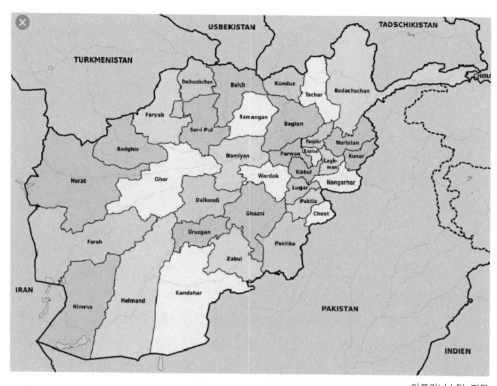

_아프가니스탄 지도

맡게 됐다. 영국군이 캐나다, 호주, 네덜란드 병력과 함께 남부지역 8천명 병력의 핵심을 구성했다. 덴마크와 에스토니아도 합쳐서 총 450명 병력을 파견했다. 공군전력은 미국, 영국, 프랑스, 네덜란드, 노르웨이가 제공했다. 제4단계로 ISAF 사령부가 동부 14개 주의 평화유지를 맡아 이제 결과적으로 아프가니스탄 전역의 안보를 책임지게 되면서 2006년 10월 미군으로부터 ISAF로의 아프간 안보에 관한 모든 주요 임무전환이 완결됐다. 미군 병력은 2005년 2만 명, 2006년 3만 명에 달했고, 아프간 국방안보병력도 2006년 3만 명으로 증가했다.[1]

그러나 ISAF가 아프가니스탄 전 지역에서 작전하면서 참여국들의 약점이 노출됐다. 많은 나라들은 자국군의 전투개입을 덜 선호했고, 또 전체적으로 병력이 부족한 것으로 드러났다. 그 상황에서 미국이 최대병력을 제공하고 최대손실을 겪었다. 2010년까지 1천

1) http://www.defensenews.com/story.php?f=1221120&C=landwar; UK troops take over Afghan duties, BBC News, (May 1, 2006)

명 이상의 미군이 사망했고, 영국은 300명, 캐나다는 150명이 사망했다. 영국과 캐나다가 ISAF 국가 중 상대적으로 심한 피해를 입은 것은 그 두 나라 모두 전투가 가장 치열한 남부지역에 배치됐기 때문이었다. 독일과 이탈리아는 상대적으로 전투가 덜 치열한 북부와 서부에 배치되어 있었다. 전쟁이 길어지고 사상자가 증가하면서 유럽과 미국에서 전쟁에 대한 부정적 인식이 증가했고, 그 국민들은 아프간 전쟁으로부터 피해를 줄이던지 아니면 철수하라고 목소리를 높였다.[1]

아프가니스탄 내에서도 반미, 반서방 정서가 증가했는데, 그에 따라 탈레반의 공세는 더 확대됐다. 미군과 ISAF 폭격 당시 민간인 살상, 아프간 정부의 부패, 재건지연, 미군수용소에서의 죄수박해 등이 반미, 반서방 정서의 원인이 됐다. 2006년 5월 미군차량이 전복되면서 아프가니스탄인 여러 명이 사망했을 때, 카불에서 전쟁 이후 최악의 폭력적 반미시위가 발생했다. 2006년 말 나토가 통솔하는 ISAF가 아프가니스탄 전체의 전쟁을 지휘하게 되면서, 미국은 더 적은 역할을 하게 되고 전쟁은 더 다국적 양상을 띠었다. 그것은 병력과 재원을 이라크 전쟁에 더 투자해야 하는 미국의 필요를 반영했다. 그러나 워싱턴의 부시 행정부 민간관리들이 아프간 전쟁을 성공으로 인식하는 것과는 대조적으로 현지 미군사령관들의 우려는 점점 커져가고 있었다. 탈레반은 부유한 수니파 개인 및 걸프 국가들로부터 자금을 지원받고 있었고, 아프가니스탄의 아편산업은 2001년 이후 다시 소생하고 있었다. 아편재배를 억지하려는 서방국가들의 노력은 실효를 보지 못했고, 아프가니스탄은 전 세계 아편의 90%를 공급했다.

반군저항의 폭발적 증가   2007년에 이르러 반군 폭력이 폭발적으로 증가하면서 아프간 사태에 관한 초기 수년 간의 낙관적 평가가 큰 착각이었다는 것이 입증됐다. ISAF가 새로이 아프간 남부와 동부 안보를 책임지는 시기에 오히려 반군의 폭력이 급속히 증가하기 시작했다. 2007~2008년은 반군의 저항이 극적으로 증가한 시기였다. 2007~2008년 ISAF는 수많은 전투와 작전을 수행했다. 그 목적은 반군을 소탕하고, 동시에 영국, 네덜란드, 캐나다가 중심이 되어 헬만드, 칸다하르, 우루즈간 주를 포함하는 동, 남부 여러 지역의 사회경제 재건을 통해 아프간 친정부 세력양성, 주민보호, 지역발전을 도모하기 위한 것이었다. 그러나 ISAF가 탈레반 고위인사 말라위 마난(Mawlawi Abdul Manan)을

----

1) Afghanistan War, https://britannica.com〉event〉Af...

포함해 많은 반군을 사살하고 수많은 핵심지역들을 장악했음에도 불구하고 반군공세는 중단되지 않았다. 미군과 ISAF는 선제공격과 소위 국가건설이라는 이름의 지역발전을 통해 아프가니스탄 안정을 추구했지만 지속적 성공은 이루지 못했다.[1]

2007~2008년 아프간 및 ISAF 병력에 대해 사제폭발물(IED: Improvised Explosive Device) 공격, 포화사격을 포함해 반군공격의 빈도가 30% 이상 증가했다. 아프간 민간인 사망은 거의 50% 증가했다. 반군공격은 대규모 공격보다는 소규모 작전을 통해서 비대칭적이면서도 교묘한 전술을 사용했다. 그것은 도로와 교량을 포함하는 통신 핵심라인의 공격, 길목에 배치하는 사제폭탄의 더 많은 사용, 아프간 시민 및 군사관리들에 대한 암살 시도, 그리고 지역센터, 학교, 정부시설에 대한 공격을 포함했다. 탈레반 및 이슬람 극단주의 반군의 저항은 끝없이 계속되고 2007년은 미군이 가장 많이 전사한 해로 기록됐다. 2008년 봄 탈레반은 춘계공세를 펼치면서 게릴라전을 감행했고, 6월에는 남부의 칸다하르 감옥에서 400명의 탈레반 전사를 포함해 1,200명의 반군을 탈출시켰다. 2008년 여름 반군은 아프가니스탄 동부 파키스탄 접경지역인 쿠나르 주 바나트(Wanat of Kunar Province) 나토기지 공격과 프랑스 군에 대한 잠복공격을 통해 ISAF군 수십 명을 살상했다.[2]

카불과 그 인근에서의 반군공격은 아주 두드러졌는데, 그것은 대중들에게 두려움과 포위되었다는 감정을 심어주는 심리전 성격을 띠었다. 반군들은 카르자이 대통령 암살시도, 인도 대사관 폭파, 그리고 국제구조위원회(International Rescue Committee) 직원의 납치를 시도했다. 반군투쟁은 세계 각국의 반서방, 반미성향을 가진 이슬람 근본주의자들의 유입으로부터 많은 도움을 받았는데, 그들은 파키스탄, 우즈베키스탄, 체첸, 터키, 중국의 신장, 기타 아랍 국가들로부터 수백 명씩 합류했다. 2008년 12월 파리에 본부를 둔 국제안보발전 위원회(ICSD: International Council on Security and Development)는 미군과 다국

---

1) 그 전투는 메두사 작전(Operation Medusa), 볼케이노 작전(Operation Volcano), 아킬레스 작전(Operation Achilles), 실버 작전(Operation Silver), 마운틴 스러스트 작전(Operation Mountain Thrust), 와이콘다 핀서 작전(Operation Wyconda Pincer)을 포함했다; British Ministry of Defence, http://www.mod.uk/DefenceInternet/DefenceNews/MilitaryPoerations/MarinesClearTalibanFromKeyAfghanDamvideo.htm

2) http://www.pbs.org/newshour/updates/asia−jan−june11−timeline−afghanistan; http://www.bbc.com/news/world−south−asia−12024253

적 연합군 사망자가 기하급수적으로 불어나는 상황에서 "탈레반은 르네상스를 경험하고 있고 서방은 아프가니스탄을 잃을 위험에 처해 있다"고 분석했다. 유엔 아프가니스탄 임무(UNAMA: UN Assistance Mission in Afghanistan) 책임자 라크다르 브라히미(Lakhdar Brahimi)는 "아프간 정부는 국토의 적어도 1/3을 통치하는 반군과 불법세력에게 매일 그 근거지를 잃어가고 있다"고 말했다.[1]

2008년 겨울에도 탈레반 공격은 멈추지 않았다. 이번에는 절도, 방화까지 등장했는데, 파키스탄 국경 인근 페샤와르(Peshawar)에서 나토군이 호송하던 물자가 탈취당하고 인근 물류기지 공격으로 인해 수백 대의 수송트럭이 파괴되면서 ISAF 병참지원에 문제가 발생했다. 이에 대응해 미국은 2009년 초부터 러시아 및 중앙아시아 국가들과의 협력을 통해 '북부 공급망'(NDN: Northern Distribution Network)을 구축하기 시작했다. 라트비아에서 출발해 우즈베키스탄을 거쳐 아프가니스탄까지 오는 5천Km의 통로, 또 러시아와 조지아(Georgia)의 항구를 이용할 수 있도록 국제협조가 이루어졌다. 러시아는 미군병력과 물자수송을 위해 자국 영공통과를 허용했다. 2011년까지 그렇게 북부공급망은 아프가니스탄으로 가는 수송량의 40%를 담당했고, 파키스탄을 거쳐 도달하는 물동량은 30%로 축소됐다.[2]

다국적 협력의 어려움　2008년 아프간 사태를 우려하는 많은 전문가들은 아프가니스탄과 국제노력을 이끌 더 명확하고 더 확실한 전략이 필요하다고 분석했다. 아프가니스탄 전략은 특히 복잡했는데 그것은 대체로 두 가지 이유 때문이었다. 첫째는 반군과의 전투뿐 아니라 자유주의 민주국가 건설로 대표되는 법치, 경제발전, 민간역량 구축, 마약대책을 포함해 두 가지 목적을 동시에 달성하려는 전략목표가 너무 광범위했기 때문이다. 두 번째는 미국, 나토, ISAF 파트너 국가들, 유엔, 그리고 기타 국제기구를 포함해서 아프간 정부에 지원을 제공하는 행위자들과 개별국가들이 서로 다른 이익과 우선순위를 갖고 있기 때문이었다. 예컨대 2008년 4월 나토는 루마니아 부카레스트에서 개최된 정상회담에서 탈레반 반군이 더 이상 안정에 대한 위협이 되지 않도록 하면서, 2008년 6만 5천명 수준으로 증가한 아프간 군대와 경찰이 전국에서 주도적으로 국정운영, 재건, 발전

---

1) Bowman & Dale, <u>War in Afghanistan</u>, (December 3, 2009), pp. 9-27.
2) 그루지아는 국가명칭을 조지아로 변경했다. Katzman, <u>Afghanistan: Post-Taliban Governance</u>, (2015), p. 50.

에 있어서 견인차 역할을 하도록 한다는 목표를 제시했다. 그러나 나토와 ISAF 내 다른 파트너 국가들의 생각은 큰 차이를 보였다. 국제적 노력 역시 한계에 부딪쳤다. 아프가니스탄에서 유엔의 역할을 수행하는 UNAMA는 제반활동에 요구되는 재원과 인력이 부족했다. 더 어려웠던 것은 UNAMA가 국제사회 대리인의 자격으로 모든 참가국들의 행동을 일관되게 이끌어야 하는 반면, 다른 한편으로는 유엔 특별대표로서 인권옹호를 위해 참가국들의 군사행동을 비판해야 하는 현실이었다. 이런 규범적 입장 차이는 유엔과 ISAF 참가국들의 관계를 애매하고 불편하게 만들었다.[1]

ISAF를 둘러싸고 미국과 ISAF 간에도 큰 의견 차이가 존재했다. 2008년 아프간 안보상황이 매우 위중했음에도 불구하고 ISAF는 평화유지 형태의 안정화 활동에 지나치게 집착하는 경향을 보였다. 미군 수뇌부는 안보분위기가 악화되고 조직적인 반군저항이 나타나는 현실에서 ISAF가 경직된 태도를 고수하는데 커다란 불만을 가졌다. 그래서 ISAF 사령관으로 활동하는 미국의 데이비드 맥키어난(David McKiernan) 장군은 "우리는 아프간에서 전쟁 중이다. 이것은 평화유지가 아니다. 이것은 안정화 활동이 아니다. 이것은 인도주의 지원이 아니다. 이것은 전쟁이다"라고 말하면서 ISAF의 태도변화를 촉구했다. 한 걸음 더 나아가 ISAF 각국 군대는 본국에서 파병 군사활동에 부과하는 제약으로부터 자유롭지 못했고, 그것은 그들의 협력을 제한했다. 대체로 각국은 군사행동에 조심하면서 사상자 발생을 최소화하는 안전조치를 가장 중

_데이비드 맥키어난

시했고, 그것은 필요한 전투에서 소극적 태도로 일관하는 경향을 만들어 냈다. 다른 한편, ISAF 관리들은 파트너 국가들 간의 명령, 통제, 조정이 더 증진되어야 할 필요성을 지적했다. ISAF 본부와 동, 서, 남, 북부에 설치되어 있는 여러 지역사령부 간의 의사소통이 원활하지 않았다. 또 ISAF 국가들 간에 제대로 정보가 공유되지 않았는데, 그것은 상이한 커뮤니케이션 채널의 사용, 언어장애, 그리고 민감한 정보공유에 대한 거부감에서 비롯됐다.[2]

병력증강의 시작(Surge)　　　미군과 ISAF는 전투에서 많은 성과를 거두었지만, 광범

---

1) Bowman & Dale, <u>War in Afghanistan</u>, (December 3, 2009), pp. 12-13.
2) Ibid., (2009), p. 16.

위한 영토, 반군의 종교적 신념과 게릴라 수법, ISAF 내의 문제, 그리고 2003년 시작된 또 하나의 전쟁인 이라크 전쟁의 여파는 미국의 승리를 어렵게 만들고 있었다. 이제 아프간 전쟁이 시작된 지 8년 만에 미국은 처음으로 본격적 병력증강 없이는 아프간 전쟁에서 승리가 어렵다고 판단하기 시작했다. 2008년 9월 그 당시 미국 합참의장이던 마이크 뮬렌 제독(Admiral Mike Mullen)은 4만 명의 미군병력에도 불구하고, 미국은 아프간 전쟁에서 승리를 확신할 수 없다는 큰 우려를 표시했다.[1] 그 상황에서 퇴임을 몇 달 앞둔 부시대통령은 아프가니스탄에 5천명 수준 병력을 증원(Afghanistan Surge)할 것이라고 선언했다. 그러나 부시 후임으로 등장한 버락 오바마(Barack Obama) 대통령 시기에 입증되듯 그것은 오바마의 3~4만 병력증강으로만 해결될 수 있는 성격의 위기였다. 부시가 그렇게 적은 추가병력 증원을 발표한 것은 아마 이미 2007년 초 이라크에 3만 명이 추가 파병됐기 때문이었을 것이다.[2]

_마이크 뮬렌 제독

　　그러는 사이, 알카에다와 급진이슬람 세력은 세계 각지에서 계속 테러를 자행했다. 300여명 부상자를 낸 인도네시아 발리 구타 해변 나이트클럽 폭탄테러(2002. 10), 24명이 사망하고 60여 명이 중상을 입은 모로코 카사블랑카 폭탄테러(2003. 5), 200여 명 사상자와 2천여 명 부상자를 초래한 스페인 마드리드 열차 연쇄 폭탄테러(2004. 3), 50명이상의 사망자와 700여 명 부상자를 낸 런던 폭탄테러(2005. 8), 140여 명이 사망하고 450여 명이 부상당한 인도 뭄바이 기차역 연쇄 폭탄테러(2006. 7), 파키스탄 남부 카라치 시내의 부토 전 총리 차량 공격(2007. 12), 62명을 살상한 알제리아 차량폭탄 테러(2007. 12), 5명을 부상시킨 스코틀랜드 글라스고우 국제공항 테러(2007. 7)가 모두 그런 것이었다.

1) Katzman, Afghanistan: Post-Taliban Governance, (2015), p. 23; Karen DeYoung and Jonathan Weisman, "Obama Shifts the Foreign Policy Debate," The Washington Post, (July 23, 2008)

2) 2008년 6월 영국 총리 고든 브라운(Gordon Brown)은 아프가니스탄에서 복무하는 영국병력 숫자는 230명이 더 늘어나 8,030명이 될 것이라고 선언했다. 6월 한 달 동안 영국군 사상자 수는 100명이었다. Extra UK troops for Afghanistan, BBC News, (June 16, 2008); Belasco, The Cost of Iraq, Afghanistan, (2014), pp. 10-11.

★ 전문가 분석

미국이 아프간 전쟁을 시작한지 10개월 후인 2002년 여름 미군이 아직 파키스탄 국경 인근으로 축출당한 탈레반 및 알카에다 잔당과 전투를 치르고 있을 때, 두 명의 전문가가 다음과 같이 그 당시 아프가니스탄에서 가장 시급한 문제는 아프가니스탄 내 인종, 부족 파벌들이 합의하는 새로운 형태의 군대창설이라는 의견을 제시했다.

① 아프간 정부군 모델

정부군 조직의 필요성

아프간 전쟁에서 미군과 다국적군의 성공적 군사작전은 아프간인들 자신의 오랜 내란을 순식간에 종식시켰다. 이제 아프간 평화를 위해 가장 시급하게 추진해야 할 문제는 과거 내란에서 서로 싸우던 국내파벌들을 단일국가의 통일된 군대로 흡수하는 일이다. 아프간 파벌들은 서로에 대해 오랜 뿌리박힌 불신을 갖고 있다. 그것은 2천 대전 말 동유럽에서 승전국에 의해 인종, 파벌, 역사, 문화적 구분 없이 국경선이 그어졌듯, 19세기 영국 제국주의가 그 지역에서 그 나라 국경선을 임의로 설정한 것에서 유래한다. 그 나라 인종구분은 2,600만 인구 중 최대부족인 파슈툰이 절반에 조금 못 미치고 타지크, 우즈벡, 하자라 부족이 소수인종을 구성하는데, 그들은 서로에 대해 별로 신뢰하지 않는다. 그들의 불신은 권력 장악을 위한 오랜 내란에서 비롯됐는데, 2001년 12월 카불에 수립된 과도행정당국(AIA: Afghan Interim Authority)은 명목상 파슈툰의 카르자이가 운영하지만 실권은 북부동맹의 비 파슈툰 파벌, 그리고 국방 및 공안기구는 타지크 족이 지배한다. 인종, 부족, 파벌분쟁은 계속되고 새로운 정치로의 진전은 군사통합 없이 진행되는데, 현재 상태는 과거 서로 다투던 북부동맹의 파벌적 무장세력들이 해체되지 않은 채 전략적으로 임시 휴전하는 상태다. 카르자이 수반이 이끄는 과도행정당국은 국가차원의 군대에 관해 아무런 구상도 갖고 있지 않다. 만약 아프간 국내정치가 그 기능을 제대로 발휘하지 못하면 그 사병 성격을 띤 파벌들은 또다시 상호투쟁에 돌입할 것이고, 그것은 또 다른 내란으로 번질 것이며 향후 탈레반 반군과의 투쟁에서 승리를 어렵게 만들 것이다. 아직까지 아프간 군 창설을 위한 국제공동체의 지원은 제한적이다. ISAF는 인종과 파벌균형을 고려해 아프간 33개 주로부터 600명의 아프간군인을 충원, 훈련시켰는데, 연말까지 기껏해야 4천명 충원이 최대목표로 알려지고 있다. 부시 행정부는 2003년 말까지 1만 8

천명 아프간 정부병력을 육성한다는 계획하에 의회에 5천만 달러 예산을 요청하고 약간의 기본훈련을 시작했다. 또 미군은 알카에다 추적을 위해 지방군벌과 연계를 가진 별도의 아프간 병력을 양성해 그들을 프락치로 사용하는데, 그들은 미군이 지급하는 높은 급여로 인해 중앙정부 지휘 하에 편입될 의향이 없다. 그러나 탈레반 및 알카에다 이슬람 반군과의 향후 투쟁에 적어도 수십만 병력이 요구되는 상황에서, 그렇게 느리고 비체계적인 군대조직 방식은 '아프간 국민에게 봉사하는 자주 자립적 군대의 꿈'을 무산시킬 것이다.[1]

정치파벌, 지역 군벌의 합의

미국, 유엔, 국제공동체는 아프가니스탄 내 경쟁하는 파벌이 하루라도 빨리 군대창설을 서두르도록 리더십을 발휘해야 한다. 미국은 아프간 당사자 파벌들이 어떤 형태의 국민군대를 원하는지 스스로 결정하게 하고, 재정지원을 제공하며, 통합성공의 분위기 조성을 돕고, 그 노력이 일관된 목표를 향하도록 도와야 한다. 미국은 국제사례를 참고할 필요가 있다. 예를 들어 보스니아, 코소보, 앙골라, 캄보디아의 내란 이후 평화협상은 파벌 간의 구체적 합의부재로 통합 군대창설에 실패했다. 반면 남아프리카는 인종분리(apartheid) 종식 이후 경쟁하던 파벌들이 수개월에 걸쳐 국민군대에 관한 청사진을 만들어 냈고, 모든 참여자들은 각자의 역할을 수용했다. 1992년의 모잠비크 역시 내란 이후 평화협상에서 새로운 직업군대의 구조, 규모, 그리고 과거 전사들의 동원해제에 관한 구체적 시간표를 만들어 냈다. 아프가니스탄의 경우는 2002년 3월 각 파벌과 군벌들이 모여 상대방에 대한 선의만 표시했을 뿐 구체적 진전은 전혀 없었다. 미국과 국제공동체는 아프간 파벌들이 파벌통합에 기초한 군 창설의 길을 가도록 도와야 하지만, 아직까지 그런 노력은 너무 취약하다. 2001년 12월 도쿄와 2002년 4월 제네바에서의 아프가니스탄 지원 관련 국제회의는 아프간 국방군을 위해 2억 3천만 달러 기여를 약속했지만 자금은 모아지지 않았다. 미국은 솔선해서 아프간 군 창설을 위한 자금을 획기적으로 증대시키고, 국제공동체가 지원약속을 지키도록 유도하며, 아프가니스탄 내 당사자 파벌들의 군 창설에 관한 지지를 얻고 방해세력이 없도록 강력한 조치를 취해야 한다. 미국은 지역 군벌에 대한 통제권을 확보하고, 필요하면 중앙정부에 도전하는 세력에게는 공중공습을 포함해 경고 메시지를 보내야 한다. 2002년 5월까지 OEF에 사용된 170억 달러에 비하면

---

1) Anja Manuel and P. W. Singer, "A New Model Afghan Army," Foreign Affairs, Vol. 81, No. 4 (July/ August 2002), pp. 44-48.

군 창설 비용의 부담은 별로 크지 않을 것이다. 현재 카불지역에 한정되어 있는 ISAF 군의 작전영역이 더 확대된다면 그것은 아프간 군대창설에 유리한 상황을 조성할 것인데, 왜냐하면 그들은 수년이 소요되는 병사충원, 훈련, 무기체계 정착을 돕고 지역 군벌의 협력유도에 도움을 줄 것이기 때문이다. 보스니아를 포함해 여러 나라에서 평화유지병력은 귀중한 안정자로 역할한 바 있다. 마지막으로 미군과 ISAF군은 개별적으로 시행하는 군사훈련 프로그램을 통합 조정할 필요가 있는데, 특히 미군이 운영하는 아프간 남부의 반알카에다 부대가 불량군대가 되지 않도록 가능한 한 빨리 카불정부 지휘체계 아래로 귀속시켜야 한다.[1]

미국의 고려사항

미국과 국제공동체는 카불정부를 도와 파벌과 군벌들의 지나친 파워경쟁을 방지해야 하고, 이 모든 과정에서 카불을 통해 정치, 군사, 경제지원을 제공해야 한다. 현재 과도행정당국 체제에서 100명 장군 중 90%는 타지크 족인데, 미국은 인종, 부족 간 정치 분쟁이 생기지 않도록 새로 구성되는 군대에서 인구분포를 반영해 파벌의 균형을 맞춰야 한다. 기존의 지방군벌들은 새로 창설되는 군에 흡수되어야 하는데, 그들은 새로운 고용의 희망에서 그 기회를 잡으려 할 것이다. 서방군대와 비슷한 형태로, 국가당국이 공정하게 고위 군사간부를 임명하고 군사지휘부가 개별부대 사령관을 지명해야 한다. 중앙정부의 횡포를 우려하는 각 지역의 정서를 반영해 국방구조는 인종적으로 통합된 적은 숫자의 국가 정규군과 지방정부에 책임지는 국방경비대(national guard)의 이중구조가 적합할 것이다. 병력규모는 국가재정과 현 상황의 소요에 비추어 당분간은 3만 명 수준이 적합할 것으로 보이는데, 그들 장교와 사병 모두는 33개 주로부터 모집되어 인종, 부족 측면에서 균형을 맞춰야 하고 지휘명령체계는 정치 분쟁이 생기지 않도록 특정파벌의 독점을 배제해야 한다. 군사통합의 도전은 전체 평화과정의 성공이나 실패를 결정할 것이다.[2]

② 북부동맹의 문제점과 미국의 전략선택

미국은 북부동맹과 손잡고 2001년 탈레반 정권을 축출하면서 집권기간 동안 탈레반이 아프간 국민에게 저지른 악행과 무자비한 국민탄압을 전 세계에 폭로했다. 그러나 캐

1) Ibid., pp. 49−52.
2) Ibid., pp. 53−59.

시 개논(Kathy Gannon)은 실제 북부동맹 역시 1992년 집권해 1996년 탈레반에게 축출되기 전까지 그 국민들에게 탈레반 못지않게 잔인하게 행동했으며, 미국은 북부동맹에 대한 의존을 거둬들이고 인구 다수, 특히 파슈툰에게 손을 내밀어야 한다고 주장했다. 2004년 여름 아프가니스탄이 임시정부 체제를 넘어 정식 총선, 대선으로 공식정부를 수립해 가는 과정에서 그녀는 다음과 같이 주장했다.

북부동맹의 실체

미국은 2001년 카불 탈환 이후 "과거에 아프가니스탄을 그렇게 비참하게 만든 그 북부동맹 사람들로 하여금 그 나라를 미래 민주주의와 안정으로 이끌게 하고 있다." 1990년대 중반 '악랄한 살인의 책임을 공유하는' 북부동맹의 핵심군벌들이 아프가니스탄에서 또 다시 권력을 장악하게 됐다. 워싱턴은 아프가니스탄의 굴곡진 국내정치 역사에 대해 잘 알지만 현실적 목표달성을 위해 북부동맹의 과거 악행에 대해 별로 개의치 않는다. 전 대통령 브루하누딘 라바니(Bruhannudin Rabbani), 현 국방장관 무하마드 파힘(Muhammad Fahim), 아프간 대통령 특사 압둘 도스탐(Abdul Dostam), 그리고 주 아프간 미국대사 잘마이 칼릴자드(Zalmay Khalilzad)와 가끔 만나는 압둘 사야프(Abdul Rasul Sayyaf)를 포함해서, 북부동맹 파벌들은 아직도 사병과 개인감옥을 유지하고 불법 아편무역으로 거대한 양의 자금을 거둬들인다. 그들은 미국, 유엔과 협상테이블에 앉아 서로 파워를 교환한다. 미국의 새 동맹군인 북부동맹은 이념적으로는 거의 탈레반과 마찬가지로 급진적이다. 미국과 그들의 동맹은 전술적인 것으로 보이고, 워싱턴은 이들 친미세력을 아프간 신정부 수립을 위한 꼭두각시로 이용하는 것 같다. 북부동맹 리더들은 파슈툰 부족 출신인 카르자이의 대통령직 임명에 동의했는데, 그것은 단지 그가 자기 자신의 민병대를 갖고 있지 않아 실제권력을 행사할 수 없기 때문이다. 민족주의자인 카르자이는 인종, 부족에 관계없이 모든 아프간 인을 위한 아프가니스탄을 믿는 사람으로서 권좌에 임명됐다. 미국과 유엔은 카르자이가 서방의 지원으로 아프간을 통치할 힘을 얻을 것이라고 생각하는 것 같은데, 실제 워싱턴은 카르자이를 지원하면서도 다른 한편 탈레반과 알카에다 잔당 추적을 위해 독자 군벌에 의존한다. 그 이중전략은 북부동맹에 모든 정치, 군사, 경제적 이익을 제공해 그들을 강화시키는 반면, 이미 취약한 카르자이의 중앙권력을 약화시킨다. 실제 워싱턴은 모든 면에서 카르자이보다 북부동맹에 더 의존한다. 타지크와 우즈벡 파벌이 지배하는 과도한 영향력이 그 나라 전체에 공포심을 확산시키는데, 이것은 단지 1만 1천명 미군병력과 카불 내에서만 활동하는 6천명 ISAF 국제병력의 작

은 규모에 의해 더 악화되고 있다.[1]

국민의 희생

과거 1980년대 아프가니스탄이 소련의 침략에 맞서 투쟁할 때 워싱턴은 그 무자헤딘을 지원했고, 카르자이는 그들을 소련에 반대한 전쟁영웅으로 칭송했다. 그러나 친소 공산주의 정권이 물러가고 1992년 무자헤딘에 의한 정부가 수립되면서 그들에 대한 아프간 국민들의 생각은 정반대로 바뀌었다. 국민들은 그들이 국가발전보다는 권력투쟁에 몰두하고 파벌 간 내란에서 민간인 살해를 망설이지 않는 무자비한 집단이라는 사실을 간파했다. 그 당시 최악의 살인자로 굴부딘 헤크마티아르(Gulbudin Hekmatyar)가 거론되지만, 일반 아프간 인들은 북부동맹이나 탈레반이나 권력투쟁과 이권개입, 무질서, 폭력, 민간인 살해에서 차이가 없다고 느낀다. 권력을 쫓아 무자비한 폭력을 행사하면서 정치에 매달리는 모든 사람들은 국민들에게 환멸의 대상이다. 오늘날 권력투쟁에 목숨 거는 정치파벌, 그리고 그들과 연계된 군벌들은 마약유통과 부패의 공범이고 일반인 학대를 서슴지 않는다. 무자헤딘을 향해 공개 발언하는 것은 죽음을 자처하는 일이다. 파벌 리더들과 군벌들은 어느 시점에는 미국과 협력하려 하지 않을 수 있는데, 그들은 밀수와 아편 매매로 50억 달러 이상을 벌어들이고 일반 국민과는 별개로 모든 특권과 물질적 풍요로움을 누리기 때문이다. 이 모든 것의 희생자는 아프간 국민들이다. 아프간 국민들은 국내 정치파벌뿐 아니라 국제사회로부터도 버려진 상태에 처해 있다. 그들은 9·11 이후 탈레반 공격과정에서 국제공동체가 강조한 미래와 오늘날의 현실이 너무 다른 것에 실망하고, 서방이 과거의 처단자를 권좌로 불러오고 더 강력한 권한을 갖게 만든 것을 원망한다. 특히 아프간 다수인 파슈툰은 미국이 소수인 타지크 및 우즈벡 부족과 결탁한 것에 대해 반감을 갖는다. 국제사회의 아프가니스탄에 대한 인도주의 지원도 과거 보스니아, 코소보, 동티모르, 르완다 내전 당시에 비해 훨씬 부진하다. 파슈툰을 순화하기 위해 미국이 아프간 동남부 지역에 파견한 지방 재건팀(PRT; Provincial Reconstruction Team)은 펜타곤이 주도하는데, 그 지역 사람들뿐 아니라 전문가들은 미군의 주요임무는 대민지원 사업보다는 그 지역의 안보와 안전을 보장하고 그를 위해 아프간 군대와 경찰을 육성하는 일이라고 말한다.[2]

....

1) Kathy Gannon, "Afghanistan Unbound," Foreign Affairs, Vol. 83, No. 3 (May/June 2004), pp. 36−38.
2) Ibid., pp. 39−43.

발상의 전환

아프가니스탄의 광범위한 불안정, 무장 파벌의 횡포, 범죄, 마약밀수, 직업의 부재, 민간인들의 좌절에 비추어, 미국과 국제공동체의 현재 아프간 전략은 그 나라 안정화와는 거리가 멀다. 그러나 워싱턴은 아직도 지난 2년 반 동안 추진해 온 기존전략을 포기할 생각이 없다. 다가오는 아프간 대선에서도 워싱턴은 미군과 지방군벌이 팀을 이루어 그 선거에서 발생하는 안전관련 문제에 대처하게 한다는 전략이다. 워싱턴의 구상은 카르자이를 당선시켜 그로 하여금 군대와 경찰을 포함해 국가제도를 정착시키고, 지방경제를 활성화시키며, 마약을 포함한 범죄를 축소시키는 주요 행정절차를 수행하게 하는 것이다. 그러나 미국이 1년 전 국내외의 수많은 비난 속에 시작한 이라크 전쟁에 집중하고 국제공동체의 지원이 취약한 상태에서, 국내 지지기반이 취약한 카르자이가 얼마만큼의 실제 권한을 행사하고 필요한 국가목표에 도달할 수 있는지 의문이다. 아프간 정부군 병력은 5천7백 명에 불과하고 경찰은 이제 막 조직을 체계화하는 상태에 있을 뿐이다. 미국은 발상의 전환을 필요로 한다. 우선 미국은 북부동맹과는 다른 파트너를 찾아야 하는데, 파힘, 사야프 같은 사람들을 제거하는 것은 그들 추종자를 약화시키고 군벌의 무장해제를 도울 것이다. 워싱턴은 알카에다에 협력한 탈레반 리더인 무하마드 오마르를 포함해 탈레반 수뇌부는 제거하지만, 그들의 지시를 따라 행동한 일반 탈레반 사병은 추방시키지 말아야 한다. 아프가니스탄 최대 사회문제인 마약에 관해서는 미국과 카르자이 정부는 과거 탈레반이 그 무역축소를 위해 사용한 성공적 방법인 성직자와 마을 촌장들이 자기들 지역에서 아편재배 및 매매에 대해 책임을 지게 하는 방식을 활용할 수 있을 것이다. 아프가니스탄의 더 밝은 미래는 많은 부분이 워싱턴이 어떤 전략을 선택하느냐에 달려 있다.[1]

③ 아프간 전쟁의 막다른 골목

이슬람 반군저항이 갈수록 심해지고, 마이크 뮬렌 미 합참의장이 아프간 전쟁에서 승리를 장담하지 못한다는 의견을 제시하며, 퇴임을 목전에 둔 부시대통령이 5천명 병력 증강을 선언하던 2008년, 러시아의 군사전문가 이반 노발로프(Ivan Knovalov)는 아프간 전쟁이 해결이 더 어려운 막다른 골목으로 향하고 있다면서 다음과 같은 비관적 분석을

---

1) Ibid., pp. 44–46.

제시했다.

연합군 협력의 부진

지금 아프가니스탄에서는 전쟁 양측의 전투가 더 격화되어 가고 있지만 어느 한쪽도 승리를 장담할 수 없다. 나토연합군과 아프간 정부군이 이슬람반군의 공격을 일정수준 방어하고 있지만, 동시에 자신감에 충만한 탈레반은 연합군에 대해 예상치 못한 곳에서 예상치 못한 방식으로 공격한다. 2008년 4월 카불 군사 퍼레이드동안 발생한 반군의 공격은 그런 경우이다.

아프간 전쟁은 수많은 문제점을 갖고 있지만 그 중 하나는 연합군 간에 제대로 협력이 이루어지지 않는 것이다. 그들은 대테러동맹은 강력하고 공통의 목적을 위한 그들의 단합은 공고하다고 말하지만, 현실은 다르다. 탈레반이 들끓는 동남부에서 실제로 전쟁하는 것은 미국, 영국, 캐나다, 네덜란드 부대이고, 26개 나토회원국을 포함해 39개국 5만 3천명으로 이루어진 ISAF의 다른 나라 병력은 주로 상대적으로 안전한 북부와 서부에서 재건과 안정화 작업에만 몰두한다. 미국은 나토국가들이 더 전쟁에 적극적으로 나서기를 원하지만, 사상자 최소화를 중시하는 그들은 워싱턴의 요청에 최소한으로만 호응한다. 전쟁은 두 개 수준에서 진행되고, 나토가 정말 제대로 작동하는지 의문이다. 아프간 문제가 가장 큰 이슈였던 2008년 4월 나토 부카레스트 정상회담의 합의는 기껏해야 프랑스 1개 대대 700명을 아프가니스탄 남부로 파병한다는 것이 전부였다. 그때 남부 칸다하르 2,500명 병력 중 2008년 5월 한 달간 84명의 병사를 잃은 캐나다는 다른 동맹국들이 1천 명 이상 추가병력을 파병하지 않으면 자기들 구역에서 철수할 것이라고 으름장을 놓았다. 1,750명을 주둔시키고 있는 네덜란드는 나토 추가병력이 당도하지 않으면 병력을 축소시킬 것이라고 위협했다. 미국은 510명의 사상자, 영국군은 100명 사망자 손실을 입었다. 지휘체계도 제 각각이다. 전쟁에 가장 많이 배치된 4만 명 미군 중 1만 명은 ISAF 통제 밖에서 플로리다 탬파(Tampa) 미 중부사령부의 지시를 받는다. ISAF 병력의 지휘권은 전략레벨은 벨기에의 연합군 전략사령부(ACO: Allied Command Operations), 그리고 전술레벨은 네덜란드의 연합군 전술사령부(Allied Joint Force Command)로 나누어져 있다. 나토 동맹국들의 추가 병력배치 의지를 의심하는 워싱턴은 결국 미국이 더 많이 전투에 개입해야 할 것으로 생각하는데, 최근의 3,200명 미 해병공수와 이라크로부터 1만 5천 명 3개 여단을 아프가니스탄에 재배치하려는 계획은 그런 상황을 반영한다.1)

아프간 안보병력의 취약성

미국은 다국적군 사령관 데이비드 퍼트레이어스 장군이 이라크에서 사용한 병력증강 전략(Surge)이 아프가니스탄에서도 성공할 것으로 자신하는데, 그 가능성은 미지수이다. 아프간 전쟁은 아프간 정부군의 도움이 없이는 성공하기 어려울 것이다. 아프간 군은 현재 5만 5천 명이고 향후 20만 명까지 증원될 수 있다. 그렇지만 아프간 정부군은 아주 많은 문제를 갖고 있는데, 군인 개인의 우수성에도 불구하고 그 군대는 다민족 구성으로 인해 응집력이 취약하고 충원이 어려우며 탈영이 많고, 부패한 상태에서 독자적 작전능력이 결여돼 있다. 아프간 군은 장교숫자가 너무 적고 무기체계가 너무 형편없다. 육군은 단지 24개의 155밀리 곡사포(howitzers), 수십 대의 낙후된 Mi−8 헬리콥터, 약 10대의 수송기, 그리고 수십 대의 구식 T−62 탱크만을 보유한다. 그것들은 과거 구소련제인데, 미국은 최근에야 30억불 군사패키지 지원을 선언했다. 아프간 경찰은 문제가 더 심각하다. 장비와 훈련부족을 넘어 그들은 33개 주에 정착하기 어려운데, 왜냐하면 그것은 전국 60%를 지배하는 각 지역부족과 지방군벌의 협력이 없이는 불가능하기 때문이다. 지역 토착세력의 협력은 외국군이 정부기구 설치 당시 얼마나 많은 재정지원을 제공하는가에 달려있다.[1]

탈레반의 부활

연합군은 탈레반, 알카에다, 그리고 수많은 이슬람 그룹을 포함해서 많은 적에 둘러싸여 있지만, 주적인 탈레반은 2006년까지 파키스탄 국경 여러 부족 자치구역인 와지리스탄과 파키스탄 북서부 국경인근에 여러 후방기지를 설립하면서 인프라를 충분히 복구시켰다. 2007년의 탈레반 공세는 이라크 반군과 비슷할 정도로 강력해졌다. 탈레반 전사는 1~2만 명 수준으로 간주되는데, 그들은 오마르(Omar)를 포함한 2001년 도피한 리더들, 중간급 리더와 새로 충원된 전사들, 그리고 아랍국가, 체첸, 우즈베키스탄, 위구르 등지에서 온 해외용병들로 구성된다. 아프간전투는 파키스탄 3개 도시인 퀘타(Quetta), 미란샤(Miranshah), 페샤와르(Peshawar)의 사령탑에서 지휘하는데, 퀘타의 책임구역은 칸다하르, 헬만드, 우루즈한(Uruzhan), 파라(Farah)이다. 최고위 사령관들의 보좌역들은 전투 전에 지형을 조사하고, 반군의 무기는 대표적인 게릴라용으로 소형무기, 수류탄 발사기,

1) Ivan Knovalov, "The Afghan Impasse," International Affairs, Vol. 54, No. 5 (2008), p. 77.
1) Ibid. p. 78.

대탱크체계, 휴대용 지대공(SAM)미사일, 그리고 다양한 지뢰이다. 그들은 파키스탄 내 동조세력으로부터의 충분한 양의 무기를 공급받는다. 2007년 이후 탈레반의 공세는 그 강도를 입증했고 앞으로의 전쟁이 순탄치 않을 것임을 말해준다. 그들의 공격은 모두 치고 빠지는(hit and run) 게릴라전인데, 그 이유는 그들이 과거 경험을 통해 대규모 공개전투에서는 연합군 전투기와 헬리콥터 공중공습으로 인해 전멸한다는 것을 잘 알기 때문이다. 탈레반의 게릴라 전쟁전술은 주로 정부시설 및 외국인 회사시설 공격, 인도주의 재건인력 공격, 작은 군사행렬 공격, 도시 테러공격, 그리고 도로 길목지뢰 설치의 형태를 띠었다. 도로지뢰는 모든 연합군 사상자의 20%를 차지했다. 2008년 전투는 그 전 해에 비해 특별한 것은 없었다. 나토와 아프간 정부군은 수많은 전투에서 30명 이상의 탈레반 사령관들을 사살하거나 체포했지만, 연합군 손실은 그 전해에 비해 30% 증가했다. 파키스탄에서 계속 탈레반을 위한 전사가 유입되면서 전쟁은 계속된다.[1]

파키스탄 변수

지금 진행되는 아프간 전쟁에서 가장 중요한 변수는 무엇인가? 루마니아와 뉴질랜드의 병력증원, 그리고 전투기, 정찰 및 공격헬리콥터, 공중수송 보강을 통한 연합군 전력강화에도 불구하고, 탈레반과 파키스탄 내 알카에다 후방기지 및 사령탑의 파괴 전까지 전쟁의 전환점은 이루지 못할 것이다. 파키스탄 대통령이 테러리스트들을 교묘히 이용한다는 아프간대통령 카르자이의 비난에도 불구하고, 페레즈 무샤라프(Pervez Musharraf)는 파키스탄 국경 탈레반 기지나 파키스탄 내 알카에다 기지의 존재를 부인한다. 그는 미국의 '테러와의 전쟁'을 지원하면서도 동시에 와지리스탄 자치지역 부족들과 평화를 유지해야 하는데, 왜냐하면 그는 그 자치구역 내 알카에다와 연계된 부족 무장세력과 파키스탄 내 탈레반과 연계된 이슬람세력을 소탕할 능력이 없기 때문이다. 그는 과거에도 그 지역 부족과의 전투에서 실패해 그곳 10만 파키스탄 병력 중 상당수를 철수시켜야 했다. 무샤라프가 100명 미군 군사고문단으로 하여금 파키스탄 국경부대를 훈련시킨 것은 그가 미국을 위해 할 수 있는 최대치였다. 그러는 사이 사태는 미군 장성들이 말하듯 아프가니

---

1) 그는 탈레반의 아프간 민간인 살상에 대해서는 대체로 알려진 것과는 다른 다음과 같은 의견을 제시했다. 아프간 전쟁에서 연합군에게 유리하게 작용한 것 중 하나는 이라크에서 반군이 미군과 동맹군을 공격하는 동시에 이라크 민간인을 살상한 것과는 달리 탈레반은 아프가니스탄에서 일반 민간인에게 테러하지 않았다는 것이다. 그 이유는 아프가니스탄에서는 부족유대가 국가나 어느 이데올로기보다 더 중요하기 때문에 탈레반 리더들이 만약 일반인들을 공격하면 그들이 돌아선다는 것을 잘 알았기 때문이다. Ibid., pp. 79-80

스탄을 넘어 파키스탄으로 향한다. 미국인들의 더 많은 군사노력 필요성에도 불구하고 그것은 아프간의 막다른 골목을 더 위험하게 만든다.[1]

03 이라크 전쟁

지구적 차원의 대테러 전쟁 일환으로 추진된 전쟁 중 그 강도와 심각성에서 아프간 전쟁 못지않게 중요한 것은 '이라크 자유 작전'(OIF: Operation Iraqi Freedom, 2003. 3–2011. 12)으로 명명된 이라크 전쟁이었다.[2]

(1) 전쟁 전 논의

이라크 전쟁은 2003년 3월 20일 시작됐다. 그러나 미국의 준비는 그 이전에 시작되고 있었다. 9·11 이후 2001년 말 이미 조지 W. 부시 대통령과 도널드 럼스펠드 국방장관은 이라크 전쟁이 필요한지에 대해 생각하고 있었다. 사담 후세인의 핵무기 보유 및 알카에다와의 연계가 불확실했지만, 2002년 1월 국정연설에서 부시는 북한, 이란과 함께 이라크를 '악의 축' 일원으로 부르면서 세계의 위험한 정권들이 파괴적 무기로 미국을 위협하는 행동을 방관하지 않을 것이라고 말했다.[3] 2002년 중반부터 부

_사담 후세인

---

1) Ibid., p. 81.

2) 제1차 세계대전 당시 오토만(Ottoman)이 붕괴되면서 영국은 파이잘(Faysal) 1세를 내세워 이라크 지역을 통치했다. 1932년 이라크는 (오늘날 요르단 집권 왕족인 Hasemite 가문의) 파이잘 1세 통치하에 독립했으나 1958년 압드 카심(Abd al–Qarim Qasim)의 쿠데타로 무너졌고, 그 이후 바트(Ba'th) 당의 두 차례에 걸친 쿠데타를 거쳐 마지막 쿠데타 이후 1979년 사담 후세인에 의해 통치됐다.

3) 사담 후세인이 쿠웨이트를 침공해 벌어진 제1차 걸프전(1990–1991) 이후 이라크는 미국에게는 계속 불신의 대상이었다. 제1차 걸프전 종결(1991. 4) 이후 미국 주도의 연합군은 이라크 북부와 남부에 쿠르드족이나 시아파를 공격하지 못하도록 비행금지구역을 부과했고, 유엔특별위원회(UNSCOM: UN Special Commission)는 250여 차례 현장조사를 거쳐 이라크로 하여금 미사일 48기와 화학무기 원료 690톤을 폐기하도록 강제했다. 1998년 유엔조사단은 후세인 대통령 궁을 포함해 현장조사를 요구했으나, 이라크의 거부로 유엔 사찰단은 철수했다. 1998년 12월 미국과 영국은 사막의 여우 작전(Operation Desert Fox)으로 4일 간 바그다드와 몇몇 이라크 군사시설, WMD 개발 의심지역을 폭격

시 행정부는 쿠웨이트에 미군병력을 배치하기 시작했고, 미국, 영국 전투기들은 이라크 비행금지 구역을 계속 순찰했다. 2002년 9월 부시는 유엔안보리에서 바그다드에 테러지원 중단, WMD 폐기, 국민억압 중단을 포함해 5개항을 요구하면서 이라크 침공의 정당성에 관해 연설했다.[1] 같은 시기, 영국 수상 토니 블레어(Tony Blair)는 이라크 정권교체는 바람직하지만 런던의 더 중요한 목표는 이라크 WMD의 제거라고 말했고, 미국과 영국 정보기관들은 향후 10년 이내에 후세인 정권이 핵무기를 보유할 수 있다는 보고서를 제출했다. 곧 이어 미 상, 하원은 압도적 표차로 미 행정부의 이라크 공격권한을 승인했다. 그러나 미국, 영국과 달리 프랑스와 독일은 추가 외교노력과 무기사찰을 주장하면서 워싱턴의 이라크 침공계획에 비판적 태도를 보였다. 곧이어 11월 초순 유엔안보리는 타협적 결의안 1441호를 통과시켰는데, 그것은 이라크가 무기사찰을 수용해야 하고 그렇지 않을 경우 심각한 결과를 맞이할 것이라는 경고를 포함했다. 그러나 미국의 의도에 반대하는 프랑스와 러시아는 바그다드가 그 결의안을 이행하지 않을 경우 군사적 처벌을 의미하는 것은 아니라고 분명하게 말했다. 더 나아가 프랑스는 만약 이라크가 미국과 합의에 도달하지 못하면 프랑스 자체의 새로운 결의안을 유엔안보리에 제출할 계획이라고 덧붙였다.[2]

　　그러나 사담 후세인이 2002년 11월 안보리 결의안 1441호를 수용하면서 유엔 사찰위원장 한스 블릭스(Hans Blix)와 IAEA 책임자 모하메드 엘바라데이(Mohamed ElBaradei)가 이라크를 방문했다. 사찰단 결과가 나오기 이전 부시와 블레어는 이구동성으로 이라

했다. 그 이후 유엔은 또다시 이라크 정부의 대량살상무기 사찰 수용을 촉구했으나 후세인은 그를 거부했다. 미국은 행정부를 불문하고 이라크가 문제를 일으킬 수 있는 불량국가라는 의심을 거두지 않았다. Jeffrey R. Smith, "Hussein's Prewar Ties To Al-Qaeda Discounted," The Washington Post, (April 6, 2007)

1) 그때 유엔에서 부시는 WMD, 장거리 미사일, 그리고 모든 관련 물질을 즉시 공개하고 제거해야 한다고 말했다. George W. Bush, President's Remarks at the United Nations General Assembly, The White House, (September 12, 2002)

2) 상원의 이라크 전쟁 승인에는 CIA의 판단이 결정적으로 작용했다. 이라크 전쟁 승인결의안은 하원에서 296: 133, 상원에서 77:23으로 통과됐다. Joint Resolution to Authorize the Use of the United States Armed Forces Against Iraq, The Office of the President of the United States, (November 2, 2002); In Their Own Words: Iraq's Imminent Threat, Center for American Progress, (January 29, 2004), www.americanprogress.org; 프랑스 외교장관 도미니크 빌레펭은 군사력 사용은 자동적인 것이 아니고 단지 마지막 수단일 뿐이라고 말했다. 그는 이라크에 '확고하고 분명한' 메시지를 보내기 위해서 안보리에서 만장일치의 투표를 원한다고 말했다.

크에서 전쟁이 발발한다면 그것은 후세인 정권이 WMD를 포기하지 않기 때문이라고 말했고, 콜린 파월 미 국무장관은 유엔을 방문해 이라크가 WMD를 은폐하고 있고 또 이라크가 알카에다와 연계되어 있다고 주장했다.[1] 그러나 2003년 3월에 이르러 유엔 사찰단은 이라크에서 화학무기 원료, 탄저균 자료가 사라졌지만 이라크에서 핵 프로그램을 재개했다는 증거는 발견하지 못했다고 말하고, 핵 농축에 사용될 수 있는

_콜린 파월

장비와 물질은 핵개발이 아닌 다른 용도를 가진 것이라고 결론 내렸다.[2] 그럼에도 불구하고 부시 행정부는 국내에서 전쟁의 정당성 홍보에 열을 올렸고, 유엔사찰단이 WMD를 발견하지 못한 상태에서도 미국인의 80% 이상은 후세인이 WMD를 갖고 있다고 믿었다. 토니 블레어의 권고를 따라 부시는 몇몇 나라와 함께 유엔안보리에 이라크 전쟁관련 두 번째 결의안을 제출했지만, 그것은 프랑스, 독일, 러시아, 중국의 강력한 반대에 부딪쳤다. 그 결의안은 통과되지 못했고,

_토니 블레어

미국과 프랑스, 독일과의 관계는 긴장됐으며, 전 세계, 특히 유럽에서 대중시위가 폭발적으로 터져 나왔다. 그러나 2003년 3월, 미국은 영국, 호주, 이탈리아 같은 몇몇 자발적 지지국가와 함께 일방적으로 이라크 침공을 준비하기 시작했다. 2003년 3월 17일 부시는 최종적으로 후세인과 그 일가족이 48시간 내에 항복하고 이라크를 떠날 것을 요구했고, 그 다음 날 영국하원은 이라크 전쟁을 압도적 표차로 승인했다.[3]

1) 그러나 후세인의 WMD 보유에 관한 콜린 파월의 안보리 진술은 독일에 사는 이라크 이민자인 라피드 알완(Rafid Ahmed Alwan)의 가짜 정보에 근거한 것으로, 알완은 나중에 그의 정보는 사실이 아니었다고 시인했다. 그것은 2004년 이라크 조사그룹(Iraq Survey Groups)의 최종보고서에서 재확인됐다. 후세인과 알카에다 연계에 관한 의혹도 나중에 사실이 아닌 것으로 밝혀졌다. Christopher Marquis, "Powell Admits No Hard Proof in linking Iraq to Al Qaeda," New York Times, (January 9, 2012); Lee Ferran, "Iraqi Defector 'Curveball' Admits WMD Lies, Is Proud of Tricking U.S.," ABC News, (February 15, 2011)

2) Barbara Salazar Torreon, U.S. Periods of Wars and Dates of Recent Conflicts, CRS Report 7−5 700, RS21405 (February 27, 2015), pp. 6−7; Iraq War, http://www.britannica.com/print/article/8 70845; The Status of Nuclear Inspections in Iraq: An Update/ Statements of the Director General, IAEA, (March 07, 2003), www.iaea.org

3) 2003년 3월 6일 부시는 미국 정보 보고를 인용하면서, 사담 후세인은 유엔결의안 1441호를 준수하지 않고 있다고 주장했다. News Release, White House, (July 8, 2011); President Says Saddam Hussein Must Leave Iraq Within 48 Hours, White House Office of the Press Secretary, (March 17, 2003)

1) 전쟁에 대한 반대

2003년 1월 프랑스 외교장관 도미니크 빌레핀(Dominique de Villepin)은 군사공격은 가장 나쁜 해결방안이라고 말했고, 콜린 파월은 이라크 불법 가능성에 관한 그의 유엔안보리 연설에도 불구하고 군사력을 사용하기보다는 아직은 이라크를 더 조사해 보아야 한다고 말했다. 독일 외교장관 조쉬카 피셔(Joschka Fischer)는 독일군의 이라크 전쟁 참여는 훗날 그 책임소재와 관련해 문제를 일으킬 수 있다는 의견을 개진했다. 2003년 제39차 뮌헨안보회의에서 피셔는 다시 한 번 럼스펠드 미 국방장관이 제시한 WMD 증거는 불충분하다고 지적하고, 그로 인해 워싱턴의 주장을 수용할 수 없다고 말했다. 그러는 사이 전 세계 반전그룹들은 2003년 봄까지 수백만 명이 참여하는 수백 번의 대중시위를 조직했다. 가장 많이 반대한 것은 유럽인들이었는데, 그들은 이라크 전쟁의 가장 중요한 요인인 WMD 위협의 불확실성, 그 전쟁으로 인한 인적, 물적 희생, 미국의 독단적 행동, 그리고 유엔안보리 기능의 상실을 비판했다. 전쟁이 한동안 진행된 후 2004년 9월 코피 아난(Kofi Annan) 유엔 사무총장 역시 부시의 이라크 선제공격은 국제법 및 유엔헌장을 위반하는 행위라고 지적했다. 그러나 전쟁 시작 직후 미국 언론 공동 여론조사에 따르면 미국인들의 전쟁에 대한 지지는 무려 71%를 기록했고, 나중에 퓨 리서치(Pew Research) 센터 조사에 의하면 그 전쟁을 부정적으로 생각하는 미국인 숫자는 2007년에야 비로소 긍정적으로 생각하는 사람보다 더 많아지기 시작했다.[1]

(2) 전쟁의 과정

제2 걸프전으로 불리고 유엔안보리 승인 없이 시작돼 전 세계로부터 많은 비난의 대상이 된 이라크 전쟁은 여러 국면으로 진행됐다.[2] 초기공격이 진행된 2003년 3~4월 미국,

----

1) Press Conference of Foreign Affairs Minister Dominique de Villepin, Embassy of France in the U.S., (January 20, 2003); Andrew Cottey, "The Iraq War: the enduring controversies and challenges," (SIPRI Yearbook 2004), SIPRI, https://www.sipri.org⟩ 2004/02; Frank Newport, "Bush approval up 13 points to 71%," Seventy−Two Percent of Americans Support War Against Iraq−Gallup News, (March 24, 2003), https://news.gallup.com⟩ poll⟩ sev...; Public Attitudes Toward the War in Iraq: 2003−2008/, Pew Research Center, https://www.pewresearch.org⟩ publi...

2) 그러나 나중에 이라크 전쟁이 끝나갈 무렵에도 이라크 내 분파 갈등은 중단되지 않고 그것은 오히려 알카에다를 이어받은 이슬람국가(IS: Islamic State)의 성장과 모술을 포함하는 이라크 북부지역에서 이슬람국가 선포로까지 이어졌다.

영국, 그리고 일부 소수국가의 다국적군은 이라크 군대와 준군사조직을 신속하게 패퇴시켰다. 그러나 곧이어 다국적 연합군에 대한 저항이 생겨나고 동시에 이라크 내에 새로이 부상하는 시아파와 몰락하는 수니파 간 분파폭력이 발생하면서, 연합군은 반군진압과 새로운 이라크 민주국가 건설 있어서 상당한 어려움에 처하게 됐다. 그런 가운데 분파갈등이 내란 수준으로 비화하면서 연합군의 이라크 상황관리는 거의 위기에 처하게 되지만, 그때 미국으로부터의 급격한 병력증강(Surge)과 데이비드 퍼트레이어스(David Petraeus) 사령관의 지혜로운 전쟁전략이 상황을 유리한 국면으로 반전시키고 결국 오바마 행정부 출범 이후 미군과 연합군의 철수를 가능케 했다.

1) 용이한 초기점령

미국, 영국, 호주, 폴란드 연합군은 2003년 3월 20일 전쟁을 시작했다.[1] 미국은 육군대장 토미 프랭크스(Tommy Franks)가 '이라크자유 작전'(OIF: Operation Iraqi Freedom)이라는 작전명으로 전쟁을 이끌었다. 25만 명의 미군, 영국군 4만 5천명, 호주군 2천명이 공격 주력군을 구성했고, 침공이후 시간이 가면서 36개 국가(Coalition of the Willing)가 일부 지원을 제공했다. 전쟁 시작과 동시에 우월한 전력의 연합군은 이라크 군을 순식간에 압도했다. 초기공격은 공중공습과 지상군 공격을 거의 동시에 병행했다. 이라크 침공은 이라크 명령체계를 마비시키고 민군 모두에게 저항의지를 박탈하기 위한 3~4일 간의 공중공습과 함께 시작됐다. 맨 처음 미군 전투기가 이라크 대통령과 간부들이 회의하고 있던 지하벙커에 몇 개의 정밀 유도폭탄을 투하했다. 그 후 즉시 일련의 공중공격이 이라크 정부 및 군사시설에 가해지고 미 지상군이 남쪽 쿠웨이트로부터 이라크로 진군했다.[2]

공중공습과 지상군 공격의 동시실시는 이라크 군 저항을 약화시키기 위해 수주일 간의 공중폭격을 시도한 1990년의 제1차 걸프전과 큰 차이를 보였다. 또 공중공습과 소

---

1) 이라크 전쟁은 미국의 2003년 공격으로 시작된 아주 오랜 시간을 끈 무장 갈등이었다. 그 공격은 사담 후세인 정부를 전복시켰지만, 그 전쟁은 점령군과 이라크 신정부에 반대하는 반군이 등장하면서 향후 8년 간 지속됐다. 전쟁 초기 3~4년간 정확한 통계를 내기 어려운 상황에서 적어도 수만 명의 이라크 군인, 민간인이 사망한 것으로 추정됐다. 미국이 이라크에서 2011년 12월 공식 철군한 이후 반군의 저항과 이슬람 국가(IS)를 포함해 다양한 차원의 무장 갈등이 계속됐지만, 트럼프 대통령 시기에 들어와 IS는 궁극적으로 이라크에서 모두 축출됐다.
2) 쿠르드가 통제하는 이라크 북부지역에는 미군 특수부대가 사전에 배치되어 있었다. Iraq War, http://www.britannica.com/print/article/870845

수의 특수작전 병력으로 침공한 2001년 10월 아프가니스탄 전쟁과도 대비됐다. 미 중부
사령부(Central Command)는 1990년 사막의 폭풍(Desert Storm) 당시보다 더 적은 숫자의
지상군을 동원했는데, 그것은 지난 10년 전에 비해 후세인의 이라크 육군이 많이 약화됐
다는 평가에 따른 것이었다. 그 전략은 중동국가들이 상당한 작전지역과 공군기지를 제
공한다는 약속에 기초했고, 20만 명 이상의 필수병력이 지상, 해상에 사전배치 되는 데
수개월이 소요됐다.[1]

　　미 지상군 공격부대는 제3기계화 보병사단, 제4기계화 보병사단, 제101공중 공습사
단, 제7기병연대, 제1해병원정부대, 제15해병원정부대로 구성됐다. 미 해군은 12개 항모
전투전단 중 5개를 배치했는데, 터키가 북부전선 설정에 동의하지 않으면서 수주일 간
터키 외곽에 배치됐던 함정들은 페르샤만으로 재배치됐다. 공군은 약 15개의 공중편대가
작전에 참가했고, 전략폭격기들은 디에고 가르샤(Diego Garcia)의 영국 공군기지와 중동,
유럽, 미국 공군기지에서 출격했다. 영국은 4만 5천 명 병력을 배치했는데, 해군임무단,
기갑임무단, 왕립해병여단, 낙하산여단, 특수공군연대(regiment), 그리고 특수보트 전대
(squadron)를 포함했다. 대부분의 영국군 병력은 이라크 동남부에 배치되어 움 카스르
(Umm Qasr)와 바스라(Basra) 지역안보를 책임졌고 일부는 북쪽으로 진군했다. 호주는 약
2천명 병력을 배치했는데, 대부분이 특수작전 병력과 1개 F/A 18 공격전투기 편대였다.
폴란드는 바스라 인근에 200명의 특수 작전병력을 배치했다.[2]

　　연합군 작전은 여러 방향에서 동시다발적으로 전개됐다. 해군전함의 지원하에 영국,
호주, 폴란드 연합군은 남부 바스라에 위치한 알파 항구(Al-Faw Port)에 공중, 수륙 양용
공격을 가해 그 일대의 유전과 주요 출입통로를 확보했다. 미 제15해병원정부대와 폴란
드병력은 초기에 움 카스르(Umm Qsar) 항구를 공격했고, 영국 육군의 공습여단은 남부
유전지대를 확보했다. 미 제3보병 기갑사단은 북서 방향으로 서부사막을 지나 바그다드

....

1) '이라크 자유 작전'(OIF: Operation Iraqi Freedom)은 2002년 가을부터 이라크 주변에 본격적으로 병
  력을 구축하는 준비기간을 가졌다. Steve Bowman, Iraq: U.S. Military Operations and Costs, CRS
  Report 7-5700, RL31701, (November 20, 2004), p. 3; Amy Belasco, The Cost of Iraq,
  Afghanistan, and Other Global War on Terror Operations Since 9/11, CRS Report 7-5700, RL
  33110, (December 8, 2014), p. 1.
2) 미 중부사령부 공군 지휘관들은 민간인 살상과 이라크의 물리적 인프라 피해를 최소화하도록 노력을
  기울일 것이라고 말했다. Bowman, Iraq: U.S. Military Operations and Costs, (2004), p. 3.

로 향했고, 미 제1해병원정부대는 동쪽 고속도로를 따라 이라크 중심부로 진군했다. 영국 장갑사단은 동쪽 늪지대를 통해 북쪽으로 향했다. 미군은 나시리야(Nashiriyah) 전투에서 주요 간선도로를 장악하고 탈릴 비행장(Talil Airfield) 인근의 이라크 군을 패배시키면서 북쪽 카르발라와 나자프로 계속 진군했다. 이라크 군이 교량과 댐을 파괴하고 남부 유전지대에 방화를 할 것이라는 우려에도 불구하고 퇴각하는 후세인 군에 의한 피해는 상대적으로 적었다. 후세인 군은 예상보다 취약했고 대부분의 이라크 군은 연합군에 체계적으로 저항하지 못했다. 남부 이라크에서 북쪽으로 진군하는 미군에 대한 가장 큰 저항은 사담 후세인의 페다옌(Fedayeen)으로 알려진 바트(Ba'th)당을 지원하는 비정규 준군사조직이었다. 그러나 미군은 가능하면 도시 중심부를 우회하고 이라크의 저항에 직면할 때만 잠시 멈추면서 진군하는 신속전략을 택했다. 북서쪽의 티그리스-유프라테스 강 계곡으로 진군할 때, 미 육군과 해병대는 페다옌 저항이 가장 심하고 인구가 밀집한 여러 도시지역을 우회했고, 험한 날씨와 물자공급 난관으로 인해 3월 25일 경 바그다드 인근에서 잠시 진군이 늦어졌다. 이라크 중부에는 바트당 수하의 중무장한 공화국수비대(Republican Guard)가 수도 바그다드를 방어하기 위해 배치돼

_공화국수비대

있었다. 연합군이 잠시 멈추었을 때 미군 전투기가 수도 인근의 공화국 수비대에 엄청난 폭격을 가했다. 미군은 일주일 내에 진군을 다시 시작했고 4월 4일 바그다드 국제공항을 접수했다. 이라크의 저항은 간혹 강인했지만 조직적이지 못했고, 그 후 수일에 걸쳐 미 육군과 해병대는 도시의 심장부로 공격해 들어갔다. 4월 9일 바그다드의 저항은 붕괴됐고, 미군은 도시를 장악했다.

같은 날 영국은 남부의 알-바스라를 장악했다. 이라크 북쪽에서 또 다른 전선을 열려는 연합군 계획은 좌절됐는데, 이것은 앙카라 정부가 터키를 통해 이라크 북부에 기계화 및 장갑부대를 배치하려는 미군계획을 거부했기 때문이다. 터키영토의 사용이 허락되지 않은 상태에서, 미 중부사령부는 북부 이라크에서 때 이른 지상군 공세를 펼칠 수 없었다.

_쿠르드 페쉬메르가 민병대

그러나 그에 관계없이 미군 제173공습여단, 특수부대가 북부지역에 공중 투하돼 4월 10일 쿠르드 페쉬메르가 민병대(Kurdish peshmerga militia)와 연합해 북부 도시 키르쿠크를, 그리고 4월 11일에는 모술을 장악했다. 후세인정권의 마지막 주요거점이고 사담 후세인의 고향인 티크리트는 그 이틀 후 별 저항 없이 무너졌다. 쿠르드 민병대

와 북부지역에서의 협력은 특히 고무적이었는데, 심지어 연합군이 쿠르드족 호송차량을 실수로 공격한 것도 그 협력에 아무 부작용을 끼치지 않았다. 그렇게 사담 후세인의 24년 이라크 철권통치가 종식됐다. 미군은 폭압적 정권인 바트 당 정부건물과 독재자 후세인의 거대한 철제동상들을 철거했는데, 그것은 이라크인들로부터 많은 환영을 받았다.[1]

전투과정에서 연합군은 6천명 이상의 후세인 이라크 군을 포로로 생포했고, 더 많은 숫자의 이라크 병사들이 탈영한 것으로 추정됐다. 이라크의 준군사병력, 특히 후세인의 비정규군인 페다옌이 후방의 도시거점에서 게릴라 형태의 공격을 퍼부었으나 그 저항은 생각보다 약했고 폐해는 상대적으로 적었다. 그렇지만 도시센터, 특히 나시리야와 나자프 인근, 그리고 움 카스르와 바스라를 둘러싸고 있는 영국군 지역 방어와 확대된 공급선 방어에는 예상했던 것보다 더 큰 관심을 쏟아야 했다. 그 이유는 배후로부터의 후세인 이라크군 공격과 전방부대에 이르는 긴 공급선을 보장하기에는 현재의 지상군 숫자로는 불충분했기 때문이다. 현지에서 전투하는 병력들은 상대적으로 수월한 승리에도 불구하고 불시에 터져 나오는 예기치 못한 적의 공격이나 또는 방어해야 할 광활한 전장으로부터 유래하는 심리적 부담감에 당황했다. 현지의 미 중부사령부 장군들과 실무군인들은 미국의 군사전략이 적은 숫자의 지상군과 하이텍 무기에 지나치게 의존했다고 지적하면서 펜타곤 민간리더십의 정밀 공중공격의 효율성에 대한 과대평가와 적정규모 이하의 지상군 배치는 잘못된 결정이었다고 비판했다. 그 이후 후세인정권 충성분자들의 투쟁이 계속됐지만, 미국 대통령 조지 W. 부시는 5월 1일 주요 전투의 종식을 선언했다. 이라크 리더들은 도피해서 미군의 집중수색 대상이 됐고. 사담 후세인은 2003년 12월 13일 생포되어 2004년 6월 이라크 당국에 신병인도 되었다. 후세인의 두 아들 우다이(Uday) 후세인과 쿠사이(Qusay) 후세인은 2003년 6월 모두 살해됐다. 사담 후세인은 2006년 12월 30일 반인류 범죄로 기소되어 처형됐다.[2]

....

1) Iraq War, http://www.britannica.com/print/article/870845; Bowman, Iraq; U.S. Military, (2004), p. 4; Stephen A. Carney, Allied Participation in Operation Iraqi Freedom, (Washington D.C.: US Army Center of Military History), (2011), pp. 1−33.

2) Bowman, Iraq; U.S. Military, (2004), pp. 3−4; TA Sayle, "US War in Iraq since 2003−Oxford Research Encyclopedia of American History," p. 6, https://oxford.com〉 view〉 acrefore

2) 반군저항의 증가와 분파갈등의 시작

_아브라함 링컨호

2003년 5월 1일 부시 대통령은 캘리포니아 주 샌디에이고 인근에서 작전 수행중인 미 항공모함 아브라함 링컨(USS Abraham Lincoln) 호에서 후세인 정권축출의 임무를 완수했다고 선언했다. 동시에 워싱턴은 폴 브레머(L. Paul Bremer) 대사가 대표하는 군사점령 당국인 연합군 임시당국(CPA: Coalition Provisional Authority)을 설립하고 신정부 조직에 필요한 군과 경찰 병력을 훈련시키기 시작했다.[1] 그 해 7월에는 25인으로 구성된 이라크인 자문단인 이라크 통치위원회(IGC: Iraqi Governing Council)가 구성됐는데, 미국과 이라크 임시대표들은 임시행정법(TAL: Transitional Administrative Law) 초안을 만들어 그것이 2004년 3월 발효되도록 조치했다. 워싱턴이 이라크인들에게 즉각적으로 주권을 이양하지 않은 이유는 그럴 경우 친서방 파벌보다는 기존의 반미 이슬람주의자들이나 또는 친이란 파벌이 집권할 것을 우려했기 때문이다.[2]

_무크타다 알-사드르

그러나 바트(Ba'th) 정권 붕괴 이후 이라크는 극심한 혼란에 빠져들었다.[3] 한편으로는 이라크 내에 남아 있는 후세인 세력을 중심으로 미군 및 연합군에 대한 저항이 있었고, 다른 한편으로는 주요도시에서 수니파와 새로이 세력이 커진 시아파 간의 갈등이 표면화됐다. 남부 이라크의 시아파 지역에서는, 후세인 정권을 피해 도피했던 많은 지역 종교 리더들(ayatollahs)이 이라크로 돌아오고 전 세계 시아파들이 사담 후세인하에서 금지된 나자프와 카르발라 같은 성스러운 도시로 순례를 재개했다. 이라크는 시아파와 수니파 시민무장 세력 간의 분파폭

---

1) 취임 직후 브레머는 두 가지 칙령을 발표했다. 하나는 이라크 정부로부터 모든 바트 당원을 축출하는 것이고 다른 하나는 이라크 군과 정보 부서를 폐지하는 것이었는데, 나중에 이라크 주둔 미군 사령관들은 그 조치가 수니를 정치과정에서 배제해 그 결과 이라크 알카에다(AQI: al-Qaeda in Iraq) 성장의 토양을 만들어 주었다고 비판했다. TA Sayle, "US War in Iraq since 2003," p. 7.

2) Kenneth Katzman and Carla E. Humud, <u>Iraq: Politics and Governance</u>, CRS Report 7-5700, RS21968, (March 9, 2016), p. 2.

3) 바트(Ba'th)는 르네상스(Renaissance)를 의미한다.

력과 잔인한 살인으로 나라 전체가 혼란에 빠졌다.[1] 그런 시아파 시민무장그룹 중 하나가 2003년 여름 성직자 무크타다 알-사드르(Muqtada al-Sadr)에 의해 조직된 마디 군(Mahdi Army)으로, 그 군대는 수니파에 대한 전투뿐 아니라 미군 및 연합군에게도 치명적이었고 이라크 내 주요 불안정화 세력으로 부상했다. 연합군은 법과 질서를 회복해야 했지만 그 임무는 점령군에 대한 지속적 공격에 의해 약화되고 상황은 순식간에 전면적인 게릴라 전쟁으로 변질됐다. 점차 그 갈등은 이라크인들 간의 수니파와 시아파 내란(civil war)으로 정의됐지만, 부시 행정부는 일반적으로 그 용어 대신 분파폭력(sectarian violence)이라는 명칭으로 부르기를 선호했다.[2]

다국적 연합군에 대한 이라크 저항세력은 페다옌과 바트 당 충성분자들이 주류를 이루었지만, 곧 마디 군을 포함해 이슬람 급진주의자, 또 점령연합군에 반감을 가진 이라크인들이 반군에 합류했다. 반군세력은 과거 후세인 군과 공화국수비대가 갖고 있던 무기를 확보해 연합군에 대항하는 한편, 암살, 차량폭탄, 사제폭탄(IED: Improvised Explosive Devices), 자살폭탄, 로켓발사 수류탄, 또 유전을 포함하는 국가 인프라 사보타지 등 연합군을 괴롭힐 수 있는 모든 방법을 동원했다. 2003년 여름 연합군은 티그리스 강 인근과, 특히 반군공격이 심했던 수니 삼각지대(Sunni Triangle)에서 과거 후세인 정부 다수의 고위 리더들과 군부 인사들을 사살, 체포하고, 그 해 12월 사담 후세인을 그의 고향 티그리트(Tikirit) 근처의 농장에서 체포했다. 그렇지만 2003년 말이 되어 가도 반군의 공세는 약화되지 않았는데, 가장 거친 곳은 팔루자(Fallujah), 바그다드 같은 이라크 중부 수니지역이었다.[3]

_알-자르카이

2004년 봄 이후 이라크 중, 남부에서 알-자르카이(Abu Musab al-Zarqawi) 지휘하에 중동 여러 나라로부터 온 외국인 반군과 알카에다 연계그룹들에 의한 폭력이 증가했다. 자르카이는 알카에다에 대한 충성을 맹세하고 그의 테러조직 이름을 '이라크 알카에다'(AQI: al Qaeda in Iraq)로 바꿨다. 이슬람 반군들은 연합군을 공격하면서 동시

---

1) 이라크 인구 구성은 시아파 아랍이 60%, 수니 아랍이 20%, 쿠르드족이 18%를 이룬다.

2) Iraq War, http://www.britannica.com/print/article/870845

3) 수니 삼각지대(Sunni Triangle)는 북쪽 티크리트, 서쪽 라마디, 남쪽 바그다드를 잇는 지역을 말한다. 수니 삼각지대에 속하는 바그다드, 안바르 주(Al Anbar Province), 살라딘 주(Salah Ad Din Province)에서 가장 많은 공격이 있었다. 2006년 12월 현재 70% 이상의 미군이 이곳에서 전사했다.

에 미국의 지원하에 새로이 구성되는 이라크 과도정부군 병력과 경찰을 맹렬히 공격하기 시작했는데, 그것은 모두 이라크 신 국가건설(nation-building) 작업과정에 반대하는 목적을 띠었다.[1] 이라크 반군은 과거 후세인 추종 수니세력, 일부 시아파 이슬람 극단주의자, 민족주의 성격의 이라크인, 또 외국으로부터 유입된 이슬람세력으로 구성되었다. 2004년 4월 제1차 팔루자 전투에는 미 해병대의 공세가 중단되는 대신 새로 결성된 이라크 안보여단이 투입됐다.[2] 그러나 그 작전은 상당수의 이라크 안보병력이 반군에 가담하면서 실패했고, 오히려 팔루자는 반군의 거점으로 전환됐다. 반군은 또 라마디(Ramadi)와 사마라(Samarra)를 포함해서 수니 삼각지대의 다른 도시에서 세력을 크게 확대했다. 2004년 11~12월 1만 2천명의 미 해병과 육군, 또 2,500명의 새로 구성된 이라크병력이 제2차 팔루자 전투에서 승리해 그곳 통제권을 되찾았지만, 반군 리더들은 연합군 공세 이전에 탈출해 중부 및 북부 이라크의 여러 지역으로 도피했다. 팔루자 재탈환에도 불구하고 연합군과 이라크 과도정부 안보병력에 대한 반군의 공격은 오히려 증가했다. 팔루자 공세 동안 북부지역 모술에서 반군은 또 다시 주요공세를 펼쳤는데, 미군, 이라크 병력은 그 지역 안보를 위해 쿠르드족 무장부대와 함께 추가 병력을 배치해야 했다.[3]

연합군의 난관　　　이라크 중부와 남부, 또 일부 북부도시에서 연합군은 도시게릴라 형태의 전술을 구사하는 반군진압에 많은 노력을 기울였지만 민족주의적이고 이슬람 신앙으로 뭉친 조직적 수니반군, 또 시아파 마디 군(Mahdi Army)은 이라크 전역에서 점점 더 강력해지고 있었다. 2004년 11월의 제2차 팔루자 전투는 매우 치열했고 그때 미군은 지금까지의 전투에서 최대손실을 겪었다. 거의 두 달간 진행된 그 전투에서 연합군은 승리했지만, 연합군 장병 100명 이상이 사망하고 600여 명이 부상당했으며 반군은 약 3,000명이 사망 또는 부상당했다. 이라크 민간인도 수천 명이 사망했다.[4] 그 해 말까지 미군 사망자는 1천명으로 증가했다. 연합군과 민간 지원인력은 계속 치명적인 반군공격에 노출됐는데, 처음에는 주로 중부 이라크에서 그랬지만 이제는 남부 및 북부지역으로

---

1) 2004년 6월 미 군정당국에 의해 아야드 알라위(Iyad al-Allawi)가 총리의 역할을 맡는 이라크 과도 정부(interim government)가 설립되고 그에 따라 새로운 이라크 군과 경찰이 조직되기 시작했다.

2) 제1차 팔루자 전투의 작전명은 '경계의 결의작전'(Operation Vigilant Resolve)이었다.

3) Bowman, Iraq; U.S. Military, (2004), p. 5.

4) 제2차 팔루자 전투에서는 숨어서 공격하는 저격수와 건물 문에 폭탄을 설치한 부비트랩(booby trap)이 또 다른 큰 위협이었다. Second Battle of Fallujah/ Iraq War/ Britannica.com, https://britannica.com〉 event〉 Sec...

확대됐다.[1] 반군의 지속적인 공격은 이라크 국가건설, 재건, 안정화 활동의 속도와 형태에 부정적 영향을 미쳤다.[2] 연합군에 대한 끈질긴 반군공격에 추가해서 오일, 가스 파이프라인, 전력발전소 같은 민간 인프라에 대한 공격도 있었다. 미 국방부 관리들은 처음에는 그 공격이 조직적이고 체계적인 저항세력에 의해 자행되는 것이라는 것을 부정했지만, 이제는 이라크 전역에 엄청난 무기와 자금 공급을 받는 주 단위, 지역단위의 반군조직이 존재한다는 것을 시인하지 않을 수 없었다. 비록 많은 공격이 사제폭발물에 의해 자행됐지만, 반군은 또 이라크 군으로부터 탈취한 로켓포, 지대공미사일도 활용해 공격했다. 반군의 수법은 점점 더 자살폭탄을 활용하는 방식에 의존했다. 미 국방부는 저항이 주로 바트 당원을 포함해 과거 정권 지지자, 공화국수비대 군인, 준군사조직으로부터 유래하는 것으로 믿었지만, 전쟁터의 실무군인들은 새롭게 생겨나는 이라크 민족주의, 연합군에 대한 증오심 증가, 그리고 일부 외국인 이슬람주의자들의 참여가 과거 정권과는 별개로 새롭게 추가된 저항의 요소라고 분석했다.[3]

_이라크 지도

전쟁터의 지휘관, 군인들은 호전되지 않는 우려스러운 전투상황이 미 국방부 민간인 지휘부의 전후 임무전환에 대한 안이한 인식, 그리고 전쟁 전 국무부의 세심하지 못한 계획에서 비롯됐다고 비판했다. 현장의 실무군인들은 추가병력의 배치가 절대적으로 필요하다고 인식했다. 전쟁초기의 단기 전후점령에 대한 기대는 이제 수년 간 장기적으로 상당한 지상군 배치가 필요하다는 방향으로 바뀌었다.[4] 2004년 한 가지 특기할 사항은 그

1) 2004년 11월 현재 미국을 도와 이라크 전쟁에 병력을 파견한 나라는 34개국이었다. 영국, 이탈리아, 폴란드, 네덜란드, 우크라이나, 네덜란드 순으로 많은 병력을 파견했다. 한국은 약 650명 병력을 파견했다. Bowman, Iraq; U.S. Military, (2004), p. 12.
2) 사담 후세인 몰락 후 미국의 대 이라크 경제 제재는 해제되고, 2003-2004년 기간 이라크는 테러지원국가 명단에서 제외됐다. 그 이후 유엔안보리 결의안들은 이라크의 1990년 쿠웨이트 침공에서 유래한 대부분의 제재를 해제했고, 그로 인해 이라크는 어떤 나라로부터든지 무기 수입이 가능해졌다.
3) 그 견해는 시아파 성직자 알-사드르가 남부의 몇몇 주에서 저지른 반군공격에 의해 더 확실하게 입증됐다. Bowman, Iraq; U.S. Military, (2004), pp. 7-8.
4) 2004년 11월 당시 이라크의 전체 안보병력 숫자는 11만 명이었는데, 필요한 병력수준은 27만 명이었다. 그래도 미군은 2005년 1월까지 이라크 병력을 14만 5천 명까지 늘릴 수 있을 것으로 전망했다. Ibid, p. 6.

해 7월 미국의 초당적 9·11 조사위원회 보고서가 사담 후세인 정권이 알카에다와 연계됐다는 확실한 증거가 없고, 10월 미국과 영국의 1,200명 규모 전문가로 구성된 이라크 조사단(Iraq Survey Group)이 이라크 내에 실질적인 대량살상무기는 없다고 결론내린 것이다. 이것은 부시 행정부의 이라크 침공 정당성을 크게 훼손하는 결정적 근거로 작용했다.[1]

2005년도에도 반군의 공격은 계속됐다. 1월부터 그 해 말까지 전국에서 하루에도 수십 명씩 사망자가 발생하지 않는 경우는 거의 없었고, 그해 내내 미군, 연합군, 그리고 이라크 과도정부 병력은 반군의 공격에 시달렸다. 1월에 반군은 바그다드 주지사를 암살했고, 알-자르카위(Abu Musab al-Zarqawi)는 그 달 말로 예정된 총선에 반대해 대규모 전투를 벌일 것이라고 선언했다. 4월에도 수시로 반군의 공격이 있었다. 두 차례에 걸쳐 수십 명의 중무장한 게릴라들이 자살차량, 자살 트랙터, 박격포, 로켓발사 수류탄으로 바그다드 외곽의 아부 그라이브 감옥을 공격해 수십 명의 미군을 부상시켰는데, 그들이 그 감옥을 목표로 삼은 이유는 잘 알려진 그곳을 공격해 자기들의 무장저항을 널리 알리고 정치적 지원을 확보하기 위해서였다. 5월에는 바그다드, 티크리트, 하위자에서 발생한 다섯 번의 폭발에서 60명 이상이 사망했다. 7월에는 반군들이 자살차량으로 바그다드 동부 시아파지역에서 대민업무를 수행하던 미군을 공격하는 과정에서 20명 이상의 어린이들이 사망했는데, 반군에 의해 살해되는 사람 숫자는 민간인, 군인, 경찰을 포함해 한 달에 800명 이상이었다. 9월에 연합군과 이라크 정부군이 시리아 국경을 봉쇄하고 이라크 북서부 탈 아파르(Tall Afar) 전투에서 반군거점을 장악하는 큰 성과를 올렸지만 반군의 저항은 끊이지 않았다. 9월 중 반군에 의한 10번의 자살폭탄 공격이 있었다.[2] 10월 말 처음으로 펜타곤은 2003년 3월 전쟁 개시 이후 적어도 2만 6천명의 이라크인들이 사망하

1) 9/11 Commission-History, https://www.history.com〉topics; National Commission on Terrorist Attacks Upon the United States, https://www.9-11commission.gov; 이라크 조사단은 미국과 영국의 1,200명 전문가 들이 6개월 간 이라크 내의 대량살상무기 존재 여부를 조사했는데, 그들은 10월 중간 보고서에서 이라크에서 대량살상무기 프로그램과 관련된 증거는 발견했지만, 실제 핵, 화생무기는 없다고 발표했다; Iraq Survey Group Report-OnTheIssues.org www.ontheissues.org〉Iraq_Survey_Gro...
2) 10월 중순 미군은 전투기와 헬리콥터가 바그다드 서쪽 라마디 지역 마을을 공격해 70명의 반군을 사살했다고 발표했지만, 현지 목격자들은 그들 중 상당수는 민간인이었다고 증언했다. A Fresh Offensive in Tal Afar/FDD's Long..., https://www.longwarjournal.org〉2005/09; 5,000 U.S. and Iraqi Troops Sweep Into City of Tall Afar- Washington Post, https://www.washingtonpost.com〉...〉Iraq

거나 부상당했다고 발표했다. 그래도 12월 부시 대통령은 아나폴리스 미 해군 사관학교 연설에서 이라크에서 완전한 승리가 확보되고 확실한 안정이 이루어지지 않는 한 병력철수는 없다고 강조했다. 그때 그는 미국 내에서 증대하는 이라크 전쟁에 대한 비관론, 불확실성과 관련해 미국인들은 9·11의 교훈을 잊지 말아야 한다고 말하면서 이라크 전쟁은 미국안보의 미래에 사활적이라고 덧붙였다. 12월에도 반군의 길목 폭탄이 팔루자에서 10명의 미 해병대원을 살해했고, 두 명의 자살폭탄 공격자들이 바그다드 경찰학교로 걸어 들어가 100여명의 경찰관과 생도를 살상했다.1)

국가건설　　2005년 일련의 선거에 따라 본격적 국가건설(nation-building) 과정이 진행됐다. 실제 국가건설의 초기과정은 2004년 초에 시작됐다. (이미 언급한 바와 같이) 2004년 3월에는 임시 행정법이 발효되어 이라크 파벌들의 합의에 기초해 2005년 선거 로드맵이 작성됐다. 그 해 6월 말 이라크 군정당국 책임자 폴 브레머는 군정을 종식시키고 총리 아야드 알라위(Ayad al-Allawi)와 (수니 부족주의자인) 대통령 가지 야와르(Ghazi al-Yawar)에 의해 대표되는 이라크 과도정부(interim government)를 수립했다. 그 과도정부는 오랫동안 사담 후세인 축출을 기도해 오던 인물, 파벌, 정당들로 가득 찼다.

1년의 군정 기간과 7개월의 이라크 과도 자치정부 시기를 지나 2005년 1월 30일 임시행정법 규정에 맞춰 진행된 최초의 선거는 275석의 임시의회(transitional parliament)와 임시정부(transitional government)를 선출했고, 그 대표들은 새 헌법초안의 작성을 감독하고 완전한 임기의 공식정부 선거를 개최하는 책임을 맡았다. 같은 날 18개 주의 4년 임기 주 위원회(provincial council) 선거가 있었고 쿠르드 지역의회 선거도 동시에 진행됐다. 수니파의 광범위한 거부와 폭력에도 불구하고 대부분의 시아파와 쿠르드족이 선거에 참여했다.2) 10월 15일에는 헌법초안이 국민투표를 통과해 헌법으로 채택됐다. 그 헌법에서의 비공식 합의는 총리는 시아파 무슬림이 맡고, 대통령은 쿠르드족, 그리고 수니는 의회의장을 맡는 것으로 역할분담이 결정됐다. 쿠르드족 지역정부(KRG: Kurdistan

----

1) Iraq timeline: 2005/ Iraq/ guardian.co.uk, https://www.theguardian.com〉Iraq〉page
2) 임시 의회선거를 거부하던 수니 아랍은 17석을 확보하는 데 그쳤지만 임시의회 의장, 부통령 1명, 부총리 1명, 국방장관 포함 6개 장관직을 확보했다. 임시정부 대통령은 쿠르드족의 리더인 잘랄 탈라바니(Jalal Talabani)가 임명됐고 총리는 다와(Dawa) 당의 리더 이브라힘 자파리(Ibrahim al-Jafari)가 맡았다. Katzman and Humud, Iraq: Politics and Governance, (2016), p. 2.

Regional Government)는 3개 지역을 통치할 권리를 갖는데, 그 3개 지역은 자체 안보병력 보유와 페쉬메르가 민병대(peshmerga militia) 배치가 허용됐다.[1] 12월 15일 개인이 아니라 정당에 투표하는 의회선거(COR: Council of Representatives)에서 시아파와 쿠르드족이 압도적으로 부상했고, 그 다음 해인 2006년 3월 4년 임기의 의회(COR)가 출범했다. 총리로는 전 임시정부 총리 이브라힘 자파리(Ibrahim al-Jafari)를 대체해 시아파 다와당(Da'wa Party)의 누리 알-말리키(Nuri Kamal al-Maliki)가 선출됐고, 대통령은 계속 쿠르드족의 잘랄 탈라바니(Jalal Talabani)가 맡았다. 2006년 5월 20일 공식 출범한 시아파 신정부의 37개 내각 직책 중 19개는 시아파, 9개는 수니, 8개는 쿠르드족, 그리고 1개는 기독교도에게 돌아갔다. 그 중 4명은 여성이었다.[2]

분파적 내란과 연합군 위기 2005년 일련의 선거는 수니파의 불만을 더 증폭시켰고, 그 이후의 사태는 이라크 신정부를 더 정치적으로 취약하고 더 큰 증오의 대상으로 만들었다. 2006년 2월 수니파 다수지역인 사마라(Samarra) 시에서 시아파 아스카리 모스크(Al-Askari Mosque) 폭파가 있은 후, 시아-수니 파벌 간 폭력은 더 본격화됐다. 2006년은 시아파와 수니파간의 분파갈등이 내란 수준으로 증폭된 해였다. 시

_아스카리 모스크

아파 이슬람의 가장 중요한 성지중 하나인 이 모스크 파괴는 수니파 '이라크 알카에다'(AQI)에 의해 자행됐다. 시아파와 수니파 살육전은 더욱 치열해져 그 당시 바그다드의 살인율은 하루 평균 30명 이상이었는데, 유엔은 그 상황을 내란(civil war)으로 규정했다. 2006년 6월 미군은 바그다드 55마일 북쪽에 위치한 안전가옥을 공습해 이라크 알카에다 리더 알-자르카위(Abu Musab al-Zarqawi)를 사살하는 데 성공했다. 그것은 그 지역 주민들이 알려준 정보, 그리고 요르단 정보당국이 제공한 협력에 도움을 받아 오랫동안 자르카위를 추적한 노력의 결과였다.[3] 2006년 봄, 여름 내내, 미 국무성, NSC, 부통령, 그리고 합참 관리들은 지속적인 폭력 증가에 비추어 미국 정책을 재평가했다.[4] 8월에 미국

1) 그렇지만 그 헌법은 중앙정부, 주, 현지 당국 간 세력균형에 관해서는 정확하게 규정하지 못했다.

2) Ibid., pp. 3-5.

3) Abu Musa al-Zarqawi, Leader of Al aqeda in Iraq, Is Killed in U.S. Airstrike-The…,, mobile.nytimes.com〉 world〉 middleeast

4) TA Sayle, "US War in Iraq since 2003," p. 9.

제1장 조지 W. 부시의 미국

은 2007년 7월 중순까지 이라크 내 파벌 간 정치적 화해를 유도할 수 있는 정치, 안보 이정표를 도출하는 조건으로 이라크에 15억 달러의 경제지원 자금을 지원하기로 약속했다. 그 해 12월 30일 후세인은 이라크 신정부 법정에서 반인륜 행위를 포함한 여러 죄목으로 교수형에 처해졌다. 또 같은 시기, 전 국무장관인 제임스 베이커(James Baker)와 전 하원의원인 리 해밀턴(Lee H. Hamilton)이 주도해 작성한 이라크 스터디그룹 보고서(Iraq Study Group Report)는 이라크 상황은 심각하고 더 악화되고 있으며, 미군이 미래에 이 사태를 진정시킬 수 있을지 의문이라고 부정적으로 결론 내렸다. 12월 펜타곤 보고서도 비슷한 맥락에서 반군의 공격은 2005년 이후 가장 많은 수치라고 적시했는데, 그때까지 이라크에서의 미군 사망자는 3천명 수준으로 급격하게 증가했다.[1]

전쟁의 정당성 논란　　　이라크 전쟁이 연합군과 반군저항, 그리고 시아파와 수니파의 분파갈등으로 인해 엄청난 사상자와 비인도적 행위의 발생, 전쟁비용, 시설의 파괴로 이어질 때, 전 세계 사람들은 이라크 전쟁에 대해 어떻게 생각하고 있었을까? 1990년 제1차 걸프전 당시의 공통된 합의와 달리, 사담 후세인을 권력에서 축출하기 위한 국제적 시도에 대한 정신적 공감대는 훨씬 취약했다. 전 세계의 많은 사람들은 그 전쟁이 유엔안보리의 승인을 받지 않은 것에 대해 그것을 국제법적 위반으로 생각했고, 미국의 일방주의가 세계평화를 해친다고 비난했다. 유럽의 경우 비록 일부 리더들이 전쟁을 부분적으로 지지했지만, 유럽의 대중여론은 압도적으로 전쟁에 반대했다. 중동 대중여론은 더 말할 나위가 없었다. 중동 사람들은 부시의 일방주의, 무소불위의 국제행동을 새로운 형태의 반 아랍, 반 이슬람 제국주의로 보았고, 대부분의 아랍 리더들은 이웃 아랍국가가 외국군에 점령되는 것을 한탄했다.

그러나 전쟁에 대한 미국 내 반응은 혼합적이었다. 2003년 초에만 해도 많은 사람들은 이라크에 대한 군사행동보다는 외교를 통한 해결이 더 중요하다고 생각했고, 수많은 희생을 치러야 하는 전쟁에 대해 신중해야 한다는 입장을 표명했다. 그럼에도 불구하고 대부분의 사람들은 그 전쟁 가능성에 덜 연연했는데, 왜냐하면 그들 상당수는 후세인이 국내에서 폭압적 정치를 시행하면서 WMD를 보유하고 있는 것으로 믿었기 때문이다.

----

1) Katzman and Humud, Iraq: Politics and Governance, (2016), p. 5; Iraq Study Group/ United States Institute of ..., https://www.usip.org〉 2009/03〉 iraq−st...; What would the Iraq Study Group Do?−Brookings Institution, https://www.brookings.edu〉 wh...

막상 전쟁이 시작되기 직전과 그 직후의 여론조사는 미국인들이 그 전쟁을 얼마나 많이 지지했는지를 보여준다. 많은 미국인들은 당적을 초월해 전쟁을 지지했는데, 부시보다 더 보수적인 사람들은 미 행정부의 일방주의 행동이 과도한 것을 우려하면서도 그 전쟁을 지지했고 진보성향을 가진 사람들은 후세인의 폭압통치 종식의 이유로 워싱턴의 군사행동을 비판하면서도 지지를 보냈다. 한 가지 아이러니컬한 것은 2004년 9·11 위원회와 이라크조사단(Iraq Survey Group)에 의해 후세인이 알카에다와 아무 연계가 없고 또 핵무기도 보유하고 있지 않은 것이 밝혀졌음에도 불구하고 수년간 전쟁에 대한 지지가 반대를 앞선 것이다. 2006년까지 이미 3천명의 미군이 전쟁터에서 사망하고 수만, 수십만 명의 이라크 인들이 사망했지만, 그 당시 미국인들의 전쟁에 대한 지지는 반대와 거의 같은 수준이었다. 그러나 이라크에서 비참한 폭력이 지속되고 사상자가 증가하며 아프간전쟁을 포함해 세계각지에서 벌이는 미국의 전쟁비용이 기하급수적으로 늘어나면서, 2007년에 접어들어 더 많은 숫자의 미국인들이 부시 행정부의 이라크 전쟁을 비판적으로 바라보기 시작했다. 미국 대중은 과거 바트당 정권시절 악명 높던 바그다드 서쪽의 아부 그라이브 감옥에서 미군이 이라크인 죄수를 학대하는 현실에 경악했고, 베이커-해밀턴 위원회로 알려진 독립적 양당패널인 이라크 스터디그룹(Iraq Study Group)이 전쟁 승리 가능성을 부정적으로 본 것 역시 그들의 심리에 많은 부정적 영향을 미쳤다. 비슷한 상황이 영국에서도 논란의 주제로 떠올랐다. 2004년 버틀러 검토보고서(Butler Review)는 영국 정보당국의 전쟁 이전의 부실한 역할에 대해 부정적 견해를 표시했는데, 특히 영국이 참여하게 되는 구실에 사용된 신뢰할 수 없는 정보와 관련해서 비판했다.[1]

3) 전쟁의 전환점

병력증강(Surge)과 수니파의 각성(Sunni Awakening)　　부시 대통령은 정확한 병력 숫자를 아직 결정하지 않았지만 이라크 병력수를 늘려야 한다는 생각을 갖고 있었다. 2007년 1월 부시 대통령은 TV 연설에서 이라크에 3만 명 병력을 추가파병하고 이라크인을 위한 직업훈련, 재건 프로그램을 위해 12억 달러를 지원할 것이라고 발표했다.[2] 이

---

1) 영국의 이라크 전쟁 개입에 관해 2009년 늦게 시작된 한층 더 포괄적인 조사는 이라크 전쟁 전의 군사 예산 삭감이 이라크에서 전투하는 영국군의 군사역량을 취약하게 만들었다는 주장까지 포함하게 되어 블레어와 그의 후임 총리 브라운(Gordon Brown)을 증언대에 서게 만들었다. Iraq War, http://www.britannica.com/print/article/870845
2) President's Address to the Nation, The White House, (January 10, 2007)

_데이비드 퍼트레이어스

병력증강은 미군 병력수준을 2004~2006년의 13만 8천 명에서 17만 명으로 끌어 올릴 것이다. 2007년 2월에는 조지 케이시(George Casey) 장군을 대체해 데이비드 퍼트레이어스(David Petraeus) 장군이 연합군 사령관으로 임명됐다. 증원 이후 퍼트레이어스는 두 가지 전략을 사용했는데, 하나는 증원 병력을 토대로 도시지역에서 반군에 대한 공세를 강화하는 것이고 다른 하나는 AQI에 반대해 수니파 민병대가 수니파 공동체를 보호하는 '수니의 각성'(Sunni Awakening)을 지원하는 것이었다. 처음 두 달간 바그다드에서 미군 전투사망자는 이전보다 두 배 증가했지만, 다른 곳에서는 사망률이 약간 줄었다. 2007년 5월 이후 미군 사망자 수가 줄기 시작하고 연합군에 대한 폭력이 전쟁 이후 최하 수준으로 떨어지기 시작했는데, 워싱턴은 그에 다소 안도하는 모습을 보였다. 시아파, 수니파 간의 분파갈등도 감소되기 시작했다.

미 의회 보고서는 2007년 봄 이후 이라크 민간인 사망자 수가 줄고, 인종, 분파 간 폭력도 줄었다고 분석했다. 그렇지만 분파폭력이 완전히 사라진 것은 아니었다. 바그다드 시에 아직도 시아파 민병대와 수니파 민병대에 의한 상호 인종청소가 존재했고, 양측이 혼합된 곳에서는 어디서나 분파폭력이 발생했다. 2007년 8월 모술 인근의 카타니야(Kahtaniya) 정착촌에서 AQI에 의한 일련의 자살폭탄 공격으로 500명 이상의 야지디(Yazidi) 소수민족이 살해되고 1,500명 이상이 심하게 부상당했다. 그 다음 달 라마디(Ramadi) 시에서는 압둘 리샤(Abdul Sattar Abu Risha)가 AQI의 폭탄공격에 살해됐는데, 왜냐하면 그가 미군 및 이라크 정부군과 손잡고 알카에다에 반대하는 수니파 이라크인 연맹 '안바르 각성'(Anbar Awakening)을 이끌었기 때문이다. 객관적으로 판단할 때, 2007년 연합군에 대한 공격과 분파 간 폭력이 감소한 요인은 병력증강(Surge), 퍼트레이어스의 반 반군(COIN: Counterinsurgency) 전략, 그리고 미군병력에 대항해 싸우던 수니부족들이 종국에는 알카에다와 연계된 다른 반군에 대항하도록 퍼트레이어스가 지원한 '수니의 각성'(Sunni Awakening)이었다. 또 다른 하나의 요인은 2007년 8월부터 반미 시아파 성직자 사드르와 그의 병력들이 미군과 휴전해 자발적으로 평화를 지킨 것이다. 특히 '수니의 각성'(Sunni Awakening)이 중요한 역할을 했다. 과거 반군으로 활동했던 수니파 일부가 미군과 협력해 연합군의 반군 진압작전에 큰 도움을 주고, 또 이들이 반군에 반대하는 민병대(guardian militias)를 구성해 수니 마을 공동체를 방어한 것이 폭력감소의 중요한

요인이었다. 과거의 적을 동지로 전환시키고 민병대를 끌어들이는 그 전략은 성공 가능
성과 관련해 많은 의구심과 논란의 대상이 됐지만, 그 결과는 긍정적이었다. 아마도 수니
의 각성, 사드르의 평화유지가 동시에 힘을 발휘하게 된 것은 모두 퍼트레이어스의 현명
한 전략의 결과였을 것이다.[1]

2008년 초 내란은 지속되고 있었지만 상황은 미군, 연합군에 월등하게 유리했고, 이
라크 정부군의 숙련도 역시 많이 개선됐다. 이라크 군 능력증강은 2008년 3월 유전지대
인 남부 바스라의 무크타다 사드르(Muqtada al-Sadr)가 이끄는 시아파 민병대 마디 군
(Mahdi Army)에 대한 '기사들의 공격작전'(Operation Charge of the Knights)에서 입증됐다.
바스라 지역의 치안은 이라크 군 작전 이후 더 안전해졌고 민간인 살상률도 현저하게 감
소했다. 2008년 중반이 지나가면서 상황은 연합군, 이라크 정부군에게 더 유리하게 전개
됐고 반군공격 횟수는 더 감소했다. 2008년 8월 콘돌리자 라이스 미 국무장관은 말리키
총리와 이라크 상황을 논의하면서 미군철수의 큰 그림에 대해 설명했고, 11월 이라크 의
회는 미군의 종국적 철수 시간표에 동의했다. 2008년 12월 미 국방성은 2007년 1월 병
력 증강 이후 이라크 내 전체 폭력수준은 최대 80%까지 감소했고, 살상률은 2003년 전
쟁 발발 이전 수준으로 떨어졌다고 보고했다. 미군병력은 2009년 6월 30일까지 도시로
부터 철수하고 2011년 12월 31일까지 이라크로부터 미군철수가 완료될 것이었다.[2]

이라크 국정운영은 강화되고 분파갈등은 잦아들었다. 2007년 3월 말리키 정부군의
사드르 마디군에 대한 공격은 똑같은 시아파끼리의 무장투쟁이었고, 그것은 많은 수니파
와 쿠르드인들에게 말리키가 비록 상대방이 시아파라 할지라도 불법 무장그룹에게 군사력
사용을 마다하지 않는다고 인식하게 만들었다. 말리키가 인종, 파벌을 떠나 국가정책을
수행하는 것은 그가 공정한 사람이라는 인식을 강화시켰고, 그것은 2008년 7월 여러 수니
파 장관들이 내각운영을 1년간 거부하던 것을 중단하게 만들었다. 미국 관리들도 말리키
에게 큰 틀에서 수니파에게 자기들 일과 지역에 관해 더 많은 자율권, 자치권을 부여할

1) They won't stop until we are all wiped out Among the Yazidi, a people in ...,
https://www.theguardian.com〉 i...; Iraq War, http://www.britannica.com/print/article/870845
2) 그렇지만 모든 곳에서 연합군이 우세한 것은 아니었다. 2008년 4월까지 이라크 반군저항은 평균 60%
감소했지만, 5월 연합군 지원 하에 이라크 정부군이 펼친 이라크 알카에다(AQI) 주요 근거지인 모술
(Mosul)에서 펼친 공세는 성공적이지 못했다. Fact Sheet: The Strategic Framework Agreement
and the Security Agreement with Iraq, The White House, (December 4, 2008)

것을 권고했다. 그 제안에 대한 일부 반대자들은 그것이 이라크 해체를 부추길 수 있다고 주장했지만, 그런 권력분산은 쿠르드정부 형태의 새로운 '지역'(regions) 건설에 도움이 될 것으로 여겨졌다. 2008년 미국 조언을 수용해서 이라크에서는 '주 권한 법'(provincial powers law)이 채택되고, 주 입법, 규정제정, 그리고 주지사 및 2명의 부지사 선출과 관련된 실질적 권한이 지방정부 위원회에 주어졌다.[1]

2009년 1월 1일 미군은 그린 존(Green Zone)과 후세인 대통령 궁 작전통제권을 이라크 정부에 이양했는데, 이라크 총리 말리키는 이 날이 이라크가 주권을 되찾은 날이라고 감격스럽게 말했다. 아프가니스탄 전쟁과는 달리 전황이 유리한 상황에서 부시 행정부는 이라크 전쟁을 차기 대통령 버락 오바마에게 넘기고 임기를 마쳤다. 아직 부시 대통령이 시작한 파키스탄 작전, 예멘 작전, 카시미르 작전, 필리핀 작전, 동아프리카 작전을 포함해 수많은 작은 전투들, 그리고 무엇보다도 아프간 전쟁이 종결되지 않아 마음은 무거웠지만, 그래도 이라크의 유리한 전황이 임기를 마치는 그를 위로했다.[2]

_버락 오바마

★ 전문가 분석

2006년은 수니파 반군의 시아파 말리키 정부에 대한 공격이 갈수록 심해지고, 전쟁으로 인해 적어도 하루에 수십 명 또는 많을 때는 수백 명이 사망하며, 시아파와 수니파 간의 분파폭력이 내란수준으로 증폭된 해였다. 또 그 해 말까지 미군 사망자 숫자가 3천 명으로 증가하면서 이라크 주둔 미군의 임무가 실패할지 모른다는 우려가 제기됐다. 그때 여러 명의 전문가들이 라운드테이블에서 이라크 상황을 진단하면서 그에 대한 다양한 처방을 제시했다.

1) Katzman and Humud, Iraq: Politics and Governance, (2016), p. 5.
2) 그린 존은 2003년 미국의 이라크 침공 이후 연합군 임시당국이 위치한 바그다드 서쪽 지역을 의미하고, 그곳은 그 도시 국제 주둔의 센터로 기능했다. The Green Zone, Iraq— What does it contain? How safe is it? Who..., https://www.quora.com〉The−Green−Zon...

① 이라크 전쟁의 성격과 미래 정책방향

스탠포드 대학 정치학 교수인 래리 다이아몬드(Larry Diamond)는 궁극적으로 이라크 전쟁 종식에 대해 다음과 같은 의견을 제시했다.

전쟁의 본질

이라크 전쟁의 본질에 대한 전문가들의 분석은 다양하다. 일부에서는 그 전쟁이 베트남 전쟁과는 다른 공동체적 내란이라고 말한다. 스테펜 비들(Stephen Biddle)을 포함해서 그런 주장을 하는 사람들은 베트남전쟁은 그곳에서 싸우는 미군에 대한 국민적 반군활동(national insurgencies)이었던 반면, 이라크 전쟁은 반미전쟁이기보다는 국내 종교파벌끼리의 내란(civil war) 성격이 더 강하다는 것을 강조한다. 그래서 비들(Biddle)과 비슷하게 생각하는 전문가들은 오늘날과 같이 말리키의 시아파 정부가 모든 권한을 갖게 되면 수니파는 시아파와 쿠르드족에 의해 모두 학살될 위험이 있다고 말한다. 여러 측면에서 그들의 주장은 타당성이 있다. 예를 들어 이라크에서 매달 500~1,000명이 사망하는 현실, 시아파 대 수니파의 공동체적 투쟁의 속성이 존재하는 점, 그리고 그것들이 더 전면적 폭력으로 악화될 수 있는 가능성이 모두 그런 것들이다. 비들과 같은 전문가들은 그래서 이라크 문제를 해결하기 위해서는 이라크군과 경찰의 능력구축을 지연시키면서, 동시에 시아파, 쿠르드족, 수니파간의 군사능력을 조정해 그들이 타협하도록 미국이 유도하는 2단계 정책을 시행해 평화로 나아가야 한다고 제안한다. 그러나 그들의 생각과 같이 이라크 국내파벌들이 서로 그렇게 타협할 것으로 보이지는 않는다. 또 이라크 전쟁이 공동체 내란의 성격을 띠고 있지만 그것은 동시에 국민적 반미 반군활동임을 부인할 수 없다. 많은 이라크 인들은 자기들이 미국 정복자와 그들에 협력하는 이라크 반역자들에 대항해 싸우고 있다고 생각한다. 20개가 넘는 수니파 반군그룹 중에서 급진이슬람세력, 그리고 후세인 충성파와 잔존하는 바트 당원을 포함해 세속적 저항세력(secular resistance) 모두는 이라크에서의 미군축출이 자기들 목표라고 말한다. 저항그룹들의 헌신적이고 이데올로기적인 반미성격을 간과해서는 안 된다. 수니 저항세력은 미국이 이라크를 지배하고 오일을 장악하기 위해 이라크에 군사기지를 설치하려는 것으로 믿는다. 알카에다와 같은 극단주의 세력은 끝까지 미군을 몰아내고 자기들 지배를 위해 싸울 것이다. 2003년 가을 이후 수니그룹을 대표할만한 몇몇 저항그룹들이 미국과의 직접대화를 통해 미국의 완전철수를 요구하고 있고, 미국은 시아파인 정부리더들을 대화에 참여시키면서 이들과 협상하고 있다. 수니 리더들이 평화를 위한 정치게임을 시도하면서, 미국은 미군철수를 위한 시간표를 만들어야 하고 군비통제 조치도 필요해졌다. 이제 이라크 전쟁은 '반미'보다는 공동체간 폭력이 더 현저해졌기 때문에, 종교, 인종파벌 간 폭력억지를 위해 노력해야 한다. 그래도 수니파의 저항에는 계속 잘 대처해야 한다.1)

평화로 가는 길

시아파와 쿠르드 연합은 수니파를 진압하지 못할 것이다. 많은 수니들은 자기들이 국민의 다수를 구성한다고 (잘못) 믿고 있고, 또 이라크 수니가 진정한 위험에 처하면 주변 수니 아랍 국가들이 이라크 수니를 도울 것이다. 또 많은 시아파 이슬람정당들과 알─사드르 시민무장세력 같은 시아파 군벌 역시 미국인 축출을 원할 수 있다. 수니파 역시 끝까지 싸울 것이다. 반면 미국은 헌법구조, 오일수입의 배분, 안보의 모든 측면에서 시아파, 쿠르드, 수니파 분열을 근본적으로 해결할 지렛대가 없다. 여기서 더 나은 전략은 미국이 유엔, EU, 국제사회와 함께 분파, 파벌 간 중재를 가속화하는 것이다. 시아파와의 대화를 위해서는 널리 존경받는 시아파 성직자 알─시스타니(Grand Ayatollah Ali al─Sistani)가 적합하고, 수니파를 위해서는 아랍리그(Arab League)를 대화 테이블로 끌어들이는 것이 한 가지 방법이다. 미국과 국제공동체는 곧 창설될 헌법검토위원회 (Constitutional Review Committee)를 도와야 하는데, 그 위원회 헌법안은 상대적으로 느슨한 중앙집권제를 구상한다. 그 법안은 또 미래 오일과 가스 유전통제권 분할도 관장하는데, 현재 이라크 오일과 가스 자원의 80%는 시아파지역에 존재하고 쿠르드지역에는 키르쿠크를 포함할 경우 전체의 20%가 매장돼 있다. 헌법 틀 제정만 잘 진행되면 다른 중요한 문제인 안보문제도 해결의 실마리를 찾을 수 있고, 비정부 시민세력의 무장해제와 민간경제 재통합을 위한 계획이 진행될 수 있을 것이다. 중재노력동안, 미군이 그동안 성공적으로 추진해 오던 이라크 군과 경찰의 재건은 계속 추진되어야 한다. 분파 무장 세력의 경찰과 내무부 침투는 시정되어야 한다.2)

② 전쟁의 문제점과 지역외교의 필요성

이라크 전쟁관련 상기 라운드 테이블에서 주 EU 미국대사, 미 국부무 유럽담당 차

---

1) Larry Diamond, "How to End It?," in "What to Do in Iraq: A Roundtable," Larry Diamond, James Dobbins, Chaim Kaufmann, Leslie H. Gelb, and Stephen Biddle, Foreign Affairs, Vol. 85, No. 4 (July/August 2006), p. 150.

2) Ibid., p. 152.

관보, 아프가니스탄 및 파키스탄 특별대표, 그리고 코소보, 보스니아, 아이티, 소말리아 특사를 역임한 고위 외교관 제임스 도빈스(James Dobbins)는 이라크 전쟁에 대해 지역 관련국들과의 외교 필요성을 강조하는 다음과 같은 의견을 제시했다.

부시 행정부 전쟁모델과 이라크 재건계획

2003년 부시 행정부는 이라크 재건계획을 제2차 세계대전 직후 독일, 일본 점령 당시의 경험에 비추어 진행시켰다. 맨 처음 바그다드가 함락되었을 때, 부시 행정부는 제2차 세계대전 직후 미국이 독일, 일본을 점령했을 때와 비슷하게 이라크를 짐이 아닌 상(reward)으로 여겼다. 그래서 워싱턴은 프랑스, 독일, 러시아의 이라크 내 재건계약 체결을 금지했다. 또 부시 대통령은 유엔이 이라크 재건역할을 맡게 하려는 토니 블레어 영국 총리를 비난했다. 미국은 자기 자신을 점령군(occupying power)으로 간주했고, 유엔헌장보다는 전쟁의 법칙에 근거해 이라크에 계속 미군을 주둔시켰다. 나중에 워싱턴은 그런 태도를 바꾸었지만 이미 그 때는 이라크에서 이슬람 반군 무장저항 움직임이 생겨나고 그와 더불어 국제공동체를 이라크에 더 깊숙이 끌어들일 여지가 사라졌다. 국제공동체가 함께 움직이면서 압도적인 힘으로 평화, 안정, 경제재건을 추진한 1990년대 발칸 형태의 개입기회가 사라지면서, 이라크에서는 국제협력의 기회가 약화되고 그와 동시에 이라크 국민의 베트남식 반미 반군움직임이 등장한 것이다. 부시 행정부의 선택은 많은 문제를 내포했다.[1]

지역외교의 필요성

이라크 전쟁은 베트남, 발칸사태와는 성격이 다르지만 어느 면에서는 유사하다. 이라크에서의 종교, 인종긴장은 유고슬라비아가 붕괴에 이른 것을 상기시키고, 알－사드르 형태의 시아파 민병대와 쿠르드 시민군은 베트남의 베트콩, 반미 무장세력과 비슷하게 이라크 통일의 장애요소가 될 것이다. 불행히도 부시 행정부는 국내외에서 많은 비판에 시달리고, 미국의 경제지원은 이미 모두 소진됐으며, 구심점 없는 이라크 국내정치의 자체능력은 너무 제한적이다. 미국의 군사주둔은 시간이 가면서 축소될 것이다. 이제 이라크에서 더 큰 내란을 방지하기 위해 워싱턴은 미국의 군사, 경제영향력을 넘어 적극적인 지역외교를 추진해야 한다. 인종적으로 분열된 사회를 재통합하는 시도는 과거에도 많이

1) James Dobbins, "No Model War," in "What to Do in Iraq: A Roundtable," Diamond, Dobbins, Kaufmann, Gelb, and Biddle, Foreign Affairs, Vol. 85, No. 4 (July/August 2006), p. 154.

있었는데, 1990년대 중반 보스니아 전쟁을 중단시키려는 노력, 또 2001년 늦게 아프가니스탄에서 탈레반 교체 이후의 정치, 사회적 안정화 작업이 모두 그런 것들이다. 그러나 이라크의 경우 문제해결이 더 어려운 이유는 관련 주요 이웃국가들과의 협력이 없이 미국이 홀로 그 사회를 안정화시키려 하기 때문이다. 관련 지역 국가들의 협력을 얻기 위해서, 워싱턴은 이라크를 자유주의로 민주화시키고 또 더 나아가 중동전체를 이라크 모델로 전환시킨다는(transformation) 발상을 포기하거나 아니면 뒤로 미루어야 한다. 중동의 자유민주주의로의 전환은 그 나라들에게 수용 가능한 개념이 아니다. 워싱턴은 우선 이라크의 자유주의 민주화보다 그 나라의 내란을 진정시키고 정치, 사회의 안정(stabilization)을 모색해야 하는데, 그것을 위해서는 이라크의 주권회복, 국내 권력분산이 중요하다. 워싱턴이 자유주의 민주화보다 이웃 국가들에게 더 수용 가능한 비전을 만들어 낸다면 지역협력 확보가 가능할 것이다. 미국인들이나 이라크인들 모두 이라크 주둔 미군의 더 장기적이고 더 큰 역할을 원치 않을 것이고, 미군의 개입은 주로 자문과 이라크 군 훈련에 국한되는 것이 바람직하다. 미국은 이라크 군사개입 축소와 지역외교의 결합을 통해 이라크 분파폭력이 더 큰 내란으로 향하는 것을 막아야 한다.[1]

③ 이라크를 위한 현실주의 해법

리 하이(Lehigh) 대학의 차임 카우프만(Chaim Kaufman) 교수는 현실주의 시각에서 다음과 같이 주장했다.

전쟁의 실상

오늘날 이라크에서는 3개의 전쟁이 진행된다. 그것은 미국 주도 연합군과 반정부 반군 간의 전쟁, 쿠르드족과 기타 북부 이라크 공동체 간의 전쟁, 그리고 시아파 아랍과 수니파 아랍 간의 전쟁이다. 그 중에서 시아파와 수니파 대결이 가장 중요한데, 왜냐하면 그것은 그 두 그룹이 이라크와 그 일대 정치, 군사 불안정과 함께 인도주의 재앙을 가져오기 때문이다. 일부 전문가들의 진단과 처방은 정확하지 않은데, 예컨대 이라크 상황을 베트남과 비교해 그로부터 어떤 유추를 이끌어내는 것이 그런 것이다. 한마디로 베트남 전쟁은 자유주의 대 공산주의라는 이데올로기에 근거한 갈등인 반면 시아파와 수니파 아랍의 갈등은 공동체 내의 종교, 인종분쟁이기 때문이다. 비슷하게 시아파, 쿠르드, 수니

---

1) Ibid., pp. 155－156.

파 간의 권력분점에 대한 의견 역시 비록 그것이 2006년 1월 이후 부시 행정부가 적극적으로 시도하는 것이지만 현실성이 떨어진다. 역사적 사실은 어느 나라, 어느 조직도 권력의 분산이 어렵다는 것을 가리키지만, 이라크 내에서 권력분점의 실현가능성은 특히 낮다. 그 이유는 정부를 장악한 시아파 세력은 너무 강력하고, 시아, 쿠르드, 수니 각 부족 간에는 신뢰가 너무 적으며, 지난 수년 간 폭력의 수위가 너무 높아 대화로 해결이 불가능하고, 더 나아가 이라크의 취약한 정치, 사법제도가 어느 누구에게도 안전을 보장하지 못하기 때문이다. 하루에도 수백 명씩 서로 살해하는 현 상황에서 타협을 통한 갈등의 해소시점은 이미 지나갔다. 오늘날 시아파와 수니파의 대결은 상상을 초월하는데, 그것은 대량학살의 양상을 띤다. 양측의 살육은 2006년 2월 수니가 사마라(Samarra)에 위치한 시아파 성지 아스카리 사원(Askari Shrine)을 폭파한 이후 본격화됐는데, 2005년 시아파 공식정부 출범 이후 시아파가 지배하는 경찰은 '사형집행조'(death squad)를 운영한다. 2006년 4월 미국언론은 지난 두 달간 3,500명 사망을 보도했지만 실제 살해된 사람 숫자는 훨씬 더 많다. 오늘날 시아파 경찰이나 시민 무장세력이 지배하는 곳에서는 어느 수니파도 안전하지 못하고 반대로 수니파 자살폭탄 지역에서는 어느 시아파도 안전을 보장하지 못한다. 가장 위험한 곳은 두 종교 파벌이 공동 거주하는 바그다드와 그 인근의 4개 주인 안바르(Anbar), 바빌(Babil), 디얄라(Diyala), 살라후딘(Salahuddin)이다. 그들의 투쟁은 더 격화될 것인데, 왜냐하면 그 동안의 상호잔인성이 각각의 종교정체성을 더 강화시켰기 때문이다. 2003년 전 모든 이라크 아랍인들이 자기들을 쿠르드에 대비시켜 아랍으로 인식한 반면, 지금은 2005년 12월 92% 투표가 종교파벌에 기초한 정당에 주어진 것에서 나타나듯 양측 모두 종교정체성으로 각자를 인식한다.[1]

불가능한 분파 간 권력분산

오늘날 시아파 중앙정부는 통합이라크 동맹(UIA: United Iraqi Alliance)에 의해 통치되고 총리인 말리키는 그 수장으로서의 역할을 수행한다. 이라크 평화를 위해 일각에서 제기하는 각 종교 파벌간의 권력분점 제안은 시아파 종교정당의 핵심그룹인 UIA에게 2005년 12월 총선에서의 승리를 포기하라고 강요하는 것과 마찬가지이다. 시아파, 쿠르드, 수니간의 화해는 어렵고, 이라크 내 분파그룹들은 권력분점의 필요성과 요구를 수용

---

1) Chaim Kaufman, "Separating Iraqis, Saving Iraq," in "What to Do in Iraq: A Roundtable," Diamond, Dobbins, Kaufmann, Gelb, and Biddle, Foreign Affairs, Vol. 85, No. 4 (July/August 2006), p. 157.

하지 않을 것이다. 2015년 12월 총선이 입증하듯 시아파와 쿠르드의 협력은 가능하지만, 시아파는 수니파에게 주요직책을 양보하지 않을 것이다. 시아파는 핵심 정당그룹인 UIA를 중심으로 뭉쳐있는데, 그들은 전 총리 이브라힘 자파리(Ibrahim al-Jaafari)를 대체해 말리키를 신임총리로 선택한 UIA 결정을 조용히 수용했다. 그것은 그들이 얼마나 단결되어 있는지를 입증하고, 외부에서 그 종교파벌들에게 권력분산을 요구하는 것은 오히려 파벌전쟁을 악화시킬 것이다. 새로이 생겨나는 통치연합은 (과거 임시정부의) 시아파-쿠르드 연합의 형태를 띨 것이다. 만약 모든 정당이 균등하게 참여하는 정부가 구성된다면 오히려 그것은 상호불신으로 인해 제대로 기능하지 못할 것이다. 그것은 서로에 대한 불신이 그만큼 깊기 때문이다. 2003년 권좌에서 물러나기 전 소수였던 수니파는 수십 년간 시아 다수파에게 조금의 권력도 나눠주지 않고 오히려 그들을 폭력적으로 대했는데, 하루아침에 집권 시아파에게 과거 수니의 악행을 잊고 관용을 베풀라는 것은 무리다. 미국뿐 아니라 이라크 어느 정부도 경쟁하는 분파가 지리적으로 완전히 분리되지 않는 한 상호간의 파벌폭력을 막지 못할 것이다. 또 UIA가 시아파 시민군들에 대해 일정수준의 통제력은 보유하지만, 그들이 시민 무장세력의 모든 폭력을 막을 수 있는 것은 아니다. 가장 활발한 '사형집행조'는 내무성을 좌지우지하는 바드르 여단(Badr Brigades)이고, 사드르의 마디 군(Mahdi Army) 역시 수많은 살인을 저질렀다. 결과적으로 이라크는 공동체 캔톤(communal cantons)으로 갈라지고 있다. 수많은 도시와 마을 속에서 종파에 따른 인종분리가 진행된다. 정부군의 강요가 없으면 시아와 수니 지역의 자체적 검문소를 통과하기 어렵다. 이라크는 각 분파의 군대에 의해 분리된 공동체 내의 국경을 갖게 될 것이고, 몇몇 지역은 한 분파 내 철조망으로 둘러싸인 고립영토(enclaves)가 될 수도 있을 것이다.[1]

미국의 임무

이라크 내에서 가장 강력한 군사력을 보유한 집단은 미군이다. 이라크 내 조정자 역할을 자처하는 미국의 향후 최대 국가안보 이익은 이라크 내 인종청소를 막는 일이다. 앞으로도 오랜 기간 워싱턴은 세계 대부분으로부터 부당한 침공을 포함해 미국정부로 인해 이라크에 가해진 피해에 대해 많은 비난을 받을 것이다. 미군은 분파 혼합지역과 그 이웃에서 시아파와 수니의 상호공격을 막고 그 피해자들을 보호해야 한다. 미국의 개입이 없으면 시아파와 수니파는 바그다드 및 이라크 중부지역 지배를 위해 끝까지 싸울 것이다.

---

1) Ibid., pp. 158-159.

미군은 UIA의 가장 강력한 두 개 세력인 다와당(Dawa Party), 사드르파(Sadrists)와 협의해 민간인 보호를 추진할 수 있다. 장기적으로 미국은 시아파의 군사능력 강화를 보장해야 하는데, 왜냐하면 수니파는 조금만 더 힘이 생겨도 시아파를 공격할 것이기 때문이다. 일부에서는 미군 주도의 분파관련 조치가 인종청소를 더 격화시킬 것이라고 말하지만, 그것의 성공이 그 정책의 실패나 무대책으로 일관하는 것보다는 나을 것이다. 그런 조치가 수니파나 불만을 가진 수니 아랍정부들을 덜 화나게 하지는 않겠지만, 그런 불만은 불가피하다.[1]

④ 연방제를 향해서

전 국방부 및 국무부 관리였고, 뉴욕타임스 칼럼니스트인 레슬리 겔브(Leslie H. Gelb)는 다음과 같은 의견을 제시했다.

부시 행정부의 딜레마

부시 대통령은 이라크 안보가 악화되는 상황에서 계속 현재의 정책을 지속하는 방안과 내란을 포함해 이라크 상황과는 관계없이 미군철수를 단행하는 두 옵션 사이에서 최선의 정책을 모색해야 하는 처지에 놓여있다. 현재 부시 행정부가 추구하는 전략은 패배를 피하고 후임자에게 모든 뒤처리를 맡기는 것으로 보인다. 그러나 더 나은 선택은 워싱턴이 분파폭력과 싸우기보다는 이라크를 분권화(decentralize)시켜 통합(unite)시키는 것이다. 이 방식의 장점은 자신들이 불리하다고 생각하는 수니파에게 상대적으로 큰 이익을 제공하고, 미군은 2009년 이전 철수할 수 있으며, 이웃 수니들은 지역외교를 통해 문제해결을 도울 수 있는 것이다. 일단 부시의 현재 이라크 전략의 3가지 측면을 살펴볼 필요가 있다. 첫째 부시의 이라크 주요과제 중 하나는 통일정부를 창출하는 것인데, 지난 3년 간 과도정부 및 공식정부에서 7명의 수니파에게 부총리와 국방장관을 포함해 요직이 주어졌지만 안보와 부패척결에서는 진전이 없었다. 둘째, 미국은 통일정부가 창출되고 이라크 인들이 충분하게 훈련이 되면 이라크를 떠날 계획인데, 이라크 인들은 그런 준비가 되지 않았을 뿐 아니라 자기 운명을 자기들이 책임지려는 태도조차 보이지 않는다. 셋째, 부시는 승리를 장담하지만 그의 행동은 패배회피를 암시한다. 한편 모든 주의 1/3 이상 지역에서 정부에 대한 위협과 도전이 심각하거나 위험한 상태이고, 시아파 시민군은 이

---

1) Ibid., p. 160.

라크 안보병력을 지배하고 있으며, 나라 전체에서 광포한 인종청소가 진행되고 있음에도 불구하고 부시 행정부는 이라크에 대한 정치, 경제지원을 축소하고 큰 도시로부터 미군을 철수시켜 반군활동이 더 활발해지는 것을 방치하고 있다. 현 상태가 지속된다면 비록 부시는 퇴임시까지 패배를 피할 수는 있겠지만 이라크와 미국의 국가이익은 크게 훼손될 것이다.[1]

연방제적 분권화

현 상태에서 가장 합리적 선택은 이라크를 정치, 경제적으로 분권화시키는 것이다. 이 정책은 5가지 요소를 갖고 있는데, 첫 번째는 중앙에 외교, 국방, 오일과 가스 생산과 세금에 대한 권한을 갖는 연방정부가 있는 상태에서 시아파, 쿠르드, 수니파 지역에 각각 그 부족에 책임지는 지역정부를 건설하는 것이다. 이것은 미국 연방제와 비슷하지만, 특별히 이라크의 부족 간 첨예한 갈등을 감안해 지역정부에게 중앙정부가 통과시킨 법을 비토할 수 있는 권한을 부여할 것이다. 이 방식은 연방주의를 허용하는 현 헌법의 정신과 일맥상통한다. 두 번째는 수니파에게 그들 인구가 많고 원래 오랫동안 거주해 오던 중심부 지역을 주고, 그들에게 헌법으로 오일수입을 보장하는 것이다. 전국의 오일과 가스가 남부 시아파 지역에 80%, 북부 쿠르드지역에 20% 매장되어 있는 것을 감안해, 자원이 결여된 중부 수니파 지역에 그들이 정당하다고 생각하는 비율의 자원수입을 보장하는 것이 공정할 것이다. 이것은 현재 자원 관련 세수와 관련해 불명확하게 규정되어 있는 현행 헌법의 개정을 통해 정상화될 수 있다. 2003년 이후 많은 수니들이 중앙집권적 정치구조에서 영원한 소수로 남을 것을 우려하는 것에 비추어 이 방식은 그들에게 수용 가능할 것이다. 세 번째는 미국의 지원을 지역정부에 연결시켜 소수인종과 여성을 보호하는 것으로, 특히 자기 지역에 살지 않는 쿠르드, 수니, 시아파들의 문제를 보살필 것이다. 넷째는 미국이 2008년 이전에 질서 있게 철수하면서 동시에 일부병력을 잔류시켜 그들로 하여금 반군의 대규모 도발을 진압하게 하고 또 이라크 군, 경찰의 훈련을 돕게 하는 것이다. 마지막으로 각 지역은 불가침조약을 체결해 평화를 유지해야 하는데, 이것은 국제외교의 도움을 받을 것이다. 예컨대 불가침의 국제적 보장을 위해 지역안보 회의가 소집되어야 하는데, 이라크 이웃들은 이라크의 국경과 연방제에 대한 불가침을 서약해야 한다. 이라크 주변 국가들은 그 협상에 충분한 인센티브를 갖고 있는데, 예컨대 터키는 쿠르드

---

1) Leslie H. Gelb, "Last Train from Baghdad," in "What to Do in Iraq: A Roundtable," Diamond, Dobbins, Kaufmann, Gelb, and Biddle, Foreign Affairs, Vol. 85, No. 4 (July/August 2006), p. 161.

가 독립국가가 되지 않는 것, 사우디아라비아와 쿠웨이트 같은 수니 국가들은 시아파와 이란이 이라크 전체를 통치하지 않는다는 것에서 위안을 찾을 것이다. 이란의 경우는 이라크 안정은 테헤란이 다른 나라와 분쟁에 휘말릴 가능성을 줄일 것이다. 유엔안보리 5개국과 EU는 이 회의에 앞서 전체적 틀을 도울 수 있다.[1]

모든 파벌의 이익

정치, 경제적 분권화는 각 인종, 종교분파에게 그들이 갈망하는 대부분의 혜택을 부여한다. 쿠르드는 자주(autonomy)를 얻고, 수니는 자주와 돈, 그리고 오랜 기간 수니의 지배를 받은 시아파 역시 자기 운명을 자기가 결정하는 역사적 자유와 미래의 부를 누릴 것이다. 이것은 내란에서 탈피하는 마지막 기회가 될 것이다.

04 미국의 강대국 관계

아프간, 이라크 전쟁을 진행하는 동안 미국은 '테러와의 전쟁' 목적상 강대국들과 우호적 협력관계 유지를 원했지만, 그것은 워싱턴의 뜻대로만 진전되지는 않았다. 러시아로부터 대테러, WMD 관련해 미국은 부분적으로는 협력을 확보했지만, 결정적으로 나토확대와 동유럽 MD 문제에 관한 이견으로 두 나라 관계는 파국에 이르렀다. 반면 미·중 관계는 양측의 상호자제, 특히 미국의 양보적 태도로 인해 큰 문제없이 진행됐고, 미·일 관계는 자민당 집권기에 더 강력한 유대안보로 귀결됐다.

(1) 미·러 관계

조지 W. 부시 행정부는 처음 임기를 시작했을 때 러시아를 전혀 신뢰하지 않았지만 9·11 이후 미·러 협력의 필요성을 재인식했다. 그러한 이해는 2002년 5월 모스크바 미·러 정상회담 공동선언에 잘 나타나 있는데, 그 때 부시와 푸틴은 미래 양국협력의 필요성에 관해 다음과 같이 말했다. 미국과 러시아가 서로를 적이나 전략적 위협으로 간주하

---

1) Ibid., p. 163-164.

던 시대는 끝났다. 두 나라는 파트너이고, 안정, 안보, 경제통합을 진전시키며, 지구적 도전과 지역갈등 해소에 공동 대응할 것이다. 미국과 러시아는 민주주의, 인권, 자유언론, 관용, 법치를 존중하는 가운데, 유엔안보리, G−8, OSCE를 포함하는 국제포럼에서 집중적으로 대화할 것이다. 이미 양국은 국제테러에 반대하는 지구적 투쟁에 연대해 있다. 중앙아시아와 남 코카서스에서 미·러 두 나라는 이 지역 모든 나라들의 안정, 주권, 영토통합에 공동이익을 인식한다. 나토 회원국들과 러시아는 테러리즘, 지역불안정, 기타 위협에 반대해 더 깊은 협력강화를 약속했다. 나토 회원국과 러시아는 나토−러시아 위원회 (NRC: NATO−Russia Council) 임무에서 동등한 책임을 나눠 가질 것이다. 중동평화, 이라크 문제해결, 발칸의 안정은 미국과 러시아의 책임 하에 더 진전될 것이다. 두 나라는 또 초국가적 조직범죄에 반대해 싸울 것이다. WMD와 미사일기술의 안전을 위해 미·러 양국은 협력적 위협감축 프로그램을 지속하고 핵분열 물질 축소노력을 확대할 것이다. 비확산을 위해 NPT, 화생무기금지조약은 강화되고, WMD 수출 통제를 위해 더 많은 노력이 경주될 것이다. 오늘날의 안보환경이 냉전시대와 다르다는 것을 인식해, 두 나라는 미사일방어체제(MD: Missile Defense)에서 신뢰와 투명성을 증대하는 절차를 밟을 것이다. MD 관련 협력은 연합훈련의 확대, 공동연구 프로그램 개발을 포함하고, 양측은 비밀정보와 지적재산권 상호보호의 중요성을 인식한다. 그 외에도 미국과 러시아는 워싱턴의 러시아 WTO 가입에 대한 높은 우선순위의 부여, 또 미국무역법 하에서 러시아를 시장경제로 대우할 것 인가에 관한 검토를 포함해 양국 경제협력을 증진시키고 상호 인적교류 역시 증대시킬 것이다.[1]

그러나 부시 행정부가 러시아를 완전히 신뢰하고 있지 않다는 것은 9·11로 인한 대테러 협력 이후 공표된 2002년 9월 미국의 국가안보전략에 잘 나타난다. 그때 워싱턴은 또다시 러시아에 대한 불신을 드러냈는데, 워싱턴의 내심 깊숙한 의도가 무엇이던 미·러 간에는 이미 2003년을 전후해 긴장이 형성되고 그 이후 양국 관계는 점점 더 악화되어 갔다. 그것은 모스크바의 반대에도 불구하고 미국이 밀어붙이는 나토확대, 그리고 (2000년 5월 모스크바 공동선언 약속과는 달리) 러시아와 논의 없이 일방적으로 추진하는 MD 설치 문제가 가장 큰 이유였다. 다른 많은 이유도 존재했는데, 그것은 이란 핵원자로 문제에 관한 미·러 간의 입장 차, 그리고 유엔안보리 승인 없이 일방적으로 이라크 전쟁을

----

1) Joint Declaration on New U.S.−Russia Relationship, signed in Moscow May 24, 2002 by George W. Bush and Vladimir Putin, http://usembassy.state.gov/ircseoul/wwwh5089.html

시작한 부시 행정부에 대한 모스크바의 반감을 포함했다. 이라크 전쟁의 경우, 푸틴 대통령은 유엔안보리에서 이라크에 대해 군사력 사용을 요청하는 워싱턴 주도 안보리 결의안을 프랑스, 독일과 연대해 거부했다. 또 푸틴은 러시아 두마연설과 뮌헨 연례안보회의를 포함해 수많은 계기에 미국의 결정과 행동의 부당성을 비난했다.[1] 그러한 미·러 관계는 러시아에서 2008년 5월 메드베데프가 대통령으로 취임한 직후 발생한 러시아-조지아(Georgia) 전쟁에서 돌이킬 수 없을 정도로 악화됐다. 그 전쟁은 나토확대와 동유럽 미사일방어망 설치, 그리고 워싱턴의 일방주의에 대한 모스크바의 보복 성격을 띠었다. 비록 몇몇 영역에서 협력이 지속됐고 부시와 푸틴이 적어도 겉으로는 정중한 개인관계의 외형을 유지하려 애썼지만, 미·러 관계는 초기의 일시적 조화와는 반대로 파국으로 나아갔다. 미국의 행동을 세계를 지배하려는 패권주의로 인식하고 동시에 과거 한때 누렸던 강대국으로서의 위상회복을 최종목표로 간주하면서, 푸틴 대통령의 정책은 이제 중국 및 일부 반서방 국가들과의 협력을 통해 미국 및 서방에 맞서는 형태로 나아갔다.[2]

1) 대테러 협력

2002년 중반 미·러 양국은 빌 클린턴 시절의 '아프가니스탄 실무그룹'을 '대테러 실무그룹'(Working Group on Counter-Terrorism)으로 명칭변경하면서 지구적 차원의 테러진압에 공동 노력할 의사를 재확인했다.[3] 미·러 '대테러 실무그룹'은 정기회합에서 체첸 및 북 코카서스 테러활동에 관한 정보를 교환하고 대책을 논의하면서 러시아 인근의 테러방지에 공동노력을 경주했다.[4] 1999년 12월 워싱턴은 알카에다-체첸 테러리즘 연계를 우려해 모스크바에 러시아의 체첸 테러진압에 반대하지 않는다는 의사를 전달한 바 있는데, 이제 또다시 부시 행정부는 조지아(Georgia)의 군 병력이 판키시 협곡(Pankisi Gorge)에서 알카에다 지원을 받는 체첸 테러리스트들을 진압할 수 있도록 군사훈련과 장비를 제

---

1) 그 당시 러시아의 반대보다 프랑스와 독일의 반대가 더 컸는데, 그것은 나토 동맹국들의 지지를 기대한 워싱턴에게는 큰 실망이 됐고 나토 동맹 내 외교 균열을 초래했다. Preston Mendenhall, "After Iraq war, Putin's on Top," (June 24, 2003), www.nbcnews.com〉 world_news〉 after...

2) Stuart D. Goldman, Russian Political, Economic, and Security Issues and U.S. Interests, CRS Report 7-5700, RL33407, (July 28, 2008), p. 20,

3) '아프가니스탄 실무그룹'은 2000년 6월 그 당시 미국 대통령 빌 클린턴과 러시아 푸틴 대통령이 탈레반정권 비호하에 번성하는 범세계적 테러조직의 잔혹행위를 방지하기 위해 만든 위원회였다.

4) '대테러 실무그룹'은 2009년 오바마 행정부 출범 이후에는 '미·러 양자 대통령위원회'(BPC: US-Russian Bilateral Presidential Commission) 산하의 실무그룹 중 하나로 편입됐다.

공하겠다고 제안했다. 모스크바는 실용적 견지에서 이를 수용했고, 미국은 조지아가 체첸과 치르는 전쟁능력 향상에 많은 군사지원을 제공했다. 더 나아가 2003년 9월 미 국무부는 3개의 체첸조직을 지구적 테러리스트 그룹으로 공식 지정했다. 그것은 이슬람국제여단(IIB: Islamic International Brigade), 이슬람특수연대(SPIR: Special Purpose Islamic Regiment), 그리고 체첸순교자 대대(Riyadus—Salikhin Reconnaissance and Sabotage Battalion of Chechen Martyrs)였는데, 그들은 모두 2002년 10월 모스크바 극장 테러사건에 개입한 단체였다. 그 사건 당시 미국인들도 사망했는데, 그들은 모두 알카에다의 오사마 빈라덴, 그리고 탈레반과 연계되어 있었다. 부시 행정부 초 이후 수년간, 워싱턴과 모스크바는 그렇게 국제테러리즘의 도덕적 부당성, 아프간 전쟁의 정당성, 또 미·러 양국 간 협력의 필요성에 관해 확고한 공감대를 발전시켰다.[1]

2) 핵확산방지 협력

미·러 양국은 핵확산 방지에서 상당한 공감대를 이루었지만 파열음도 있었다. 워싱턴과 모스크바는 클린턴 시기부터 오랜 기간 핵무기 감축과 안보이슈에 관해 협력해 왔다.[2] 2002년 1월 워싱턴은 미국이 배치한 상당수 핵탄두를 파기하기보다는 철수시켜 저장할 것이라는 계획을 러시아에 전달했는데, 모스크바는 이에 부정적으로 반응했다. 그렇

---

1) Jim Nichol, Russian Political, Economic, and Security Issues and U.S. Interests, CRS Report 7—5700, RL 33407, (March 31, 2014), p. 26. 모스크바 극장 인질사건은 2002년 10월 23~26일 40~50명의 체첸 이슬람 분리주의자들이 850명의 러시아인과 일부 외국인을 인질로 잡은 사건인데, 그 때 그들은 체첸으로부터 러시아 군의 철수, 제2차 체첸전쟁의 종식, 그리고 체첸 독립을 요구했다. 러시아 특수부대가 화학물질을 사용해 테러리스트들을 진압하는 과정에서 민간인을 포함해 적어도 130명이 사망하고 700명 이상이 부상당했다. Terrorists seize Moscow theater, BBC News, (October 23, 2002)

2) 1992년 이후 미국은 협력적 위협감축(CTR: Cooperative Threat Reduction, 또는 Nunn—Lugar Program), 그리고 러시아가 핵무기를 해체하고 그 핵무기, 무기급 핵물질, 기타 대량살상무기 그리고 관련기술 안보를 보장하는 것을 돕는 프로그램을 위해 100억 달러 이상을 사용했다. 1998년 9월 정상회담 동안, 미·러 양국은 어느 한쪽이 세계 어느 곳에서든 탄도미사일 발사를 탐지했을 때 정보를 공유하고, 각국의 무기급 플루토늄을 50 metric tons만큼 축소하기로 합의했다. 1999년 6월 미·러 관리들은 CTR 프로그램을 7년간 더 연장하기로 합의했다. 양측은 또 각자가 추가로 34톤의 무기급 플루토늄을 폐기하기로 합의했는데, 미국은 러시아 노력을 재정지원하기 위해 17억 달러 국제자금을 동원하기로 했다. 그러나 모스크바의 미·러 통합 미사일 조기경보 정보센터는 계획대로 설립되지 않았다. 2002년 4월 부시 행정부는 러시아가 화학 및 생물학무기 제거합의 이행에 충분히 협력하지 않는 것으로 판단했다. 이것은 CTR 프로그램을 위한 미국 자금 지원을 중단하게 되어 있었지만, 부시대통령은 러시아 행동을 묵인했다. Goldman, Russian Political, (2008), p. 23.

지만 러시아가 비판을 절제하는 가운데 양측의 협상은 계속됐고, 2002년 5월 부시와 푸틴에 의해 모스크바 협정(Moscow Treaty)이 최종 서명됐다. 2012년 말까지 기존 배치된 전략핵탄두 숫자는 1,700~2,200개로 축소되고, 과도기 시간표는 없으며, 무기 형태나 혼합에 제한이 없고, 탄두는 저장이 가능하고 반드시 파기할 필요는 없었다. 2006년 9월 미국과 러시아는 또 다른 핵비확산 프로그램에 관련된 분쟁의 해결을 시도했다. 양국은 무기급 플루토늄 생산 프로그램을 계속 제거해 나가기로 합의했다. 그 협상은 1년 2개월 만에 결실을 보았는데, 2007년 11월 양국 핵에너지 관련 고위급 인사들은 68톤의 플루토늄 폐기계획에 서명했다.[1]

그러나 북한 핵문제에 관해서 미국과 러시아는 제한적 범위 내에서만 협력했다. 워싱턴은 모스크바가 러시아 핵관련 부품이나 기술이 북한으로 유입되지 않도록 관심을 기울이고 유엔안보리 결의안 통과 또는 다양한 북핵 관련 국제협상을 지지하기를 원했다. 부시 행정부에게 북한의 핵개발은 간과할 수 없는 주요 사안이었는데, 왜냐하면 그것은 핵확산의 단초가 될 수 있을 뿐 아니라 그 핵무기가 테러집단에 흘러 들어가면 그 결과는 참담할 것이기 때문이었다. 부시 행정부는 취임 초부터 북한에 철저한 사찰과 검증을 요구하면서 핵관련 대화를 갖기를 원했지만, 평양은 여러 이유를 구실로 워싱턴의 모든 제안을 거부했다. 그러나 2002년 10월 초 북한이 제네바 합의에도 불구하고 또다시 비밀리에 우라늄 농축방식으로 핵무기를 개발하고 있는 것이 사실로 드러났다. 미 국무부 동아태 차관보 제임스 켈리(James Kelly)가 WMD와 한반도 재래식군비통제 문제를 논의하기 위해 평양을 방문했을 때, 북한 외무성 제1부상 강석주는 그것이 사실이라고 시인했다. 북한은 우라늄 농축에 필요한 장비를 확보하기 위해 파키스탄에 미사일기술을 이전했고, 이슬라마바드는 그를 기초로 가우리 미사일을 개발한 것으로 확인됐다. 이라크, 이란과 더불어 북한을 '악의 축'(Axis of Evil)으로 인식하는 부시대통령은 분노했고, 워싱턴에 대항해 평양은 과거 동결한 영변 핵시설 재가동, 봉인 및 카메라 제거, NPT 탈퇴를 선언했다. 그렇게 제2차 북핵 위기가 발생했을 때, 러시아는 중국

_제임스 켈리

과 함께 북핵 개발이 아주 위험하고 또 중단되어야 한다는데 인식을 같이했다. 러시아 외교장관 이고르 이바노프(Igor Ivanov)는 모스크바는 동북아 평화, 안전, 긴장완화를 위

1) Ibid., pp. 21, 23.

해 한반도 비핵화와 비확산정책을 일관되게 주장해 왔다고 말했고, 2002년 12월 중·러 양국 수뇌는 한반도 비핵화를 지지한다는 공동성명을 발표했다. 푸틴과 고이즈미 일본 총리는 모스크바 정상회담에서 실망과 우려를 나타내면서 북한의 NPT 탈퇴 철회를 촉구했다. 그러나 러시아는 중국과 함께 강력한 대북제재나 북한봉쇄에는 반대했다. 이바노프는 북한 핵문제의 안보리 상정은 시기상조이고 비생산적이라는 부정적 입장을 밝히면서, 한반도 비핵화보장, 제네바합의 철저이행, 대북 안전보장과 경제지원을 포함하는 일괄타결안을 제시했다. 베이징 역시 핵문제의 안보리 이관에 반대하면서 대화와 협상을 주장했다.

_6자회담

아프간, 이라크 전쟁에 시급한 미국이 대안으로 수용해 2003년 8월 개최된 6자회담이 몇 차례 진행되는 동안 러시아는 또다시 회담 주도국 중국, 북한, 그리고 (노무현 대통령의) 한국과 함께 미국, 일본의 강경한 입장에 반대했다. 6자회담이 진전을 이루지 못하고 그 무용론이 제기되는 가운데 2005년 9월 제4차 6자회담에서 다행히 돌파구가 열려 북한의 대외관계정상화 및 경제지원을 대가로 평양이 핵개발 포기를 수용하는 9·19 합의가 이루어졌다. 그러나 부시 행정부가 마카오의 방코델타아시아(BDA) 은행을 북한 불법자금 세탁혐으로 지정하고 북한계좌의 2,500만 달러를 동결하면서, 평양은 또다시 대포동 2호 시험발사에 이어 2006년 10월 제1차 핵실험을 강행했다. 그때 러시아는 중국과 함께 유엔안보리에서 대북제재 결의안 1695호, 1718호에 합의했지만 북한체제에 위협이 될 만한 실질적 제재에는 모두 반대했다. 그 이후 2007년 2월 또다시 미·북 간에 한발 씩 양보해 북한이 9·19 합의를 이행하기로 합의해 영변원자로 폐쇄와 불능화 작업이 이루어지고 미국이 북한 테러지원국 해제를 발표했지만, 2008년 9월 평양은 또다시 영변원자로 봉인해제, 2009년 4월 장거리 미사일 발사, 그리고 2009년 5월에는 제2차 핵실험을 진행했다. 2019년 현재 북한의 핵능력은 제6차 핵실험을 거쳐 ICBM에 수소폭탄 탄두를 장착할 수 있는 단계에 이르렀는데, 그 모든 과정에서 모스크바의 협력은 북한체제에 대한 위협을 배제하는 제한적 성격을 띠었다.

이란 핵관련 협상도 비슷했다. 2003년 초 백악관과 미 의회가 이란이 민간원자로 프로그램을 비밀 핵무기 프로그램 개발에 위장 사용할 가능성이 있다고 주장했지만, 러시아는 워싱턴의 부셰르(Bushehr) 원자로 건설 프로젝트 지원중단 요청을 거부했다.[1] 모스크바는 이란의 민간 핵 프로젝트를 계속 지원하면서 테헤란이 우라늄 재처리와 농축활동을 중단하도록 설득할 수 있다고 주장했다. 2005년 늦게 모스크바는 테헤란의 우라늄 재처리에 관한 타협안을 제시했는데, 그것은 러시아 영토 내 시설에서 이란의 우라늄 재처리를 허용하고 국제사찰을 받게 한다는 방안이었다. 그렇지만 2006년 3월 테헤란이 러시아의 중재안

_부셰르(Bushehr) 원자로

을 거부하면서 모스크바는 이란 핵문제를 유엔안보리로 이관하기 원하는 미국과 EU의 방안을 지지했고, 2006년 12월 만장일치로 이란 핵 인프라와 무역에 대한 부분적 제재, 그리고 10개 이란 단체와 12명 개인자산을 동결하는 안보리 결의안 1737호가 통과됐다. 2007년 3월에는 이란 핵문제에 관한 제2차 안보리 결의안이 통과됐고, 더 놀랍게 모스크바는 이란의 지불연체를 이유로 아직 완성되지 않은 부셰르(Bushehr) 원자로 프로젝트로부터 러시아 과학자들을 철수시켰다.[2] 그러나 모스크바는 그 해 늦게 또 다른 결의안을 통과시키려는 부시 행정부의 시도에 제동을 걸었고, 2007년 12월 미국 국가정보 판단보고서(Key Judgements of the National Intelligence Estimate)가 이란의 비밀 핵무기 프로그램 추진 여부가 불확실하다는 의견을 제시하면서 이란 핵문제는 표류했다. 2008년 3월 초 러시아는 미국, 영국, 프랑스, 중국과 함께 제3차 이란 제재 안보리 결의안에 찬성했지만, 그것은 유엔회원국들의 자발적 조치를 촉구하는 명목상의 결의안이었다.[3]

....

1) 그러나 과거 이란의 비밀 핵개발 시도가 일부 밝혀지면서 이 이슈가 재 점화됐고, 몇몇 러시아 정치인들은 모스크바 당국의 이란 핵 협력 정책을 비판했다.

2) 그때 이란 관리들은 러시아의 지불연체 주장을 부인했다.

3) 이란의 핵 프로그램은 1950년대 미국의 평화원자력(Atoms for Peace) 프로그램의 지원을 받아 모하메드 레자 샤(Mohamed Reza Shah) 팔레비 왕 당시 시작됐다. 1974년 이란의 원자력에너지기구(AEO: Atomic Energy Organization)를 설립하면서, 팔레비는 20개 원자로와 우라늄농축시설, 그리고 사용 후 연료를 위한 재처리 시설을 건설하는 원대한 계획을 가지고 있었다. 그러나 1979년 이란혁명이 팔레비 정부를 전복한 이후 이란 최고지도자 호메이니는 그 핵 프로그램을 이슬람적이지 않은 것으로 간주하고 그 종식을 명령했다. 1984년 호메이니는 핵 파워에 대한 결정을 뒤집고 부셰르 원자로(Bushehr reactors) 건설 지속을 위한 국제 협력을 추구했다. 현재, 이란은 우라늄 광산, 제조, 전환, 그리고 농축시설을 포함해 완전한 핵연료 주기를 보유한다. 핵무기용 고농축 우라늄을 생산해 낼 수 있는 이란의 광범위한 농축 프로그램이 특히 논란의 대상이었다. 2002년을 기점으로, 이란, IAEA, 그리고 안보리 상임이사국 5개국과 독일을 포함하는 P5+1 그룹이 분쟁해결을 위해 여러 가지로 시도했다. IAEA는 2005년 이란이 포괄적 안전협정을 이행하지 않는다고 판단했고, 그 이후 유엔안보리는 여러 해, 여러 차례에 걸쳐 이란의 농축 및 재처리 활동을 금지하는 7개 결의안을 통과시켰다. P5+1과

이란 핵 관련 러시아의 행동은 일관적이지 않았다. 모스크바는 한편으로는 유엔안보리 제재 결의안에 찬성하면서 다른 한편으로는 이란 핵시설 발전을 도우려는 조짐이 보였는데, 가장 결정적으로 2007년 10월 푸틴은 테헤란을 방문하면서 이란이 평화적 핵을 개발할 권리를 갖고 있다고 선언했다. 푸틴의 행동은 그 당시 미·러 간 최대 논란거리인 워싱턴의 동유럽 미사일방어망 설치시도에 대한 보복으로 여겨졌다. 푸틴의 선언을 뒷받침하듯, 러시아는 워싱턴의 희망과는 반대로 갑자기 이란 부셰르 시설구축을 돕고 핵연료를 전달하기로 결정했다. 연료수송은 2008년 1월 완결됐는데, 그 원자로는 2008년 말에서 2009년 초 작동할 것으로 예상됐다.[1]

3) 나토의 확대와 미사일방어망 문제

미·러 간 강력한 반감은 불가피했는데, 그것은 한마디로 나토의 동유럽으로의 확장과 미사일 방어망의 동유럽 설치를 추진하는 워싱턴의 정책과 그에 반대하는 모스크바의 좁힐 수 없는 입장 차이에서 비롯됐다.

나토의 동진　　이미 1990년대에 많은 동유럽 국가들이 나토 가입을 희망했고, 미국은 1999년 워싱턴 정상회담에서 폴란드, 헝가리, 체코의 나토 가입을 성사시켰다. 1999년의 워싱턴 정상회담에서 또 나토는 그 회원국이 되기를 희망하는 알바니아, 불가리아, 루마니아, 슬로베니아, 슬로바키아, 마케도니아, 발트 3국(라트비아, 리투아니아, 에스토니아)에게 이들 국가들이 집단안보에 가입하는 중간절차로 멤버십 행동프로그램(MAP: Membership Action Program)의 새 가이드라인을 발표했다.[2] 2002년 11월 부시 행정부와 기존 회원국들은 프라하 정상회담에서 불가리아, 루마니아, 슬로바키아, 슬로베니아, 그

이란 간 협상은 2015년 7월 JCPOA에 합의했는데, 그것은 제재 해제를 대가로 25년 간 이란의 핵능력을 제한하는 포괄적 타협이었다. 2016년 1월 16일, 핵심 분량(metrics)을 충족시키는 협상이 진전됨에 따라 이란의 모든 핵관련 제재는 해제됐다. 그러나 미국의 트럼프 대통령은 2018년 5월 8일 JCPOA로부터 탈퇴했고, 그 즉시 핵관련 제재 재 부과를 선언했다. 그는 이란의 테러리즘 지원과 탄도미사일 개발, 그리고 이스라엘 총리 벤저민 네타냐후가 이란이 2000년대 초 핵무기 개발의 자세한 내용을 숨겼다고 주장한 사실을 인용하면서 그 협상은 핵심에서 결함이 있다고 말했다. Iran's Nuclear Program Timeline and History/ NTI, https://www.nti.org〉 countries〉 iran〉 n...

1) Goldman, <u>Russian Political</u>, (2008), pp. 19-20.
2) MAP은 나토 회원국이 되기 위해 따라야 하는 구체적 절차를 설정한다. 그것은 시장경제, 민주적 민군 관계, 소수민족에 대한 공정한 대우, 갈등의 평화적 해결에 대한 헌신, 군사적 공헌능력과 같은 것들이다. 일부 회원국들은 MAP이 거의 일방적으로 워싱턴에 의해 결정되는 것에 불만을 표시했다.

리고 발트 3국의 7개국을 회원국으로 영입하는 가입대화(accession talks)를 시작하기로 결정하고, 그 1년 반 후 2004년 6월 아프가니스탄 전쟁과 이라크 전쟁, 또 세계 곳곳에서 테러와의 전쟁이 진행되는 가운데 이스탄불 정상회담에서 이들 7개국의 나토가입을 공식 승인했다.[1] 2004년 결정에서 제외된 알바니아와 뒤늦게 나토 가입을 희망한 크로아티아 역시 2009년 나토에 가입했다.[2]

러시아와 국경을 맞댄 우크라이나와 조지아도 나토가입을 시도했다. 우크라이나는 1994년 독립국가연합(CIS) 구성국으로는 처음으로 나토의 '평화를 위한 파트너십'(PFP: Partnership for Peace)에 참여하고, 1997년 특별파트너십 헌장(Charter on a Distinctive Partnership)에 따라 나토-우크라이나 위원회(NUC: NATO-Ukraine Commission)를 창설했으며, 그 이후 2002년 11월 나토-우크라이나 '행동계획'(Action Plan) 유대를 설정했다. 그때 우크라이나 대통령 레오니드 쿠치마(Leonid Kuchma)는 나토 가입의사를 선언하면서 나토와의 관계를 새로운 차원으로 격상시켰다. 2004년 우크라이나 의회는 나토와

1) 프라하 정상회담은 나토 성격에 있어서의 '전환기적 정상회담(transformation summit)'으로 인식됐는데, 왜냐하면 그때 회원국들이 나토가 과거 대소 억지를 넘어 21세기의 새로운 위협, 특히 9·11 이후 새롭게 나타나는 테러리즘과 WMD 위협에 대처하도록 구조와 역할을 조정하기로 결정했기 때문이다. 그때 회원국들은 해외에서 신속하게 대응할 수 있는 나토 대응군(NRF: NATO Response Force)을 창설한다고 발표했다. 그들은 그 2만 명 규모 병력의 초기 작전능력은 2004년 10월 이전, 그리고 완전한 작전 능력은 2006년 10월 이전에 갖추고, 신속한 작전수행을 위해 복잡한 군사령부 구조를 더 단순화시킬 것이라고 선언했다. 미국은 그 동안 나토위원회의 복잡한 의사결정 체계, 유럽 정부들의 군사행동보다 외교수단에 대한 선호와 낮은 국방비 지출 수준에 불만을 가져왔는데, 이 새로운 구조개편을 위해 미 국방장관 도널드 럼스펠드는 막후에서 많은 노력을 기울였다. 또 미국은 나토가 군사동맹임에도 불구하고 그것이 전투, 전쟁을 넘어 자유민주주의와 시장경제를 확산시키는 정치역할도 수행하는 것으로 인식했다. NATO-Official text: Prague Summit Declaration issued by the heads of State, https://ww.nato.int〉 cps〉 natohq〉 off...; CNN.com-Prague summit to transform NATO-Nov. 20, 2002, edition.cnn.com〉 nato.oakley.analysis; NATO Press Release (2004) 096: Istanbul Summit Communique-28 June 2004, https://www.nato.int〉 docu〉 2004
2) NATO-Topic: Enlargement, https://www.nato.int〉 cps〉 topics_49212; Vincent Morelli, Carl Ek, Paul Belkin, Steven Woehrel, Jim Nichol, NATO Enlargement: Albania, Croatia, and Possible Future Candidates, CRS Report for Congress, 7-5700, RL34701, (April 14, 2009), pp. 1-2; Paul Belkin, NATO's 2018 Brussels Summit, CRS INSIGHT, (July 5, 2018), pp. 1-2; 1949년 이후 나토 회원국은 7차에 걸쳐 12개국에서 29개국으로 확대됐다. 2018년 시점 4개의 파트너 국가들이- 보스니아-헤르체고비나, 마케도니아, 조지아, 우크라이나-나토 회원자격 열망을 선언한 상태였다. 그러나 조지아와 우크라이나 가입 가능성은 매우 희박하고, 국호 문제로 인해 그리스가 가입을 반대해 오던 마케도니아는 그 문제 해결로 2018년 나토와 가입대화(accession talks)를 시작할 상태에 있었다. 몬테네그로는 2017년 6월 나토에 가장 최근에 가입한 국가이고, 앞으로도 회원자격은 더 확대될 수 있을 것으로 여겨졌다.

주둔국 지원(HNS: Host Nation Support) 협정에 서명하면서 나토에 전략공수(strategic airlift)를 제공하기로 합의했고, 그 해 가을 나토 동맹국들은 우크라이나 대선을 둘러싼 '오렌지 혁명'과 정치발전을 자세히 주시하는 가운데 나토 가입요건 중 하나로 자유롭고

공정한 선거의 중요성을 강조했다.[1] 2005년 4월 우크라이나는 나토와 그 가입에 필요한 정치, 군사, 경제, 안보절차를 포함해 모든 것을 논의하는 심화대화(Intensified Dialogue)를 시작했고, 2008년 3~4월 빅토르 유시첸코(Viktor Yushchenko) 대통령과 율리아 티모셴코(Yulia Tymoshenko) 총리는 나토 가입을 위해 MAP 신청을 서

_빅토르 유시첸코   두르는 상태에 있었다.[2]

1991년 독립 쟁취 직후 조지아는 1992년 나토 동맹국들이 과거 바르샤바 조약기구에 속해 있던 중부, 동부유럽 국가들과 대화하기 위해 창설한 포럼인 북대서양 협력위원회(NACC: North Atlantic Cooperation Council)에 가입했다.[3] 실질적 양자협력은 1994년 조지아가 PFP에 가입하고 2003년 '장미혁명' 이후 새 정부가 더 야심찬 개혁을 추진하면서 심화되기 시작했다. 2005년 2월 양측은 PFP 연락사무실 설치에 합의하고, 3월 조지아는 나토병력의 이동, 국경통과를 돕기 위해 (우크라이나와 비슷하게) 나토와 주둔국 지원 협정을 체결했다. 2006년 4월에는 나토본부에서 조지아 '행동계획'(Action Plan)에 대한 평가가 있었고, 미하일 사카쉬빌리(Mikheil Saakashvili) 대통령은 나토가 요구하는 자유주의 개혁을 가속화하면서 '심화대화'를 통해 본격적으로 나토가입을 모색했다.[4]

그러는 가운데, 2008년 4월 부카레스트 나토 정상회담에서 나토동맹국들은 우크라이나와 조지아가 머지않아 나토의 회원국이 될 수 있다고 밝혔다. 나토는 다음과 같이 말

---

1) '행동계획'에 포함된 후보 국가는 나토가입을 위해 매년 일정수준의 안보, 정치, 경제 목표치(ATP: Annual Target Plans)를 달성, 보고해야 한다. NATO – Official text: NATO – Ukraine Action Plan, 22 – Nov. – 2002, https://www.nato.int〉 official_texts_19547; NATO – News: NATO – Ukraine Action Plan adopted at Prague, 22 – Nov. – 2002, https://nato.int〉 cps〉 news_19211.

2) www.nato.int〉 pdf〉 pdf_2007_06

3) NACC는 1991년 12월에 창설됐고, 나중에 유럽 – 대서양 파트너십위원회(Euro – Atlantic Partnership Council)에 의해 승계됐다.

4) 심화대화는 미국과 나토 회원국들이 희망국가의 나토가입을 위해 도입한 제도이다. 이것은 2005년 이후 빅토르 유시첸코 대통령 하에서 자유민주주의 개혁을 추진하는 우크라이나가 나토가입을 희망한 것에 부응해 도입됐다.

했다. "두 나라는 모두 동맹의 활동에 값진 기여를 했다. 우리는 우크라이나와 조지아에서의 민주적 개혁을 환영하고, 5월 조지아에서 자유롭고 공정한 의회선거를 기대한다. MAP은 우크라이나와 조지아가 회원자격으로 가는 직접적인 다음 단계이다. 오늘, 우리는 이들 나라의 MAP 신청을 지지한다는 것을 분명히 밝히는 바이다. 그래서 우리는 MAP 신청과 관련한 미해결 문제

_부카레스트 나토 정상회담

에 대해 논의를 시작할 것이다."1) 그러나 4개월 후 2008년 8월 잘 알려진 러시아-조지아 위기가 발생했다. 그 사건은 조지아의 분리주의 지역인 남오세티야(South Ossetia)와 압하지야(Abkhazia) 문제와 관련해 발생한 것이지만, 그 때 전문가들은 그것은 조지아뿐 아니라 우크라이나와 서방에게 나토의 CIS 국가 흡수에 대한 경고의 성격을 띠었다고 분석했다. 물론 그 위기 이후에도, 나토 회원국들은 우크라이나와 조지아의 나토가입에 대한 열의를 계속 나타냈다. 조지아의 경우, 나토는 그 나라의 영토통합과 주권을 계속 강조하면서 러시아에게 압하지야와 남오세티야에 대한 주권국 승인 번복을 촉구했고, 또 2008년 이후 나토-조지아 위원회(NGC)는 조지아의 개혁노력과 유럽-대서양 열망을 지원하기 위한 긴밀한 정치대화와 협력을 이어갔다. 그럼에도 불구하고 일단 나토는 모스크바의 강력한 반발과 경고에 부딪쳐 쉽사리 조지아와 우크라이나에게 회원자격을 부여할 수 없는 입장에 처했다.

미사일방어체제 워싱턴은 동유럽 미사일방어체제 설립도 강행했다. 2001년 12월 워싱턴은 모스크바에 미국은 6개월 내 '탄도탄 요격미사일 제한협정'(ABM: Anti-Ballistic Missile)에서 탈퇴할 것이라고 공식 통보하고, 6개월 후 러시아, 중국의 반대에도 불구하고 ABM에서 일방 탈퇴했다. 미국의 ABM 철수에 대응해, 모스크바는 더 이상 START II에 구속받지 않을 것이라고 선언하면서 2002년 6월 장거리 다탄두미사일(MIRVed ICBM) 전력의 주기를 10~15년 더 연장할 것이라고 발표했다. 그것은 미사일방어망이 러시아 핵능력을 위축시킬 것을 고려한 조치였다. 2004년 11월 푸틴은 또 러시아가 세계 어느 것보다도 더 우수한 새로운 전략 핵미사일을 개발할 것이라고 선언했는데, 그 RS-24(SS-27)는 미국 미사일방어망을 무력화시키도록 고안된 초음속 초기발사단계

1) NATO-Official text: Bucharest Summit Declaration- Issued by the Heads of..., http://www.nato.int〉 cps〉 natohq〉 offi...; NATO-Event: Bucharest Summit-2-4 April 2008, 02-Apr.-2008, https://www.nato.int〉 cps〉 events_7344

(boost phase)와 탄두조작(maneuverable warhead) 기능을 결합한 미사일로 알려졌다.[1]

2007년 부시 행정부가 동유럽에 미사일 배치구상을 발표하면서 미·러 간에 심각한 의견 불일치가 노골적으로 드러났다. 부시 행정부는 2007년 3월 이란과 북한 미사일 위협에 대비한다는 명분으로 유럽에 정교한 지상 중층미사일방어망(GMD: Ground—Based Mid—course Defense Element) 배치를 선언했다. '유럽능력'(EC: European Capability)이라고 불린 이 미사일방어망은 폴란드 10개 사일로(silo)에 요격기(interceptors)를 배치하고 체코공화국에 레이더를 설치하는 것으로, 폴란드와 체코 두 나라 모두 부시 행정부와의 합의에 서명하고 GMD 시설이 자기들 영토에 배치되는 것에 동의했다. 그러나 그 두 나라 의회는 조지 W. 부시 당시보다 더 광범위하고 진전된 미사일방어망인 '유럽 단계적 적응접근'(EPAA: European Phased Adaptive Approach)을 추진하는 오바마 행정부의 MD 체계가 더 구체적 양상을 드러낼 때까지 일단 그 계획의 국내비준을 연기하겠다고 선언했다.[2]

러시아는 미국의 MD에 크게 반대하면서 다음과 같이 주장했다. 첫째, 미국은 이 문제에 관해 러시아와 전혀 상의하지 않고 자기들이 원하는 패권적 방식으로 밀어붙인다. 둘째, 워싱턴이 추진하는 MD는 몇 개 존재하지도 않는 이란, 북한 핵무기를 핑계대면서 실제로는 러시아 핵전력 약화를 기도한다. 그 MD 체계의 목표물은 러시아 핵전력이다. 체코에 설치되는 레이더는 러시아 미사일을 탐지하는 스파이 행위에 동원될 것이다. 셋째, 워싱턴의 동유럽 MD설치는 그곳에 군사기지를 설립하지 않는다는 과거의 약속을 번복하는 것이고, 그 행위는 유럽의 핵무기경쟁을 가속화시킬 것이다. 그러나 오랜 기간 MD 설치를 추진해 온 미국은 그와 같은 모스크바의 주장을 수용할 생각이 없었다. GMD 지지자들은 모스크바의 반대는 다른 동기가 있다고 주장했다. 그들은 모스크바의 주장이 폴란드, 체코공화국 같은 나토회원국과 러시아와의 관계훼손을 원치 않는 프랑스, 독일 같은 서유럽 나토회원국 사이를 갈라놓으려는 술책이라고 믿었다. 그들은 또 러시아는 GMD를 핑계로 어떠한 군비통제 합의도 거부할 것이며, GMD를 미국 군사주의로 몰아붙여 러시아의 국내 및 대외정책에 대한 서방의 비판으로부터 관심을 돌리는 데 사

....

1) 미사일 방어체제를 둘러싼 미·러 간 논란은 뒤에 나오는 챕터 '푸틴의 러시아' 편에서 자세히 논의할 것이다. Goldman, <u>Russian Political</u>, (2008) p. 21.

2) Nichol, <u>Russian Political, Economic</u>, (2014), p. 63.

용할 것이라고 주장했다.[1]

4) 2008년의 사건들

코소보 독립 2008년 2월 미·러 긴장을 유발시키는 사태
가 발생했는데, 그것은 세르비아 자치주 코소보가 독립을 선언한
것이다. 코소보의회는 2008년 2월 17일 소속의원 120명 중 109
명이 참석한 가운데 만장일치로 세르비아로부터 코소보의 독립을
선포했다. 불참한 소수 세르비아계 의원들은 그 절차를 전면 거부
했다. 세르비아는 그 선언이 불법이라고 주장하며 국제공동체가
코소보 독립을 인정하지 않도록 외교지지를 모색했다. 그러나 클
린턴 대통령 시절 보스니아 사태 개입의 전력이 있고 평소 세르
비아 독재정부의 소수민족 탄압에 대해 비판을 해오던 미국과 서

_코소보

방은 코소보의 독립국 지위를 승인했고, 러시아의 푸틴 대통령은 그에 강력 반대하고 나
섰다. 푸틴은 코소보 사람들은 결과를 생각하지 않고 무책임하게 행동했다고 비난했다.
"그 행위에 대한 어떤 지지도 부도덕하고 불법이다. 코소보의 독립선언은 서방이 언젠가
는 그대로 되돌려 받을 어처구니없는 선례이며, 그런 행위는 단지 수십 년이 아니라 수세
기에 걸쳐 발전되어 온 국제체제 전체를 뒤흔들 것이다."[2] 결과적으로 코소보는 서방에
서는 독립국으로 인정받지만 러시아로부터는 주권적 권리를 인정받지 못하는 애매한 상
태로 남았다.

러시아-조지아 전쟁 2008년 8월 7일 서방과 러시아 관계를 극도로 악화시키는
사건이 발생했다. 조지아의 사카쉬빌리 대통령은 1만 명 병력과 75대의 탱크를 동원해
분리주의 자치공화국 남오세티야를 본국정부 통치하에 흡수하기 위한 군사작전을 시작했
다. 그 전투에서 일부 러시아 평화유지병력과 러시아 시민권을 갖고 있는 남오세티야 인
들이 살해됐는데, 그 다음 날 러시아 군은 조지아 군에 역공을 펼쳤다. 미국은 나토-러

1) Goldman, Russian Political, (2008), p. 21.
2) EU's Solana rejects Putin's criticism over Kosovo's independence, IRNA, (February 23, 2008),
   http://www.2.irna.ir/ennews/view/menu-239/082233413164912.htm; Putin: supports for Kosovo
   unilateral independence immoral, illegal, Xinhua News Agency, (February 14, 2008),
   http://news.xinhuanet.com/english/2008-02/14/content_7604675.htm

시아 군사훈련을 취소하고 트빌리시(Tbilisi)에 약간의 군사지원을 제공했지만, 5일 동안의 격렬한 전투 이후 러시아 군은 남오세티야와 압하지야로부터 모든 조지아 병력을 성공적으로 축출했다. 대서양 안보에 관해 논의하는 나토-러시아 위원회가 조지아에 관해 서방과 러시아 의견의 접점을 찾지 못하는 가운데, 3개월 전 취임한 메드베데프 대통령은 8월 12일 러시아 군사작전의 종식을 선언했다. 조지아 갈등에 대해 나토가 뚜렷한 해결책을 제시하지 못하면서, 그날 늦게 전투 당사자들 간에 프랑스 대통령 니콜라스 사르코지가 중재한 평화협상이 서명됐다. 8월 26일 국가두마에서 승인된 만장일치를 근거로 메드베데프는 남오세티야와 압하지야를 독립국으로 인정하는 칙령에 서명했다. 이 5일 전쟁은 10명의 평화유지병력을 포함해 48명의 러시아 군인 목숨을 앗아갔고, 조지아 사상자는 170명의 군인과 14명의 경찰을 포함했다. 미국과 서방은 모스크바의 단호한 결전 의지 앞에서 더 이상 취할 수 있는 조치가 없었다. 군사개입에 관한 러시아 대중의 의견은 신정부에 대한 지지 여부와 관계없이 광범위하게 긍정적이었다.[1]

★ 전문가 분석

출범 초기에 상대적으로 운영이 가능했던 부시 행정부 시기의 미·러 관계는 2003년 이후 점점 긴장되어 갔고, 2008년 4월 나토 부카레스트 정상회담에서 우크라이나와 조지아의 나토 가입이 가시화되고 그 해 8월 러시아-조지아 위기가 발생하면서 거의 파국 국면으로 진입했다. 미·러 관계가 점점 악화되고 있던 2006년 널리 알려진 러시아 전문가 드미트리 트레닌(Dmitri Trenin)은 미·러 관계의 역학에 대해 깊이 있는 의견을 제시했다.

① 미·러 관계 파탄의 역학

과정과 원인

2006년 7월 현재 푸틴은 상트페테르부르크(Saint Petersburg)에서 G-8을 초청하기로 되어 있는데, 서방과 러시아 관계가 나쁘다는 것은 공공연한 사실이다. 서방, 특히 미

1) Charles King, "The Five-Day War (Managing Moscow after the Georgia Crisis)," Foreign Affairs, Vol. 87, No. 6 (November/ December 2008), pp. 2-11.

국은 계속 러시아가 국내에서 정치적 권위주의를 시행하고 해외에서 오일과 가스 에너지 파워를 휘두르는 것이 잘못이라고 비난하지만, 그런 비판은 모스크바에게 수용되지 않는다. 푸틴이 나라 전체에서 반체제 움직임을 강경 진압하고 체첸 분리주의를 일망타진 한 것은 사실이지만, 그보다 더 중요한 것은 러시아가 이제는 서방이 주도하는 국제질서에서 벗어나 자국 중심의 국제구도를 형성하기 시작했다는 것이다. 러시아는 서방에 굴복해 브라질, 인도 정도의 위상에 만족하기보다는 세계 속에서 미국, 중국 수준의 강대국으로서의 올바른 위상(rightful place) 회복을 추구한다. 미국과 서방의 어떤 시도도 러시아의 그런 입장을 변화시킬 수는 없을 것이다. 러시아가 그렇게 변한 것에는 서방의 책임이 크다. 냉전이 종식되면서 서방은 나토, EU를 중심으로 구소련 영향권 국가들을 흡수하기 시작했다. 서방은 러시아의 크기, 핵무기 보유, 또 아직 존재하는 강대국적 가능성에 비추어 그 나라를 특별한 경우로 보면서도 모스크바를 진정한 동반자로 대우하려 하지 않았다. 외형적으로 서방의 문은 열려있었으나, 진정 그곳의 가입은 불가능했다. 러시아는 일정수준, 예컨대 서방클럽의 공동의장이나 정책결정권을 가진 '정치국'(politburo) 정도의 위상이 주어지면 서방에 가입하려 했지만 워싱턴은 그럴 생각이 없었고, 모스크바 역시 구소련 위성국가들과는 달리 워싱턴과 브뤼셀의 지시를 따를 생각은 없었다. 서방은 러시아에게 다른 구소련 위성국가들보다는 조금 더 배려한 약간의 특별지위를 부여했지만, 그것은 실제에 있어서는 진정성 없는 허구적 제스처였다. G-7을 G-8으로 확대시킨 것은 러시아 리더들을 서방가치와 정치에 사회화(socialize)시키기 위한 것이고, 나토-러시아 위원회(NRC: NATO-Russia Council)는 유럽안보를 논의하는 가운데 러시아 군사개혁을 모색하는 목적을 띠었으며, EU-러시아 '공동구역'(common space)은 러시아의 정치, 경제, 사회적 유럽화를 겨냥했다. 냉전시대에 유럽안보를 위해 형성된 OSCE와 CFE 협정도 휘청거렸다. 모스크바는 OSCE가 러시아의 구소련 공화국 간섭을 지적하는 서방의 도구로 변했다고 비난하면서 CFE 핵심조항에서 철수할 것이라고 위협했다. 서방과 러시아 통합은 그렇듯 이미 파탄의 길로 가고 있었다.[1]

  9·11 이후 푸틴의 서방-러시아 관계에 대한 여러 시도 역시 실현되지 않았다. 푸틴은 워싱턴이 구소련 영역에 대한 모스크바의 우월적 지위를 인정하는 대가로 미국의 리더십을 수용하겠다고 제안했지만, 그 구상은 워싱턴에 의해 거부됐다. 푸틴은 또 워싱

---

1) Dmitri Trenin, "Russia Leaves the West," Foreign Affairs, Vol. 85, No, 4 (July/August 2006), pp. 87-90.

턴의 이라크 침공에 반대하는 독일, 프랑스와 함께 반미 3자 연합(entente)을 형성해 서
방정치(Westpolitik) 속에서 미국과 영국 견제를 희망했지만, 그 역시 미국과 유럽의 각별
하고 근본적인 우호관계를 넘어설 수 없었다. 그 대신 오히려 나토와 EU가 동쪽으로 전
진해 구소련 영역이 점점 더 군사, 경제적으로 서방에 흡수되면서 러시아의 경계심은 더
커졌고, 심지어 서방이 러시아와 국경을 마주한 우크라이나와 조지아에서 정권교체, 지정
학적 변화를 추구하면서 모스크바의 우려는 최고조에 달했다. 미·러, 유럽−러시아 관계
는 그렇게 동시에 악화됐다.[1]

위상회복의 열망

　　푸틴의 첫 번째 임기가 끝나가던 2004년 모스크바는 어려운 입장에 처해 있었다. 그
이유는 러시아의 민주적 전환 가능성을 의심한 서방이 러시아를 중국과 비슷한 나라로 분
류했고, 우크라이나, 조지아, 키르기스스탄의 색깔혁명(color revolutions)이 러시아에게 탈
소비에트 영역이 해체되고 있다는 인식을 심어주었으며, 우크라이나 선거 결과도 푸틴의
기대와는 다르게 나타났기 때문이다. 그러나 러시아는 서방에 대해 더 이상 수세적으로
대응하지 말아야 한다고 생각했는데, 그러한 구상은 에너지가격 상승에 의해 더 도움 받
았다. 세계 3위의 외환보유 국가로 발돋움한 러시아는 500억 달러를 국내 '안정화 자금'으
로 할당하고, 스케줄을 앞당겨 대외부채를 상환했으며, 국내정치에서는 정치적 반대를 잠
재우고 중앙정부 권위를 더 강화시킬 수 있었다. 2005년 러시아는 미국과 서방에 확실하
게 대립각을 세우는 강대국 형태로 행동했다. 러시아는 중국과 최초로 연합 군사훈련, 또
인도와 소규모 연합훈련을 실시했고, 우크라이나가 400% 가격인상을 거부했을 때 키예프
에 가스공급을 중단했으며, 우즈베키스탄을 공식동맹국으로 수용하면서 독립국가연합 구
성국들과 경제협력을 증대시켰다. 중동에서는 팔레스타인 당국에 재정지원을 제공하면서
모스크바에서 반 이스라엘 테러단체 하마스(Hamas)를 환영했고, 이란 핵문제에 대해서는
테헤란 제재에 명백하게 반대했다. 미국을 영향력이 쇠퇴하는 국가로, 또 동시에 EU를 정
치, 군사적이기보다는 자체 과제에 몰두하는 경제파워로 인식하면서, 오늘날 러시아는 민
족주의적 강대국으로서의 위상회복을 추구한다. 중국과는 그 나라를 존중하면서도 두려워
하지 않는 상태에서 긴밀한 협력을 추진한다. 이제 러시아는 탈 소비에트 시기의 겸손은
지나가고, 외국의 어떤 내정간섭도 허락하지 않는 '주권 민주주의'(sovereign democracy)를
옹호하는 강한 국가로 탈바꿈했다. 러시아는 서방과 한편이 되지는 않을 것이다. 그렇지

---

1) Ibid., p. 91.

만 러시아의 서방과의 갈등은 과거 냉전 같은 것으로의 복귀는 아니고, 대테러, 에너지안보를 포함하는 일부 이슈에서는 서방과의 협력이 존재할 것이다.[1]

미국과 서방을 위한 조언

서방은 EU 통합을 통해 러시아를 근대화시키거나 또는 색깔혁명을 통해 러시아를 미-EU 맥락에 동승시킬 수 없을 것인데, 러시아에서 민주적인 친서방 짜르는 결코 나타나지 않을 것이다. 러시아는 또 프랑스 비슷하게 가끔 미국에 반대하면서 (기회주의적으로) 유로-대서양(Euro-Atlantic) 대외 안보정책을 추구하지도 않을 것이다. 반면 오늘날의 러시아는 두 번째 소련이 되지는 않을 것이다. 러시아는 과거 지배영역을 재흡수하려는 실지회복(revanchist) 제국주의 공격자가 아니다. 그 나라는 불량국가도 아니고 불량국가로 간주되는 나라들의 자연적 동맹도 아니다. 현재의 러시아는 친서방이 아니지만 완전히 반서방도 아니다. 워싱턴이 예외적으로 근시안적이고 어리석은 정책을 추진하지 않는 한, 미국에 반대하는 중·러 동맹은 발생하지 않을 것이다. 미국과 서방은 러시아를 그 자체로 받아들여야 한다. 민주가치 설교를 통해 러시아를 변화시킬 수 있다는 생각은 오산이다. 러시아 변화의 가능성은 국내에서의 시장경제와 외부세계에 대한 개방에 근거한다. 러시아에 우호적으로 개입하는 시기는 이제 지나갔고, 러시아와의 협상은 상호이익에 근거해야 한다. 서방-러시아 관계는 앞으로 더 악화될 가능성이 높고, 미국과 러시아 모두에서 대선이 있는 해인 2008년에는 긴장이 더 고조될 것이다. 러시아의 WTO 접근절차는 미국과 EU 요구에 의해 이미 지연되고 있다. 코소보가 세르비아로부터의 공식독립한 것에 비추어, 러시아는 조지아와 몰도바에서 그 분리주의 지역들에 대해 비슷한 공식을 적용할 것이다. 이란 이슈에 대해서 러시아는 미국의 강경책에 반대할 것이다. 국제질서의 리더, CEO로서 미국은 세계안보가 또다시 위험하고 불안정한 강대국 경쟁에 휩쓸리지 않도록 신중하게 행동해야 한다.[2]

② 나토-러시아 관계 시정의 필요성

2008년 8월 조지아 위기가 발생해 서방-러시아 관계가 노골적 악화상태임을 입증한 이후, 러시아 국가두마 외교위원장으로 활동했던 드미트리 로고진(D. Rogozin)은 미·

---

1) Ibid., pp. 92-94.
2) Ibid., pp. 95-96.

러, 서방-러시아 관계, 특히 나토의 행동과 관련해 다음과 같은 견해를 제시했다.

나토의 무분별한 행동

나토-러시아 위원회(NRC)는 위기 시 논의를 위한 목적으로 설립되었다. 2002년 나토 로마정상회담 선언은 그 위원회의 모든 회원국들이 동등한 파트너로 협력하고 아무도 다른 나라를 희생시키면서 자국 안보를 보호하지 말아야 한다고 규정한다. 그러나 2008년 NRC는 그 시험에 직면했다. 2008년 조지아의 사카쉬빌리 대통령이 분리주의 자치공화국 남오세티야(South Ossetia)를 침공했을 때 NRC는 분명 나토의 이익만을 고집하면서 편파적으로 행동했고, 그로 인해 누구나 원하는 유럽-대서양 안보는 작동하지 않았다. 그 결과 나토-러시아 관계는 경직됐고, 모스크바의 강력한 반대 앞에서 나토는 제대로 기능할 수 없었으며, 나토가 아니라 (니콜라스 사르코지 대통령이 의장으로 주재하던) EU가 문제해결을 위한 주도적 역할을 대신했다. NRC의 기능을 되살릴 수 있는 방법에 대해 많은 논의가 진행되지만, 가장 중요한 것은 나토 로마정상회담 당시 모든 구성원들이 약속한 처음의 합의로 되돌아가는 것이다. 모스크바는 분명하고 일관된 입장을 주장하는데, 그것은 러시아의 국가적 위상에 대한 존경이다. 나토국가들이 러시아를 회유할 목적으로 그 위원회를 이용한다면 나토와 러시아는 공통위협에 대처하기 위한 협력을 확대시키지 못할 것이다. 러시아는 나토국가들과 대테러, 종교적 극단주의, WMD 비확산, 해상에서의 해적행위에 대해 협력하기를 원하지만, 조지아에서의 교훈을 되살리지 못하면 그 협력은 불가능하다.[1]

러시아와의 협력

나토는 아프가니스탄 전쟁에서도 실수하고 있다. 아프간 전쟁을 종식시키기 위해 필요한 것은 당사자들 간의 정치적 해결(political settlement)이다. 과거 소련이 아프가니스탄을 침공했을 때 모스크바는 정치의 중요성을 무시한 채 군사작전에만 몰입했다. 그 결과는 엄청난 인명손실과 더불어 찾아온 갑작스럽고 치욕스러운 전쟁의 종결이었다. 그것은 사실상 모스크바의 패배였는데, 지금의 나토 역시 만약 아프간 전쟁에서 패배한다면 그것은 동맹 내에서 큰 위기를 촉발시킬 것이다. 서방과 러시아 모두 나토가 유엔안보리 명령하에서 임무를 수행하면서 탈레반과 알카에다 잔당을 진압하기를 원한다. 모스크바

---

1) D. Rogozin, "Russia-NATO: Time to Correct Mistakes," International Affairs, Vol. 55, No. 3, (2009), p. 24.

는 나토 주도의 ISAF가 러시아 영토와 영공을 이용해 비군사 물품을 수송하는 임무를 도울 준비가 되어 있다. 나토는 러시아의 이익과 견해를 존중해야 한다. 나토의 근거 없는 동쪽으로의 확장, 동유럽 MD 설치, 새로운 형태의 CFE 비준시도는 많은 역작용을 산출한다. 나토 부카레스트 정상회담에서 서방이 조지아와 우크라이나를 회원국으로 영입하려는 의사를 밝히면서 사카쉬빌리가 한밤중에 남오세티야에서 대학살을 자행하고 빅토르 유시첸코(Viktor Yushchenko)가 유럽에서 훔친 러시아 가스를 이용해 개인 재산을 불린 것이 그런 경우이다. 그 결과는 조지아가 남오세티야 및 압하지야(Abkhazia)와 통일의 기회를 영원히 잃고, 우크라이나가 실패한 국가(failed state)에서 나타나는 정치부패 스캔들에 휩싸인 것이다. 나토의 무분별한 행동은 많은 부작용으로 이어지고, 특히 그것은 러시아와의 협력을 크게 제한한다.[1]

(2) 미·중 관계

_EP-3

조지 W. 부시 행정부의 중국과의 관계 역시 처음에는 베이징에 대한 불신으로 시작됐지만, 미·중 관계는 시간이 가면서 미·러 관계와는 달리 서로 자제하는 절제된 형태로 진행됐다. 부시 초기 최초의 미·중 관계는 큰 불협화음에 휩싸였는데, 그것은 2001년 4월 하이난 섬 인근 공해상에서 작전하는 미국 EP−3 전자감시 정찰기와 그 항공기를 경계하기 위해 출격한 중국 J−8 전투기의 공중충돌에서 비롯됐다. 그 때 베이징 당국은 하이난 섬 중국 공군기지에 비상착륙한 EP−3 조종사와 24명 미군을 11일이 지나서야 석방했다.[2] 그 사건에 대한 반감은 미·중 관계를 경직시켰고, 부시 행정부는 최초 구상대로 대중국 강경책을 구사할 것이라는 신념을 더욱 굳혔다.

그러나 9·11은 이 모든 것을 순식간에 바꿔놓았다. 미·중 모두 그 사건을 덮어두고 9·11로 인한 사태처리에 공통의 노력을 경주해야 할 필요를 절감했다.[3] 9·11 직

1) Ibid., p. 25.

2) Council on Foreign Relations (Frank S. Jannuzi, Dennis C. Blair, Carla A. Hills ed.), U.S.−China Relations: An Affirmative Agenda, A Responsible Course, (Report of an Independent Task Force), (April 2007), p. 67; Timeline: U.S. Relations With China 1949−2019−Council on Foreign Relations

후 미·중 협력은 일정부분 서로를 배려하는 형태로 정보교환, 사법협력, 재정지원을 포함해 여러 방향에서 전개됐다. 베이징은 '테러와의 전쟁' 차원에서 시작된 아프간 전쟁을 공개지지하면서 1억 5천만 달러를 무상 지원했고, 인도주의 목적으로 아프가니스탄 여러 지역의 도로, 병원, 학교 등 인프라 건설을 지원했다.[1] 동시에 중국은 자국의 영향권 국가인 파키스탄에 군사, 경제지원을 제공하면서 미국의 아프간 전쟁에 협력하도록 독려했다. 미국에게 파키스탄의 협력은 매우 중요했는데, 왜냐하면 그 나라는 아프가니스탄의 바로 옆에 위치하고 탈레반이 수시로 그 나라 일부지역을 전략적 후방으로 이용하기 때문이었다. 2001년 9월 18일 중국 특사가 이슬라마바드를 방문하고 무샤라프와 면담했는데, 전문가들은 미국과 파키스탄의 협력은 베이징의 묵인하에서만 가능하다고 말했다.[2]

그러나 대량살상무기 비확산과 관련해서, 베이징의 태도는 이중적이고 협력은 제한적이었다. 핵 비확산협정(NPT)과 화생무기협정(CWC, BWC)에 서명한 중국은 WMD 확산에 반대하고 자국의 핵 및 미사일 부품, 생화학무기 원료수출을 자제한다는 원칙을 표방했고, 실제 베이징은 많은 계기에 비확산을 지지했다.[3] 그럼에도 불구하고 워싱턴은 베이징으로부터 모든 협력을 얻을 수는 없었다. 일부 WMD 기술 및 부품이 파키스탄, 북한, 이란으로 흘러들어갔고, 재래식 무기 역시 중동, 아프리카의 여러 나라로 유입됐다. 북한이 제기하는 핵위협과 관련해, 중국은 한편으로는 유엔안보리에서 평양의 NPT 복귀를 촉구하고 유엔안보리의 대북 경제제재에 찬성하면서도 다른 한편 수위조정을 통해 자

---

3) 그럼에도 불구하고 미·중의 전략적 동반자로서의 움직임은 신속하게 나타나지 않았다. 9·11 직후 발간된 미국의 2001년 4개년 방위보고서(Quadrennial Defense Review)는 일단 엄청난 재원을 가진 군사적 경쟁자가 어느 지역에서 나타날 것이라고 말하면서 중국에 대해 우회적으로 우려를 표시했고, 2002년도 핵 태세 검토 보고서(Nuclear Posture Review)는 중국을 미국 핵공격이 필요할 수 있는 목표물로 지정했다. Anna Rabin, http://inpecmagazine.com/2012/02/01/us-china-relations-in-george-w-bush-era-hu-jintao/ (February 1, 2012)

1) 후진타오 주석 집권시기인 2007년 12월 중국 금속그룹회사(MCC; China Metallurgical Group Corporation)와 장시 구리회사(Jiangxi Copper Company)는 아이낙 구리광산(Aynak copper mine)을 중심으로 하는 아프간 최대 개발 프로젝트에 30~40억 달러 규모로 투자했다. 부시 임기 중 중국의 활발한 아프간 경제지원은 워싱턴의 아프간 정국운영 및 경제안정 노력을 도왔고, 그 이후 오바마 시기 초부터 미국은 중국이 아프간 인프라 등 경제에 더 많이 투자하고 또 파키스탄이 미국에 협력하도록 베이징이 더 많이 도울 것을 촉구했다. Shirley A. Kan, U.S.-China Counterterrorism Cooperation: Issues for U.S. Policy, CRS Report 7-5700, RL33001, (July 15, 2010), p. 32.

2) Rabin, http://inpecmagazine.com

3) 중국은 아직 미사일기술 통제체제(MTCR: Missile Technology Control Regime)에는 가입하지 않았다.

국과 북한의 이익을 보호했다. 거시적 차원에서 볼 때, 인권, 중국─이슬람 연계에 관한 워싱턴의 우려에도 불구하고 베이징은 원유, 천연가스 확보라는 경제협력을 매개로 이란, 수단, 베네수엘라와 같은 반서방 국가들과 외교, 군사관계를 강화하고 이란, 파키스탄, 북한을 포함해 여러 나라에 WMD 및 재래식 무기를 제공하는 행태를 보였다.

이라크 전쟁에 대해서도 베이징은 매우 비판적이었다. 유엔안보리 결의안 1441호에 찬성해 사담 후세인이 대량살상무기를 자진 해체하도록 유도하는 일에 협력하면서도, (2002년 말 집권한) 후진타오정부는 푸틴정부와 함께 워싱턴이 안보리 승인 없이 이라크에 무력 침공한 것을 군사적 일방주의라고 비난했다. 인민정치협상회의 2003년 선언을 통해, 베이징은 유엔헌장과 국제관계의 기본규범을 훼손하는 미국의 일방주의 접근법은 국제제도를 잠식해 혼란을 야기하고 21세기 국제관계에 아주 나쁜 선례를 만든다고 비판했다.[1]

조지 W. 부시의 재선 이후 2005년에 들어서면서 미·중 불협화음이 다소 커지는 것으로 보였다. 2005년 9월 미 국무부 부장관 로버트 조엘릭(Robert Zoellick)은 중국을 세계문제 운영에 있어서 '책임 있는 당사자'(responsible stakeholder)라고 부르면서 중국과 미국은 지구적 대테러 전쟁에서 협력할 일이 더 많이 있다고 말했다. 그것은 미·중 협력이 아직은 부족하다는 의미였다. 무엇보다도 2005년과 2006년 상하이 협력기구(SCO) 정상회담은 워싱턴의 우려를 증가시켰는데, 그 이유는 중국과 러시아가 우즈베키스탄과 키르기스스탄으로 하여금 그곳 주둔 미

_로버트 조엘릭

군병력을 철수시키고 미군기지를 폐쇄하는 방향으로 정책을 유도했기 때문이다. 이란과 같은 테러지원 의심국가가 SCO에 옵서버로 참여하는 것도 불만의 대상이었다.[2]

그럼에도 불구하고 테러와의 전쟁에 모든 우선순위를 부여한 워싱턴은 베이징이 일정한도 내에서 행동한다면 더 큰 목적을 위해 작은 우려되는 행동은 용인한다는 입장을 취했다. 중국의 행동 역시 일정한 한계 내에서 진행됐고, 미·중 간 협력과 갈등은 서로

1) Rabin, http://inpecmagazine.com
2) Kan, U.S.─China Counterterrorism Cooperation, (July 15, 2010), p. summary.

의 시급한 문제 해결의 필요성에 근거했다. 미국은 아직도 세계 영향력 제1의 국가로 행동하고 베이징은 아직 워싱턴의 압도적인 외교, 군사패권을 인정했지만, 양국은 상대방에 대한 인식과 요구에서 서로 한발씩 물러났다. 가끔은 우월적 태도를 취하고 고압적 언어를 사용했지만, 국가안보보좌관 콘돌리자 라이스와 국무 부장관 로버트 조엘릭은 미·중 양국 건설적 협력의 중요성을 강조했다. 자신의 능력과 한계에 대해 철저히 인식하는 후진타오는 미국의 거시적 안보이익에 건설적 동반자 역할을 추구하면서, 다른 한편 자국의 핵심이익을 끈질기게 추구하는 현실주의 외교를 시행했다.

미·중 관계에서 우위를 유지하려는 워싱턴의 정책은 아태지역 내에서 여러 동맹국을 확보하는 형태로 전개됐다. 미국은 '바퀴 축과 바퀴살'(hub and spokes) 모델을 써서 그렇게 했는데, 그것은 미국이 아태지역에서 바퀴의 중심축으로 행동하고 일본, 호주, 한국, 태국, 필리핀과 같은 역내 양자동맹 파트너들이 바퀴살로 행동하는 형태를 띠었다.[1] 미국의 재정자원이 제한되는 상태에서, 부시 행정부는 아태지역 내 패권적 지위를 계속 확인해 가면서 다른 한편 베이징과 지구적, 지역적 안보이슈에서 동반자관계를 유지하는 이중정책을 추구했다. 중국의 정책 역시 한편으로는 워싱턴의 요구를 수용하면서 다른 한편 자기들의 판단에 따라 대미관계 수위를 조정하는 탄력적 대응의 형태를 취했다. 그러한 태도는 미국이 관련된 모든 국제문제에 지대한 영향을 끼칠 것이다. 테러와의 전쟁, WMD 비확산, 지역위협을 규제하는 가운데 자국의 우월적 안보, 경제이익, 영향권을 지키려는 목적을 가진 미국과 그와 다른 목표를 가진 중국이 완전한 동반자가 되기는 어려웠다. 부시 행정부가 지구적 테러리즘과 싸우면서 생긴 힘의 공백, 그리고 원한 것은 아니지만 아태지역에서 중국역할의 증대를 허락한 것은 지구적, 지역적 의미에서 양국 간 협력의 기초가 됐다. 좋든 싫든 부시 행정부 시기의 미·중 관계는 테러와의 전쟁, 그리고 두 나라의 안보에 관한 공통적 우려로 인해 상대적으로 갈등이 적었다. 미·러 관계에 비하면 미·중 관계는 비교할 수 없을 정도로 원만했다. 그리고 그러는 사이 후진타오 총서기 집권기간 중국은 미국이 우려할 정도의 큰 경제, 군사 강국으로 급속히 성장했다.

---

1) Rabin, http://inpecmagazine.com

1) 대테러 협력

9월 11일 테러 사건이 발생한 다음 날 중국 국가주석 장쩌민은 부시와의 전화통화에서 워싱턴이 겪은 참사에 깊은 애도를 표하면서 '테러와의 전쟁'에서 미국에 협력할 것을 약속했다. 그 며칠 후 중국 외교장관 탕지아쉬안(Tang Jiaxuan)과 그의 상대역 콜린 파월(Colin Powell) 미 국무장관은 워싱턴 회동에서 양국 대테러 협력의 필요성을 재확인했다. 2001년 9월 25일 워싱턴에서 개최된 양국 최초의 대테러 회의에 중국은 여러 명의 전문가를 파견했고, 그 이후 중국 대표단은 테러와의 전쟁을 지지하는 유엔안보리 결의안 1368호, 1373호에 계속 찬성 투표했다. 9·11 발생 이후 6개월 내에, 부시와 장쩌민은 APEC 정상회담, 베이징 정상회담, 텍사스 크로포드 (Crawford) 목장 회동을 포함해 여러 계기에 만나고 의사소통하면서 '테러와의 전쟁'에 대한 결의를 다져 나갔다.[1]

_크로포트 목장 회동

미·중 관계당국은 대테러 협력에 관해 집중적으로 논의했다. 워싱턴의 요청에 따라 주중 미국 대사관에 법률담당관 직책이 신설되고 2002년 9월 FBI 요원이 처음으로 베이징에서 업무를 시작했다. 2002년 5월에는 재정관련 대테러 회의가 워싱턴에서 개최됐다. 양국 관계자들은 미·중 협력이 광범위하고 체계적으로 진행되고 있다고 말했고, 콜린 파월은 의회에서 "중국은 테러와의 전쟁에 많은 도움을 주고 있다"고 증언했다. 그러나 중국이 제공하는 대테러 관련 정보는 필리핀, 싱가포르, 말레이시아의 정보와 비교해 정확성이 떨어졌고, 정보로서의 가치에 의구심이 제기됐다. 미 국방부는 중국 인민해방군 (PLA: People's Liberation Army)이 아프가니스탄의 '항구적 자유' 작전에 수송, 기지제공, 작전과 같은 군사지원을 제공하지 않는 것에 내심 불만을 가졌다. 부시 행정부의 공식입장과는 다르게, 펜타곤은 2002년 6월 발표한 '테러와의 전쟁'을 돕는 50개 국가 리스트에 중국을 포함시키지 않았다.[2] 그래도 양국 협력은 심도 있게 진행됐다. 미국은 외국으로부터 핵 및 방사능물질 유입을 막기 위해 전 세계 20개 항구조사에 상하이와 선전

---

1) 크로포드 목장에서 두 정상은 미·중 양국은 테러리즘과의 전쟁에서 '동맹국'이라고 말했다. Kan, U.S.–China Counterterrorism Cooperation, (July 15, 2010), p. 3.
2) Shirely Kan, U.S.–China Counter–Terrorism Cooperation: Issues for U.S. Policy, CRS Report for Congress, Order Code RS21995, (December 7, 2004), pp. 2–3.

(Shenzhen)을 포함시키기 원했는데, 후진타오 정부가 그 요청을 수락하면서 미 에너지부 국가 핵안보국(National Nuclear Security Administration)이 2005년 11월부터 활동을 시작했다.[1] 워싱턴 역시 베이징에 우호적으로 행동했다. 2002년 1월 부시대통령은 중국 보안부서와 인민해방군이 폭발물과 방사능 감지에 필요로 하는 전문기술과 상하이 당국이 테러 목적의 폭발물을 처리하는데 필요한 고성능장비 수출을 허락했다.[2]

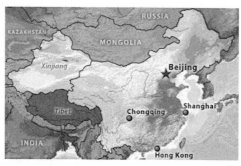

_신장 지도

테러리즘과 관련해 베이징의 가장 큰 관심사인 신장(Xinjiang) 위구르(Uighurs) 문제에 대해서도 워싱턴은 중국의 입장을 수용했다. 중국은 신장에서 테러리즘이 발생하는 것에 극도로 예민하게 반응하는데, 그 이유는 그 지역이 오랜 기간 분리주의를 추구했기 때문이다. 베이징이 신장의 이탈을 허용하지 않는 이유는 그 지역이 중국 전체영토의 1/6을 차지하면서 서쪽 중앙아시아와 국경으로 기능하고 또 3개의 거대한 유전을 보유하는 전략적으로 중요한 변방이기 때문이다. 신장 위구르족의 시위, 폭동, 분리주의는 어제 오늘의 일이 아니다. 인종, 문화적으로 한족과 다른 그들은 1990년대에 중국으로부터 독립하기 위해 시위, 암살, 폭탄투척을 포함해 상상 가능한 모든 방법을 사용했고, 베이징 역시 그 반란을 진압하기 위해 홍보, 교육, 동화, 체포, 공개처형, 군사진압을 포함하는 모든 수단을 동원했다. 분리주의 움직임은 2000년대 들어와 더 심해졌는데, 그 이유는 알카에다의 활동이 증가하면서 동터키스탄 이슬람운동(ETIM: East Turkistan Islamic Movement)과 같은 그 지역 테러네트워크 활동 역시 그에 비례해 증가했기 때문이다. 그동안 베이징은 미국의 입장을 우려했는데, 왜냐하면 워싱턴은 냉전시대에나 냉전 이후 시대에나 전 세계적으로 인권을 문제 삼아 아랍 산유국을 제외한 전 세계 모든 나라의 내정에 간섭해 왔기 때문이다.[3] 신장문제

---

1) 미국은 대만에서는 카오슝이 포함되기를 원했다.

2) 미국 대통령은 1989년 천안문 사태 이후 중국에 대해 부과된 제재를 유지, 철회, 또는 선별적 제재 철회의 권한을 가지는데, 그것은 방위 무기, 서비스 수출, 범죄통제 장비, 인공위성 수출을 금지, 또는 허락하는 권한을 의미했다. 2005년 5월에는 중국은 최초의 대테러 장비 전시회를 개최했는데, 그때 200개 이상의 미국 및 외국회사들이 다양한 무기와 장비를 전시했다. Kan, U.S.-China Counterterrorism Cooperation, (July 15, 2010), pp. 27, 29.

3) 아랍 산유국 인권에 미국이 간섭하지 않는 이유는 그 나라들이 오일이라는 엄청난 무기를 갖고 있기

에 관해 미국은 처음에는 베이징의 위구르 탄압에 반대한다는 정책을 표방했는데, 그러한 입장은 2001년 10월 APEC 상하이 정상회담 당시 부시가 장쩌민에게 베이징이 대테러를 핑계로 위구르 소수민족을 박해해서는 안 된다고 말한 것에서도 확인됐다. 그러나 '테러와의 전쟁'에서 중국의 협력이 절실히 필요한 워싱턴은 2002년 8월 신장에 대한 정책을 바꾸기로 결정했는데, 미국의 정책변경은 위구르 테러집단의 테러행위가 부정하기 어려운 사실이기도 했기 때문이다. 그 이후 미국은 ETIM의 자산을 동결하고 유엔안보리에서 중국, 아프가니스탄, 키르기스스탄과 함께 결의안 1267호, 1390호를 통해 ETIM을 테러조직으로 지정할 것을 공식 요청했다.[1] 한편 미·중은 쿠바 관타나모 감옥에 수감된 위구르인들에 관해서도 협력했는데, 그때 워싱턴은 베이징의 요청을 절반만 수용하는 중간공식을 택했다. 아프간 전쟁을 시작한 이후 미국은 아프가니스탄과 파키스탄에서 체포한 22명의 위구르인을 쿠바의 관타나모 기지에 구금했는데, 2002년 9월 미군 당국은 테러와의 전쟁 목적상 중국관계자들이 관타나모 기지에서 이들을 심문하는 것을 허락했다. 2004년 5월 국제사면위원회(Amnesty International)가 중국수사관들이 수감자를 학대한 것을 폭로하고 이들의 중국 송환금지를 강력히 권고함에 따라 미 국방부는 석방이 가능한 15명 위구르인을 중국 대신 제3국으로 보내기로 결정했고, 2008년 중반까지 미 사법부 판결과 의회결의안에 따라 나머지 수감자 모두를 제3국으로 보냈다. 그때 미국 국토안보부는 그들의 미국 내 정착에 반대했다.[2]

_쿠바 콴타나모 감옥

때문이다. 전 세계 내정에 간섭하면서 아랍에 대해서는 함구하는 미국에 대해서 반서방 국가들은 그것은 손익계산을 지나치게 앞세우는 미국의 이중 잣대라고 비난한다.

1) 그러나 베이징이 레비야 카디에르(Rebiya Kadeer)를 테러리즘 죄목과 연계시키면서, 미 의회 차원에서 위구르 및 티베트인 탄압에 대한 우려가 증가했다. 카디에르는 1999~2005년의 중국 내 구금에서 석방되어 미국에서 노벨평화상 수상자로 지명된 사람인데, 미 상, 하원 모두 수차례 결의안을 통해 베이징 당국이 그녀의 아들을 폭행, 구금한 사건, 그리고 베이징의 위구르인 탄압에 대한 심각한 우려를 표명했다. 카디에르는 또 부시대통령의 지원을 받았다. 2007년 6월, 부시대통령은 프라하에서 카디에르를 만나 베이징 당국이 그녀의 자제들을 투옥한 것을 비난했다. 2008년 7월 베이징올림픽 방문 전 종교의 자유에 관해 연설하면서, 부시는 위구르 무슬림, 크리스천, 티베트 불교도들이 중국에서 종교의 자유를 추구하는 것이 인간의 명예에 중요하다는 점을 강조했다.

2) 처음에 석방된 15명 위구르인 중 5명은 알바니아로 보내졌는데, 알바니아 정부는 그들을 중국으로 추방하라는 베이징의 요구를 거부했다. 나중에 오바마 대통령 시기 스웨덴은 추가 석방된 위구르인 중 하나인 아딜 하킴잔(Adil Hakimjan)에게 정치적 망명처를 제공했고, 그는 EU 국가에서 망명처를 찾은 첫 번째 구금자가 됐다. Kan, U.S.—China Counterterrorism Cooperation, (July 15, 2010), pp. 5-11, 15.

미 의회조사국(CRS: Congressional Research Service)의 셜리 칸(Shirley Kan)은 미·중 대테러 협력에 관해 다음과 같은 취지로 말했다. 부시대통령은 대테러 협력을 계기로 중국, 러시아, 인도와 관계가 더 좋아지기를 희망하지만, 조지 테닛(George Tenet) CIA 국장은 의회에서 9·11 공격으로 인해 베이징의 대미 접근방식이 근본적으로 변한 것은 아니라고 증언했다. 베이징이 미국을 지원하는 이유는 여러 요인에 의한 것으로, 그것은 중국 내 테러리즘에 대한 관심, 그리고 미국이 지배하는 세계 속에서 중국의 국제적 위상과 책임을 반영한다. 그러나 베이징은 아직도 중국 인근에서의 미국 군사행동, 미국 주도 대테러 연합의 확대, 일본의 적극적 대테러 협력, 그리고 중앙아시아와 남아시아에서 미국 영향력의 확대가 중국 '포위'(encirclement)로 이어질 것을 우려한다. 그래도 2002년 12월 중국이 발간한 국방백서가 미국의 군사력 증강, 아시아에서 동맹 강화, 그리고 대만에 대한 워싱턴의 무기판매를 비판하면서도 (2000년 국방백서와는 달리) 미국을 공개적으로 비난하지 않는 것은 그나마 작은 진전으로 치부될 수 있을 것이다.[1]

2) 대량살상무기 및 재래식 무기 비확산

2002년 국정연설에서 부시대통령은 테러리즘과 WMD 확산의 연계 위험성에 대해 강조하고, 중국 및 기타 국가가 관련된 확산문제를 시정하겠다는 강력한 의지를 표명했다. 실제로 중국 단체들은 WMD 무기 및 기술 확산에 개입돼 있었다. 파키스탄에 고농축 우라늄 원자로 기술이 이전됐고 그것이 북한으로 흘러들어가 중국이 비밀리에 비확산 노력을 위배하는 것으로 드러났다. M−11 미사일부품이 중국으로부터 이란과 파키스탄으로 수출되고 화학무기 관련 기술이 이란으로 넘겨졌으며, 그 이외에도 베이징은 수백 건의 불법 중계무역에 연루된 것으로 알려졌다.[2] 그러나 특별한 대중국 지렛대가 없고 베이징의 협력을 필요로 하는 상황에서 워싱턴이 취할 수 있는 조치는 별로 없었다. 여러 여건을 감안해 부시 행정부는 입장을 변경시키기 시작했고, 그것은 중국의 무기 및 수출을 다소 용인해주는 대신 베이징이 북핵문제 해결을 위한 6자회담과 이란 핵문제 해결에 협력해 주는데 초점을 맞추는 형태로 변화했다. 그것은 과거 미 행정부의 관례보다는 대

---

1) Shirley Kan, U.S.−China Counter−Terrorism Cooperation, (December 7, 2004), pp. 3−4.
2) 또 나중에 미·중 간 플루토늄과 농축우라늄 생산을 제한하는 핵분열 물질감축(Fissile Material Cut−Off) 협정 및 군축회담은 양국 간 우주에서의 군비통제에 관한 의견 불일치로 중단됐다. James Matin Center of Monterey Institute, US−China Convergence and Friction on Arms Control/nonproliferation Issues, http://www.nti.org/db/china.uschina.htm

테러 협력이라는 더 중요한 문제해결에 더 큰 우선순위를 부여하는 타협적 정책이었다.[1]

북핵문제　　　조지 W. 부시 행정부 내내 북한 핵문제는 대량살상무기 확산, 악의 축 및 지역위협 규제 차원에서 미국에게 아주 중요한 문제였고, 미·중 간 중요한 현안이 었다. 원래 취임 초 부시의 구상은 평양정권을 교체시키겠다는 것이었으나 9·11 해결 과 정에서 아프가니스탄, 이라크 전쟁은 워싱턴의 북한정권 교체를 추진할 동력을 소진시켰 고, 그것은 2003년 이라크 전쟁을 시작한 이후 6자회담을 개최하는 단초가 되었다. 그리 고 여기서 '테러와의 전쟁'에 몰두하는 미국을 대신해 중국에게 의장국으로서 북핵문제 해결을 도모하는 해결사 역할이 주어졌다. 6자회담은 처음 참여 6개국 간 의견차이로 인 해 많은 난관에 부딪혔지만 우여 곡절 끝 2005년 9월 19일 북핵문제에 관한 해결의 실 마리를 찾은 듯 보였다.

그러나 2006년 10월 9일 북한은 최초로 핵실험을 감행했고, 6자회담의 가치, 중국 의 북핵 문제 해결능력과 의지에 대한 큰 의구심이 부상했다. 북한 핵실험 이후 중국은 수사적으로 북한을 비난하는 듯 했다. 중국외교부 성명은 북한의 행동은 국제공동체에 대한 큰 도전이며 그 핵실험에 대해 단호하고 흔들림 없이 일관되게 반대한다는 점을 확 실히 밝혔다. 그 성명은 또 중국은 강력하게 북한이 비핵화 약속을 지킬 것을 요구한다고 강조했다. 그렇지만 베이징의 결의는 불분명한 것으로 보였다. 북핵 실험 수일 후, 베이 징은 중국과 북한은 우호적이고 협력적 유대를 유지하고 있다고 말하면서 베이징의 목표 는 평양 처벌이 아니라 협상진전을 위한 적절하고 온건한 조치라고 강조했다. 2006년 10 월 중국은 북한에 군사판매를 금지하고, 북한에 대한 사치품 수출을 금지하며, 북한의 재 정자원을 즉각 동결하는 유엔결의안에 찬성, 투표했지만, 북한체제를 뒤흔드는 전반적 경 제제재에는 반대했다. 중국은 북한의 완전한 비핵화에는 찬성하지만 제재보다는 대화를 통해 문제해결이 이루어져야 한다는 입장을 고수했다. 북한 비핵화가 평양과의 대화를 통해 달성하기 어려운 상황에서, 베이징의 입장은 북핵문제의 최종적 해결과는 거리가 멀었다. 북핵문제에 관한 베이징의 정책은 부분적으로는 워싱턴의 입장에 동조하지만 최 종적으로는 평양보호에 더 큰 무게를 두는 이중적이고 제한적 성격을 띠었다.

---

1) 또 비록 중국은 부시대통령이 2003년 5월 31일 선언한 비확산 안보구상(PSI: Proliferation Security Initiative)에 참여하지 않았지만, 워싱턴은 그에 대해 크게 불만을 드러내지도 않았다.

재래식 무기 비확산   중국제 재래식 무기(conventional weapons)가 이란으로 흘러들어가는 문제에 관해서도, 부시 행정부는 WMD 경우와 비슷하게 미온적 입장을 취했다. 부시 임기 초 이미 워싱턴은 많은 중국제 무기와 러시아 무기가 중동, 아프리카 국가들로, 또는 이란을 통해 우회적으로 테러집단으로 유입되는 것을 인지했다. 아프가니스탄 탈레반, 일부 알카에다 반군, 그리고 무슬림 무장단체들은 다양한 중국제 무기를 사용하고 있었는데, 그것은 중국 국영방위산업체가 생산한 (휴대용 대공 미사일) HN−5 미사일, 로켓 추진 수류탄, 야포 로켓(artillery rocket), 그리고 저격라이플과 같은 것들이었다.

_헤즈볼라

2006년 7월 레바논 테러집단 헤즈볼라(Hezbollah)는 중국이 이란으로 수출한 C−802의 변형 누르(Noor) 미사일로 이스라엘 해군함정을 격침시켰다. 2007년 여름 이후 워싱턴은 수차례에 걸쳐 베이징에 대이란 무기판매 자제를 요구했지만, 후진타오 정부의 반응은 냉담했다. 중국 외교부는 이란에 대한 무기판매는 베이징의 '정상적인'(normal) 군사협력의 일환으로 국제법과 유엔안보리 결의안을 위반하지 않는 범위 내에서 이루어지는 정당한 행위이고, 그것이 일정조건을 충족하는 한 다른 나라는 간섭할 권리가 없다고 반박했다. 또 그들은 중국정부는 국제평화와 안정을 잠식하지 않고, 무기수입국 내정에 간섭하지 않으며, 주권국가에 한해 수출하고, 중국 허락 없이는 제3자에게 이전되지 않는 조건 하에서 무기를 수출한다고 덧붙였다. 실제로 WMD 및 재래식 무기 비확산 문제에 있어서 워싱턴은 중국에 대해 아무 지렛대가 없었다.[1]

3) 기타 국제현안

상하이 협력기구(SCO)와 미국 군사작전   2001년 9월 11일 이후 테러에 대한 국제적 관심증대와 더불어 SCO 내에서 중국의 영향력은 더 증가했다. 중국과 러시아는 SCO를 토대로 중앙아시아 지역에서 연합 군사훈련을 실시하면서 그 구성 국가들에 대한 영

....

1) 어떤 경우에는 무기 원산지를 식별하기 어려웠는데, 중국 방산업체(CPMIEC: China Precision Machinery Import and Export Corporation)가 생산한 QW−1 대공미사일을 이란이 Misagh−1 대공미사일로 개조한 경우가 그런 것이었다. 또 아프가니스탄에서 사용되는 무기의 도입이 미국이 OEF를 시작하기 이전인지 이후인지를 구별하기도 어려웠지만, 대부분은 오래되고 성능이 별로 좋지 않은 중국제 구식무기들이었다. 물론 중국, 이란제 이외에 러시아 무기들도 아프간 서쪽 이란과의 국경 도시 헤라트(Herat)에서 발견됐다. Kan, U.S.−China Counterterrorism Cooperation, (July 15, 2010), pp. 28, 35−36.

향력을 확대해 나갔는데, 그 기구 내에서의 주도권이 세계 굴지의 강대국인 중국과 러시아에게 있는 것은 당연했다. 중국은 중앙아시아 국가들에게 군사지원을 제공했고, 2002년 이후 중국 인민해방군(PLA)은 신장에서 러시아, 중앙아시아 국가들과 함께 테러와의 전쟁 명목으로 연합 군사훈련을 실시했다. 그러나 2005년 SCO에 대한 미국의 우려는 더 커졌는데, 왜냐하면 그 기구가 미국에 적대적으로 행동하기 시작했기 때문이다. 예를 들어 2005년 몽골, 인도, 파키스탄에 추가해 테러지원국으로 지정된 이란을 옵서버로 초청하면서, SCO는 아프가니스탄에서 반군저항이 미미하다는 이유로 우즈베키스탄 주둔 미군병력의 철수, 그리고 키르기스스탄 미군 공군기지 사용중단을 요구했다. 후진타오 총서기는 중앙아시아 국가들은 자기들의 모든 문제를 자체적으로 다룰 수 있다고 주장했다. 키르기스스탄과 우즈베키스탄이 미국에게 자국 군사기지 사용중단을 요청한 것은 모두 베이징과 모스크바의 압력에 따른 것이었다. 유럽에서 미·러 관계가 최악으로 향하던 2007년 8월 중국 PLA와 러시아 군은 러시아 우랄산맥의 첼랴빈스크(Chelyabinsk)와 신장 우루무치에서 '2007 평화임무'(Peace Mission)라고 명명한 대테러 연합 군사훈련을 실시했고, 그 다음해 2008년 이란은 SCO 회원자격을 신청했다. 워싱턴은 수차례 중국과 러시아가 중앙아시아 국가들에게 미국에 반대하도록 압력을 행사한다고 비판하고 또 테러지원 국가로 지목된 이란을 SCO에 포함시키는 것은 테러리즘 진압을 원하는 국제적 열망에 위배된다는 의견을 밝혔지만, 미국의 비판은 베이징 당국에 아무 영향을 미치지 못했다.[1]

대만 관련 미·중 관계 미·중 사이에 대만과 관련해서는 큰 불협화음이 없었는데, 가장 중요한 이유는 미·중 두 나라 모두 대만의 일방적 독립추진에 대해 반대하는 공감대를 갖고 있기 때문이었다. 대만문제와 관련해서 미국은 1972년의 상하이 공동성명과 1979년의 대만관계법에 의거해 운영해 왔다. 그러나 민진당(민주진보당) 집권 이후 천수이벤 총통은 2005년 3월 베이징의 대만 반분리법 선포에도 불구하고 계속해서 유엔이나 유엔 산하기관 가입을 시도했다. 세계보건기구(WHO: World Health Organization) 옵서버 위상확보 시도, 2007년 중국 공화국(Republic of China) 명칭으로 유엔 가입신청서 제출, 또 2007년 6월 대만의 유엔가입 관련 국내 찬반 국민투표 실시 선언은 모두 그런 시도였다. 그러나 미국과 중국이 반대하면서 유엔에서의 대만 독립시도는 모두 좌절됐다. 유엔

---

1) Ibid., pp. 30-31.

은 2007년 7월 대만이 두 번에 걸쳐 제출한 유엔 가입신청서를 반송했고, 그 해 9월 유엔총회는 대만신청서를 안건으로 상정하지 않기로 결정했다. 미국은 2007년 천수이벤이 대만의 유엔가입 관련 국민투표를 시행하려는 계획에 반대 입장을 밝혔고, 그것은 대만의 모든 독립에 결단코 반대하는 베이징과 갈등의 소지를 축소시켰다.[1]

한편 천수이벤의 독립 시도에도 불구하고 중·대만 관계는 점점 심화되어 갔는데, 그것은 무엇보다도 양안 간 경제관계 진전으로 인해 대만 사람들에게 독립만이 최선이 아니라는 생각이 널리 확산됐기 때문이다. 중국과 대만 간 공식대화는 1998년 10월 양측의 양안 관련 정부기구가 회담을 가진 이후 소강상태로 진입했다. 그러나 2000년대 한동안 중·대만 정부 간 공식대화가 취약한 상태에서도 양안 간 비공식 접촉과 유대는 크게 증진됐는데, 그것은 양안무역과 해외투자가 획기적으로 증대됐기 때문이다. 중·대만 무역은 2000년대를 거치면서 크게 성장해 2007년 그 규모는 1,100억 달러 수준에 이르렀고, 대만의 제1무역파트너는 미국에서 중국으로 교체됐다. 양안 간 경제, 무역관계가 확대되는 상황에서 천수이벤의 민진당 정부는 대만의 독립만을 고집할 수는 없었고, 국내정치, 경제 역학상 대중국 투자, 상호방문을 포함해 양안 간 교류 확대를 승인하지 않을 수 없었다. 그리고 양안 간 교류가 확대되고 민진당의 대만독립 개념이 설 자리가 점차 축소되는 가운데 대만인들은 중국과의 유대가 그들에게 경제, 사회적으로 도움이 된다고 인식했고, 그런 분위기는 차례로 베이징 당국으로 하여금 대만이나 미국과의 관계를 긍정적, 우호적으로 유지하게 만들었다.[2]

★ 전문가 분석

부시 행정부 집권 기간 동안 미·중 관계는 워싱턴의 '테러와의 전쟁' 필요성에 의해

---

1) Kerry Dumbaugh, China–U.S. Relations: Current Issues and Implications for U.S. Policy, CRS Report, RL33877, (Updated March 17, 2008), p. 17.

2) 미·대만 관계는 약간 실망스러웠는데, 왜냐하면 중국의 반대를 무릅쓰고 부시 행정부가 대만에 대한 무기판매를 승인했음에도 불구하고 대만 내 여야 간 국내정치 불협화음으로 인해 대만의 미국무기 구매가 크게 축소됐기 때문이다. 타이베이 정부가 원래 의도한 180억불 상당의 무기구매는 의회에서 63억 달러로 삭감됐지만, 그마저 2006년 의회 내 반대세력에 의해 통과되지 못했다. 2007년 6월 대만 의회 승인 이후 타이베이 정부가 구입한 미국 무기는 12대의 P3C 대잠수함 초계기, 그리고 패트리어트-3 미사일(PAC: Patriot Advanced Capability-3) 방어체계 능력향상, 재정비를 위한 일부 부품수입이 전부였다. Ibid., pp. 16-17, 19.

원하던 원치 않던 원만하게 진행됐다. 그러나 그 관계 속에서 베이징은 필요할 경우 자국이 원하는 방향으로 행동했고, 그러는 가운데 중국의 힘은 워싱턴이 무시하지 못할 정도로 성장했다. 2002년 말 장쩌민으로부터 권력을 이어받은 중국 집권자 후진타오 총서기는 대외적으로 중국의 화평굴기, 평화발전을 강조하면서 미국이나 서방의 중국 파워 성장에 대한 경계심을 완화시키는 신중한 태도를 취했는데, 널리 알려진 몇몇 전문가들은 미·중 관계, 중국의 현재와 미래에 관련해 다음과 같은 흥미 있는 의견을 제시했다.

① 지구적 세력균형의 변화

포린 어페어즈(Foreign Affairs) 저널 편집자 제임스 호지(James F. Hoge, Jr.)는 전 세계적 차원의 세력균형이 아태지역으로 이동해가고 있는 것에 비추어 부시 행정부는 중국, 인도와의 개입을 통해 그들과 협력적 관계를 유지하고 국제기구들을 경쟁하는 국가의 현실적 파워를 반영하도록 재구조화시켜야 한다고 주장했다.

아태지역으로의 세력전이

오늘날 서양에서 동양으로 급속한 세력의 전이가 나타나는 상황에서, 만약 서방이 그 사실을 인지하면서도 그에 대해 대비하지 않는다면 그것은 위험을 그대로 방치하는 무책임한 행위와 다름없다. 지역이나 국가 간 세력균형의 변화는 오랜 기간에 걸쳐 서서히 진행되고, 그것은 20세기 초 독일, 일본의 경우와 같이 대부분 충돌을 야기한다. 이번 국제질서 변화의 주역은 아시아의 인구 많은 나라들이다. 과거 독일, 일본과 비슷하게 민족주의적이면서 과거의 역사적 불평등의 시정을 추구하는 이 나라들은 성장하는 경제력을 바탕으로 정치, 군사력을 확대하는데, 그 행동과 과정은 서방과의 충돌 잠재성을 증대시킨다. 오늘날 아태지역에서 가장 두드러지는 나라인 중국의 경제성장률은 연평균 9%이고, 인도는 8%이며, 동남아 국가들은 1997년 재정위기 이후 빠른 성장세를 보인다. 중국의 경제규모는 2010년까지 독일의 두 배가 되고 2020년까지는 일본을 앞지를 것인데, 전문가들은 만약 인도가 6% 성장을 유지할 수 있다면 50년 후에는 중국을 앞설 것으로 예상한다. 중국은 국내의 일부 난관만 극복하면 앞으로 수십 년간 활기찬 경제성장을 이어갈 수 있을 것이다. 중국에서 정치, 사회적으로 문제가 되는 것은 만연한 부패, 도농 간 빈부격차이고, 경제요인은 높은 인플레이션, 높은 실업률, 부동산 버블, 오일 및 수자원 같은 원료부족, 은행 및 기업부채 증가를 포함한다. 성공적인 개도국 경제가 그렇듯 중국경제는 과열현상을 보이는데, 그 경제가 안전하게 연착륙하지 못하면 그것은 세계경제에 아주 큰 부정적 영향을 미칠 것이다. 1990년대 후반 재정위기 이후 중국경제는 아시아 경제의 엔진이었다. 그 당시 중국은 동남아, 한국과는 달리 재정위기에 별 영향을 받지 않았고, 오히려 IMF에 거대한 자금을 제공하고 역내국가에 구제금융을 제공해 그 지역 경제불황 극복에 큰 도움을 주었다. 중국 경제성장의 최대 수혜자로서 일본의 경제지표는 개선됐고, 2003년 제4분기 실질 GDP 성장률은 6.4%를 기록했다. 중국경제의 경착륙은 아태지역뿐 아니라 전 지구경제에 악영향을 미칠 것이다. 인도 경제도 활기찬데, 그 상승곡선은 선진국들이 필요로 하는 소프트웨어와 서비스산업에 의해 뒷받침된다. 일부 존재하는 규제에도 불구하고 1980년대 초 이후의 점진적 경제개혁은 민간산업을 활성화시켰고, 그것은 차례로 인도인들을 과거 오랜 식민시대 피해의식으로부터 벗어나게 했다. 동남아 국가들은 무역 및 투자연계망을 확대시키면서 통화동맹(monetary union)을 추진하는데, 미국이나 일본이 아닌 중국을 중심으로 전개되는 그 작업은 그들을 아태지역의 거대한 무역블록 일원으로 위치시키고 세계경제의 중요한 일부로 자리매김시킬 것이다.[1]

　　그렇지만 아태지역 내에는 그 구성국가들 간에 해결하기 어려운 많은 문제들이 존재한다. 가장 두드러지는 것은 역내 주요행위자 관계인데, 중국과 일본의 오랜 역사적 대결과 상호반목은 그 지역 통합의 큰 걸림돌이다. 중국과 인도 간에는 40년 이상 지속된 국경분쟁이 해결되지 않고 있으며, 그들 역시 주도권 문제로 서로에 대해 상당한 불신을 갖고 있다. 이들 강력한 3개국의 경쟁과 협력은 남중국해 도서영유권, 해상교통로, 에너지 자원천 접근에 관해 많은 함의를 갖는다. 이들뿐 아니라 다른 아시아 국가들 역시 폭발적 영토갈등에 노출돼 있고, 국내에서는 경직된 정치체제, 취약한 재정제도, 부패, 인종분규로 갈등을 겪는다. 대만은 위험한 경우다. 타이베이와 베이징 어느 한쪽의 지나친 행동은 역내 긴장관계가 폭발로 이어지는 원인이 될 것이다.[2] 인도와 파키스탄 간 카시미르(Kashmir)를 둘러싼 영토분쟁은 수십 년간 지속되고 4만 명 이상의 목숨을 빼앗아 갔지만, 그 해결의 전망은 요원하다. 북한 역시 역내 폭발의 주요원인이 될 수 있다. 북한의

---

1) James F. Hoge, Jr. "A Global Power Shift in the Making," Foreign Affairs, Vol. 83, No. 4 (July/August 2004), pp. 2−3.

2) 2004년 당시 제임스 호지는 천수이벤과 후진타오가 서로 대립하는 상황에서 중·대만 관계의 폭발 가능성을 우려했지만, 그 이후 후진타오의 전략, 양안 경제관계의 진전, 그리고 대만 내 정권교체로 인해 현재 양안관계는 안정된 상태이고 앞으로도 큰 문제는 없을 것이다.

핵개발은 전에 알려진 것보다 더 많이 진전됐는데, 중국이 주재하는 6자회담이 아직 뚜렷한 성과를 내지 못하는 상황에서 한반도의 미래는 우려사항이다.[1]

전략적 우선순위 변화와 필요조치

오늘날 아태지역 내 각국의 전략적 우선순위는 변화를 목격한다. 오랜 기간 미국은 군사주둔, 일본 및 한국과의 동맹, 경제지원을 통해 역내 안정자 역할을 수행해 왔는데, 부시 행정부의 시각은 취임 초 중국을 전략적 경쟁자로 인식하던 것에서 9·11 이후 협력관계에 대한 강조로 바뀌었다. 한국에 대한 워싱턴의 기대는 축소됐는데, 그것은 미국에 애정이 없고 중국을 매력적으로 보며 북한을 두려워하지 않는 한국의 청년세대를 대표하는 노무현 정치체제의 영향에 기인한다. 중국의 부상, 북한 핵무장, 대만문제의 폭발 잠재성에 불안을 느끼는 일본은 미국과 함께 미사일방어체제 개발에 서명하고 군사력 강화를 위한 평화헌법 개정을 고려한다. 반면 도쿄의 움직임은 주변 국가들에게는 불안요소인데, 만약 일본이 어떤 이유로든 핵무장을 선택한다면 특히 그럴 것이다. 미국에게 더 나쁜 시나리오는 일본과 중국이 전략적 우호관계를 맺는 것인데, 그럴 가능성에 대비해서라도 워싱턴은 도쿄의 안전보장에 만전을 기해야 한다. 그렇지만 일본은 그 지속적인 경제 및 인구문제에 비추어 아태지역에서 과거와 같은 압도적 영향력은 발휘할 수 없을 것인데, 워싱턴은 그 가능성을 감안해 중국 및 인도와의 개입을 통한 관계증진을 전략적 우선순위로 책정해야 한다. 부시 행정부 관리들은 종국에 미·중 관계는 경쟁으로 귀결될 것으로 생각하지만, 그래도 중요한 것은 가시적 미래를 위한 현실적 조치이다. 이제 미국은 변화하는 질서에 맞춰 군사, 안보 재조정을 추구하는데, 그것은 과거와 같이 군사동맹과 군사기지 유지로부터 아시아 중심부 내륙으로 진출해 전략적 연계망을 구축하는 것이다. 그것은 중앙아시아 임시 군사기지 구축에 의해 뒷받침되는데, 그를 위한 그럴듯한 논리는 '테러와의 전쟁'이다. 베이징은 워싱턴의 그런 시도를 중국에 대한 부드러운 봉쇄로 의심한다. 중국으로서는 미국의 공세를 막고 대만과의 갈등을 운영하기 위해 군사력강화를 필요로 한다. 중국 군사전략은 미국의 정보네트워크, 스텔스전투기, 순항미사일, 정밀유도폭탄과 같은 첨단능력 억지에 초점을 맞춘다. 중국의 전력발전, 군사 준비태세 강화, 국방예산 증가를 동아시아에서 미국을 축출하려는 의도로 인식하는 워싱턴은 차례로 인도를 중국에 대한 균형추, 민주주의 옹호자로 활용하기를 원한다. 미국의 기대에 부응하려면 인도는 최근 총선에서 패배한 바라티야 자나타당(BJP: Bharatiya Janata Party)이 옹호

---

1) Hoge, "A Global Power Shift," (2004), p. 4.

하는 힌두 민족주의를 피하고 규제개혁, 경제발전의 근대화를 가속화해야 한다. 승리한 의회당(Congress Party)이 세속적 전통을 추구한다면 그것은 미국이 원하는 역내 이슬람주의 확산방지에 도움이 될 것이다. 말레이시아와 인도네시아의 최근 선거에서 나타나듯 아직 이슬람 근본주의 정당들은 동남아시아를 포함하는 그 지역 일대에서 부분적 영향력만 갖지만, 그들은 취약한 정부, 경제적 빈곤, 만성적 부패의 상황에서 언제든지 더 많은 테러리스트를 모집하려 시도할 것이다. 여론조사는 미국의 이라크 전쟁포로 학대와 이스라엘 샤론(Ariel Sharon) 정부에 대한 지지 때문에 중동, 중앙아시아, 동남아시아에서 반미 정서가 증가하고 있음을 보여준다. 특히 부시 행정부가 팔레스타인 이익을 무시하는 것으로 인식되어 무슬림공동체 가운데에서는 깊은 분노가 자라난다. 이스라엘―팔레스타인 갈등의 해결이 테러리즘을 종식시키지는 못할 것이고, 온건 무슬림 자신들이 이슬람 내에서 급진이슬람과의 이념적 전투를 이끌어야 한다. 그러나 미국은 정책을 변화시키고 효율적 공공외교(public diplomacy)를 시행해 무슬림세계에서 온건주의자들의 위상과 입지를 강화시킬 수 있을 것이다. 워싱턴은 공공외교에 더 많은 재원을 투입해 언어전문가, 문화센터, 교환프로그램을 운영하고, 전통적으로 숫자가 더 많은 온건한 아시아 무슬림의 지지를 얻어야 한다.[1]

미국은 아시아에서 현재 진행 중인 파워이동에 대비해야 한다. 부시 행정부가 중국과의 개입을 수용한 것은 바람직한 조치이지만, 워싱턴은 그보다 더 많은 조치를 필요로 한다. 인식적 차원에서, 미국은 중국과의 불가피한 경쟁 개념에 너무 사로잡히지 말고, 그에 준비하면서도 협력이 역사적 진전을 만들 수 있음을 알아야 한다. 지역안보절차 형성을 위해서는 '테러와의 전쟁'과 WMD 비확산 협력을 확대하는 미국―싱가포르 협정의 노선을 따르는 것이 합리적이다. 국제기구와 관련해서, 아시아의 증대하는 힘은 더 대표성이 주어져야 한다. 유엔안보리는 제2차 대전 승전국의 파워가 아니라 부상하는 지구적 구조를 반영해야 하고, 다른 국제기구들도 마찬가지이다. 브루킹스 연구소는 G8은 서방문화를 대변하는 배타적 산업국가 클럽으로 작동하는데, 그것은 시대착오라고 지적했다. 국제기구는 힘의 분배를 올바르게 반영할 때에만 국제평화에 기여할 수 있다.[2]

---

1) Ibid., pp. 5―6.
2) Ibid., p. 7.

② 중국의 비평화적 부상

오늘날 현실주의 분석으로 널리 알려진 시카고 대학의 존 머샤이머(John Mearsheimer) 교수는 중국의 미래에 관해 다음과 같은 흥미 있는 분석을 제시했다.

강대국 행동의 특징

오늘날 중국은 대외적으로 평화발전, 화평굴기를 제시하면서 앞으로도 그 주변 국가들과 다투지 않고 평화롭게 지낼 것이라고 주장한다. 중국이 평화롭게 부상할 수 있을까? 또 미국을 포함해 주변 국가들은 어떻게 행동할까? 아마 중국은 평화롭게 부상할 수 없을 것이다. 중국이 향후 수십 년 간 지금과 같이 놀라운 경제성장을 지속한다면 미·중 안보경쟁은 더 심화될 것이고 심지어 미·중 전쟁으로까지 이어질 수 있다. 싱가포르, 베트남, 인도, 일본, 러시아, 한국을 포함하는 대부분의 주변국들은 중국을 봉쇄하기 위해 미국과 손잡고 견제에 나설 것이다. 아시아의 미래를 예측하기 위해서, 우리는 부상하는 강대국이 어떻게 행동하고 또 국제체제 내의 다른 나라들은 그에 대해 어떻게 대응하는가에 관한 국제정치 이론을 필요로 한다. 현실주의 정치이론은 다음과 같은 설명을 제시한다.[1] 국제체제 내에서 각 국가들은 생존(survival)이 가장 중요한 목표인데, 그 이유는 단순히 말해서 생존하지 않고서는 국가가 할 수 있는 일은 아무것도 없기 때문이다. 국제체제의 기본구조는 각 국가들로 하여금 다른 나라들과 파워 경쟁을 위해 자기들 안보를 걱정하게 만든다. 모든 강대국의 궁극적 목표는 세계파워 지분을 최대화하고 궁극적으로는 자국이 속해 있는 국제체제를 지배하는 것이다. 국제체제는 3개의 핵심적 특징을 보인다. 첫째, 주요행위자는 무정부상태(anarchy) 속에서 활동하는 국가들인데, 그것은 단순히 그들 위에 더 지고한 권위(higher authority)는 존재하지 않는다는 것을 의미한다. 둘째, 모든 강대국은 서로에게 상해를 가할 수 있는 일정수준의 공격적 군사능력을 갖고 있다. 셋째, 어떤 나라도 다른 나라의 (미래)의도를 확실하게 알 수는 없다. 예를 들어 2025년에 독일과 일본이 이웃에 대해 갖는 의도가 무엇일지 아는 것은 불가능하다. 결과적으로 무질서, 그리고 의존할 국가가 없는 상태에서 모든 국가들은 다른 잠재 경쟁국들보다 더 강력해지기를 원한다. 그러나 강대국들은 단지 가장 강력한 국가가 되기만을 원하는 것

---

1) 머샤이머는 여기서 자기가 주장하는 현실주의 이론은 일반적 현실주의 이론이라기보다는 본인이 주장하는 특정한 현실주의 이론이라고 말했다. 그는 보통 공격적 현실주의(offensive realism) 이론을 제기한 학자로 알려져 있다.

이 아니라 궁극적으로 일정지역 내에서 유일한 강대국이 되기를 원하고, 더 나아가 다른 지역 내에서 자국만큼 강력한 국가가 출현하는 것을 원치 않는다. 19세기 말 이후 미국은 서반구(Western Hemisphere) 내에서 지역패권국이었고 지금도 최고 강대국이지만 지구적 차원의 패권국은 아니다. 오늘날 어느 한 나라가 지구적 패권을 갖는 것은 거의 불가능한데, 왜냐하면 지구 전체에 파워를 투사하고 유지하는 것이 너무 어렵기 때문이다. 한 나라가 희망할 수 있는 최선의 결과는 지역패권국이 되어 그 자신이 속한 지역을 지배하는 것이고, 다른 지역은 분열되어 그곳에서 동급의 파워국가가 출현하지 않는 것이다. 요약하면, 현실주의 이론은 한 강대국에게 이상적 상황은 세계에서 유일한 지역패권국이 되는 것이라고 말한다.[1]

미국 역사의 선례

미국 대외정책의 역사를 살펴보면 이 이론의 설명력을 알 수 있다. 1783년 영국으로부터 독립했을 때, 미국은 13개 주로 이루어진 작고 힘없는 나라였다. 그 나라는 영국 및 스페인 제국에 의해 둘러싸여 있었고, 아팔라치아 산맥과 미시시피 강 사이 영토는 적대적인 원주민 부족이 통치했다. 그 후 115년 간 미국의 대외정책 입안자들은 누구를 막론하고 미국을 지역패권국으로 만들기 위해 노력했다. 미국은 '명백한 운명'(Manifest Destiny)이라는 대외적 명분하에 대서양에서 태평양으로 미국의 국경을 확장시켰다. 미국은 멕시코 및 인디안 부족들과 수많은 전쟁을 하고 그들로부터 엄청난 양의 영토를 획득했다. 그렇게 해서, 미국은 일류 팽창국가가 됐다. 상원의원 헨리 로지(Henry Lodge)가 말했듯이, 미국은 19세기에 어느 나라도 따라오지 못할 정복, 식민화, 그리고 영토 확장의 기록을 갖고 있다. 미국은 영토팽창만이 모두가 아니라, 유럽 강대국들을 서반구에서 몰아내고 그들을 환영하지 않는다는 의사도 명백하게 밝혔다. 1823년의 먼로(Monroe)독트린이 그것이고, 1898년까지 아메리카대륙의 마지막 유럽제국이 붕괴되면서 미국은 근대 최초의 지역패권국이 되었다. 그러나 어느 강대국이든지 그 나라가 자기지역 패권을 확보한 뒤에도 다른 강대국들이 비록 멀리 있지만 그들 지역 내에서 패권을 설정하지 못하게 한다. 그것은 단순하게 말하면 다른 지역에서 강대국이 출현하지 못하게 방해하는 것이다. 20세기에는 지역패권의 능력을 가진 4개의 강대국이 있었다. 독일제국(Imperial Germany, 1900~1918), 일본제국(Imperial Japan, 1931~1945), 나치독일(Nazi Germany, 1933~1945), 소련(Soviet Union, 1945~1991)이 그들이다. 이들 모두 19세기 미국이 서반

---

1) John J. Mearsheimer, "China's Unpeaceful Rise," Current History, No. 105, (April 2006), p. 160.

구에서 달성한 것을 따르려 시도했다. 이 모든 경우, 미국은 그 패권국들을 패퇴시키는 데 앞장서서 결정적 역할을 수행했다. 냉전종식 직후 조지 H. W. 부시 행정부 당시 미국은 1992년의 국방계획지침(Defense Planning Guidance)에서 최고의 강대국으로 남아있겠다는 의지를 확실히 했고, 2002년 10월 조지 W. 부시 행정부의 미국 국가안보전략(National Security Strategy)은 지구적 세력균형에서 지배적 위상을 잃지 않기 위해 선제공격(preemptive strike)을 옹호했다. 결국, 미국은 1세기 이상 서반구에서 지역지배를 달성하기 위해 노력한 이후에는 다른 강대국들이 아시아나 유럽을 지배하는 것을 용납하지 않았다. 미국의 과거 행동은 중국의 부상에 대해 분명 어떤 함의를 갖고 있다.[1]

미래 예상

중국이 미국과 다르다고 기대할 이유는 없다. 그 나라가 더 절제하는 것도 아니고, 더 윤리적인 것도 아니다. 또 중국이 덜 민족주의적인 것도 아니고, 생존을 덜 우려하는 것도 아니다. 그런 이유로 중국은 미국이 한 것과 비슷하게 행동하고 지역패권국이 되려 할 것이다. 미국이 서반구를 지배하려 했듯이, 중국은 아시아를 지배하려 하기 쉽다. 특히 중국은 러시아 및 일본과의 파워격차를 가능한 한 크게 확대시키려 노력할 것인데, 그것은 미국이 캐나다와 멕시코가 군사적으로 약한 나라로 남아 있는 것을 원하는 것과 마찬가지이다. 중국은 군사적으로 다른 나라를 공격하기보다는 미국이 그랬듯이 다른 나라의 수용 가능한 행동지침을 설정하면서 우두머리가 되려 할 것이다. 지역패권을 설정하는 것이 아마도 중국이 대만을 다시 찾을 수 있는 유일한 방법일 것이다. 미국이 유럽 강대국들을 서반구에서 몰아냈듯이, 중국은 미국을 아시아에서 밀어내려 하기 쉽다. 베이징은 미국군대가 그 문 앞이나 뒷마당에서 중국을 위협하는 것을 원치 않을 것이다. 국제정치에서는, 힘없는 약소 밤비가 되는 것보다는 비록 괴물이라도 강대 고질라가 되는 것이 더 낫다. 중국이 지역패권국으로 행동했던 미국과 달리 행동할 이유는 없다. 중국이 아시아를 지배할 때, 미국이 어떻게 대응할지는 분명하다. 미국은 소련에게 봉쇄했던 것처럼 중국에게도 그렇게 할 것이다. 중국의 주변국들도 그 나라가 지역 패권국이 되는 것을 막기 위해서 어떤 형태로든 행동할 것이다. 인도, 일본, 러시아, 싱가포르, 한국, 베트남 같은 더 작은 국가들이 중국의 부상을 우려하고 중국을 봉쇄하려 한다는 증거가 있다. 결국에는 이들 국가들은 미국이 이끄는 중국의 부상을 견제하는 세력균형 연합에 참여할 것이다. 미국은 동아시아 해상교통로 보호를 위해 중국이 전략적으로 중요한 대만을 점령

---

1) Ibid., p. 161.

하는 것을 허용하지 않을 것이고, 이것은 미·중간의 안보경쟁을 부채질 할 것이다. 국제정치는 더럽고 위험한 일이고 어떤 선의도 이 경쟁을 완화시킬 수는 없다. 그것이 '강대국 정치의 비극'이다.[1]

(3) 미·일 관계

부시 행정부의 미·일 관계는 두 나라가 긴밀한 동맹인 이유로 미·러, 미·중 관계와는 그 성격이 완전히 달랐다. 부시 행정부 임기동안, 아프가니스탄, 이라크 전쟁을 포함해 '테러와의 전쟁'에 대한 일본의 기여, 그리고 북한의 핵 및 미사일 프로그램과 중국파워의 부상에 대항하는 미국과 일본 목표의 동질성은 지난 10년보다 두 나라를 더 강력한 동맹으로 이끌었다. 부시 행정부는 처음부터 친일본적 접근법을 택했고 일본 역시 마찬가지였다.[2] 미국 주도 아프간 작전을 지원하기 위해 일본의 고이즈미 정부(2001. 4-2006. 9)는 인도양으로 재급유 선박 파견을 허용하는 대테러 법안을 통과시키고 이라크 전쟁의 정당성에 관한 논란에도 불구하고 일관되게 워싱턴의 결정을 지지했다. 2004년 2월 고이즈미 정부는 재건활동 지원을 위해 이라크에 600명 이상의 자위대 병력을 파견했는데, 그것은 일본이 유엔 승인 없이 해외에 병력을 파견한 첫 번째 경우였다. 그 지상군 병력은 2006년 철수했지만 항공자위대는 2008년까지 잔류해 임무를 수행했다.[3]

미·일 안보협력은 여러 분야에서 진행됐다. WMD 및 북핵 확산방지와 관련해 양국은 유엔안보리 결의안 지지, 북한선박의 공해상 검문, 경제제재에서 협력했고, 아태지역 안보강화를 위해 일본은 미국과 함께 인도, 호주를 포함하는 다른 나라들과 다자 군사훈련에 참여했다. 미·일 양자동맹에서도 두 나라 협력은 뛰어났다. 북한의 미사일 시험발사가 계속되면서 일본은 미국과 함께 미사일방어망 공동개발에 착수하고 방위비 분담에

---

1) Ibid., p. 162.
2) 미국의 여러 고위 외교 관리들은 미·일 간에 더 동등한 파트너십과 더 긴밀한 방위협력을 권고하는 아미티지-나이(Armitage-Nye) 보고서에서 힌트를 얻었는데, 그것은 2000년 미국 대선 이전 양당 스터디 그룹이 생산한 보고서였다. 리처드 아미티지(Richard Armitage)는 1983~1989년 국방 차관보를 지냈고, 조지 W. 부시 행정부에서 2005년 1월까지 국무부 부장관으로 재직했다. 조셉 나이(Joseph Nye)는 상호의존 이론으로 유명한 하버드대 교수이다.
3) Emma Chanlett-Avery, The U.S.-Japan Alliance, CRS Report 7-5700, RL33740 (January 18, 2011), p. 3.

서 워싱턴의 요청을 대부분 수용했다. 더 나아가 일본은 고이즈미 후임 아베 신조 제1기 내각(2006. 9 – 2007. 9)에 이르러 차관급 방위청을 장관급 방위성으로 상향조정하고 집단 자위권 재해석을 통해 일본이 더 적극적 방위역할을 담당하기를 원하는 워싱턴의 의사에 적극 부응했다.

그렇지만 미·일 안보협력이 의견차이나 충돌이 전혀 없었던 것은 아니다. 2007년 민주당(DPJ: Democratic Party of Japan)의 참의원 선거승리로 인한 일본 국내정치 변화와 북한 핵문제 해결방식을 둘러싼 미·일 간 접근법의 차이는 두 나라 관계에 약간의 거리감을 만들어냈다. 특히 부시 행정부가 6자회담에서 북핵 문제해결을 위해 평양의 일본인 납치문제를 중시하지 않기로 결정한 것과 관련해, 도쿄정부뿐 아니라 많은 일본 국민들까지도 노골적으로 워싱턴에 대한 불만을 표시했다. 일본의 역사인식과 관련해서는 워싱턴은 신사참배를 포함해 고이즈미 총리가 아시아 국가들을 자극하지 않기를 원했다. 군사이슈에서 가장 문제가 된 것은 오키나와 내 미군기지 이전과 8천명 해병의 괌(Guam)으로의 재배치였는데, 2006년 미·일 양국 중앙정부의 합의에도 불구하고 그 문제는 많은 우여곡절을 겪은 후 간신히 해결의 가닥을 잡았다. 또 양국 간에는 경제와 관련해 무역수지 불균형, 미국기업의 일본시장 진출 어려움을 포함해 몇몇 미해결 현안이 존재했다. 그러나 지구적, 지역적 차원의 공동대응 맥락에서 두 나라 관계는 전반적으로 더 증진되고 강화됐다. 어떤 의미에서 한동안 공통위협에 대한 확실한 정의의 결여로 인해 다소 혼선을 겪던 미·일 안보동맹은 양국 관계강화의 전략적 합리성을 되찾았다. 공통의 위협 앞에서 이제 미·일 동맹은 더 강력해졌다. 양국 무역분쟁, 경제 갈등은 중국이 일본보다 더 큰 경제위협으로 대두되면서 덜 관심을 받고 덜 문제시 됐다.[1]

---

1) 평화헌법 제9에 근거한 국내의 많은 반대에도 불구하고 자위대가 1954년에 창설됐다. 1967년에는 사토 수상이 일본의 비핵 3원칙을 발표했고, 전후 최초의 포괄적 방위전략인 국방지침(National Defense Program Outline)은 1976년 발표됐다. 1978년에는 미·일 방위협력 가이드라인(Guidelines for Defense Cooperation)이 서명돼 미·일 연합방위 체제 내에서의 양국 각자의 역할이 규정됐다. 일본 자위대가 해외에 처음 파병된 것은 1990~1991년 제1차 걸프전 직후로, 그때 일본은 자위대 파병을 위한 조건을 규정하고 기뢰제거를 위해 해상 자위대를, 또 유엔 이라크 화학무기 사찰 팀의 일부로 육상자위대 인력을 파견했다. 소련의 붕괴 이후 중국의 부상, 북한의 핵무장, 그리고 1996년 대만 미사일 위기에 직면하면서 미·일 양국은 1997년 9월 미·일 신 방위 가이드라인을 채택했다. 1998년 중반 북한이 일본 영공을 넘어 미사일을 발사했을 때 미·일 양국은 미사일 방어프로그램을 공동개발하기로 결정했다. Beina Xu, "The U.S. – Japan Security Alliance," CFR Backgrounders, (July 1, 2014), pp. 1 – 4.

1) 아프가니스탄 및 이라크 전쟁 지원

_해상자위대 함정

9·11 테러공격이 발생한 직후, 고이즈미 정부는 아프가니스탄에서 알카에다와 탈레반 진압을 추구하는 미군과 연합군의 군사작전에 후방 병참지원을 제공했다. 일본의 아프가니스탄 활동은 주로 인도양에서 작전하는 미국, 영국, 프랑스, 그리고 기타 연합군 전함에 해상자위대 함정이 연료와 식수를 해상 공급하는 형태를 띠었다. 일본 수송선, 정유선, 구축함 함대가 미군 및 연합군 전함이 사용하는 연료의 약 30%를 제공했고, 일본 항공자위대는 미군을 위해 수백 번의 공중수송 작전을 실시했다. 2007년 7월 참의원 선거에서 DPJ가 승리한 이후 국내에서 상원의 정치적 반대로 인해 일본의 대테러 지원이 일시적으로 유예됐지만, 자민당의 아베 신조 후임 후쿠다 야스오 총리(2007. 9 - 2008. 9)는 상원부결을 번복하는(override) 중의원 결정을 이끌어내고 2008년 초 아프간 임무를 재개했다. 2008년 1월 해상자위대의 아프간 병참지원 재개를 위해 일본 순양함과 석유운반선이 인도양으로 출발했다.[1]

고이즈미 정부는 2003년 3월 시작된 이라크 전쟁에 대해서도 많은 지원을 제공했다. 논란이 많은 이라크 문제에 관해서 대체로 유엔의 역할을 더 선호했지만, 일본은 그럼에도 불구하고 부시 행정부 입장에 무제한적 지지를 보냈다. 유엔안보리 회의에서 미국은 아무리 유엔조사가 확대, 강화되어도 이라크 대량살상무기를 제거할 수 없다고 주장했는데, 그때 미국 입장을 옹호한 나라는 수십 개 전쟁 기여국가 중 호주와 일본이 유일했다. 2003년 이후 도쿄는 이라크정부에 15억 불 무상지원을 제공했고, 이라크가 일본에 갚아야 하는 75억 달러의 빚 중 80%를 단계적으로 탕감할 것을 승인했으며, 35억 달러 상당의 엔화대출을 약속했다. 추가로 2004년 1월 고이즈미 정부는 인도주의 지원과 재건을 위해 이라크에 약 600명의 지상군 병력을 배치했다. 그 지상군은 2006년 6~7월 남부지역인 사마와(Samawah)에서 철수했지만, 일본 항공자위대는 쿠웨이트에서 이라크로 다국적군과 물자를 공중수송하는 임무를 계속 수행했다. 일본 중의원은 2007년 5월

1) Emma Chanlett-Avery, Mark E. Manyin, William H. Cooper, Japan-U.S. Relations: Issues for Congress, CRS Report 7-5700, RL33436 (Updated February 20, 2008), p. 2.

아베 신조 신임총리 하에서 공군 수송의 2년 연장을 승인했다.[1]

2) 북한 핵개발 문제

미·일 양국은 많은 사안에서 협력을 계속했지만, 대량살상무기 비확산의 주요 사안인 북핵 문제와 관련한 6자 회담에서는 약간의 이견이 노출됐다. 원래 북핵 해결을 위한 6자회담에서 미·일의 정책은 긴밀하게 연계됐었다. 워싱턴의 정책을 따라 일본은 북한의 핵무기 포기를 요구했고, 무역제제를 통해 북한을 경제적으로 압박하는 조치를 취했으며, 공해상에서 의심되는 선박을 나포하는 미국 주도 확산안보구상(PSI: Proliferation Security Initiative)에 참여했다. 2006년 7월 북한이 미사일을 수차례 시험 발사하고 그해 10월 핵실험을 강행한 이후, 일본은 강력하게 그 행위를 비난하면서 무역제제를 촉구하는 처벌적 유엔안보리 결의안 통과를 지지했다. 추가로 일본은 안보리 결의안보다 더 혹독한 독자제재를 부과했는데, 그것은 북한선박이 일본항구에 정박하는 것을 금지하고, 수입제한과 더불어 북한국민이 일본에 입국하는 것을 제한하며, 재일 친북인사들이 북한에 송금하는 것을 동결하는 조치를 포함했다. 그렇지만 미국이 북한과의 핵협상 타결을 위해 1970년대, 1980년대 북한에 납치된 일본인 문제를 6자회담에서 덜 중시하고 또 북한을 테러지원국 명단에서 제외시키는 방안을 추진하면서 미·일 간에 약간의 견해차가 생겨났다. 전 총리 아베 신조를 포함해서 자민당, 그리고 일본 야당들까지 납치자 문제에 대해 모두 동일한 입장을 취했다. 중의원은 2007년 12월 후쿠다 야스오 총리 하에서 미국이 북한을 테러지원국 명단에서 제외하지 말 것을 촉구하는 결의안을 통과시켰는데, 그 결의안은 도쿄의 입장을 무시할 경우 일본은 크게 실망하고 그것은 미·일 동맹에 부정적 영향을 미칠 것이라고 명시했다. 그럼에도 불구하고 도쿄의 입장은 워싱턴의 의지에 아무 영향을 미치지 못했다.

3) 일본의 유엔안보리 진출 시도와 아태지역 민주국가 협력

2004년 일본은 독일, 인도, 브라질(G-4)과 함께 유엔안보리의 비토권 없는 상임이사국이 되기를 원했다. 그러나 부시 행정부는 유엔 예산의 20%를 지불하는 일본의 안보리 진출 자체에는 반대하지 않으면서도 G-4가 안보리에 동시 진입하려는 시도에 대해

---

1) Ibid., pp. 4-5.

서는 지지하지 않았다. 아직 그 미래 의도를 확실히 알 수 없는 인도, 그리고 아직은 역량이 부족한 브라질의 안보리 상임이사국 지위에 부시 행정부가 찬성할 이유는 없었다. 또 러시아, 중국의 반대가 큰 상황에서 미국의 일본 안보리 진출 지원은 효과 면에서 별 의미가 없었다. 큰 틀에서 부시 행정부는 유엔조직의 관료주의, 비효율적 비용지출, 그리고 전반적 개혁에 관한 더 광범위한 공감대가 도출되기 전에는 안보리 확대에 반대한다는 입장을 표방했다. 그로 인해 일본의 노력은 정체상태에 처했다.[1]

아태지역 안보에 있어서도 일본은 미국을 지원했다. 미국의 나토확장과 미사일방어체제 문제로 유럽에서 미·러 긴장이 고조되던 2007년 초, 아베정부는 호주와 대테러, 평화유지, 그리고 재난구조에 협력하는 양자합의에 서명했다. 미국과 일본은 일본－호주 협력이 인도와의 안보협력으로 확대되기를 원했다. 워싱턴과 도쿄는 그것이 민주적 가치를 옹호하는 국가들의 협력으로 아태지역에서 공산주의, 권위주의 중국과 커다란 대조를 이룬다고 강조했다. 미·일 두 나라는 특히 인도와 함께 민주동맹의 이름으로 세력화하기를 원했는데, 조지 W. 부시는 그 목적을 위해 국제적 반대를 무릅쓰고 뉴델리에 핵기술을 이전했다. 그것은 비확산을 추구하는 워싱턴의 오랜 정책을 스스로 부정하는 행위였는데, 그 행동은 국제사회에서 각 국가의 정책이 앞뒤가 어떻게 다른지를 여실히 보여주었다. 일본으로서는 중국의 부상에 반대해 인도가 협력한다면, 그것은 아태지역 안보역학을 바꾸는 데 결정적으로 기여할 것이다. 2007년 9월 미·일 안보협력은 더 확대되는 것으로 보였는데, 그때 미국, 일본, 호주, 싱가포르, 인도는 말라카 해협 서쪽 지역에서 다국적 해군훈련을 실시했다. 2007년 APEC 포럼 직후, 미국, 호주, 일본은 그들의 첫 3자회의를 개최했다. 그러나 인도의 안보입장은 미·일이 원하는 대로만 흘러가지는 않았다. 인도는 완전히 현실주의 입장을 취해 필요한 모든 혜택과 지원을 받으면서도, 대외, 안보정책에서 뉴델리의 뜻대로, 그리고 중국, 러시아와의 협력을 마다하지 않으면서 독자적으로 행동했다.[2]

....

1) 미국은 이미 냉전시대 후반기 이후 유엔 비용분담에 난색을 표명했는데, 왜냐하면 유엔 내에서 워싱턴이 발휘하고 싶어 하는 리더십이 많은 경우 상대 경쟁국에 의해 저지당했기 때문이다. 워싱턴은 또 제3세계 국가들이 유엔총회에서 국가 숫자를 이용해 미국의 시도에 반대하는 것에도 실망했다. 1990년대 미국경제가 회복되면서 빌 클린턴 행정부는 그동안 체납한 유엔분담금 지불을 원했지만, 미 의회는 유엔개혁 필요성을 이유로 그에 반대했다. 조지 W. 부시는 빌 클린턴보다 더 유엔을 불신했다. 한편 일본은 안보리 회원국이 되기 위해서 기존 상임 이사국 동의뿐 아니라 모든 유엔회원국 2/3인 128개국의 동의를 얻어야 했다. Chanlett－Avery, Manyin, Cooper, Japan－U.S. Relations, (Updated February 20, 2008), p. 6.

2) 그러나 아태지역에서 중국에 반대해 민주동맹을 강화하는 시도는 도쿄의 제1차 아베 내각으로부터 후

4) 미·일 양자관계

미·일 군사동맹   미국과 일본은 1951년 체결되고 1960년 개정된 안보협정하에서 군사동맹을 유지해왔고, 그 협정에 따라 미·일 군사관계는 워싱턴의 일본 보호와 도쿄의 미국 안보전략 지원으로 특징지어졌다. 조지 W. 부시와 고이즈미 이후 자민당 총리들 집권 시에도 마찬가지의 역학이 진행됐지만, 가장 두드러지는 현상은 도쿄의 군사정책이 더 강경해 진 것이었다. 비록 미국이 오키나와 주일미군 관련 문제해결이 일시적으로 정체된 것에 실망하고 도쿄 역시 2006년 이후 부시 행정부의 북핵 협상에 관한 입장 변화와 F-22를 일본에 수출하지 않기로 한 결정에 의기소침했지만, 그럼에도 불구하고 장기적 차원의 양국 상호신뢰, 그리고 굳건하게 군사동맹을 유지해야 한다는 신념에는 변화가 없었다.

테러와의 전쟁, 중국의 부상, 그리고 북한의 핵무장 상황에서 미·일 양국은 지구적, 지역적, 양자차원의 안보협력을 심화시키기로 합의했고, 그 계획은 일련의 미·일 안보협의회 (SCC: Security Consultative Committee, 2+2 meeting)에서 재확인됐다. 2002년 12월 SCC 회담에서 국방정책검토구상(DPRI: Defense Policy Review Initiative)이 가동됐고, 그 과정은 2005년 10월 SCC에서 공통의 전략적 목표, MD 협력, 기지 및 병

_미·일 안보협의회

력재편을 다룬 '미일동맹: 전환과 미래를 위한 재조정'(US-Japan Alliance: Transformation and Realignment for the Future) 선언으로 이어졌다. SCC에서 양국 외교안보 책임자들은 다양한 주제를 논의했는데, 그것은 양국 연합훈련 및 정보공유 강화, MD 공조를 위한 X-밴드 레이더 설치, 핵추진 미 항모의 요코스카 해군기지 기항과 같은 지구적 차원 군사협력의 증진, 그리고 방위비 분담과 오키나와 주일미군 관련 양자 문제를 포함했다. 비록 오키나와 기지와 8천명 해병의 이전문제는 진척이 느렸지만, 2007년 4월 SCC는 정보공유, MD 협력 진전을 강조하는 선언을 발표했다. 양측의 외교, 국방장관들이 참석하는 SCC에서 두 나라 간의 긴밀한 외교, 군사문제 조율은 변화하는 국제정세에 워싱턴과 도쿄로 하여금 더 유기적이고 신속하게 대응하게 할 것으로 기대됐다.[1]

쿠다 내각으로의 교체로 인해 약간 저조할 것으로 생각됐는데, 왜냐하면 후쿠다는 특히 중국과의 관계 훼손을 원치 않았기 때문이다. 또 일본-호주 관계는 상당한 긴장을 겪었는데, 그 이유는 일본의 포경 행위 때문이었다. Ibid., p. 9.

1) 2006년 이후 아오모리현 카시리(Kashiri) 공군자위대 기지에 X-밴드 레이더가 설치됐다. 또 미국은

　　미·일 미사일방어체제(MD) 협력은 1999년 양국 대탄도미사일 연구개발 협력을 시작으로 본격 가동됐다. 그것은 주로 북한의 지속적인 미사일 시험발사에 대한 대응에서 비롯됐는데, 북한은 1993년 5월 동해상공으로 노동미사일을 발사했고 1998년 중반에는 일본영공을 넘어 수천 킬로미터 사거리의 중거리미사일을 발사했다. 미·일 양국은 일본 내에 지상배치 미국 패트리어트체계(PAC−3: Patriot Advanced Capabilities)와 함상(ship−based) 배치 SM−3(Standard Missile−3) 체계를 배치하기로 결정했고, 2005년 12월 고이즈미 내각은 9년에 걸쳐 MD 프로젝트를 위해 10억 달러 이상을 지불할 것을 서약했다. 2006년 7월 북한 미사일 시험발사 이후 미국 관리들은 오키나와에 PAC−3 배치를 가속화할 것이라고 선언했다.[1] 그동안 MD의 유용성과 관련해 많은 논의가 있었는데, 가장 문제시되는 것은 그 체계가 진입하는 미사일을 막아낼 수 있는가 하는 것과 연관돼 있었다. 제1차 걸프전 당시 PAC−2의 격추 성공률은 절반에 미치지 못했는데, 시간이 가면서 그 확률은 더 높아졌고 PAC−2 성능을 향상시킨 PAC−3는 더 효율적일 것으로 예상됐다. 또 패트리어트 체계가 저층 미사일인 점에 비추어 중층 MD인 사드(THAAD), 또 고층 MD인 SM−3를 복합적으로 배치하는 것은 효과 면에서 더 강력할 것으로 여겨졌다. 그래도 MD에서 가장 중요한 것은 그것이 억지에 대한 보완적 성격을 띠는 것으로, 경쟁국들이 그 기술에만 의존하는 것은 아니었다. 핵 및 재래식 공격에 대한 억지(deterrence)를 넘어 필요시 공격 미사일은 MD와는 비교되지 않을 정도의 파괴적 역할을 할 것이다. 미·일이 MD를 도입하는 이유는 단지 억지, 공격미사일의 보조적 수단일 뿐이지만, 그것이 없는 것보다는 나을 것이기 때문이다. 또 모두가 공격 미사일에만 초점을 맞춘다면, 그것은 전 인류의 멸망을 가져올 수도 있기 때문이다. 그런 상태에서 2007년 12월 일본 구축함에 설치된 SM−3 요격미사일이 하와이 인근 시험에서 진입하는 미사일을 성공적으로 격추했다.[2]

오랜 기간 일본이 주일미군 분담금을 증액할 것을 요구해 왔는데, 2008년 1월 오랜 협상 끝에 후쿠다 내각은 3년 기간의 HNS에 동의하면서 미군기지 관리비(utilities)로 예년보다 1.5% 감소한 2억 3천 6백만 달러를 책임지기로 합의했다. 그동안 일본은 직, 간접 주둔국 지원(HNS: Host Nation Support)에서 전체 주일미군 비용의 75% 수준인 연 40억 달러 이상을 지출했다.

1) Chanlett−Avery, Manyin, Cooper, Japan−U.S. Relations, (Updated February 20, 2008), pp. 8−10.
2) 일부 전문가들은 진입하는 미사일의 발사장소와 시각을 정해 놓은 상태에서의 미사일 요격실험은 문제가 있다고 말했다.

미·일 동맹에서 해결하기 어려운 난제였던 오키나와 미군기지 관련 문제는 잠시 어려움을 겪은 후 원상 회복됐다. 오키나와는 비록 일본 육지의 1% 이하 면적이지만 그 지역에는 5만 3천명 주일미군 전체의 65%가 주둔해 있었다. 오키나와 미군기지와 해병병력 재편 문제는 미군의 전략적 유연성, 기동성 증진을 추구하는 워싱턴의 지구적 안보전략을 뒷받침하고 동시에 오키나와 섬에 주둔하는 미군을 둘러싼 정치적 논란을 잠재우는 두 가지 목표를 추구했다. 특히 일본 국내에서 오키나와 문제는 일본주권과 관련된 사안으로 많은 조명을 받지 않을 수 없었는데, 왜냐하면 그 섬에서 미군사병의 성폭행이 끊이지 않고 계속돼 왔기 때문이다. 1995년 3명의 미군이 12세 어린 일본 여학생을 집단 성폭행 했을 때 8만 5천명의 주민이

_후텐마 공군기지

집단시위했고, 그 당시 일본 총리 하시모토 류타로는 클린턴 대통령에게 후텐마를 일본 통치하로 복귀시킬 것을 공식 요청했다. 2008년 2월 오키나와 기지이전이 한창 논의되던 후쿠다 총리 시절 미 해병병사가 또다시 14세의 어린 일본소녀를 성폭행했다는 비난은 오키나와 주민들의 대중적 반미감정을 재생시켰다.[1] 오키나와 지역 정치인들은 오랜 기간 미·일 주둔군지위협정(SOFA: Status of Forces Agreement) 재협상과 미군병력 축소를 촉구해왔는데, 2008년 초 성폭행 이후 그들뿐 아니라 야당인 민주당도 그 문제를 계속 제기했다. 미국과 일본 중앙정부는 SOFA 개정에 반대하면서도 오키나와 군사주둔의 부담을 경감시켜야 하는 필요성에는 공감한 바 있고, 그래서 미·일 관리들은 2006년 로드맵 합의를 통해 인구가 붐비는 기노완(Ginowan) 시의 후텐마 해병 공군기지 대부분을 2014년까지 오키나와 나고(Nago) 시 헤노코 지역 캠프 쉬와브(Camp Schwab)로 이전하고 또 동시에 8천명 해병을 괌으로 이전시키기로 합의했다.[2] 그러나 그 이후 민주당(DPJ)이 집권하면서, 미국보다는 중국 및 한국을 포함해 아시아 국가들과의 관계를 더 중시하는 하토야마 유키오 총리는 그 이전 정부의 오키나와 합의를 무효화했다.[3] 그렇지만

1) Okinawa rape case sparks resentment, The Japan Times, (February 13, 2008); Okinawa deal between US and Japan to move marines, BBC News, (April 27, 2012),

2) 오키나와 나고시는 기노완에 비해 인구가 덜 붐비는데, 미·일 관리들은 헤노코 지역의 습지를 매립해 활주로를 만들기로 결정했다. 캠프 쉬와브 기지는 후텐마 기지보다 면적이 훨씬 더 넓다. Chanlett-Avery, Manyin, Cooper, Japan-U.S. Relations, (Updated February 20, 2008), p. 10; Emma Chanlett-Avery and Ian E. Rinehart, The U.S. Military Presence in Okinawa and the Futenma Base Controversy, CRS Report 7-5700, R42645, (January 20, 2016), pp. 4-10.

그 이후 하토야마는 입장을 바꿔 자민당 시기 합의를 수용하기로 약속했고, 중국의 지속적 도발로 인해 미국의 중요성을 재인식한 민주당 정부는 노다 요시히코 총리 임기 만료전 원래 합의의 준수를 재확인했다.

　　　미·일 경제관계　　　중국이 세계 두 번째 규모의 경제로 등장하기 이전, 미·일은세계에서 가장 큰 두 개의 경제로서 그들이 차지하는 비율은 세계 GDP의 40%에 달했다. 문제는 1990년대와 2000년대 일본의 경제성장 정체에도 불구하고 미·일 무역에서미국이 계속 적자를 기록하는 현상이었다. 그 수치는 약간의 부침은 있지만, 2000~2008년 기간 대체로 연 700~900억 달러 사이였다. 그러나 미국의 대일 무역적자에 대한 반감은 과거보다 줄어들었는데, 그 이유는 미·중 무역적자 폭이 획기적으로 증가하면서 그문제에 대한 우려와 관심이 상대적으로 줄었기 때문이다. 1990년대 후반 이후 미국이 일본을 경제위협이라기보다는 미국과 일정수준의 경제문제를 갖고 있는 나라로 보기 시작한 것이 바로 그런 것이다. 또 WTO의 조정이 양국 무역 분쟁을 줄이는 결과를 가져왔는데, 그 이후 미·일 양자관계는 경제보다 안보를 더 중시하는 형태로 바뀌었다.[1]

　　　미·일 경제관련 분쟁은 어떤 것들이 있었나? 세계 굴지의 농축산물 국가인 미국의부시 행정부가 가장 관심을 갖는 사항은 일본의 미국 쇠고기 수입과 관련된 것이었다. 일본은 2003년 12월 미국 워싱턴 주에서 처음 광우병이 발견되면서 몇 차례에 걸쳐 미국쇠고기 수입의 중단, 재개를 반복했다. 부시는 일본에 미국산 쇠고기 수입재개 압력을 가했지만, 고이즈미 정부나 아베 정부 모두 도쿄의 원래입장에서 물러서지 않았다. 몇 번의

3) 일본 민주당의 안보정책은 미국으로부터의 더 많은 자주성, 중국과의 개입, 그리고 국방비 감축을 지향했다. 총선 당시 민주당 초대총리 하토야마의 공약은 대외안보정책에 관한 것은 거의 없었고, 그 대부분은 사회, 경제개혁에 할애됐다. 민주당 2인자 오자와 이치로(Ichiro Ozawa)는 중국과의 더 긴밀한관계를 촉구했다. 집권 초 DPJ는 '주둔국 지위협정'(SOFA) 개정을 시사하고, 오키나와 미군 재배치 합의를 재고려할 의향을 내비쳤다. 자민당 집권기 일본은 국방비 530억 달러 가운데 20억 달러를 미사일방어망 구축에 배정했는데, DPJ는 MD 역시 거의 필요 없다는 입장을 취했다. Michael Auslin, "The DPJ and U.S.−Japan Security," (American Enterprise Institute for Public Policy Research), Far Eastern Economic Review, (October 15, 2009), pp. 1−2.

1) 2006년 말 현재 일본은 미국의 세 번째 큰 상품 수출시장으로 캐나다와 멕시코 다음이고, 세계에서 4번째 큰 수입 원천으로 캐나다, 멕시코, 중국 다음이었다. 한때 일본은 미국에서 가장 큰 해외직접투자(FDI)의 원천이었지만, 2006년까지 영국 뒤로 밀렸다. 2005년 말 현재, 일본은 미국이 해외투자를 할때 9번째 큰 목표 국가였다. 2006년 말 현재, 미국은 일본의 최대 수출시장이고 두 번째 큰 수입 원천으로 남아 있었다.

우여곡절을 거쳐 2007년 12월 후쿠다 내각에서 도쿄는 30개월 이하 미국 소를 수입할 의사를 표시했지만, 부시 행정부는 모든 제한해제를 요구했다.[1] 미·일 간의 쇠고기 논쟁은 양국 FTA 체결에도 영향을 미쳤다. 2007년 4월 한미 FTA, 그리고 몇몇 아시아 국가 간 FTA가 실현되면서, 일본은 미·일 FTA 체결 필요성을 절감했다. 그러나 부시 행정부는 아베정부가 미국 농축산물 수입 완전재개를 수용해야만 미·일 FTA를 승인할 것이라는 입장을 고수했다. 도쿄가 자국 입장만을 강조할 때 부시가 일본의 요청을 들어줄 이유는 없었다. 양국 경제관계에서 또 문제가 된 것은 미국 보험회사의 일본 시장 진입에 관한 것이었다. 그 이유는 미국 보험회사들이 일본시장에서 관련규정이나 사업승인 절차를 포함해 기업정보를 거의 얻을 수 없었고, 또 그 규정 자체가 완전히 일본회사들에게 유리하게 편향돼 있기 때문이었다. 고이즈미, 아베 정부 모두 공정경쟁을 약속했지만 이론과 현실은 크게 달랐다. 고이즈미 정부는 또 2005년 9월 다른 나라들과 연합해 WTO에 미국의 상쇄관세(countervailing duty) 제도에 대해 제소했는데, 그 소송에서 승소한 도쿄는 EU, 캐나다와 함께 미국 철강수입에 대해 15% 관세를 부과했다. 일본은 2007년 8월 거의 제1차 아베내각 임기 말까지 그 제재를 유지했다. 그 사이 부시 행정부는 그 상쇄관세 제도를 폐지했다. 2008년 1월에는 후쿠다 정부가 미국의 반덤핑 관세부과 관행과 관련해 WTO에 제소했고, 그들은 또다시 승소했다. WTO는 미국이 WTO 규정을 위반하는 것으로 판단했다. 미·일 양국 간에는 WTO 도하라운드(Doha Round) 관련 사안에서도 서로 각축이 있었다. 미국, 호주, 기타 농축산물 수출국들이 농축산물 수입과 지원에 대한 장벽축소나 제거를 주장한 반면, 일본과 EU는 이에 완강히 반대했다.[2]

★ 전문가 분석

일본이 미국을 강력 지원해 아프간, 이라크 전쟁에 공헌하고 또 호주, 인도, 싱가포르와 민주동맹을 확산시켜 가는 형태로 미·일 동맹 강화를 추진하는 가운데, 세계 여러 나라들은 고이즈미 정부의 행동을 우경화로 해석했다. 특히 고이즈미가 주변 이웃들의 반대를 무릅쓰고 논란의 대상인 신사참배를 강행하는 것에 대해 중국과 한국은 심하게

---

1) 2005년 12월 일본은 쇠고기 수입 금지를 잠시 철회했지만 그 다음해 1월 미국 수입 쇠고기에서 뼛조각이 발견되면서 또다시 그 수입을 금지했다. 2006년 7월 도쿄는 20개월 이하 송아지 수입은 재개했지만, 아베 총리하에서 도쿄는 또다시 30개월 이하 송아지만 수입할 것이라고 통보했다. 2007년 11월 부시와 후쿠다는 과학적 근거를 참조해 90% 이상의 소를 수입할 수 있을 것이라는데 합의했다.

2) Chanlett-Avery, Manyin, Cooper, <u>Japan-U.S. Relations</u>, (Updated February 20, 2008), pp. 12-17.

반발했고, 조지 W. 부시 행정부 역시 고이즈미의 자제를 권고했다. 일본정부의 우경화를 넘어 일본 전체에서 새롭게 민족주의가 대두되는 현상에 대해 유진 매튜스(Eugene A. Matthews)는 도쿄 행동을 옹호하는 다음과 같은 분석을 제시했다.

① 일본의 신 민족주의

새로운 현상

2001년 12월 일본해군 경비함이 자국 영해에 침범했다가 정선명령을 거부하고 도주하는 100톤급 북한 스파이선박을 중국 영해 인근까지 추격해 발포, 격침시켰다. 일본군이 그렇게 군사력을 사용해 외부침입자에게 대담하게 대응한 것은 불과 수년 전만해도 상상할 수 없고 전례가 없는 일이었다. 그것은 도쿄당국의 군사력 사용과 대외관계에 대한 심각한 정책전환을 의미한다. 그런 새롭고 공격적인 성향은 2002년 10월 북한이 우라늄농축 방식으로 또다시 핵개발을 시도한다는 것이 전 세계에 알려진 이후 일본 방위책임자 이시바 시게루(Shigeru Ishiba)가 필요할 경우 북한에게 선제공격을 할 수 있다고 경고했을 때 더욱 명확해졌다. 그는 그해 9월 런던을 방문했을 때에도 똑같은 경고를 반복했고, 정부의 다른 인사들도 도쿄의 강경한 태도를 지지했다. 이것은 과거에 볼 수 없던 현상으로 일본이 강경한 민족주의로 회귀하는 것을 의미한다. 미국이 아프간, 이라크 사태, 테러문제에 정신이 팔려있는 동안 미국 최고의 맹방 중 하나인 나라에서 우경화로 가는 큰 변화가 일어나고 있는 것이다. 일본은 군사화되고 대담해지며 핵무장 할 가능성이 증대하고 있는데, 세계 리더로서 미국은 아태지역의 중요한 변화를 세심하게 살펴야 한다.[1]

파시스트 형태의 민족주의가 일본에 자리 잡은 것은 메이지시대(1868-1912)였는데, 1945년 패전 이후 민족주의라는 개념은 아시아 전역뿐 아니라 일본 내에서도 터부(taboo)시 됐다. 그 이유는 2개의 원자탄에 의한 참상과 미조리 함상에서의 수치스러운 항복을 명료하게 기억하는 일본인들은 더 이상 막강해진 군대로 인한 외부와의 충돌을 원치 않고, 동시에 일반대중이 또다시 군사팽창의 유혹에 휩쓸리는 것을 원치 않았기 때

---

1) Eugene A. Matthews, "Japan's New Nationalism," Foreign Affairs, Vol. 82, No. 6 (November/December 2003), pp. 74-75.

문이다. 그러나 북한 스파이 선박 격침이 암시하는 바와 같이 오늘날 민족주의의 부작용에 대한 두려움은 쇠퇴하고 있고, 고이즈미 내각의 많은 인사들은 자위대의 군사 준비태세 강화를 밀어붙인다. 관방장관 후쿠다 야스오는 일본헌법은 핵무기보유를 금지하지 않는다고 공개적으로 발언했고, 민족주의자로 널리 알려진 이사하라 신타로는 그 발언을 지지했으며, 야당인 자유당 리더 오자와 이치로는 일본이 3~4천개의 핵무기만 보유하면 중국을 패퇴시키는 데 아무 문제가 없다고 말했다. 일본은 분명 다른 방향으로 가고 있다. 헌법 제9조 개정을 희망하는 일본인 비율은 2000년 41%에서 2001년 47%로 증가했고, 그 추세는 상승곡선을 그린다. 고이즈미 총리는 헌법 개정과 군사력 사용의 한계를 논의하기 위해 헌법연구회를 소집했는데, 그는 2003년 9월 또다시 헌법 개정을 위한 국민토론회를 제안했다. 현재 일본은 3만개 핵탄두를 제조할 수 있는 방사성물질 플루토늄을 보유하고 있는데, 그것은 도쿄의 정교한 우주프로그램과 통합될 경우 엄청난 핵전력으로 발전할 것이다.[1]

신 민족주의 발현의 원인

일본의 신 민족주의 현상과 관련해 외국인들은 야스쿠니 신사방문이나 일본교과서의 제2차 세계대전 기술에만 초점을 맞춘다. 그러나 이것은 잘못 알고 있는 것으로, 오히려 외국의 그런 인식은 사태를 더 악화시킨다. 일본에서 민족주의가 새롭게 등장하는 이유는 다른 곳에 있다. 외국, 특히 중국, 싱가포르, 한국인들은 일본 리더들의 야스쿠니 신사참배에 극렬하게 항의한다. 그러나 그곳에는 전범유해도 있지만 미국의 알링턴 국립묘지와 같이 다른 대부분의 명예시 되는 군사영웅들이 묻혀있기 때문에 일본인들이 참배하지 않기를 바라는 것은 비현실적이다. 더구나 많은 일본인들은 자기들 나라가 계속 사과하도록 압력 받는 것을 피곤하게 느낀다. 교과서 문제도 비슷한데, 그것은 비록 제2차 세계대전 당시의 잔학상을 자세하고 정확하게 기록하고 있지는 않지만 그것을 찬양하는 것은 아니다. 외국의 항의는 오히려 일본의 민족주의를 부추기고, 젊은이들은 일본의 위상과 국력의 국가가 그 능력에 걸맞은 군대를 결여하는 것은 비정상이라고 생각한다. 그들은 오늘날 일본이 처한 해외로부터의 위협에 비추어 도쿄가 국민을 제대로 보호하기를 원한다. 교과서, 야스쿠니신사, 헌법 제9에 초점을 맞추는 것은 오히려 일본의 증오를 자극한다. 일본에서 민족주의가 다시 부활하는 요인은 국내적인 것과 국제적인 두 가지가 결합돼 있다. 국내적으로는 전쟁을 경험하지 않은 젊은 세대가 군사주의의 위험을 모르

---

1) Ibid., pp. 76-77.

는 상태에서 자기들 조국이 계속 침체되는 경제와 외교적 영향력 감소에서 벗어나 아시아에서 선도국가로 자리매김하기를 바라기 때문이다. 고이즈미 정부의 노력으로 경제가 조금씩 회복되는 경향을 보이지만, 근본적인 구조적 문제는 기득권적 이해의 갈등으로 인해 시정되지 않고 있다. 국제적으로는 중국의 부상이 중요한 요소이다. 일본인들은 도쿄가 재정, 기술적으로 많이 도운 중국이 경제가 발전하고 정치적 영향력이 커지면서 지역리더십을 발휘하는 것에 위협받는다. 중국은 센카쿠열도 인근에서 계속 해상탐사를 추진하고 정찰활동을 하는데, 그 분쟁에서의 치욕은 일본의 민족주의를 강화시킨다. 자기들이 경제적으로 지원한 동남아에서 중국만큼 대우받지 못하는 것에서도 일본은 상처받는다. 미국도 일본보다 중국을 더 중시하는 것으로 보이는데, 일본인들은 워싱턴의 일본방위 의지에 의구심을 품고 평화헌법 제9조를 개정해 스스로 자위력을 강화시킬 필요를 느낀다. 북한의 핵무장 역시 일본의 안보를 위협하는 직접적 요인이다. 일본이 공공연히 핵무장의 필요성을 거론할 수 있는 것은 북한의 핵위협 덕분이다. 200만 부수를 갖고 있는 우익 산케이신문에는 일본의 핵무장이 필요하다는 칼럼이 수시로 실린다. 일본은 미국이 북한 핵개발 초기에 문제해결에 적극적이지 않은 것에 실망, 분노를 느낀다. 그런 여러 가지 이유에 더해서, 일본은 지역개발과 유엔, 세계은행, 아시아 개발은행을 포함하는 국제기구에 대한 엄청난 재정지원에도 불구하고 외교 영향력이나 국제적 지위는 상대적으로 열악하다. 오랜 노력 끝에 그들은 유엔인권위원회 고등판무관직을 차지한 것이 거의 전부이다. 일본인들은 일본의 국제적 지위가 낮은 것에 대해, 군사력 증강이 한 가지 해결책이라고 생각한다.[1]

경제와 관련해 일본 민족주의자들이 원하는 것은 일본 내 경제 구조개혁이다. 그들은 정부의 민간산업 간섭 축소와 연공서열제도(seniority system) 폐지를 원하는데, 이것들은 근래 대부분의 대기업에서 이미 시행중이다. 그들은 또 경쟁, 업적에 따른 평가를 선호하고, 일본사회 고령화에 대비해 외국으로부터의 이민에도 찬성한다. 2050년까지 전인구의 36%가 고령자가 될 것이다. 그들은 세계에서 존경받던 일류회사의 경쟁력이 낙후되고 경쟁에서 도태되는 것을 원치 않는다. 일본 민족주의자들의 1차 목표는 세계에서 리더십 위치를 확보하는 것이다. 그러한 요구는 나라 전체에 울려 퍼진다. 이들 상당수는 외국에서 수학했고, 대부분은 급진적이지 않으며, 군사적 공세를 선호하는 극우

---

1) Ibid., pp. 79-82.

가 아니다. 주류 민족주의자들은 일본이 존경받고, 국제적 경제지위와 공헌에 걸맞는 정치적 위상과 지위를 갈망한다. 이것에서는 이시하라 신타로가 가장 유명하다. 그가 쓴 '(미국에) 아니라고 말할 수 있는 일본'(The Japan That Can Say No)은 베스트셀러이다. 그의 주장은 미국에 너무 얽매이지 말고 일본의 뜻을 관철시켜야 한다는 것인데, 그것은 헌법 제9조 개정과 정상적인 군대보유를 말하는 것이다. 그래도 그는 주일미군 철수에는 반대한다. 좋든 싫든 민족주의는 일본에서 더 강화될 것이다. 미국은 이 현실에 세심한 주의를 기울여야 한다. 일본의 재무장은 미·중 관계 악화의 원인이 될 수 있다. 그러나 만약 역설적으로 그 민족주의로 인해 중일이 가까워진다면 중일 사이에서 미국의 영향력은 축소될 것이다. 예를 들어 2003년 9월 중국과 일본 국방장관 카오강추안(Cao Gangchuan)과 이시바 시게루가 수년 만에 처음 회동했는데, 곧 이어 양국의 전함 교차방문이 선언된 바 있다.[1]

미국의 임무

현재 미 국방성의 정책은 일본 군사력증대를 선호하는데, 향후 수년간 일본군을 미군기지에서 훈련시키기로 합의했다. 그리고 많은 국방전문가들은 일본에서 미군감축을 선호, 주장하는데, 그 결정은 국방성 혼자의 몫이 아니고 외교가를 비롯해 광범위한 논의를 필요로 한다. 일본경제가 살아나야 일본은 극우로 가지 않을 것이다. 미국은 일본이 경제위기와 같은 충격에 빠지지 않도록 도와서 극단주의로 가지 않게 해야 한다. 미국은 일본의 국내정치에 더 관심을 갖고 여당인 자민당뿐 아니라 많은 야당 리더들 및 국민여론을 주시해야 한다. 일본의 미국에 대한 지지가 약해질 수도 있다. 미·일 후견 −피후견 관계(patron−client relationship)의 영향으로 일본 관리들이 모든 것을 전부 말하는 것이 아니기 때문에, 워싱턴은 그들의 작은 행동에도 관심을 기울여야 한다. 미국은 주변국들이 일본의 야스쿠니 신사방문과 역사교과서 관련 행동을 비난하지 않도록 조언해야 하는데, 왜냐하면 그렇지 않을 경우 일본은 더 심한 민족주의로 갈 것이기 때문이다. 헌법수정에도 반대하지 말아야 하는데, 그것은 상하 양원 2/3의 찬성과 국민투표 통과규정으로 인해 아주 오랜 시간이 걸릴 뿐 아니라 일본은 군대를 가질 권리가 있기 때문이다. 그러나 일본의 핵 보유에는 반대해야 하는데, 그 이유는 핵확산, 아시아의 핵 군비경쟁은 재앙으로 이어질 것이기 때문이다. 이를 위해 북핵문제 해결에 신속하게 과거의 두 배 노력을 기울여야 한다. 미국은 일본, 한국과 반드시 협의를 거쳐야하고, 미

---

1) Ibid., pp. 84−88.

·북 양자대화를 필요로 하며, 새로운 지역안보절차(regional security arrangement)를 잘 활용해야 한다. 무엇보다도 미국은 평양에 직접 개입해서 대화, 협상해야 하는데, 워싱턴은 미·중의 이익이 다르고 미·북 전쟁시 중국은 북한 편에 설 것이라는 것을 확실하게 인식해야 한다.[1]

---

1) Ibid., pp. 88−90.

제2장
푸틴의 러시아

　미국이 '테러와의 전쟁'을 위해 아프간, 이라크전쟁, 그리고 세계 각지에서 수많은 작은 전투에 개입해 있는 동안 미국의 경쟁상대 강대국들은 무슨 생각을 갖고 어떤 대외, 국내정책을 시행하고 있었을까? 푸틴 정부 대외관계의 경우는 미국과의 초기 협력관계가 파국으로 치닫는 동안 중국과는 우호관계를 더 강화하고 일본과는 현상을 유지하는 정책을 택했다. 또 러시아는 자국이 중시하는 영향권인 구소련 공화국들과의 관계에서 일부 국가와는 유대를 더 강화하고, 조지아, 우크라이나에 대해서는 처벌전쟁을 벌였다. 그 이외에 푸틴 정부는 반서방 성향의 국가들과 우호관계를 유지하려 노력했다. 국내에서 푸틴 정부는 올리가키 처벌, 반체제인사 구금, 언론장악을 포함하는 권위주의적 중앙집권화를 시행했고, 경제를 부활시키기 위한 다양한 조치를 취했으며, 비록 제한적이기는 했지만 군사력을 재정비하려 노력했다. 푸틴 시대 러시아는 과거 강대국의 위치를 찾아가는 행보를 보였고, 국내 일부 반체제 인사들의 반대에도 불구하고 정치, 사회 공고화에 성공했으며, 괄목할 수준의 경제발전을 이루었다. 무기력으로 인해 서방의 강요를 막아내지 못한 옐친시절과는 다르게, 푸틴의 러시아는 국력을 회복하면서 서방이 주도하는 나토, EU 확대를 막아내고 세계에서 러시아의 올바른 위치를 찾아가는 모습을 보였다.[1]

---

1) Fyodor Lukyanov, "Putin's Foreign Policy (The Quest to Restore Russia's Rightful Place)," Foreign Affairs, Vol. 95, No. 3 (May/ June 2016), pp. 30–37.

01 대외관계

(1) 미국 및 서방 관계

_블라디미르 푸틴

2000년 5월 4년 임기의 공식 대통령 직무를 떠맡았을 때, 블라디미르 푸틴(Vladimir Putin)은 국제관계에서 신중하고 국내적으로 혼란, 무질서, 방황에 빠진 러시아를 새로운 방향으로 이끌어야 한다는 강한 신념을 갖고 있었다.[1] 대외관계에서 한편으로는 서방과의 협력은 필수적이었다. 그 이유는 미국이 주도하는 서방은 아직도 세계 최대의 능력과 영향력을 가진 세력이고, 선진 산업민주주의가 지배하는 지구적 경제체제로의 진입 없이 러시아의 경제성장은 쉽지 않기 때문이다. 다른 한편 푸틴은 러시아가 옐친시대부터 미국과 서방에 너무 많은 것을 내주었다는 것을 잘 알고 있었다. 1990년대 러시아는 대외정책, 국내정치, 경제 모든 면에서 워싱턴의 조언을 따랐다. 옐친과 그의 외교장관 안드레이 코지레프(Andrei Kozyrev)의 서방에 대한 양보 일변도 형태의 국가안보 정책은 극우민족주의자 뿐 아니라 민주주의 세력을 포함하는 러시아 모든 사람의 비난 대상이었다. 군사력에 있어서 러시아는 과거 소련 전략로켓군의 핵심인 다탄두 장거리탄도미사일(MIRVed ICBMs)을 모두 제거하는 START II 협정에 서명했고 러시아 병력을 급격하게 감축시켰다. 전통적 우방인 쿠바와 아프가니스탄 공산주의 정권에 대한 군사지원도 모두 중단했다.[2]

한동안 푸틴은 실용주의 정책을 택했다. 그는 서방, 특히 미국과 실익이 관계되어 있는 테러와의 전쟁, 대량살상무기 확산방지, 해적소탕, 중동평화에는 긍정적으로 협력하면서도 러시아 나름대로의 독자적 안보전략을 추구하는 것이 합리적일 것이라고 생각했다.[3] 그런 인식은 푸틴으로 하여금 9·11 사태 발생 이후 미국의 '테러와의 전쟁'에 적극

---

1) 푸틴은 1975년 상트페테르부르크(Saint Petersburg) 국립대학 법학부를 졸업하고 중령으로 예편하기 전까지 KGB에서 16년간 군사복무했다. 1991년에는 자기 고향인 상트페테르부르크에서 정치에 입문해 그 도시 대외관계 위원장, 시 정부 제1부시장 등 여러 직책을 맡았고, 1996년 옐친에 의해 중앙정부 직책에 발탁되면서 대통령 부 비서실장, 총리, 그리고 옐친이 1999년 12월 31일 갑자기 대통령을 사임했을 때 대통령 대행의 임무까지 수행했다.

2) Stuart D. Goldman, <u>Russian Political, Economic, and Security Issues and U.S. Interests</u>, CRS Report 7−5700, RL33407, (Updated July 28, 2008), p. 12.

3) Stephen F. Cohen, "America's Failed Russia Policy," http://www.huffingtonpost.com/stephen−f

협력하게 만들었다. 푸틴은 이슬람 극단주의에 반대하고 아프가니스탄에서 미국의 전쟁을 지지했다. 모스크바는 또 비록 미군이 러시아 영향권인 북 코카서스에서 군사작전을 진행하는 것이 다소 꺼려지기는 했지만 체첸전쟁을 감안해 대승적 차원에서 그것을 수용했다. 핵확산 방지에서도 모스크바 협정(Moscow Treaty)이 철수되는 핵탄두 처리문제와 관련해 러시아보다는 미국의 의견을 더 많이 반영했지만, 모스크바는 크게 마다하지 않았다. 이란 핵문제와 관련해서 러시아는 처음의 입장을 바꿔가면서 2006~2008년 유엔 안보리 제재 결의안에 여러 번 찬성표를 던졌다. 또 러시아는 중동평화를 위한 이스라엘－팔레스타인 협정에 찬성했다.

그렇듯 푸틴 정부는 워싱턴의 국제적 리더십을 상당부분 수용했지만, 다른 한편 그것이 모스크바가 미국의 정책에 대해 불만이 없음을 뜻하지는 않았다. 2001년 처음부터 푸틴은 미국의 ABM 탈퇴 움직임에 반대했고, 실제 ABM이 철폐됐을 때 러시아는 워싱턴의 결정은 실수라고 말하면서 START II 무효화, 장거리 다탄두 전략핵무기 배치연장, 그리고 미국 MD를 피해 공격이 가능한 신형미사일 개발을 선언했다. 2003년 유엔안보리 승인을 받지 않은 미국의 이라크 침공에 관해서는 중국, 프랑스, 독일과 연대해 워싱턴의 행동에 반대했다.

1) 반대에서 공세로

다양한 차원의 반대   2003년 3월 미국이 이라크 침공을 시작했을 때, 푸틴은 공개적으로 그 전쟁을 비난했다. 러시아 두마(Duma) 연설에서 그는 그 전쟁은 소련이 아프가니스탄에서 겪은 것과 같은 장기적이고 폭력적인 소모전이 될 것이고 세계의 수많은 테러리스트 조직을 그 나라로 끌어들일 것이라면서 다음과 같이 주장했다. 미국은 바그다드가 테러리즘과 연계돼 있다는 명분으로 이라크를 침공했지만, 워싱턴의 주장과는 반대로 후세인정부는 근본주의자에 반대해 그들을 소탕하고 처벌했다. 국제적 정통성이 없이 이라크에 침공한 다국적 연합군은 두 개의 적을 동시에 창출했는데, 하나는 후세인 잔존세력이고 다른 하나는 전 세계의 이슬람 근본주의자들이다. 수많은 테러리스트 조직들이 이라크로 몰려들고 있고, 그 나라는 전 세계 테러리즘의 온상이 될 것이다. 가능한 한 빨리 부시 행정부는 유엔결의안을 확보해 이라크인들에게 신속하게 주권을 회복

－cohen/us－russia－policy_b_1307727.html

시켜야 한다.[1]

　　푸틴은 색깔혁명(color revolutions)에 대해서도 크게 비난했다. 2003~2004년 장미혁명과 오렌지혁명이 진행되는 동안 푸틴 정부는 그 사태를 미국 관리들이 러시아 영향권으로 침입하기 위해 반 러시아 반란을 독려하는 정치공작으로 규정했다. 서방의 사회, 문화침투에 대한 반대의 연장선상에서 2006년 푸틴은 러시아 NGO들이 외국정부로부터 자금을 지원받는 것을 금지하는 법안을 통과시켰고, 그것은 수많은 NGO의 폐쇄로 이어졌다. 서방의 비난이 이어지고 자유주의를 추구하는 수많은 개인과 시민단체들이 모스크바의 조치에 항의시위에 나섰지만 푸틴은 그에 연연하지 않았다. 그때 푸틴은 서방 스파이들이 NGO에 비밀리에 재정을 지원하고 있으며 NGO 관련법은 러시아의 국익과 안보를 위해 필수불가결한 조치라고 주장했다.

_뮌헨 안보회의

　　미국 및 서방에 대한 푸틴의 비난과 관련해 가장 유명한 발언은 그가 2007년 2월 뮌헨 연례안보회의에서 한 연설이었다. 그 당시 그는 미국을 노골적이고 명시적으로 공개 비난했는데, 그것은 미국이 국제관계를 독점하고 동시에 지구적 지배를 위해 군사력을 무제한적으로 사용하고 있다는 취지의 내용이었다. 오늘날 소수의 몇몇 나라들이 민주적 세계질서를 파탄내고 있다. 미국은 단극체제 설립을 추구하는데 그것은 세계문제를 하나도 해결하지 못하고 오히려 갈등과 전쟁을 부추길 뿐이다. 단극체제는 많은 결함을 갖고 있다. 그 이유는 그것이 아무 도덕적 기반이 없고 세계인들의 지지를 받지 못하기 때문이다. 미국은 단극체제 유지를 위해 무제한적 군사력을 사용하고 있는데 그로 인해 오늘날의 세계는 더 심한 군비경쟁으로 치닫고 더 많은 사람들이 희생되고 있다. 그것은 모두를 영원한 갈등의 심연으로 빠뜨리는 불행으로 향하는 길이다. 세계에 바람직한 것은 강화된 국제법에 의해 움직이고 여러 나라가 서로에게 강요하지 않는 평화적으로 공존하는 다극체제이다.[2] 그렇듯 푸틴에게 워싱턴의 무소불위 행동

1) Adam Taylor, "Russia on Iraq: 'We told you so'," (June 12, 2014), www.washingtonpost.com; Steven lee Myers, "Putin Says U.S. Faces Big Risks In Effort in Iraq," (October 6, 2003), www.nytimes.com

2) 43rd Munich Conference on Security Policy, Putin's Speech in English, (February 10, 2007),

은 겉과 속이 다른 위선으로 보였다. 소련이 붕괴된 이후 미국과 서방은 계속 말을 바꿔 가면서 나토를 확대시켜 왔는데, 클린턴의 민주당 행정부나 조지 W. 부시의 공화당 행정 부나 나토확대에 관한 변명에는 차이가 없었고, 필요할 경우 그런 약속은 공개적으로는 한 적이 없으며 또 나토가 존속하지 않을 경우 유럽이 과거의 지정학적 대결로 회귀할 것이라는 것 등을 포함해 온갖 논리를 제시하는 것이 미국이라는 생각이 들었다.

푸틴은 여러 계기에 유럽안보협력기구(OSCE: Organization for Security and Cooperation in Europe)의 현실에 대해 비판했다. 그는 유럽의 안보와 협력을 증진시키기 위해 고안된 독립적 국제기구인 OSCE는 원래의 설립취지인 군사, 정치, 경제, 인도주의 증진과 관련 해 제대로 작동하지 못한다고 주장했다. "유럽의 안보와 협력이 증대되는 것이 아니라, OSCE는 오히려 재정을 지원하는 일부 국가들의 대외정책 증진을 도모하고 외국내정에 불공정하게 간섭하는 비천한 기구로 전락했다. 러시아는 공정한 OSCE를 요구하는데, 이 것은 다른 나라에 대한 내정간섭, 그리고 다른 나라들이 사는 방식과 발전방식에 대한 강 요의 배제를 의미한다. 서구의 자유민주주의만이 민주주의가 아니며, 세계 각 나라는 자 기들의 생활양식, 전통, 이상에 맞는 민주주의를 추구할 권리가 있다. 러시아는 러시아에 맞는 '주권 민주주의'(sovereign democracy)를 추구할 것이다."[1]

2007년 3월 부시 행정부가 폴란드, 체코에 미사일방어망 설치계획을 발표했을 때 모스크바의 반미 적대감, 분노는 절정에 달했다.[2] 그 두 달 후 러시아는 어떤 미사일방

---

1) http://archive.kremlin.ru/eng/speeches/2007/02/10/0138_type82912type82914type82917type8477 0_118123.shtml; "United States Department of Defense," www.defenselink.mil; 그렇지만 러시아 와 미국 모두 신 냉전으로의 회귀 가능성에 대해서는 부정했다. 미 국방장관 로버트 게이츠(Robert Gates)는 냉전은 하나로 충분하고, 미국과 러시아는 모두 파트너십을 통해 해결해야 하는 수많은 공통 의제를 갖고 있으며, 냉전의 잔재에도 불구하고 세계는 자유와 평화를 위해 진전해야 한다고 말했다. Munich Conference on Security Policy, As Delivered by Secretary of Defense Robert M. Gates (February 11, 2007), http://www.defenselink.mil/speeches/speech.aspx?speechild=1123

1) OSCE는 여러 차례에 걸쳐 벨로루시, 우크라이나를 포함하는 구소련 공화국이나 러시아 내 선거의 불 공정성을 지적했는데, 러시아는 그에 대항해 그것이 이들 국가들을 서구화시키고 서방에 종속시키려는 거대하고 체계적인 음모라는 견해를 표시했다. OSCE: Election Experts Debate Russian Criticism — RFE/RL, https://www.rferl.org〉 ...; Russian election unfair and biased towards Putin, observers say/ World News/ The..., https://www.theguardian.com〉 r...

2) 푸틴의 두 번째 임기 동안, 서방−러시아 관계는 더 긴장되었다. 코소보의 위상이 큰 논란의 이슈였는 데, 미국, 나토, 그리고 EU는 세르비아로부터 코소보의 독립을 지지한 반면, 러시아는 코소보가 세르비 아의 일부로 남아야 한다는 베오그라드(Belgrade)의 주장을 강력하게 지지했다. 서방과 러시아의 또

_RS-24(SS-27)

어망도 피해갈 수 있는 것으로 알려진 장거리 탄도미사일 RS－24(SS－27)를 시험 발사했고, 푸틴은 이 긴장들은 유럽을 화약고로 만들 것이라고 말하면서 러시아 군은 폴란드와 체코 공화국 MD를 조준할 수 있다고 경고했다.[1] 미국이 폴란드와 체코에 MD 설치를 선언한 한 달 후 2007년 4월, 푸틴은 상원(Federal Assembly) 연설에서 러시아는 나토 회원국들이 유럽 재래식군비통제(CFE: Conventional Forces in Europe) 협정을 비준하고 그 조항을 준수할 때까지 CFE를 유예할 것이라고 말했다. 그는 그 이유로 새로이 나토에 가입한 동유럽 국가들이 CFE에 서명하지 않았기 때문에 러시아가 군사력 불균형에 노출되어 있다는 사실을 지적했지만, 다른 한편 그것은 나토의 동진과 동유럽 MD 설치에 대한 모스크바의 또 다른 차원의 보복이었다. 러시아는 12월 11일 자정부터 CFE를 공식 유예했다.[2]

나토 및 미사일 방어체제에 대한 반대　　2007년 5월 제2차 세계대전 승전기념식에서 푸틴의 서방 비난은 극치를 이루었다. 그는 오늘날의 국제적 위협은 축소되는 것이 아니라 새로운 모습으로 그 겉모양을 전환시키고 있다고 주장했다. 그는 미국이 제기하는 위협은 과거 '나치 독일'과 비슷하게 인명에 대한 경멸과 세계에 대한 배타적, 독점적 권리 추구로 특징지어진다고 비난했다. 그럼에도 불구하고 2007년 6월 제33차(독일 항구도시) 하일리겐담(Heiligendamm) G8 정상회담을 전후 해 푸틴은 서방과의 타협을 추구했다. 미국 MD에 대해 보복할 것이라고 말하면서도, 그는 미·러 양측이 동등한 입장에서 서로의 이익에 관해 더 대화할 것을 촉구했다. 유럽배치 미국 MD와 관련해 푸틴은 새로운 타협안을 제시했는데, 그것은 체코에 새 체제를 건설하기보다는 아제르바이잔에 설치되어 있는 기존의 소련시대 레이더 시스템을 더 현대화시켜 중동에서 발사되는 미사일을

다른 두 개의 분쟁은 너무 심하게 악화되어 냉전시기 적대감을 재발시킬 정도였는데, 그것은 폴란드와 체코 공화국에 미사일 방어체제를 배치하려는 미국의 제안과 조지아, 우크라이나 두 나라의 나토 가입 움직임이었다.

1) RS 24 Yars는 RT－24 Yars, Topol MR, 또는 SS－27 Mod2라고도 불리는데, 그것은 다탄두 핵이 장착된 러시아 탄도미사일이다. 그것은 2007년 5월 말 처음으로 시험 발사됐다.

2) Goldman, <u>Russian Political, Economic</u>, (2008), p. 12; Annual Address to the Federal Assembly, (April 26, 2007), https://www.kremlin.ru/eng/speeches/2007/04/26/1209_type70029type82912_125670.shtml; Rose Gottemoeller, "Strained Russian Relations Greet Bush in Europe," (June 5, 2007), https://www.npr.org/templates/story/story.php?storyId=10741255

추적하자는 것이었다.[1]

　여러 각도에서 서방과의 타협을 추구했지만, 푸틴은 실제로는 서방에 대해 거의 신뢰를 갖고 있지 않는 것으로 보였다. 그는 서방의 겉과 속이 다른 행동은 그들이 아직도 러시아를 적으로 보고 있음을 증명한다고 말했다. 미국의 힘에 의한 정치, 팍스 아메리카나(Pax Americana)가 아니라 공정한 국제법과 대화가 통하는 국제질서가 확립되어야 하고, MD의 지속적 설치는 모스크바의 동등한 수준의 보복을 초래할 것이다. 그러나 모스크바의 견해를 수용할 생각이 전혀 없는 미국과 나토 국가들은 러시아의 행동을 전혀 다른 각도에서 이해했다. 나토의 서방 대표들은 푸틴의 입장에 대해 큰 실망을 표시했는데, 그들은 그것을 세계평화와 공동번영의 길보다는 세력균형 속에서 러시아가 독자적 영향권을 구축하고 국내 인권탄압을 회피할 목적을 가진 주장으로 인식했다. 서방은 자기들 나름대로의 논리가 있었다. 만약 미국이 나토확대와 미사일방어망으로 인해 비난받아야 한다면, 러시아가 집단안보조약기구(CSTO: Collective Security Treaty Organization)를 유지하면서 수많은 구소련 공화국을 또다시 집단동맹으로 불러들이고, 이들 국가들을 중심으로 유라시아 경제기치를 내걸며, 또 중·러 관계를 기초로 반미, 반서방 기류를 확산시키면서 중앙아시아에 영향력 확대를 기도하는 것은 어떻게 해석해야 할까? 또 CFE에 대해 러시아의 불만이 크지만, 러시아의 핵전력은 아직도 막강하고 또 동시에 러시아 안보전략은 자기들의 재래식전력 취약을 감안해 핵무기 소형화를 통한 핵무기 사용을 정당화하지 않았나? 더구나 푸틴 등장 이후 서방이 소중하게 여기는 정치적 자유, 개인과 언론의 자유, 인권의 가치는 러시아에서 탄압받고 있지 않은가? 러시아가 여러 차례에 걸쳐 OSCE를 내정간섭 기구로 비난한 것에 대해, 서방은 그것은 구소련 공화국이나 러시아에서 공정한 선거 대신 관권선거가 이루어 진 것이 근본원인이라고 주장했다.

　미국과 러시아의 대립은 시간이 가면서 더해 갔다. 미국정부와 언론은 일관되게 모스크바로 인해 야기되는 모든 대내외 문제는 푸틴이라는 리더에 의한 것으로 묘사했다. 유럽의 미래 안보불안, 북 코카서스의 정세불안과 테러, 그리고 러시아 국내에서 반정부 언론인 안나 폴리트코프스카야(Anna Politkovskaya)와 런던의 KGB 망명자 알렉산드르 리트비넨코(Aleksandr Litvinenko)의 독극물 살해를 포함하는 인권탄압, 언론통제, 정치적 권

1) Press Conference at the end of the G8 Summit, (June 8, 2007), http://www.kremlin.ru/eng/speeches/2007/06/08/2251_type82914type82915_133552.shtml

위주의는 모두 푸틴이 배후에서 조종하는 것으로 인식됐다. 반면 푸틴은 모든 책임을 서방, 특히 미국의 지칠 줄 모르는 패권주의 야심으로 돌렸다. 그에게 미국의 나토 확장, 폴란드 및 체코 MD 설치시도, CFE 협정의 불안정성, 코소보에 독립국가 위상을 부여하는 미국의 행태는 모두 워싱턴의 제국주의정책이며 러시아 국내 내정간섭 역시 패권연장의 수단일 뿐이었다.[1]

공세로의 전환　　　미국을 세계패권을 추구하는 제국주의 국가로 인식하면서 푸틴 정부는 이제 다양한 방법으로 러시아의 국가이익을 보존해야 한다고 생각했다. 한편으로는 이란 핵문제 해결을 위해 유엔안보리 제재에 찬성하면서, 다른 한편 모스크바는 반미 성향의 테헤란과 핵 협력관계를 이어가려는 의지를 보였다. 동유럽 MD 설치와 이란 핵 개발이 최대 현안인 가운데 2007년 10월 푸틴은 워싱턴의 의지와 상관없이 테헤란을 방문해 러시아의 이란 핵 발전 프로그램 지원방안을 논의하고 이란에 대한 서방의 군사력 사용은 절대 수용하지 않을 것이라고 선언했다. 2008년 2월 러시아 언론과의 인터뷰에서, 푸틴은 동유럽 MD가 러시아 안보를 위협할 경우 모스크바는 공격 핵무기로 대응할 것이라고 말하면서 동유럽 국가들은 그 사태를 다른 나라 탓으로 돌리면 안 된다고 덧붙

였다. 그 발언에 놀라 키예프는 우크라이나가 나토에 가입한다 할지라도 그 영토에 나토 군사기지는 설치하지 않을 것이라고 말했는데, 그에 대해 푸틴은 우크라이나의 나토 가입 여부는 그 나라 권리이지만 러시아가 그 나라를 핵무기로 조준하는 것 역시 모스크바의 권리라고 말했다. 그것은 그 해 1월 우크라이나 대통령 빅토르 유쉬첸코(Viktor Yushchenko)와 총리 율리아 티모셴코(Yulia Tymoshenko)가 나토 사무총장 자프 셰퍼(Jaap de Hoop Scheffer)에게 나토 가입을 위해 '행동

_율리아 티모셴코

---

1) 러시아 스파이 리트비넨코는 영국 런던에서 전 KGB 스파이 안드레이 루고보이(Andrei Lugovoi)에 의해 살해됐다. 루고보이는 영국에서 이미 수배 중이었는데, 러시아가 그를 추방하지 않는 것과 관련해 러시아와 영국 간에 외교 분쟁이 발생했다. 2007년 7월 영국 총리 고든 브라운(Gordon Brown)은 4명의 러시아 외교관을 추방했고, 러시아는 주러 영국대사 토니 브렌턴(Tony Brenton)을 10일 이내에 러시아에서 떠나라고 명령했다. 러시아 정부는 또 영국 관리들에게 비자발급을 유예하고 영국과의 대테러 협력을 동결했다. 러시아 경제계 고위인사 알렉산더 쇼킨(Alexander Shokhin)은 영국 투자자들이 러시아 세무당국의 철저한 조사를 받고 정부입찰에서 제외될 것이라고 위협했다. Gonzalo Vina and Sebastian Alison, "Brown Defends Russian Expulsions, Decries Killings," (July 20, 2007), https://www.bloomberg.com

계획'(Action Plan)에 참여하겠다는 서신을 보낸 것에 대한 경고였다.[1]

　코소보 독립선언 사태가 미·러 긴장을 더 악화시키는 가운데, 메드베데프가 새로이 대통령으로 취임하고 두 달이 지난 2008년 7월 모스크바는 또다시 만약 나토 MD가 러시아 국경 인근에 배치되면 러시아는 군사적으로 맞대응할 것이라고 위협했다. 그 다음 달 8월 러시아가 조지아를 침공했을 때, 그 전쟁에 충격 받고 위협을 느낀 폴란드는 일단 워싱턴과 자국영토에 패트리어트 미사일을 설치하기로 합의했고 그 며칠 후 체코공화국 역시 자국 영토 위에 나토 레이더 추적기지를 설치하는 방안을 수용했다. 그때 미국과의 관계는 과거의 전략적 협력으로 되돌아가기는 어려울 것이라고 말하면서, 러시아 외교부는 폴란드와 리투아니아 사이에 끼인 국경 밖 러시아 영토(exclave) 칼리닌그라드(Kaliningrad)에 이스칸더(Iskander) 미사일을 배치해 군사력 균형을 회복할 것이라고 발표했다.[2] 유럽안보에서 전략적 우위를 확고히 하려는 워싱턴의 시도에 모스크바는 그렇듯 강력하게 대응했는데, 이는 결국 미·러 관계의 악화, 러시아의 맞불작전, 중·러 협력의 가속화, 러시아의 군사, 경제력 건설

_칼리닌 그라드 지도

가속화로 이어지는 계기가 됐다. 결국, 조지W. 부시와 푸틴 시대의 미·러 관계는 초기의 상대적으로 우호적 관계가 시간이 가면서 증대하는 긴장과 상호비방, 반목과 대결로 대체되는 결과를 맞이했다.[3]

------

1) Russia could aim rockets at European missile shield—Putin, (February 14, 2008), https://sptnknews/k7hp
2) 그 당시 체코 국민들의 대다수는 미국의 미사일방어 레이더 설치에 반대했고, 18%만이 찬성했다. 그 후 2009년 미국은 EC(European Capability) 계획을 철회하고 더 기능이 상향조정된 EPAA로 방향을 전환했는데, 폴란드정부는 그때 또다시 EPAA를 환영했다. No permanent foreign inspectors in US—Czech radar talks: minister, (May 11, 2008), http://www.spacedaily.com/reports/No_permanent _foreign_inspectors_in_US—Czech_radar_talks_minister_999.html
3) 2008년 11월에는 러시아 해군 함대가 미국이 평소 자국 영향권으로 여기는 남미의 베네수엘라에 기항했다. 모스크바는 수척의 러시아 전함이라 구아이라(La Guaira)에 도착한 것은 베네수엘라 해군과의 연합훈련 목적이라고 강변했지만, 워싱턴은 이것을 미국의 동유럽 미사일 배치와 러-조지아 관련 미국 간섭에 대한 견제에서 비롯된 것으로 이해했다.

(2) 구소련 공화국 관계

소련 붕괴 이후 모스크바에서는 구소련 공화국 국가들과 긴밀한 관계를 구축하고 그 지역에 러시아 영향력을 다시 설정하는 것이 필요하다는 인식이 생겨났다. 러시아에게 그 지역은 사활적 중요성을 갖는데 그것은 거대한 에너지 재원 때문만은 아니었다. 그 지역은 역사적으로 짜르 및 소련과 연계된 나라들로 구성되고 그곳에는 수백만의 러시아인들 또는 러시아어를 말하는 사람들이 거주하는데, 그곳은 유럽, 아시아, 중동 간의 교차지역으로서의 중요한 가치를 갖고 있었다. 러시아는 그 거대한 지역에서 한때 소련이 가졌던 지배적 역할 회복을 원하고, 그곳에서 서방, 터키, 이란, 중국 같은 외세의 영향력 증대를 견제하려는 성향을 보였다.[1] 전문가들은 모스크바의 구소련 지역 정책이 러시아가 전통적 영향권에서 과거의 우위를 재설정하려는 시도로 이해했다. 러시아 정책입안자들은 영향권(spheres of influence)이라는 단어는 사용하지 않았지만 여러 계기에 비슷한 용어를 사용했다. 1990년대 초 러시아 외교부 관리들은 그 지역을 가리켜 '근외'(near abroad)라고 불렀고, 2008년 러시아 대통령 메드베데프는 그곳을 러시아가 '특권적 이해'(privileged interests)를 갖는 지역으로 지칭했다.[2]

처음부터 러시아는 구소련 공화국들과 우호관계를 맺기를 원했으나 그런 의도가 모스크바의 뜻대로 진행된 것은 아니었다. 그렇지만 몇몇 제도와 국가관계는 러시아를 중심으로 판단할 때 일부 부족한 측면에도 불구하고 점차 진전하는 모습을 보였다. 제도적 차원에서는 CIS가 가장 큰 실패였지만, CSTO, EAEC, SCO는 일정수준의 성공을 기록했다. 개별국가 관계에서도 명암이 교차했는데, 일부 동맹국들조차 모스크바의 의지를 거스르면서 상당한 긴장이 존재했고 우크라이나를 포함하는 몇몇 국가와는 분쟁을 면치 못했다.

1) 제도적 진전의 명암

독립국가연합　　1991년 구소련 당시 러시아가 창설한 독립국가연합(CIS: Commonwealth of Independent States)은 푸틴시대에도 제대로 기능하지 않았다. CIS에는 발트 3국인 에

---

1) Richard Rousseau, "Russian Foreign Policy Under Dmitry Medvedev's Presidency (2008－2012)," CESRAN Papers, No. 8 (April 2015), p. 7.

2) Cory Welt, Russia: Background and U.S. Policy, CRS Report 7－5700, R44775 (August 21, 2017), p. 21.

스토니아, 라트비아, 리투아니아, 그리고 조지아를 제외한 모든 구소련 공화국들이 회원국으로 참여했다. 그렇지만 그 기구는 제대로 작동한 적이 거의 없는데, 왜냐하면 그 제도, 절차, 재원 자체가 회원국들의 관심을 끌기에 턱없이 부족했기 때문이다. EU가 공통 대외관세를 포함해 회원국 보호에 대처하는 규정과 제도를 구비하고 또 중심 회원국이며 부유한 독일, 프랑스, 영국이 세계이슈에 공헌하는 것에 비하면, CIS는 그와 거의 비교가 불가능할 정도로 모든 측면에서 취약했다. 물론 EU도 외교나 군사에서는 많은 문제점을 노출하는데, 그들의 독자적 대외정책과 독립적 군사력이 부족한 것이 대표적 예다. 또 동시에 그 회원국들이 많은 내부 갈등과 모순에 시달리는데, 프랑스와 독일이 가끔 영국과 충돌하고 또 동유럽 국가들의 낙후된 경제수준이 큰 문제로 지적된다. 그러나 상대적 평가에서 CIS는 EU와는 모든 면에서 비교가 되지 않을 정도로 낙후돼 있었다.[1] CIS가 제대로 작동하지 못하는 다른 여러 가지 이유도 있는데, 예를 들어 러시아와 그 회원국들이 경제통합 협정을 위반하면서 자국 생산자를 보호하고 세수를 확보하기 위해 서로에게 물품관세를 부과하는 것, 또 지나치게 강력해 진 러시아가 또다시 구성 국가들에게 과거 소련과 같은 지배를 강요할 것에 대한 우려와 같은 것들이 그것이다. 제도로서의 CIS는 휘청거리는 것으로 보였는데, 2005년 3월 푸틴은 그것을 '문명화된 이혼'(civilized divorce) 상태라고 불렀다.[2]

집단안보조약 기구　　　　CIS가 지지부진한 것과는 대조적으로, 푸틴집권 이후 집단안보조약기구(CSTO: Collective Security Treaty Organization)에서는 일정수준의 진전이 있었다. 실제 CSTO는 러시아가 가장 큰 비중을 두는 국제제도로 그것은 실질적 차원에서 다른 회원국들의 군사적 취약에도 불구하고 모스크바가 서방과의 경쟁 차원에서 중요한 자산으로 생각하는 다자 군사동맹이었다. 2000년 10월 러시아, 벨로루스, 아르메니아, 카자흐스탄, 키르기스스탄, 타지키스탄 정상들은 CSTO가 군사동맹으로서 더 실질적인 역할을 해야 한다는 데 합의하고, 그 과정에서 더 많은 군사장비의 제공, 더 나은 군사전략의 제안을 포함해 러시아가 더 활발한 리더십을 발휘해야 한다는 당위성에 동의했다. CSTO

---

1) CIS 정식 회원국은 러시아, 아르메니아, 아제르바이잔, 벨로루스, 카자흐스탄, 키르기스스탄, 몰도바, 타지키스탄, 우즈베키스탄이다. 투르크메니스탄과 우크라이나는 1993년 CIS 헌장에 서명하지 않았지만 그 기구에 참여했다. 투르크메니스탄은 자기 자신을 준 회원국(associate member)으로 간주하고 조지아는 2008년 러시아-조지아 전쟁 이후 탈퇴했다. Ibid., p. 21.

2) Rousseau, "Russian Foreign Policy," (2015), p. 8; Goldman, <u>Russian Political, Economic,</u> (2008), p. 13.

의 설립은 옐친시대로 거슬러 올라간다. 1992년 5월 러시아, 아르메니아, 카자흐스탄, 타지키스탄, 우즈베키스탄이 그 동맹을 창설한 타시켄트 협정에 처음 서명했고, 그 7개월 후 1993년 12월 벨로루스와 조지아도 그 조약에 가입했다. 러시아가 패권주의로 복귀할 가능성에도 불구하고 몇몇 구소련 공화국들이 모스크바를 중심으로 단합한 데에는 러시아만이 그들을 보호할 수 있다는 인식 때문이었고, 실제 그들은 정규 연합 군사훈련과 회원국 정책조정을 통해 안보협력을 다져나갔다.[1] 1999년 5월 정상회담에서 우즈베키스탄, 조지아가 동맹 회원국 확대를 거부한 것은 모스크바에는 큰 실망이었지만, 2001년 5월 CSTO는 푸틴 대통령 주도 하에 중앙아시아 지역을 위한 신속대응군(Rapid Reaction Force of the Central Asian Region)을 창설했다. 2002년 5월 그 동맹은 모스크바에 본부를 둔 군사기구로 한 단계 더 진화했다. 더 나아가 2003년 4월 CSTO는 타지키스탄 두샨베(Dushanbe)에서 추가적 군사제도화를 모색했고, 그것은 그 동맹활동에서 새로운 시기의 시작으로 간주됐다. 푸틴 정부는 그 동맹을 러시아 대외정책의 주요수단으로 간주해 그 기구를 더 역동적이고 진정한 성격의 군사조직으로 전환시키려 노력했고, 대테러 센터 설치제안 이후 2003년 키르기스스탄의 칸트(Kant)에 군사기지를 설립했다.[2] 2006년 6월에는 회원자격 갱신이 있었고, 우즈베키스탄은 2012년 6월 그 동맹에서 철수했다. 몇 차례 회원국의 신규가입과 탈퇴를 거쳐 러시아, 아르메니아, 벨로루스, 카자흐스탄, 키르기스스탄, 타지키스탄으로 정착된 CSTO의 가장 중요한 목적은 CIS 지역에서 미국 및 나토 행동을 견제하는 것이다. CSTO는 구소련 지역에서 작동하는 모든 국제기구들 중에서 지속 가능성이 가장 높았는데, 그 가장 중요한 이유는 회원국들이 모스크바가 제공하는 안전보장을 중시하기 때문이었다.[3]

경제통합   CSTO 조직이 격상되고 활성화되는 가운데, 푸틴 정부는 구소련 공화국들과의 경제협력, 경제통합의 필요성을 절감했다. 군사와 경제가 함께 움직이는 것은 어쩌면 당연했는데, 유럽에서 나토와 EU가 공동보조를 맞추는 것이 그런 경우였다. 경제통합에서 중요한 것은 우선 교류와 협력을 시작하는 것이었고, 재원의 규모, 협력의 정

---

1) CSTO 헌장 제4조는 나토와 마찬가지로 어느 한 회원국에 대한 공격은 모든 회원국에 대한 공격으로 간주된다고 명시했다.

2) 그 기지는 공식적으로는 동맹 전체를 위한 기지였지만, 그곳에는 러시아 병력만이 주둔했다.

3) Rousseau, "Russian Foreign Policy," (2015), p. 9; Jim Nichol, Russian Political, Economic, and Security Interests, CRS Report 7-5700, RL33407, (February 10, 2012), pp. 31-32; Cory Welt, Russia: Background, (August 21, 2017), p. 22.

도, 제도화의 수준은 시간이 가면서 더 증진될 것이다. 그 구상은 2000년 12월 러시아, 벨로루스, 카자흐스탄, 키르기스스탄이 참여하는 유라시아 경제공동체(EAEC: Eurasian Economic Community) 창설로 이어졌다. 우즈베키스탄, 몰도바, 아르메니아, 우크라이나는 그 기구에 옵서버로 참여했다. 2005년 10월 우즈베키스탄은 EAEC에 가입했는데, 그 나라는 구소련 중앙아시아 공화국 중 가장 독립적으로 행동하는 국가였다.[1] 2003년 9월, 푸틴 정부는 추가로 벨로루스, 카자흐스탄, 우크라이나 정상들과 함께 4개국 단일경제구역(SES: Single Economic Space/CES: Common Economic Space) 창설에 공식 서명했다. 그렇지만 그 제도는 근본원칙과 시행규칙 합의를 이루지 못했고 진전은 미약했다. 특히 2004년 12월 친서방 성향의 빅토르 유쉬첸코가 우크라이나 대통령으로 당선되면서 SES의 위상과 기능은 흔들리는 것으로 보였지만, 그가 2005~2006년 정치적 입장을 바꾸어 친러 성향의 빅토르 야누코비치를 총리로 임명하면서 그 제도는 일단 현상유지 상태에 머물렀다. 한동안 정체되던 러시아의 경제통합 시도는 메드베데프 대통령 시기에 들어와 새로운 발전을 이룩했는데, 그의 임기 하에서 유라시아 관세연합(Eurasian Customs Union)이 설립됐다. 그리고 푸틴의 3번째 집권시기인 2015년 1월 1일 단일경제구역, 관세연합을 모두 통합하는 유라시아 경제연합(EEU: Eurasian Economic Union)이 창설됐다. 그 유라시아 경제연합은 유라시아 연합(EAU: Eurasian Union)이라고도 불렸는데, 푸틴은 그것이 미래에는 EU와 같은 정교한 제도로 진화할 것이라는 큰 비전을 내걸었다.[2]

SCO   2001년 러시아 푸틴 정부는 중국, 카자흐스탄, 타지키스탄, 키르기스스탄, 우즈베키스탄과 함께 상하이 협력기구(SCO)를 창설했다. 그 기구는 1996년 4월 옐친의 중국 상해 방문 당시 결성되고, 그 이후 매년 정상회담을 개최하고 광범위한 정치, 경제, 군사, 문화협력을 추진하던 상하이 5국(Shanghai Five) 협력회의에서 비롯됐다. 상하이 5국 협력회의는 구성국들의 국경지역 군사력 상호감축, 재래식병력

_중앙아시아 지도

1) Rousseau, "Russian Foreign Policy," (2015), p. 8.
2) Goldman, <u>Russian Political</u>, (2008), pp. 8, 13－14; Nichol, <u>Russian Political and Economic</u>, (February 10, 2012), p. 32; Russia sees union with Belarus and Kazakhstan by 2015, (November 18, 2011), www.bbc.com; Ukraine cannot get observer status at Eurasian Economic Union due to Association Agreement with EU, Russia, Interfax－Ukraine, (June 14, 2013)

배치제한, 연합 군사훈련을 추진했는데, 2000년 타지키스탄 수도 두샨베(Dushanbe) 정상회담을 거치고 2001년 6월 우즈베키스탄이 가입하면서 SCO로 확대, 개편됐다. SCO는 상하이 5국 협력회의 정신을 이어받아 계속 동일한 목소리를 냈는데, 그것은 (이슬람) 종교적 극단주의와 테러리즘에 대한 반대, (미국과 서방의) 인도주의를 빙자한 내정간섭과 패권주의 반대, 그리고 유엔안보리 승인 없는 군사력 사용에 대한 반대를 옹호했다. 러시아, 중국, 구소련 참여국들은 SCO의 목적이 경제발전, 회원국 국경선 확정, 이슬람 근본주의에 반대하는 것이라고 주장했지만, 그들의 행동은 미국과 서방에게는 나토에 반대하는 집단 안보체제를 지향하는 성격을 내포한 것으로 해석되기에 충분했다. 인도, 파키스탄, 이란, 몽골리아는 SCO에 옵서버로 참석했고, 그 기구는 키르기스스탄 수도 비슈케크(Bishkek)에 지역 대테러센터를 설립했다.

2) 우호국가와의 양자 긴장

_알렉산드르 루카셴코

벨로루스 관계 푸틴시대의 러시아-벨로루스 관계는 민스크의 CIS, CSTO, EAEC 참여에도 불구하고 많은 불협화음에 휩싸였다. 벨로루스는 1994년 이후 알렉산드르 루카셴코(Alexander Lukashenko)에 의해 통치되고 있었다. 그는 벨로루스의 미래에 대한 러시아의 중요성을 인지하면서도 다른 한편으로는 모스크바의 영향력이 지나칠 것을 우려하는 신중한 생각을 가진 리더였다. 일찍이 1997년 4월 벨로루스와 러시아는 두 나라 간 연방을 설립하기 위해 벨로루스-러시아 연방협정(Treaty on Belarus-Russian Union)에 서명했지만, 루카셴코는 푸틴의 연방장악을 우려해 연방대통령(Presidency of Union) 직책 창설에 동의하지 않았다. 또 루카셴코는 러시아의 경제 지배를 우려해 가스프롬이 벨로루스 가스회사 벨트란스가스(Beltransgaz)를 통제하려는 움직임에 저항했다. 모스크바와 민스크가 연방의 범위와 조건에 대해 계속 차이를 보이는 상황에서, 푸틴은 루카셴코가 연방 속에서 동등한 권리를 가져야 한다는 주장을 지속적으로 비판했다. 푸틴은 벨로루스가 러시아연방에 합류하든지 아니면 유럽연합(EU)과 비슷한 연합형태로 양국 통합을 추진해야 한다고 주장했다. 그러나 민스크는 모스크바의 요구를 계속 거부했다.[1]

---

1) Welt, <u>Russia: Background</u>, (August 21, 2017), p. 23; Two Decades of the Russian Federation's Foreign Policy in the Commonwealth of Independent States: The Cases of Belarus and

9·11 이후 푸틴은 벨로루스에 대한 전략을 바꾸기로 결정했다. 구소련 영역에서 미국 군사 활동이 증가하고, 색깔혁명이 터져 나오며, 폴란드와 체코에 대한 나토 MD가 가시화되면서, 푸틴은 벨로루스를 더 모스크바 통제하로 불러와야 한다고 생각했다. 그의 정책은 두 가지 요소로 구성됐는데, 하나는 벨로루스에 대한 경제지원을 축소하면서 동시에 그것을 미끼로 벨로루스 에너지 인프라를 장악하는 것이었다. 모스크바는 벨로루스에 대한 가스 공급가격, 벨로루스를 경유해 유럽으로 가는 러시아 오일의 통과비용, 그리고 가스프롬에 대한 벨트란스가스의 부채를 빌미로 벨로루스에 오일공급을 중단했다. 또 모스크바는 벨로루스 위생환경을 문제 삼아 그 나라 우유와 낙농제품 수입을 금지했다. 그렇지만 루카셴코는 모스크바의 지배를 용인하려 하지 않았고, 벨로루스는 CSTO 회원국임에도 불구하고 모스크바가 추진하는 CSTO 신속대응군에 자국 병력 파견을 거부했다. 양국의 분쟁이 계속되는 상태에서 모스크바 당국은 루카셴코의 4번째 임기 도전을 앞둔 2010년 12월 러시아 주요 텔레비전 채널은 그의 대통령 선출에 반대하는 캠페인을 방영했다.[1]

키르기스스탄 관계   푸틴 시기 러시아-키르기스스탄 관계는 2010년 모스크바가 키르기스스탄 대통령 쿠르만베크 바키예프(Kurmanbek Bakiyev)를 축출하려 시도하기 전까지는 상대적으로 조용했다. 그 당시 푸틴 대통령은 자제하는 상태에서 조심스럽게 키르기스스탄의 2005년 튤립혁명(Tulip Revolution)을 지켜보고 있었다. 1990년대 키르기스스탄은 러시아와 깊은 경제, 안보유대를 유지했다. 1994년 키르기스스탄 대통령 아스카르 아카예프(Askar Akayev)가 러시아를 방문했을 때, 모스크바는 많은 경제혜택을 부여했다. 그것은 비슈케크에 대한 경제차관, 최혜국 경제위상 부여, 그리고 특별가격의 오일 공급을 포함했다. 양국 우호관계는 모스크바로 하여금 비슈케크의 경제개혁을 돕게 했고, 키르기스스탄은 1996년 2월 러시아, 벨로루스, 카자흐스탄 3국 관세동맹(Customs Union)에 참여했다. 심지어 아카예프는 모스크바에 키르기스스탄-중국 국경을 보호할 러시아 병력 파견을 요청하기도 했다. 키르기스스탄 지원을 근외지역 영향력 확보의 성공적 예로 간주하면서 모스크바는 그 나라 지원을 마다하지 않았다. 그러나 2005년 3월 키르기스스탄에서 발생한 튤립혁명은 모스크바에 충성스러운 아카예프의 몰락으로 이어졌다.

Ukraine, European Forum, (November 20, 2011), ef.huji,ac.il

1) Nichol, <u>Russian Political and Economic</u>, (February 10, 2012), pp. 32-33

_쿠르만베크 바키예프

혁명의 시위자들은 아카예프와 그의 가족, 지지자들에 의한 권위주의와 부패를 비난했는데, 뉴욕타임스는 미국의 정치, 재정지원이 반 아카예프 시위를 도왔다고 보도했다. 장미혁명, 오렌지 혁명에 이어 튤립혁명 역시 서방이 개입한 것으로 인식했지만, 푸틴 정부는 키르기스스탄 국내정치에 크게 개입하지 않았다. 푸틴은 모스크바로 도피한 아카예프에게 정치적 망명을 허용했고, 키르기스스탄에서는 2005년 7월 민주주의자 쿠르만베크 바키예프(Kurmanbek Bakiyev)가 대선을 통해 대통령으로 등장했다.[1]

그러나 바키예프 집권기간의 키르기스스탄 사회는 몇몇 정치인 피살, 옥중반란, 경제쇠퇴, 그리고 각종 세력의 수익성 좋은 사업장악을 위한 투쟁으로 점철됐다. 2006년 비슈케크에서 수만 명이 시위대에 참여하면서 무능한 바키예프는 정치적 위기에 직면했다. 그는 대통령 권한을 축소하는 대신 의회와 총리에게 더 많은 권한을 부여하고 또 부패와 범죄를 척결한다는 공약을 지키지 않은 것으로 비난받았다. 2007년 4월 야당은 바키예프가 사임할 때까지 물러서지 않을 것이라며 일주일간 시위를 계속했다. 키르기스스탄 국민들은 수년 간 부패한 정치, 경제실정, 무능력으로 대표되는 바키예프 정권을 혐오하는 상태로 수년의 세월을 보내고 있었다.[2]

우즈베키스탄 관계   2005년 7월 러시아 푸틴 정부와 중국 후진타오정부는 SCO 회원국들에게 미군병력과 연합군 군사기지가 중앙아시아 국가들로부터 철수하는 시한을 정하도록 압력을 가했다. 푸틴과 후진타오는 중앙아시아로부터의 미군철수에 전적으로 동의했는데, 왜냐하면 두 사람 모두 미국의 세계지배, 그리고 이라크 전쟁을 포함해 무책임한 해외 군사작전을 혐오했기 때문이다. 또 다른 이유는 그 두 사람 모두 워싱턴이 '테러와의 전쟁'을 빌미로 천연자원의 보고인 중앙아시아에서 미국의 영향력을 증대시키려는 것으로 인식했기 때문이다. 그에 따라 2007년 7월 하순, 우즈베키스탄 정부는 미국에게 6개월 내에 카르시-하나바드(K2: Karshi-Khanabad) 공군기지 작전의 종료를 요구했다. 원래 타시켄트는 미국과 긴밀한 관계를 유지했지만, 워싱턴과 서방이 우즈베키스탄

---

1) U.S Helped to prepare the way for Kyrgyzstan's Uprising, (March 30, 2005), www.nytimes.com
2) Kyrgyzstan: Overnight Violence Halts Bishkek Rallies, Radio Free Europe, (April 20, 2007)

정부의 안디잔(Andijan) 시위 진압에서 적어도 수백 명이 사망한 것을 비난하면서 국제조사를 촉구한 것에 반감을 갖고 미군철수를 요구한 것으로 알려졌다. 우즈베키스탄 정부는 처음에는 안디잔 대중시위는 이슬람극단주의 세력인 우즈베키스탄 이슬람운동(IMU: Islamic Movement of Uzbekistan)이 조직했다고 주장했지만, 나중에 그 시위는 그 지역의 취약한 경제여건에 대한 대중의 불만에서 비롯됐다고 시인했다. 그 당시 러시아는 중국과 함께 타시켄트 정부의 안디잔 강경대응을 지지했다.[1]

3) 분쟁국가에 대한 압박과 처벌

몰도바   푸틴시대 몰도바와 러시아 관계는 한동안 다소 호전됐지만, 트란스니스트리아(Transnistria) 문제는 양국 간 수면 아래에 잠재된 상태로 남아 있었다. 제2차 세계대전 전 루마니아의 일부였고 1940년 소련에 합병된 몰도바는 소련 붕괴 이후 루마니아와의 통합을 선호했고, 반면 친러 성향의 자치공화국 트란스니스트리아는 1992년 3월 몰도바와 군사분쟁을 일으키면서 러시아에 합병되기를 원했다.[2] 1990년대 러시아－몰도바 관계는 러시아가 트란스니스트리아에 병력을 주둔시키고 막후에서 그 지역 분리주의를 부채질하는 것으로 인해 분쟁을 겪었지만, 2001년 몰도바에서 공산주의 친러 정권이 탄생하면서 관계가 당분간 호전되는 것으로 보였다. 그래도 그 공산주의 정부조차 모스크바에 다소 실망했는데, 왜냐하면 푸틴의 러시아가 몰도바 정부와의 1994년 병력철수 협정을 어기고 트란스니스트리아에 평화유지 명목으로 병력을 주둔시키면서 막후에서 계속 분리주의를 부채질했기 때문이다. 미국과 EU는 러시아 군이 몰도바로부터 철수할 것을 주장했는데, 그에 대해 모스크바는 트란스니스트리아 분리문제 해결이 러시아군 철수의 선결조건이라고 반박했다.[3]

---

1) Goldman, Russian Political, (2008), p. 15; Nichol, Russian Political and Economic, (February 10, 2012), p. 34; Uzbekistan: Karimov Reappraises Andijon, (October 19, 2006), www.rferl.org; Documenting Andijan, (June 26, 2006), www.cfr.org

2) Jeffrey Mankoff, "Russia's Latest Land Grab (How Putin Won Crimea and Lost Ukraine)," Foreign Affairs, Vol. 93, No. 3 (May/ June 2014), pp. 62－63. 트란스니스트리아 주민의 25%는 러시아계이고 28%는 우크라이나계이다. 1992년 3월 전투 이후 그 해 7월 트란스니스트리아에 주둔하던 러시아 제14군의 지원으로 몰도바와 트란스니스트리아 사이에 완충지역이 설정됐다.

3) Goldman, Russian Political, (2008), p. 14; Nichol, Russian Political and Economic, (February 10, 2012), p. 33.

아르메니아-아제르바이잔 관계　　　나고르노-카라바흐 지역과 관련된 아르메니아-아제르바이잔 문제 역시 1990년대와 별 차이 없이 현상유지 상태로 남았다. 나고르노-카라바흐는 아제르바이잔 영토 위에 위치한 대부분 아르메니아 인구 지역이다. 1992년 그 지역 아르메니아인들이 나고르노-카라바흐 공화국을 선포하고 러시아의 지원을 받는 아르메니아가 간섭하면서 갈등이 발생했다. 아르메니아는 그 전투에서 승리했고, 그 이후 나고르노-카라바흐와 아제르바이잔 영토의 18%를 차지하는 7개 이웃 구역을 확보했다. 그 갈등에 대한 협상은 OSCE 틀 안에서 진행됐다. OSCE는 민스크 그룹(Minsk Group)을 결성했고, 1995년 이후 러시아, 미국, 프랑스가 그 공동의장을 맡았다. 아르메니아와 아제르바이잔도 참여한 그 협상은 마드리드 원칙(Madrid Principles)을 도입했는데, 그것은 갈등해소를 위한 군사력 사용의 거부, 영토통합과 자결권에 대한 존중을 포함했다. 그러나 그 원칙은 문제해결에 아무 도움을 주지 못했고, 모든 상황은 과거와 동일한 현상유지였다.[1]

조지아, 우크라이나 관계　　　한편 러시아는 조지아, 우크라이나와 큰 반목, 대결에 휩싸였다. 구소련 공화국에서 발생한 색깔혁명(color revolutions)은 러시아와 큰 마찰로 이어졌는데, 그것은 2003년 조지아의 장미혁명(Rose revolution), 2004년 우크라이나의 오렌지혁명(Orange Revolution), 그리고 2005년 키르기스스탄의 튤립혁명(Tulip Revolution)이었다.[2]

_미하일 사카쉬빌리

　　　과거 구소련공화국이던 조지아는 러시아연방과 오랜 역사적 관계를 맺어왔다. 독립 이후 1990년대 대부분 조지아는 전 소련외상 에두아르드 셰바르드나제(Eduard Shevardnadze)에 의해 통치됐는데, 그 당시 러시아-조지아 관계는 큰 문제는 없었다. 비록 조지아가 나토에 관심을 보였지만, 모스크바는 아직 그에 크게 연연하지 않았다. 그렇지만 약간의 긴장은 존재했는데, 왜냐하면 모스크바가 1999년 OSCE가 중재해 타결한 조지아로부

---

1) 1990년대 아르메니아-아제르바이잔에서 러시아는 나고르노-카라바흐(Nagorno-Karabakh) 문제를 빌미로 이들 분쟁에 개입해 아르메니아를 동맹국으로 확보했다. 그 분쟁의 과정에서 1994년 3만 명이 살해됐다. Mankoff, "Russia's Latest Land Grab," p. 63; Rousseau, "Russian Foreign Policy," (2015)

2) 나중에 2011년 러시아 의회 선거 당시 부정투표 시비로 인해 불거진 민주시위에 대해, 푸틴은 이 항거가 계속되면 우크라이나의 오렌지혁명과 같은 일이 러시아에서 발생할 것이라고 경고했다.

터의 러시아군 철수합의를 무시하면서 막후에서 압하지야와 남오세티야 분리주의를 조장했기 때문이다. 2003년 장미혁명으로 셰바르드나제가 물러나고 (미국에서 교육받은) 친서방 민주주의자 미하일 사카쉬빌리(Mikheil Saakashvili)가 대통령에 당선되면서 모스크바와 트빌리시(Tbilisi) 간의 불화는 첨예해지기 시작했다. 그 이유는 사카쉬빌리와 미국의 조지 W. 부시 대통령이 조지아의 나토가입을 본격 추진했기 때문이다. 그래도 푸틴은 사카쉬빌리가 대통령에 당선됐을 때 그를 모스크바로 초청해 그의 대선승리를 축하하고, 양국 협력관계에 관해 논의했다. 두 리더는 무역, 경제관계의 전망, 조지아에 대한 러시아 에너지 공급, 러시아의 조지아 부채 구조조정에 관해 의견을 교환했고, 또 테러리즘과 양국 국경문제에 대해서도 논의했다.[1]

그럼에도 불구하고 서방진입의 꿈을 포기하지 않는 사카쉬빌리는 조지아를 나토에 가입시키려 부단히 노력했고, 그 과정에서 2005년 7월 모스크바－트빌리시 합의를 통해 2007년까지 그동안 러시아 군이 사용해 온 모든 조지아 내 군사기지로부터 러시아 병력을 철수시킨다는 결정을 이끌어 냈다. 그러나 서방의 구소련 영역으로의 침입을 우려하는 푸틴 정부는 그 합의를 이행하면서도 다른 한편 분리주의 자치공화국인 압하지야와 남오세티야에 러시아 평화유지병력을 그대로 주둔시켜 트빌리시와 분쟁을 빚었다.[2] 그런 가운데, 러시아와 조지아 간에는 또 다른 불협화음이 터졌다. 그것은 조지아가 몇몇 러시아 장교를 스파이 행위로 체포한 것에서 비롯됐는데, 그 때 모스크바는 그에 대한 보복으로 조지아 와인수입 금지를 포함하는 광범위한 경제제재를 부과하고 동시에 수백 명 조지아 인들을 러시아로부터 추방했다. 더 나아가 푸틴 정부는 2008년 3~4월 압하지야를 경제, 군사지원하면서 그 지역에 더 많은 병력을 파견했다. 일부 러시아 정치인들은 2008년 2월 미국과 EU가 세르비아로부터 코소보 독립을 지원하는 것에 비추어, 러시아 역시 압하지야, 남오세티야, 몰도바의 트란스니스트리아 지역 독립을 승인할 권리가 있다

---

1) President Vladimir Putin held a meeting with Georgian President Mikhail Saakashvili, (February 11, 2004), en.kremlin.ru

2) 독립 직후 1990년 조지아 당국은 별도의 의회를 창설하려는 남오세티야 자주권을 박탈하려 했는데, 그 때 조지아와 남오세티야 사이에 충돌이 발생했다. 또 1992년 압하지야가 조지아로부터 독립을 선포했을 때, 조지아는 압하지야를 침공해 8천명을 죽이고 24만 명의 난민을 만들어낸 내란을 촉발했다. 그 두 갈등 모두에서 러시아 군은 분리주의자 측에서 직접 군사 개입했다. 1992년 남오세티야 휴전과 1994년 압하지야 휴전 이 이루어졌는데, 그 이후에도 러시아 군은 그 지역에 평화유지군으로 남았다. Mankoff, "Russia's Latest Land Grab," p. 63.

고 주장했다. 그 당시 전문가들은 러시아와 조지아가 두 개 분리지역 문제로 전쟁으로까지 갈 수 있다고 예측했는데, 2008년 8월 두 나라의 5일 전쟁은 그들 예상이 적중했음을 입증했다.[1]

　　러시아와 우크라이나 관계 역시 커다란 불협화음으로 얼룩졌다. 우크라이나는 1990년대부터 PFP에 가입하고 나토−우크라이나 위원회 설립에 창설하면서 친서방 성향을 보였고, 시간이 가면서 점점 더 나토에 가입할 가능성이 큰 것으로 여겨졌다. 과거 옐친이나 현 푸틴 대통령은 그런 현실을 인지했지만, 처음에는 그에 과민반응하지 않았다. 그러나 우크라이나가 점점 더 친서방으로 편향되고 그 나라에서 자유민주주의 성향이 더 커지면서 모스크바는 지정학적, 지전략적 차원에서 중요한 크리미아 반도의 미래와 관련해 노심초사했다. 일찍부터 크리미아 반도는 러시아에서 특별한 논란거리였다. 그 지역을 역사적으로 러시아의 일부로 보면서, 많은 러시아인들은 그 반도가 1954년 후르시초프에 의해 불법적으로 우크라이나에 주어졌다고 말했다. 크리미아 인구는 67%가 러시아인이고 26%가 우크라이나인으로 구성되어 있었다. 1992년 4월 러시아 의회는 1954년의 크리미아 이양은 불법이라고 선언했다. 그해 늦게 러시아와 우크라이나는 크리미아가 우크라이나의 일부라는 데 동의했지만, 크리미아에게는 경제적 자주권과 사회, 문화적으로 다른 나라와 관계를 맺을 권리가 주어졌다. 키예프가 러시아에 크리미아 세바스토폴(Sevastopol) 해군기지의 독점적 사용을 거부한 것과 관련해 긴장이 존재했지만, 1997년 5월 옐친과 우크라이나 대통령 레오니드 쿠치마(Leonid Kuchma)는 세바스토폴과 흑해함대에 관한 분쟁해결 협정에 서명하면서 양국 국경은 더 이상 문제꺼리가 아니라고 선언했다. 그러나 2004년 우크라이나에서 오렌지혁명이 발발하면서 우크라이나 리더들은 러시아 해군이 세바스토폴에서 2017년 협정 만기일까지 떠날 것을 요구했고, 그에 반발하는 일부 러시아 정치인들은 크리미아 주권문제를 다시 꺼내들었다.[2]

　　우크라이나의 나토가입 가능성과 더불어 크리미아 문제는 러시아와 우크라이나 관계의 핵심에 위치했다. 크리미아의 위상과 향후 진로는 2004년 10월 우크라이나 대선에서 결정될 것인데, 왜냐하면 그때 만약 친서방 민주화 후보 빅토르 유쉬첸코(Viktor

---

1) Goldman, <u>Russian Political</u>, (2008), p. 14; Welt, <u>Russia: Background</u>, (August 21, 2017), p. 23;
　　Putin fury at Georgia terrorism, BBC News, (October 1, 2006)
2) Goldman, <u>Russian Political</u>, (2008), pp. 15−16.

Yushchenko)가 승리하면 그의 정부는 아마 러시아의 크리미아 철수를 요구할 것이기 때문이었다.[1] 그 대선에서 친 러시아 성향을 확실히 표방하는 현직 총리 빅토르 야누코비치(Viktor Yanukovych)를 지원하기 위해 푸틴은 우크라이나를 두 번 방문하고, 그의 캠페인에 많은 물질적 지원을 제공했다. 그 선거에서 야누코비치가 작은 차이로 승리했는데, 그것은 푸틴에게는 다행스러운 결과였다. 그러나 광범위한 부정이 드러나면서 우크라이나 국민들은 선거결과 무효를 원하는 오렌지 혁명(Orange Revolution)을 시작했다. 그때 미국과 EU는 친러 후보의 불공정 선거와

_빅토르 야누코비치

부정행위 부당성을 강도 높게 비판하고 러시아 역시 서방의 개입을 비난했는데, 그 두 진영의 설전과 대립은 냉전을 연상시킬 정도로 맹렬했다. 그해 11월 의회와 대법원은 그 선거의 무효화를 선언했고, 곧 이어 재선거가 실시됐다. 12월 개최된 재선거에서 유쉬첸코는 52%대 44%로 승리했는데, 많은 전문가들은 그 결과가 우크라이나에 대한 영향력 유지를 원하는 러시아의 희망에 찬 물을 끼얹은 것으로 이해했다. 곧 이어 유쉬첸코는 예상대로 우크라이나-유럽의 경제, 정치통합을 우선순위로 선언했고 나토 가입을 궁극적 목표로 간주했다.[2]

유쉬첸코 통치하에서, 우크라이나는 반 러시아 성향을 확실하게 드러냈다. 첫 번째 행동은 러시아와의 단일경제구역(SES: Single Economic Space) 협정에서 탈퇴하는 것이었는데, 그것은 모스크바의 대외정책에 큰 심리적 상처를 주었다. 그것은 러시아 주도의 CSTO와 함께 발맞춰 진행되는 경제통합에 대한 구소련 공화국의 반대를 상징했다. 우크라이나의 오렌지혁명, 유쉬첸코의 반러 친서방 성향, 나토가입 의지에 분개한 푸틴 대통령은 키예프에 대한 천연가스 공급가격 4배 인상과 과거 러시아에 대한 부채의 일시상환을 요구하면서 경제압박을 시도했다. 러시아 국영 석유회사 가스프롬은 수개월에 걸친 협상무산을 선언하면서 2006년 1월 우크라이나에 가스공급을 중단했고, 그것은 우크라이나 가스관을 통과해 중부, 서부유럽에 전달되는 러시아 가스공급의 급격한 감소로 이

---

1) 유쉬첸코는 1993년 우크라이나 중앙은행 총재였고, 1999~2001년 레오니드 쿠치마 대통령하에서 우크라이나 총리로 재직했다. 그 이후 그는 '우리 우크라이나 블록(Our Ukraine bloc)'을 창설하고 2002년 의회선거에서 23.6%를 획득하면서 우크라이나의 가장 인기 있는 정치세력이 됐다.

2) Adrian Karatnycky, "Ukrain's Orange Revolution," Foreign Affairs, Vol. 84, No. 2 (March/April 2005), pp. 35-52.

어졌다. 유럽의 항의와 호소에 직면한 러시아는 그 수일 내 우크라이나를 통과하는 가스 공급을 재개하면서 러시아와 우크라이나가 가스가격 2배 인상에 합의했다고 선언했다. 푸틴은 우크라이나에 충분히 교훈을 주어야 한다고 믿었다. 푸틴의 눈에 우크라이나는 지정학이 무엇인지를 모르는 약소국에 불과했다. 더구나 그 나라는 내부적으로도 완전히 분열된 나라였는데, 국민들의 정부, 정치제도, 정당에 대한 지지는 유례없는 정도로 낮았다. 나중에 푸틴 대통령은 우크라이나와 조지아의 행동은 중앙아시아를 끝없는 갈등의 나락으로 몰아넣을 것이라고 경고하면서, 그 모든 것이 오렌지, 장미혁명에 대한 경제적 대가임을 분명히 밝혔다.[1]

전문가들은 그 가스가격 2배 인상이 우크라이나에 대한 모스크바의 영향력을 강화시키고 더 나아가 2006년 3월 우크라이나 의회선거에서 유쉬첸코를 정치적으로 약화시킬 것으로 보았다. 그들의 예상대로 유쉬첸코의 '우리 우크라이나' 당(Our Ukraine block)은 15% 이하로 득표하면서 5개 주요정당 중 3위를 차지하는 데 그쳤고, 정치적 타격에 직면한 민주화 대통령은 어떤 돌파구를 필요로 했다. 키예프 의회에서 5개월 동안 정치적 교착상태를 경험한 유쉬첸코는 2006년 8월 타협책으로 의회에서 큰 세력을 장악하고 있는 과거 최대 정적 빅토르 야누코비치를 총리로 임명했다. 그것은 의회운영을 위한 대통령의 임시방편, 정치적 술수에 불과했다. 야누코비치가 서방과의 통합정책을 지지할 것을 약속하면서 한동안 대통령과 의회의 협력이 진행됐고, 유쉬첸코는 자기 정당의 친서방 인물들을 외교부와 국방부 장관으로 임명할 수 있었다. 그러나 그 협력은 곧 중단됐고, 2007년 4월 유쉬첸코는 친 야누코비치 의회를 해산하면서 갑작스럽게 의회선거를 요구해 정치대결을 촉발시켰다. 근본적으로 성격이 다른 두 진영의 화합이 오래가지 못하는 것은 당연했다. 그들 두 진영은 서로에 대한 불신으로 가득 찼고, 유쉬첸코는 일단 우선적으로 다시 친서방 민주화정책 추진을 위해 정치도박이 필요하다고 생각했다. 오랜 대치 끝에 양측은 9월 선거에 합의했는데, 그것은 과거 오렌지혁명 유쉬첸코-티모셴코 연합의 작은 차이 승리로 귀결됐다. 율리아 티모셴코(Yulia Tymoshenko)는 총리가 됐다. 그 유쉬첸코-티모셴코 정부는 또다시 나토가입에 높은 우선순위를 부여했는데, 그것은

....

1) 그 당시 러시아는 우크라이나 오일 및 가스회사(Naftohaz Ukrayiny)가 가스프롬으로부터 유럽으로 전달되는 가스를 빼돌렸다고 밀어붙였는데, 우크라이나 회사는 처음에는 부정하다가 나중에 그 일부분을 국내목적으로 전용했다고 시인했다. Nichol, Russian Political and Economic, (February 10, 2012), pp. 34−35; EU reaches gas deal with Ukraine, BBC News, (August 1, 2009)

러시아의 극렬한 반대를 야기했다. 2008년 4월 초 부카레스트 나토 정상회담에서 미국과 서방국가들은 키예프의 나토 가입을 위한 멤버십 행동계획(MAP: Membership Action Plan) 신청을 환영하면서 그와 관련한 미해결 문제에 대한 논의를 시작할 것이라고 말했다. 그에 대한 대응으로 푸틴 대통령은 만약 우크라이나가 나토에 가입하려 하면 러시아는 크리미아 반도와 우크라이나 동부지역을 합병할 수 있다고 경고했다. 그 나토 정상회담 당시 푸틴은 조지 W. 부시에게 우크라이나는 국가도 아니라고 말하고, 그 다음 해에는 우크라이나를 '소 러시아'(little Russia)라고 불렀다. 그것은 러시아가 우크라이나를 기껏해야 국경 인근의 오랜 영향력하의 제후국(vassal state) 정도로 보고 있음을 입증했다.[1]

(3) 대중국 관계

러시아는 반미, 반 서방 경향 국가들과 우호, 교류협력을 계속 확대했다. 아시아 지역에서 러시아는 특히 유엔안보리 상임이사국이며 미국의 세계패권에 반대하는 성향을 가진 중국과의 우호에 많은 노력을 경주했다. 잘 알려진 바와 같이 1992년 12월 옐친이 처음 베이징을 방문해 장쩌민과 함께 러시아, 중국 양국은 서로를 우호국가(friendly nation)로 간주할 것이라는 공동성명을 발표한 이후, 그 두 나라 관계는 점진적이면서 지속적으로 강화되는 모습을 보였다. 1994년 4월 양국은 건설적 동반자 관계(constructive partnership)를 체결하고, 1996년 그 양자 관계는 전략적 파트너십(strategic partnership) 체결과 상하이 5국 협력회의(Shanghai Five) 창설로 이어졌다. 2001년에는 6월 상하이 협력기구(SCO: Shanghai Cooperation Organization)가 출범하고 7월에는 선린우호협정이 체결됐다.

21세기 초 이후 푸틴 시대의 중·러 관계는 큰 맥락에서 2001년 7월의 선린우호협정에서 규정한 사항들을 따라 진행됐는데, 그것은 미국의 지구적 패권에 대한 반대, 양국 국경선 확정, 군사협력, 경제, 에너지협력, 그리고 중앙아시아 무장이슬람 분리주의 저지를 포함했다. 그렇게 발전한 중·러 우호관계는 2005~2007년 7번의 정상회담을 갖고 우

---

1) Adrian Karatnycky and Alexander J. Motyl, "The Key to Kiev (Ukrain's Security Means Europe's Stability)," Foreign Affairs, Vol. 88, No. 3 (May/ June 2009), pp. 106–120; M. Bohm, "Ukraine Is Putin's Favorite Vassal," (December 25, 2013), http://www.themoscowtimes.com/opinion/article /ukraine－is－putins－favorite－vassal/492096.html

주 공동개발, 핵무기, 장거리미사일, 기술협력을 포괄하는 광범위한 협정에 서명하는 성과를 이루어 냈다. 2006년 중국에서 개최된 '러시아의 해' 행사에서 양국 정상은 정치, 군사, 경제, 과학기술 전 분야를 망라한 15건의 공동문서에 서명했고, 푸틴은 "양국의 동

_2007 중국의 해

반자 관계가 국제질서와 국제관계에 긍정적이고 안정적 요소가 되고 있다"고 힘주어 말했다. 2007년 3월 러시아에서 개최된 '중국의 해' 행사분위기는 우호적이었다. 여기서 푸틴과 후진타오는 양국의 '실용적 협력'과 '전략적 조정'을 논의하면서 북한 핵과 이란 핵문제의 평화적 해결, 양국 결속을 통한 중앙아시아와 아태지역의 안전보장, 중·러 전략적 동반자관계 강화, 원자력, 항공, 우주, 무기, 군사, 에너지, 무역확대 협력에 관한 공동성명을 발표했다.[1] 2009년 중국 언론과의 인터뷰 당시 메드베데프 러시아 대통령은 양국관계는 역사상 최상의 상태에 있다고 시인했는데, 그것은 수많은 전문가들의 예상을 뛰어넘는 양국관계의 획기적 수준의 진전이었다. 비록 러시아와 중국 간에 에너지협력에서의 가격협상, 러시아의 오일 및 천연가스 자원 및 인프라에 대한 중국의 잠식 가능성, 미개발 러시아 극동지역으로의 중국인 불법이민과 중국경제에 의한 종속 가능성, 그리고 러시아 군사무기 및 기술수출의 질에 대한 베이징의 불만이 양국 간 주요 우려사항이지만, 양국관계는 일부 의심과 불안에도 불구하고 반미, 반서방의 다른 한축을 형성하는 형태로 긴밀하게 진행됐다.

1) 미국 패권에 대한 반대

러시아와 중국이 미국패권에 반대를 표시한 것은 비단 푸틴시기에 한정된 것이 아니다. 양국은 이미 1990년대에 미국의 패권적 움직임에 대해 많은 우려를 표시했는데, 실제 러시아와 중국이 서로를 가까운 전략적 후방(strategic rear)으로 여긴 것 자체가 서방, 특히 미국의 세계지배에 대한 반발에서 비롯된 것이었다. 1990년대 양국이 체결한 수많은 협력조약, 선언들은 모두 미국을 겨냥했다. 건설적 동반자관계, 전략적 파트너십을 선포하면서 러시아와 중국은 그 목적은 21세기의 새롭게 형성되는 국제환경에 능동적으로 대처하고 바람직한 국제질서 형성을 위한 목적을 띠었다고 말했는데, 그것은 미국

---

1) Kerry Dumbaugh, <u>China—U.S. Relations; Current Issues and Implications for U.S. Policy</u>, CRS Report 7—5700, RL33877, (Updated March 17, 2008), p. 22.

의 단극체제 형성 시도에 반대하는 의미를 띤 선언이었다. 옐친시대 러시아에서 반미성향이 커진 것은 1994년 보스니아 사태 당시 워싱턴의 독단적 군사개입 결정, 나토의 동유럽으로의 확대와 미사일방어망 설치 구상에 반대하는 모스크바의 의견을 무시한 워싱턴에 대한 반감이 그 기저의 원인이었다. 베이징의 경우 반미감정은 과거 클린턴 행정부의 계속적인 인권 거론에서 나타나는 중국 내정간섭, 공해상에서의 중국선박 검문, 그리고 코소보사태 당시 미국 전투기의 베오그라드 중국대사관 폭격 등에서 비롯됐다.[1]

푸틴시대의 러시아와 장쩌민에서 후진타오로 리더십이 교체되는 중국의 경우도 그전 10년에 비해 반미성향이 줄어들 이유는 없었다. 푸틴의 반미감정은 극에 달했는데, 그것은 미국의 ABM 탈퇴, 유엔안보리 승인을 거치지 않은 미국의 이라크 침공과 이라크 내 WMD 부재 확인, 나토의 계속적 확대와 MD 설치, 그리고 일부 구소련 공화국들에서의 색깔혁명(color revolutions)이 제기하는 위협이 그 근원이었다. 베이징 역시 모스크바와 비슷한 생각을 가졌다. 비록 중국 리더십은 푸틴만큼 노골적으로 표현하지는 않았지만, 대만안보에서부터 남중국해 문제에까지 수많은 경우에 자제된 형태로 반미감정을 표시했는데, 화평굴기, 평화발전 주장, 그리고 적극방어(active defense)와 같은 군사개념 역시 모두 워싱턴의 간섭을 염두에 둔 외교, 군사적 수사(rhetoric)를 의미했다.

2) 양국 국경선 확정

1994년에 러시아와 중국 간에 영토분쟁을 방지하기 위한 조치가 있었는데, 하나는 양국 국경관리 메커니즘 설립에 관한 합의였고 다른 하나는 중국 서쪽 방면 55Km에 달하는 중·러 국경선 획정이었다. 그것은 국경선 침범과 인근 영토 소유권 분쟁을 막고 범죄행위를 줄이며 국경무역을 용이하게 하는 목적을 띤 합의로, 양국이 '건설적 파트너십'을 진척시키는 외교적으로 중요한 계기를 마련했다. 2004년에는 마지막 국경선 문제 타결 차원에서 러시아가 우수리 강 일부도서들을 중국에 반환하기로 결정했고, 공식 이양식은 2008년 10월에 개최됐다. 우수리 강 유역의 섬들은 그때까지 중국이 영유권을 주장했지만 러시아가 관리해 오던 것들이었다. 그것은 베이징에게는 특히 감회 깊은 순간이

---

1) 1998년 12월 그 당시 중국 총리 리펑은 모스크바를 방문하면서 중·러 양국은 동등하고 신뢰할 수 있는 파트너십 건설을 추구한다는 공동성명을 발표했는데, 이것 역시 세계 유일의 초강대국 미국에 반대하는 성격을 띤 것으로 보였다.

었는데, 왜냐하면 우수리 강의 진보도 영유권문제로 인해 1969년 수백 명의 중국군이 소련군에게 사살되고 그로 인해 중국이 동맹국인 소련과의 관계를 등지고 원래의 주적 미국과 손잡는 '상상을 초월하는' 관계개선의 길을 걷게 됐기 때문이다. 러시아에게 그 결정은 과거 중국에게 준 상처를 치유하고 미래 양국관계를 더욱 우호적으로 만드는 중요한 계기였는데, 그것은 두 나라 지도자들에게 역사적 갈등을 넘어 화해와 협력의 감정을 촉진시키는 중대한 의미를 띠었다.

3) 양국 군사협력

두 나라 관계는 군사협력 차원에서도 매우 중요했다. 양국 군사관계는 1990년대 초부터 발전하기 시작했는데, 그것은 군 인사교류, 군비통제, 그리고 전력발전을 위한 군사기술 및 무기 이전을 포함했다. 1993년 11월 양국 국방장관은 두 나라 수도에 근무하는 군사대표단 숫자를 늘리는 데 합의하고 5년 기간의 군사협력 협정에 서명했다. 1994년 7월 양국 국방부는 군사적 신뢰구축 조치 설정에 합의했는데, 그것은 비의도적 레이더 방해(jamming), 영공 및 영해침범과 같은 잠재적으로 위험한 군사사고를 방지하는 목적을 띠었다. 또 2002년까지 약 150명의 인민해방군 장교들이 러시아 군사시설에서 교육 받았고, 그 이후 모스크바는 중국에 핵잠수함, 항공모함, 또 장거리 폭격기 운영 관련 첨단 방위기술에 대한 더 적극적 접근을 허용했다.[1]

군사기술과 무기체계 발전에 있어서 러시아의 중국에 대한 공헌은 지대했다. 1990년대 전반기 러시아의 대중국 무기판매는 연 10억불, 그리고 1990년대 후반기에는 그 두 배인 연 20억 달러에 달했다. 1989년 천안문 사태 이후 서방의 대중국 경제제재가 시행되면서, 베이징은 러시아의 주요 무기구매 고객으로 모스크바가 해외에 수출하는 무기 총량의 25~50%를 차지했다. 모스크바는 중국에 핵미사일, 우주체계, 해, 공군능력 발전을 위한 군사기술과 무기체계를 전달했다. 베이징은 2001년에는 러시아로부터 40대의

---

1) Ariel Cohen, "The Russia-China Friendship and Cooperation Treaty: A Strategic Shift in Eurasia?" The Heritage Foundation Backgrounder, No. 1459, (July 18, 2001), pp. 2-3; 1999년 10월 중국 국방장관 치 하오티안(Chi Haotian)은 다마스커스에서 시리아 국방장관 무스타파 틀라스(Mustafa Tlass)와 중국-시리아 군사유대 확대를 논의한 이후 텔아비브에서 이스라엘 총리 및 국방장관과 군사회담을 가졌는데, 그 목적은 러시아와 이스라엘이 공동 생산하는 10억 달러 상당의 군용항공기 구매였다. China defense minister visits Israel, (October 30, 1999), www.worldtribune.com

수호이 SU-30MKK 다목적 4세대 전투폭격기와 공중급유기
를 수입했다. 조기경보 능력 확보를 위해서는 러시아 A-50
베리예프(Beriev)를 구매했다. 그렇지만 2004년 러시아는
SU-35와 TU-22M 폭격기의 대중국 판매를 중지했는데, 그
것은 SU-27SK의 중국 내 생산절차에 관한 우려 때문이었
다. 그것은 원래 러시아가 SU-27SK 엔진과 항공전자
(avionics) 장치를 제공하기로 되어 있었지만 중국이 원래 계
약을 어기고 국내에서 그 부품들을 생산했기 때문이다.[1]

_SU-35

중국은 국내능력이 아직은 부족한 제트엔진과 같은 일부 첨단 군사부품은 러시아로
부터 수입하는 반면, 국내에서 생산이 가능한 무기는 그 성능향상에 집중했다. 일부 정교
한 전자체계와 첨단 추진(propulsion)체계 같은 선진 군사기술에서는 아직 중러 간에 격차
가 존재하고, 따라서 중국은 그런 분야에서는 러시아로부터 배우고 부품을 구입했다. 그
래도 중국의 방위산업은 이제 전함, 잠수함, 지상체계(land systems)와 항공기 생산을 가능
케 하는 수준으로 발전했고, 그것은 인민해방군(PLA: People's Liberation Army)에게 아태지
역 대부분 군사 활동에서 전략적 우위를 제공했다. 중국의 방위분야는 점점 더 발전하고
성숙해지고 있었다. 그 격차를 메울 때까지 중국은 양이 질을 극복할 것을 희망했다. PLA
는 첨단무기와 장비의 독자적 혁신, 그리고 지속가능한 발전의 중요성을 강조했다.[2]

4) 중·러 경제 협력

무역 및 투자　　러시아와 중국 양국 무역규모는 1990년대에 연 50~80억 달러 수
준이었다. 1999년의 경우 중·러 무역규모는 55억 달러였는데, 러시아는 원유, 천연가스,
전기를 주로 수출했고 중국의 러시아 수출품은 주로 질이 떨어지는 소비재로 구성돼 있
었다. 양국 무역은 러시아 대외무역의 5.7%, 그리고 중국 해외무역의 1.6%를 차지했

---

1) SU-27SK는 중국명으로는 션양(Shenyang) J-11이다. China copies Su-27 fighter, may
compete with Russia: Paper-World Bulletin, (February 21, 2008), www.worldbulletin.net;
https://nationalinterest.org〉 buzz; 중국이 러시아로부터 절도한 무기체계에 관해서는 5 Dangerous
Chinese Weapons of War (Stolen or Copied from Russia and ...)을 참조할 것.

2) China's White Paper calls for accelerated military technology advancement/Jane's ...,
http://www.janes.com〉 article〉 chi...

다.[1] 2000년대 푸틴시대에 들어와 서방과 러시아 관계가 악화되면서 중·러 무역과 투자는 증가하는 추세를 보였다. 2000~2011년 기간 중러 무역규모는 57억 달러에서 793억 달러로 14배 증가했다. 러시아 대중국 수출의 60%는 오일, 천연가스, 광물자원이었고, 반면 러시아의 중국으로부터의 수입품은 기계류와 장비가 가장 큰 부분으로 36%를 차지했다.[2] 2000~2011년 중국의 러시아에 대한 누적투자액은 1억 달러에서 26억 달러로 증가했으며, 러시아의 대중국 투자는 2억 2천만 달러에서 10억 달러로 거의 5배 증대됐다. 그 기간 국경무역의 경우, 러시아 극동지역(RFE: Russian Far East)과 중국 간 무역량은 11억 달러에서 80억 달러로 증가했고, 러시아와 헤이룽장성 간 무역은 14억 달러에서 190억 달러로 성장했다. 같은 기간 매년 러시아 극동지역과 트란스바이칼(Transbaikal) 지역 경제에 참여하는 중국인 근로자 수는 1만 5천 명에서 9만 명으로 늘어났다. 그러나 2000년대 두 나라 상호무역 및 투자관계는 외교, 군사관계에 비하면 상대적으로 미약했다. 푸틴 대부분의 통치기간 러시아는 중국 최대 10개 무역파트너 명단에 들지 못했고, 중국의 EU, 미국, 일본, 한국과의 무역에 비하면 규모에서 초라한 수준이었다.[3]

에너지 협력   중·러 경제관계에서 어느 것보다 더 중요한 비중을 차지한 것은 에너지 관련 사업이었다. 1992년 러시아연방 성립 이후, 중러 에너지 관계는 그 두 나라의 지정학적 위상, 경제이익, 미래지향적 사고에 의해 진행됐다. 경제적 측면에서 러시아는 오일, 천연가스, 광물의 천연자원 수출이 필요하고, 중국은 급속하게 성장하는 산업발전을 뒷받침 할 에너지를 필요로 했다. 세계 최대의 오일 생산국이고 천연가스 수출국이며 동시에 지리적으로 중국에 인접한 러시아는 베이징의 증가하는 자원수요를 충족시킬 가장 가능성 높은 국가였다. 그러나 우호관계 선언과 양자 에너지 협력에도 불구하고, 중러 에너지 관계는 부분적으로는 상호의심, 가격우려, 부적절한 수송 인프라, 그리고 유라시아에서의 영향력 경쟁 가능성에 의해 제한받았다. 모스크바는 특히 인구가 적은 러시아 극동지역에서 중국인의 정착, 그리고 러시아 에너지 사업에 대한 지속적 투자로 인한 중국의 영향력 증대를 우려했다. 또 중국이 카자흐스탄, 투르크메니스탄, 타지키스탄과

---

1) Cohen, "The Russia−China Friendship?" (July 18, 2001), p. 7.

2) 러시아의 대중국 수출에 있어서 목재 생산품은 10%, 그리고 해산물과 화학제품이 각각 3% 정도를 차지했다. 러시아의 중국 수입품은 기계류에 뒤이어 의류가 14%, 화학제품이 9%, 신발이 5.3%를 차지했다. China Has Russia Over a Barrel, (May 19, 2014), www.foreignpolicy.com

3) Victor Larin, "Russia and China: New Trends in Bilateral Relations and Political Cooperation," Chapter Fourteen, https://apcss.org/wp−content/uploads/2012/09/chapter14.pdf, pp. 180−183.

같은 구소련 중앙아시아 공화국들과 오일 및 가스 파트너십을 증대시키는 것도 경계의 대상이었다.[1]

　　러시아와 중국의 본격적 에너지 협력은 옐친정부 집권 말기인 1990년대 말 시작됐는데, 그때 모스크바는 중국 동부에 위치한 장쑤성의 200만KW 핵발전소 건설을 지원하면서 베이징과 시베리아 오일 및 천연가스 파이프라인 프로젝트 공동연구에 합의했다. 2001년 푸틴 정부하에서 러시아 석유회사 유코스(Yukos)는 베이징에 (동부시베리아-태평양의) 앙가르스크(Angarsk) 정유시설을 중국 북동부 다칭(Daqing)으로 연결하는 사업을 제안했다. 그 당시 중·러 오일수송이 철도로만 이루어지는 것에 비추어 그 사업은 양국 원유수송을 훨씬 편리하게 만들 것으로 기대됐다. 그 사업은 유코스 최고경영자 미하일 호도르코프스키(Mikhail Khodorkovsky)가 세금포탈 및 사기혐의로 러시아 당국에 체포되면서 중단됐지만, 2004년 9월 중·러 고위 당국자들은 또다시 동부시베리아-태평양 오일 파이프라인 설치, 그리고 중·러 파이프라인의 우선 설치에 합의했다. 2006년 3월 오일 파이프라인 건설이 시작됐고, 그때 중국 국영석유회사(CNPC: China National Petroleum Corporation)는 러시아 2위 석유회사 로스네프트(Rosneft)와 향후 공

_동부시베리아 - 태평양 오일 파이프라인

동사업 시 필요한 원칙에 합의하고 러시아 파이프라인 독점사인 트란스네프트(Transneft)에 4억 달러 자금을 지원했다. 그 6개월 후 2006년 9월 러시아 국영 루크오일(Lukoil)은 중국 CNPC의 러시아 최대 오일공급자로 지정됐다.[2]

　　가스공급의 경우, 공동생산을 통한 판매를 제외하고 러시아 시베리아 유전으로부터의 모든 수출권한은 2006년 러시아 가스독점 국영회사인 가스프롬(Gazprom)에 주어졌

1) China overtakes U.S. as biggest energy consumer-IEA/Reuters, (October 12, 2010), https://www.reuter.com〉 article; Kyrre Braekus and Indra Overland, "A Match Made in Heaven? Strategic Convergence between China and Russia," (2006), www.files.ethz.ch〉 isn

2) 가스프롬, 로스네프트, 트란스네프트는 세계 에너지 안보를 좌우하는 러시아 3대 에너지 회사이다. Asia Times Online: Central Asian News and Current Affairs, Russia, Afghanistan, Uzbekistan, (April 29, 2005), www.atimes.com; China's energy and security relations with Russia: Hopes..., https://www.researchgate.net〉 2656...

다. 두 개의 천연가스 파이프라인이 건설될 예정이었는데, 하나는 서부 시베리아 유전을 중국 서북부의 신장-위구르 자치구역으로 연결하는 알테이(Altai) 파이프라인이고 다른 하나는 시베리아 야쿠티아(Yakutia) 공화국으로부터 중국 동북부로 연결하는 동부 파이프라인이었다. 중국 국내 천연가스 소비는 2004년까지 국내생산으로 충당이 가능했지만, 그 이후 성장속도와 경제성 비교로 인해 베이징은 오일보다 천연가스 수입에 더 많은 관심을 가졌다. 2006년 3월 가스프롬은 CNPC와 가스공급을 위한 양해각서에 서명했고, 2007년 9월 러시아 산업에너지부는 동부 시베리아와 극동의 가스 공급체계 개발계획을 승인했다. 동부 시베리아 가스 프로젝트는 핵심적으로 사할린-하바로프스크-블라디보스토크 가스 수송체계 건설에 우선순위를 두었다.[1]

수출시장을 다변화하려는 푸틴 정부의 열망은 러시아 내 에너지 생산 인프라에 투자하려는 베이징의 의지와 공감대를 이루었지만, 다른 한편 모스크바 당국은 러시아 에너지에 대한 중국의 영향력 증대를 우려했다. 러시아 두마는 2002년 CNPC가 러시아 오일회사 슬라브네프트(Slavneft)를 경매로 인수하려는 계획을 에너지 안보상의 이유로 거부하고, 2006년에는 CNPC의 로스네프트 주식확보를 5억 달러까지만 허용했다. 그러나 중국은 2008년 미국에서 유발된 지구적 경기침체 당시 '에너지를 위한 대여'(EBL; Energy-Backed Loans) 프로젝트로 러시아뿐 아니라 베네수엘라, 투르크메니스탄을 포함하는 세계굴지의 에너지 회사로부터 많은 지분을 확보했다.[2] 2010년 9월 메드베데프 정부하에서 중·러 두 나라 사이에 최초로 러시아 동남부 아무르 주의 스코보로디노(Skovorodino Station)에서 시작해 중국 동북부 헤이룽장성 모허(Mohe Station)로 연결되는 1천 킬로미터 길이의 원유 파이프라인이 완공됐다. 같은 시기에 가스프롬 역시 2015년부터 중국으로 천연가스를 전달하기로 약속하는 협정에 서명했다. 그 당시, 총리로 재직하는 실권자 푸틴은 중국과 러시아의 협력은 석유자원을 넘어 핵에너지의 평화적 사용으로 확대될 것이라고 말했다.[3]

....

1) 크렘린은 동부 시베리아 유전지대의 성공적 발전과 아시아 시장 수출을 위해 가스프롬이 중국에 천연가스를 공급하도록 결정했다. 알테이 공화국은 서부 시베리아에 위치해 있고, 러시아 행정구역 중 가장 넓은 야쿠티아 공화국은 사하(Sakha) 공화국이라고도 불린다. Sakhalin-Khabarovsk-Vladivostok Transmissions System, (September 27, 2011), GAZPROM.

2) 그 과정에서 로스네프트와 트란스네프트는 CNPC와 20년 간 하루 30만 배럴의 원유생산에 합의했다.

3) 2010년 원유 파이프라인 완공 당시 로스네프트, 루크오일, 트란스네프트는 CNPC와 향후 원유공급 확대 및 파이프라인 운영과 관련된 제반 사항에 합의했다. CNPC invests $500M in Rosneft's IPO, (July 19, 2006), www.Chinadaily.com.cn; China, Russia mark completion of crude oil pipeline, (September 27, 2010), www.Chinadaily,com.cn; Russia and China sign series of energy

러시아 극동지역 에너지 관계　　　　러시아와 중국의 경제협력
중에서 가장 어려운 부분은 러시아 극동지역(RFE: Russian Far
East)과 관련됐는데, 한마디로 모스크바는 중국이 그 지역을 경
제적으로 장악할 것을 우려했다. RFE가 경제적으로 낙후되어
있는 것을 우려하는 모스크바는 계속 그 지역의 발전을 도모해
야 한다는 생각을 가졌는데, 그 구상의 일환으로 RFE에서 천연
가스와 오일 개발 사업을 시작했다.

_러시아 극동지구

　1996년 옐친정부 당시 러시아는 미국, 일본, 인도 에너지회사와 사할린열도 동북부
해안에서 오일 및 가스 공동생산을 위한 두 개의 사할린 프로젝트에 합의했다. 사할린
－1(Sakhalin－I) 프로젝트는 미국 엑슨 모빌(Exxon Mobil)의 자회사(ENL: Exxon Neftegas
Limited)가 30% 최대지분을 갖고 운영했고, 나머지는 러시아 로스네프트, 일본 컨소시엄,
인도 오일회사가 비슷한 비율로 소유했다. 사할린－2(Sakhanlin－II) 프로젝트는 (2011년
현재) 가스프롬이 51%의 최대지분을 갖고 있는 '사할린에너지'(Sakhalin Energy: Sakhalin
Energy Investment Company Ltd.) 회사가 운영했고, 나머지는 일본의 미쓰이와 미쓰비시,
네덜란드의 로열 더치 쉘(Royal Dutch Shell)이 보유했다. 사할린－2 프로젝트는 공동생산
합의 하에 오호츠크(Okhotsk)해의 오일 및 가스를 800Km 파이프라인을 통해 사할린 섬
남부의 아니바 만(Aniva Bay)에 위치한 프리고로드노예(Prigorodnoye) 생산시설로 수송하
고, 그곳으로부터 외국으로 수출할 계획을 수립했다. 그에 따라 프리고로드노예에 러시아
의 첫 번째 액화천연가스(LNG: Liquified Natural Gas) 공장이 건설되고 2009년 처음으로
일본, 한국, 미국으로 수출이 시작됐다. '사할린에너지'는 중국에도 LNG 판매를 계획했
다.[1]

　　처음 사할린－1, 사할린－2 프로젝트를 구상했을 때 러시아는 기술 및 자본충당 목
적으로 외국회사들을 참여시켰지만 그들의 영향력 확대를 우려했다. 푸틴 정부하에서 엑

----

agreements, (September 27, 2010), www.bbc.com

1) '사할린 에너지' 회사에서 미쓰이와 미쓰비시는 합쳐서 22.5% 주식을 보유했다. 나머지는 로열 더치 쉘
(Royal Dutch Shell)이 보유했으나 그 지분은 나중에 '사할린에너지'가 인수했다. Sakhalin II－
Gazprom, https://www.gazprom.com〉 sakhalin2; A Tale of Three Thefts; China, Russia, And
the U.S., (October 22, 2016), www.forbes.com

슨 모빌은 가스프롬의 반대에도 불구하고 2006년 사할린-1 파이프라인을 통해 중국 CNPC에 가스공급을 시작했고, 중국, 일본, 한국에 정제석유를 수출했다.[1] 사할린-2를 관장하는 '사할린에너지'는 중국의 투자를 염두에 두고 CNPC와 오호츠크해 유전탐사 개발에 관한 계획에 합의한 바 있었다. 그렇지만 그들 또한 극동지역에서 어느 나라보다도 중국의 영향력 확대를 우려했다. 일찍이 2000년, 푸틴 대통령은 러시아 극동이 제대로 개발되지 않으면 그 지역이 중국인, 일본인, 한국인 수중에 넘어갈 것이라고 경고했고, 다른 고위관리들 역시 그 지역의 취약한 인프라, 인구감소, 대규모 불법이민, 외국의 약탈적 자원개발을 우려했다. 메드베데프 대통령도 2008년 9월 만약 러시아가 RFE를 개발하는 데 실패하면 그곳은 다른 아시아 국가들의 천연자원 기지로 전락할 것을 우려했다. 그러나 RFE에 인프라와 경제발전을 위해 특별자금을 할당하려는 러시아 연방정부 계획은 원래 구상대로 진척되는 데에는 많은 한계가 있었다.[2]

지난 10년 간 현실은 RFE가 점점 더 중국의 노동력, 서비스, 상품에 의존해 가고, 외부로부터의 이주는 갈수록 심해지며, 중국의 러시아 투자는 더 확대되는 것으로 나타났다. 2008~2009년 중국의 광산, 정유회사들은 러시아의 시베리아와 극동 자원개발 입찰사업에 참여하고, 중국정부는 러시아 은행에 대한 대여를 통해 러시아 루크오일(Lukoil)의 주요 주식 보유자가 됐다. 2009년 가스프롬은 사할린-3(Sakhalin-III) 프로젝트 시작을 위해 키린스키(Kirinsky), 아이야쉬스키(Ayashsky)를 포함하는 4개 관련지역 해저개발을 시작했는데, 그 중 한 지역인 베닌스키(Veninsky) 유전사업에는 중국 석유기업 시노펙(Sinopec)이 참여했다. 사할린-3 프로젝트에서 생산되는 가스는 사할린-하바롭스크-블라디보스토크 가스 수송체계를 위한 주요 자원기초 중 하나로 여겨졌다. 모스크바는 그렇게 극동지역 인프라 현대화와 발전을 위해 중국의 해외투자를 불가피하게 수용했다.[3]

....

1) 2006년 엑슨 모빌은 중국 CNPC와 20년에 걸쳐 10억 큐빅 미터 이상의 가스를 공급하는 장기계약을 체결했다.

2) New Security Challenges and Russia, (November 10, 2002), Russia in Global Affairs, Foreign Policy Research Foundation, eng.globalaffairs.ru

3) Maxim Potapov, "China's Experience as a Member of APEC; Lessons for Russia," Far Eastern Affairs, No. 1, (2001), p. 47; Gazprom in Eastern Russia, Entry into Asia-Pacific Markets, (June 17, 2009), www.gazprom.com; Sakhalin III-Gazprom, http://www.gazprom.com〉 sakhalin3

5) 중앙아시아 협력

중앙아시아 지역에서 러시아와 중국의 협력은 상하이협력기구(SCO: Shanghai Cooperation Organization)를 중심으로 전개됐다. SCO는 정상회담을 개최하고 역내 테러와 분리주의 방지, 신뢰 및 우호증진, 안보 군사협력, 경제교류를 포함해 거의 모든 분야에서 협력한다는 방침을 표방했다. 그 회원국들은 매년 지역을 바꿔가며 연합 군사훈련을 실시했다. 2002년 7월에는 키르기스스탄에서, 2003년 7월에는 카자흐스탄과 중국에서, 그리고 2005년 8월에는 1,800명 러시아 병력과 7천명 PLA 병력이 8일간 공동 군사훈련을 실시했다.[1] 미국 미사일 방어망의 동유럽 설치로 미·러 관계가 최고로 악화되어가던 2007년 8월 SCO는 러시아 영토인 우랄지역에서 또다시 연합 군사훈련을 실시했다.

그 2007년 평화임무(Peace Mission) 군사훈련에 뒤이어, 푸틴은 1992년 중단한 TU−95, TU−160 공군 전략폭격기의 장거리 순찰비행을 다시 시작할 것이라고 선언했다. 그러나 푸틴은 SCO를 나토에 반대하는 군사기구에 비유하는 서방의 의심을 부인했고, 중국도 SCO는 회원국의 국경선보장, 재난구조, 대테러에 목적이 있는 것이라며 다른 나라들의 의심을 부인했다. 그러나 군사동맹이 아니었음에도 불구하고, SCO는 테러와의 전쟁 중 미군이 전진

_평화임무 군사훈련

기지로 사용하는 우즈베키스탄 미 공군기지로부터 철수할 것을 요구해 워싱턴의 전략, 군사이익을 견제했고, 정상회담에 이란, 수단, 베네수엘라와 같은 반미국가 정상들을 참석시키면서 노골적으로 반 서방 성향을 드러냈다. 2008년 5월 발표된 SCO 공동선언에서, 러시아와 중국은 마치 미국을 겨냥한 듯 서로 밀접하게 얽혀있는 국제안보 현실에서 정치, 군사동맹을 확대시켜 가면서 다른 나라의 안보를 희생시키는 일부 국가들의 행위는 중단되어야 한다고 강조했다.[2]

---

1) Dumbaugh, China−U.S. Relations, (Updated March 17, 2008), p. 22; Medvedev Pledges to Build Strategic Partnership with China, (May 24, 2008), www.en.rian.ru; 2005년 2월 푸틴과 러시아를 방문 중인 중국 국무위원 탕자쉬안은 양국이 정기적으로 안보협의회를 가질 것이라고 공동 선언했는데, 베이징은 그것이 중국에게는 최초로 외국과 정부차원의 공식 안보관계를 설정하는 조치라고 말했다. Joint Statement between The People's Republic of China and the Russian Federation, (April 4, 2007), www.fmprc.cn

2) 2007년 12월 러시아 국방장관 세르듀코프는 푸틴에게 자국 항공모함 쿠즈네초프(Kuznetsov)와 11척의 전함이 지중해에서 소련시대 이후 처음으로 주요 해군작전을 펼치고 47대의 전투기가 이를 지원할

러시아와 중국, 또 SCO 국가들은 에너지 협력도 진행했다. 2005년 12월 중국은 카자흐스탄과 양국 오일파이프라인을 연결하는 8억 달러 상당의 아타수－아라산커우(Atasu－Alashankou) 공사를 시작했는데, 그것은 러시아의 서 시베리아 원유 공급을 전제로 한 프로젝트였다.[1] 그 당시 러시아가 제대로 원유를 공급하면 그 파이프라인을 통해 전달되는 오일의 양은 연간 최대 2천만 톤에 이를 것으로 추정됐다. 2007년 5월 (투르크메니스탄 도시) 투르크멘바시(Turkmenbashi)에서 개최된 SCO 정상회담에서, 러시아, 카자흐스탄, 투르크메니스탄 정상들은 천연가스 수송로인 프리카스피스키 파이프라인(Prikaspiisky route) 확장 보수작업에 합의했다. 그러나 그 프로젝트는 일시 연기됐는데, 그 이유는 투르크메니스탄 대통령 구르반굴리 베르디무하메도프(Gurbanguly Berdymukhamedov)가 자국이 러시아 파이프라인을 통해 다른 나라에 제공하는 천연가스 가격이 상대적으로 낮은 것에 불만을 가졌기 때문이다.[2] 프리카스피스키 천연가스 파이프라인 작업이 불확실해지면서 중국은 투르크메니스탄에서 오일 관련 기회를 모색했다. 중국 총리 원자바오는 아시가바트(Ashgabat)를 방문하면서 베르디무하메도프와 양국 간 한 차원 더 격상된 경제협력과 (카자흐스탄을 통해 중국으로 연결되는) 천연가스 파이프라인 프로젝트에 관해 협력할 것을 약속했다.[3] 2007년 11월, 러시아 오일회사(TNK－BP)와 가스프롬네

것이라고 보고했다. 세르듀코프는 그 작전은 세계대양으로 러시아 해군이 정기순찰을 재개하는 것이라고 말했다. SCO Scares NATO, (August 8, 2007), www.km.ru; Press Statement and Responses to Media Questions following the Peace Mission 2007 Counterterrorism Exercises and the Shanghai Cooperation Organization Summit, (August 17, 2007), http//kremlin.ru/eng/speeches/2008/08/17/2033_type82915_141812.shtml; China－Russia Joint Statement Says International Security 'Inalienable,' (May 23, 2008), www.lexisnexis.com

1) 아라산커우는 중국 신장 위구르 서북지역에 위치한 몽골 자치구로, 카자흐스탄으로부터 철도 및 고속도로로 연결되는 유라시아 대륙 연결통로의 일부이다.

2) 프리카스피스키 파이프라인 프로젝트와 관련해, 베르디무하메도프는 일방적으로 러시아와의 합의이행을 연기했다. 양국 간 정부위원회에서 문제해결을 원하는 푸틴의 열망에도 불구하고, 베르디무하메도프는 오히려 미국 관리들에게 경제, 안보협력 증대에 관한 의사를 표명하면서 워싱턴이 강력하게 지원하는 TCP(Trans－Caspian Gas Pipeline) 건설참여 의지를 표명했다. TCP는 프리카스피스키 파이프라인의 이익과는 배치되는데, 왜냐하면 그것은 러시아를 우회하고 따라서 그 건설, 그리고 투르크메니스탄과 카자흐스탄이 그 파이프라인을 사용할 경우 그것은 크렘린의 지역 에너지 정책에 타격이 되기 때문이다. 베르디무하도프가 러시아와의 합의를 일방적으로 연기한 것은 서방 및 중국과의 협상을 통해 프리카스피스키를 통해 전달되는 자국 천연가스 가격을 높이기 위한 술책으로 간주됐다. Prikaspiisky Pipeline: Temporary Delay or Fundamental Problem?/Eurasianet, (June 25, 2007), https://eurasinet.org〉 prikaspiisky－pipel...; Russia Talks TAPI with Turkmenistan; Postpones Prikaspiisky, (October 25, 2010), EurasiaNet. Org

3) 베르디무하메도프 대통령은 천연가스와 관련된 약속에 관해 무책임한 것으로 알려져 있다. 그래도 외국정부와 회사들은 아시가바트와 협상을 하지 않을 수 없는데, 왜냐하면 투르크메니스탄은 천연가스

프트(GazpromNeft)는 카자흐스탄을 거쳐 중국으로 연간 500만 톤 규모의 원유를 수송하는 사업을 시작했다. 그것은 2005년 12월 합의된 중국과 카자스흐스탄 간 오일 파이프라인 연결사업의 결실로 이제 러시아 오일은 옴스크-파프로다-아타수-아라산커우(Omsk-Pavlodar-Atasu-Alashankou) 통로를 따라 중국 신장지역으로 전달되는 커다란 성과를 이루었다. 2008년 1/4분기에 30만 톤의 러시아 오일이 그 통로를 따라 중국으로 수출됐다.[1]

(4) 일본과의 관계

그동안 러시아와 일본 관계는 애매한 상태에서 현상유지 되고 있었는데, 그 이유는 1956년 양국의 외교 관계정상화에도 불구하고 쿠릴열도의 북방 4개 도서문제 미해결로 러·일 평화조약이 체결되지 않아 두 나라가 국제법적으로 제2차 세계대전 연장선상의 전쟁상태에 있기 때문이었다. 그래도 양국관계가 반드시 나쁜 것만은 아니었다. 그동안 양국은 서로를 마주보는 병력을 감축했고 양국의 해군과 해안경비대는 서로 정기적으로 교류했다. 경제적으로도 양국은 많은 공통이익을 보유했는데, 옐친시대에 도쿄는 여러 계기에 경제지원을 제공했고 점차 러시아 극동지역 개발을 둘러싼 협력 필요성은 양측의 일정부분 공감대를 얻었다. 그럼에도 불구하고 북방 4개 도서문제와 평화조약은 양국관계의 핵심에서 미해결 상태였다. 푸틴이 국가 리더로 등장한 이후에도 그 문제에서는 진전이 없었다.

매장량에서 세계 5위 안에 드는 것으로 알려져 있기 때문이다. 2007년 경제개방을 추진하면서, 그는 3개의 주요 파이프라인 프로젝트에 관심을 보였다. 프리카스피스키 루트는 러시아를 통해 투르크멘 가스 수출을 늘리고, 서방이 지배하는 카스피 루트(TCP)는 아제르바이잔으로 연결되며, 중국과는 동부라인(Eastern connection)을 통해 연결된다. 그럼에도 베르디무하메도프는 투르크메니스탄은 중국과 이미 서명한 합의 준수뿐 아니라, TCP 건설도 투르크메니스탄의 천연가스 매장량에 비추어 경제성에서 문제없다고 암시했다. 2007년 11월 베르디무하메도프가 프리카스피스키 파이프라인 확대를 서두르려는 욕구를 내비치면서, 러시아 가스프롬은 파이프라인 협상을 위해 일단 가스 가격의 50% 인상을 수용했다. 전문가들은 2012년으로 예상되는 프리카스피스키 프로젝트의 완성은 러시아가 투르크멘 가스 수출에 대한 지배를 장기화할 수 있을 것으로 기대했다. Is Turkmenistan keeping its energy export promises?-Alexander's Gas and Oil..., www.gasandoil.com〉 2007/12〉 ntc75100; Russia moves toward natural gas cartel-CSS, www.css.ethz.ch〉 article.html〉 pdf

1) 2008년 러시아 회사 스트로이트란스가스(Stroytransgaz)는 중국으로 수송되는 투르크메니스탄 부분 가스 파이프라인 건설계약을 입찰에서 따냈다. KazTransOil Announces Beginning of Russian Crude Transit to China, (January 21, 2008), www.uoalberta.ca; Marat Gurt, "Russian Company Wins Turkmen Pipeline Tender," (February 19, 2008), www.lexisnexis.com

_쿠릴열도

일본이 영유권을 주장하는 북방 4개 도서가 속해 있는 쿠릴열도는 어떤 곳인가? 쿠릴열도는 30개의 섬(islands)과 작은 섬(islet)들로 구성되어 있다. 그 도서들은 1,300Km의 길이로 오호츠크 해(Sea of Okhotsk)와 북태평양 사이에 놓여 있는데, 그곳은 세계에서 가장 풍부한 조업해역 중 하나이다. 러시아 어류수확의 1/3은 그 도서지역에서 생성되고, 쿠릴 어획량은 연간 10억 달러가 넘는다. 그 섬들은 금, 은, 기타 광석에서도 풍부하다. 쿠릴 관련 문제는 러·일 관계의 핵심에 위치한다. 일본인들은 남 쿠릴의 하보마이, 시코탄, 이투루프(Iturup/Etorofu), 쿠나시리(Kunashir/Kanashiri) 4개 도서 영유권을 주장한다. 러시아인들에게는 남 쿠릴(South Kurils)로 알려져 있고 일본인들에게는 북방영토(Northern Territories)로 알려져 있는 그 지역은 원래 1855년 시모다 협정(Treaty of Shimoda)에 의해 일본에 속해 있었다. 그러나 제2차 세계대전 끝 무렵 소련은 그 4개 도서를 점령했다. 러시아인들은 그 도서 및 인근수역을 제2차 세계대전의 전리품으로 간주했다. 1949년까지 그 도서로부터 1만 7천명 일본인 대부분이 추방됐다. 일본 수산물공장에서 일하던 소련 근로자들은 쿠릴에 완전히 정착해 러시아의 그 도서 어업기지화 주역이 됐는데, 2000년 그곳에 거주하는 러시아 어민과 통조림 공장(cannery) 근로자는 1만 9천명에 달했다.[1]

1956년 소련과 일본이 관계를 정상화할 때, 양측은 그 4개 도서 가운데 우선 2개를 돌려주고 나머지 두 개 섬을 미래에 반환하는 방안에 대해 논의하자고 합의했다. 그러나 도쿄는 4개 섬 모두가 일본 것이고 협상의 대상이 아니라며 그 제안을 거부했다. 그 이후 러시아 순시선과 일본 조업선박 간에 수많은 사건이 발생했다. 러시아 당국은 자국영해를 침범한다는 이유로 그 도서 인근에서 조업하는 어선들에 총격을 가하고 일본인 어부들을 투옥시켰다. 또 1991년 러시아는 과거 그 지역 거주 일본인들의 조상제사를 위한 무비자 도서방문을 허락했지만, 2009년 1월 메드베데프 정부는 가족묘를 방문하는 일본인들에게 러시아 비자 취득을 강요했다. 모스크바의 요구가 러·일 도서관련 합의위반이라고 말하면서, 일본은 그 섬들에 대한 인도주의 지원을 중단했다. 그러나 2009년 5월 러시아는 비자요구를 중단했는데, 그 이유는 일본정부가 극동지역 러시아 핵잠수함 폐기

---

1) 그 일본인들은 짐을 싸서 바지(barge)선으로 출발하기까지 24시간이 주어졌다.
http://factsanddetails.com/Japan/cat22/sub149/item821.html, pp. 4-5.

를 돕기 위해 4천만 달러 기여를 약속했기 때문이다.[1]

1) 옐친시기의 쿠릴열도 논의

보리스 옐친 정부는 집권 직후 처음에는 일본에 분쟁영토를 포기하는 것에 반대 입장을 표명했다. 비록 일본이 G7 산업국들과 함께 러시아에 일부 기술, 재정지원을 제공하는 데 참여했지만, 모스크바와 도쿄 관계는 한동안 취약한 상태로 지속됐다. 1992년 9월 옐친대통령은 일본 방문계획을 연기했지만, 그 방문은 1993년 10월 실현됐다. 그는 소련이 제2차 세계대전 이후 일본군 포로를 학대한 것에 대해 사과하면서 양국 간 평화조약이 체결되면 하보마이와 시코탄 두 개 도서를 일본에 반환한다는 1956년 소련의 약속을 지킬 것이라고 재확인했다. 옐친대통령은 그렇게 수십억 불의 일본 경제지원과 투자 대가로 러시아가 쿠릴열도 일부를 반환할 수 있다고 간혹 암시했지만, 러시아 민족주의자들은 그런 계획에 격렬히 반대했다. 1994년 3월, 일본 외교장관 하타 쓰토무(Tsutomu Hata)는 모스크바를 방문하고 러시아 외교장관 안드레이 코지레프와 만났다. 양측은 지속적으로 쿠릴열도 분쟁을 해결해야 한다는 당위성에는 합의했으나, 전망은 밝지 않았다. 영토분쟁에도 불구하고, 하타는 러시아의 시장지향적 경제개혁에 약간의 재정지원을 제공했다. 1998년 7월 새로 선출된 일본총리 오부치 게이조(Keizo Obuchi)는 러시아와의 평화조약 체결에 관해 논의하기기를 원했지만, 그가 조기에 사망하면서 쿠릴열도 분쟁과 러·일 관계에서의 진전은 없었다.[2]

2) 푸틴 등장 이후의 북방 4개 도서 논의

러시아에 푸틴이 대통령으로 등장하고 일본에서 민족주의적 성향이 두드러지는 정치인 고이즈미 준이치로가 2000년대 전반기 총리로 재직하던 시절 러·일 관계는 어떻게 진행됐나? 한마디로 2000년 대 전후반기 모두 북방 4개 도서 문제에 관한 양국의 결론은

---

1) 1990년대와 2000년대 초 쿠릴도서들은 추운 겨울에 수시로 전력이 끊기고 연료부족으로 고통 받았는데, 일본선박의 연료 및 물자 비상공급은 그 지역 생활인들에게 큰 도움을 주었다. 1990년대에 일본인들은 파괴된 발전소와 현대식 의료센터 건설을 지원했다. 어업으로 더 많은 돈을 벌면서, 오늘날 쿠릴도서 러시아인들의 생계는 더 나아졌다.
   http://factsanddetails.com/Japan/cat22/sub149/item821.html, pp. 4-5.

2) Simo Santeri Holttinen, Post-Cold Ear Japan's National Security History Under the LDP and DPJ, Master's Thesis for Ritsumeikan Asia Pacific University, (March 2013), pp. 84-86.

변한 것이 없었다.

　　고이즈미의 총리 취임 한 달 전인 2001년 3월, 푸틴 대통령은 러시아 도시 이르쿠츠크에서 전 일본총리 모리 요시히로를 만났다. 그들은 이르쿠츠크 선언에 합의했는데, 그것은 양측이 평화조약 체결과 경제협력 증진을 위해 최선을 다할 필요성에 대한 재확인이었다. 그 다음 달인 2001년 4월 고이즈미가 일본총리로 등장했지만, 러·일 관계는 더 이상 협상의 여지가 없어보였다. 2002년 러시아 외교부 부장관 알렉산더 로슈코프 (Alexander Prokhorovich Losyukov)는 양국관계가 더 나빠진 상태라고 목소리를 높였다. 그럼에도 불구하고 2003년 푸틴과 고이즈미는 모스크바 회동에서 6개 사항에 합의, 서명했는데, 그것은 양국 정치대화의 심화, 평화조약 협상, 국제영역에서의 협력, 국방안보 발전, 무역경제 협력, 문화 및 개인교류 진전에 관한 것이었다. 그것은 지난 10년간 최대의 진전으로 보였지만 영토문제 해결 없이 가능한 것은 아무것도 없었다. 2003년 정책연설에서 고이즈미는 러·일 양국 간에 많은 노력에도 불구하고 실제진전은 어렵다고 말했다. 그렇지만 영토분쟁을 잠시 젖혀두고 양국 지도자 간에 위기 시 통화를 가능케 하는 핫라인이 개설됐다. 2003년 행동계획에 포함된 경제협력 역시 실현 가능성이 컸는데, 왜냐하면 일본은 러시아 극동지역 투자에서 큰 이익을 예상했기 때문이다.[1]

　　2004년 12월 푸틴 대통령은 과거에 옐친이 그랬듯이 두 개의 작은 쿠릴도서 반환을 암시했다. 그러나 러시아 국민들은 그런 발언과 움직임에 크게 반발했는데, 그들은 만약 쿠릴열도가 일본에 반환된다면 핀란드 인들이 카렐라이(Karelai)를 요구하고 독일인들은 칼리닌그라드(Kaliningrad)를 요구해 러시아 영토에 대한 '판도라의 상자'가 열릴 것이라고 주장했다. 일본 사람들은 미국이 일본에 오키나와를 반환했던 것처럼 러시아인들이 쿠릴 섬을 일본에 되돌려 주어야 한다고 말했다. 2004년 말 러시아는 조용한 분위기에서 중·러 국경의 아무르 (우수리) 강 도서를 중국에 반환했는데, 일본 일각에서는 이것이 러시아가 일본에 쿠릴열도를 돌려주는 모델이 되어야 한다고 주장했다. 2005년은 러·일 외교에서 특별한 해였는데, 왜냐하면 그 해는 양국역사에서 중요한 3개 이벤트를 기념하는 때였기 때문이다. 그것은 1855년 시모다 조약(Treaty of Shimoda) 체결 150주년, 1905년 러·일 전쟁 종전 100주년, 또 제2차 세계대전 종식 60주년을 기념하는 해였다. 그러

---

1) Ibid., pp. 87-91.

나 2005년 11월 푸틴과 고이즈미가 테러리즘과의 전쟁, 경제, 무역, 안보관계 강화에 대해 공동 노력하기로 합의했음에도 불구하고, 역시 쿠릴 열도 분쟁에 관한 진전은 없었다.[1] 양국 수뇌는 한 번 더 4개 도서 문제에 관해 논의할 기회를 가졌지만, 고이즈미가 4개 도서 현황조사를 거론하면서 그 문제는 또 다시 제대로 논의조차 되지 못했다. 한편 2005년 12월 러시아는 쿠릴열도 개발을 승인했다. 2006년 일본에서 고이즈미가 아직 총리로 재직할 당시 러·일 양국관계에 새로운 문제가 발행했는데, 그 이유는 그때 러시아 해안경비대가 분쟁도서 인근에서 조업하던 일본인 어부를 사살하고 나머지 선원을 구속했기 때문이다. 그 상황은 양측의 진전을 가로막았다. 예견했던 바와 같이 2006년 12월 러시아는 쿠릴열도를 러·일 간에 동등하게 분할하자는 도쿄의 제안을 거절했다.[2]

3) 러시아의 일본어선 나포와 상해

러시아 국경순시선들은 쿠릴열도 인근 러시아가 영유권을 주장하는 수역에서 조업하는 일본인 어부들에게 상해를 입히고 일본선박에 총격을 가했다. 제2차 세계대전 말과 2004년 사이, 1,330척의 일본 선박들이 러시아 순시선에 나포됐다. 이 사건들에서 사망사건은 1956년 한 차례 발생했다. 그러나 푸틴 정부 시기인 2006년 8월 러시아 국경 해양경비대 함정이 러시아가 통제하는 분쟁지역의 일부인 칼가라지마(Kalgarajima) 섬 인근에서 또다시 일본 어선에 발포해 1명의 어부를 살해했다. 선장과 두 명의 일본인 선원은 구속된 수주 후 석방됐다. 러시아 당국은 일본어선이 정선명령에도 불구하고 도주하려했기 때문에 발포, 사살했다고 주장했다. 2006년 9월 고이즈미 후임으로 아베 신조가 새 총리로 등장하면서, 러시아 외교장관 세르게이 라브로프 (Sergey Lavrov)는 다음과 같이 말했다. "러시아는 일본 새 정부와 계속 대화할 것이다. 우리는 양국 국민이 원하는 대로 우리 관계를 구축할 것이다. 아소 다로(Taro Aso)는 아직 일본 외교장관직에 그대로 머무르고 있다. 우리는 우호적이고 오랜 관계를 갖고 있고, 우리는 여러 프로그램에서 협력적으로 행동할 것이다."[3] 2007년 6월, 러시아는 자국영해

_세르게이 라브로프

---

1) 또 그때 러시아 인들이 홋카이도에서 7km 떨어진 무인도 수이쇼 섬(Suisho Island)에 정교회 (Orthodoxy) 교회를 건립했는데, 일본인들은 그것을 러시아 인들의 도발행위로 간주했다.

2) http://factsanddetails.com/Japan/cat22/sub149/item821.html, pp. 5-6; Holttinen, "Post-Cold War Japan's National Security History," (March 2013), pp. 87-91.

에서 허가받고 조업하던 일본어선을 또다시 나포했는데, 러시아 당국은 그들이 허가받은 것 이상의 어류를 포획하고 값비싼 연어를 값싼 어류로 가짜로 기록했기 때문이라고 말했다. 그 해 12월 4척의 일본어선이 또 다시 쿠나시리 섬 인근에서 나포됐는데, 그 선원들은 수개월 후 석방됐다.

2008년 7월 일본의 후쿠다 정부가 어린이들에게 일본이 쿠릴열도에 대해 주권을 갖고 있다고 가르치는 역사교과서를 위한 새로운 가이드라인을 발표하면서, 러·일 관계가 다시 악화됐다. 도쿄의 행동에 대해 분노한 러시아 대중은 모스크바에 강력 대응할 것을 주문했다. 러시아 외교부는 2008년 7월 "이 행동은 양국 간의 긍정적 협력발전과 분쟁해결에 도움이 되지 않는다"고 선언하고 그 열도에 대한 주권을 재확인했다.[1]

(5) 기타 반서방 국가와의 유대강화

러시아는 세계 각지의 몇몇 대표적 반미국가들과 관계증진을 도모했다. 2007년 10월 푸틴은 제2차 카스피해 정상회담(Caspian Summit)을 계기로 이란을 방문하고 그 나라 대통령 마무드 아마디네자드(Mahmoud Ahmadinejad)와 환담했다. 그 회의에는 아제르바이잔, 카자흐스탄, 투르크메니스탄을 포함해 러시아와 깊은 지역적 관계를 맺고 있는 나라들이 참여했는데, 그때 푸틴은 그 당시 큰 논란의 대상이던 이란 핵개발은 테헤란의 고유한 권리라고 말하면서 다른 카스피해 국가들 역시 마찬가지의 권리를 보유한다고 주장했다. 그 이후 메드베데프 치하에서, 이란─러시아 관계는 약간의 불협화음을 빚었는데, 그 당시 모스크바가 우수한 성능의 대공미사일인 S─300을 이란에 판매하지 않은 것이 대표적 예였다. 그러나 핵심적으로 러시아는 이란 부셰르(Bushehr) 핵발전소 건설을 완공시키고 미국 및 EU의 대이란 경제제재 및 군사공격 경고에 반대했다.[2]

....

3) http://factsanddetails.com/Japan/cat22/sub149/item821.html, p. 7.

1) Russia hopes to solve territorial dispute with Japan by strengthening trust_English_Xinhua, (July 19, 2008), News.xinhuanet.com; Japanese schoolbooks to claim Russia's Southern Kuril Islands, RussiaToday, (July 19, 2008)

2) 2007년 10월 푸틴의 러시아 방문은 1943년 스탈린의 테헤란 방문 이후 처음이었는데, 그때 푸틴은 지난 수년 간 이란 핵개발을 둘러싼 양국 간 분쟁을 완전히 잠재웠다. Putin Positive on Second Caspian Summit Results, Meets With Iranian President Mahmoud Ahmadinejad, (October 16, 2007), http://president.kremlin.ru/text/news/2007/10/148432html; Putin: Iran Has Right to Develop Peaceful Nuclear Programme, (October 16, 2007), http://top.rbc.ru/politics/16/10/2007/122607.shtml

아프리카에서 푸틴은 대표적 반미 아랍국가인 리비아를 방문했다. OPEC 창설의 주도자이고 오랜 기간 반미의 선봉에 선 무아마르 카다피(Muammar Gaddafi)와 푸틴의 2008년 4월 리비아에서의 만남은 화기애애했다. 리비아를 최초로 방문한 러시아 리더로서 그때 푸틴은 러시아와 리비아 양국의 국제문제 접근 및 해결방식에서 큰 공통점이 있다는 것에 큰 만족감을 느낀다고 말했고, 카다피는 미국 및 서방의 우월적 패권정책의 문제점을 지적했다. 나중에 '아랍의 봄'이

_무아마르 카다피

발생했을 때, 그 당시 총리였던 푸틴은 민중시위를 유혈 진압하는 리비아정부를 규탄, 제재하는 유엔결의안은 결함이 있는 것이라고 말하면서, 서방의 리비아 군사개입 가능성을 강력 비난했다. 그 이후 서방의 군사개입 과정에서 발생한 카다피의 죽음에 대해서, 푸틴은 그것은 미국에 의한 계획적 살인이고 모든 것은 온통 피로 물들어 있다고 말했다. 그는 이것이 서방이 민주주의라고 부르는 것이냐고 되물었다.[1]

남미에서 러시아는 역시 대표적 반미 국가 중 하나인 베네수엘라와 관계강화가 있었다. 푸틴은 베네수엘라 유고 차베스(Hugo Chavez) 대통령과 좋은 관계를 가졌는데, 그것은 첫째 그들의 반미성향과 정책에 의한 것이었다. 두 나라가 우호관계를 유지하는 데에는 러시아의 군사장비 판매가 중요한 역할을 했는데, 2005년 이후 푸틴 정부는 베네수엘라에 40억 달러 이상의 무기를 판매했다. 2008년 9월 메드베데프 정부는 훈련비행을 위해 베네수엘라에 TU－160 폭격기를 파견했고, 그해 11월 두 나라는 카리브 해에서 연합 해군훈련을 실시했다.[2] 아시아에서 러시아가 관계증진을 위해 많은 공을 들인 나라는 강대국

_유고 차베스

---

1) '아랍의 봄' 당시 푸틴은 서방의 이슬람문명에 대한 행동은 '중세시대의 십자군 전쟁'을 연상시킨다고 비난했다. Cara Parks, "Putin: Military Intervention In Libya Resembles 'Crusades'," (March 21, 2011), http:// www.huffingtonpost.com/2011/03/21/putin－libya－intervention－_n_838293.html; Putin states the West has no legal right to execute Quadaffi－RT, (April 26, 2011), http://rt.com/politics/putin－rasmussen－visit－denmark

2) 그보다 먼저 2000년 푸틴은 쿠바의 피델 카스트로와 더 강력한 유대를 재건했다. 차베스는 2013년 3월 사망했다. Vladimir V. Putin, "A Plea for caution From Russia," New York Times, (September 11, 2013)

으로 발돋움하는 인도였다. 냉전시대 제3세계 외교의 선두주자 중 하나인 인도는 미국 및 서방에 대한 반감에서 소련과 공감대를 가진 바 있다. 그러나 냉전종식 이후 인도는 국경분쟁 대상인 중국과의 약간의 예외를 전제로 세계 모든 나라와 좋은 관계를 유지하기를 원했다. 중국 견제를 위해 조지 W. 부시 행정부가 핵기술을 이전하면서 인도와 관계강화를 추진하고 베이징이 국경분쟁을 넘어 뉴델리와 관계증진을 시도하는 상태에서, 모스크바 역시 인도와의 우호관계 설정을 원했다. 푸틴 정부는 인도와 경제협력도 추진했다. 러시아와 인도는 철강, 석탄, 기계류, 의약품을 포함해 다양한 원자재와 제조품을 교환했다. 비록 푸틴의 처음 두 번 집권기간 양국무역은 30억 달러 수준으로 미미했지만, 푸틴은 수년 내 그 규모를 100억 달러로 증대시킬 것이라고 공언했다.[1]

02 러시아 국내정치와 사회

(1) 푸틴 대통령의 1차 임기

초기의 우호적 관계를 넘어 시간이 가면서 조지 W. 부시 대통령이 이끄는 워싱턴의 행태에 대항해 극단적 언어의 사용, 맞불작전, 중·러 협력 가속화로 대응한 푸틴 정부는 국내에서는 어떤 조치를 취하고 있었을까? 여기서는 푸틴 시기 러시아의 국내정치와 사회, 경제력 건설, 그리고 군사력 부활의 시도에 대해 논의할 것이다.

1999년 12월 31일 옐친 대통령이 임기를 마치지 않은 채 갑자기 사임하면서 푸틴은 갑작스럽게 대통령 권한대행의 책임을 맡았다. 옐친하에서 총리로 재직할 당시 그의 인기는 급상승했는데, 특히 1999년 제2차 체첸전쟁이 발생했을 때 그에 대해 신속하고 강경하게 대응한 것이 그의 리더로서의 인지도를 크게 높였다. 지난 오랜 기간 미국과 서방

---

1) 그 후 메드베데프 집권기를 거쳐 푸틴 3기에도 러시아와 인도는 관계강화를 위해 계속 노력했다. 그렇지만 인도는 미국, 러시아, 중국 사이에서 거의 독자적 대외정책을 구사한다. 오히려 실제상황은 미국, 러시아가 서로 상대방에 대한 견제목적으로 인도에게 구애하는 형태를 띤다. 인도-중국 관계는 국경분쟁으로 문제는 있지만 서로 자제하면서 협력하는 상태이다. India, Russia sign new defence deals, (December 24, 2012), https://www.bbc.co.uk/news/world-asia-india-20834910; India has right to join SCO, not Pakistan; Russian envoy-News, (April 2, 2012), http://www.newkerala.com/news/fullnews-124347.html

의 무소불위 행동, 국내정치 혼란, 그리고 참담한 국내경제 침체에 환멸을 느낀 푸틴은 러시아라는 조국을 원래 당연히 누려야 하는 위상으로 되돌려 놓을 것이라고 다짐했다. 의무감으로 충만한 국가주의자 푸틴의 목표는 중앙정부를 강화하고 러시아의 강대국 지위를 회복하는 것으로 보였다.

1) 정치, 사회적 중앙집권화

2000년 3월 대선에서 푸틴은 대통령에 당선됐고 두 달 후 5월 7일 대통령직에 정식 취임했다. 러시아의 최고 권력자가 된 그는 신속하게 중앙집권화를 추진했다. 그는 러시아를 원래 궤도에 올려놓기 위해서는 단호한 결정이 필요하고, 동시에 불필요한 반대가 발생하지 못하도록 하는 것이 중요하다고 생각했다. 그에게 어설픈 서구민주주의는 나라를 혼란으로 몰아가는 이름뿐인 제도였다. 2000년 5월 그는 러시아의 89개 연방 행정구역을 7개의 거대 연방관구(super-regional districts)로 구분하고, 각 구역에 대통령에게 책임지는 전권대표(Plenipotentiary Representative)를 임명해 전국 모든 지역에 대한 직접 통제권을 확보했다. 그 2개월 후 그는 89개 연방 행정책임자 해임권한을 확보했다. 2004년 대통령에 재선된 후 1년이 지난 2005년에는 두마의 동의를 얻어 연방구성체 수뇌를 주민의 직접선거 대신 대통령이 임명하고 주 의회가 승인하는 형태로 선거제도를 변경했다.[1] 또 모든 두마 의원들은 각 정당이 전국적으로 받은 투표수에 비례하는 전국 당 리스트(National Party List)에 근거해 선출되는 방식을 도입했다. 연방구성체 수뇌 임명제는 이들을 완전히 대통령에 의존하거나 그에게 복종하게 만들었고, 당 리스트 조치는 국민들에게 인기 있는 두마 내 친 푸틴정당 '통합러시아당'(United Russia)의 득표율을 더 높였다. 푸틴과 그의 지지자들은 그 조치들이 지역에서의 부패축소, 조직범죄와의 연계단절, 그리고 대테러 투쟁에 반드시 필요하다고 주장했다. 민주화세력은 그 일련의 조치가 민주주의를 억압, 말살시키고 푸틴의 권위주의를 증대시킬 것으로 우려했지만, 일부를 제외한 대다수 국민들은 그 조치에 크게 반대하지 않았다. 그 이유는 러시아인들이 갖는 정치의식, 정치문화는 자유민주주의를 시행하는 서방과 크게 달랐기 때문이다. 오히려 옐친시대 서구 민주주의의 혼란과 전례 없는 경제난관을 직접 경험한 대다수 국민들은 현란한

---

1) Maria Lipman, "How Putin Silences Dissent (Inside the Kremlin's Crackdown)," Foreign Affairs, Vol. 95, No. 3 (May/June 2016), p. 40; Dov Lynch, "The enemy is at the gate: Russia after Beslan," International Affairs, Vol. 81, No. 1, (2005), pp. 141-161; Putin tightens grip on security, BBC News, (September 13, 2004)

민주적 수사를 앞세우기 보다는 단호하게 행동하고 실질적으로 국민생활을 개선시키는 푸틴 형태의 국가적 리더를 선호했다. 수개월 후, 러시아 정부는 정치적으로 반체제 성향이 있는 NGO를 폐쇄하는 NGO 규제법을 통과시켰다. 그동안 푸틴은 NGO 확산을 통해 러시아 정치문화를 바꾸고 민주세력을 집권하게 하려는 서방의 시도가 러시아 국가안보를 저해한다고 주장했는데, 그는 그의 결정이 서방의 사회, 문화적 침투를 막기 위한 조치라고 강조했다.[1]

푸틴은 또 미디어 장악을 시도했는데, 왜냐하면 그는 국가의 정책과 행동을 왜곡해 보도하는 언론은 국민의 귀를 멀게 하고 또 그들 중 일부는 반체제 세력과 결탁해 정치권력 장악을 추구한다고 생각했기 때문이다. 핵심 타겟은 푸틴에게 비판적인 독자적 TV 네트워크 NTV를 소유하고 있는 블라디미르 구신스키(Vladimir Gusinsky)의 미디어 왕국이었다. 그는 2000년 부패혐의로 체포된 이후 나중에 석방, 출국이 허용됐지만, 그의 NTV는 국영 천연가스 독점기업 가스프롬(Gazprom)에 흡수됐다. 푸틴 정부는 강제적 수단을 동원해 유명한 올리가키 보리스 베레조프스키(Boris Berezovsky) 소유의 ORT TV 네트워크의 상당지분도 인수했다. 영향력 있는 독자적 모스크바 TV 방송국 TV-6는 2002년 정부 압력하에 폐쇄됐다. 2006년 러시아 정부는 라디오 방송국들에게 미국이 자금을 지원하는 '미국의 소리'(VOA: Voice of America)와 '자유 라디오'(RL: Radio Liberty)

_보리스 베레조프스키

프로그램 방송을 취소할 것을 강요했다. 면허취소 위협에 직면한 30여 개 방송국 중 4~5개만 제외하고 대부분은 정부의 지시를 따랐다. 정부에 비판적인 언론인들은 투옥되고 공격받았으며, 어떤 경우에는 무자비하게 살해됐다. 체첸전쟁 비판자이며 존경받는 언론인 안나 폴리트코프스카야(Anna Politkovskaya)는 2006년 10월 살해됐다.[2]

----

1) Goldman, Russian Political, (2008), p. 3. 현재 러시아 연방 행정구역의 숫자는 89개에서 85개로 축소됐고, 러시아 연방구성체 수뇌의 직접선거는 2012년 메드베데프 대통령에 의해 다시 부활했다. State Duma Approves Liberal Political Reforms, RIA Novosti, (February 28, 2012), sputniknews.com

2) Goldman, Russian Political, (2008), p. 4.

2) 올리가키 청산과 통제경제로의 복귀

푸틴은 처음부터 올리가키들을 못마땅하게 생각했는데, 왜냐하면 그들은 부정한 방법으로 국민의 부를 가로채고 더구나 많은 재산을 해외로 **빼돌렸기** 때문이다.[1] 민족주의자이며 국가주의자인 푸틴은 그것을 용납할 리 없었고, 국민들은 그의 행동을 지지했다. 모스크바 당국은 푸틴의 지휘 하에 옐친대통령 시절 정경유착을 통해 비정상적 방법으로 부를 축적한 올리가키(oligarchy)들의 재산을 빼앗고 투옥시켰다. 그들 중 상당수는 부패했을 뿐 아니라 어떤 경우에는 조직범죄와 타협해 국민의 지탄대상이 되기도 했다. 구신스키, 베레조프스키 사건 이외에 특히 많이 알려진 경우는 세계 제4위 규모 석유회사 유코스(Yukos)의 최고경영자(CEO) 미하일 호도르코프스키(Mikhail Khodorkovski) 관련 사건인데, 그는 2003년 10월 부패, 탈세혐의로 투옥됐다. 그 당시 러시아에서 가장 부유했던 호도르코프스키는 1990년대 옐친 대통령 시절 국가 소유자산의 민영화 과정에서 정경유착의 부패한 방법으로 억만장자가 된 사람이다. 그는 2004년 6월 재판에 넘겨져 2005년 9년 징역형

_미하일 호도르코프스키

을 선고받고 시베리아 감옥으로 이송됐다. 유코스는 해체되어 그 주요 자산은 280억불 상당의 세금연체를 갚기 위해 매각됐다.[2] 일부에서는 호도르코프스키가 체포된 이유는 그가 푸틴의 정치행동을 비판하고, 반 푸틴 정당에 재정지원하며, 미래 대통령 선거에 뛰어들 가능성을 시사했기 때문이라고 말했다.[3] 그 외에도 선박, 항공기, 자동차, 원료추출 회사 등 많은 대기업을 전략자산으로 규정하면서, 모스크바 당국은 그들을 재 국유화하던지 아니면 다른 방법으로 정부통제하로 귀속시켰다. 그 기업들의 운영은 보안부서, 군 출신 정부 고위관리들이 맡았다. 많은 사람들은 러시아에서는 정치를 지배하는 사람이

---

1) 1990년대 올리가키들은 부패와 사기수법으로 부를 축적했고 러시아 정치, 경제, 사회 모든 측면에서 부당한 영향을 미쳤다. Lee S. Wolosky, "Putin's Plutocrat Problem," Foreign Affairs, Vol. 79, No. 2 (March/April 2000), pp. 18−31.

2) 유코스의 주요 석유생산 자회사인 유간스크네프트가즈(Yugankneftegaz)는 세금탈루를 갚기 위해 국가경매에서 바이칼 파이낸스그룹(Baikalfinansgrup)에 매각됐는데, 그 그룹은 나중에 국영 석유회사 로스네프트(Rosneft)에 흡수됐다.

3) 일부 러시아인들은 호도르코프스키 사건은 두 개 크렘린 파벌간의 긴 권력투쟁에서 빚어진 결과라고 분석했다. 그것은 기업성향의 전 옐친 충성주의자들과 보안부서 및 푸틴 고향인 상트페테르부르크 출신 푸틴 충성분자 간의 투쟁이라는 의미였다.

경제를 소유, 좌우한다고 결론내렸다. 반면 정부 정책에 충실하게 순응해 국가발전에 동참하기로 약속한 로만 아브라모비치(Roman Abramovich)와 아르카디 로텐베르그(Arkady Rotenberg) 같은 기업인들은 국가로부터 많은 혜택을 누렸고, 겐나디 팀첸코(Gennady Timchenko), 블라디미르 야쿠닌(Vladimir Yakunin) 같은 몇몇 사람은 모스크바 당국과의 친분을 배경으로 새로운 경제엘리트로 떠올랐다. 푸틴은 그렇게 러시아 굴지의 경제, 금융, 기업분야를 장악해 나갔고 러시아 정치, 사회, 경제 모든 분야의 최고 실력자가 됐다.[1]

3) 권위주의적 사회정화

푸틴 정부는 사회정화의 일환으로 조직범죄 및 테러와의 투쟁을 강력하게 전개했다. 이것은 2000년대 말까지 지속적인 살인율 및 범죄율 저하 및 테러 행위의 현격한 감소로 이어졌다. 한 가지 특기할 것은 2002년 이슬람 테러리스트들이 벌인 모스크바 극장사태에서 특수부대가 인질을 구조하는 동안 130여명의 시민이 사망한 것이 푸틴의 인기를 크게 잠식할 것으로 여겨졌지만, 그 사건 직후 여론조사는 푸틴 지지도가 83%로 대부분의 러시아인들이 그의 인질사건 해결방식에 만족한다고 답한 것이다. 그 사건은 그동안 러시아 사람들이 얼마나 사회 무질서, 혼란에 염증을 느꼈고, 강력한 지배자에 의해 통치되는 효율적인 정부의 부재를 얼마나 한탄해 왔는지를 명백히 보여주었다. 동시에 러시아인들의 그 사건에 대한 반응은 그들의 인권, 개인의 자유, 생명의 소중함에 대한 인식이 어디에 와 있는지를 확연히 드러냈다. 법과 제도정비도 뒤따랐는데, 토지법과 조세법의 법제화, 노동, 행정, 형법, 상법, 민사소송법에 대한 대대적 정비가 있었다. 그런 조치는 엄격하고 공정한 국가 관리의 상징으로 간주됐는데, 그로 인해 정부 예산확보가 더 용이해졌고 세금감면으로 인해 기업이 활성화되고 주민생활이 향상됐다.

4) 체첸 분리주의 진압

푸틴은 카리스마를 발휘해 국민의 지지를 얻는 계기를 마련했다. 그것은 그가 1990년대 초 이후 계속 국가적 문제로 대두된 북 코카서스(North Caucasus) 지역 분리주의 체첸공화국에 새 정치질서를 부여하고 2006년 여름까지 그 지역을 거의 모스크바의 통제

---

1) Goldman, Russian Political, (2008), pp. 4–5; Nichol, Russian Political and Economic, (February 10, 2012), p. 3; Arkady Rotenberg, (December 23, 2013), www.forbes.com

하에 두었기 때문이다. 체첸전쟁은 두 번에 걸쳐 발생했다. 제1차 전쟁은 1991년 11월 소련이 붕괴되어 가는 시점에 체첸이 독립을 선언하면서 발발했다. 1994년 12월 옐친정부는 체첸을 무력 공격하면서 쉽게 평화를 정착시킬 것으로 믿었지만, 인질사태, 테러를 병행한 전쟁은 1996년 8월에야 가까스로 진정됐다. 그 전쟁은 러시아 군의 무기력을 드러냈는데, 가장 큰 이유는 제대로 훈련되지 않은 군대의 작전이 모든 면에서 미진했기 때문이다.[1]

제2차 체첸전쟁은 1999년 8월 발발했다. 그때 이슬람 급진주의자들은 이웃 다게스탄(Dagestan) 공화국에서 러시아인들을 몰아내고 이슬람국가 건설을 맹세하면서 무장공격을 감행했다. 거의 동시에 모스크바와 다른 여러 도시 아파트빌딩에 대한 일련의 폭탄공격에서 약 300명이 살해됐다. 러시아 정부는 대규모 군사작전으로 대응했는데, 그 갈등은 국제적 비난에도 불구하고 러시아 대중의 강력한 지지를 받았다.

_제2차 체첸전쟁

2000년 2월 푸틴 권한대행 체제에서 러시아군은 체첸 수도 그로즈니(Grozny)를 장악했고 그 다음 수개월에 걸쳐 남쪽 산악지대의 반군 주요거점을 탈환했다. 그 과정에서 수천 명의 민간인이 사망하고 수만 명의 체첸난민이 발생했다. 2003년에 들어와 러시아 당국은 체첸에 신헌법을 도입하고 그 지역에 제한적 자치권을 부여하는 방식으로 테러를 줄이기를 원했다. 그러나 푸틴 정부가 지원해 자치공화국 정부수장으로 선출된 아흐마드 카디로프(Akhmad Kadyrov)는 2004년 5월 그로즈니 폭발사건에서 살해됐고, 체첸에서의 게릴라 전투와 그 지역 및 러시아 전체에서의 자살폭탄 공격은 계속됐다. 2004년 8월 모스크바 지원하에 새로 대통령으로 선출된 알루 알하노프(Alu Alkhanov) 체제 하에서도 체첸은 안정을 찾지 못했다. 러시아가 자국 영토 내에서 분리주의 세력 및 테러위협과 싸울 원천적 권리를 인정하면서도, 유엔, OSCE, 그리고 많은 외국정부들은 모스크바의 무차별적인 군사력 사용과 인명희생을 비판하고 정치적 해결을 촉구했다. 비록 모스크바가 대규모 체첸 군사저항을 억압했지만, 러시아는 장기적 게릴라전의 전망에 직면했다. 러시아는 체첸에서 1999~2006년 기간 아프가니스탄 전쟁(1979~1989) 소련 전체손실과 비견할 만한 1만 5천 명 병력을 잃은 것으로 알려졌다. 양측에서의 유혈은 계속됐다. 러시아 군

---

1) Jim Nichol, Russian Political, Economic, and Security Issues and U.S. Interests, CRS Report, (2014), pp. 22-25.

은 정기적으로 민간인 상해, 납치로 귀결되는 청소작전을 실시했고, 체첸전사들은 러시아 군 및 체첸의 친 모스크바 체첸인들과 이웃지역에 공격을 가하는 동시에 러시아 전체에서 민간인 타겟에 테러공격을 가했다.[1]

2004년 9월 1일 또다시 테러가 발생했다. 러시아 연방 북 코카서스 지역 자치공화국 북 오세티야(North Ossetia)의 베슬란(Beslan) 마을 학교에서, 일단의 중무장 전사들이 1천명 이상의 어린이, 교사, 학부모를 인질로 잡으면서 체첸으로부터 러시아 군 철수를 요구했다. 그때 러시아군은 거의 모든 체첸 테러리스트들을 사살했는데, 그 혼란스럽고 폭력적 전투에서 330명의 무고한 인질 역시 사망했다. 그 이후 체첸반군 리더 아슬란 마스하도프(Aslan Maskhadov)는 대화와 협상을 원했지만, 러시아군은 그를 테러리스트로 규정하면서 2005년 3월 그를 총격전에서 사살했다. 체첸반군 야전사령관들은 압둘-할림 사둘라예프(Abdul-Khalim Sadulaev)를 대통령으로 지명하고 독립투쟁 지속을 서약했지만, 그 이후 수개월에 걸쳐 러시아군은 또다시 대부분의 체첸 반군사령관들을 제거했다. 2006년 7월 사둘라예프는 러시아 연방군 총격에 사망했고, 3주 후 가장 악

_아슬란 마스하도프

명 높은 체첸반군 야전사령관 샤밀 바사예프(Shamil Basaev) 역시 폭발에서 사망했다. 비록 체첸과 이웃지역에서 러시아 군 및 친 모스크바 관리들에 대한 간헐적 공격이 계속됐지만, 체첸 반군은 이제 일망타진된 것으로 간주됐다.[2]

(2) 푸틴의 재집권

2004년 5월 푸틴은 2008년 5월까지 4년 임기로 두 번째 대통령직을 시작했는데, 그 당시 대선 지지율은 71%였다. 압도적으로 높은 지지율을 배경으로 푸틴은 또다시 국가개혁, 국가발전을 추진했다. 그 시도는 주민생활 향상을 위한 조치로 건강보험, 교육, 주택, 농업증진을 겨냥하는 국가우선과제(National Priority Projects) 추진의 형태를 띠었다.

---

1) Goldman, <u>Russian Political</u>, (2008), p. 9.
2) 마스하도프는 1997년 체첸 대통령으로 선출된 바 있다. 제2차 체첸전쟁은 2009년 4월 공식 종전이 선언됐다. Goldman, <u>Russian Political</u>, (2008), pp. 9-10; Russia ends Chechnya operations, BBC News, (April 16, 2009); David Satter, "The Truth About Beslan. What Putin's government is covering up," The Weekly Standard, (November 13, 2006)

그렇지만 러시아 사회는 서방과는 많은 차이를 나타냈다. 서방과 자유민주주의 국가에서 보통 언론탄압이나 사회통제로 간주되는 많은 것들이 푸틴이나 러시아 대중들에게는 그렇게 여겨지지 않았고, 러시아 사람들의 시민의식은 서구와 큰 차이를 보였다. 2006년 10월 러시아 군의 부패와 체첸에서 러시아 군의 지나친 폭력을 폭로한 언론인 안나 폴리트코프스카야(Anna Politkovskaya)가 괴한의 총에 맞아 사망했는데, 서방언론은 그 사건을 러시아의 완전한 언론탄압으로 규정했다. 그렇지만 독일

_안나 폴리트코프스카야

TV와의 인터뷰에서 폴리트코프스카야에 관해 질문 받았을 때, 푸틴은 그녀의 죽음은 그녀가 쓴 기사보다도 더 러시아 당국에 피해를 끼쳤다는 이해하기 어려운 반응을 보였다. 비슷한 경우는 또 있었다. 2007년 반정부 그룹인 '다른 러시아'(The Other Russia)가 반체제 시위를 조직해 여러 도시에서 항거한 것에 대해 경찰이 시위자의 이동을 막고 150여 명의 참가자를 체포했는데, 러시아 대부분 국민들은 그 민주화 시위를 거의 지지하지 않았다. 실제 2005~2008년 사이 몇 명의 활동가들이 모스크바와 기타 도시 중심부에서 불만을 가진 사람들의 행진을 조직했는데, 그들은 수천 명만 모아도 성공으로 간주됐다. 그리고 더 자주 그 행진들은 수백 명 수준으로 축소됐다. 러시아 자유주의자들과 서방언론은 러시아 내에서 대규모 사회통제, 억압이 존재한다고 주장했지만, 대부분의 러시아인들은 크게 다르게 생각하고 있었다.[1]

1) 2007년 두마선거와 푸틴 리더십

대선으로 가는 길목에서 2007년 12월 2일 러시아 국가두마 450석에 관한 선거가 있었다. 푸틴세력은 그 의회선거를 리더로서의 푸틴, 또 그의 정책에 대한 지지와 연관시켜 치르기로 방향을 정했는데, 그 이유는 그가 국가리더로서 압도적 지지를 받고 있기 때문이었다. 의회의 법안 승인 없이 정책을 추진할 수는 없기 때문에게 푸틴으로서도 그 선거는 매우 중요했다. 선거에는 여러 정당이 참여했다. 그 중 가장 강력한 것은 '통합러시아당'(United Russia)이고, 공산당 표를 분열시키기 위한 목적으로 푸

_겐나디 주가노프

1) Lipman, "How Putin Silences Dissent," p. 40; The murder that killed free media in Russia/ World news/ (October 5, 2016), https://www.theguardian.com〉 ...; Murder in Moscow: The shooting of Anna Politkovskaya/, (October 8, 2006), https://www.independent.co.uk〉 ...

틴세력에 의해 만들어진 '공정 러시아당'(A Fair Russia)은 자기들 입장은 중도라고 주장했다. 지리노프스키가 이끄는 극우성향의 자유민주당(LDPR: Liberal Democratic Party of Russia)은 두마에서 푸틴을 강력 지지했다. 겐나디 주가노프(Gennady Zyuganov)의 공산당은 사실상 두마 내 유일 야당으로, 그들은 (국내정책과는 달리) 대외정책의 경우 통합러시아당의 반서방 기치를 지지했다. 우파연합(Union of Rightist Forces)과 야블로코(Yabloko)는 서구식 자유민주주의를 옹호했다.[1] 통합러시아당과 푸틴행정부가 지원하는 '우리들'(Nashi) 청년그룹은 반서방, 러시아 민족주의를 강조했다. 그들은 서방으로부터 자금을 지원받는 국내그룹들이 조지아, 우크라이나에서와 같은 색깔혁명을 전파할 것을 우려했다.[2] 푸틴은 통합 러시아당 리스트 제1번에 위치했는데, 그는 두마가 무책임, 부패, 선동정치에 마비된 파퓰리스트 집단으로 변하는 일이 없어야 한다고 강조했다. 푸틴에 따르면 러시아의 안정은 세 그룹에 의해 위협받는데, 그들은 소련시대 정치인 지지자, 옐친 지지자, 그리고 외국정부, 재단에 의존해 생존하는 자들이다. 이들은 막후에서 타협하면서 러시아가 병들어 분열되고 방향 잃은 사회로 나가기를 원하는데, 그 이유는 그들이 나라의 미래와 운명보다는 자신들 몫에만 관심이 있기 때문이다. 그들 일부는 두마의 석을 노리고 있고 올리가키 정권을 복귀시키기 위해 서방스파이들이 조언하는 대로 움직인다.[3]

63%의 투표율을 기록한 2007년 12월 의회선거는 통합러시아당의 압도적 승리로 귀결됐다. 그 선거에서 통합러시아당은 450석 중 315석을 확보하는 획기적 승리를 거두었는데, 그것은 헌법 개정에 필요한 2/3 이상을 넘어서는 절대다수였다. 두 번째 많은 표를 얻은 공산당은 11.6%를 득표해 57석, 러시아 자유민주당은 8.1%를 얻어 40석, 공정러시아당은 7.7%를 획득해 38석을 확보했다. 나머지 정당은 의석을 차지하는 데 필요한 7% 최저비율 확보에 실패했는데, 전통적인 자유민주주의 정당인 야블로코(Yabloko)와 우파연합(Union of Rightist Forces)은 각각 1.59%와 0.96%를 얻었다. 통합러시아당이 얻은 의석수는 지난 번 선거 당시보다 92석이 증가했다. 그러나 실제에 있어서 푸틴 정부는 두

---

1) 전 체스 챔피언 개리 카스파로프(Garry Kasparov)가 공동의장으로 있는 야당 블록과 비등록 정당으로 구성된 '다른 러시아'(Other Russia)는 선거법 규정에 미달한다는 이유로 후보등록이 거부됐다.

2) '우리들'(Nashi)의 홍보물은 미국이 개리 카스파로프(Garry Kasparov) 같은 반역자를 이용해 색깔혁명을 부추기는 것에 반대하는 집회를 가져야 한다고 주장했다.

3) Jim Nichol, <u>Russia's December 2007 Legislative Election: Outcome and Implications</u>, CRS Report, RS22770, (December 10, 2007), pp. 1–3.

마에서 총 393석의 힘을 발휘할 수 있는데, 왜냐하면 공정러시아당, 자유민주당은 사실상 푸틴정책을 지지하는 정당이고 공산당만이 유일한 야당이었기 때문이다. 핵심적으로 그 선거에서 통합러시아당의 승리는 많은 사람들에게 그 당시 푸틴의 리더십과 정부정책에 대한 강력한 지지를 의미했다. 통합러시아 당과 정의러시아당의 강령은 '푸틴을 위하여' 이상의 것은 없었다. 투표함 바꿔치기, 투표자 위협, 가짜 투표자 등록, 반복 투표 등 부정행위를 포함하는 일부 선거일탈에도 불구하고, 푸틴의 진정한 인기가 두마에서 압도적 승리의 결정적 요인이었다는 것에는 의심의 여지가 없었다. 선거부정의 경우, 친정부 투표자들은 버스를 타고 지역을 바꿔가면서 투표했다. 선거 관리들과 경찰은 투표부정이 있었다고 말하는 사람들을 쫓아냈다. 선거부정 폭로에 따라 모스크바와 다른 몇몇 대도시에서 대중시위가 있었고, 그들은 '푸틴 없는 러시아' 구호를 외쳤지만, 그것이 반대운동으로까지 확산되지는 않았다. 두 번째 임기 말까지 푸틴의 지지율은 80%를 넘었다.[1] 푸틴은 투표자들이 나라 발전을 망치는 "파괴적 경향을 거부했다"고 찬사를 보냈다. 두마의 유일한 야당인 공산당은 앞으로 더 힘을 발휘하지 못할 것이고, 푸틴의 개인위상과 정책은 나라 전체에서 더욱더 힘을 받을 것으로 예상됐다. 그렇지만 그 선거에 대해 일정부분의 비판이 존재했다. 몇몇 야당 리더들은 그 선거가 러시아의 민주적 자유를 더 조각낼 것으로 우려했고, 러시아 비정부 기구 '골로스'(Golos) 참관단, 그리고 OSCE, 유럽위원회, 노르딕 위원회에서 온 100명 규모의 참관단은 그 선거가 자유롭고 공정하지 못한 것으로 평가했다. 그들은 그 선거는 과거보다는 더 효율적으로 진행됐지만 모든 후보와 정당에게 공정한 상태에서의 경쟁을 허용한 것은 아니었다고 말했다.[2] 그들은 대통령의 적극적 역할은 그 선거를 '대통령에 대한 국민투표'로 변질시켰고, 국영미디어는 공정하고 객관적으로 보도하지 않았다고 말했다. 그러나 러시아 중앙선관위 관리자들은 그 평가는 미국이 배후에서 사주하는 것이라고 폄하했고, CIS, SCO 참관단은 그 선거가 민주적이었다고 반박했다.[3]

....

1) Lipman, "How Putin Silences Dissent," p. 41.

2) 선거 캠페인은 약 1달 간 허용됐는데, 통합러시아당 후보들은 정당 및 후보 간 정치토론에 참여하지 않았다.

3) 일찍이 2003년 두마선거 승리 이후, 푸틴세력은 국내정치 장악을 위해 유리한 선거제도 도입을 추진했다. 모스크바 당국은 작은 정당들이 향후 의석을 얻지 못하도록 의석확보를 위한 최소한 득표율을 5%에서 7%로 상향조정했다. 또 독자후보와 소규모 정당 후보들이 선거구 경쟁(constituency race)에서는 보통 일부 의석을 얻는데, 소선거구 두마 의원의 50% 선출은 폐지되고 모든 의원들은 당 리스트 (party list)를 통해 선출되도록 법을 개정했다. 캠페인과 미디어 법 변경 역시 작은 정당과 반대그룹들이 선거과정에서 홍보되기 어렵게 만들었다. Nichol, Russia's December 2007 Legislative Election,

2) 메드베데프의 등장

_드미트리 메드베데프

2008월 3월 드미트리 메드베데프(Dmitry Medvedev)는 차기대통령 선거에서 70%를 득표해 쉽게 승리했다. 대선과정에서 정치소식의 주요원천인 'TV 뉴스' 방송은 메드베데프에게 유리한 압도적 편향성을 보였다. 과거의 '항상 푸틴이 전부'(all-Putin, all the time)라는 구호는 이제 메드베데프에게로 집중됐다. 그 이전의 푸틴과 같이, 메드베데프는 그의 경쟁자와의 어떤 공개토론도 거부했다. 선거에는 메드베데프를 포함해 자유민주당의 지리노프스키, 공산당의 주가노프, 그리고 별로 알려지지 않은 아주 작은 정당 민주당(Democratic Party)의 안드레이 보그다노프(Andrei Bogdanov) 4

명의 후보가 출마했다. 푸틴 수하의 42세 메드베데프는 2008년 5월 7일 대통령으로 취임했다. 푸틴 및 다른 많은 크렘린파벌과 마찬가지로 메드베데프는 상트페테르부르크 출신이었다. 그러나 내부서클의 많은 사람과 달리, 그는 보안부서 근무경험이 없었다. 그의 학문적 배경은 법과대학 교수이면서 변호사였다. 그는 많은 사람들에게 푸틴을 둘러싼 수많은 비자유주의 간부들 중에서 가장 자유주의적인 사람으로 보였다. 그럼에도 불구하고 그는 분명 푸틴 충성파였다.[1]

---

03 획기적 경제발전

푸틴이 처음 두 차례 대통령으로 재직하는 동안, 러시아경제는 괄목할 만한 성장을 이루었다. 러시아의 명목상 세계 GDP 순위는 22위에서 10위로 13계단 상승했고, 실업과 가난은 절반 이하로 줄었으며, 중산층이 성장해 러시아인들이 스스로 평가하는 삶의 만족도는 크게 상승했다. 1998년 재정위기의 파괴적 여파와 그 이전 1990년대의 불경기는 완전히 극복됐고, 아직 인플레이션은 약간의 문제로 남아있었지만 광범위하게 시행되

(December 10, 2007), pp. 4-5; Russian election unfair and biased towards Putin, observers say/ World news/The..., https://www.theguardian.com〉 r...

1) Goldman, <u>Russian Political</u>, pp. 7-9.

는 바터(barter)제의 제거는 지하경제의 양성화와 실물경제의 투명성 확보를 이루어냈다.

(1) 8년간의 경제성장

푸틴 집권기간 러시아의 경제발전은 큰 성공을 기록했다. 많은 전문가들이 러시아 경제가 쉽사리 살아나지 못할 것으로 생각했을 때 푸틴 정부는 새로운 경제역사를 창조했다. 푸틴 집권기 러시아 경제는 연평균 약 7% 성장해 GDP규모는 1999년 불과 2천억 달러에서 2007년 1.2조 달러로 6배 증가했다. 경제개혁과 당국의 정책판단을 포함해 많은 요인이 획기적 경제성장을 도왔지만, 경제 활력은 특히 국제 에너지가격 상승에 직접적으로 혜택을 입었다. 오일과 천연가스 매장량이 세계에서 손꼽히는 러시아는 그 수출로 엄청나게 많은 외화를 획득했고, 그것은 차례로 국내경제를 활성화시켰다. 국내에서 상품경제가 원활하게 돌아가면서 원자재 수출에 대한 의존도는 2000년 GDP의 20%에서 2007년까지 8.7%로 축소됐다. 그것은 아직은 선진국에 비해 부족하지만 제조업과 서비스 산업의 상대적 발전을 의미했다. 외환보유고는 4,200억 달러로 증가해 중국, 일본에 이은 세계 3위를 기록했고, 그것은 러시아에게 2005년까지 모든 해외부채 청산을 가능케 했다. 이제 러시아는 옐친시절의 국가부도라는 불명예에서 완전히 벗어났다. 2007년 이후 미국과 서유럽의 재정위기에서 러시아가 상대적으로 적게 타격 입은 이유는 그만큼 많은 외환이 있었기 때문이다. 푸틴 집권기 동안 국민들의 생활수준은 현격하게 증진됐다. 1999~2008년 기간 국민들의 실질임금은 연평균 10.5% 증대됐고 가처분 소득은 연평균 7.9% 증가했다. 실업률은 12.6%에서 6.3%로 하락했고 빈곤선 이하 국민숫자는 29%에서 13%로 축소됐다. 물론 아직도 약간의 문제는 존재했다. 2006~2007년 기간 평균 9.4%이던 인플레이션은 2008년 14.1%로 증가했다. 소득분배는 악화됐는데, 1992년 0.29이던 지니계수는 2007년 아직 미국, 중국 수준에 이르지는 않았지만 0.42로 나빠졌다. 그래도 국민들은 그에 대해 크게 불평하지 않았다. 인플레이션은 옐친시대의 수백 퍼센트에 비하면 아무 문제가 되지 않았고, 국민생활 수준의 전반적 개선으로 인해 지니계수 상승에 대한 부정적 감정은 상대적으로 적었다. 그 모든 경제실적은 국제 에너지가격 상승과 푸틴 정부가 처음부터 경제발전에 높은 우선순위를 둔 결과였다.[1]

....

1) William H. Cooper, <u>Russia's Economic Performance and Policies and Their Implications for the United States</u>, CRS Report 7-5700, RL34512, (June 29, 2009), pp. 5-7; Russia's economy under Vladimir Putin: achievements and failures, RIA Novosti, (June 22, 2013); Russia attracts

1) 국제경제 참여

　대외경제에서 가장 큰 역할을 한 것은 오일과 천연가스 수출이었는데, 그것은 러시아를 에너지 강국으로 인식시키는 동시에 러시아 무역의 증대와 해외자본 유입의 폭발적 증가를 견인했다. 푸틴 정부는 처음부터 외국과의 교류 없이 경제발전은 불가능하다고 생각했다. 러시아는 유럽 에너지소비의 1/3을 담당하는 엄청난 양의 천연가스와 세계 최상위권 오일 보유국이라는 장점을 살릴 필요가 있었다. 천연자원을 지렛대로 사용하는 러시아경제는 해외와의 교류에서 많은 것을 얻을 것이다. 유럽뿐 아니라 중국, 일본, 한국과 같은 동아시아 국가들 역시 시베리아, 러시아 극동의 오일과 천연가스에 의존한다. 푸틴은 국제경제 활성화를 위해 WTO 가입을 추진했다. 옐친시대 한동안 WTO 가입이 지연됐는데, 그것은 러시아 정부의 지적재산권 보호 취약과 농업지원 문제로 인한 것이었다. 그러나 세계경제를 주도하는 미국과 EU는 러시아의 가입을 독려하지 않을 수 없는데, 왜냐하면 그렇게 넓은 영토와 인구, 천연자원을 보유하는 러시아가 세계경제에 기여하는 공헌을 무시할 수 없기 때문이었다. 그것은 WTO가 중국의 가입에 대해 한동안 주저하던 것과 비슷했는데, 그 당시에도 빌 클린턴 대통령은 중국의 14억 인구가 그 기구에 가입하지 않는 한 세계경제는 완성될 수 없다고 말했다. 2004년 5월 이후 푸틴 정부는 EU, 미국과 WTO 가입협상을 벌였고, 2012년 러시아는 WTO에 공식 가입했다. 세계경제 참여는 러시아에게 많은 혜택을 불러왔다. 1999~2008년 기간 러시아 수출은 755억 달러에서 4,716억 달러로 6.3배 증대됐고, 수입은 395억 달러에서 2,916억 달러로 늘어났으며, 무역흑자는 360억 달러에서 1,800억 달러로 증가했다. 현금계정은 2008년 1,023억 달러를 기록했고 그해 말 외환보유고는 4,271억 달러에 달했다. 같은 기간, 연평균 해외직접투자(FDI: Foreign Direct Investment) 유입은 33억 달러에서 5,600억 달러로 증가했다. 수출에서 아직 원자재가 차지하는 비율이 천연가스, 오일뿐 아니라 광물질을 포함할 경우 2008년 78.7%에 이르는 것이 문제였지만, 제조업, 제3차 산업, 지식기반 경제로의 경제질서 개선에는 오랜 시간이 필요했다. 러시아 대외무역과 투자의 최대상대국은 당연히 지리적으로 인접하고 역사적으로 오랜 관계를 맺어온 EU 27개국이었다. 러시아 수출의 53%와 수입의 45%는 EU로부터 유래했다. 그것은 중·러 무역과 크게 대조됐는데, 왜냐하면 그 두 나라는 외교, 안보에서의 밀접한 관계에도 불구하고 경제관계는 상대적으로 훨씬 취약했기 때문이다. 2008년 러시아 수출의 5%와 수입의 14%만이 중국으

---

investors despite its image, (November 30, 2007), www.bbc.com

로부터 유래했다.[1]

2) 광범위한 경제개혁

푸틴 정부는 대외무역, 해외투자를 증진시키면서 내부적으로는 경제성장을 위한 여러 개혁을 추진했다. 가장 먼저 푸틴 정부는 정부살림 간소화를 포함해 불필요한 지출의 최대한 축소를 통해 균형예산을 유지하고 더 나아가 인플레이션을 일정한도 내에서 유지하기를 원했다. 공공지출 축소는 약간의 부작용을 초래했는데, 교통, 건강보험 무료지원을 취약계층에 대한 현금지급으로 대체하고 주민용 에너지 지원을 축소하는 과정에서 시위가 발발했기 때문이다. 그렇지만 푸틴은 강력하게 정부지출 축소를 밀고 나갔다. 그 당시 그는 그 정책이 일시적인 희생에도 불구하고 결과적으로 국민을 위한 더 나은 삶, 국가경제의 발전, 대외경쟁력 강화를 이루어 낼 것이라고 설득했다. 그런 노력과 더불어 균형예산이 이루어 진 데에는 오일, 천연가스 수입증대로 인해 세입이 증가한 것이 결정적으로 기여했다. 2002년 GDP의 12.6%이던 세입은 2008년 GDP의 22.6%로 증가했고, 2008년 정부의 예산흑자는 GDP의 4.4%에 달했다.[2] 한편, 재정합리화를 통해 조성된 자금은 안정화 펀드(Stabilization Fund) 설립에 사용됐다. 그것은 경제위기에 대비하는 저축과 다름없었는데, 예컨대 오일가격 하락에 대비하는 성격을 띠었다. 2008년 말 그 금액은 2,251억 달러였고, 정부는 그 자금을 IMF, EU를 포함해 해외부채 청산에 일부 사용했고 다른 일부는 정부주도 국내 연기금 지원에 지출했다.[3]

두 번째로 푸틴은 기업경쟁력 강화를 위해 불필요한 규제를 철폐했다. 과거 연방정부, 지역, 기초자치 단체를 포함해 여러 정부 레벨에서 기업에 중복적으로 부과하던 각종 규정, 검사, 면허제도는 최소한으로 축소됐다. 그것은 기업의 부담을 줄이고 그들을 경쟁력 강화에 매진하게 할 것이다.[4] 셋째, 푸틴 정부는 금융개혁을 추진했다. 옐친시대 오랜

1) 현금계정은 상품무역, 서비스 무역, 투자소득을 포함한다. Goldman, Russian Political, (2008), p. 11; Cooper, Russia's Economic Performance, (2009), pp. 8, 12.
2) 그것은 1999년 정부 예산적자가 GDP 4.2%에 이른 것에 비하면 획기적 변화였다.
3) Cooper, Russia's Economic Performance, (2009), pp. 9-10.
4) 정부는 또 기업경쟁력 강화를 위해서는 올바른 기업풍토가 형성돼야 한다고 생각했는데, 그를 위해 대주주가 사전 통지 없이 주주총회를 개최하는 등 악덕행위를 금지하도록 관련법을 개정하고 그 위반 시 강력처벌 할 것을 서약했다.

기간 국영은행은 모든 예금을 독점하고 민간은행은 국민에 대한 봉사보다는 그 소유주의 재정목적에 불법 사용되는 경우가 많았다. 그들 상당수는 1998년 국가부도 때 파산했는데, 2003년 정부는 국가가 보장하는 예금보험(deposit insurance) 프로그램을 시행했다. 그것은 민간은행 파산시 정부가 예금자에게 일정금액을 보상해 줌으로써 그 은행들에 대한 국민의 신뢰도를 높이고, 그것은 차례로 기업, 국민 모두의 자금융통을 원활하게 할 것으로 기대됐다. 또 2004년 정부는 은행운영 투명성증진 차원에서 국제적으로 통용되는 재정기준을 도입했다. 넷째, 정부는 기업경쟁력을 강화하고 편안한 주민생활을 위해 불합리한 조세제도를 개편하기로 결정했다. 그동안 기업과 국민은 연방정부, 지방정부, 기초자치단체가 부과하는 약 200개의 세금에 시달렸는데, 그로 인해 정부의 권한남용과 부패, 조세부정, 해외로의 자금도피가 발생했다. 2004년까지 세금은 16개로 축소되고, 법인세는 35%에서 24%로, 그리고 개인소득세는 30%에서 13%로 축소됐다. 그 조치는 기업경영 활성화, 가구의 소비지출 확대, 그리고 국민의 더 풍요한 경제생활을 도울 것이다. 다섯째, 정부는 국민의 경제생활과 관련된 몇몇 개혁을 추진했다. 2002년에는 연금펀드 수준을 증가시키는 동시에 그 책임을 정부로부터 사업고용주에게로 이전시키는 개혁을 실시했다. 비록 그 시행은 느리지만, 그것은 퇴직자 빈곤축소를 도울 것이다. 2005년에는 교육, 건강보험, 주택보급 증진을 위한 국가프로젝트가 진수됐다. 그 모든 것은 국민의 현재와 미래 생활증진을 겨냥했다. 마지막으로 초기 과도기 미국 및 유럽과의 경쟁에서 타격 입은 농업분야를 위한 개혁이 있었는데, 그것은 취약 농가를 위한 부채청산, 저리대여를 통한 농업부활 조치를 포함했다.[1]

3) 전략산업 재국유화와 산업 통폐합

푸틴의 두 번째 임기 기간(2004~2008) 러시아 정부는 중요한 전략분야를 민간기업으로부터 다시 사들여 재국유화하고, 동시에 주요 국영기업을 중심으로 관련 산업들을 통폐합하는 작업을 추진했다. 그것은 부분적으로는 국영기업으로 하여금 관련 산업을 합병하게 해 규모의 경제를 통해 경쟁력을 강화시키는 중국의 '사회주의 시장경제'와 비슷

---

1) 그러나 농업의 경우 농가 및 농업분야 지원으로 인한 외국과의 일시적 경쟁감소는 오히려 그 분야 구조조정을 다소 지지부진하게 만들었다. 농업개혁은 특히 어려웠는데, 왜냐하면 농민을 보호하기 원하는 지역정부들이 연방정부가 제정한 농지판매와 구매에 관한 법률시행을 꺼렸기 때문이다. Cooper, Russia's Economic Performance, (2009), pp. 10-13; Anders Aslund, "An Assessment of Putin's Economic Policy," Peterson Institute for International Economics, (July 1, 2008), piie.com.

한 양상을 띠었다. 국영기업의 수뇌부에는 대부분 정보 분야 또는 군 출신들이 임명됐다. 러시아 정부는 그 조치는 개인의 이익만이 아니라, 국가, 국민 전체의 이익을 진전시키기 위한 성격을 띤 것이라고 강조했다. 민간기업의 재국유화작업은 옐친 때 부정한 방법으로 올리가키들이 매입한 회사를 재획득하는 형태로 추진됐다. 재국유화는 정부가 민간자산을 직접 매입하거나, 또는 정부가 지배하는 국영회사가 민간 기업을 합병, 매입하는 간접방식을 사용했다. 최초사례는 미하일 호도로프스키 소유의 세금을 탈루한 석유회사 유코스를 국영 오일회사 로스네프트가 시장가격 이하로 인수한 것이다. 2005~2007년 정부는 석유산업에 대한 지분을 확대시켰는데, 한번은 러시아 국영 가스회사 가스프롬이 민간회사 시브네프트(Sibneft)의 주식을 매입하는 방식을 활용했다. 그 일련의 과정을 거쳐 러시아 정부가 지배하는 오일산업 비율은 2004~2007년 기간 18%에서 50%로 증가했다. 2004~2006년 정부는 다른 여러 전략분야(strategic sectors)에서도 민간회사를 공식적으로 국유화했다. 자동차, 항공

_가스프롬

기, 선박, 전력발전 설비, 기계, 재정분야에서 그런 조치가 취해졌다. 국가소유 방위산업체 로소보로넥스포트(Rosoboronexport)는 러시아 자동차 제1위 생산업체 아브토바즈(Avtovaz)를 흡수, 합병하고, 세계 티타늄 생산의 2/3를 차지하는 회사 VSMPO－Avisma의 60% 지분을 매입했다. 2007년에는 51% 정부지분의 항공회사(UABC: United Aircraft Building Corporation)가 모든 러시아 항공기 생산업체를 통폐합 해 그 규모와 경쟁력을 키웠다. 러시아 정부는 그 모든 작업의 목적은 생산라인을 최적화하고, 손실을 최소화 하며, 해외시장에서 경쟁력을 증대시키기 위한 것이라고 말했다.[1]

푸틴의 두 번째 임기 동안 전략산업 가속화가 시장경제를 추구하는 자유세계의 우려를 자아냈지만, 반대로 러시아인 대부분은 이제 옐친시기의 절망을 넘어 새로운 삶과 미래를 위해 살수 있다는 희망을 가졌다. 서비스업과 일부 제조업의 성장, 또 새로운 직업의 창출로 실업과 가난은 축소됐고, 증대하는 빈부격차에도 불구하고 중산층이 새롭게

---

1) OECD는 러시아 정부의 자본시장 점유는 2003년 중반 20%에서 2006년 초 30%로 증가했다고 밝혔다. 오일분야 한곳에서만 국영회사들은 2003년 원유생산 16%, 2005년에는 33.5%를 통제했는데, 그 수치는 유코스 자산이 매각된 뒤에는 40% 이상으로 증가했다. Polina Zvereva, "State－sponsored consolidation," (October 11, 2009), www.ato.ru; ANNUAL REPORT of Joint Stock Company United Aircraft Corporation for 2009, web.archive.org, Moscow: United Aircraft Corporation; Cooper, Russia's Economic Performance, (2009), pp. 13－14.

성장했다. EU 및 기타 국가와의 무역이 활성화 됐고 공업발전을 위한 해외투자가 증대했다. 부정을 일삼던 일부 올리가키에 대한 처벌은 회계투명성을 가져와 바터제를 축소시키고 지하경제를 양성화시켜 실물경제의 투명성을 증진시키는 계기가 됐고, 석유, 천연가스 산업의 국유화에서 유래하는 재정과 예산확보는 농업, 서비스업을 포함해 경제전반의 활성화와 복지확대의 추진력을 제공했다. 지난 10년간 축적한 자본과 재정건전성 덕으로 세계 재정위기가 닥쳤던 2008년 러시아 GDP는 아직도 5.6% 증가했고, 그로 인해 모스크바는 생각보다 경제위기를 잘 넘겼다는 국제적 평가를 받았다. 그렇지만 오일 및 천연가스 가격의 등락에 따라 영향 받는 러시아경제는 천연자원에 대한 지나친 의존이라는 약점에서 아직 벗어나지 못했다.[1]

04 국방정책

    1990년대 옐친시대의 러시아 군은 형언할 수 없을 정도로 취약한 상태에 있었다. 그 당시 옐친정부의 관심사는 군대가 아니었는데, 왜냐하면 그 나라는 이미 강대국 대열에서 이탈했고 모든 초점은 그 나라 경제전환, 새로운 정치, 사회실험에 맞춰져 있기 때문이었다. 안보환경의 변화, 서방의 위협이 문제가 되기는 했지만, 모스크바는 그 역경을 군사력 증진을 통해 헤쳐 나갈 여력이 없었다. 더구나 외교안보에 문외한인 리더 옐친은 국방에 관한 균형 잡힌 식견은 없었고, 그는 군사의 중요성이 무엇인지조차 몰랐다. 옐친시대 러시아국방은 모든 면에서 문제를 노출했다. 경제가 지속적으로 침체되는 상황에서 국방비는 1988년 2,460억 달러에서 1994년 140억 달러까지 축소됐고, 동독, 동유럽, 아프가니스탄, 몽골리아로부터 70만 병력이 철수했다.[2] 군사현대화는 거의 불가능했으며, 1998년 국가부도는 국방에 관한 모든 것을 포기하게 만들었다. 무기체계는 자금부족으로

---

1) IMF, IBRD 통계에 따르면, 2015년 현재 러시아의 명목상 GDP는 1.9조 달러이지만 구매력을 감안하면 3.5조 달러에 이른다. 1인당 GDP는 명목상으로는 1만 3천 달러이지만 구매력을 감안하면 2만 4천 달러이다. 미국은 GDP 17조 달러, 1인당 GDP 5만 5천 달러이다. Nichol, Russian Political, Economic, (2014), p. 33.

2) Dmitri Trenin, "The Revival of Russian Military (How Moscow Reload)," Foreign Affairs, Vol. 95, No. 3 (May/June 2016), p. 23.

장비획득이 중단됐고, 육, 해, 공군 모두 노후화된 무기에 의존해야 했으며, 군의 사기는 땅에 떨어졌다. 군 인력은 1986년 430만 명이던 것이 2008년 120만 명으로 축소됐고, 그 과정에서 수십만 명의 장교가 군을 떠났다. 초급장교 수는 턱없이 부족했고 사병을 이끌 직업부사관 역시 부족했다. 초급장교들의 사기는 아주 저하된 상태였는데, 왜냐하면 그들은 월급이 적고 열악한 환경에서 근무하면서도 군대 내 동료 간에 신뢰가 별로 없었기 때문이다. 러시아군은 수시로 인력난에 시달렸는데, 그 이유는 징집대상 청년들의 건강이 기준에 미달됐고 또 뇌물수수로 징병을 면제받는 경우가 많았기 때문이다. 인력난을 겪는 군대는 할 수 없이 범죄경력이 있거나 문맹자의 입대를 마다하지 않았는데, 그것은 군대 내 범죄의 증가로 이어졌다. 일부사병들은 마약을 밀수했고, 무기부품, 연료, 식량에 대한 절도와 사기행위는 넘쳐났다.[1] 경쟁상대국에 비해 러시아전력은 비교할 바 안 됐고, 군인들의 훈련부족은 군의 준비태세를 형편없이 하락시켰다. 그 당시 군 개혁 의도가 전혀 없었던 것은 아니지만, 그것은 모두 말 뿐이고 실제 실행된 것은 거의 없었다. 그 당시 가장 주목받던 개혁은 군 지휘구조 개편이었는데, 육군의 경우 이론적으로는 군관구(military district) - 군(army) - 사단(division) - 연대(regiment)의 4개 지휘체계가 군단(corps) - 여단(brigade) 단순체계로 변경되어야 한다는 것이었다. 그것은 미래전쟁이 서방과의 대규모 전쟁보다는 국경분쟁, 테러와의 전쟁을 포함해 인근지역 전투일 것으로 예상되는 상황에서 단순구조가 독자적 행동, 유연성 측면에서 유리할 것으로 판단됐기 때문이다. 그러나 그런 구상은 실현될 수 없었는데, 왜냐하면 옐친대통령 자신이 군사력 강화보다는 본인에 대한 군부의 충성에 더 관심이 있었고, 또 군대 내에 어떤 개혁이 취해져야 하는지에 대한 확실한 합의가 없었기 때문이다. 초대 국방장관 파

_파벨 그라체프

벨 그라체프(Pavel Grachev, 1992~1996)를 포함해 소련식 군 운영방식에 익숙한 고위 장성들은 개혁에 관해 말하면서도 과거 방식인 대량징집, 소련식 병력배치, 무기, 임무의 개념을 고수했다.[2]

1) 붕괴과정에서 소련은 동독, 폴란드, 체코슬로바키아, 헝가리, 발트 국가, 몽골리아로부터 37개 사단 수십만 명의 병력을 철수시켰고, 57개 사단에 해당하는 4개 군 관구(military districts)를 우크라이나와 벨로루스에 반환했다. 그 철수 과정은 아주 힘들고, 비용이 높고 지치는 과정이었다. Goldman, Russian Political, (2008), pp. 17-18; International Institute for Strategic Studies, The Military Balance 1995-96, London: Brassey's, (1995), p. 102.

2) Michael J. Orr, The Russian Ground Forces and Reform 1992-2002, Conflict Studies Research Centre, (January 2003), pp. 1-15, www.files.ethz.ch; Alexei Arbatov, "Military Reform in

옐친시대 러시아 군의 취약성은 제1차 체첸전쟁에서 여실히 드러났다. 1994년 12월 체첸전쟁이 처음 발발했을 때, 러시아 군 지휘부는 옐친대통령에게 체첸 수도 그로즈니 (Grozny) 장악에는 전혀 문제가 없다고 장담했다. 그러나 계속되는 전투에서 오히려 러시아군은 체첸의 공세에 내몰렸다. 그로즈니에 진입한 러시아 군은 체첸의 잠복공격으로 분산됐고 도시탈환을 둘러싼 전투는 계속됐다. 그 다음해에 러시아군은 반군에게 그로즈니를 또다시 내주고 반군과의 휴전협정을 통해 간신히 사태를 진정시켰다. 그 전쟁은 수천 명의 러시아인과 체첸 사상자를 발생시켰고 수십만 명을 난민으로 전락시켰다. 그 당시 6만 5천명 병력의 러시아군 전투수행은 최고위 지휘관부터 일병까지 모든 수준에서 형편없는 것으로 묘사됐다. 전문가들은 러시아 제1차 체첸전쟁 난관의 근본원인은 러시아 군의 무기체계, 전력, 장병의 군사 준비태세 측면에서 제대로 갖춰진 것이 단 하나도 없기 때문이라고 말했다.[1]

(1) 푸틴의 국방구상

대통령으로 취임할 당시 푸틴과 러시아 군의 주 관심사는 두 가지로 하나는 나토가 유럽으로 확대되고 ABM을 파기한 것으로부터 유래하는 위협이고, 다른 하나는 대량살상무기의 확산, 테러 증가, 인근 구소련 지역 내란 및 북 코카서스 정세불안으로 인한 안보환경 불안정이었다. 서방과의 대결은커녕 체첸 테러리스트들과의 전투에서도 생각보다 많은 어려움을 겪은 것을 기억하는 푸틴과 러시아 군 지휘관들은 군대 전체의 능력에 대해 우려했다. 푸틴은 취임하면서 국방력강화, 군 현대화, 군사개혁을 서약했고, 그 방향으로 일정수준의 절차를 밟았다. 2000년 9월 푸틴은 전략핵무기 숫자를 줄이고 재원을 전략분야에서 재래식전력으로 이동하며 군사충원을 징병제에서 모병제로 전환하겠다고 발표했는데, 그것은 그가 군사 현대화에 많은 관심을 갖고 있음을 입증했다.[2] 푸틴의 그런 구상은 부분적으로는 성과를 거두었는데, 예컨대 전략핵무기 축소에 관한 그의 생각

Russia: Dilemmas, Obstacles, and Prospects," International Security, Vol 22, No. 4, (Spring 1998), pp. 112−113

1) Trenin, "The Revival of Russian Military," pp. 23−24; Dael Herspring, "Undermining Combat Readiness in the Russian Military," Armed Forces & Society, Vol. 32, No. 4, (July 2006), pp. 513−530.

2) 군사현대화를 위해, 2001년 푸틴은 전 KGB 장군이고 가까운 측근인 세르게이 이바노프(Sergei Ivanov)를 국방장관으로 지명했다.

은 2002년 5월의 모스크바 협정, 그리고 또 2006년 9월 미국과의 무기급 플루토늄 해체 합의로 이어졌다. 그렇지만 재래식 전력증강은 미진했고 2007년 이전의 군 개혁은 아직 본격적 실행단계에 이르지 못했다.[1]

군사전략　　　2000년 러시아 군은 군사 독트린을 발표했다. 외부위협은 옐친집권 후반기 인식의 연장선상에서 나토의 동진과 미사일방어체제로 인한 러시아에 대한 위협, 서방의 러시아 내정간섭, 국제분쟁 해결에서 러시아의 무기력, 다극체제에서 러시아를 중요한 한 축으로 인정하지 않는 것에 초점을 맞추었는데, 그 내용은 과거의 것과 크게 다르지 않았다. 그에 대비해 재래식전력이 열악한 상황에서 러시아군은 핵무기 사용을 강조했다. 큰 위험을 동반하는 핵무기 동원은 불가피할 경우에 한정되지만, 일단 유사시 그 사용 가능성을 배제하지 않는 전략은 러시아 안보의 마지막 지렛대일 것이다. 그 사용을 통한 위협은 적어도 러시아 본토에 대한 위협은 배제할 것이다. 구소련 공화국에서 발생하는 근외지역(near abroad) 갈등과 테러리즘에 대해서는 지역위협에 대비해 준비태세가 더 증진된 군대로 대응할 것이라고 선언했다. 비록 재래식 전력이 아직 불충분하지만 대테러, 지역위협 규제에 큰 문제는 없을 것으로 여겨졌는데, 왜냐하면 일단 러시아군은 그 일대에서는 가장 강력한 재래식 능력을 가졌기 때문이다. 그러나 러시아군의 역량이 저강도 국지전에서도 고전하는 수준이라는 것은 제2차 체첸전쟁과 러시아-조지아 5일 전쟁에서 또다시 확연하게 드러났다.[2]

_러-조지아 5일 전쟁

대외 군사협력　　　푸틴시기 러시아는 1992년 형성된 집단안보조약기구(CSTO)를 통해 아르메니아, 벨로루스, 카자흐스탄, 키르기스스탄, 타지키스탄과 안보협력을 증대하려 노력했다. 그들과의 군사협정에 따라 러시아는 그 지역에 군사기지를 보유했는데, 아르메니아에 3천명, 조지아의 분리주의 지역 압하지야와 남오세티야에 7천명, 몰도바 분리주

---

1) 그 당시 푸틴은 배치되는 핵탄두 수를 6천개에서 1,500개로 축소시킬 것이라고 말했다.
2) 러시아-조지아 5일 전쟁 당시, 무기체계는 아직 너무 낙후된 상태로 군대 무전기가 고장나 민간 셀폰으로 교신했을 정도였다. 러시아는 또 그 전쟁에서 5개 전투기를 잃었는데, 한 대는 전략폭격기였다. 비록 그 전쟁에서 러시아가 단기간에 조지아를 패퇴시켰지만 서방은 러시아 군대의 낙후성을 재빨리 알아차렸다. Trenin, "The Revival of Russian Military," pp. 24-26.

의 지역 트란스니스트리아에 1,500명, 키르기스스탄에 5백 명, 타지키스탄에 5천명, 크리
미아에 2천명 병력을 배치했다. 그들은 평화유지군이라 불렸지만, 실제로는 러시아 정규
군이었다. 러시아 국방부는 그 나라들과의 협력임무를 기꺼이 수용했다. 그렇지만 CSTO
회원국 중 벨로루스 루카셴코 대통령과 가장 큰 불협화음을 빚었는데, 그것은 그가 동맹
국으로서의 의무와는 달리 군사협력을 거부했기 때문이다. 반면, 사카쉬빌리의 조지아,
유쉬첸코의 우크라이나, 몰도바, 그리고 아제르바이잔은 러시아로로부터 멀어지면서 점점
더 친 서방, 친 나토 쪽으로 방향을 전환하는 것으로 보였다. 러시아 대외 군사협력의 또
다른 축은 중·러 군사관계에 의존했다. 비록 그것이 군사동맹은 아니었지만 양국 군사관
계는 SCO를 통해 점점 밀접해져 갔고, 서방은 SCO가 반나토 블록으로 진화할 수 있다
는 의심을 버리지 않았다. 그들이 전개하는 연합 군사훈련의 공식명분은 대테러, 국경안
전을 표방했지만, 그것은 일단 유사시 양국군대의 상호운용성(interoperability)을 도울 것
이다.[1]

국방예산 증액   국방비 증액은 1999년 시작됐다. 러시아 경제가 점차 회복되고
오일과 천연가스 수출에 의한 소득이 늘어나면서, 러시아 연방 설립이후 명목상 공식 국
방비지출은 1999년 처음으로 증가했다. 그 자금의 대부분은 인력관리에 할애됐다. 수차
례에 걸친 봉급인상이 있었는데, 2001년 아직 그 액수는 작았지만 전년에 비해 20% 상
승을 기록했다. 그 당시 추가로 충원된 2만 6천명 부사관을 포함하는 인력전문화 프로그
램에 적어도 11억 달러가 소요될 것으로 예상됐다. 군 전체분야로 예산증가의 혜택이
분산되면서, 몇몇 무기체계 생산이 재개되고 장비구매와 연구개발에 더 많은 재원이 투
입됐다. 푸틴 집권기간 국방비 지출은 지속적으로 증가했다. 2002년 국방예산은 80억
달러에 불과했지만, 그것은 2007년까지 316억 달러로 4배 증가했다. 전체 국방지출에
핵, 안보, 국방관련 법집행 활동에 할당된 자금까지 합치면, 2007년 전체 국방지출은
580억 달러에 달했다. 2008년 국방비 지출은 2007년보다 20% 상향조정돼 700억 달
러에 근접할 것으로 알려졌다. 실질 구매력을 감안하더라도 러시아 국방지출이 그 당
시 미국이나 구소련 수준에는 훨씬 못 미쳤지만, 모스크바는 예산증액을 토대로 지상
군 훈련을 강화하고 타군과의 합동훈련을 증가시켰다. 동시에 몇몇 주목할 만한 군사
행동이 재개됐는데, 그것은 대규모 다국적 군사훈련, 지중해와 대서양에 러시아 위상

1) Goldman, <u>Russian Political</u>, (2008), pp. 17−18.

을 과시하는 해군순찰, 그리고 미국 및 나토 영공에 접근하는 장거리 폭격기 비행과 같은 것이었다.[1]

전력증강 국방예산 증액에도 불구하고 러시아 군의 역량이 서방의 위협을 막아 내기에 불충분하다는 것은 자명했다. 재래식 무기획득과 예산증가에도 불구하고 서방과 러시아의 재래식 군사균형은 모스크바에 크게 불리했다. 러시아군 내에서 작전, 준비태세, 또 무기획득에서 전략무기 대 재래식 무기의 우선순위에 대한 첨예한 논의가 진행됐다. 러시아의 재래식 전력은 많은 약점에도 불구하고 테러와의 전쟁, 과거 구소련 공화국들이 제기하는 문제를 그럭저럭 다룰 수 있을 것 같았으나, 미국과의 전력격차를 빠른 시간 내에 좁히는 것은 불가능했다. 십수년간 재무장은 느렸고 군사장비 대부분의 현대화는 오랜 시간이 걸릴 것이다. 해군전력은 핵 항모 10척을 보유하고 매년 여러 척의 전함을 생산해 내는 미국과는 비교할 바 못됐다. 러시아 해군은 비핵 항모 쿠즈네초프호 단 1척만을 보유하고, 나머지 함정 역시 연안해군, 해안경비대 수준에 머물렀다. 공군은 2,500대의 전투기를 보유해 양적으로 세계 2위였지만, 대부분이 1980년대에 생산된 기종으로 미국의 F-22, F-15, F-35에는 질적으로 못 미쳤다. 무기체계에서 문제가 된 것은 2000년대 방위산업체의 생산량 증대에도 불구하고, 그 방위산업 기술수준이 미국에 비해 훨씬 뒤처지는 것이었다. 비록 러시아 무기가 세계 많은 나라에 수출되고 여러 나라와의 경쟁에서 우월한 측면이 있지만, 그것은 미국 무기체계에 비하면 아직 낙후된 상태였다. 러시아 무기 생산업체들은 대부분 소련시대 디자인과 기술에 근거하고, 근로자 대부분이 연로하며, 시설 노후화, 비효율적 경영, 부패, 기술적 낙후로 인해 실제로는 1/3가량이 파산직전에 있었다. 많은 경우 군사기술을 포함해서 대부분의 기술이 로열티를 지불하면서 외국으로부터의 수입을 통해 진전되는데, 일부를 제외한 서방의 러시아에 대한 무기기술 수출금지는 러시아 방산기술 한계의 원인이 됐다.[2]

주요 파워로서의 위상유지를 추구하는 러시아의 재래식전력 부족은 모스크바로 하여금 점차 더 핵전력에 더 의존하게 만들었다. 비록 러시아가 미국과 전략핵 감축협정 및 무기급 플루토늄 폐기에 합의하면서 재래식전력 강화를 추진했지만, 서방과의 재래식 무

---

1) Ibid., p. 18.

2) Jim Nichol, _Russian Military Reform and Defense Policy_, CRS Report 7-5700, R42006, (August 24, 2011), p. 18.

기체계 격차를 좁히는 데는 아주 오랜 시간이 필요했다. 서방이 러시아에 부과하는 방산 기술 수출규제, 또 러시아 방위산업체 내의 부패와 기술부족은 무기체계 현대화를 특히 어렵게 만들었다. 러시아가 서방의 위협에 대해 한 가지 믿을 수 있는 것은 과거 구소련 으로부터 물려받은 핵전력이었다. 러시아는 아직도 장거리 미사일, 잠수함, 또 전략폭격 기에 탑재할 최소 2,200개의 핵탄두를 보유하고 있고, 전장에 배치해 사용할 수 있는 저 강도 비 전략 핵무기도 수천 개 존재했다. 전력현대화에 오랜 시간이 걸리는 상황에서 러 시아의 안보전략은 핵무기에 대한 의존도를 더 높이는 방향으로 조정됐다. 2000년대 모 스크바는 핵 기준(nuclear threshold)을 낮추어 만약 외국으로부터 재래식공격이라 할지라 도 그것이 러시아의 생존을 위협하는 것으로 판단되면 핵무기를 사용할 수 있다고 전략 방향을 설정했다. 이것은 구소련시대에 핵무기는 상대방의 핵공격에 대한 보복수단으로 만 사용할 수 있다는 원칙과 대조를 이루었는데, 모스크바는 결과적으로 과거보다 핵전 력을 더 중시하게 됐다.[1]

국방개혁   푸틴은 국방개혁이 시급하다고 생각했는데, 왜냐하면 국방개혁이 없이 대내외적 위협을 막아낼 수 없고 또 그 자신 군에 복무한 사람으로 러시아 군대가 얼마 나 많은 문제를 갖고 있는지 누구보다도 잘 알고 있기 때문이었다. 그러나 푸틴도 모든 문제를 하루아침에 해결할 수는 없었다. 러시아 군은 두 가지 임무를 동시에 다뤄야 했는 데, 하나는 서방 나토의 동진에서 비롯되는 군사적 위협이고 다른 하나는 체첸과 일부 구 소련 공화국들이 제기하는 저강도 국지전이었다. 러시아 군 고위층은 어느 쪽에 초점을 맞춰야 할지에 대해 많이 논의했지만, 그들은 과거 소련시대와 비슷하게 나토의 위협을 주 위협으로 식별했다. 군부 내 고위 장성들은 아직도 러시아 군 운영에서 나토와의 대결 가능성을 가장 중시했고, 체첸전쟁이 시사하는 새 전략환경에서 중시되는 국지전과 저강 도 갈등에는 덜 관심을 가졌다. 일부에서는 나토와의 대결만을 중시하는 경향이 군 고위 장성들이 소련시대 정치 이데올로기에 세뇌됐기 때문이라고 비판했지만, 국방부와 군 수

----

1) 전략 핵무기의 명령, 통제체계는 러시아대통령과 국방장관이 그 사용 승인을 책임지는 가운데 중앙에 서 탄탄하게 통제됐다. 그러나 무기급을 포함해서 핵물질 통제체제는 핵확산의 광범위한 우려를 불러 일으키면서 훨씬 더 문제가 많았다. 러시아 조기경보 레이더와 위성체계 기능약화로 인해 모스크바의 전략핵무기 명령, 통제에 대한 우려가 증대했다. 2000년 6월 클린턴-푸틴 정상회담에서, 두 정상은 모스크바에 미사일 발사에 관한 거의 실시간 정보 공유를 위한 센터를 설립하기로 합의했지만, 그것은 실현되지 않았다. Jonathan Masters, "The Russian Military," (CFR Backgrounders, Updated March 20, 2015), http://www.cfr.org/russian-federation/russian-military/p33758

뇌부는 러시아 국가안보의 최대위협은 변방에서의 국지전보다는 서방과의 대결에서 유래하는 것으로 판단하는 것으로 보였다. 러시아 국방부와 합참은 아직도 과거와 비슷하게 대규모 군사동원, 많은 사단의 숫자. 군사 테크놀로지와 조직을 가장 중시했다. 군 구조개편과 관련해 옐친시대부터 이어져 온 4단계 명령체계를 축소시키는 작업은 지연됐다. 사단은 옐친시대와 마찬가지 이유로 사병의 인력부족에서 벗어나지 못했고, 고위장교가 초급장교보다 더 많은 현상은 시정되지 않았다.[1] 2000년대 초 많은 장교들은 군에 복무하기를 원치 않았다. 2002년 군을 떠난 장교들의 절반 이상은 일찍 전역을 선택했는데, 왜냐하면 아직도 그들의 사기가 낮고, 월급이 적고 근무환경이 열악하며, 또 강압적 위계질서 속에서 진급, 근무지, 보직에서 아무 선택권이 없기 때문이었다. 그들은 상관과의 관계가 나빠져 계속 하급 장교로 남거나 중ㆍ러 국경 등 열악한 근무환경으로 내몰리기를 원치 않았다.[2]

　　2003년 시작된 일부 계약직 사병충원에서 많은 문제가 발견됐다. 깊이 뿌리박힌 징병제 군사체계 속에 부분적으로 계약직 사병을 투입하는 것은 군대 내 위계질서에 많은 문제를 야기했다. 장교, 계약직 사병, 징병제 사병 간에 아무 유대가 존재하지 않았다. 이들 간에는 상호존중이 없었고, 체첸이나 다른 위험지역에 근무하는 계약직 사병은 용병이라고 불렸다. 계약직은 월급이 적어 질이 낮은 것으로 보였다. 전문가들은 군대 내 계약직은 근본적 전력강화에 기여하지 못하고 향후 한동안 군대의 골칫덩어리(liability)이며 러시아의 큰 사회문제로 남을 것으로 전망했다.[3] 군대 내 사고, 부조리도 계속됐다. 세르게이 이바노프(Sergey Ivanov) 국방장관은 병영기율을 강조하면서 2002년 매년 1천명 이상의 사병이 비전투적 이유로 사망한다고 말했는데, 다른 통계에 따르면 그 숫자는 3천명에 이르렀다. 사고의 가장 큰 원인은 군대 내 폭력이었는데, 상급자가 하급자를 괴롭히는 일은 다반사이고 징병제 사병들에게 음주, 폭력은 거의 관례화되어 있었다. 많은 사병

---

1) 러시아는 소련 인구의 55%를 승계했음에도 불구하고 18세 이하 청소년 숫자는 소련보다 훨씬 적었다. 그로 인해 러시아 군 인력체계는 사실상 붕괴했다. 그들의 건강이 나빠 40%가 징병에서 불합격된 것도 문제이지만, 실제의 어려움은 군대복무가 인기가 없는 것이었다.

2) Nichol, Russian Military Reform, (2011), p. 4; Orr, The Russian Ground Forces, (January 2003), pp. 1-4; Alexander Golts, "Military Reform in Russia and the Global War Against Terrorism," Journal of Slavic Military Studies, Vol. 17, No. 1, (2004), pp. 29-41.

3) Orr, The Russian Ground Forces, (2003), p. 10; Nichol, Russian Military Reform, (2011), p. 7; Golts, "Military Reform in Russia," (2004), pp. 30-34.

들은 마약, 알코올에 중독돼 있었고 일부는 동성애 성폭행으로 고생했다. 장교들끼리의 폭력도 있었고, 그들은 하급자를 돌보지 않았다. 장교들은 부사관 부족으로 수시로 선임 하사 역할을 했으며, 심지어 인원이 특별히 부족한 부대에서는 야간보초를 서는 경우까 지 있었다. 군대 내 부조리는 광범위하게 퍼져 있었는데, 군대식량, 연료, 무기부속, 차량 이 시장에서 판매되고, 무기와 탄약은 갱단이나 사냥꾼에 밀매됐다. 그런 현실은 러시아 군이 또다시 '노동자와 농민'의 군대가 됐다는 씁쓸한 농담을 만들어 냈다.[1]

_아나톨리 세르듀코프

군 개혁과 군사현대화는 생각보다 느렸다. 러시아의 체계적 인 군 개혁과 군사현대화는 2007년 2월 아나톨리 세르듀코프 (Anatoly Serdyukov)가 국방장관으로 임명된 이후 진행되기 시작 했지만, 그것도 군부 내 고위 장성들의 반대로 인해 즉각 시행되 지 못하고 실제로는 메드베데프가 취임해 본격 실시되기까지 1년 이상의 시간이 지체됐다. 비로소 세르듀코프에 이르러 군 구조를 대규모 사단과 위기시 예비군에 의존하는 과거의 동원모델로부

터, 간부가 상시 근무하는 더 효율적이고 기동성이 갖춰진 여단형태의 군대로 전환시키 는 개혁이 진수됐다. 무기체계 개선을 위해서는 거대한 자금이 할당됐다. 더 많은 자금이 인력과 장비에 투입됐다. 총리로 자리를 바꾼 푸틴은 2008년 6월 상시준비태세 부대 (permanent-readiness units) 군인들의 봉급을 크게 인상할 것이라고 말했다. 2008년 세 계 재정위기 이후의 침체가 러시아 경제에 영향을 주었음에도 불구하고, 러시아 국방예 산은 계속 증가했다. 증가하는 예산은 군인월급, 전문화 프로그램, 무기구매, 연구개발에 사용될 것이다. 2008년 5월 메드베데프가 신임대통령으로 취임한 이후 군인월급은 계속 증가했는데 이는 군인들의 사기를 북돋워 외부위협에 대응하기 위한 의무감 제고를 염두 에 둔 조치였다.[2]

세르듀코프 개혁   아직 푸틴이 대통령으로 재직하던 2007년 미국이 주도하는 미 사일방어체제의 동유럽 설치구상이 본격화되면서 러시아는 군사충돌의 가능성에 더 민감

1) Orr, The Russian Ground Forces, (2003), pp. 9-12.
2) Keir Giles, "Where Have All The Soldiers Gone? Russia's Military Plans versus Demographic Reality," (October 2006), www.academia.edu; Russia's armed forces, advancing, blindly, (September 18, 2008), www.economist.com; Nichol, Russian Military Reform, (2011), p. 30.

해졌고, 이것은 국방개혁, 군사 현대화의 필요성을 한층 더 제고시켰다. 러시아 국방개혁은 2007년 2월 푸틴 대통령이 세르듀코프를 국방장관으로 임명하면서 더 본격적으로 추진됐는데, 그것은 10년 기간(2011~2020) 7천억 달러 규모의 무기체계 현대화, 전력발전, 국방비증액을 포함했다. 인력관리와 관련해서, 그는 더 현대식무기를 구비한 효율성 있고 기동성 있으며 준비태세가 강화된 군대를 밀어붙였다. 러시아 군은 과거의 대규모 동원 모델로부터 상시 근무하는 간부와 병력이 잘 충원된 더 작은 여단으로 전환되고 병력숫자는 120만 명에서 100만 명으로 축소될 것이다.[1] 국방부와 총참모부를 포함하는 중앙 지휘부는 규모가 축소되고 장교 숫자는 35만 명에서 15만 명으로 줄어들 것이다. 장교들에 대한 더 체계적 교육을 제공하기 위해 65개 군사학교는 10개 훈련센터로 전환되고, 군 전문화를 위해 직업부사관 부대(NCO Corps)를 창설할 것이다. 공군은 편대(regiment) 대신 공군 기지체계(air base system)로 전환되고, 군 행정지원, 복지를 위해 민간병참과 보조간부(auxiliary staff)가 도입될 것이다. 전력발전, 무기체계 현대화, 국방비증액, 그리고 병력구조 조정의 조치들은 메드베데프 대통령 시기에 들어와 러시아의 진정한 리더 푸틴총리가 지켜보는 가운데 본격적으로 추진됐다.[2]

★ 전문가 분석

푸틴이 대통령으로 등장하고 4년이 지난 2004년 하버드대학의 유명한 러시아 역사학자 리처드 파이프스(Richard Pipes)는 러시아의 현재 정치적 권위주의로의 행진은 푸틴정부가 강요하는 것이 아니라 러시아 국민이 원하는 것이라는 흥미 있는 의견을 제시했다. 그는 레이건 행정부 당시 NSC 보좌관으로 일하면서 대소련 관계에서 미국이 끝까지 밀어붙여야 그 나라의 개혁을 유도할 수 있다는 견해를 제시해 사실상의 소련 붕괴를 이끈 것으로 널리 알려진 인물인데, 그 탁월한 학자의 푸틴 1~2기 당시 러시아 현실에 관한 해석을 살펴보는 것은 많은 이해를 도울 것이다.

---

1) 지상군 개혁은 이리이 발루예프스키(Yriy Baluyevsky)를 대체해 새로 참모총장으로 임명된 니콜라이 마카로프(Nikolay Makarov)가 관장하기로 했다. 발루예프스키는 안보위원회 부위원장으로 자리를 옮겼다. Nichol, <u>Russian Military Reform</u>, (2011), p. 4.

2) Jim Nichol, <u>Russian Military Reform</u>, (August 24, 2011), p. summary; Ivan Yegorov, "Serdyukov's radical reform," Rossiyakaya Gazeta, (December 18, 2008), www.rbth.com; Russia's military reform still faces major problems, (December 2, 2009), sputniknews.com

① 러시아 국민과 정치적 권위주의

문화유산의 영향

　　소련이 해체됐을 때 서방은 러시아가 자유, 인권, 시민의 권리를 보장하는 자유민주주의를 채택할 것이라는 기대를 갖고 있었다. 그러나 2000년 블라디미르 푸틴의 집권 이후 러시아는 정반대로 가고 있다. 여기서 대부분 사람들은 독재자 푸틴이 러시아를 권위주의로 인도하는 것으로 생각하지만, 그것은 사실이 아니다. 여론조사를 포함해 여러 증거에 따르면 실제 권위주의로의 이행은 러시아 국민들이 그것을 원하기 때문이다. 서구 민주주의에서 상상하기 힘든 그 현상을 이해하기 위해서는 러시아 역사를 되돌아 볼 필요가 있다. 제1차 세계대전이 10년 이상 지난 시점에도 러시아는 모스크바와 상트페테르부르크 단 두 개의 도시만이 존재하고 인구의 80%가 농업에 종사하는 압도적인 농촌사회였다. 그곳에서 구성원들 간의 사회응집력은 아주 약했는데, 그 이유는 그 나라가 서로 교류가 없는 수백, 수천 개의 별개 지방정착촌(separate rural settlements)으로 구성된 사회였기 때문이다. 그래서 외국으로부터 침략의 경우가 아니면, 그들에게는 국민, 또는 어느 한 나라의 구성원이라는 감정이 거의 나타나지 않았다. 최근까지도 러시아 농부들은 자기들을 러시아 사람이기 보다는 정교회 기독교인(Orthodox Christians)으로 식별하는 경향이 남아있다. 짜르는 멀리 있는 존재였다. 그는 세금을 거두고 군인을 징병했지만, 그가 주민들에게 돌려준 것은 하나도 없었다. 러시아에서 토지는 18세기 중반까지 짜르(Czar)에 귀속돼 있었고 그 이후 귀족들에게 허락되었지만, 1861년까지 농민들은 농노(serfs)로서 국가나 영주에 묶여 있었다. 러시아인들은 그 어느 권위에도 저항하는 것이 금지되었다. 인권은 그들에게는 외계의 개념이었다. 농촌의 집단공동체(commune)에 소속되어 그 속의 일원으로 살아온 그들에게 사유재산과 공적정의(public justice)는 마찬가지로 발달되지 않았고, 명목상의 사법부는 1864년까지 등장하지 않았다. 수평적인 사회적 유대가 없고, 사유재산, 인권의 개념이 없는 러시아인들은 자기 자신을 보호하기 위해 국가에 의지했고, 그들은 자기들 지배자가 강력하고 단호하기를 원했다. 러시아인들의 경험은 약한 정부는 무질서하고 법치가 결여된 것으로 여기게 만들었다. 그런 문화유산은 오늘날까지도 러시아를 유럽대륙에서 가장 덜 사회화되고 가장 덜 정치화된 나라로 만들었다.[1]

----

1) Richard Pipes, "Flight From Freedom," Foreign Affairs, Vol. 83, No. 3 (May/June 2004), pp. 9-10.

정치, 사회인식

러시아에서 신뢰도가 높은 몇몇 기관의 2003~2004년 여론조사 결과에 의하면, 러시아 사람들은 서방 사람들과는 여러 면에서 아주 다르게 느낀다. 그들 대부분은 아직도 과거 자기들 조상과 비슷하게 국가와 사회에 대해 어떤 친밀감을 느끼지 못한다. 그들은 러시아라는 국가에 대해서 조국이라는 느낌보다는 내가 살고 있는 나라, 내가 태어나서 자란 곳이라는 생각이 강하다. 그들은 또 외세라는 적에 의해 둘러싸인 땅 속에 파놓은 참호(trench) 속에 살고 있는 것으로 느낀다. 미국, 영국, 독일, 스웨덴, 러시아의 비교 여론조사에서 나타난 결과를 보면, 미국과 스웨덴이 국가에 대해 가장 큰 신뢰를 드러내는 반면 러시아인들은 "국가를 전혀 믿지 않는다"고 답했다. 그들은 민주주의를 부를 소유한 집단이 조종하는 정치적 사기(fraud)로 여기고, (옐친시대의) 러시아 정치는 권력이 사유화된 상태에서 응집력 있는 패거리 집단(clan)이 조종했던 것으로 인식한다. 민주주의를 싫어하는 사람은 절반이 넘고, 반면 그 제도를 좋아하는 사람은 20% 정도에 불과하다. 다당제를 선호하는 사람은 15%였고, 52%는 그 제도는 해를 끼친다고 대답했다. 정당은 인기가 없고 대부분은 일당국가에서 사는 것에 더 친숙하다. 개인의 자유를 증대시키고 시민의 권리를 증진시키는 행동은 국민의 지지대상이 아니다. 그들은 서구와 같이 자유와 질서가 공존할 수 있고, 또 공존해야 하는 개념이라는 것을 잘 인식하지 못한다. 2003~2004년 조사에서, 러시아인들의 76%는 언론에 대한 검열복구를 선호했다. 사법부는 부패해 있고, 특히 푸틴이 대통령이 된 이후에는 크렘린에 지나치게 복종하는 경멸의 대상으로 인식된다. 사법부판결은 중앙정부, 지방정부, 또는 돈을 주는 사업가들에 의해 뒤바뀐다. 안타깝게도 "법정경매(court auction), 그리고 누구든지 돈을 주면 이긴다"는 말이 있다. 사기업과 재산권에 관해, 러시아인들은 무관심하거나 냉소적, 또는 노골적으로 적대감을 드러낸다. 그들은 러시아의 부는 연고주의(connection)의 산물이라고 생각한다. 러시아인의 1/4 만이 사유재산을 중요하다고 생각한다.[1]

국민의 염원

러시아인들은 다른 나라와 비교하지 않는 상태에서는 자부심과 자긍심을 갖는다. 그들은 극적인 역사, 풍부한 문화, 우정, 솔직함, 제2차 세계대전에서의 승리, 그리고 우주개발에서의 선도역할을 자랑스럽게 생각한다. 그러나 외국과 비교할 때, 러시아인들은 강

---

1) Ibid., pp. 11-12.

한 열등감으로 고통 받는다. 위의 5개국 조사대상 중 그들은 가장 적은 자긍심 (self-esteem)을 갖고 있는 것으로 나타났다. 가장 높은 자부심을 가진 나라는 미국이었 다. 1991년 이후 국가적 정체성에 혼란을 겪는 러시아는 짜르이즘(Czarism), 공산주의, 스탈린주의를 합성한 어떤 것에 기초한 새로운 정체성을 만들어 내려고 몸부림치고 있 다. 그들은 외국인들이 두려워하거나 존경할 만한 군사적 위용을 가진 강력한 정부를 염 원한다. 많은 러시아인들은 자기들이 서방의 재정그룹, 미국, 나토, 러시아 과두체제와 은행가, 민주주의자, 이슬람 극단주의라는 적에 둘러싸인 것으로 인식한다. 오래전 조지 케난(George Kennan)이 말했듯이 그들은 적을 필요로 하는데, 그 이유는 그것만이 국가 적 통합을 이룰 수 있는 원천이기 때문이다. 자유, 인권, 정치적 민주주의의 이상은 심리 적 융합을 이루는 역할을 하지 못한다. 78%의 국민은 러시아가 강대국이 되어야 한다고 주장한다. 그들이 가장 존경하는 사람은 모두 러시아를 힘 있게 만든 사람들로서, 피터 대제, 레닌, 스탈린, 우주비행사 유리 가가린, 푸시킨 같은 사람들이다. 그들은 소련시절 에 대한 향수를 갖고 있는데, 그 이유는 소련시대 러시아가 강대국이었기 때문이다. 다른 나라가 러시아를 어떻게 인식하기를 원하는가라는 질문에 대해서, 응답자의 거의 절반은 '패배를 모르는 강대국'이라고 말했다. 러시아가 부유하고 번영하는 나라이기를 바라는 사람은 22%였고, 교육받고, 문명화되고 문화수준이 높은 나라이기를 바라는 사람은 6% 였으며, 법치주의와 민주적이기를 바라는 사람은 1%였다. 러시아인들은 유럽 사람인가 라는 질문에 대해서, "한 번도 그렇게 느낀 적이 없다"고 말한 사람이 56%이고, 항상 그 렇다고 말한 사람은 12%였다. 그들 대부분이 싫어하는 서방국가 중에서도 가장 싫어하 는 나라는 미국인데, 그것은 미국이 그들의 강대국 지위를 뺏어갔기 때문이다. 서방에게 는 러시아가 일당체제 국가로 변화하는 것이 실망스럽지만, 그것은 푸틴 자신의 행동보 다는 러시아인들의 지지에 의한 움직임이다. 푸틴은 러시아의 전통적 정부모델을 재건시 켰고, 그래서 인기가 올라갔다. 푸틴이 아직 만족시키지 못한 유일한 국민적 욕구는 러시 아의 강대국으로서의 위상회복이고, 그 소망 역시 적당한 시기에 이루어질 것이다.[1]

② 러시아의 군사 우선주의

수년째 지속되는 체첸전쟁에서 러시아군이 그 진압에 많은 어려움을 겪고 있을 때, 러시아 언론인 알렉산더 골츠(Alexander Golts)와 스탠퍼드 대학의 토냐 퍼트남(Tonya L.

---

1) Ibid., pp. 13-15.

Putnam) 교수는 러시아 군대에 관한 흥미 있는 분석을 제시했다. 그들은 러시아에서 군사개혁이 추진되지 않는 현상에 대해 다음과 같이 주장했다. 옐친시기부터 지금 2004년까지 (서방이 생각하는) 군사개혁, 특히 징집에 기초한 대중군대(mass army)에서 완전한 직업적 모병제로의 전환이 시행되지 않는 이유는 러시아 군부가 그에 반대하고 러시아 정치권, 일반국민 모두 그런 군부 생각에 동의하기 때문이다. 그런 인식의 더 깊은 근본적 이유는 피터대제(Peter, the Great) 시대부터 지금까지 이어져 온 러시아의 국방중심 사고(defense-mind)에 근거한다. 그것은 강한 군사만이 그 나라를 살리는 근본 요인이라는 생각이다. 전문가들은 여러 가지 다른 이유를 제시하고 있지만, 그것은 부분적으로만 맞거나 아니면 틀린 견해이다. 이에 비추어 앞으로도 러시아에서 (서방이 생각하는) 군 개혁은 일어나지 않을 가능성이 높다.

국방 지향적 사고

소련 붕괴 이후 러시아 국방의 기본구조는 그 나라 정치, 경제체제와는 달리 거의 변화가 없었다. 병력숫자는 1992년 370만 명에서 2/3 이하로 축소됐지만 소련시대의 조직, 전력구조, 운영체계, 전략계획은 그대로 존속된다. 러시아 군대는 젊은 장교들의 탈영, 징집의 어려움으로 인한 충원위기, 극단적 장비부족을 포함하는 수많은 문제를 안고 있는데 왜 개혁을 시도하지 않는지 의아할 뿐이다. 그런 군사적 취약성은 현재 진행 중인 체첸전쟁에서도 여실히 드러난다. 그동안 전문가들은 러시아군이 변화한 안보환경에 적합한 군대로 개편되어야 한다고 주장했는데, 그것은 장교훈련의 변화, 직업부사관(NCO: Noncommissioned Officer) 부대의 창설, 자발적 모병제를 통한 병력축소, 엄격한 국방비 지출감독과 같은 요소를 포함한다. 옐친시대부터 지금 푸틴 1기에 이르기까지 그동안 몇 차례의 군사개혁 시도가 있었지만 그것들은 모두 피상적 조치에 그쳤고, 러시아 정치권과 군 수뇌부 모두 말로는 개혁을 외치면서 실제로는 소련모델을 고수하려는 것으로 보인다. 군 개혁이 추진되지 않는 통상적인 4가지 이유로 일부 전문가들이 제시하는 요인은 정치엘리트와 군부의 합의부족, 군부의 정치개입을 우려하는 정치권의 두려움, 재정자원의 부족, 그리고 체첸전쟁의 지속이다. 그러나 그 의견들은 부분적으로는 맞을 수 있지만 전체적으로는 설명력이 약하며, 실제 그보다 더 중요한 근본원인은 피터대제(1705~1725) 시기 시작된 러시아인들의 군사에 관한 이념적, 제도적 유산에 의한 것이다. 그것은 세 가지로 요약되는데, 피터대제 당시 이룬 영토 확장에서 비롯된 국가의 영광과 군사력의 동일시, 군부의 독점적 군사운영에 대한 정치권의 묵인, 러시아의 군사우선에 관한 편향성이다. 그 세 가지 요소는 결국 러시아 정치, 사회에서 가장 중요시되는 가치는 '군사 우선주의'임을 말해준다. 러시아 사회는 리더건 일반인이건 군부의 국가적 권위를 인정한다. 군대가 정치권의 감시 없이 징병제로부터 군산복합체에 대한 감독까지 모든 사안을 독자적으로 처리할 수 있는 이유는 수백 년에 걸쳐 형성된 군사유산의 결과이다. 군사력과 그 권위에 대한 정치, 문화적 태도는 '국방 지향적 사고'(defense-mindedness)로 묘사된다. 그것이 러시아 군대의 개혁에 대한 사회적 압력이 약한 이유이다.[1]

통상적 설명의 문제점

러시아군 개혁이 추구되지 않는 4가지 통상적 이유에 관한 설명은 설득력이 부족하다. 첫째 러시아 정치리더와 군부 간에 어느 부분에서 어떻게, 어떤 순서로 개혁할 것인가에 대해 합의하지 못한 것이 개혁을 막았다는 주장은 사실이 아니다. 예컨대 실제에 있어서 정치권과 군 수뇌부 모두 러시아 군대가 처한 특수성에 대해 공감했는데, 그것은 유럽과 아시아에 걸쳐 있는 러시아의 독특한 지전략적 상황에 비추어 대규모 병력유지가 필요하다는 것이다. 푸틴시대에 정치 리더들과 이바노프 국방장관은 미국이 국제테러를 핑계 삼아 중앙아시아와 중동의 오일이 풍부한 지역을 통제하려는 것으로 보고 미국과의 대결 가능성을 배제하지 않았다. 군부가 정치권의 군 개혁요구에 지연작전을 사용한 것은 부분적으로는 사실이지만, 그것도 결국에는 핵 선제공격 독트린의 채택, 지상군 중심의 방어, 그리고 감축 이후 110만 수준 병력유지에 관한 합의로 이어졌다. 두 번째 설명은 러시아 정치리더들이 군부가 국내정치에 간섭할 것을 우려해 개혁을 밀어붙이지 않았다는 것인데, 그 견해 역시 문제가 있다. 소련시대부터 국가와 군부 간에 긴장이 있은 적은 거의 없다. 군부 엘리트들은 소련공산당의 중요한 일원이었고, 정치권과 군부는 파워와 명예의 구축, 투사에 있어서 아주 가까운 동지였다. 소비에트 리더들은 외부 적으로부터의 위협을 막기 위해 필요한 모든 재정, 물질자원을 제공했고, 마찬가지로 군부는 모든 군사력 사용에 대해 책임졌다. 결과적으로 소련군대는 당이 부를 때는 언제나 주저하지 않고 행동했는데, 재앙적 1979~1989년 아프간 전쟁이 그런 경우이다. 조지아(1989), 아제르바이잔(1990), 발트 공화국들(1991)이 소련으로부터의 독립을 추구하는 민족주의 운동을 전개했을 때에도, 소련 군부는 정치리더십의 명령에 따라 그 시위를 진압했다. 그러나 1991년 8월 고르바초프의 페레스트로이카, 글라스노스트에 반대하는 보수 세력의 궁

---

1) Alexander M. Golts and Tonya L. Putnam, "State Militarism and Its Legacies," International Security, Vol. 29, No. 2 (Fall 2004), pp. 121-124.

중쿠데타가 발생했을 때, 군부는 국가책임자가 아닌 쿠데타 리더들의 발포명령은 거부했다. 반면 1993년 9월 옐친이 최고회의를 해산해 정치권의 대치가 극에 달하고 그 해 10월 시위자들의 행동이 통제가 어려운 상황에 도달했을 때, 군부는 옐친의 명령에 따라 무질서를 진압하기 위해 탱크와 공수부대를 파견했다. 1991년과 1993년 군부의 행동은 그들이 정치권의 정당한 지시를 따르고 정치게임에서 중립을 지키고 있음을 입증한다.[1]

　　세 번째 설명은 자금이 부족해 개혁이 없었다고 말하는데, 그 개혁은 자금부족보다는 정부가 군비지출, 무기구매 등과 관련해 군부를 제대로 감독하지 못했기 때문에 실패한 것이다. 1999~2003년 러시아 국방예산은 인플레이션이 20%인 상황에서 1,090억 루블에서 3,460억 루블로 두 배 이상 증가했지만 준비태세는 개선되지 않았다. 그것은 군부가 중앙정부의 감독 없이 자기들이 원하는 분야에 자금을 사용했기 때문이다. 러시아군의 주요 관심사는 소련시대 생산되던 무기체계와 군사장비 획득이었는데, 푸틴시대에도 그것은 국방부 공식보고와는 달리 주로 한 가지 종류의 탱크 또는 항공기 구매에 맞춰져 있었다. 그것은 군부가 정부의 허락 없이 무기체계에 관한 우선순위를 변경했음을 의미한다. 병력에 관한 현실도 비슷하다. 1999년 러시아 국방장관 이고르 세르게예프 (Igor Sergeyev)는 병력은 현역 120만이라고 보고했다. 2000년 크렘린 관리들은 그 숫자를 36만 5천명 감축하고, 2001년 9만 1천명을 추가 감축할 것을 결정했다. 그러나 2002년 초 그의 후임자 세르게이 이바노프는 2001년 감축이 성공적으로 수행됐고, 병력은 이제 현역 127만 4천명이라고 보고했다. 그것은 러시아 국방부가 의도적으로 숫자를 부정확하게 발표하든지, 아니면 당국의 지시를 의도적으로 위반하는 것을 의미한다. 또 러시아 장교들은 군 개혁이 밀어붙이는 (부분적 모병) 자발적 계약제가 임금수준에 비추어 징집보다 훨씬 더 많은 비용이 소요된다고 말하지만, 그것 역시 징병제에 관련된 직·간접 비용을 간과한 계산이다. 군 개혁 결여에 관한 네 번째 설명은 두 번에 걸친 오랜 체첸전쟁으로 인해 개혁이 부족했다는 것이다. 그러나 실제에 있어서 체첸전쟁과 군 개혁부족은 아무 관련이 없다. 오히려 그 전쟁으로 인해 개혁의 필요성이 확실해졌는데, 왜냐하면 그때 러시아 군 준비태세의 모든 부족한 양상이 확연히 드러났기 때문이다. 1994년 제1차 전쟁 수개월 전 국방장관 파벨 그라체프는 모든 개혁이 성공적으로 수행됐다고 말했지만, 막상 전투 시에는 제대로 준비된 부대가 없다는 것이 명백해졌다. 제2차 체첸전쟁

1) Ibid., pp. 125-130.

에서는, 반군이 다게스탄(Dagestan)으로 침공해 독립 이슬람공화국 설립을 선포했을 때 러시아 군은 그 지역 부대배치에 1개월 이상을 소요했고, 기껏해야 겨우 수천 명 예비군 만 동원할 수 있었으며, 무기와 장비 역시 절대적으로 부족했다. 군 수뇌부는 군대에 130 만 현역병이 복무한다고 했지만, 푸틴은 막상 전쟁에 나갈 병사가 없다고 말했다. 군 사 령관들은 월 1천 달러 지급 조건으로 연방병력의 20%를 모병 지원병으로 충원했는데, 나중에 군 고위관리들은 그들의 기율부족에 비추어 전원 지원병제도는 러시아에 적합하 지 않다고 말했다. 전반적으로 러시아 군대는 징집인력 부족에 시달린다. 단기 징집대상 중 장교들은 11%만 충원됐다. 낮은 봉급, 불안한 생활여건, 군대 내 폭력, 범죄로 인해 징집자들은 탈영하거나 높은 자살률을 보인다. 그럼에도 불구하고 러시아 군부는 일반 징병제로부터 직업적으로 훈련된 자발적 모병제로의 전환에 강력히 반대한다.[1]

국가 군사주의의 역사적 기원

옐친이 1997년 이고르 로디오노프(Igor Rodionov) 국방장관을 해임했을 때, 그는 장 군들이 군 개혁의 주요장애라고 말했다. 그러나 개혁에 대한 러시아 고위 장성들의 반대 는 문제의 일부분일 뿐이다. 그 대답은 18세기 러시아가 강대국으로 등장하는 동안 형성 된 국가 군사주의, 국방지향 사고의 유산 속에서 찾아야 한다. 러시아인들은 국가와 국민 모두 조국수호에 이바지해야 하고 군대가 그 선두에서 역할을 해야 한다고 믿는다. 그 나 라 역사를 통틀어 군대는 국가제도 내에서 특혜적 위상을 점해왔다. 그런 국방위주의 사 상은 다른 군사전통에서도 발견되는데, 과거 프러시아와 일본이 그런 경우이다. 찰스 틸 리(Charles Tilly)의 유럽 국가형성에 관한 연구는 러시아 국가 군사주의(state militarism)의 기원과 현실을 비교역사 차원에서 생생히 조명한다. 밀집되고 상업이 발달한 유럽에 비 해 상대적으로 농촌사회인 러시아는 유럽과의 경쟁맥락에서 강요적 군사동원 방식을 채 택했다. 16세기에 짜르는 지주의 토지를 몰수해 그들의 자주성을 박탈하고 국가 관료제 에 봉사하게 만들었다. 그 기간 동안 러시아 농민들은 노예제로 강요됐고, 지주는 그들의 생명과 재산에 대한 절대적인 통제권을 가졌다. 그 전통은 18세기 피터대제에게로 그대 로 이어졌는데, 그의 압도적 목표는 유럽 국가들을 상대할 수 있는 거대한 군사의 구축이 었다. 1705년 피터대제는 대중에게 징병제를 부과해 러시아 최초의 정규군을 창설했는 데, 모든 20개 농민가계(homesteads)로부터 차출된 1명의 군인은 30년 동안 군대에 복무 하도록 규정됐다. 그 방식은 170년 동안 계속됐고, 유럽 다른 국가들이 계약제 군대를 유

---

1) Ibid., pp. 131－137.

지하는 반면 짜르는 거대한 상비군을 보유했다. 피터대제는 군대가 중간 행정계통을 거치지 않고 군사목적의 세금을 직접 징수하도록 특혜를 부여했고, 장교를 각 지방에 배치해 정치기능을 수행하게 했으며, 모든 국가수입은 군대유지에 우선적으로 할당했다. 스웨덴과의 북방전쟁(1700~1721) 이후 그는 군인들을 인프라건설에 투입시켜 발트해 인근에서 항구를 만들고 새로운 수도 상트페테르부르크 건설을 돕게 했다. 노예제가 확대되면서 러시아 국민들은 거대한 군대의 샘솟는 원천이 됐는데, 그로 인해 피터대제는 수많은 전쟁에서 승리하고 엄청난 범위의 영토를 확장했다. 나중에 러시아병사들은 평화 시에는 노동에 동원됐고 19세기 초에는 군사정착촌(military settlements)에 귀속돼 농민과 함께 살고 일하면서 국가 상비군의 일원으로 기능했다.[1]

그러나 유럽에서 산업혁명이 진행되면서 그 모든 것은 바뀌었다. 러시아는 크리미아전쟁(1953~1856)에서 더 작은 적들에 패배했고, 그 이후 프러시아 제도를 도입해 선별적 일반징집과 동원예비군(selective universal conscription coupled with a mobilization reserve) 전력모델을 채택한 1874년의 군 개혁은 하루아침에 효과를 발휘할 수는 없었다. 19세기 마지막 10년 간 러시아의 군 개혁은 중단됐고, 1905년에는 러·일 전쟁에서 패배했다. 제1차 세계대전에서 전 국민의 동원에도 불구하고 예비군과 농민에게 의존하고 무기, 장비, 식량부족에 시달리는 러시아 군대는 전황을 바꿀 수 없었고, 1917년 초 상트페테르부르크 군대는 니콜라스 2세의 퇴위를 요구했다. 볼셰비키들은 처음에는 사회주의 이념에 따라 농민과 근로자로부터 자발적 군대형성을 원했지만 곧 과거 피터대제 당시와 비슷한 징집체제로 돌아갔다. 그것은 1918년 선언된 '적색군대를 위한 강제충원'(On Coercive Recruitment for the Red Army) 칙령에서 두드러졌다. 공산주의 소련은 강제동원, 집단화, 중화학공업 중심의 산업화를 추진하면서 전력증강에 매진했고, 1935년 비교적 적은 숫자의 93만 병력은 1941년 독일의 공격을 받을 당시에는 5백만 명으로 증가했다. 나치독일에 대한 전쟁에서의 승리는 군사력증강을 위한 사회와 경제의 모든 희생을 정당화시켰고, 그 방식에 의한 국가운영은 소련체제가 생존한 마지막 순간까지 계속됐다. 소련사회의 모든 노력은 냉전에서 소련 군사역량을 증진시키는데 집중됐고, 경제의 목적은 소비재 생산이 아니라 전쟁물자 제조에 있었다. 핵무기 보유를 감안해 후르시쵸프는 재래식전력 축소를 명령했지만 러시아 군부는 그에 반대했고, 브레즈네프는 핵전력 증대에

1) Ibid., pp. 138－142.

도 불구하고 지상군, 재래식 전력을 계속 중시했다.[1]

변치 않는 군사우선주의

러시아 군사주의는 아직도 그 나라에서 유효하다. 2003년 두마 국방위원회 부위원장 알렉세이 아르바토프(Alexei Arbatov)는 아직도 러시아 정치권과 사회에는 예전의 국방에 관한 신성한 존경이 그대로 존재한다고 말했다. 관료제도 운영에서도 군사, 안보문제는 경제, 사회문제보다 중요성에서 더 우선순위가 주어지는데, 그것은 국방문제는 대통령에게 보고하고 기타 문제는 총리에게 보고하는 데서도 나타난다. 과거 프러시아와 독일제국도 비슷한 형태로 관료제를 운영했다. 러시아의 신뢰받는 여론조사 기관의 2002년 통계에 따르면 러시아에서 가장 신뢰받는 제도는 대통령, 정교회, 군대 순이었고, 개인주의와 군사복무의 위험성으로 인해 징병회피가 널리 퍼진 오늘날의 상황에서도 국민들은 관념상으로는 국방을 위한 개인희생이 불가피하다는 데 동의한다. 러시아 사회와 문화는 개인인권을 중시하는 서방과는 크게 다르다. 국민들은 2002년 500명 이상의 군인들이 병영에서 살해됐다는 국방장관 이바노프의 보고에 별 관심을 보이지 않았고, 체첸전쟁에서 인명손실에 관한 자세한 사항을 알고 싶어 하지도 않았다. 푸틴은 옐친보다 군부에 대해 더 많은 친근감과 존경심을 보인다. 그는 군대식 명령체계에 따른 국가운영을 선호하고, 퇴직 군 고위간부들에게 정부가 소유하거나 영향력을 갖는 회사에 자리를 만들어준다.[2]

2003년 7월 러시아 정부는 2007년까지 상시 준비태세병력 중 14만 5천 5백 명의 사병이 근무하는 80개 부대를 징병제에서 모병제로 전환시키는 특별연방프로그램을 채택했다. 이바노프는 그 프로그램에서 창설된 부사관(NCO) 부대는 징병제로 모집된 부대에 필요한 전문적으로 훈련된 선임하사들을 양산할 것이라고 말했다. 모병제 사병의 월급은 징병제 병력 중대장 월급을 넘어서게 되어 있다. 러시아의 전통에 비추어 그 계획이 제대로 실행될지 의문이다. 그렇지만 작은 숫자의 모병제 부대도입은 가능할 것이다. 실제 (모병제) 직업군과 징병제 인력을 동시에 보유하는 군대는 유럽에서는 보편적인데, 스페인, 스웨덴, 스위스, 헝가리 같은 나라들은 혼합제를 갖고 있고 상당규모의 예비군도

---

1) Ibid., pp. 143-146.
2) Ibid., pp. 147-151.

보유한다. 러시아에 특별한 것은 그 나라가 대중동원(mass mobilization)을 선호하는 것이다. 러시아 군부는 일반국민의 전반적 군사복무가 러시아의 거대한 예비전력을 위해 필요한 것으로 간주한다.[1]

③ 올리가키 처벌과 사회정화

푸틴은 러시아 국가와 사회를 개혁하고 중앙집권화를 추진하는 과정에서 옐친시절 연고주의와 부정한 방법으로 부를 축적하고 자산을 해외로 빼돌린 올리가키들을 감옥으로 보냈다. 웰슬리 대학의 러시아 경제전문가인 마셜 골드만(Marshall I. Goldman)은 그 과정에 대해 상세히 설명하면서 그것은 정의를 세운다는 명분도 있지만 올리가키들과의 권력투쟁 성격도 내포하고 있으며, 결국 서방에게는 민주주의의 후퇴를 의미한다고 진단했다.

올리가키의 탄생과 행동

2003년 푸틴은 유코스(Yukos) 최고경영자 미하일 호도르코프스키를 사기와 세금포탈 혐의로 체포, 투옥시켰다. 그것은 1991년 소련 붕괴 이후 천문학적 부와 파워를 긁어모은 올리가키들에 대한 전쟁의 선포였다. 지난 10년 이상 시장경제를 추구해 온 사람들에게 그 사건은 충격으로 다가왔다. 정의를 바로 세운다는 명분으로 진행됐지만, 그것은 상당부분 그들과의 권력투쟁 성격을 띠었다.

지난 10년 간 러시아에서는 산업민영화에 따라 주식시장이 생겨났고, 사람들은 새로운 형태의 경제에서 상업적 기회를 모색했으며, 해외로부터 다국적기업들은 러시아 자본시장에 새로이 진입했다. 그것은 일부 사람들에게는 시장경제와 자유주의의 승리로 보였다. 러시아 신 경제에서 가장 눈길을 끈 것은 거대한 석유, 천연가스, 또는 철강과 같은 거대 원자재 기업의 민영화였는데, 왜냐하면 그 기업들이 새로운 자본주의에서 가장 거대한 수익을 가져다 줄 대상으로 여겨졌기 때문이다. 그 과정에서 새로운 부자인 올리가키들이 탄생했는데, 미국 포브스(Forbes)잡지는 그들 중 36명이 적어도 10억 달러를 보유하고 있고 그 중에서도 순자산 150억 달러를 가진 미하일 호도르코프스키(Mikhail Khodorkovsky)가 최고 거부인 것으로 기술했다. 인수과정에서 분명 어두운 뒷거래가 있었지만 그것은 광범위한 경제전환에서 불가피한 부수적 현상으로 치부됐는데, 그 이유는 그것은 미국에서

---

1) ibid., pp. 151–153.

초창기 도둑귀족들이 야비하고 지저분한 방식(roughhouse tactics)으로 부를 축적해 나중에 재단을 설립하고 존경받는 기업총수가 된 것과 비슷하게 여겨졌기 때문이다. 그럼에도 러시아의 민영화과정은 그 나라뿐 아니라 전 세계적으로 눈살을 찌푸리게 했는데, 왜냐하면 그 음모, 술수, 부정직한 행동, 그리고 러시아사회에 미친 부정적 영향이 너무 컸기 때문이다.[1]

옐친시대 기업민영화의 주역인 예고르 가이다르(Yegor Gaidar)와 아나톨리 추바이스(Anatoly Chubais)는 국가자산과 회사들을 거의 무상으로 팔아치웠고, 그 과정에서 올리가키들은 자신들 소유은행의 '주식을 위한 대여'(Loans for Shares) 프로그램하에서 값비싼 회사들을 헐값에 인수했다. 그것은 많은 속임수를 동반한 경매과정이었는데, 그로 인해 호도르코프스키는 3억1천만 달러의 돈으로 유코스의 78% 주식을 사들여 50억 달러 가치의 회사를 획득했고, 보리스 베레조프스키(Boris Berezovsky)는 1억 달러의 자금으로 30억 달러 가치의 또 다른 거대 오일기업 시브네프트(Sibneft)를 소유하게 됐다. 그들은 러시아의 에너지, 광물회사 민영화에서 정부 관리들과의 연고주의를 이용하고 동시에 다른 경쟁자들을 모함하고 위협해 물러나게 하는 악질적 방법을 사용했다. 올리가키들의 거대한 부는 그렇게 국가소유 원료자산에 대한 수단과 방법을 가리지 않는 무자비하고 비열한 장악에서 유래했다.[2]

푸틴은 처음부터 올리가키들의 행동에 관해 문제의식을 갖고 있었다. 그는 그들이 온갖 부정한 방법으로 부를 누리고 특히 수천억 달러를 해외로 빼돌리는 것에 분개했다. 호도르코프스키는 과거에도 비양심적 사업관행을 보인 바 있었다. 1998년 8월 러시아 정부가 국가부도를 선언했을 때, 비록 다른 대부분 러시아은행들도 그랬지만, 그가 설립한 메나텝(Menatep) 은행은 폐쇄를 선언하고 러시아 일반인 수십만 명의 예금을 가로챘다. 그는 예금자를 돕기는커녕 자기가 거둬들일 수 있는 가능한 재산은 모두 회수하면서 그것들을 채권자의 손이 미치지 않는 상트페테르부르크 자회사로 이전시켰다. 2000년 초 대통령 취임당시, 푸틴은 올리가키들과의 회의에서 그들의 부정부패, 돈, 연고주의를 활용한 특권적인 권력남용 행동은 용납될 수 없고, 그들은 모든 평범한 일반시민들과 똑같

---

1) Marshall I. Goldman, "Putin and the Oligarchs," Foreign Affairs, Vol. 83, No. 6 (Nov/December 2004), pp. 33−34.
2) Ibid., pp. 35−36.

이 법의 적용을 받을 것이라고 경고했다.[1] 그러나 일부 올리가키들은 엄청난 부를 축적한 이후 이제는 정치까지 장악하기를 원했다. 블라디미르 구신스키(Vladimir Gusinsky)와 보리스 베레조프스키를 포함해 몇몇은 자기들이 창설한 미디어 왕국의 TV 방송, 신문, 잡지를 통해 서로를 비방하면서 동시에 푸틴에 대한 비판을 쏟아냈다. 그들은 푸틴의 체첸전쟁과 2000년 바렌츠 해(Barents Sea) 핵잠수함 침몰사건을 거세게 몰아붙였다. 호도르코프스키는 푸틴과 그의 통합러시아당(United Russia Party)에 반대해 러시아의 두 개 자유주의 정당인 야블로코(Yabloko)와 우파연합(SPS: Party of Right Forces)에 1억 달러의 정치자금을 제공하면서 2008년 대통령 선거출마 가능성을 시사했다. 그는 또 유코스에 유리한 입법을 위해 공산당 의원들을 포함해 두마의원 100여 명을 돈으로 매수했고, 그로써 2001~2002년 두마의 석유회사 세금인상을 저지했다. 그것은 모두 올리가키들이 자기들 특권을 옹호하고 더 나아가 정치까지 장악하려는 의도를 의미했다. 푸틴과 크렘린의 50~70%를 구성하는 러시아의 군, 보안부서 출신의 정치인 그룹인 실로비키(Siloviki), 그리고 법과 질서를 주장하는 KGB, 경찰, 군부는 올리가키의 행동을 그들의 국가통제에 대한 근본적 도전으로 보았고 러시아 국가안위에 대한 위협으로 간주했다.[2]

호도르코프스키의 도전

미국에서 국가생성 초기 도둑귀족들이 부정한 방법으로 돈을 번 이후 국가경제를 위한 업계리더로 행세하고 재단을 세워 사회를 돕는 것과 비슷한 형태로, 호도르코프스키 역시 마찬가지로 행동했다. 그는 기업투명성을 위해 서방 회계법인을 고용하고 임금 정시지급과 세금임무의 이행을 선언했다. 유코스 임원진에 서방의 투자자들이 참여했고, 호도르코프스키가 설립한 '열린 러시아재단'(Open Russia Foundation) 임원진에는 헨리 키신저와 전 소련 주재 미국 대사 아서 하트만(Arthur Hartman)이 참여했다. 서방에서는 그의 변화를 긍정적으로 바라보았지만, 그는 더 뻔뻔스럽고 더 대담해졌다. 그는 정부가 추진하는 태평양을 통한 일본으로 연결하는 오일, 가스 파이프라인에 반대해 중국으로 통하는 노선을 건설할 수 있다고 주장했다. 그는 또 크렘린회의에서 당국이 통제하는 국영 로스네프트(Rosneft)가 다른 작은 회사 인수에 너무 많은 돈을 지불했다고 비아냥거렸다. 엄청난 재산, 세계 4위의 오일회사, 두마영향력과 더불어, 호도르코프스키는 야당과 그

---

1) 그래도 그 해 7월 푸틴은 올리가키들에게 만약 그들이 정치에 간섭하지 않으면 자기도 업계에 간섭하지 않고 재국유화는 없을 것이라고 타협의사를 타진했다.
2) Ibid., pp. 36−38.

후보들을 지원하면서 푸틴을 비난, 자극했다. 대부분의 러시아인들이 그렇듯 국가의 우월
성을 믿는 푸틴 일파에게 호도르코프스키의 행동은 눈엣가시로 여겨졌고, 그것은 많은
보복을 불러왔다. 호도르코프스키 오일회사에 투자한 사람들은 주가하락으로 많은 돈을
잃었는데, 외국 투자자들도 예외가 아니었다. 미국 투자자 케네스 다트(Kenneth Dart)는
10억 달러를 잃었고, BP Amoco도 비슷했다. 그래도 크렘린이 더 중요하고 심각하게 여
긴 것은 과연 올리가키들이 국민의 자산을 연고주의, 뇌물, 사기경매, 폭력, 그리고 이상
한 법해석을 통해 모두 가로챌 권리가 있는가 하는 것이었다. 올리카키들의 악덕행위로
인해 러시아 인구의 1/3은 빈곤선 이하로 떨어졌고, 국민들은 그들의 부당한 행위에 분
노했다. 2004년 여론조사에 따르면, 러시아인의 77%는 민영화의 완전, 또는 부분적 수정
을 원하고 재국유화에 반대하는 사람은 18%에 불과했다. 사람들은 일반적으로 시장경제
와 민영화를 불신했는데, 그들은 그것이 오로지 발 빠르고 약삭빠른 사람들만이 성공하
는 체제라고 생각했다. 푸틴과 그의 추종자들이 또 우려한 것은 러시아 자산이 해외에 매
각되는 것이었다. BP(British Petroleum), 엑슨 모빌(Exxon Mobil), 셰브론−텍사코
(Texaco−Chevron)를 포함해 수많은 외국회사들이 러시아로 몰려들었고, 호도르코프스키
는 외국과의 파트너십 거래 한가운데 위치했다. 민족주의 성향의 푸틴은 러시아의 가장
전략적이고 가치 있는 에너지 회사들이 서방에 넘어가고 부자들이 해외로 재산을 빼돌리
는 것을 한탄했다. 많은 올리가키들이 유태인(Jewish)이었다는 사실 역시 약간 오래되고
치졸한 편견부활을 도왔다. 올리가키들은 쉬운 타겟이었다. 호도르코프스키 체포 이후,
푸틴의 지지도는 70%에서 80%로 증가했다. '러시아인을 위한 러시아'(Russia for
Russians) 구호를 내건 신생정당 로디나(Rodina)는 창당 2개월 후 두마선거에서 9%를 득
표했다. 대부분의 러시아인들은 잘못된 민영화가 국가경제를 망치고 부의 편중, 소득 불
균형을 가져왔다고 믿었다.[1]

크렘린의 정책대응

공산주의자가 아니라 국가주의자들로 구성된 크렘린 당국은 러시아 정치에서 보안
세력이 나라의 기강을 세우고 외국의 침투로부터 러시아를 보호하는 중추적 역할을 담당
해야 한다고 생각했다. 유코스 주식의 해외이전을 막기 위해, 크렘린은 호도르코프스키
체포를 명령하고 유코스 주식 40%를 압수하면서 그 회사 지분을 국가 또는 적어도 러시
아 인들에게로 이전시킬 것을 요구했다. 그들은 구신스키에게도 비슷한 압력을 가해 그

---

1) Ibid., pp. 38−41.

로 하여금 미디어회사(Media Most) 개인지분을 러시아 정부 독점 가스회사 가스프롬(Gazprom)에 인도하게 강요했다. 그러나 유코스 임원들은 끝까지 주식양도를 거부했는데, 그때 정부 부서인 천연자원부(Natural Resource Ministry)는 시베리아에서 시추 중인 유코스 허가를 취소했다. 7월에 법무부는 유코스 최대 자회사인 170~240억 달러 가치의 유간스크네프테가즈(Yuganskneftegaz)를 압류할 것이라고 경고하면서 그 회사자산을 평가절하 해 17억 5천만 달러에 매각하는 방안을 고려했다. 얼마 후 푸틴은 가스프롬이 로스네프트를 합병할 것이라고 선언했는데, 나중에 유코스가 세금변제를 위해 매각된다면 그 규모가 더 커진 가스프롬이 유간스크네프테가즈를 차지할 가능성이 높을 것으로 예상됐다. 국가주의자들은 세무조사, 법위반 처벌 등 다양한 수단을 동원해 의심스러운 기업을 조사할 수 있고, 이미 항공회사, 금속회사, 그리고 또 다른 오일회사가 용의선상에 올라있었다. 민영화 과정에서 헐값 인수, 세금탈루, 또는 협박이나 직접적 폭력이 동원됐기 때문에, 그런 회사의 새 주인들은 정부의 시선을 두려워했다. 외국회사들도 당국의 감시와 조사대상에서 예외가 아니었다. 튜멘 오일(Tyumen Oil)은 유코스와 비슷하게 세금탈루를 포함해 여러 이유로 비난받은 회사인데, 그 회사에 이미 70억 달러를 투자한 BP는 우려가 많았다.[1]

그러나 문제기업을 조사하는 한편, 푸틴은 다른 선량한 기업들을 안심시키려 노력했다. 러시아 상공회의소에서 그는 잘못은 소수의 기업이 저지른 것이고 문제없는 다수기업은 아무 걱정할 필요가 없다고 말했다. 외국회사의 경우, 푸틴은 코노코 필립스(Conoco Phillips)에게 러시아 당국이 보유하는 루크오일(Lukoil) 주식에 투자할 것을 독려했다. 그럼에도 불구하고 서방에게 푸틴의 정책방향은 큰 틀에서는 실망으로 비쳐졌다. 가스프롬과 로스네프트 합병은 러시아 당국 경제정책의 단면을 보여주는데, 그것은 국가의 권위주의적 경제통제를 의미했다. 미디어 일망타진, 연방구성체 수뇌와 두마의원 직접선거를 금지하는 2004년 9월 정치개혁안, 그리고 경제 간섭의 증대는 그 나라가 공산주의에서 벗어나 채택한 경제, 정치개혁에 역행하는 것이었다. 그것은 실제동기가 무엇이든 서방에게는 민주주의의 후퇴를 의미했다.[2]

---

1) Ibid., pp. 41-43.
2) Ibid., p. 44.

④ 러시아의 SCO 인식

나토의 동진과 미사일방어망 설치문제로 미·러 대치가 첨예해지고 러시아―조지아 전쟁이 발생해 두 나라 반목이 최고치에 달한 2008년, 지난 오랜 기간 유엔주재 러시아 대사였고 2004년 이후 외교장관으로 활동한 세르게이 라브로프(Sergey Lavrov)가 SCO에 관한 모스크바의 입장을 밝혔다. 서방은 SCO가 나토에 대항하는 성격을 갖는 군사기구로 진화할 가능성을 배제하지 않는데, 그는 SCO에 대해 어떻게 말했을까?

SCO의 기본성격

2001년 창설 이후 상해협력기구(SCO: Shanghai Cooperation Organization)는 중국, 러시아, 카자흐스탄, 키르기스스탄, 타지키스탄, 우즈베키스탄을 영구회원으로 갖고 있는 국제적인 지역기구로서의 정체성을 갖고 있다. 인도, 파키스탄, 몽골, 이란은 옵서버 위상을 갖고 있는데, SCO는 오늘날의 도전과 위협에 반대하고 다양한 사업과 문화교류의 지평을 넓히는 데 있어서 회원국들의 집단적 노력을 상징한다. 그 기구는 짧은 기간 내에 세계정치의 중요한 요소가 됐다. 결과적으로 전문가들은 다국적 국제질서에 근거한 세계를 만드는 데 있어서의 그 조직의 역할에 주목한다. SCO는 지역기구로서 다자협력과 정부 간 관계를 강화시키는 데 도움을 주고, 오늘날의 국제법과 국제관계 이론 및 실제에 있어서 중요한 역할을 수행한다. 국경지역의 신뢰구축조치와 군사력 감축을 위한 메커니즘으로 시작한 이후, 그 기구는 헌장채택 수년 내에 정치, 안보, 경제, 문화를 아우르는 다차원적 지역협력기구로 진화했다.[1]

비슈케크 협정

SCO 헌장은 국제의무 준수, 분쟁의 평화적 해결, 무력사용 금지, 영토통합, 주권에 대한 상호존중, 내정불간섭을 포함해 보편적인 국제법 원칙의 준수를 표방한다. 지리적으로 유라시아 국가들의 모임으로서, 그 조직은 또 이웃지역에서 일방적 군사우위에 대한 거부, 공통의견의 추구, 그리고 공통이익을 위한 단계적 단합행동을 옹호한다. 2002~2007년 SCO에서 승인된 수많은 국가 간 합의와 결정은 국제법의 역사에서 중요한 위상을 차지하는데, 왜냐하면 그것들은 국가 간 정치, 경제, 사회문화 분야 협력을 위해 새로이 진화하는 국제기구를 위한 국제법적 틀을 제공하기 때문이다. 2007년 8월 비슈케

---

1) Sergey V. Lavrov, "SCO: Law and Security in the 21st Century," International Affairs, Vol. 54, No. 2 (2008), p. 54.

크(Bishkek) 정상회담 당시 서명된 '장기적이고 우호적인 이웃관계, 우애와 협력에 관한 협정'(Treaty on Long-Term Good-Neighborly Relations, Friendship and Cooperation) 제3조는 주권국가의 동등한 권리, 국제법과 문화적 다양성에 기초한 민주적인 국제관계 시행을 촉구하는데, 그것은 1970년 유엔총회에서 통과된 '국제법 원칙의 선언'(Declaration on Principles of International Law)에 근거한 것으로 SCO가 점점 더 국제법에 따라 운영된다는 것을 입증한다. 비슈케크 협정과 관련해 한 가지 더 강조할 것은 그 제4조가 회원국들에게 SCO 내 다른 회원국들의 권리와 이익을 침해하는 기구에 참여하지 않을 것을 규정하는 것이다. 상하이 5국회의 당시 1996~1997년의 군사적 신뢰구축, SCO로 확대될 당시 2001년 6월 협약, 그리고 2007년 8월의 비슈케크 협정은 SCO가 회원국들을 위한 정치적, 군사적 보장역할을 수행하고 있음을 가리킨다.[1]

SCO의 공헌

SCO의 세계적 공헌은 그것이 블록과 이데올로기에 의해 분할되는 것에 반대하는 지구적 안보의 새로운 설계라는 것이다. SCO는 카자흐스탄, 키르기스스탄, 타지키스탄, 그리고 러시아의 중국과의 파미르 고원(Pamirs)에서부터 태평양 해안까지 이르는 국경문제를 해결했고, 기본적으로 군사 분야에서 신뢰구축 체계를 창출했다. SCO는 안보분야에서 새로운 도전과 위협에 반대하는 실제적 협력을 시행하는 경험을 쌓아가고 있다. 2006년 SCO 회의에서 각국 정상들은 역내평화와 안정을 위협하는 상황에 공동 대응하는 일련의 조치창출 목표를 재확인하고, 서기국에 그 체제를 위해 요구되는 법적문서 구비를 지시했다. 2007년에는 회원국 대법원장, 검찰총장, 안보위원회 서기, 세관장, 그리고 교통, 교육, 문화, 에너지부의 장관 회동이 있었다. SCO는 정치, 군사를 넘어 더 다양한 분야 협력을 제도화할 수 있도록 그 메커니즘의 체계화를 위해 지속적이고 집중적인 작업을 벌인다. SCO는 다른 군사동맹에 속해 있는 나라들에게 회원자격을 부여할 계획이 없는데, 왜냐하면 그로 인해 기존 회원국들이 자국이익과 관련 없는 일에 불가피하게 끌려들어 갈 수 있기 때문이다. SCO에 의해 유대를 맺은 정부 간 관계와 지역안보 모델은 집단적 해결의 필요성, 공통의 도전과 위협 앞에서의 창조적인 공동노력의 필요성을 확인해 주고, 그것은 다극세계와 민주적 국제관계 구축에 지대하게 공헌할 것이다.[2]

---

1) 1996년 상하이 5국 협력회의(Shanghai Five) 창설 당시 회원국들은 국경선 획정과 비무장화를 위한 대화를 진행했고, 1997년에는 국경지역 군비통제에 합의했다. 2001년 6월 SCO 창설회의에서는 회원국들 간에 국경선확정, 이슬람의 급진적 분리주의 반대에 관한 합의가 있었다.

2) Ibid. p. 55-61.

제3장
후진타오의 중국

2002년 11월 후진타오가 장쩌민을 승계해 공산당 총서기에 취임하고 중국 리더로 등장했을 때 베이징은 많은 도전에 직면해 있었다. 가능하면 합리적으로 행동하기를 원하고 신중한 판단의 후진타오는 대외적으로 안전한 방식을 택하는 것이 필요하다고 생각했다. 그것은 일단 세계 유일 초강대국 미국과 너무 나쁜 관계를 맺지 않는 것이다. 그는 덩샤오핑 등장 이후 장쩌민 시대까지 유효하던 국내발전을 위한 안전한 안보환경 설정을 대외관계의 기준으로 선택했다. 역사의 원리에 따라 시간이 가

_장쩌민

고 국력이 증강되면서 대외관계에서의 주도권은 자동적으로 확보될 것이다. 러시아의 푸틴이 유럽, 중동에서 미국과 치열하게 대립할 때, 후진타오는 가능한 범위 내에서 워싱턴에 협조하고 다른 한편 영토보존, 영향권 보호와 같은 핵심국익은 양보하지 않는다는 현실적 방침을 표방했다. 세계정치의 또 다른 축인 러시아와는 1990년대 이후 발전해 온 우호관계를 더 돈독히 하고, 그 관계를 중국의 외교, 군사, 경제발전에 접목시킬 것이다. 유엔과 SCO에서 러시아와 중국의 이익은 일치한다. 중러 경제협력은 제조업과 에너지 차원에서 서로를 보완하는 성격이다. 강대국이 아닌 다른 나라들과의 정치, 경제관계도 원만히 유지해 나갈 것인데, 중동국가들은 에너지 차원에서 중요하고 새로이 떠오르는 인도와의 관계를 증진시킬 것이다. 아시아에서 센카쿠 열도 관련 영토분쟁이 있는 일본과는 핵심국익을 보호하면서 자존심을 살리는 단호한 태도로 역사문제에 대처해 나갈 것이다. 미국이 타겟으로 하는 북한은 평양의 핵, 미사일 도발을 자제시켜 가면서 그 나라 안전을 보호할 것이다. 국내적으로는 정치, 사회의 안정을 추구하고, 중국 힘의 근원인 군사력과 경제력을 강화할 것이다. 국내질서 유지를 위해 과학발전관에 근거해 조화사회를 창출할 것인데, 그것은 리더그룹의 책임성 강화, 부패방지, 빈부격차 축소, 그리고 헐벗은 국민을 위한 교육, 의료 복지제도 설립을 통해 가능할 것이다.

01 대외관계

(1) 대외관계 주요 원칙

_후진타오

_원자바오

후진타오 체제에서 중국 대외정책의 가장 중요한 공식원칙은 '화평굴기'(peaceful rise), '평화발전'(peaceful development)이다. 화평굴기라는 용어는 2003년 중국 중앙당교(Central Party School) 부교장 정비지안(Zheng Bijian)이 보아오(Boao) 포럼 강연에서 처음 사용한 것으로, 그 내용은 비록 중국의 힘이 커지더라도 베이징은 주변국에 피해를 끼치지 않는다는 것이었다. 그리고 그 연장선상에서 그것은 베이징이 기존 국제질서 변화에 도전하기보다는 그 질서를 수용할 것이라는 함의를 내포했다. 그 용어는 실제에 있어서는 중국이 부상하면서 주변 국가를 위협하고 그를 넘어 기존 국제질서 교체를 시도할 것이라는 중국 위협론을 완화시키기 위한 목적을 띠었다. 중국 총리 원자바오는 아세안 회의에 참가하고 미국을 방문하면서 화평굴기라는 용어를 사용했는데, 그 이후 굴기가 내포하는 부정적 의미를 더 완화하기 위해 베이징 당국은 평화발전(peaceful development)이라는 용어를 더 자주 사용했다. 후진타오 역시 2004년 보아오 포럼 연설에서 '평화발전'의 중추성을 강조했고, 그 이후 중국 대외정책의 기본노선은 화평굴기보다는 평화발전으로 정착됐다.[1]

2005년 국가위원회(State Council)는 평화발전의 주요내용에 대해 설명했다. 평화발전의 내용은 5가지 사항에 관한 것이다. 그것은 첫째 중국 평화발전의 길이 무엇인가 하는 것이고, 두 번째는 중국이 평화발전을 추구해 무엇을 얻으려 하는가에 관한 것이다. 셋째는 평화발전을 추구하는 중국의 대외정책에 관한 것이고, 넷째는 중국 평화발전의 길은 역사에 의해 정당화되고 필요한 선택이며, 다섯째는 평화발전이 나머지 세계에 의미하는 바에 관한 것이다. 그것은 전체적으로 다음을 의미한다. 중국은 세계 최대의 개발도상국으로 세계경제 속에서의 경제발전을 국가적 주요목표로 추진한다. 경제발전을 위

---

1) 보아오 포럼은 아시아와 세계 기타지역 정부관리, 기업인, 학자를 초청하는 비영리 조직이다. 그 기구는 스위스 다보스에 매년 개최되는 세계경제포럼(World Economic Forum)을 벤치마킹한 것으로, 2002년 이후 중국 하이난 주에서 연 1회 포럼회의를 개최한다. 그 목적은 아시아 및 세계의 시급한 이슈에 대해 논의, 공감대를 마련하는 것이다.

해 세계경제가 성공해야 하는데, 그를 위해 중국은 WTO와 지역적 자유무역제도를 옹호할 것이다. 무역, 투자, 환율, 지적재산권을 포함하는 다양한 경제이슈는 국제제도 속에서 평화적으로 해결되어야 하고, 세계경제 속에서 성공하는 중국경제는 지구적 빈곤축소, 에너지소비 축소에 기여하면서 지구경제에 공헌할 것이다. 국내 경제발전은 시장발전을 추구하는 가운데, 첨단기술 도입, 혁신, 개발을 통해 정보기술과 청결한 산업화를 지향할 것이다. 중국은 강요, 냉전적 사고방식이 아니라 평화공존 5원칙에 근거한 대화, 평등, 신뢰의 민주적 국제관계를 옹호하고, 국제문제에 관해 더 많은 개도국들의 참여를 지지한다.[1]

2007년 외교부 대변인 친강(Qin Gang)은 중국의 8개 외교철학(diplomatic philosophy)에 관해 언급했는데, 그것은 '평화발전'이라는 큰 원칙하에서 중국이 대외관계에서 어떻게 구체적으로 행동할 것인가에 관한 설명이었다.[2] 첫째, 중국은 아직 개도국이고, 패권을 추구할 재원이 없는 중국은 선진국이 되어도 패권을 추구하지 않을 것이다. 둘째, 중국은 타국에 자국 이데올로기를 강요하지 않을 것이며, 내정간섭, 파워정치를 하지 않을 것이다. 셋째, 모든 나라는 상대방을 크기에 상관없이 서로 동등하게 대우하고 존중해야 한다. 모든 문제는 평등한 참여의 기초 위에서 논의되어야 하고, 어느 나라도 다른 나라를 괴롭히지(bully) 말아야 한다. 넷째, 중국은 모든 국제문제를 각각의 경우에 따라 판단하고 이중 잣대를 적용하지 않을 것이다. 중국은 타국의 중국에 대한 강요를 거부하고, 동시에 중국 역시 타국에 어떤 강요도 하지 않을 것이다. 다섯째, 국제문제는 유엔헌장과 국제관계 관련 규범에 따라 처리되어야 한다. 중국은 국제협력 증진을 옹호하고 일방주의(unilateral) 정책에 반대한다. 중국 역시 유엔헌장, 국제법, 국제규범에 맞지 않는 자국의 희망을 강요하지 않을 것이다. 여섯째, 중국은 국제분쟁 해결에서 군사력, 또는 군사력의 위협을 동원하지 않을 것이다. 군사력 건설은 팽창, 침략, 공격을 위한 것이 아니라 중국의 주권, 영토 통합을 방어하기 위한 것이다. 국제분쟁을 해결하기 위해서는 평화적 협상과 논의가 필요하다. 일곱째, 중국은 테러리즘 및 WMD 확산에 반대한다. 중국은 국제조약을 성실히 준수할 것이며, 필요에 따라 조약을 선택, 파기하는 이중행동

---

1) China's Peaceful Development—The State Council of the People's Republic of China, english.gov.cn〉 2014/09/09〉 cont...; Full Text: China's Peaceful Development, www.gov.cn〉 content_1941354

2) 친강은 2019년 현재 중국 외교부 차관이다.

을 하지 않을 것이다. 여덟째, 중국은 문명의 다양성과 전체 세계를 존중한다. 중국은 다른 문화와의 교류와 상호보완을 옹호한다. 중국은 문명 간의 충돌과 대항에 반대하고, 특정 인종그룹이나 종교를 부당한 방식으로 지구적 테러리즘과 연계시키지 않을 것이다.[1]

(2) 미국관계

미국은 아직 세계패권을 장악하고 있었지만 아프간전쟁, 이라크전쟁, 그리고 세계 각지에서 작은 전투로 인해 다른 곳에 신경 쓸 틈이 없었다. 워싱턴이 '테러와의 전쟁'에서 베이징으로부터 협력을 구하고 장쩌민이 그에 대한 지원을 선언한 것은 미·중 관계의 전환점이 됐다. 베이징에게 그것은 조지 W. 부시의 중국에 대한 편견, 또 취임 초 EP-3 사건으로 인한 양국 관계의 냉각으로부터 벗어날 수 있는 좋은 기회였다.[2]

장쩌민을 승계해 국가리더로 등장한 후진타오는 계속해서 중국은 미국 힘에 도전하기를 원치 않는다는 뜻을 전달했다. 그의 대외정책 조정관인 국무위원 다이빙궈는 한편의 글을 출판한 적이 있는데, 그것은 덩샤오핑의 경고대로 중국은 아직 근대화를 시작한 지 얼마 되지 않은 개발도상국으로 앞으로 중국이 지구적 차원에서 역할하기에는 오랜 시간을 필요로 할 것이라는 내용을 담고 있었다.[3] 그렇게 시작된 미·중 관계는 다양한 차원에서의 협력으로 이어졌다. 대테러 협력에서 양국이 서로의 입장을 배려한 것은 인상적이었다. 주중 미국대사관에 FBI 수사관을 파견하고 중국 항구에서 방사능 물질 탐지 활동을 하고 싶다는 미국의 제안을 베이징이 허용하고, 그 대가로 워싱턴이 첨단 보안장비를 중국에 수출하는 것은 과거에는 상상하기 힘든 일이었다. 흥미로운 것은 과거 자국의 의지관철을 위해 무소불위로 행동하던 부시행정부가 한편으로는 필요에 의해, 그리고 또 다른 한편으로는 지렛대의 결여로 중국의 대외정책 일탈에 거의 방관하는 태도로 행동한 것이다. 워싱턴이 그만큼 양보적 태도를 취한 것은 어느 의미에서는 미국 대외관계의 미래를 엿보게 했다. 후임 오바마 대통령 시기를 거치면서 자의반 타의반, 또 그 이유가 무엇이든 결과적으로 미국의 힘과 영향력이 크게 위축된 것이 바로 그것이다. 한편,

---

1) PowerPoint Presentation, https://ucdenver.instructure.com〉 ...
2) EP-3 사건 이후 조지 W. 부시 대통령은 중국 파일럿 사망과 미국 정찰기의 하이난 섬 착륙에 대해 유감을 표명했다. 베이징은 사건 3개월 후 미국 정찰기를 해체, 분해한 채로 미국으로 인도했다.
3) China Under Hu Jintao, http://factsanddetails.com

WMD 및 무기 비확산과 관련해 중국은 워싱턴의 입장을 부분적으로만 수용하면서 자국의 필요에 따라 행동했다. 북한 핵의 경우 베이징이 몇몇 유엔안보리 결의안에 찬성하면서도 결정적 제재에 반대한 것은 중국이 항상 핵심이익(core interests) 중 하나라고 강조하는 자국의 영향권을 보호하기 위한 조치였다. 부시행정부는 출범 당시 정권교체를 공언할 정도로 북한 핵 제거를 원했지만, 이제 강력한 제재마저 시행하지 못하는 상황에서 그것은 이미 그 문제의 해결은 불가능하다는 것을 의미했다. 중국무기의 이란 유입 경우도 마찬가지였다. 워싱턴은 중동, 아프리카 지역에서 사용되는 많은 무기가 중국에서 유래하고 그것들이 '테러와의 전쟁'을 치르는 미군과 연합전력 살상에 쓰인다는 것을 인지했지만, 그에 대해 아무 조치를 취할 수 없었다. 오히려 베이징은 외국에 대한 무기수출 과정을 자세히 설명하면서 그것은 주권국가의 당연한 권리라고 강조했는데, 그것은 다른 한편으로는 '테러와의 전쟁'에 몰입하는 워싱턴의 무기력을 반증했다. SCO에서 중국과 러시아의 압력에 따라 우즈베키스탄과 키르기스스탄이 미국의 그곳 군사기지 사용중단을 요구한 것에 대한 워싱턴의 대응이 기껏해야 외교적 항의였다는 사실 역시 무기력한 미국 힘의 현재 위상, 베이징에 대한 지렛대 상실을 입증했다.

1) 중국 신장지역 문제

미·중 협력에서 가장 아이러니컬한 것은 지난 오랜 기간 인권을 문제로 신장과 티베트 관련 베이징의 행동을 사사건건 비판하던 미국이 신장에서 위구르 반체제 무장투쟁을 테러리즘으로 규정한 것이다. 비록 위구르 테러단체의 테러행위가 사실이기는 하지만, 워싱턴은 얼마든지 그것을 위구르인의 독립열망을 억지하는 베이징의 인권유린으로 몰아갈 수 있었을 것이다. 위구르 독립을 위한 무장투쟁을 테러리즘으로 규정한 워싱턴의 판단은 1999년 독립을 위한 코소보 해방군의 무장투쟁을 세르비아 밀로셰비치의 인권탄압으로 규정해 유엔안보리 승인 없이 나토가 군사개입하고, 또 그 이후 서방이 러시아와의 반목을 무릅쓰고 코소보 독립선포를 법적으로 승인한 것과는 큰 대조를 이루었다. 워싱턴이 위구르 테러집단을 테러리스트로 규정한 것은 과거 행동으로부터 필요에 따른 의도적 반전으로 해석되기에 충분했다. 더

_신장 지도

실질적인 이유는 아마도 워싱턴의 반대가 베이징에 아무 영향을 미치지 못할 것이라는 판단 때문이었을 것이다. 결국 그것은 워싱턴의 현실주의적 판단과의 타협을 의미했다.

신장의 1천 5백만 위구르족은 자기들 언어를 사용하는 터키족으로 한때 중앙아시아에서 독립적으로 생활했다. 그들은 19세기 후반 청나라에 복속된 이후 잠시 독립한 적이 있는데, 1949년 중국에 다시 점령당하면서 '신장 위구르 자치지역'으로 존재해 왔다. 베이징 당국은 신장에 인민해방군(PLA)과 (준 군사성격의) 인민무장경찰(PAP: People's Armed Police)을 배치해 모든 소요와 반란을 진압했는데, 위구르인들은 베이징의 고문, 구금, 처형, 인종차별, 강제 출산통제, 그리고 증가하는 한족 이민을 증오했다. 그래도 베이징은 위구르 동화를 위해 계속 한족이민을 장려했고, 1953년 6%에 불과하던 신장의 한족 인구는 50년 후 40%로 증가했다. 1990년대 초 구소련이 붕괴하고 중앙아시아 국가들이 독립하면서 위구르인들의 독립에 대한 열망은 커졌는데, 그들의 시도는 베이징 당국의 강경 진압에 밀려 성공하지 못했다.[1] 2001년 알카에다에 의한 9·11 사태 이후 신장 내 '동 터키스탄 이슬람운동'(ETIM)을 포함해 이슬람 무장그룹 활동은 더 증가했고, 인민해방군은 그에 대응해 대처 강도를 높여갔다. 베이징은 ETIM이 주도하고 위구르족 대다수가 지지하는 (신장)분리주의, 극단주의, 테러리즘의 3대 악을 절대 용인하지 않을 것이라고 선포했다. 2002년 이후 베이징 당국은 ETIM이 알카에다와 연계돼 있는 것으로 파악하고, 추가로 동 터키스탄 해방기구(ETLO: East Turkistan Liberation Organization), 세계위구르청년회의(World Uyghur Youth Congress), 동 터키스탄 정보센터(East Turkistan Information Center)를 테러집단으로 지정했다. 그 즈음에 이르러 미국은 그들이 테러집단이라는 베이징의 의견을 수용했다. 그때까지 아프가니스탄과 파키스탄의 탈레반은 ETIM과 위구르 분리주의 활동을 더 급진화시켰는데, 2007~2008년 베이징당국은 파키스탄 국경인근의 ETIM 훈련캠프를 일망타진하고 여객기 폭파시도를 포함하는 신장 우루무치의 몇몇 테러 활동을 성공적으로 진압했다. 베이징당국은 또 2008년 8월 베이징 올림픽을 전후한 신장 서부지역 카쉬가르(Kashgar) 및 쿠차(Kuqa) 마을 폭탄투척, 그리고 여성 테러리스트 자살폭탄을 포함하는 다양한 테러활동 역시 진압했다. 미 정보당국은 중국이 수니 극단주의자들이 저지르는 고위험 공격을 경험하는 것으로 판단했다. 중국은 민간경찰, 중무장경찰, 인민해방군을 포함해 총 11만 명이라는 엄청난 숫자의 보안병력을 배치해 올림픽 경

---

1) 1997년 전반기에는 신장 서부 이닝(Yining)마을, 광저우, 우루무치, 베이징을 포함하는 여러 지역에서 폭동이 발생했고 그 과정에서 수백 명이 사망하고 수천 명이 체포됐다.

기를 무사히 치를 수 있었다.[1]

2) 미·중 양자관계

미·중 양자관계에서도 중국은 미국의 요구에 부분적으로 협력하면서 다른 한편으로는 핵심이익을 고수하는 방식으로 행동했다. 그것은 공세적이기보다는 방어적 행동이었지만, 베이징은 성공적으로 중국의 국익을 보호했다.

미·중 고위급 외교대화와 전략경제대화　　지난 수년 간 미·중 관계는 일정수준의 현상유지에 머물렀는데, 2005년 부시의 두 번째 임기시작 이후 워싱턴과 베이징은 고위급 외교대화(Senior Dialogue)와 전략경제대화(SED: Strategic and Economic dialogue)를 신설하기로 합의했다.[2] 2005년 8월 미국의 로버트 조엘릭과 중국 외교장관 다이빙궈가 제1차 고위급 외교대화를 개최한 이후 부시 임기 말인 2008년까지 그 대화는 계속됐는데, 그곳에서 그들은 대테러, WMD 확산방지, 대만의 유엔가입 시도 문제를 포함하는 다양한 의제를 논의했다.[3] 미·중 전략경제대화(SED: Strategic Economic Dialogue)는 2006년 12월 창설된 이후 수차례 개최됐는데, 그 의제는 미국상품과 서비스의 대중국 수출증대, 미국의 만성적 대중국 무역적자 해소, 그리고 중국 신중상주의적 경제관행의 시정에 관한 것이었다. 한편, 고위급 외교대화와 전략경제대화는 그동안 미·중 양국 간에 진행되어 오던 기존의 다른 외교, 경제 대화를 각 분과 밑으로 흡수 통합해 같은 시기, 같은 장소에서 개최하기로 결정했는데, 그것은 효율성 차원의 조치였다. 미·중 양국은 그 두 대화채널에서 많은 의견을 교환했지만, 베이징은 워싱턴의 요구에 형식적으로 반응했다. 미국은 중국의 더 적극적 협력을 촉구했지만, 워싱턴이 특별히 할 수 있는 일은 없었다.[4]

....

1) Kan, U.S.-China Counterterrorism Cooperation, (July 15, 2010), pp. 5-11, 22-26.

2) 나중에 오바마 행정부 들어와 그 두 대화채널은 전략 및 경제대화(S&ED: Strategic and Economic Dialogue) 하나로 통합됐다.

3) 2005년은 미 국무 부장관 조엘릭이 중국이 국제문제에 있어서 '책임 있는 당사자(responsible stakeholder)'로 역할할 것을 주문한 해이고, 동시에 SCO 창설 이후 처음으로 중국과 러시아가 키르기스탄과 우즈베키스탄으로 하여금 그들이 허용한 미군기지와 군사주둔 철수를 요구하게 만든 해였다.

4) 외교 관련 대화로는 2003년 시작된 미 국무부와 중국 국가발전개혁위원회가 주재하는 경제발전개혁대화(State-NDRD Dialogue: US-China Economic Development and Reform Dialogue)와 2005년 출범하고 역시 미 국무부 세계문제 관련부서(Bureau for Global Affairs)와 중국 외교부가 참여하는 지구이슈 포럼(GIF: The Global Issues Forum)이 있었다. 경제관련 대화로는 1983년 시작되고 양국 무역관련 부서가 참여하는 미·중 연합 상무무역위원회(JCCT: US-China Joint Commission on

미·중 군사관계 미·중 군사대화는 부시행정부 내내 매우 취약했다. 초기의 EP-3 위기를 넘어 미국은 2002년 12월 중국과 새로이 국방대화(DCT: Defense Consultative Talks)를 시작했다. 그러나 처음부터 부시행정부 임기가 끝나는 2008년까지 양국 국방관련 최고위 관리들의 간헐적 교차방문, 회동, 대화는 양국 군사유대, 신뢰증진, 군사투명성 증진에 거의 기여하지 못했다. 군사 핫라인 설치, 인도주의 재난구조 훈련실시, 적극적 교류에 관한 그들의 합의는 구체적 진전으로 이어지지 않았다.[1] 군사협력에 관한 어떤 특별한 동기가 없이 몇몇 고위 국방관리들의 상호방문만으로 양국 간 군사신뢰가 구축되기는 어려웠는데, 왜냐하면 두 나라는 서로를 미래의 잠재적으로 간주하는 상황에서 대테러, WMD 확산방지 등 몇몇 공통이익을 위해서만 협력했기 때문이다. 어떤 경우 중국은 군사기밀 유지, 교류협력에 관한 필요성 저조 등 여러 이유로 미국 국방관리들의 중국방문을 별로 환영하지 않았는데, 워싱턴 일각에서도 중국군부와의 교류에 대한 반감이 없는 것은 아니었다.[2]

_인민해방군

중국 인민해방군(PLA)과 관련해 미국에게 가장 우려되는 것은 PLA의 군사력 증강이었다. 중국군은 미국이 '테러와의 전쟁'에 몰두하는 동안 지속적으로 전력을 증강시켰고, 그 발전 속도는 PLA의 군사능력을 1990년대 미국에 30년 뒤진 상태에서 2000년대 중반 20년 격차의 상황으로 끌어올렸다. 그 과정에는 증대하는 경제력에 기초해 계속 두 자리 숫자로 증가한 중국의 국방비와 러시아로부터 수입한 첨단무기, 기술이 자리했다. 2007년 5월 발간된 미 국방부 의회보고서는 PLA의 전력증강은 포괄적이고 체계적이며, 그것은 핵전력과 재래식 전력 두 가지 모두의 발전을 추구한다고 적시했다. 핵전력은 잠재적 국의 공격에 대비해 이동미사일 발전에 많은 노력을 기울였고, 재래식 전력은 취약한 해, 공군발전에 초점을 맞췄다. PLA의 군사력 증강에서 주목할 부분은 2007년 1월 중국이

Commerce and Trade)를 포함해 몇몇 위원회가 더 있었다. Kerry Dumbaugh, China-U.S. Relations: Current Issues, (Updated March 17, 2008), p. 13.

1) 2005년 10월 미 국방장관 럼스펠드의 중국 방문은 빌 클린턴 대통령 시절 윌리엄 코헨(William Cohen) 미 국방장관이 2000년 방문한 이후 최초의 국방장관 방문이었다.

2) 미 의회는 대테러의 이름으로 내부억압을 자행하고 악의 축 국가들 및 테러지원 국가들에게 무기와 기술을 제공하는 중국군과의 교류협력에 반대했다. Kan, U.S.-China Counterterrorism Cooperation, (July 15, 2010), p. 29; Dumbaugh, China-U.S. Relations, (March 17, 2008), p. 8.

수백 킬로미터 상공의 수명이 다한 자국 일기위성(weather satellite)을 미사일로 격추한 사건인데, 그것은 PLA의 미사일 능력과 정확도가 미국, 러시아 다음의 세계 최고수준에 도달했음을 의미했다. 중국은 비록 아직은 미, 러에 비해 핵미사일 전력이 부족했지만, 그 기술은 이동미사일, 다탄두 능력 등 필요한 모든 것을 구비해 적국의 어떤 공격에 대비해서도 충분한 핵 억지력을 보유하는 수준이었다. 그렇지만 9·11 이후 미국이 세계 여러 지역에서 수많은 전투에 개입하는데 요구되는 미·중 협력은 워싱턴에게 중국 국방의 어느 것에도 관여하기 어렵게 만들었다.[1]

미·중 경제관계　　미국은 미·중 경제관계, 중국의 경제정책에 대해 상당한 우려와 불만을 갖고 있었다. 그 중에서도 가장 우선적인 것은 증대하는 미·중 무역적자였는데, 2006년 미국은 2,320억 달러의 무역적자를 기록했다. 그동안 중국의 세계경제 진입을 독려하는 차원에서 베이징의 불공정무역에 대해 침묵했지만, 클린턴대통령 후반기부터 미·일 무역적자보다 미·중 무역적자가 더 커지고 또 조지 W. 부시 행정부에 들어와 수많은 전쟁 등 여러 이유로 국가부채가 급격히 증가하면서 워싱턴은 베이징 정부의 부당 무역지원을 시정하기로 결정했다.[2] 2007년 3월 미 상무부는 중국의 두 개 무역회사에 상쇄관세(countervailing duties/ an anti-subsidy remedy)를 부과하면서 앞으로도 만약 중국 회사들이 정부의 부당지원을 받는 것으로 확인되면 마찬가지의 강력한 조치를 취할 것이라고 경고했다.[3] 그렇지만 베이징의 불공정 무역지원은 근절되기 어려울 것으로 보였는데, 왜냐하면 중국의 경제 자체가 국유기업이 그렇듯 사회주의 시장경제의 특성하에서 정부의 주도와 지원하에 작동하기 때문이었다. 두 번째로 부시행정부는 베이징 경제당국의 통화가치 절하에 관해서도 문제를 제기하기로 결정했다. 그동안 중국은 국제통화를 생산성에 맞춰 타국통화에 연동시키는 변동환율제(floating system)를 거부하고 2005년까지 자국통화를 달러가치에 비해 낮게 고정시키는 저평가된 환율을 고수했다. 과거 미국

1) 2007년 3월 중국 인민해방군은 국방예산이 18% 증가할 것이라고 발표했다. 중국의 전반적인 우주능력은 급속히 발전하고 있다. 중국은 미, 러에 이어 세 번째로 우주에 유인우주선을 보낸 나라가 됐고, 2007년 10월 최초의 무인 달 탐사선 창이 궤도체(Chang'e Orbiter)를 대장정(Long March) 3A 로켓에 태워 진수시킨 이후 2020년을 전후해 달에서 유인탐사를 시작하는 계획을 추진 중이다. Dumbaugh, China-U.S. Relations, (March 17, 2008), pp. 5-6.
2) 더 나아가 자본을 축적한 중국회사들이 미국기업을 마구잡이로 사들이는 기업사냥도 미국의 우려사항이었다.
3) 이것은 1984년 채택되어 지난 23년 간 유지되어온 미국 정책인 비시장경제에는 상쇄관세법을 적용하지 않는다는 원칙을 처음으로 파기하는 조치였다.

은 제3세계 개도국의 경제근대화와 미국이 주도하는 지구적 시장경제체제로의 진입을 돕기 위해 그런 관행을 용인했지만, 이제 많은 나라들의 부가 증가하고 특히 중국의 경제가 하루가 다르게 성장하는 현실에서 그것을 더 이상 허용할 이유가 없었다. 미국의 압력에 직면해 2005년 7월 중국은 고정환율제의 통화평가 방식을 약간 변경해 런민비를 여러 통화를 감안한 적정 환율에 고정시킬 것이라고 선언했다. 그러나 그 이후에도 런민비의 통화가치 문제는 계속 제기됐는데, 예컨대 오바마 행정부도 같은 주장을 되풀이 했다. 그때 베이징은 미 재무부의 요청을 흔쾌히 수락해 2010년 6월~2013년 4월 기간 인플레이션을 조정한 수치로 16.2%의 평가절상을 허용했는데, 그에 대해 미 재무장관 티모시 가이트너(Timothy Geithner)는 베이징의 노력에 매우 감사해 했다. 그러나 더 긴 맥락에서 볼 때 2005년 7월~2013년 4월 기간 중국 통화의 실제 환율(REER: Real Effective Exchange Rate) 인상폭은 33.8%에 달했다. 흥미로운 것은 그렇게 엄청난 통화가치 절상에도 불구하고 미국의 대중국 무역적자가 축소되지 않은 것이다.[1] 세 번째 이슈는 중국의 지적재산권(IPR: Intellectual Property Rights) 침해였다. 그동안 중국의 미국 지적재산권 약탈은 하루 이틀의 일이 아니었다. 중국의 많은 회사, 기업들은 상업절도, 해킹을 포함하는 다양한 방법으로 미국 및 서방기술을 도용해 그를 활용해 만든 제품을 외국에 되팔았다. 중국에 투자하는 서방기업들에게 기술이전을 강요하는 것은 기술발전을 위한 베이징의 전형적 방법이었고, 지방기업의 지적재산권 침해에 대해서는 중앙의 권한이 미치지 않는다는 식으로 비난을 피해갔다. 미 업계는 중국이 미국 지적재산권의 약 90%를 부당 침해하고 그것은 연 25억 달러의 손실을 초래하는 것으로 추산했다. 부시행정부는 중국 기업들의 지적재산권 침해가 국제경제 질서에 미치는 부정적 영향을 자세히 설명하면서 그들이 국제규범을 따를 것을 강력하게 촉구했지만, 그 관행은 하루아침에 시정되지 않았다.[2]

중국 국내정치, 사회관련 문제   자유민주주의 확산을 중시하는 미국은 중국이 급속한 경제성장, 국제적 영향력 확대, 위상 증진에도 불구하고 국내정치, 사회질서에서 진전을 이루지 못하는 것에 대해 많은 불만을 가졌다. 객관적으로 중국 정치제도는 아직 1당체제에 머물러 다원주의 민주질서와는 거리가 멀었고, 종교탄압, 도시화 과정에서의 시위

1) Susan V. Lawrence, U.S.-China Relations: An Overview of Policy Issues, CRS Report 7-5700, R41108 (August 1, 2013), p. 37.
2) Dumbaugh, China-U.S. Relations, (March 17, 2008), pp. 7-9.

에 대한 폭압적 진압, 인구증가 억지를 위한 강제 출산방지 정책, 언론의 자유불허, 높은 문맹률과 범죄율, 자유민주주의를 거부하는 민족주의 성장, 공산주의 사상의 강제주입은 모두 미국의 이상과는 맞지 않았다. 그러나 '테러와의 전쟁'이라는 특수한 상황에서 조지 W. 부시는 중국 국내질서, 국내문제에 대해서 덜 비판적이어야 한다는 쪽으로 정책방향을 설정했다. 그것은 부분적으로는 민주당에 비해 타국 내정간섭을 덜 중시하는 공화당의 원래 성향이기도 했지만, '테러와의 전쟁' 해결이라는 더 시급한 과제가 정책적으로 더 큰 우선순위를 받았기 때문이다. 그렇듯 부시행정부는 중국의 내정, 인권문제에 덜 간섭한다는 방침을 표방했다. 부시는 과거 미 행정부가 중국의 인권문제에 압력을 가하는 것과는 달리 개별적 이슈에 대해 꼭 필요한 경우에만 입장을 피력하는 방법을 택했다. 국제사회를 의식하는 베이징은 워싱턴의 요구를 선별적으로 수용하면서 주로 부시행정부 관리들이 베이징을 방문하기 직전 반체제 인사들을 석방하는 임기반응식 전략을 사용했다. 대테러, 아프가니스탄 전쟁, 이라크 전쟁 등 모든 국제적 상황을 감안해 미·중 사이에 인권문제에 관해 서로 어느 정도의 양해가 있었던 것으로 보인다. 2005년 3월 14일 중국정부가 1999년 국가기밀 누설죄로 체포된 위구르인 여성 사업가 레비야 카디에르(Rebiya Kadeer)를 석방하고, 바로 그날 미국정부가 유엔 인권위원회에서 중국 인권을 비난하는 결의안을 도입하지 않을 것이라고 발표한 것은 미·중 간 인권문제 타협에 관한 대표적 경우였다.[1]

(3) 러시아 관계

중국의 대미관계가 큰 갈등을 일으키지 않고 가능한 분야에서 협력하는 것이었다면, 중·러 관계는 비록 그것이 동맹은 아닐지라도 외교, 군사, 경제, 그리고 가끔은 심지어 문화 분야에서 서로를 긴밀하게 지원하고 보완하는 형태를 띠었다. 후진타오, 시진핑 시대의 중러 관계는 한마디로 메드베데프가 러시아 대통령으로 재직하던 당시 말했듯이 역사상 최상의 상태에 있었다.

푸틴, 메드베데프 시기 러시아와 후진타오, 시진핑의 중국 사이에서도 과거 옐친과 장쩌민 시기 중러 관계의 대부분 맥락은 그대로 전수됐다. 냉전이후시대 중·러 협력은

1) Ibid., p. 32.

미국, 서방에 대한 반감에서 시작됐는데, 왜냐하면 두 나라 모두 워싱턴이 중국과 러시아를 붕괴시키려 한다고 믿었기 때문이다. 워싱턴은 중국, 러시아 모두에게 서구 민주주의가 우수한 체제이고 또 미국의 안보구상은 방어적이기 때문에 그들이 그것을 수용해야 한다는 논리를 제시했는데, 베이징과 모스크바는 그것을 위장평화, 거짓으로 인식했다. 그들에게 미국은 패권주의, 제국주의 국가였고, 그렇게 중국과 러시아의 협력은 서로를 지원하고 잠재적인 공동의 적에 대치하는 성격을 띠었다. 2000년대 이후 중·러 양국의 협력은 실질적이었다. 후진타오와 푸틴은 유엔안보리, G-8, G-20, SCO, BRICS뿐 아니라 양국 정상회담에서 수많은 대화를 나누었고, 그들은 국제질서, 미래 국가발전 방향에 관한 유기적 공감대를 공유했다. 그들은 미국의 패권을 막기 위해 다극체제의 필요성을 역설했고, 유엔안보리에서의 북한, 이란 보호는 모두 그런 의도의 산물이었다. 푸틴이 나중에 '아랍의 봄' 당시 메드베데프 정부가 유엔안보리에서 나토의 리비아 개입에 반대하지 않아 카다피가 살해됐다고 말한 것, 그리고 시리아 알-아사드 정부에 대한 모스크바의 보호와 노골적 개입은 모두 반서방, 다극체제를 지향하는 발언, 행동이었다. 푸틴과 후진타오 시기 중·러 군사협력은 지난 10년과 비슷하게 긴밀했다. 베이징은 러시아의 군사교리, 전략, 무기체계에 대해 배우기를 원했고, 러시아는 많은 첨단 무기와 군사기술을 중국에 이전했다. 러시아에서 유래한 새로운 군사지식과 무기는 여러 계기에 실전경험으로 이어졌으며, SCO 연합훈련, 그리고 지중해, 남중국해를 포함해 세계 곳곳에서 전개되는 양국 공동 군사훈련은 경쟁하는 세계 속에서 두 나라 관계를 더욱 밀착시켰다. 비록 러시아 방위산업의 질이 서방기술에 비해 뒤처지고 모스크바가 수출하는 군사기술과 무기의 질에 다소 불만이 있었지만, 그래도 중국은 러시아 과학기술의 필요성을 인정하면서 그를 토대로 한 단계 더 높은 군대로의 탈바꿈을 계획했다.

중·러 간 경제협력은 규모에서는 아직 미미했지만 그래도 추세는 긍정적이었다. 후진타오가 중국 리더로 취임해서 퇴임할 때까지 10년 간 양국 교역규모는 약 8배 증가했다. 시진핑 집권 후에도 양국 무역규모는 계속 확대되어 2016년 무역량은 661억 달러에 달했다. 그것은 2014년 중국과 한국 교역량이 2,354억 달러인 것에 비하면 왜소해 보이지만, 중·러 양국의 경제협력은 금액 자체를 넘어 전략적 파트너십에 근거한 선린우호국으로서의 특수 관계를 상징했다. 두 나라의 경제관계는 서로를 보완하기에 더 이상 적합할 수 없었는데, 왜냐하면 러시아는 제조업이 취약한 상태에서 수시로 서방제재와 원유, 천연가스 가격하락에 직면하는 반면, 중국은 지리적으로 인접한 러시아로부터 가장 필요한 원유와 천연가스를 손쉽고 저렴하게 공급받을 수 있기 때문이었다. 그런 논리는 양국의 경제협력을 더욱 가깝게 유도했고, 러시아가 2000년대 최고수준의 외환보유국임에도 불구하고 추가 외환을 필요로 했을 때 베이징으로 하여금 신속하게 모스크바의 요청을 수용하도록 만들었다. 마찬가지로 세계 최대 외환보유국이고 세계 제조업의 중심인 중국이 미국이 주도하는 세계경제 재편을 시도할 때, 러시아는 그에 기꺼이 참여했다. 시진핑 정부가 역사상 최대 프로젝트라고 일컬어지는 일대일로, 그리고 그를 재정 지원하는 AIIB를 설립했을 때 모스크바가 망설임 없이 그 시도에 참여한 것이 대표적 예다.

(앞에서 논의한 바와 같이) 중·러 간 가장 중요한 경제협력은 에너지와 관련된 것이었는데, 그것 역시 약간의 이견과 불협화음에도 불구하고 지속적으로 진전됐다. 1990년대 말 이후 2000년대를 거치면서 양국은 오일 및 천연가스 공급에 관한 여러 계약을 체결했다. 동시베리아 프로그램(Eastern Siberia Program)하에서 2010년 처음으로 스코보로디노(Skovorodino station)─모허(Mohe station) 간 중·러 원유 파이프라인이 완공됐다. 천연가스의 경우는 2007년 동부 가스프로그램(Eastern Gas Program)하에서 가스프롬이 사할린─하바롭스크─블라디보스토크를 거쳐 중국으로 가는 가스 파이프라인을 우선 건설하기로 합의했다. 그 과정에서 에너지 가격, 수송 인프라, 중국의 러시아 에너지 지배에 대한 우려와 같은 이유로 인해 알테이 가스 파이프라인 건설이 다소 늦어지고 또 중국 국영석유회사(CNPC)의 러시아 오일 및 천연가스 회사 일부 지분 매입이 거부됐지만, 그래도 양국의 에너지 협력은 계속됐다. 러시아 극동에서의 양국 협력도 비슷했다. 푸틴을 포함하는 러시아 고위관리들은 중국, 일본, 한국과 같은 동아시아 국가들이 경제적으로 낙후된 러시아 극동지역을 장악할 것을 우려했고, 그래서 그 지역 인프라 구축을 위해 30억 달러 이상을 투자했다. 그럼에도 불구하고 그 지역의 발전은 상대적으로 느렸고, 모스크바는 중국의 투자를 거부할 수 없었다. 사할린─1 프로젝트의 드 카스트리(De-Kastri) 터미널은 2006년 처음으로 중국, 일본, 한국에 오일수출을 시작했다. 러시아는 또 사할린─2 프로젝트에서 사할린 동북부로부터 (사할린 남단) 프리고로드노예(Prigorodnoe)로 이어지는 가스 파이프라인 건설을 추진하고 프로고로드노예에 액화천연가스(LNG) 공장을 건설했다. 그 이후 러시아는 중국에 천연가스를 수출하기를 원했고, 2009년 처음으로 사할린─2 LNG는 일본, 한국, 미국에 LNG를 수출했다. 그 이외에도 2003년 12월 사할린 에너지와 중국 CNPC는 사할린 유전탐사에 합의했고, 2008년 중국의 할빈 터빈(Turbine)은 러시아 OGK와 석탄 터빈 건설에 합의했으며, 2009년 중국은 러시아 루크오일

(Lukoil) 주식 상당지분을 매입했다.

(4) 일본관계

1990년대의 중·일 관계는 그다지 나쁘지 않았고, 그것은 제한된 경쟁의 형태를 띠었다. 일본은 천안문 사태 이후 서방이 부과하는 대중국 경제제재를 가장 먼저 해제했고, 클린턴-하시모토 성명 이후 개정된 미·일 가이드라인 역시 미·일 안보협력 강화, 일본의 안보역할 확대 공식화에도 불구하고 제한된 범위 내에서 중국을 견제하는 것으로 보였다. 그 당시 중국의 힘은 아직 대단치 않았고, 일본 역시 특별한 대외관계의 위험이 없는 상태에서 산업 경쟁력 회복과 불확실한 국내 정치과정 안정화에 대부분의 관심을 쏟았다. 물론 그 당시 중·일 간에 상호의심이 없는 것은 아니었다. 소련 붕괴로 인해 새로운 안보환경이 조성되고 중·일이 새로운 국내외적 상황에 처하면서, 주권국가로서 양국은 서로에 대해 모든 경계심을 늦출 수는 없었다. 베이징의 입장에서 비록 미·일 가이드라인 발표 시 미·일 두 나라가 그것은 중국을 겨냥한 것이 아니라고 말했지만, 그래도 그 선언을 액면 그대로 받아들인 것은 아니다. 또 일본은 중기방위계획을 통해 군사력 재정비를 선언했고, 국내정치는 평화유지활동(PKO) 법안 통과와 더불어 해외파병의 증가, 헌법 개정으로 이어질 가능성을 배제할 수 없었다. 반면 도쿄는 베이징의 체계적인 군사현대화, 국방비의 불투명성, 그리고 솟구치는 경제력에 비례해 증대하는 지구적 영향력을 우려했다. 더구나 두 나라는 뿌리 깊은 역사적 원한으로 인해 서로에 대한 근본적 신뢰는 취약했다. 그럼에도 불구하고 중일 양국은 각자의 당면목표 실현을 위해 서로 자제해야 한다고 생각했다. 아직도 경제발전을 비롯해 처리해야 할 국내문제가 산적한 중국은 평화로운 안보환경을 원했고, 일본 역시 중국과의 불화로 아태지역 평화의 파탄, 그리고 양자무역 및 투자관계 훼손을 원치 않았다. 두 나라는 미래에 불가피한 갈등이 발생하기 전에는 합리적으로 행동하는 것이 서로에게 도움이 될 것으로 판단했다. 그러나 2001년 일본에서 새 총리 고이즈미 주니치로가 신사에 참배하고 일본이 우경화 경향을 보이면서 중·일 간에 전례 없는 불화와 분쟁이 발생하기 시작했다. 또 미·일 동맹, 중일 영토분쟁, 대만문제도 양국관계를 악화시켰다. 고이즈미총리 시기의 중·일 관계는 분란의 연속이었다.[1]

---

1) 두 나라 사이의 긴장은 1984~1895년 중·일 전쟁에서 패배한 중국의 치욕, 1931~1945년 중국 점령 기간 일본의 잔악행위로 거슬러 올라가고, 특히 일본의 전시범죄에 대한 뉘우침의 결여는 중국인들을 분노케 한다.

1) 고이즈미와 자민당 집권기 중·일 관계

야스쿠니 신사참배　　　2001년 4월 일본의 새 총리로 취임한 고이즈미는 그 해 8월 신사에 처음 참배했다. 일본 내 우파 민족주의 세력이 신사참배는 전쟁 전사자에 대한 존경을 의미한다고 말하는 가운데 4명의 총리가 그곳을 방문했다. 신사는 1978년 비밀리에 제2차 세계대전 전범 14명의 유해를 안치했는데, 1984년 나카소네 야스히로 총리가 그곳을 방문했을 때 중국과 이웃 국가들이 처음으로 그 행위에 반대를 표시했다. 베이징은 고이즈미의 신사참배는 중·일 관계진전의 걸림돌이라고 경고했고, 중국 리더들은 불가피한 다자회담을 제외하고는 고이즈미와의 만남을 거부했다. 고이즈미의 신사참배는 한·일 관계에도 큰 부정적 영향을 미쳤다. 한국의 행정부, 의회, 그리고 대부분 언론은 공개적으로 고이즈미의 행보를 비난했는데, 한국인들의 반일감정은 중국인 못지않았다. 후진타오의 중국은 미국을 포함해 세계 대부분 국가들과 좋은 관계를 유지하려 노력했지만, 고이즈미의 일본은 중국외교에서 예외였다.[1]

_고이즈미 신사참배

역사관련 갈등　　　중·일 간에는 양국 역사와 관련해 많은 분쟁이 있었는데, 베이징 당국과 중국인들은 일본이 과거의 잘못을 왜곡하고 반성하지 않는다는 이유로 일본을 크게 비난했다. 양국 역사문제는 여러 차원에서 갈등을 빚었는데, 그것은 일본의 역사교과서, 난징대학살, 위안부, 전쟁범죄 사죄문제와 관련이 있었다.

일본에서는 여러 차례 역사교과서를 개정하려는 움직임이 있었다. 1990년대 말까지 많은 일본 교과서들은 제2차 세계대전 중의 난징 대학살, 731부대, 그리고 위안부에 관한 내용을 담고 있었는데, 일본 민족주의 세력은 그 내용변경을 위해 여러 차례 정부승인 획득을 시도했다. 2001년 일본 문부성은 '역사교과서 개정을 위한 일본모임'(Japanese Society for History Textbook Reform)이 출판한 책을 승인했는데, 그것은 중·일 전쟁에서 일본의 공세, 1910년 일본의 한반도 합병, 그리고 제2차 세계대전 당시 일본의 만행을

---

1) Emma Chanlett－Avery, Kerry Dumbaugh, William H. Cooper, <u>Sino－Japanese Relations: Issues for U.S. Policy</u>, CRS Report 7－5700, R40093, (December 19, 2008), p. 8; Kerry Dumbaugh, <u>China－U.S. Relations</u>, (March 17, 2008), p. 21

중시하지 않거나 또는 감추려는 의도를 띤 교재였다. 2005년 4월 문부성은 또다시 일본 전시 잔악행위를 최소화하는 새 교과서를 승인했다. 그 교과서는 1937년 난징 대학살, 일본군의 강제노동, 그리고 점령지역 여성들을 일본병사를 위한 위안부로 활동하도록 강요한 사실에 대해 거의 언급하지 않았다. 극우 성향의 교과서들은 과거에도 일본 국내외에서 많은 논란의 대상이 된 바 있는데, 그 승인 이후 수만 명의 중국인들이 베이징, 광저우, 션전을 포함해 전국에서 시위했다. 그것은 1972년 양국 관계정상화 이후 중국 최대의 반일시위였고, 그때 시위자들은 중국 내 일본 사무실과 음식점에 돌과 계란을 투척하고 일본상품 불매운동을 전개했다.[1] 그 시위에 대한 의견은 엇갈렸다. 어떤 아시아 전문가는 중국정부가 가끔 의도적으로 국내정치 목적상 반일감정을 자극한다고 주장했다. 어느 일본인 학자는 중국인들의 행동이 지나치다고 말했는데, 그는 극소수의 학교만이 그 교과서를 채택한다고 주장했다. 반면 아시아 안보문제 전문가 에릭 헤긴보탐(Eric Heginbotham)은 특정 일본 교과서가 문제가 되는 이유는 그것이 논란의 대상이 되는 일본역사를 찬양하는 경향을 보이기 때문이라고 말했다. 그는 몇몇 교과서는 중국을 점령한 일본군이 마치 '아시아를 서구 제국주의로부터 해방시킨 것'처럼 묘사한다고 분석했다.[2]

_난징 대학살

중·일 역사 갈등의 두 번째 이슈는 난징 대학살 문제였다. 중국은 적어도 30만 명의 민간인이 살해됐다고 말하는 반면, 일본은 최대 20만 명이 사망했다고 주장했다. 심지어 일부 일본인들은 난징 대학살 존재 자체를 부정했다. 일찍이 1994년 법무상 나가노 시게토(Shigeto Nagano)는 난징 대학살은 꾸며낸 거짓 이야기라고 주장한 바 있었다. 2007년 6월 제1차 아베내각 당시 100여 명의 자민당 의원들이 또다시 일본군에 의한 난징 대량학살의 증거는 없으며 후진타오 정부가 그 사건을 국내정치 목적으로 악용하고 있다고 주장했다. 그래도 2009년 민주당 집권 당시 총리 하토야마 유키오는 난징 대학살에 대해 사과했다. 그는 일본시민으로서 난징에서 살

---

1) 그러나 그때까지 중일 경제관계는 크게 진전된 상태에 있었다. 중국이 1980년대 초 처음 개방했을 때 양국 무역은 거의 전무한 상태에서 2006년까지 그 규모는 2,070억 달러로 증가했다. 실제 2004년 중국은 일본의 최대 무역파트너로서 미국을 넘어섰다.

2) Lionel Beehner and Preeti Bhattacharji, "Strained Ties between China and Japan," Council on Foreign Relations, (Updated March 14, 2008), https://www.cfr.org〉 backgrounder

해된 단 한 명의 중국인에게도 사과의 의무를 지니고, 또 그것이 전쟁 중의 일이라도 용서받을 수는 없다고 말했다. 그러나 우익들의 발언은 그 이후에도 끊이지 않았다. 2012년 2월 아직 민주당의 노다 요시히코가 총리로 집권하고 있을 때, 도쿄도 지사 이시하라 신타로는 난징 대학살의 실체를 믿지 않는다는 취지의 발언을 했고, 2014년 2월 일본 NHK 방송국의 어떤 임원은 그런 학살은 없었다고 주장했다. 많은 일본인들마저 그 살해가 진실이라고 믿는 상황에서, 일부 민족주의세력의 그런 발언은 대만을 포함해 전 세계 중국인의 분노를 자극했다.[1]

역사분쟁의 세 번째 이슈는 위안부 문제였다. 1993년 무라야마 내각 관방장관 고노 요헤이는 담화를 통해 많은 경우 여성들이 설득, 강요에 의해 비자발적으로 동원됐고 또 가끔 정부 및 군 인사들이 직접 그 동원에 개입됐다는 것을 시인한 바 있었다. 그 시인은 비록 때늦은 감은 있지만 세계의 많은 피해 국가들과 피해 당사자들에게 조금의 위안을 주었다. 그러나 2007년 3월 제1차 아베내각하에서 위안부문제가 또 다시 점화됐다. 집권 여당 자민당의 120명 의원은 아베총리가 위안부 관련 공식사과를 수정할 것을 원했다. 그들은 일본군이 여성 강제동원에 직접 개입했다는 증거가 없고, 과거 사과는 일본 명예에 대한 오점이라고 주장했다. 처음에 일본군 개입의 직접적 증거가 없다는 데 동의했지만, 아베는 전 세계로부터의 비난에 직면해 한발 물러섰다. 그는 "그들이 받은 고통에 대해 유감을 표시하고, 그들이 처했던 상황에 대해 사과"한다고 말했다. 그러나 비판자들은 일본군을 아시아 여성 전체의 강요로 연결시키는 문서화된 증거는 없으며, 많은 경우 그들은 개인업자에 의해 강요되거나 아니면 금전적 보상의 대가에 따라 움직인 것이라고 주장했다. 그들은 그것은 일본군의 직접 개입과는 다르다고 덧붙였다. 아베는 더 이상 그 문제를 논의하기를 원치 않았다.[2]

역사분쟁의 마지막 이슈는 전쟁범죄 사죄에 관한 것이었다. 1972년 이후, 일본 총리들과 일왕은 제2차 세계대전 때까지의 잘못된 행동에 대해 사과하고 유감을 표시했다.

---

1) 이시하라는 그렇게 짧은 시간에 그렇게 많은 사람을 학살하는 것은 불가능하고 실제 사망자 수는 1만 명 정도일 것이라고 말한 것으로 알려졌다. Japan ruling MPs call Nanjing massacre fabrication, Reuters, (June 19, 2007), web.archive.org; Governor of Japan broadcaster NHK denies Nanjing massacre, (February 4, 2014), www.bbc.com
2) Japan to study wartime 'comfort women,' (March 08, 2007), https://www.theguardian.com

고이즈미 역시 여러 계기에 도쿄는 과거 주변국에 끼친 피해에 대해 후회하고 두 번 다시 전쟁의 길로 가지 않을 것이라고 말했다. 그렇지만 중국인들은 한 번도 이 사과를 진정으로 수용한 적이 없는데, 왜냐하면 그들은 고이즈미의 사과가 불충분하고 그의 말과 행동이 다른 것을 위선으로 생각했기 때문이다. 일본에 점령당했던 한국과 다른 아시아 국가들 역시 전시 잔악행위에 관한 도쿄의 외교적 포장을 믿지 않는 경향이 있었다. 그러나 어느 전문가는 일본 내에는 그들이 과거에 대해 충분히 사과했고 이제는 일상으로 돌아가야 할 때라는 정서가 점점 더 증가한다고 말했다. 반면 에릭 헤긴보탐은 일본의 전시 행동에 대한 후회는 독일이 유럽에서 사과한 것에 비하면 턱없이 부족하다고 질타했다. 그는 "그것은 독일 리더가 제2차 세계대전에 사과하고 나서 나치 친위대 전시관을 방문하는 것과 마찬가지"라고 비난했다.[1]

영토분쟁   베이징과 도쿄는 오일과 천연가스 매장량이 풍부한 동중국해 지역의 영토 권리에 관해 충돌했다. 2003년 후진타오 정부는 일본이 영유권을 주장하는 동중국해 인근의 춘샤오 및 두안챠오(Chunxiao and Duangqiao) 가스유전 시추를 시작했고, 그

이후 가스유전에 전함을 파견하고 오키나와 인근에 잠수함을 침투시키는 강경책을 구사했다. 센카쿠 열도 인근지역을 자국 경제수역의 일부로 간주하는 일본은 해상자위대를 파견해 그 지역에서 주기적으로 중국 군사행동을 탐지했다. 2005년 4월 고이즈미 정부는 중·일 모두가 영유권을 주장하는 오키나와 서쪽 분쟁수역에서 10억 달러 프로젝트 상당의 오일 및 가스 시추를 시작했다. 중국 외교부는 일본의 결정을 '심각한 도발'이라고 불렀고, 반면

_춘샤오 가스필드

도쿄는 중국이 지속적으로 류큐(Ryukyu) 도서 인근의 배타적 경제수역(EEZ: Exclusive Economic Zone) 권리를 위반한다고 주장했다. 베이징은 일본에 오일 및 가스필드를 공동 탐사할 것을 제안했는데, 도쿄는 그 요청을 거절했다.[2]

2006년 9월 제1차 아베내각 출범 이후 비록 양자외교는 고이즈미 시대에 비해 온건해졌지만 영토분쟁은 해결될 수 없었다. 아베내각의 반대에도 불구하고 중국은 2006년

1) Beehner and Bhattacharji, "Strained Ties," https://www.cfr.org〉 backgrounder
2) Joint Statement U.S.—Japan Security Consultative Committee, MOFA (February 19, 2005), www.mofa.go.jp

11월 핑후(Pinghu) 유전에서 가스 생산을 시작했다. 수차례 대화에도 불구하고 양국 관리들은 합의에 도달하지 못했지만, 2008년 초 후쿠다 총리하에서 타협의 조짐이 나타나기 시작했다. 베이징은 일본의 경계선을 인정하는 쪽으로 움직이는 것으로 보였고, 그것은 가스 매장지 공동개발의 문을 열 수도 있을 것이라는 희망을 낳았다. 그렇지만 양국 간 영토 및 영향권 분쟁은 종식될 수 있는 것이 아니었다.[1] 동중국해에서 양국 영토분쟁은 그 이후에도 계속됐는데, 그 문제 해결의 어려움은 민주당 정권 하에서 2010년 9월 잔치슝 선장 사건, 그리고 일본 극우 성향의 도쿄도 지사 이시하라 신타로가 센카쿠 열도 일부 매입을 선언하고 그 행위를 방지하기 위해 2012년 9월 노다 요시히코 총리가 그 섬들을 국유화하면서 또다시 중·일 영토분쟁이 극도로 격화된 사실에서 생생하게 드러났다.

중·일 간 상호우려　　중국은 일본의 군사력에 의해 위협받는 것은 아니다. 그런 전제하에서, 일본의 역사에 관한 도쿄당국의 뒷걸음질은 그들의 더 대담한 대외팽창적 외교, 군사태세와 합쳐져 베이징을 우려를 증폭시킨다. 베이징은 또 미·일 동맹의 잠재력을 우려하고, 특히 그들의 중·대만 분쟁에 대한 간섭이 증가할 가능성을 우려한다. 반면 일본은 중국이 증대하는 경제적 지렛대와 군사력을 휘두르고 아태지역을 지배할 것을 우려한다. 일부 전문가들은 일본의 안보리 이사국 자격획득을 무산시키려는 베이징의 노력은 그런 우려의 대표적 예라고 말한다. 존 머샤이머(John Mearsheimer)는 아태지역 패권국 지위를 노리는 중국은 이제 위협으로 등장하고 있다고 지적하면서, 그것은 '몬로 독트린의 아시아 버전' 성격을 띤다고 말했다.[2]

2) 아베, 후쿠다, 아소 내각과 중·일 관계

일본에서 고이즈미 후임으로 2006년 9월 아베 신조가 총리(2006. 9 – 2007. 9)로 등장하면서 중일 양국관계는 개선되기 시작했고, 특히 2007년 9월 이후 후쿠다 야스오(Yasuo Fukuda)가 총리로 재직하는 기간(2007. 9 – 2008. 9) 그 관계는 더 진전됐다.[3] 비록 분석가들은 중·일 간에 지정학적 경쟁이 계속될 것이라고 전망했지만 단기적으로는

----

1) Chanlett – Avery, Dumbaugh, Cooper, <u>Sino – Japanese Relations</u>, (December 2008), p. 7.
2) 중국은 일본이 유엔안보리 상위이사국이 되려는 시도에 반대한다. 2005년 4월 중국 총리 원자바오는 기자들에게 인도로 가는 여행 중에 "역사를 존중하고, 역사에 대해 책임지고, 아시아 및 세계 전체에서 신뢰를 얻는 나라만이 국제공동체에서 더 큰 책임을 질 수 있다"고 말했다. Ibid., pp. 2 – 3.
3) 후쿠다 야스오 부친은 중일 관계 정상화의 주역이다.

_아베 신조

관계가 개선됐다. 양국 리더들 간에 많은 상호방문이 있었고, 그들은 동 중국해의 오랜 영토분쟁에서 타협하려는 움직임을 보였다. 그러나 2006~2009년 기간 양국관계에서 진정한 해빙관계가 이루어졌다는 양국 리더들의 발언, 그리고 겉으로 드러나는 양국 관계개선에도 불구하고, 역사와 영토분쟁이 관련된 근본적 문제는 하나도 해결되지 않았고 빙산은 수면 아래에 그대로 남아 있었다.[1]

2006년 이후 중일 관계개선 움직임   고이즈미를 승계한 일본 리더들은 불안한 양 국관계를 우려했고 불필요한 상호대결 회피의 필요성을 절감했다. 안보측면에서 중국의 군사현대화가 우려되기는 했지만, 센카쿠 열도의 군사대치로 인한 무장충돌은 두 나라

_후쿠다 야스오

모두에게 전혀 도움이 될 리 없었다. 북핵 문제해결을 위한 6자회담의 성 공, 그리고 유엔안보리 상임이사국 진출을 위해서도 베이징의 협력은 필수 적이었다. 경제적 측면에서는 중일 무역이 일본의 경제회복에 커다란 긍정 적 역할을 했다. 베이징 역시 일본과의 관계개선을 원했다. 중국은 일본과 의 무역, 투자에서 큰 혜택을 보았는데, 중국이 일본에 대한 최대 무역파트 너라는 사실은 일본의 중국에 대한 경제 기여를 한마디로 대변했다. 양국 관계진전에 있어서 우선적으로 중요했던 것은 일본 리더들의 야스쿠니 신

사참배 자제였다. 아베는 총리취임 이후 신사방문을 자제했고, 아베 후임 후쿠다 야스오 는 이웃 국가들의 입장을 고려해 신사에 참배하지 않을 것이라고 공개적으로 선언했으 며, 그 후임 아소 다로 역시 총리자격으로는 신사에 참배하지 않을 것이라고 말했다.[2] 양국관계가 진전되면서 양측 리더의 방문이 성사됐다. 자민당 총선승리 직후 2006년 10 월 아베는 즉시 베이징을 방문하고 유대개선의 결의를 표시했다. 2007년 4월 중국 총리 원자바오는 일본을 답방하고 일본 중의원에서 연설했는데, 그때 양국은 공통적 전략이해 에 기초한 상호 호혜적 관계구축과 환경문제에서 협력을 서약했다. 아베 신조보다 중국 에 더 우호적인 후쿠다 야스오는 2007년 12월 베이징 방문에서 크게 환영받았는데, 그는

---

1) Linus Hagstrom, "Sino—Japanese Relations: The Ice That Won't Melt," International Journal, Vol 64, No. 1, (2008/09), pp. 223 – 240, http://heinonline.org/HOL/LandingPage?

2) 1998년 도쿄 방문 당시 장쩌민은 일본이 일본제국의 전시 잔학행위를 인정하려 하지 않는 것에 대해 공개적으로 비난했는데, 그것은 양국 관계를 크게 악화시켰다. 임기 초 고이즈미는 예외적으로 베이징을 방문했지만, 그 이후 5년 간 중일 간에 공식 정상회담은 없었다. 그래도 고이즈미는 중국 리더들과 여 러 국제포럼 장외에서 만나 대화는 나누었다. 아베는 총리 취임 직전 조용히 신사를 비공식 참배했다.

그의 전임자 아베의 성공을 배가시켰다. 양국관계 개선은 10년 만에 중국 리더로서는 처음 일본을 방문하는 후진타오의 2008년 5월 도쿄 방문에서 절정을 이루었다. 후진타오와 총리 후쿠다 야스오는 역사를 공정하게 해결하고, 미래지향적이며 공통의 전략이익에 기초한 상호호혜 관계를 추구할 것이라는 공동선언을 발표했다.[1] "중일 양국은 역사의 진실을 직시하는 가운데 과거의 반목을 털어내고 공통이익을 위해 앞으로 전진해야 한다. 급변하는 국제정세 속에서 두 나라는 세계평화를 위해 서로 힘을 합치고, 아태지역에서 발전을 도모하며, 양국 간 상호신뢰와 이해를 증진시켜야 한다." 그 두 리더는 연례정상회담 개최, 환경 기술협력, 문화교류 증진에 합의했다. 2008년 10월에는 중·일 관계정상화 30주년을 기념하기 위해 일본 총리 아소 다로(2008. 9 – 2009. 9)가 베이징을 방문했다. 리셉션에서, 그는 중일 관계에 관한 개인적 신념에 관해 다음과 같이 말했다. "우리는 우리 자신을 중일 간 우정의 이름 속에만 제한시켜서는 안 된다. 오히려, 건전한 경쟁과 적극적 협력이 공통이익에 근거한 진정한 상호 호혜적 관계를 형성할 것이다. 관계정상화 30주년에 즈음하여 중일은 이제 국제무대에서 함께 혜택을 주는 기상을 세계에 펼쳐야 한다."[2]

후진타오의 2008년 5월 일본 방문 이후, 중일은 재원이 풍부한 동중국해의 오일 및 가스 공동탐사에 합의하고, 중국 책임 하에 가스 보유가 확인된 춘샤오(Chunxiao) 가스 필드 중 하나의 개발에 관한 이해를 선언했다. 표면적으로 동중국해 합의는 양국 간의 수년 간 긴장을 해결하는 단초를 제공할 것으로 보였지만, 그래도 그를 둘러싼 입장차가 드러났다. 베이징은 그것이 양국 공동개발이 아니라 중국 주도하의 협력적 프로젝트이며, 일본의 민간투자는 춘샤오 가스 필드에 대한 중국의 주권을 인정하고 중국 법에 따라 시행되어야 한다고 주장했다. 그 협력을 어떻게 진전시키고 수익을 어떻게 배분할 것인지에 대한 세부사항 역시 대강만 논의된 상태에 있었다. 춘샤오 필드에서 중국이 탐사활동

1) Joint Statement between the Government of Japan and the Government of the people's Republic of China on Comprehensive Promotion of a 'Mutually Beneficial Relationship Based on Common Strategic Interests', MOFA, (May 7, 2008)

2) Chanlett – Avery, Dumbaugh, Cooper, Sino – Japanese Relations, (December 2008), pp. 8 – 9; Dumbaugh, China – U.S. Relations, (March 17, 2008), p. 21; Remarks by H.E. Mr. Taro Aso, Prime Minister of Japan, at the Reception to Commemorate the Thirtieth Anniversary of the Conclusion of the Treaty of peace and Friendship between Japan and the People's Republic of China, MOFA, (October 24, 2008)

을 시작하면서, 도쿄 역시 센카쿠 인근에서 독자 탐사활동을 시작했다.[1] 처음부터 동중 국해 관련 중·일 협력은 예민하고 폭발적인 양국 민족주의 정서를 피해가기 어려울 것으로 예상됐는데, 2008년 6월 그런 사태가 발생했다. 그 사건은 동중국해에서 일본 해양순 시선이 대만어선을 들이받아 침몰시키면서 촉발됐는데, 그때 대만뿐 아니라 중국의 반일 정서 역시 폭발했다. 중국인들은 베이징의 일본대사관 앞에서 시위를 벌이면서 베이징 당국이 일본에 더 강경하게 대처해야 한다고 목소리를 높였다.[2]

중·일 군사 및 경제관계   중·일 간 군사관계는 아주 민감한 사안이었는데, 그것은 일본의 중국침략과 일본 제국주의 군대의 예외적 잔인성 때문이었다. 2002년 4월 고이즈 미가 야스쿠니를 두 번째 참배한 이후 후진타오 정부는 항의표시로 일본 방위청장의 중 국방문, 그리고 중국전함의 도쿄기항을 취소했다. 그 이후 고이즈미 퇴임 시까지 양국의 군사관계는 동결됐다. 그러나 2006년 9월 아베 취임 이후 두 정부 간의 군사접촉이 재개 됐다. 2007년 11월 후쿠다 총리 치하에서 중국 구축함이 도쿄항구를 방문했는데, 그것은 중국 전함이 일본에 기항한 첫 번째 사례였다. 2008년 6월에는 후쿠다 정부의 해상자위 대 구축함이 답방형식으로 중국남부 잔지앙(Zhanjiang) 항구에 기항했다. 2008년 9월 중 국 인민해방군 공군사령관이 일본을 방문하고 일본 방위성 장관과 양국 국방교류 증진 필요성을 논의했다.[3]

한편, 중·일 경제유대는 양국관계 안정을 제공하는 요인으로 작용했다.[4] 우선 양국

----

1) 남중국해 지역 중국 오일 탐사로 인해서도 긴장이 증가했는데, 왜냐하면 일본도 그 지역에 주권을 주 장하기 때문이었다.

2) 같은 시기 중국 쓰촨(Sichuan)성이 지진에 강타 당했는데, 그때 후쿠다 정부는 1천만 달러 상당의 지 원을 서약하고 지진구조 전문가와 의료 인력을 파견했다. 후진타오 정부는 후쿠다 정부의 지원을 공식 수용했고, 중국언론은 도쿄의 지원을 환영하면서 지진지역 주민들의 감사하는 마음을 보도했다. 그럼 에도 불구하고 후진타오 정부는 일본 항공자위대 수송기가 지원물자를 중국으로 운송하는 초기 계획을 취소하고 그 대신 민간 항공기가 그 역할을 대신하도록 요청했는데, 그 조치는 중국 시민들의 일본 군 용기 입국에 대한 거부감을 반영했다. 그 에피소드는 역사문제가 양국관계에 얼마나 큰 부정적 영향을 미치는지를 단적으로 입증했다. Chanlett—Avery, Dumbaugh, Cooper, Sino—Japanese Relations, (December 2008), pp. 9−10; Dumbaugh, China—U.S. Relations, (March 17, 2008), p. 11, 21.

3) Chanlett—Avery, Dumbaugh, Cooper, Sino—Japanese Relations, (December 2008), p. 11.

4) 2007년 현재 두 나라 경제는 여러 측면에서 큰 차이를 나타냈다. 일본의 명목상 GDP 4.4조 달러는 중국 GDP 3.2조 달러에 비해 1.2조 달러 이상 컸지만, 구매력을 감안할 경우 중국의 GDP 7.2조 달러 는 일본의 4.3조 달러보다 거의 70% 이상 컸다. 1인당 GDP에서 실질 구매력을 감안했을 때 일본의 생활수준은 3만 4천 달러로 중국의 5천 5백 달러와는 비교되지 않을 정도로 높았다.

무역관계는 두 나라 모두에게 혜택을 부여했다. 중국은 1980년대 중반 이후 일본과의 무역에서 흑자를 보기 시작했는데, 2007년의 경우 일본으로 1,278억 달러 어치를 수출했고 1,093억 달러 어치를 수입했다. 2007년까지 중국은 미국을 대체하고 일본의 첫 번째 수입원천이 됐는데, 그것은 그해 일본수입의 20.6%를 차지했다. 또 중국은 일본 총 수출량의 15.3%를 흡수하는 미국 다음의 두 번째 큰 시장으로 기능했다. 한편, 중국은 2004년 미국을 제치고 일본의 최대 규모 무역파트너가 된 반면, 중국에게 일본의 중요성은 하락했다. 그 이유는 중국이 일본을 넘어 다른 동아시아 경제 및 미국과 더 긴밀한 유대를 형성했기 때문이다.[1] 또 상호 해외투자(FDI: Foreign Direct Investment)에서 양국은 모두 상대방으로부터 혜택을 보았다. 중국은 일본인 해외투자가 가져오는 기술과 노하우에서 혜택을 보았는데, 그것은 중국 수출이 저숙련 의류와 신발생산으로부터 기계류 및 교통수송 장비로 이동한 것에서 입증됐다. 일본 생산자들은 중국에 대한 해외투자가 제공하는 낮은 생산비용에서 혜택을 보았다. 동시에 중·일 두 나라는 세계무역기구, 국제 통화기금, 세계은행, 아시아개발은행 같은 다자무역 및 재정기구에서 협력하고, 아세안＋3(한, 중, 일), 호주, 뉴질랜드, 인도와 동아시아 FTA 형성을 위해 노력했다. 그들은 그렇게 함께 세계경제발전과 아태지역 경제 활성화에 기여했다.[2]

3) 민주당 집권 이후 중·일 관계

2009년 9월 일본에서 중도좌파인 민주당(DPJ: Democratic Party of Japan)이 집권하면서 중·일 관계는 새로운 전환점을 맞았는데, 왜냐하면 하토야마 유키오 총리와 그의 내각은 반미성향을 드러내면서 아시아 중시원칙을 표방했기 때문이다. 민주당은 자민당 내각과는 성향이 완전히 달랐다. 그들은 처음부터 아프가니스탄을 위한 해군활동, 주일미군을 위한 재정부담, 기지 재조정(base realignment) 등 몇몇 동맹문제에 관한 자민당의 정책에 반대했다.[3] 그들은 오랜 기간에 걸친 과거 일본의 제국주의를 비판하고 전쟁보다

---

1) 중·일 간 상호 무역상품은 기계류, 전자기계 부품이 압도적 비율을 차지하는데, 그것은 두 나라 무역에서 동일산업 내(intra-industry) 교류가 대표적 특징이라는 것을 의미했다. 예컨대 일본이 집적회로, 자동차 부속 같은 부품을 중국으로 수출하면, 중국 내 일본회사나 기타 회사가 그것들을 조립해 다시 일본으로 수출하는 식이었다. Maxim Potapov, "China and Japan: Partners and Rivals in East Asia," Far Eastern Affairs, Vol. 36, No. 1 (2008), pp. 87-90.
2) Chanlett-Avery, Dumbaugh, Cooper, Sino-Japanese Relations, pp. 13-19; Dumbaugh, China-U.S. Relations, (March 17, 2008), p. 21.
3) Kim R. Holmes, "The end of an era in Japan," The Heritage Foundation, https://www.heritage.

는 평화를 추구하는 소위 '양심세력'을 대표했다. 그들은 일본이 과거 중국에서 저지른 만행뿐 아니라 한반도 강점에 대해 사죄했고, 서구중심의 국제관계보다 아태지역에서 중국, 한국을 포함하는 이웃국가들과의 친선, 평화에 우선순위를 두었다.

그렇지만 민주당의 중국에 대한 우호적 태도와 양보적 자세에도 불구하고 2010년 중·일 관계는 트롤어선(trawler) 사건으로 다시 냉각됐고, 그것은 지난 수년간의 긍정적 추세를 순식간에 반전시켰다. 일부 중, 일 정책 입안자들은 2006년 말 이후 양국관계에 획기적 전기가 마련된 것으로 인식했지만 현실은 그와 크게 다르게 나타났다.[1] 그 진실은 일시적 관계개선은 역사 및 영토분쟁과 관련된 어떤 근본적 문제도 해결하지 못한 것이고, 그것은 양국관계가 영원히 경쟁으로 치달을 것을 예고했다. 여기서 한 가지 흥미로운 것은 도쿄가 과거에 관해 사죄하고 새로운 출발을 시도했지만, 베이징이 일본의 그런 태도에 연연하지 않고 새롭게 부상하는 중국파워를 마음껏 발휘해 민주당내각을 완벽하게 굴복시킨 것이다.

2010년 트롤어선 충돌　　　2010년 9월 7일 분쟁 중인 센카쿠 열도 인근에서 일본 해안경비대 함정 2척이 조업하던 중국 트롤어선과 그 선장 잔치슝(Zhan Qixiong)을 체포, 구금하는 사건이 발생했다. 그 당시 베이징 당국은 격렬한 외교수사, 무력충돌을 불사하는 태도로 도쿄를 압박했고, 중국 전국의 도시에서 일본제품 불태우기, 불매운동이 벌어졌다. 반일감정이 극에 달한 가운데 베이징은 또다시 경제 지렛대를 사용했는데, 그것은 일본에게 산업제조품 사용에 필요로 하는 희토류 자원 수출을 금지한 것이다. 그때 일본의 간 나오토 정부는 미국에 도움을 요청했지만, 민주당의 반미 성향을 의식하는 워싱턴은 센카쿠가 미·일 동맹 관할에 속한다는 선언 이외에는 도쿄에 대한 특별한 지원에 나서지 않았다. 워싱턴의 도움을 받지 못하는 일본은 잔치슝 선장을 석방시키는 것 이외에는 다른 옵션이 없었다.[2]

org/press/commentry/ed090909.a.cfm?RenderforPrint=1, (September 4, 2009); US embassy in Japan, U.S.-Japan Relations, hhtp://aboutusa.japan.usembassy.gov/jusa-usj.html, (September 17, 2009)

1) Hagstrom, "Sino-Japanese Relations: The Ice That Won't Melt," (2008/09), pp. 223-240.
2) 실제 그 당시 분쟁이 더 격화되기 이전 세계 여러 언론은 베이징이 일본에 수출하는 희귀금속 쿼터를 축소시키는 전략을 사용할 수 있다고 전망한 바 있었다. 중국 상무성 관리들은 그런 가능성을 부인했지만, 그것은 현실로 드러났다.

2012년 센카쿠 열도 매입   중국과 일본은 두 나라 모두 동중국해 센카쿠 열도에 대한 영유권을 주장했다. 일본정부가 개인 소유자로부터 3개 도서를 구매했을 때인 2012년 9월 이후 긴장이 증가하기 시작했는데, 그것은 중국 내에서 광범위한 반일시위로 이어졌다. 그 당시 총리 노다 요시히코는 도쿄 지사 이시하라 신타로가 도쿄 시 재원으로 그 섬들을 매입하는 것을 막기 위해 중앙정부가 그것을 사들였다고 해명했다. 이시하라는 도발적 민족주의적 행동으로 잘 알려져 있는 인물인데, 노다 총리는 이시하라가 그 섬들을 점령하거나 아니면 중국을 자극하는 데 사용할 것을 우려했다. 중일 관계는 급격히 악화됐는데, 중국 주요도시에서 또 다시 일본행동에 반대하는 대중시위가 발생했고, 중국은 일본에서 개최되는 IMF 회의에 참가하지 않았으며, 무역관계도 악화됐다. 중국은 센카쿠 열도 인근으로 드론을 보냈는데, 일본은 그것들을 격추시킬 것이라며 맞대응했다.[1]

(5) 대만관계

2002년 말 후진타오가 집권했을 때 이미 2000년 대만 총통으로 취임한 천수이볜은 계속해서 대만독립을 주장하고 있었다. 천수이볜은 베이징과 조건 없는 대화를 원했지만, 후진타오는 '하나의 중국'을 인정하는 가운데 국호를 각자 사용한다는 1992년 합의를 거부하는 대만 리더와 대화할 의도가 없었다. 정치적 의사소통이 불가능한 상황에서 베이징 당국은 타이베이와의 대화단절, 타이베이의 외교적 고립, 그리고 양안 지역 군사력 증강의 강경책을 구사했다.[2]

_천수이볜

그러나 2004년 천수이볜이 재선에 성공하면서, 후진타오 정부는 장쩌민 시대부터 이어져 온 과거의 대화불가 정책에 변화를 추구했다. 그것은 강온 양면전략의 성격을 띠었는데, 한편으로는 천수이볜과는 대화를 하지 않는 반면 다른 한편으로는 대만 내에서 독

---

1) Japan protests Chinese plane entering their airspace, (December 13, 2012), www.telegraph.co.uk

2) 1992년 합의는 '하나의 중국'을 인정하는 상태에서 국호는 각자 사용한다는 합의로, 1992년 중국과 대만의 준 공식대표들의 만남에서 유래했다. 그러나 대만 민진당은 그 의미에 대한 정부차원의 공식 합의가 없었고 또 중국, 대만 중 어느 정부가 중국을 대표하는지에 관해 상호 합의가 없었기 때문에 그것은 합의가 아니라고 주장했다. Chinese, U.S. presidents hold telephone talks on Taiwan, Tibet, Xinhua News Agency, (March 27, 2008)

립을 주장하지 않는 반 민진당 세력이나 비정치적 집단과의 접촉을 늘리는 것이었다. 우선 민진당 정부에 대한 강경책으로 베이징은 이전과 비슷하게 계속 대만 독립불가를 선언하고, 외교적으로 타이베이를 고립시키며, 일단 유사시에 대비해 양안 지역 군사력 증강을 이어갔다. 베이징은 2005년 3월 10개항으로 구성된 대만 반분리법(Anti-Secession Law)을 통과시켰는데, 그것은 기본적으로 혹시라도 대만이 무모하게 독립을 시도할 경우 무력을 사용해 그 움직임을 저지한다는 확고한 중국의지의 선포였다.[1] 다른 한편 중국정부는 양안 간 새로운 관계의 시작을 모색했는데, 2004년 5월 17일의 선언은 바로 그런 시도의 산물이었다.[2] 중국에서 화평굴기 이론의 등장과도 관련된 그 선언에서 후진타오 정부는 7가지 내용에 관해 말했다. 첫째 양안 간에 동등한 입장에서의 대화를 통해 적대상태를 종식하고 군사영역에서 상호신뢰를 설정한다. 둘째, 적절한 방식으로 긴밀한 연계를 유지해 양안 문제를 해결한다. 셋째, 상업, 무역, 교류, 여행, 그리고 기타 활동을 용이하게 하기 위해 포괄적이고 직접적이며 쌍방향 3가지 연계(Three Links)를 시행한다. 넷째, 상호호혜의 기초 위에 더 긴밀한 경제협력 절차를 설정한다.[3] 다섯째, 양측 동포 간에 교류를 증대시키고, 오해를 줄이고 상호신뢰를 증진한다. 여섯째, 대만 동포는 양안 간 평화, 사회적 안정, 경제번영을 위한 열망을 실현시킬 수 있다. 일곱째, 대만지역의 위상에 걸맞는 국제적 지위를 보장해 중국민족의 존엄성을 공유한다. 그 7개 사항의 핵심 내용은 양안 간 적대상태 완화, 신뢰증진, 평화와 안전의 보장을 위해 베이징과 타이베이는 3가지 분야에서 교류해야 한다는 것으로, 그 초점은 (우편교류를 의미하는) 통우, (항공노선 및 선박 교통노선 연결을 추진하는) 통항, 그리고 (무역과 투자를 진흥하는) 통상에 맞춰져 있었다.[4]

후진타오의 전략구상은 베이징 당국과 대만 야당이면서 반 민진당인 국민당과의 당 대 당 차원의 접촉증가를 성사시켰다. 후진타오 정부가 국민당과의 협력을 통해 천수이벤 정부와 민진당을 견제, 고립시킨 것은 냉전시기 1970년대 닉슨행정부가 데탕트를 내세워

1) 그러나 '대만 반 분리법' 10개 항 중 여러 항에서 베이징은 중국과 대만이 평화통일을 위해 경제, 사회 문화 교류를 해야 한다고 촉구했다.
2) 중국과 대만 간 우편, 무역, 교통에 관한 3통 협정은 맨 처음 1979년 1월 덩샤오핑 정부가 제안했다.
3) 그때 중국은 본토에서 대만이 더 많은 농산물을 판매할 수 있도록 시장을 개방할 것이라고 말했다.
4) http://www.china-embassy.org/eng/zt/twwt/t111117.htm; 후진타오 정부의 대만정책에 관한 전반적 양상은 Jianwei Wang, "Hu Jintao's 'New Thinking' on Cross-Strait Relations," American Foreign Policy Interests, Vol. 29, (2007), pp. 23-34를 참조할 것

과거의 적인 중국과의 관계개선을 통해 브레주네프 정부를 고립시킨 것과 비슷하게 적의 적을 유인하는 모양새를 띠었다. 2005년 4월 후진타오는 국민당 대표 리엔찬(Lien Chan)과 회동했는데, 그때 그 두 정치리더는 '하나의 중국' 원칙을 재확인하면서 양안대화의 필요성에 공감했다. 2005년에는 국민당과 그 정치, 정당연합 세력인 팬블루 (Pan-Blue)가 여러 차례 본토를 방문했다. 그 만남은 전 세계로부터 큰 주목을 받았는데, 왜냐하면 그것은 지난 오랜 기간 양안 적대관계를 청산하는 역사적 전기로 인식됐기 때문이다.

_리엔찬

    2008년 3월 대만 대선에서 천수이볜과 민진당의 독립주장이 대만의 안전을 위협한다고 느낀 대만 국민들은 국민당의 마잉주를 총통으로 선출했고, 국민당은 연이은 총선에서 의회 과반수를 차지했다. 그 시기에 이르면 대만 국민들은 베이징의 증대하는 능력과 영향력, 세계위상, 포용성을 감안해 더 이상 독립보다는 적극적 교류를 통한 평화유지가 중요하다는 쪽으로 생각이 기울었다. 2008년 봄 후진타오는 대만 부총통 당선자 빈센트 시유(Vincent Siew), 그리고 국민당(KMT) 대표 우보슝(Wu Poh-hsiung)과 만났다. 그들은 모두 1992년 합의, '하나의 중국,' 그리고 양안관계 증진을 옹호했다. 그들은 모두 대만독립에 반대했고, 후진타오는 대만안보에 관한 우려를 해소시키는 동시에 과거의 입장을 바꿔 타이베이의 WHO 가입을 지지했다. 2008년 6월에는 정부 대 정부 대화가 생겨났고, 후진타오와 마잉주의 첫 만남이 베이징에서 이루어졌다. 그들은 1992년 합의가 양안 간 협상의 기초라는 것을 재확인하면서, 2008년 12월 양측은 2004년 후진타오가 제안한 3통 협정에 합의했다. 그것은 우편, 무역, 그리고 양측 항공 및 선박 교통직항로 설립이었다. 그 3통 협정은 2008년 12월 15일 공식 체결됐다. 그 이후 양안관계는 우호적이었고, 2010년 양측이 특혜 무역합의(ECFA: Economic Cooperation Framework Agreement)에 서명하면서 무역규모는 더 증가했다.1)

    2012년 1월 마잉주가 또다시 총통에 선출되면서 중-대만 관계 긴장은 더 축소됐다.

1) 그 이전까지 중·대만 교류는 홍콩, 마카오 등 중간 기착지를 통해 이루어졌는데, 3통을 통한 직접교류는 본토와 대만의 통합을 도울 것이다. Thomas B. Gold, "Taiwan in 2008," Asian Survey, Vol. XLIX, No, 1 (January/ February 2009), pp. 88-97; Phillip C. Saunders and Scott L. Kastner, "Bridge over Troubled Water? Envisioning a China-Taiwan Peace Agreement," International Security, Vol. 33, No. 4, (Spring 2009), pp. 87-114.

_마잉주

2012년 11월 제18차 당 전국대표대회에서 총서기직에서 물러나는 후진타오는 대만이 정치, 군사적 신뢰구축을 진행하는 합리적 절차, 그리고 평화적 통일을 추구할 것을 촉구했다. 신임 총서기로 취임하는 시진핑 역시 대만 총통 마잉주에게 양안관계의 평화발전 증진의 필요성을 강조하는 메시지를 보냈다. 그 메시지에 나타난 시진핑 하의 중국은 군사력 사용을 통한 강압적 통일보다는 후진타오의 전략을 따르려는 것으로 보였다.[1]

(6) 주요 지역관계

1) 아시아

아시아의 모든 지역은 중국에게 중요한데, 왜냐하면 중국 자체가 동아시아에 위치해 있고 전 세계에서 가장 큰 그 대륙은 베이징의 외교, 군사, 경제, 사회문화적 이익과 밀접하게 연계돼 있기 때문이다. 과거 정부와 마찬가지로 후진타오 정부는 동남아를 중시했다. 베이징은 일찍이 지역안보와 경제협력 논의를 위해 1994년 아세안 지역포럼(ARF: ASEAN Regional Forum)에 참여하고 1997년에는 아세안+3(한, 중, 일)을 결성했다. 후진타오 정부는 2004년 11월 아세안과 자유무역협정을 체결했는데, 그로 인해 2005~2006년 중국 무역규모는 20% 이상 증가했다. 중국과 아세안 협력은 2005년 동아시아 정상회담(EAS: East Asia Summit) 창설을 도왔는데, 그 기구에는 아세안+3 이외에도 인도, 호주, 뉴질랜드가 참여했다. 미국과 러시아는 2010년 그 기구에 가입했는데, 그곳에서는 자유무역, 에너지, 안보관련 문제가 광범위하게 논의됐다. 그럼에도 불구하고 중·일 동중국해 분쟁이 미해결 상태인 것과 마찬가지로 동남아 이웃들과 남중국해 도서에 관한 영토분쟁은 해결되기 어려웠다.[2] 베이징이 남중국해를 중시하는 이유는 그 지역이 중동, 아프리카로부터의 에너지 수입을 포함해 외교안보상 결정적으로 중요한 전략적 해상교통로일 뿐 아니라 그곳에 엄청난 양의 석유와 천연가스가 매장되어 있기 때문이다. 중국은 아세안과 남중국해 행동규범에 합의하면서도 구단선(Nine-Dash Line)이라는 애매한 개념을 내세워 그 지역 전체에서 독자적 권리를 주장했다. 워싱턴이 '항해의 자유'를 이유로 중국의 주장에 이의를 제기하면서 중국 영해 인근에 함정을 파견했을 때, 또 국제사법재

---

1) Office of the Secretary of Defense, Annual Report to Congress, (2013), pp. 4-5.

2) 제2차 EAS 회담은 2007년 1월 15일 필리핀이 초청했는데, 그때 회원국들은 자유무역 활성화, 동아시아 에너지 관련 문제를 논의했다. Poll: Mutual Distrust Grows Between China, US, VOA, (July 18, 2013), www.voanews.com

판소가 중국의 행동시정을 요구했을 때, 베이징은 방어 적으로 대항하면서 그에 대해 의도적으로 무시하는 태 도를 취했다. 아세안 국가들에 대해서 후진타오 정부는 압박과 대화의 강온전략을 번갈아 사용했다. 필리핀, 베 트남을 포함해 관련국들과의 분쟁 시 베이징은 과거 장 쩌민 정부가 그랬듯 무력을 동원해 고압적으로 대응하 면서도 곧바로 외교, 정상회담을 통해 적대행위를 최소 화하고 해양자원 공동 개발조약을 체결하는 유연성을 발휘했다. 2011년 늦게 베이징은 더 많은 아세안 국가 들이 워싱턴 주도의 중국봉쇄에 연대하는 것을 막기 위

_구단선

해 경제 지렛대를 동원했는데, 그 방법은 중국 지원에 의존하는 가난한 아세안 국가들에 게 효과적인 것으로 드러났다. 한편 인권 침해 국가인 미얀마에 대해서 베이징은 특별히 우호적이었는데, 그 이유는 베이징이 그 나라에 군사, 경제지원을 제공하는 대가로 랑군 이 중국해군이 인도양에 접근할 수 있는 해군기지 건설을 허용했기 때문이다.[1]

남아시아에서 중국은 인도, 파키스탄 관계를 중시했다. 중국이 인도에 많이 신경 쓰 는 이유는 그 나라가 미래 잠재력에 비추어 이웃 강대국으로서 중국안보에 큰 영향을 미 칠 수 있기 때문이다. 중·인 관계는 1960년대 초 국경분쟁 이후 소원했지만 1996년 장 쩌민의 인도 방문 이후 다소 개선됐다. 그렇지만 2003년 후진타오는 아직도 인도와의 국 경관련 협상에서 카시미르(Kashmir)와 티베트 남부지역 영토분쟁을 명확하게 해결할 수 없었다. 외교안보 차원에서도 중·인 양국은 서로에 대해 불편하게 느꼈는데, 왜냐하면 베이징이 인도의 원초적 경쟁국인 파키스탄, 방글라데시에 군사, 경제 원조를 제공하는 반면 뉴델리는 미국, 일본, 호주와 군사유대를 강화하기 때문이었다. 그래도 후진타오 정 부는 인도와 협력을 이어가기로 결정했다. 2003~2005년 양국은 해상 재난구조에 대비 한 연합훈련을 실시하고 2005년 1월 '전략대화'를 시작하면서 테러리즘, 세계 및 아태 지 역안보, 에너지 및 경제문제에 관해 논의했다.[2] 중인 무역은 2007년 360억 달러에 도달

1) Daniel Ten Kate, "China Plays Down Sea Spats to Woo ASEAN From U.S. Siren Song," (November 20, 2011), www.bloomberg.com; John Pomfret, "Beijing claims indisputable sovereignty over South China Sea," (July 31, 2010), https://www.washingtonpost.com
2) 중인 양국은 2007년을 관광을 통한 상호우호의 해로 지정했고, 중국 국가 여행당국(CNTA: China

했고 2010년 중국은 인도의 단일 최대 무역파트너가 됐다. 원자바오의 인도 방문 당시 양국은 무역규모를 1천억 달러까지 끌어올리기로 합의했는데, 양국 간 증대하는 경제의 존은 그 두 나라를 정치적으로 더 가깝게 하고 두 나라 모두 국경분쟁 해결을 열망하도록 만들었다. 그들은 2008년 WTO의 도하 라운드로부터 역내 자유무역 협력까지 다른 여러 이슈에서 협력했다. 조지 W. 부시 행정부가 인도에게 핵 협력을 제공하는 것을 견제하기 위해, 중국 역시 인도와 핵에너지 분야에서 협력하기로 합의했다.[1] 한편, 중앙아시아에서 후진타오 정부는 SCO의 안보기제를 넘어 그 지역 국가들의 에너지 자원에 관심을 가졌다. 중국 에너지회사들은 카자흐스탄 오일 유전에 투자했고, 베이징과 아스타나(Astana)는 카자흐스탄으로부터 중국으로 연결되는 오일 파이프라인을 건설했으며, 천연가스 파이프라인 건설도 계획했다. 타지키스탄과 키르기스스탄에서, 중국은 수력발전 프로젝트에 투자했다. 무역유대 증진에 추가해서, 베이징은 그 지역 국가들에게 자금을 대여하고 경제성장에 기여했다.[2]

2) 중동 및 아프리카

후진타오 정부는 중동지역과 유대강화를 위해 많은 노력을 기울였다. 2004년 1월 후진타오는 아랍과의 관계증진을 위해 카이로의 아랍 리그 본부를 방문했고, 그때 중국-아랍 협력포럼이 공식 설립됐다. 포럼 개막식에서 후진타오는 그 기구설립은 중국과 아랍 세계간의 전통적 우정과 새 상황 하에서 양자유대 강화를 위한 중요한 의미를 갖는다고 강조했다.[3] 중국은 중동에서 주요 에너지 행위자로 등장했다. 중국이 6개 걸프 협력위원회(GCC: Gulf Cooperation Council) 국가와 시행한 무역규모는 점차 증가해 2005년 320억 달러에 달했다. 한편 중국은 중동의 여러 개별국가와도 관계를 증진시켰다. 수년간 워싱턴의 우려를 묵살하면서, 중국은 이란, 이라크, 시리아, 리비아 같은 반서방 국가

National Tourism Administration)은 2007년 8월 뉴델리(New Delhi)에 사무소를 개설했다.

1) 그러나 국경분쟁 해결이 어렵듯이, 인도와 중국은 경제이익에서 충돌했다. 아프리카에 대한 아시아 최대 투자자인 두 나라는 거대한 천연자원 통제에 관해 경쟁했다. Front Page: India, China to promote cooperation in civil nuclear energy, (January 15, 2008), www.thehindu.com

2) 나중에 시진핑 총서기는 중앙아시아를 통해 중동, 유럽으로 확대되는 무역망을 신 실크로드(New Silk Road)라고 불렀다. Dumbaugh, China－U.S. Relations, (March 17, 2008), pp. 19－20.

3) 중국은 조직화된 기구로서의 아랍 리그(Arab League)와 1956년 처음 공식관계를 시작했지만, 아랍 리그는 1993년이 되어서야 중국에 사무국을 개설했다. 그 때 장쩌민은 처음으로 카이로의 아랍리그 본부를 방문해 아랍 대표 단체를 방문한 최초의 중국 리더가 됐다.

들에게 미사일 기술과 기타 민감한 물질을 판매했다. 이란과 중국의 관계증진은 테헤란의 핵무기 프로그램 중단을 추진하는 부시행정부에게 특히 골칫거리였는데, 왜냐하면 베이징은 이란에 대한 유엔안보리 제재가 중국 경제이익에 부정적 영향을 미친다는 이유로 국제공동체의 제재노력에 반대하는 경향을 보였기 때문이다. 후진타오 정부는 2004년 테헤란으로부터 액화 천연가스를 구매하고 동시에 이란의 오일개발에 참여하기로 결정했다. 이란정부는 2007년 9월 중·이란 에너지 협력은 궤도에 올라 있고 양측 무역은 2007년 말 200억 달러에 달할 것이라고 발표했다.[1]

아프리카는 중국에게 외교, 경제차원에서 중요한 대륙으로 부상했다. 외교적으로 아프리카 국가들과의 협력은 유엔을 비롯한 세계무대에서 지지세력 확보를 의미하고, 경제적으로 그 거대한 지역의 에너지, 원료, 노동력, 상품시장은 중국경제 활성화에 필수적으로 중요하다. 과거 아프리카-중국 관계는 제3세계로서 반서방 성향에 기초를 두었지만, 1990년대 이후에는 에너지, 무역, 투자와 같은 현실적 목표를 지향했다.[2] 아프리카와 중국의 안정적 우호관계 유지를 위해 1996년 아프리카를 방문하면서, 장쩌민은 진정한 우정, 평등, 유대와 협력, 공통발전, 그리고 미래지향적 관계라는 5개 원칙을 선언했다. 그 이후 주룽지, 리펑, 국가부주석 후진타오를 포함하는 고위급 인사들이 계속 아프리카를 방문했고, 그에 대한 답방 형식으로 약 30개의 아프리카 국가 리더들이 중국을 방문했다. 양측은 인권과 같은 국제문제에서 서로를 지지하고, 정당한 개도국 권리를 옹호하며, 공정하고 합리적인 정치, 경제질서 수립에 협력하기로 약속했다. 아프리카 국가들은 '하나의 중국' 원칙에 근거한 베이징의 통일과정을 지원할 것을 서약했다.[3] 2000년 10월 아프리카 국가들과 중국은 양측 간 최초의 다자대화를 위해 중국

_중-아프리카 협력포럼(2000)

1) 그러나 그 수치는 미국에 비해 훨씬 적은 것인데, 2005년 사우디아라비아 한 나라와 거래한 미국 무역 규모는 340억 달러였다. Dumbaugh, China-U.S. Relations, (March 17, 2008), p. 23.

2) 냉전시대 아프리카-중국 관계는 이념적 유대에 근거했다. 중국은 소말리아, 우간다를 포함해 전통적 동맹국들의 해방운동을 도왔다. 아직 중국이 빈곤한 그 시대 양측의 경제관계는 취약했다. 1980년대 아프리카-중국 전체 무역량은 10억 달러에 불과했는데, 1999년까지 그것은 65억 달러로 증가했다.

3) China-Africa Relations, Ministry of Foreign Affairs, the People's Republic of China, www.fmprc.gov.cn; Sino-African Relations- Embassy of China in Zimabwe, (August 16, 2004), zw.china-embassy.org〉eng〉zflt

-아프리카 협력포럼(CACF: China-Africa Cooperation Forum)을 결성하고, 그 CACF는 발전과 협력추구를 위해 매 3년마다 한 번씩 만날 것을 제안했다. 아프리카 55개 국가 중 45개국 대표들이 그 해 10월 최초의 CACF 장관급회의에 참석했다. 후진타오 집권기 중국은 자원이 풍부한 아프리카 국가들을 중심으로 더 확실하게 에너지 관련 개발을 추진했다. 베이징은 수단, 앙골라, 알제리아, 가봉(Gabon), 나미비아(Namibia)를 포함해서 오일산유국에서 에너지 협력을 추구했고, 라이베리아(Liberia), 가봉에서는 철광석 개발에 관심을 보였다. 전문가들은 중국의 아프리카 진입 목적에는 자원 관련한 우선순위 외에도 정치적 역학이 존재한다고 말했는데, 그것은 대만과 외교관계를 유지하는 24개국 중 5개국이 아프리카 대륙에 위치하기 때문이었다.[1]

후진타오 집권기 아프리카-중국 무역규모는 계속 증가했다. 2005년 아프리카-중국 총 무역 397억 달러는 2006년에는 550억 달러로 뛰었는데, 그것은 910억 달러의 미국 다음으로 아프리카에서 두 번째 큰 무역규모였다.[2] 무역과 투자에서 이미 중국은 과거 아프리카의 주요 식민세력인 영국, 그리고 470억 달러 무역규모의 프랑스를 뛰어 넘었다. 2007년 1월 후진타오는 세 번째 아프리카 순방에 나서면서 아프리카 리더들에게 아무 조건 없이 재정지원을 약속해 많은 지지를 받았다. 아프리카에서 사업하는 중국 회사는 약 800개에 이르는데, 그들 대부분은 에너지, 인프라, 금융 분야에 투자했다. 조건이 없고 15~20년 기간 1.5% 저리의 중국 자금대여는 많은 규제와 까다로운 조건이 첨부된 서방대출을 대체하는 경향을 보였다. 2000년 이후, 베이징은 아프리카 국가들에게 100억 달러 이상의 부채를 탕감해 주었다. 2010년, 아프리카-중국 무역은 1,140억 달러로 증가했고 2011년 그것은 1,663억 달러에 도달했다.[3] 중국은 미국을 제치고 아프리카의 최대 무역파트너인 동시에 아프리카에 대한 최대 수출국으로 발돋움했다. 전문가들은 일부 서방 국가들이 수단과 같은 인권에서 취약한 나라와 교류하는 것을 꺼려한 것이 오히려 중국에게 경제협력 확대의 기회를 허용했다고 분석했다. 수단-중국 관계는 미국 및 서방 국가들에게는 골칫거리였는데, 왜냐하면 자유세계가 수단정부에게 다르푸르(Darfur) 인권위기 해결을 촉구하는 상황에서 베이징이 그에 대해 애매한 태도를

1) Dumbaugh, China-U.S. Relations, (2008), p. 24.
2) 아프리카-중국 무역은 2000-2006년 사이 4배 증가했다.
3) China boosts African economics, offering a second opportunity, Christian Science Monitor, (June 24, 2009); Africa, China Trade, Financial Times, (March 11, 2009)

보였기 때문이다.[1]

군사관계의 경우, 중국은 아프리카에 평화유지 병력을 배치했다. 2004년 후진타오 정부는 유엔지침에 따라 라이베리아와 콩고 민주공화국(Democratic Republic of the Congo) 사이 지역에 1,500명 규모의 병력을 파견했다. 2007년 당시 중국은 14개 아프리카 국가에 14명의 무관을 배치했고, 베이징에 국방무관을 유지하는 아프리카 국가는 18개국이었다. 평화유지와는 별개로, 중국은 몇몇 나라와 군사훈련과 장비 제공 위주의 군사협력을 추진했다.[2]

3) EU 및 미주지역

2000년대에 들어와 베이징은 EU와 긴밀한 정치, 무역관계를 맺기 위해 많은 노력을 경주했다. 2005년 11월 후진타오가 영국, 독일, 스페인을 방문한 이후 EU – 중국 교류는 확실하게 확대됐다. 2006년 10월 유럽 집행위원회(European Commission)는 'EU – 중국: 긴밀한 파트너십, 증대하는 책임'(EU – China: Closer Partners, Growing Responsibilities)이라는 보고서에서 양측 유대발전을 향후 수년간 최고 대외정책 목표 중 하나로 간주할 것이라고 밝혔고, 그것은 2007월 5월 베이징에서 최초의 EU – 중국 장관회담(EU – China Ministerial Meeting) 개최의 단초가 됐다. EU가 베이징의 환율 평가절하에 따른 덤핑수출, 지적재산권 보호의 취약성, 그리고 불량식품 및 불량제품 수출에 관한 문제점을 지적하는 가운데, 베이징은 유럽의 무역, 투자관계 만족도를 높이기 위한 다양한 조치도입에 더 많은 노력을 기울였다.[3] 중남미 지역에서도 중국은 경제, 정치관계를 확대했다. 2004년 11월 아르헨티나, 브라질, 칠레, 쿠바를 방문하면서, 후진타오는 향후 10년 간 1천억 달러 투자를 선언했다.[4] 그곳에서도 에너지는 중요 관심사였다. 2004년 11월 중국은 브라

---

1) 후진타오 총서기는 다르푸르 평화유지 활동을 지원하기 위해 300명 이상 규모의 기술지원팀을 파견할 것이라고 서약하면서도, 다르푸르 특별대사(Liu Guijin)를 임명하고 수단 – 중국 관계에 대한 서방의 반대에 우려를 표시했다.

2) Dumbaugh, China – U.S. Relations, (March 17, 2008), p. 24; Military backs China's Africa adventure, Asia Times, (July 21, 2012)

3) EU는 만약 중국이 필요한 조치를 취하지 않으면 보복조치를 고려할 것이라고 경고했다.

4) Peter Brookes, "China's Influence in the Western Hemisphere," The Heritage Foundation, (April 19, 2005), www.heritage.org; Derek Scissors, "Tracking Chinese Investment: Western hemisphere Now Top Target," The Heritage Foundation, (July 8, 2010), www.heritage.org

질과 100억 달러 규모 에너지 협상 타결을 발표했다. 곧이어 중국 국영석유회사 CNPC
는 베네수엘라와 오일 및 천연가스 개발을 위한 4억 달러 지원협정에 서명했는데, 베네
수엘라 오일은 시간이 가면서 미국으로부터 중국으로 수출되는 오일을 대체할 것으로 예
상됐다. 중국의 국영 오일회사 시노펙(Sinopec)은 쿠바 국영 에너지회사 쿠페트(Cupet)와
석유자원 개발에 합의했다. 더 나아가 아바나(Havana)는 중국에 10억 달러 이상 소요되
는 쿠바의 수송, 교통체계 현대화 지원을 요청했는데, 베이징은 그 제안을 수용해 특혜가
격으로 관련제품을 공급했다.[1] 2006년 10월에는 중국과 칠레 간에 자유무역협정(FTA)이
체결됐고, 그에 따라 두 나라는 서로에게 수출하는 일부품목을 제외한 수천 개 물품에 대
해 관세를 철폐했다. 2005년 칠레-중국 무역규모는 71억 달러 수준이었는데, 베이징은
남미대륙에서 최초로 이루어진 그 자유무역협정이 다른 남미 국가들과의 비슷한 협정의
모델이 되기를 기대한다고 말했다.[2] 중남미와 중국의 확대되는 경제관계에는 정치적 역
학도 존재하는데, 왜냐하면 그곳에는 대만과 공식 외교관계를 유지하는 12개 국가가 존
재하기 때문이다. 또 중국의 중남미에서의 행동반경 확대는 그 지역을 자국 뒷마당으로
여기는 미국에게도 정치, 경제적 함의를 내포하는데, 그것은 중국의 미국 영향권으로의
경제, 외교적 침투를 의미한다. 2004년 4월 중국은 대만의 공식관계 중 하나인 아이티
(Haiti)에 특별경찰(special police)을 파견했는데, 그것은 서반구에 대한 중국 최초의 병력
배치였다. 또, 중국은 그 지역에서 군사접촉을 확대하는데, 그것은 베이징이 갈수록 더
많은 카리비안 및 남미지역 군사훈련에 관여하는 것에서 입증된다.[3]

----

1) 중국은 반서방 국가인 쿠바와는 1990년대부터 무역, 투자, 금융에 기초한 경제교류를 시행해 왔는데,
   2005년 쿠바-중국 무역은 7.8억 달러로 그것은 쿠바에게 베네수엘라 다음으로 두 번째 큰 무역규모
   였다.
2) 중국은 캐나다와도 에너지 협력에 합의했다. 양국은 2001년 에너지협력을 위한 공동실무그룹(Joint
   Working Group on Energy Cooperation)을 결성하는 양해각서를 체결했는데, 2005년 1월 캐나다
   총리 폴 마틴(Paul Martin)의 중국방문을 계기로 천연가스, 오일, 핵, 청정에너지를 포함하는 에너지
   이슈에 관한 국제협력 증진에 합의했다. 캐나다의 주요 오일, 파이프라인 회사인 엔브리지(Enbridge)
   는 중국을 포함하는 더 넓은 시장에 에너지를 수송하기 위해 서부해안으로 앨버타 오일자원을 운송하
   는 22억 불 상당의 파이프라인 프로젝트를 계획했다.
3) Dumbaugh, China-U.S. Relations, (March 17, 2008), pp. 22-25; "China Increasing Military
   Ties in Latin America as Law Restricts US Military," Global Security, (March 15, 2006),
   www.globalsecurity.org

02 경제구조와 경제발전

중국은 많은 나라와 견제와 협력을 동시에 구사하며 외교적 영향력을 확대해 나갔고, 2008년 베이징 올림픽과 2010년 엑스포를 성공적으로 치렀다. 한 가지 주목할 것은 후진타오 총서기(와 원자바오 총리) 시기에 중국경제가 생각보다 훨씬 성공적으로 발전한 것이다. 그동안 많은 전문가들이 중국의 경제성장이 과연 가능할까 또 그렇다면 그 수준은 어떻게 될까 하고 생각했는데, 여기서 중국은 1990년대의 성장을 훨씬 더 높은 단계로 올려놓는 획기적인 성과를 거두었다.

(1) 경제성장과 경제규모

30년 만에 중국이 주요 지구적 경제파워로 등장한 것은 세계 최고의 성공 스토리 중 하나이다.[1] 덩샤오핑이 경제개혁을 시작한 1979년에서 후진타오의 당 총서기 퇴임 1년 전인 2011년까지 중국의 실제 GDP는 거의 연평균 10% 수준으로 증가했다. 1980~2011년 기간 GDP는 19배 성장했고, 1인당 GDP는 14배 증가했으며, 4~5억 명의 인구가 극심한 가난에서 벗어났다. 2008년 미국에서 시작된 지구적 경제침체는 수출에 약간 부정적 영향을 주었지만, 그 다음해 정부의 대규모 경제촉진 패키지와 확장적 통화정책으로 인해 중국 경제는 다시 추가성장으로 돌아섰다. 중국의 급속한 경제성장은 언제 중국이 세계 최대 경제규모가 되고 또 언제 미국을 추월할 수 있을까에 대한 관심을 불러 모았다. 중국의 경제규모는 명목상 환율을 사용하면 2011년 현재 GDP 7.2조 달러이지만 물가와 구매력(PPP: Purchasing Power Parity)을 감안하면 11.4조 달러로 미국의 76% 수준이었다. 같은 해 일인당 GDP는 명목상으로는 5,460달러로 미국의 11%, 일본의 12%에 불과했지만 구매력을 반영하면 8,650달러로 미국의 17.9%에 달했다. 구매력을 감안할

1) 중국의 급속한 경제성장은 미국을 포함해 무역파트너들을 상당히 긴장시켰다. 그러나 그 긴장은 1970~1980년대 일본과의 무역으로부터 유래한 불만과는 성격이 달랐다. 그 당시 일본의 행태에 대해 미국회사들은 훨씬 많이 불평했는데, 그 이유는 도쿄의 경제개방 수준이 오늘날의 중국에 비해 훨씬 저조했기 때문이다. 중국은 많은 미국회사들에게 자국시장을 개방하고 투자를 초청했다. 미국 대기업은 중국에서 큰 수익을 보는 반면, 중국으로부터 무역보호를 요구하거나 통화 평가절상을 요구하는 미국회사들은 주로 작은 중소기업들로서 대부분 중국시장에 접근하지 못하는 회사들이다. David Hale and Lytic H. Hale, "China Takes Off," Foreign Affairs, Vol. 82, No. 6 (November/ December 2003), p. 49.

때 중국이 세계 GDP에서 차지하는 비율은 1990년 3.7%에서 2011년 14.3%로 증가했다.[1] 경제정보통계(EIU: Economic Intelligence Unit)는 구매력에 기초한 중국 GDP는 2016년 미국과 동일해지고 2030년이면 미국보다 30% 더 클 것으로 예상했지만, 실제에 있어서는 예상보다 더 빨리 2014년 미국을 넘어섰다. 많은 전문가들은 중국이 수년 내 명목상으로도 세계 최대경제가 될 것으로 예측했고, IMF, IBRD는 20~30년 후 중국 GDP는 미국의 2배가 될 것으로 전망했다.[2]

중국의 경제성장은 기본적으로 두 개의 요인에 의해 가능했다. 그것은 하나는 높은 수준의 국내저축과 외국인 투자로 인한 대규모 자본투자이고 다른 하나는 급속한 생산성 증가였다. 1979년 처음 경제개혁이 시작됐을 때 정부는 국유기업이 창출해 낸 GDP 32%에 상당하는 이익을 국내투자에 투입했다. 그 이후 더 많은 개인들이 경제활동에 참여하면서 가계와 기업의 저축이 늘어났고 그것 역시 국내 산업발전에 투입됐다. 2010년 중국 저축률은 GDP 대비 53.9%였는데, 그것은 세계 최고의 저축률로 같은 해 미국의 9.3%에 비해 5배 더 컸다. 외국의 대중국 투자는 국내저축보다 경제성장에 더 크게 기여했다. 시간이 가면서 더 가속화된 외국인 투자는 대규모 자본의 중국유입을 의미했고, 그것은 수많은 기업과 공장의 건설, 그리고 각 개인의 고용, 임금, 저축발생의 견인차 역할을 수행했다. 또 외국회사들의 기술, 경영 노하우 전수는 중국 경제성장의 중요한 역할을 담당했다. 한편 과거에 정부가 관리하던 경제가 민영화되면서 생산성이 증가했다. 농업개혁은 생산을 증대시켰고, 경제의 상당부분이 경쟁에 노출되면서 시장 지향적 사기업은 더 높은 생산성과 효율성을 추구했다. 지방정부도 시장원칙에 따라 다양한 형태의 기업을 설립, 운영했다. 중국은 후진타오 정부 대부분 시기 총 요소 생산성(TFP: Total Factor Productivity)에서 미국에 2배 이상 앞섰고 다른 선진국에 비해서도 앞섰다. TFP는 산업산출 증가에서 자본과 노동을 제외한 나머지 요소에 의한 증가를 의미하는데, 중국이 여기서 앞섰다는 것은 주로 기술적 변화와 효율성 증대에서 앞선 것을 의미했다.[3]

----

1) 반면, 미국의 세계 GDP 비율은 1999년 최고 24.3%에서 2011년 18.9%로 하락했다.

2) Wayne M. Morrison, China's Economic Conditions, CRS Report 7-5700, RL33534, (June 26, 2012), pp. 1, 6, 8-9.

3) 그러나 높은 TFP가 중국의 가파른 경제성장의 주요한 요인임에도 불구하고, 전문가들은 중국의 기술 수준이 선진 산업국에 가까이 가면서 앞으로 베이징이 자체 개발하는 신기술과 혁신, 또는 광범위한 경제개혁이 없는 생산성 확대와 GDP 성장은 둔화될 수 있다고 지적했다. Ibid., pp. 5-6.

(2) 무역과 해외투자

중국의 무역은 획기적으로 확대됐다. 2000~2011년 기간 중국의 수출은 연 13.5%, 수입은 12.5% 증가했다. 상품 수출액은 1979년 137억 달러에서 2011년 1.9조 달러로 증가했고, 수입은 같은 기간 160억 달러에서 1.7조 달러로 증가해 100배 이상의 증가율을 기록했다. 교역규모는 지구적 금융위기로 인해 2009년 약간 축소됐지만 2011년 이후 다시 위기 이전 수준으로 회복됐다. 무역흑자 역시 비슷하게 2008년 최고치인 2,974억 불에서 1,597억 달러까지 하락했지만 세계경제가 회복되면서 또다시 증가했다. 2011년 후진타오 정부의 가장 큰 수출시장은 EU 27개국, 미국, 홍콩, 아세안 순이고, 수입을 많이 하는 나라 순서는 EU, 미국, 아세안, 한국 순이었다. 2011년 대미 무역이익은 2,955억 달러로 중국은 미국으로부터 항상 대규모 흑자를 기록했지만, 대만, 한국으로부터는 적자를 보았다. 중국의 수출경쟁력은 아직도 컴퓨터, 전자제품, 의류 등 노동집약적 제조품에 의존했고, 2010년 제조업 시간당 근로자 임금은 평균 2달러로 35달러인 미국의 5.7% 수준이었다. 중국이 세계 수출에서 차지하는 비율은 2000년 3.3%에서 2011년 10.4%로 늘어났는데, 세계은행은 2030년까지 그 수치가 20%로 증가할 것으로 예상했다. 2011년 중국의 외환보유고는 3.2조 달러로 세계 최대 규모였다.[1]

외국으로부터의 대중국 직접투자(FDI: Foreign Direct Investment)는 중국의 가파른 경제성장, 무역증대, 고용증대, 생산성 증가의 주요 요인이었다. 그 외국회사들은 다국적 형태의 합작회사도 있고 순수 외국인 회사도 있었다. 개혁, 개방에 따른 해외로부터의 직접투자 없는 중국경제는 오늘날과 같은 상태에 도달할 수 없었을 것이다. 외국인들이 중국에 투자하는 규모는 1985년 20억 달러에서 2008년 1,080억 달러, 2011년 1,160억 달러로 증가했다. 1979~2011년 기간 중국에 가장 많이 누적 투자한 원천은 (별도 계정으로 취급되는) 홍콩이 43.5%로 최대였고, 그 다음은 영국령 버진 아일랜드(British Virgin Islands), 일본, 미국, 대만 순이었다. 중국에 대한 전체 외국인 누적투자는 2011년 말 1.2조 달러였는데, 그것은 미국 다음으로 세계에서 두 번째로 큰 외국인 투자규모였다. 2011년의 경우 중국에 가장 많이 투자한 나라는 홍콩으로 전체 외국인 투자의 63.9%를

---

1) 중국은 2009년 독일을 제치고 세계 최대의 상품 수출국, 또 두 번째 큰 수입국이 됐다. Ibid., pp. 17-24.

차지했고, 그 뒤로 대만, 일본, 싱가포르, 미국 순이었다.[1] 2010년 중국에서 활동하는 약
45만 개에 달하는 외국인 회사는 중국 도시 근로계층의 15.9%에 해당하는 5,500만 명을
고용했다. 그들이 중국 내 산업 총 산출량에서 차지하는 비율은 1990년 2.3%에서 2003
년 35.9%, 그리고 2010년 27.1%로의 변화를 보였다. 그들은 또 중국 해외무역의 거의
절반을 책임졌는데, 2011년에는 수출의 52.4%, 수입의 49.6%를 담당했다.[2] 외국이 중
국에 투자하는 것에 비례해 중국의 해외에 대한 투자(FDI Outflows) 역시 솟구쳤다. 초창
기 중국의 해외투자는 수익률은 낮지만 안정성이 높은 미국채권의 보유에 관심을 보였
다. 그러나 2000년대에 들어와 베이징 정부는 '해외로의 진출'이라는 슬로건을 내걸고 국
유기업들의 해외투자를 독려하기 시작했다. 후진타오 시기 베이징은 넘쳐나는 외환보유
고를 해외에 투자해 외국 과학기술, 경영 노하우, 유명 브랜드를 인수하고, 동시에 세계
차원에서 생산기술, 연구개발을 진행해 국가와 회사 이미지를 제고시켰다. 또 해외투자는
국내에 과도하게 축적된 외환보유고를 사용해 인플레이션을 조정하고, 특히 경제성장에
요구되는 석유, 미네랄 등의 해외자원을 확보하는 데 절대적으로 필요했다. 2005년 중국
컴퓨터 회사 레노보(Lenovo Group Limited)는 IBM의 개인 컴퓨터 부분을 17.5억 달러에
매입했다. 2007년 9월 후진타오 정부는 2,000억 달러 규모로 세계에서 가장 큰 국가 펀
드인 중국투자회사(CIC: China Investment Corporation)를 설립해 투자 다변화를 시도했
다.[3] 중국의 해외투자는 2002년 27억 달러 수준에서 한 번도 축소되지 않고 계속 증가
해 2011년 676억 달러로 증가했다. 2011년까지 중국이 해외에 투자한 누적액수는 3,849
억 달러로 그것은 세계 아홉 번째 규모였다. 베이징은 해외투자의 51%를 석유, 미네랄
같은 자원에, 그리고 22%를 화학, 14%를 서비스, 12%를 기타 산업에 투입했는데, 그 모
든 사업의 72%는 국유기업이 담당했다. 해외투자처는 전체의 56.5%인 홍콩이 1순위를
차지했고, 그 다음은 영국령 버진 아일랜드, 카이만 제도, 룩셈부르크, 호주 순이었다. 미
국은 7번째 투자처였다. 한편, 중국의 해외무역과 해외투자는 여러 양자 및 다자협정에
의해 크게 도움 받았다. 2012년 현재 베이징은 대만과는 경제협력 프레임(ECFA:

---

1) 중국 통계에 따르면, 연간 중국으로 유입되는 미국인 투자금액은 전체 FDI의 10.2%로, 그것은 2002년
   에는 54억 달러였다. 그러나 2011년 그 숫자는 전체 FDI의 2.6%인 30억 달러로 축소됐다.
2) 2011년 수출, 수입비율은 2006년 최고치인 수출 58.2%, 수입 59.7%에서 감소한 수치이다.
3) 그러나 중국 국영석유기업 치누크(CNOOC: China National Offshore Oil Corporation)가 미국 에너
   지 회사 유노컬(UNOCAL)을 185억 달러에 사들이려는 시도는 미 의회의 안보상 이유를 근거로 한 반
   대로 인해 실패했다.

Economic Cooperation Framework Agreement)에 합의했고, 홍콩, 마카오, 싱가포르, 아세안 10개국, 파키스탄, 뉴질랜드, 칠레, 페루, 코스타리카와는 자유무역협정(FTA)을 체결한 상태에 있다. 2012년 5월 시작한 한·중 FTA 협상은 2015년 11월 타결됐다. 중국은 또 아랍 걸프국가, 스위스, 아이슬란드, 노르웨이, 남아프리카 관세동맹, 그리고 인도와 FTA를 추진했다.[1]

(3) 향후 문제점

전문가들은 가까운 장래에 중국경제에 문제는 없을 것이지만, 그래도 장기적으로 그 미래는 몇몇 도전에 직면할 것으로 전망했다. 가장 먼저 제기되는 문제는 국유기업과 관련된 것이다. 국유기업은 숫자로는 전체기업의 3.1%인 15만 4천 개에 불과하지만 농산물을 제외한 나머지 GDP의 50%까지 생산하고, 제조업, 서비스 분야 자산가치의 30%를 차지했다. 에너지, 미네랄, 정보통신, 교통운송 등 대부분 주요사업들은 대부분 국유기업 관할인데, 그들은 500대 제조업, 서비스기업의 50~60%를 구성했다. 문제는 그들이 금융, 세금감면을 포함해 모든 특혜를 누리지만 생산성이 낮아 적자가 누적되는 것이고, 그것이 모두 국민의 세금부담으로 돌아가는 것이다. 두 번째로 제기되는 문제는 금융에 관한 것으로, 그것은 당연히 국유기업과 연계되어 있었다. 서방의 시장경제와는 다르게 중국은 소위 관치금융을 시행한다. 그것은 정부가 이자율을 결정하고 또 원하는 기업에 자금을 몰아주는 형태를 띠는데, 그 과정에서 국유기업은 모든 특혜금융을 받는 반면 사기업은 비싼 이자를 지불하면서 자금을 빌려야 한다. 2009년 전체 은행대출의 85%에 달하는 1.4조 달러가 국유기업에게 돌아갔고, 대신 일반기업들은 자금난에 허덕이기 일쑤였다. 또 정부가 인플레이션보다 낮은 비율로 예금금리를 책정하는 것은 경기활성화를 통한 경제성장에는 도움이 되지만, 그것은 서민생활의 부담을 늘리는 이중효과를 가져온다. 국유기업이나 지방정부는 수시로 대출을 상환하지 못하는데, 그것은 은행의 부실대출로 이어지고 또다시 세금징수를 통해 국민의 부담으로 돌아간다. 서방의 입장에서 특별히 지적하는 또 다른 문제는 중국의 산업정책이 고정투자와 수출에 지나치게 의존하는 현상

1) 아랍걸프 국가는 사우디아라비아, 쿠웨이트, 아랍 에미리트(UAE), 카타르, 바레인을 포함하고, 남아프리카 관세동맹에는 보츠와나, 레조토, 나미비아, 스와질랜드가 포함된다. 중국은 2012년에 비해 2018년 현재 한국, 아이슬란드, 스위스, 몰디브, 조지아를 더 추가해 24개 국가 또는 지역과 자유무역 협정 16건을 체결했고, 지금은 한·중·일 FTA와 역내 포괄적 경제동반자 협정(RCEP)을 협상 중이다. Morrison, China's Economic Conditions, (June 26, 2012), pp. 10-12, 15-16, 25.

이었다. 성장과 수출을 강조하는 전형적인 제3세계 개도국 전략을 시행하는 베이징은 대부분의 금융을 고정투자와 수출목적에 투입하는데, 그로 인해 국가적 경제성장과 수출은 호황을 이루지만 가계는 상대적으로 생활에 어려움을 겪었다.[1] 그 밖에도 몇 가지 추가사항이 문제로 제기됐는데 가장 대표적인 것은 중국의 급속한 에너지 소비증가였다. 2000년 미국의 절반에 불과하던 중국의 에너지 소비는 2009년 세계 최대 에너지 소비국인 미국을 넘어섰고, 국제에너지기구(IEA)는 2035년까지 중국이 미국보다 70% 더 많은 에너지를 소비할 것으로 추산했다.[2] 전체 에너지 사용의 70%를 차지하는 석탄으로 인해 중국의 20개 도시는 세계에서 가장 오염된 도시 30개에 속한다. 해외통계에 따르면 시골에 거주하는 3억 인구는 화학약품에 오염된 식수를 마시고 광산 인근의 어린이 수만 명은 납에 중독돼 있다.[3] IEA는 2035년까지 중국의 이산화탄소 배출량은 2012년 수준의 2배가 될 것으로 전망했다.[4]

03 군사력 발전

중국이 경제가 성장하고 세계적 영향력이 확대되며 유엔 및 기타 국제기구에서 주요 외교 행위자로 등장하면서, 인민해방군(PLA: People's Liberation Army)의 역할은 점점 더 중요해졌다. 중국군은 대외적으로는 세계적 추세를 반영해 군사외교를 전개하는 가운데 자국의 핵심이익 보호를 위해 노력했고, 대내적으로는 전력발전, 무기체계 개선에 집

---

1) 고정투자 하나만의 경우도 GDP 비율로 볼 때, 1990년 25%에서 2011년 48.5%로 증가했다. 반면 민간소비는 GDP 비율에서 48.8%에서 33.9%로 하락했다. 중국의 민간소비는 GDP 대비 주요 경제국 중에서 최하수준이다. 또 중국에서 GDP 대비 개인 처분가능 소득은 2000년 47.6%에서 2011년 42.2%로 하락했다.

2) 1997년 하루 390만 배럴에 불과한 중국의 석유 소비량은 2011년 980만 배럴까지 늘어났고, 2035년까지 169만 배럴로 증가할 것으로 추산됐다.

3) 2005년 유엔 보고서는 중국의 도시와 농촌 소득 격차는 세계 최고수준으로 사회 안정을 위협한다고 경고했다. 그 보고서는 정부에게 시골 사람들의 삶의 질을 개선하고, 교육, 의료보험, 사회안전망을 더 확대할 것을 권고했다. 중국의 3억 인구는 의료보험이 없는데, 보험에 가입한 사람들도 많은 개인비용을 지불해야 한다.

4) Morrison, China's Economic Condition, pp. 24, 27 – 28.

중했다. 중국군의 역할에 관한 베이징 당국의 인식은 2004년 후진타오가 강조한 인민해
방군의 새로운 역사적 임무에 관한 연설에 잘 나타나 있었다. 그때 그는 중국군은 당의
위치가 공고하도록 안위를 보장해야 하고, 국가발전을 위한 안전을 보장해야 하며, 국익
수호를 위한 전략적 지원을 제공하고, 세계평화와 공동발전을 위한 역할을 수행해야 한
다고 강조했다. 그것은 인민해방군은 당, 국가, 국민의 모든 차원의 이익을 보호, 보장하
는 핵심제도라는 의미를 담았다.[1]

(1) 중국군의 대외활동

인민해방군(PLA)의 외국 군대와의 교류는 군부 간 관계증진과 베이징의 이미지 확
대를 통해 중국의 국제적 존재를 부각시키고 정치적 영향력을 증대시키는 데 중요한 역
할을 담당했다.[2] 후진타오 시기 PLA의 대외활동은 평화유지활동(PKO), 양자 및 다자훈
련, 외국군과의 대치, 그리고 해외 무기판매를 포함해 여러 형태로 전개됐다. 2000년대
중국군의 유엔 평화유지활동은 그 이전 시기에 비해 10배 증가했다. 2011년 기준 중국은
세계가 필요로 하는 72억 달러 평화유지 비용의 약 4%를 부담하고 2만 명 이상의 병력
을 30개 유엔임무에 배치했다. 이것은 유엔안보리 이사국 공헌 중 가장 높은 수준인데,
PLA의 평화유지 활동은 파키스탄의 대 테러관련 인도주의 지원을 포함하는 가운데 주로
중동 및 사하라 이남 아프리카 지역에 집중됐다.[3] 일단 유사시에 대비하기 위한 외국군
과의 연합 군사훈련은 2006~2012년 기간 50회 이상 진행됐다. 그것은 양자, 다자훈련의
형태를 띠었는데, SCO 회원국과의 다자훈련은 (외형상) 대테러, 국경분쟁 방지, 인도주의
재난구조 목적으로 시행됐다. PLA 해군은 호주, 러시아, 베트남, 타일랜드, 프랑스, 미국
해군과 양자훈련을 실시했는데, 그것은 재난구조, (아덴만) 해적소탕 등 다양한 목표를 겨
냥했다. PLA 공군은 파키스탄, 벨로루스, 베네수엘라 공군과 연합 군사훈련을 실시했다.

---

1) Office of the Secretary of Defense, <u>Annual Report to Congress</u>, (2013), pp. 17, 20.
2) 2012년 러시아, 독일을 포함해 25개국의 고위 군사관리들이 베이징을 방문했고, 그 해 중국군 관리들
   역시 인도, 폴란드를 포함해 33개국을 방문했다. PLA 관리들은 또 SCO 국방장관회의와 아세안 ARF
   정책회의를 포함해 여러 다자회담에 참여했다. 군부 간 상호교류를 넘어, PLA는 파키스탄 내에서 유엔
   평화유지활동, 인도주의 지원, 재난구조를 수행했고, PLA 해군의 정허(Zheng He) 훈련함은 두 번째의
   지구적 항해에 나섰다.
3) 아덴만 해적소탕 작전을 위해 2008년 12월 PLA는 유도미사일 프리깃함을 파견했다. 2012년 중국은
   처음으로 수단 평화유지군에 장갑차로 무장한 50명 규모의 보병을 배치했는데, 그들은 의료부대, 공병
   부대, 기지보호와 에스코트 임무를 띠었다.

한편 국가 간 분쟁 발생시 PLA는 국익보호에 나섰다. 2012년 4월 남중국해 스카보로 암초(Reef)를 둘러싸고 분쟁이 발생했을 때 PLA 해군은 필리핀 해상경비함과 대치했다. 센카쿠 열도에 대한 영유권 주장의 경우도 비슷하다. 2012년 9월 노다 요시히코 총리 시절 일본정부가 센카쿠 열도 중 3개 도서를 개인 소유자로부터 매입했을 때, 베이징은 PLA 해군을 그 인근에 파견하고 그 도서들이 중국소유라고 주장했다. PLA는 국방백서에 그 도서들이 중국 영토라고 기술했다. 인민해방군 대외 무기판매는 대체로 베이징으로부터 경제지원을 받는 국가들을 대상으로 진행됐다. 2007~2011년 기간 PLA는 110억 불 상당의 무기를 해외에 판매했는데, 중국제 무기는 정치적 조건이 붙어있지 않고 값이 저렴한 반면 제품의 질은 별로 우수하지 않았다. 베이징은 무인공중정찰기(UAV: Unmanned Aerial Vehicle)를 많이 판매했다.[1]

(2) 군사전략

인민해방군은 과거 전략을 더 정교하게 다듬으면서 약간의 변화를 추구했다. 원래 중국군의 군사전략은 적극방어(active defense)에 뿌리를 두고 있다. 그 전략은 필요에 따라 선제공격도 가능하지만 큰 틀에서는 국제관계의 도광양회, 평화발전과 비슷하게 조심하면서 꼭 필요할 경우 적극적으로 나서서 싸운다는 방어적 개념을 갖고 있다. 그러나 그 개념 하에서 1990년 제1차 걸프전을 목격한 장쩌민은 중국군 군대가 얼마나 낙후됐는지를 절감하고 광범위한 군사현대화와 더불어 군무혁신(RMA: Revolution in Military Affairs)을 토대로 '하이텍 조건하에서의 국지전'(local wars under high-tech conditions)이라고 부른 세부 군사전략을 채택했다. 전쟁은 짧을 것이고 결정적이며 지리적 범위와 정치목적에서 제한적일 것이다. 그 맥락에서 전력증강을 위한 투자는 공군, 해군, 그리고 중국의 핵 및 재래식 미사일을 운용하는 제2포병부대에 집중될 것이다. 그러나 후진타오 정부는 그들이 보유한 첨단무기만으로는 국가적 목표를 방어할 수 없다고 생각했고, 2002~2004년 기간 PLA는 군사전략을 위해 새로운 사항을 추가했다. PLA는 인민해방군이 진정한 능력 있는 군대로 탈바꿈하기 위해서는 서방이 독점하고 있는 첨단 지휘통제체계(C4ISR: Command, Control, Communication, and Computers, Intelligence, Surveillance, and Reconnaissance) 확보가 필요하다고 생각했다. 2009년 1월 군사훈련 및 평가(OMTE:

---

1) Office of the Secretary of Defense, Annual Report, (2013), pp. 1-4.

Outline of Military Training and Evaluation)를 통해 PLA는 미국의 네트워크 중심 전쟁과 비슷한 개념인 '시스템이 작동하는 정보화된(informatized) 조건하에서의 전투'를 강조했다. C4ISR은 지리적으로 분산된 군대와 능력을 통합행동이 가능한 시너지 시스템으로 연결할 것이다.[1]

(3) 군사현대화

대내적으로 인민해방군은 주로 전력증강과 무기체계 개선, 또 국방력 강화에 필요한 첨단기술 개발에 매진했다. 후진타오 시대에도 중국군은 장쩌민 시대 시작된 광범위하고 포괄적인 군사력 증강을 계속 이어갔다. 2000년대 말 2010년대 초까지 중국군은 첨단무기와 현대식 기술로 무장하면서 과거에 비해 놀라울 정도로 많이 전투능력을 진전시켰다.

1) 핵 및 탄도미사일 전력

인민해방군의 주요전력에서 핵 및 탄도미사일은 제2포병(Second Artillery)의 관할 하에 있다. 제2포병은 사일로에 배치한 ICBM의 능력 증대와 이동미사일 추가를 통해 핵전력 현대화를 추진했다. 2000년대에 들어와서는 신속배치를 위해 고체연료를 사용하는 이동미사일 동풍-31(DF-31)과 동풍-31A(DF-31A)가 배치됐다.[2] DF-31A는 11,200km 이상의 사거리를 갖고 있는데, 그것은 미국 본토 대부분 지역에 도달할 수 있다. 제2포병은 또 추가 미사일부대를 창설하면서 미국의 미사일방어체제를 견제할 방법에 관해 고심했다(2019년 10월 건국 70주년 기념식 열병에서 PLA는 동풍-31보다 성능이 개량된 동풍-41 배치를 기정사실화했다). 대만과의 갈등에 대비해 그들은 2012년 12월까지 1,100기 이상의 단거리 탄도미사일(SRBM: Short-Range Ballistic Missiles)을 양안 건너편에 배치했다. 그 미사일의 성능은 계속 증진되는데, 그것은 치명성 향상, 정확도, 탄두중량을 늘리는 방식을 통해서이다. PLA가 배치한 또 다른 중거리 탄도미사일은 사거리가 1,500Km를 넘는 DF-21D 대함 탄도미사일(ASBM: Anti-Ship Ballistic Missile)로서, 그것은 서태평양에서 적군, 특히 미국 항모, 대형함정을 공격하는 목적을 띠었다.[3]

---

1) 그런 전투 맥락에서 중국군은 현실적 훈련, 복잡한 전자기장과 복합적 환경에서의 훈련, 그리고 전력구조에 새로운 선진기술을 통합함으로써 훈련목적을 달성하려 노력했다. Ibid., pp. 11, 15-16.
2) DF-31은 액체연료를 사용하는 노후화된 다른 미사일을 대체한다.

2) 우주능력 신장

PLA는 우주능력 배양에 많은 노력을 기울였다. 그 동안 중국은 우주감시, 정찰, 항해를 위한 통신위성 설치를 확대하면서, 동시에 위기 시 적의 우주배치 자산 사용을 제한, 방지하기 위한 다양한 프로그램을 개발해왔다. 2012년 한 해 중국은 20개 이상의 위성을 쏘아 올렸는데, 그것은 6개의 베이더우 항법위성(BDS: Beidou Navigation Satellite), 11개의 원거리 감지위성, 3개 통신위성, 각종 소위성과 연결위성을 포함했다. 베이더우 시스템은 민군 겸용으로 사용되는 중요한 감시, 통신수단인데, 2000년 최초의 베이더우(Beidou−1) 위성이 발사된 이후 베이더우 항법위성시스템(BDS; BeiDou Navigation Satellite System)은 3차례에 걸쳐 진화했다. 제2세대 Beidou−2는 컴파스(COMPASS)라고도 불리는데, 그것은 우주궤도에 10개

_베이더우 항법위성

위성을 발사하고 2011년 12월 이후 중국 및 아태지역 일부에서 위치, 항법, 시간, 메시지 서비스를 제공했다. 중국은 2015년 제3세대 Beidou−3 구축을 시작했는데, 그것은 지구 전체를 포괄하는 시스템이다. 2019년 현재 중국은 Beidou−2 15개, Beidou−3 18개 위성을 포함해 총 33개 위성을 여러 궤도에서 운영 중인데, 그것들은 10미터의 오차로 지구적 위치서비스를 제공하고 아태지역에서는 5미터 격차로 서비스를 제공한다. 중국 과학자들은 Beidou−3 위성이 Beidou−2에 비해 정확도, 선명도, 위성 간 연계, 위성에 기초한 확대 및 비상수색능력에서 훨씬 더 우수다고 말한다. 2020년 Beidou−3가 완성되면, 그것은 미국의 GPS(Global Positioning System), 러시아의 GLONASS, 유럽의 Galileo 시스템과 함께 세계 4대 우주배치 항법네트워크를 구성할 것이다. 중국 관계자들은 Beidou−3가 다른 나라 시스템보다 더 우수할 것이라고 자신한다.[1] 같은 해 중국은 또 유인 우주로켓을 발사했다. 중국은 계속 대장정−5(Long March−5) 로켓을 개발 중인데, 그것은 우주에서 무거운 물체수송을 목적으로 한다. 이 로켓을 지원하기 위해 중

---

3) Office of the Secretary of Defense, Annual Report, (2013), p. 5.

1) Beidou navigation system begins global operations− Chinadaily.com.cn, (December 28, 2018), www.chinadaily.com.cn〉 ...〉 Latest; Pratik Jakhar, "How China's GPS 'rival' Beidou is plotting to go global−BBC News," (September 20, 2018), https://www.bbc.com〉 news〉 t...; China's BeiDou navigation system complete by 2020−The Telegraph, (June 21, 2019), https://www.telegraph.co.uk〉 science

국은 2008년 하이난 섬에 위성발사센터 건설을 시작했다(2019년 9월 트럼프 대통령은 미 우주항공사령부 창설을 발표했는데, 그것은 러시아, 중국과의 우주경쟁에서 선두를 놓치지 않기 위한 조치이다).[1]

3) 재래식 전력증강(Force Development)

해군전력   2012년 현재 PLA 해군은 아시아 최대 전력을 갖고 있다. 그 전력은 55척 이상의 잠수함, 79척의 주요 수상 전투함(major combatants), 55척 이상의 중, 대 수륙 양용함, 그리고 85척의 미사일 장착 소 전투함으로 구성돼 있다. 1990년대 중국해군의 최대약점은 항공모함 부재, 그리고 공군은 공중급유능력 취약으로 원거리 지역에서 작전이 불가능한 것이었는데, 후진타오 집권기에는 약점이 노출된 해군 및 공군 전력강화를 위한 조치가 계속됐다. 해군의 경우 기존 전력보강에서 가장 눈에 띄는 것은 2012년 9월 진수한 5만 톤급 첫 항모 랴오닝함인데, 그 항모에는 J-15 전투기가 탑재됐다.

_랴오닝함

원래 항모는 2~3척이 함께 움직여야 정상적 수준에서의 효율적 작전이 가능한데, 중국이 향후 10년 내 추가 항모를 생산하려는 계획은 PLA 해군전력을 획기적으로 향상시킬 것이다.[2] 해군은 잠수함 전력현대화에도 높은 우선순위를 두었다. 2013년 현재 PLA 해군은 진 클래스 잠수함(SSBN, type 094)의 경우 3척을 운영 중인데, 중국은 2020년까지 2척을 추가 생산한다는 계획을 공표했다. 이들은 사거리 4천Km 이상의 쥐랑-2(JL-2) 탄도미사일을 장착하고 PLA 해군에게 상당수준의 신뢰 있는 해상 핵 억지력을 부여한다. 상 클래스 잠수함(type 093)은 핵추진 공격 잠수함(SSN)으로 현재 2척이 취역해 있으며, 이미 추가건조 중인 4척은 노후화된 공격 잠수함(type 091)을 대체할 것이다.[3] 현재 중국 잠수함 주력기종은 디젤추진 공격 잠수함(SS)이다. 여기에는 기본적으로 3가지 클래스가 있는데, 그것은 러시아에서 수입한 12척의 킬로급 잠수함, 13척의 송급, 그리고 8척의 유안(YUAN)급 잠수함(type 039-A)이다. 이들은 대함미사일을 장착하고 있는데, 유안급 잠수함은 해저에서 배터리를 충전하는 기술체계(AIP: Air-Independent Propulsion)를 구비하고 있다.[1] 이 잠수함들은 핵 잠수함보다 더 조용히 작동하기 때문에 본토방어에 큰 자산이 될 것이다. 2008년 이후에는 다양한 수상전투함 건조가 시작됐는데, 유도미사일 구축함(DDG)과 유도미사일 프리깃함(FFG)이 생산됐다. 2013년까지 루양-2(LUYANG) 구축함(type 052C) 6척이 취역했다. 루양-3 구축함(type 052D)은 대함 크루즈미사일(ASCM: Anti-Ship Cruise Missile), 지상공격 크루즈미사일(LACM), 대잠함 로켓을 발사할 수 있다.[2] 남중국해와 동중국해 등 해안선이 복잡한 곳에서의 전투(littoral warfare)를 위해서는 2012년 6척의 새로운 클래스의 소 전투함, 장다오(JIANGDAO)급 코르벳(FFL)이 취역했고, 20~30척 정도가 추가 생산될 계획이다.[3]

공군전력 공군도 전력현대화를 계속했다. 공중급유를 필요로 하지 않는 대만작전을 위해서는 일단 50대의 전투기를 배치했다.[4] PLA 공군의 최첨단 전투기는 J시리즈로 시작된다. 이것은 러시아에서 도입한 것을 중국이 변형, 성능을 향상시킨 것으로 이를 위해 베이징은 많은 시간과 노력을 투자해 왔고, 이들의 성능은 미국의 F-15, F-35 못지않게 우수하다. 2011년 초 스텔스 전투기 J-20 시험비행이 있었고, 2012년에는 차세대 스텔스기로 간주되는 J-31 시험비행이 있었다. 폭격능력 향상을 위해서는 H-6 편

_스텔스 전투기 J-20

대 능력을 제고시켜야 하는데, 그 방법은 항속거리를 늘리고 장거리 순항미사일을 장착한 새 기종을 생산하는 것이다. H-6 신형은 그동안 PLA 공군의 약점이었던 공중급유 능력을 보완할 것이다. 공군은 현재 거대한 크기의 Y-20를 개발 중인데 그 목적은 다양한 경우의 공중수송을 돕고 공중 지휘통제, 공중 재급유에 사용하는

---

1) AIP는 비핵 잠수함이 디젤 배터리 충전을 위해 수면위로 부상하거나 아니면 스노클을 사용해 공기 중 산소에 접근하지 않고서도 오랜 기간 해저활동이 가능하게 하는 기술을 말한다. AIP는 비핵 함정의 디젤전기 추진방식의 능력을 증대시키거나 또는 대체할 수 있다. 현대식 비핵잠수함은 상대방의 탐지가 어렵기 때문에 핵잠수함보다 더 은밀하게 활동할 수 있고, 그래서 이들은 연안작전에서는 아주 효율적이다. Explained: How Air Independent Propulsion(AIP) Works, Defencyclopedia, defencyclopedia. com; Air-Independent Propulsion AIP Technology Creates a New Undersea..., https://www. public.navy.mil〉 Issues

2) 이들은 10척 이상 생산될 것인데 노후화되는 루다 클래스 구축함(DD)을 대체할 것이다.

3) Office of the Secretary of Defense, Annual Report, (2013), pp. 6-7.

4) 현재 새로 배치되는 제4세대 항공기는 구 2세대, 3세대 항공기를 약간 변형시킨 것들이다.

것이다.[1]

지상군전력　　　지상군 현대화는 원거리 지역에 신속하게 부대를 배치하는 능력을 향상시키는데 초점을 맞춰왔다. 이 현대화는 몇몇 조치를 필요로 하는데, 그것은 작전부대 간에 데이터 실시간 송신을 가능케 하는 지휘통제 능력, 정밀유도무기를 장착한 저고도 이동 헬리콥터를 활용하는 육군 항공부대, 그리고 첨단기술로 무장한 특수작전 부대다. 지상군이 추가로 현대화하는 분야는 기동화 된(motorized) 부대에서 첨단기술로 무장한 통합제어능력을 가진 기계화(mechanized)부대로의 전환, 그리고 지상군의 장갑, 공중방어 능력과 전자전 능력이다. 지상군은 Z-10, Z-19 공격헬리콥터를 배정받아 적진에서 전투하는 보병의 작전능력을 강화시켰다. 새로운 공중방어 장비는 지상군 최초의 중거리 지대공미사일 CSA-16, 그리고 국내 생산된 CSA-15와 첨단 자동 공중방어 포병체계 PGZ-07이다. 현대전에 맞춘 군대로 전환하기 위해 지상군은 다양한 지형과 전자기장 상황에서 원활하게 작전할 수 있도록 여단 중심으로 군 구조개편을 추진해왔다.[2]

(4) 국방비

국방의 모든 분야에 절대적으로 필요한 것은 지속적인 국방예산 지원이다. 무기체계 개선과 첨단기술 개발을 포함한 전력발전을 위해 PLA는 계속 국방예산을 증가시켜왔다. 2007년 중국의 공식 국방비는 520억 달러였는데, 미국은 실제 액수는 970~1,390억 달러 수준일 것으로 추정했다.[3] 2013년 3월 베이징이 발표한 국방비 1,140억 달러는 그 전해에 비해 10.7% 인상된 액수였다. PLA는 지난 20년간 계속 국방비를 증가시켜왔고, 2003~2012년 후진타오 통치기 중국이 공식 공개한 국방예산은 인플레이션을 조정해 평균 9.7% 증가했다. 그러나 2012년도 구매력과 숨겨진 예산을 감안하면 그해 전체 실제 군사비 지출은 2,150억 달러까지 될 것으로 추정됐다. 잘 알려진 바와 같이 중국의 실제 군사비 지출을 측정하는 것은 매우 어려운데, 왜냐하면 외국무기와 장비구매, 연구개발비, 군인연금 같은 비용은 국방예산에서 제외되기 때문이다. 국방비 계산을 위해 전 세계적으로 통용되는 기준은 없고 각국은 그 산정을 위해 서로 다른 방식을 사용한다. 국방비

---

1) Office of the Secretary of Defense, <u>Annual Report</u>, (2013), p. 6.
2) Ibid., pp. 8-9.
3) Jayshree Bajoria, "China's Military Power," Council on Foreign Relations, Backgrounder, (April 2009), https://www.cfr.org/jpublication/18459/

의 지속적 증가는 PLA 현대화 노력을 지원하고 더 전문적 군대로의 이행을 용이하게 할 것이다. 참고로 2012년 각국 정부가 발표한 공식 국방비는 인플레이션을 조정해서 대략 중국이 1천억 달러, 러시아 600억 달러, 일본 580억 달러, 인도 450억 달러, 한국 300억 달러, 대만 100억 달러 수준이었다.[1]

(5) 힘의 투사능력

어느 나라에서나 마찬가지이지만 인민해방군의 해외활동, 전력발전, 군사현대화는 여러 목적을 띠고 있다. PLA의 경우, 우선적으로 중요한 것은 대만과의 갈등에 대한 대비, 남중국해와 동중국해에서의 영토주권 유지, 중일 갈등에 대한 대처, 그리고 평화유지 활동과 재난구조 등 국제 활동에 대한 지원이다. 그러나 해외에서는 중국의 외교, 경제 영향력이 커지면서 PLA가 점차 '힘의 투사'(power projection)를 지향하는 것으로 인식했다. 중국 내에서도 덩샤오핑 시대부터 이어져 온 도광양회 형태의 사고들이 중국 국익에 도움이 될지를 의문시하는 사람들이 늘어났다. 더 적극적, 공세적인 역할을 주장하는 사람들은 베이징이 미국의 압력에 단호해야 하고 인민해방군이 힘의 투사능력을 더 키워야 한다고 말한다. 이제 전문가들은 중국이 '접근방지, 지역거부'(A2/AD: Anti-Access/Area Denial) 능력을 확보하려는 것으로 판단했다. 그것은 육, 해, 공군과 우주 및 사이버전력을 동원해 잠재 적국 군대가 중국 인근에 도달하기 전 무력화시키려는 시도를 의미한다.[2] 핵심적으로 그 능력은 서태평양에서 미국 군대의 접근을 막는 것으로, 그 전략은 미 태평양 항모전단과 한국, 오키나와, 괌에 있는 미군 기지를 목표로 하거나 위험에 처하게 할 것이다. 미국이 아프가니스탄, 이라크 전쟁에 몰두할 때 중국은 전력증강에 많은 노력을 쏟았고, 반면 워싱턴은 베이징의 군사력 증강에 너무 소홀했다는 지적이 많았다. 중국 외교당국은 자중하는 것 같으면서도 공세적으로 행동하고, 중국군부 역시 비슷하다. 2010년 아세안 회의에서 양제츠(Yang Jiech) 중국 외교부장은 동남아 국가들의 우려와 불

---

1) Office of the Secretary of Defense, Annual Report, (2013), p. 45.
2) 2009년 1월 미 국방장관 로버트 게이츠(Robert M. Gates)는 미 상원군사위원회에서 미국이 PLA에 관해 우려하는 분야는 사이버 및 대 위성전쟁(anti-satellite warfare), 대공, 대함무기 체계, 잠수함, 탄도미사일이라고 증언했다. 이것들은 미국 힘의 투사에 대한 주요수단을 위협한다. 중국은 미 국방부, 국무부, 상무부 등 정부기관 컴퓨터 네트워크를 해킹했다. 또 중국은 영국회사, 프랑스, 독일, 한국 정부기관 네트워크에도 침입한다. 미국정부와 경제는 사이버공간에서 아주 취약하고, 중국군의 사이버 능력은 미국의 재래식전력 우위를 축소시킨다. Bajoria, "China's Military Power," (April 2009), https://www.cfr.org/jpublication/18459/

만에 대해, "중국은 대국이고 다른 나라들은 소국"이라는 것을 잊으면 안된다고 말했다. PLA도 비슷하게 2005년 "적극방어가 중국 군사전략의 핵심양상이지만, 만약 적이 우리의 국익을 침해하면 그것은 그 적이 첫 총성을 울린 것을 의미하고 그 경우 인민해방군의 임무는 선제공격으로 적을 압도하기 위해 모든 역할을 다할 것"이라고 말했다. 후진타오 임기 말 2009~2012년 남중국해와 동중국해에서 유달리 베트남, 필리핀, 일본 등 관련국과 해상영토 분쟁이 많았고, 그 때 중국 외교부와 인민해방군은 민족주의적 성향을 띠고 유난히 공세적이었다.[1]

오바마 행정부는 베이징의 외교, 군사 야심을 우려해 동아시아에서 중국을 겨냥하는 피보트(Pivot), 재균형(Re-balance) 전략을 선언했다. 그것은 적어도 이론적으로는 대중국 군사봉쇄의 초기형태로 일본, 한국, 호주, 그리고 필리핀을 포함하는 아세안 여러 나라에 미군을 순환배치하면서 중국을 심리적으로 압박하는 목적을 띠었다.[2]

반면 2012년 말 후진타오 총서기를 승계한 시진핑 주석은 오바마 대통령에게 미·중이 서로 존중하기를 원하는 신형 대국관계를 거론했는데, 그것은 중국의 강대국으로서의 위상과 자존심을 반영했다. 그러나 주변의 시각이 무엇이던, 또 좋든 싫든 인민해방군의 전력발전은 계속될 것이고 중국군의 힘의 투사능력은 시간이 가면서 더 커질 것이다. 현재 미·중간의 군사력 균형은 중국이 미국에 최대 20년 뒤처져 있는 상태이지만 그 격차는 빠르게 좁혀질 것이고, 그 과정은 미·중 안보딜레마, 패권경쟁 등 수많은 우여곡절을 수반할 것이다.

_시진핑

---

1) PLA와 중국 정보기관은 해외공작을 통해 군사에 필요한 첨단기술과 무기도입에 앞장서는데, 2013년 2월 미 수사당국은 미국 수출통제법을 위반하고 민감한 방위기술을 중국으로 넘기려 한 혐의로 대만인 2명을 체포했다. 그해 6월 FBI는 미국과 캐나다 몇몇 회사들이 중국 Z-10 공격 헬리콥터에 필요한 기술을 베이징에 불법 제공한 것을 적발하고 그 중 한 회사인 UTC(United Technologies Corporation)에 7,500만 달러 벌금과 특허취소 처분을 내렸다. The Dragon's New Teeth, http://www.economist.com/node/21552193; Suisheng Zhao, "Hu Jintao's Foreign Policy Legacy," (December 8, 2012), http://www.e-ir.info/2012/12/08/hu-jintaos-foreign-policy-legacy/

2) 그러나 나중에 피보트, 재균형 전략은 선언적인 것으로 전혀 실효를 발휘하지 못한 것으로 평가받았다.

04 정치, 사회개혁

후진타오 집권 기간 중국은 전체 GDP에서 일본을 넘어 미국 다음의 세계 2위 경제 파워가 됐고, 지구적 재정위기 당시 그 경제력의 막강함을 입증했으며, 지속적 군사력 증강으로 세계에서 가장 빨리 부상하는 파워로서의 입지를 굳혔다. 후진타오는 그의 총리 원자바오(Wen Jiabao)와 함께 중국발전에 매진하면서 다른 한편으로는 과학 발전관에 근거한 더 좋은 사회, 더 나은 '사회주의 조화사회'를 건설해야 한다고 설파했다.

칭화대 공대를 졸업한 후진타오는 수력발전 분야에 근무하면서 1964년 공산당에 입당해 열렬한 당원이 됐다. 그는 티베트 자치지역 당 서기로 근무하던 1989년 3월 티베트 라자(Lhasa) 폭동을 성공적으로 진압해 덩샤오핑을 포함해 중국 고위직 인사들로부터 정치적으로 유능한 인물로 평가받았고, 그것을 기회로 1992년 중국 공산당 최연소 정치국 상무위원, 그리고 1998년 국가 부주석으로 승진했다. 1999년 부주석 당시 미국이 코소보 사태에서 베오그라드(Belgrade) 중국 대사관을 폭격했을 때, 그는 14억 중국 인민을 이끌고 워싱턴에 항의한 바 있었다. 평상시 온건, 성실하고, 정치적 선동보다는 문제 해결에 더 관심을 쏟는 그가 티베트 폭동 당시 그렇게 강경진압을 시도했다는 것에 많은 사람들이 놀라지만, 그러나 그것은 그의 성격이 부드러우면서도 강경한 두 가지 측면을 모두 갖고 있기 때문이었다. 외부적으로는 그의 성실, 온화, 민주적 특성이 더 두드러져 보이지만, 사실 그는 내면적으로는 보수적이고, 안정을 강조하며, 필요하면 언제든지 강경해 질 수 있는 공산주의 이념에 대한 신념이 투철한 신중한 인물이었다.[1]

후진타오는 2002년 11월 제16차 공산당(CCP: Chinese Communist Party) 전당대회에서 총서기로 임명되어 중국에서 가장 중시되는 최고위 리더의 위치를 확보했다.[2] 그는

---

1) John Tkacik, Joseph Fewsmith, and Maryanne Kivlehan, "Who's Hu? Assessing China's Heir Apparent, Hu Jintao," The Heritage Foundation, (April 19, 2002), http://heritage.org/Research/Lecture/Who's−Hu; Tim Luard, "BBC: China's Leader shows his stripes, 11 January 2005," BBC, (January 11, 2005)
2) 원래 공산주의는 당 총서기를 가장 중시한다. 주석은 대외적으로 국가를 대표하는 직책으로 서방에서는 대통령(president)으로 표현한다. 중국 공산주의에서 가장 중시되는 3개 직책은 당 총서기, 국가주

그 다음 해인 2003년 3월 국가수반인 주석직을 맡았고, 그때 주룽지 전 총리의 정치적 지원을 받고 있는 지질공학도 출신으로 오랜 기간 중국 오지에서 근무한 원자바오가 신임총리로 확정됐다. 2004년 9월 후진타오는 중앙군사위원회 주석 직까지 맡아 공산주의 국가에서 가장 중시되는 당, 정, 군 3개 직책 모두의 최고 수뇌가 됐다. 후진타오의 권력 승계는 그 이전의 역사에 비추어 보면 가장 무난하게 진행된 것으로 평가되는데, 그는 제1세대 마오쩌둥, 제2세대 덩샤오핑, 제3세대 장쩌민에 이어 제4세대 중국리더로 묘사됐다. 2007년 10월 제17차 공산당 전당대회에서 후진타오는 당 총서기로 재선임됐고, 2008년 3월 제11차 전인대(전국인민대표대회, NPC: National People's Congress)에서 국가주석으로 재선출됐다.

후진타오와 원자바오는 지난 20여 년간 중국이 이룩한 정치, 경제발전을 이어가고 새롭게 드러나는 대내외적 문제들을 해결해야 하는 전환기적 시기에 중책을 맡았다. 후진타오가 직면한 가장 큰 도전은 경제발전이 진행되어 국내에 엄청난 부가 축적되는 과정에서 부패가 만연하고 빈부격차가 발생해 평등사회로부터 새로운 계급이 생겨나는 것이었다. 더구나 중국의 관료제, 군대, 교육, 사법체계를 괴롭히는 부정의, 허위, 위선은 그 나라를 조금씩 파괴하고 있었다. 2002년 제16차 공산당 전당대회 당시, 후진타오와 그의 총리 원자바오는 이미 경제성장이 전부가 아니고 경제 불평등을 해소해 '사회주의 조화사회'를 건설해야 한다고 주장했다. 후와 원은 조화사회를 창출하기 위해 과학적 발전의 관점에서 전반적인 균형창출에 초점을 맞추었다. 성장은 중요하지만 그에만 매달린다면 최종 종착지인 중국식 사회주의는 이름뿐일 것이다. 1949년 혁명 이후 베이징이 염원해 온 것은 모든 사람이 서로 보살피는 공동체 우선적 사회이다. 중국은 이제 새롭게 경제개혁을 추진해야 할 시기에 이르렀는데, 그동안 뒤처지고 낙후된 개인, 근로자, 농민, 단체, 지방에 대한 복지를 늘리고 그들이 더 나은 삶을 유지할 수 있도록 당은 모든 노력을 다해야 한다. 전국을 순회하고 다시 한 번 현실을 직시하면서, 새 정부는 지난 반세기 중국의 혁명원로와 동지들이 꿈꾸던 소망의 새로운 단계로 나아갈 것이다.

석, 그리고 중앙군사위원회 주석인데, 중국 리더는 보통 시차를 두고 전임자로부터 그 3개 직책 모두를 인계받는다.

(1) 후진타오의 정치관

1) 과학 발전관

후진타오의 리더로서의 정치인식은 몇 가지 이론적 요소를 내포했다. 그것은 대외적으로는 평화발전(Peaceful Development), 화평굴기(Peaceful Rise)이고, 대내적으로는 (일련의 정치, 사회, 경제문제에 대한 통합적 해결책을 모색하는) '과학발전관'(Scientific Outlook on Development)에 의거한 '사회주의 조화사회'(Harmonious Society) 건설이었다. 2004년 처음 공개된 과학발전관은 2007년 공산당 헌장, 2008년 중국헌법에 포함됐다. 후진타오 정부는 과학발전관은 마르크스주의를 중국의 현실에 접목시키고 동시에 마르크스적 세계관과 발전방법론을 충분히 구현하는 개념이며, 그것의 두 개 핵심테마는 '사람이 기본'이라는 것과 중국의 발전은 '포괄적' 성격을 띠는 것이라고 설명했다. 그는 또 과학발전관은 과학적 사회주의(scientific socialism), 유지가능발전(sustainable development), 사회복지(social welfare), 인도주의 사회(humanistic society), 민주주의 증진을 포함하고, 궁극적으로 '사회주의 조화사회'(Socialist Harmonious Society)를 창출할 것이라고 주장했다. 전문가들은 그 개념을 중국의 시장경제 개혁에서 비롯된 사회문제로부터 유래하는 모든 문제에 대한 포괄적 대응으로 이해했다.[1]

2) 조화사회

후진타오 정부는 2002년 11월 제16차 당 대회에서 이미 '조화사회' 개념을 언급했고 2005년 3월 전인대 이후 그 개념을 부쩍 더 강조하기 시작했다. 그것은 본질적으로는 덩샤오핑의 개혁, 개방 이후 장쩌민에 이르는 기간 축적된 부의 부작용 해소에 관한 내용이었고, 현실적으로는 부유한 사람들로부터 가난한 사람들에게로 부의 분배를 의미하면서 중국사회의 부정의를 시정하고 광범위한 부패와의 투쟁을 수반하는 계획이었다. 후진타오 정부는 조화사회 추진이 중국사회를 오랜 기간 인민이 염원하던 상태로 이끌고, 그것은 당 중심의 강력한 정치, 안정된 사회, 역동적 경제성장, 국민복지, 문화적 계몽으로 나아가는 지름길이 될 것으로 인식했다. 조화사회는 과거에서 미래로 넘어가는 단계에서 새로이 진화하는 중국 통치모델로 개도국들에게 서구 민주주의에 대한 정당한 대안으로

---

1) Full text of Hu Jintao's report at 18th Party Congress, People's Daily, (November 19, 2012)

기능 할 것이다. 조화로운 사회주의 사회는 중국식 민주주의, 법치, 평등, 정의, 활력을 보여줄 것이다.[1]

(2) 정치, 사회현실

1) 당, 정치개혁

후진타오는 당의 개혁을 추진했는데, 그것은 계속 증가하는 자유화, 시장경제 추세 속에서 당이 모든 발전의 중심이 돼야하고 당의 청렴성, 건전성, 신뢰가 국가적 성공을 결정한다는 그의 신념에서 비롯됐다. 이것은 당연한 결론이었는데, 왜냐하면 공산주의 이론이나 지난 수십 년간의 현실이나 당이 모든 결정의 중심에서 사회, 경제 발전, 또 대외 관계의 견인차 역할을 했기 때문이다. 당 개혁은 여러 방향으로 동시다발적으로 진행됐다. 그것은 더 철저한 당 기율, 민주적 운영, 투명성 증대를 포함했다. 그것은 안정속의 변화를 추구하는 시각이었다. 정치, 관료, 군부, 기업, 사회 전반에 부패, 게으름, 속임수가 퍼지는 상황에서 당이 모범이 되지 않으면 중국의 미래는 없을 것이다. 기율적 차원에서 공산당 사치 근절을 위해 당의 전, 현직 원로들이 모여 중국의 미래를 결정하는 베이다이허(Beidaihe seaside) 회의가 2004년 금지됐고, 당 고위 인사들이 외국에 출입국할 때 시행되던 과다한 공항영접과 같은 반드시 필요하지 않은 행사는 최소한으로 간소화됐다. 이 모든 조치는 당이 나태해지고 국민 위에 군림하는 경향을 없애 줄 것이다. 중국대중은 그 조치들을 후진타오가 부패를 줄이려는 움직임으로 이해했다.

2008년 덩샤오핑의 개혁, 개방 시작 30주년 기념식에서, 후진타오는 중국은 더 많은 개혁, 개방을 추진할 것이지만 정치는 계속 공산당이 주도해 나갈 것이라고 말했다. 안정이 없이는 중국은 아무 것도 할 수 없고 얻은 것도 모두 잃을 것이다. 당은 외국 및 국내의 여러 위험과 시험에 대처하는데 있어서 모든 그룹의 중추로 남아 있을 것이다. 2011년 7월 공산당 창당 90주년 기념식 연설에서 후는 여러 가지를 언급하는 중 한 가지를 가장 확실하게 말했는데, 그것은 중국의 성공은 당에 달렸다는 것이었다.[2] 동시에 그는 당내 민주주의 진전의 필요를 강조했다. 당 정치국 회의는 당내 민주주의를 위해서 위원들이 각자의 의견을 제시하고 가장 합리적 결론을 도출하는 방향으로 운영되어야 한

---

1) Robert Lawrence Kuhn: Hu's Political Philosophies, Esnips.com, (March 2009)

2) China Under Hu Jintao, http://factsanddetails.com

다. 그 이유는 나이가 많고 서열이 높은 당 간부뿐 아니라 젊은 사람들의 의견이 반영되어야 당이 더 활기차고 국민의 의견을 더 잘 수렴할 수 있기 때문이다. 시간이 가면서 후진타오는 당 정치국 회의에 참석한 간부들 중에서 서열 1위의 본인을 따르라는 카리스마적 인물이기보다는 중재자, 균형자, 또 객관적 시각을 가진 신중하고 사려 깊은 한 명의 참여자라는 평가를 받았다. 동시에 사회, 경제적으로 거대한 역동성과 변화의 시기에 당 정치인들은 얼굴이 없는 것처럼 조용했다. 그들이 그곳에 있건 없건 관계없이 중국은 변화하고 있었다.[1]

　　2010년 10월 당 정치국 연설에서, 후는 당은 과학적이고 민주적으로 의사결정에 임할 것이며, 당과 정부 정책들은 광범위한 대중의 근본적 이익에 근거해야 한다고 강조했다. 그는 당 간부들에게 사람들의 소망에 걸맞고, 사람들의 근심을 보살피며, 사람들의 마음을 살 수 있는 정책을 시행해 조화사회 요소를 최대한 상승시킬 것을 주문했다. 그 연설에서 그는 사회모순을 감소시킬 다차원적 전술에 관해 자세한 견해를 밝혔다. 가장 대표적인 것은 사람들의 생활수준을 증진시키고, 사람들의 권한과 특권을 보호하며 사회평등과 정의를 옹호하는 것이었다. 두 번째로, 후는 당, 정부 관리들이 대중을 위한 일에 더 열심히 복무할 것을 지시했다. 그것은 조화사회, 그리고 계층불화를 원치 않는 대중들에게 더 가까워지는 지름길이다. 말단관리들은 대중과 더 많이 이야기하고, 간부들은 사람들의 목소리를 들을 수 있도록 대중과 이야기하는데 더 많은 시간을 할애해야 한다. 세 번째로, 후는 사회운영에 더 많은 노력을 기울이고 더 혁신적 방법을 강구할 것을 제안했다. 그 방법은 사회통합의 진전과 당-정부 감독 하에 대중의 참여확대를 포함했다.[2]

2) 정부개혁

　　정부도 당 개혁에 동참해 조심스럽게 개방, 투명성 증대를 시도했다. 원자바오 총리의 주도하에 정부기능과 회의내용이 공개되고, 중앙과 지방의 정부관리 회동이 더 많아졌으며, 중앙에서 지방문제가 논의되는 경우가 더 많아졌다. 특히 정부는 많은 권한을 보유한 채 정책을 시행하고 대민관계를 주도하는 부서였기 때문에 민주적 투명성이 더 강

---

1) Kerry Brown, "What did Hu Jintao and Wen Jiabao do for China?" http://www.bbc.com/news/world-asia-china-21669780

2) China Under Hu Jintao, http://factsanddetails.com

조됐다. 원자바오는 후진타오를 도와 신뢰 있는 시행자의 기능을 수행했고, 인민에게 희망을 주는 방식으로 개혁의 기치를 높이 들었다.[1] 인민의 대표인 전인대는 당이나 정부만큼의 권위나 영향력은 없었지만 그래도 의제를 사전에 공개하고, 회의 내용을 공개했으며, 기자회견을 더 많이 가졌다. 그것도 후진타오의 지침을 따라 투명성과 민주화 증진을 추구하는 상징적 일부로 간주됐다. 그렇지만 중국의 정치개혁이 서방과 자유민주주의의 기준을 만족시키는 수준일 수는 없었다. 중국 공산주의 특성상 수많은 제약이 존재했다. 비록 중국 공산주의가 권위주의로 퇴화해 과거보다 훨씬 더 개혁, 개방된 것은 사실이지만, 베이징 정부의 행태가 서구의 자유민주주의적 잣대로 비교될 수는 없었다. 당, 정부 내의 논의는 제한적으로 진행되고 회의내용은 미리 만들어진 결정을 정당화시키는 경우가 적지 않았다. 의회의 만남은 아직은 각본이 짜여 있고, 논의는 제한되고 결정은 고무도장이었다. 이것은 당이 국민의 전위대로서 민주적 중앙집권화 이론에 따라 당 고유의 임무를 수행해야 한다는 의식적, 무의식적 관념에서 비롯됐다.

당 규약, 헌법을 시대에 맞게 개정해야 한다는 의견이 대두됐지만 주요 정치개혁에 관한 뚜렷한 결과는 나오지 않았는데, 이것 역시 대내외적 환경을 고려하고 당의 현재 위상과 미래 역할을 감안할 때 쉽지 않은 일이었다. 선거는 정치 기초단위인 현 의회 이상의 상위 레벨에서는 시행되지 않았다. 현 의회 인사들이 성 의회 의원을 선출했고 이들은 차례로 성장(주지사)을 선출했다. 그러나 그것은 모두 당 중앙의 지침에 따른 것으로, 아직 중국은 분명히 위로부터 아래로의 통치경향에서 벗어날 수 없었다. 기율과 원칙이 강조되면서 오히려 어떤 측면에서는 정부통제가 더 엄격해지는 것으로 보였고, 아직도 반체제, 반정부 인사들에 대한 구속과 인터넷과 미디어 통제는 그대로 존재했다. 장쩌민 시대에 비해 더 많이 정치개혁, 정치자유화를 추진한다고 선언했지만, 정치, 사회 모두에서 아직도 당에 대한 도전, 공산주의 이념 자체를 약화시키는 행동은 용납되지 않았다. 그래서 일부 비판자들은 후진타오 시대의 정치개혁은 공산당 권력에 대한 위협을 척결하는 차원에서 시도된 것으로 공산당 계속 통치를 위한 겉치레 방편에 불과했다고 꼬집었다. 그럼에도 불구하고 베이징 중앙관리와 지방대표들 간에 더 많은 만남이 있었고, 먼 지역 낙후된 지방의 문제에 관한 논의는 과거보다 그 빈도가 훨씬 증가했다. 형식과 실제 모두에서 당, 정부의 권력이 과거보다 더 많이 분산됐고, 국가의 사회통제 수준도 과거에 비

1) Brown, "What did Hu Jintao?" http://www.bbc.com/news/world-asia-china-21669780

해 낮아졌으며, 국민들이 당과 정부를 과거보다 더 민주적 시선으로 바라보게 된 것을 부인할 수는 없었다.[1]

3) 사회개혁

후진타오 정부는 사회개혁을 시도했다. 그들은 개혁, 개방 이후 누적된 수많은 문제들을 시정, 해결해야 공산당의 정통성이 유지되고, 또 그래야만 중국 사회가 안정을 유지하는 가운데 계속 번영할 수 있다고 확신했다. 당이 식별한 문제점에는 빈부격차, 물질주의, 부패, 속임수, 친족등용 등이 포함됐다. 그 중에서도 빈부격차 해소가 가장 큰 문제였는데 왜냐하면 경제가 획기적으로 발전하면서 일부계층과 지역만이 특별히 잘살게 되는 것이 특히 사회 안정을 해칠 수 있기 때문이었다.

후진타오와 원자바오는 허베이(Hebei)성을 포함해서 전국의 가난한 지역을 더 잘 이해하기 위해 여러 번에 걸쳐 이들 지역을 두루 공개 시찰했고, 중산층뿐 아니라 도시의 저소득층과 시골지역의 가난한 자를 돕기 위해 공공서비스와 복지에 더 많은 예산을 지출했다. 당과 국가 모두 GDP 성장만이 아니라 사회평등과 환경에 미치는 영향에 더 많은 관심을 쏟았다. 교육비 지출은 2002년 GDP의 2.2%에서 2011년 4%로 상승했고 연금지출은 더 확대됐다. 농업세 폐지는 가난한 농민을 포함해 시골지역 6억 5천만 거주자의 소득증대를 도왔고, 도시에서는 최저임금의 시행, 더 많은 저렴한 주택보급이 가난한 자의 삶에 보탬을 주었다. 해안지역과 오지 간의 균형발전도 추진됐다. 2003년 초 급성호흡기 증후군(SARS)이 발생했을 때 후진타오는 초기 정부은폐를 질책하고 사과하면서 전염병 예방을 위해 총력을 기울였고, 그 이후에는 중, 하위소득 시민에 대한 건강보험을 대규모로 확대해 국민건강, 보건의 질을 높였다. 베이징 정부는 그렇게 일반시민뿐 아니라 가난한 자를 위해 사회 불균형을 해소하려 시도했는데, 상당수 국민들은 그것을 더 나은 시민복지, 사회평등, 민주주의로 인식했다.[2]

---

1) China Under Hu Jintao, http://factsanddetails.com
2) 하버드 대학 중국 전문가 로데릭 맥파쿠아(Roderick MacFarquhar) 교수는 후진타오와 원자바오의 성공적 시도 중 특기할 것은 그들이 해안지방으로부터 중부 및 서부지역의 균형발전을 추구한 것이라고 분석했다. "President Hu Jintao's legacy seen as one of stability but stagnation," https://www.scmp.com〉 article

2007년 신년연설에서, 후진타오는 베이징 정부는 빈부격차를 없애는 일과 환경정화에 매진했다고 말하면서 그동안의 노력에 대해 언급했다. 2007년 6월 중앙당교(Central Party School) 연설에서 후진타오는 아직도 중국이 직면하는 도전으로 특히 소득불균형을 거론했고, 중국식 민주주의 증진의 필요성에 대해 다시한번 강조했다. 향후 5년 간 당 총서기로 계속 역할을 할 것이 재확인된 2007년 10월 제17차 중국 공산당 전국대표대회에서, 후진타오는 또다시 '중국식 사회주의'(Chinese Socialism) 기치를 드높이고 국민 모두 편안한 생활을 누리는 조화사회, 중산층 '소강사회' 건설을 위해 노력해야 한다고 강조했다. 베이징 정부의 주 관심사는 개혁, 개방 이후 장쩌민 시기까지의 경제성장 일변도에서 소득불균형 해소, 시골지역 교육과 보건에 대한 더 많은 지출을 통한 복지도입과 삶의 질 향상으로 초점이 이동해 있었다. 후진타오, 원자바오의 설명과 관심사는 많은 사람들에게 위안을 주었다. 후진타오와 원자바오는 마르크스주의와 마오이즘(Maoism)의 전통을 고수하면서도 이론과 실제 모두에서 더 진전된 형태의 중국 사회주의를 추구했다.[1]

부패척결은 사회정책의 중요한 일부였다. 경제가 성장하고 사회 곳곳에 더 많은 돈이 나돌면서 각 분야에서 부패가 증가했다. 베이징 정부는 군, 경찰, 관료, 법원, 학교, 병원을 포함해 모든 사회기관이 뇌물을 수수하며 가짜가 판치는 상황에서, 부패가 당의 존속과 사회번영을 위협한다고 경고했다. 부패가 중국 사회관습의 불가피한 결과이고 사회관계의 복잡한 성격의 산물이라는 전통적 주장이 또 다시 제기됐지만, 부패를 뿌리 뽑지 않고서는 당이나 사회에 대한 인민의 신뢰는 존재할 수 없었다. 경제성장이 진행되면서 취약해지는 사회구조 속에서 돈만 벌고 권력에만 관심이 있는 경향을 해결하고 중국정치와 사회가 나아가야 할 방향을 제시하기 위해 2006년 초 후진타오는 '8영8치' 개념을 언급하고, 그것을 신문, 방송을 통해 중국사회 곳곳에 홍보했다. 8대 영광은 애국, 애족, 과학, 근면, 상부상조, 신의, 준법, 성실노력을 의미했고, 8대 수치는 그 각각에 반대되는 부정적 태도를 말했다.[2] 오랜 사회개혁 이후 2012년 제18차 당 대회 이임연설에서 후진타오는 다시 한 번 부패가 척결되지 않을 경우 그것이 가져올 당과 사회에 대한 파괴적 영향에 대해 언급했다. 이제 중국은 1만 달러 소득 시대를 넘어 더 오랜 사회주의 번영의 경제를 맞이해야 한다. 앞으로도 사회주의 시장경제를 추구하는 중국은 갈 길이 멀다. 그

---

1) China Under Hu Jintao, http://factsanddetails.com
2) 정부는 이를 위해 공식기구와 관료제의 예산지출에 있어서 투명성을 증대시키고 법적 체제를 강화하는 노력을 지속적으로 추구했다.

렇지만 당, 정부, 국민, 그리고 모든 인민의 단합, 단결, 상호부조가 없이는 중국의 미래는 밝지 못할 것이다. 조화사회, 과학적 발전관, 평화발전, 화평굴기가 중국의 미래를 밝게 할 것이다.

사회개혁의 한계   그러나 정치, 사회개혁의 성과는 많은 한계를 드러냈다. 법치부족으로 인해 아직도 상당한 정부부패, 그리고 경제에 있어서 재정투자와 관련해 많은 잘못된 정책이 시행됐다. 많은 경우 경제적 합리성이나 시장의 힘보다 정부연고, 연줄이 성공적 사업을 만들어가는 주요 결정요인이었다. 정부가 주요 투자 프로젝트 선정을 포함해 모든 권한을 보유한 것은 수많은 부패기회를 제공했다. 중국은 국제투명성기구(Transparency International)의 부패인식 지수에서 세계 75위를 기록했는데, 이것은 브릭스(BRICS) 국가인 브라질, 인도와 비슷한 수준이었다. 부패가 계속 존재하는 것은 문화적 특성과도 관계가 있었다. 법치보다는 인간관계에 기초한 깊이 뿌리박힌 서로 주고받는 데서 비롯되는 연고주의 부패의 문화적 습성은 하루아침에 바뀌기 어려웠다. 어떤 경우 부패청산은 공산주의, 권위주의 사회답게 사법부, 언론보다는 당, 정부의 판단에 따르는 자의적 성격을 띠었는데, 그때 고위관리들은 법의 규제를 받지 않았고 처벌은 법 시행보다는 정치적 숙청의 형태를 띠었다. 비슷하게, 빈부격차 해소 역시 생각보다 성공적이지 못했다. 후진타오 정부의 임기 마지막 3년을 남겨두고 불평등은 오히려 고착화됐고, 임기 초에 비해 불평등은 별로 개선되지 않았다. 2008년 통계에 따르면 국민 중 상위 10%는 중위권 소득의 7배, 하위권의 25배 가처분 소득을 보유했다. 2005년 유엔 보고서에 따르면 도시와 시골지역의 소득격차는 중국이 세계 최고 수준이었는데, 그것은 근로자 임금의 실제 상승에도 불구하고 그랬다. 그것은 거의 남미수준의 빈부격차였다.[1]

경제성장, 부의 축적, 시민재산의 증가에도 불구하고 매년 수많은 시위가 벌어졌다. 2002년 5만 건이던 대중소요는 2010년 18만 건으로 증가했다. 그것은 민주주의 신봉자들의 공산당 독재와 권위주의에 대한 반항과 요구, 연간 수억 명의 인구이동, 그리고 무엇보다도 정부부패와 빈부격차에 기인했다. 그들은 돈을 벌기 위해서는 아직도 정치권 관리들과의 부적절한 연계가 필요하다고 생각할 만큼 중국정부, 엘리트층에 대한 불신이

---

[1] 선전의 한 가구공장에서 일하는 근로자의 임금은 2000년 월 160달러에서 2012년 800달러로 올랐다. President Hu Jintao's legacy seen as one of stability but stagnation, https://www.scmp.com〉 article

컸다. 한마디로 대부분의 근대화가 그렇듯, 사회가 부유해지면서 다수의 서민층이 중산층으로 격상되는 반면, 일부 근로자와 농민 계층은 아직 저소득 서민층으로 남은 것이다. 그 현상은 중국의 사회주의 시장경제는 사실상 국가 자본주의로 그 체제 안에서 빈부격차는 더 커져갈 것이라는 인상을 주었다.[1]

4) 사회통제의 부분적 이완

후진타오 정부의 사회통제는 양면성을 띠었다. 1990년대의 추세를 이어 받아 국민들의 민주적 요구분출이 당−국가(party−state) 정치체제를 흔들지 않는 한, 후진타오 정부는 가능한 한 많은 사회적 자유를 허용했다. 언론의 경우 중국 내에서 수천 가지 종류의 신문, 잡지가 발행되고 인터넷 사용이 폭발적으로 증가했는데, 베이징 정부는 그들에 대해 그런 양면적 원칙을 적용했다. 그것은 그들이 공산당 1당 체제의 정통성을 위협하지 않는 한 용인하고 그렇지 않은 경우 언제든지 일망타진의 대상이라는 것이었다. 지난 수년간 인터넷, 셀폰, SNS가 폭발적으로 성장했는데, 정부는 일단 유사시에 대비해 지속적으로 새로운 제한을 부과했다.[2] 정부는 상시적으로 인터넷을 통제하고 필요시에는 언제든 폐쇄할 수 있는 새로운 규정을 만들었다. 그 규정들은 주요 검색엔진들이 국가통제 하의 언론이 보도한 의견만을 게시하고 개인이나 집단의 독자적 논평을 금지했다. 인터넷 서비스 회사들은 뉴스의 내용, 시간, 인터넷 주소를 기록하고, 필요시 당국에 정보를 제공하도록 의무화됐다. 그리고 애매한 형식으로 특정 종류의 내용이 고시되는 것이 금지됐는데, 정부정책을 잠식하거나 또는 소문을 퍼뜨려 사회질서를 망치는 것들이 그런 범주에 속했다. 그 규정을 어길 경우, 당국은 언제든지 벌금, 인터넷 접근금지, 또 투옥을 포함해 모든 처벌이 가능했다.[3]

종교의 경우도 비슷했다. 종교가 허상적 상부구조(superstructure)라는 전통적 공산주의 이론에서 벗어나, 베이징 당국은 그것이 공산당 통치의 정당성을 위협하지 않는다면 용인할 수 있다는 입장을 수용했다. 정치체제를 위협하는 파룬궁(Falun Gong)이 강제 해

---

1) Morrison, China's Economic Conditions, (June 26, 2012), p. 31.
2) 2005년 9월 정부는 중국의 인터넷, 웹(Web−Savvy)에 사용되는 전자뉴스와 견해를 더 제한하기 위한 새 규정을 도입했다.
3) Dumbaugh, China−U.S. Relations, (March 17, 2008), p. 30.

산된 반면, 국가가 공식 인정하는 천주교, 기독교, 불교, 도교, 이슬람이 국가의 정통성에 도전하지 않는 한 용인되는 것이 그런 예다. 정부로부터 승인받지 않은 종교그룹은 불법 광신도 집단으로 분류돼 계속 억압받았다.[1] 베이징 정부는 교회가 당국에 등록할 것을 계속 강요했고, 정부는 지역에 따라 차이는 두었지만 많은 경우 등록되지 않은 가정교회들을 불법으로 분류해 수시로 박해했다. 2001년 종교관련 국가회의에서 장쩌민은 종교의 긍정적 역할을 강조했지만, 2004년에 이르러 당 관리들은 종교의 사회 불안정화 효과를 더 우려하는 것으로 보였다. 2007년 9월 연례 국제종교자유 보고서는 중국의 종교자유는 전체적으로 계속 제한적 상태에 머물러 있다고 말했다.[2]

인권도 마찬가지였다. 당국은 일반인들의 일반 민생관련 문제에 대해서는 대부분 자유를 허용했다. 국민들은 정부의 권력남용에 대해 사법부에 고소했고 시민들 간의 소송도 엄청나게 증가했다. 일반인들의 평시생활은 대부분 제3세계 권위주의 국가에서 볼 수 있는 그런 모습이었다. 그러나 당의 정통성과 정부 공식정책에 대한 반대는 중국 국가이익에 대한 반역, 또 어떤 경우에는 (푸틴이 주장하듯) 서방이 중국을 해체시키기 위해 부채질한 행위로 취급됐다. 2005년 4월 당 중앙위원회 연설에서 후진타오는 서방 부르주아 의회민주주의 기치를 이용해 당을 잠식하려 시도하는 적대세력은 강력하게 진압돼야 한다고 말했다. 그는 보안부서에 국익에 위배되는 요소를 일망타진하라고 지시했다. 그에 따라 본토 반체제 인사, 행동가, 그리고 국내외 언론인들이 구금되고, 인터넷과 미디어 통제가 강화됐다. 중국의 반체제 인사 위에지에(Yue Jie)는 다음과 같이 말했다. "후진타오의 임기가 끝나가면서 중국인들은 그가 마오쩌둥을 제외한 그 어느 누구보다도 더 반서방적인 사람이라는 것을 알게 됐다. 그의 시기에 정치개혁은 없었고, 그는 서구민주주의와 경쟁하기 위해 가짜 민주주주의, 가짜 시장경제에 의존했다. 장쩌민 시기나 후진타

---

1) 1980년대 말 쉬슈왕푸(Xu Shuangfu)가 창설한 산반 푸런파이(Three Grades of Servants Church)는 100만 명 이상의 신도를 갖고 있었으나, 2006년 쉬슈왕푸가 처형된 이후 거의 종적을 감췄다. 그 종교의 신도 10여 명 역시 기독교 경쟁파벌 신도들을 살해하라고 지시한 혐의로 사형 당했다. 쉬슈왕푸는 출판사, 여행사, 자동차 수리업체를 포함해 20여 개의 기업을 보유하고 호화로운 생활을 했던 것으로 알려졌다. Jonathan Watts, "Death sentence for Chinese Christian sect trio World news/The Guardian," (August 28, 2006), https://www.theguardian.com〉 ...

2) 2004년 1월 당국은 종교관련 전국회의를 열고 종교가 사회불안을 조장하는 측면을 더 강조했는데, 그들은 광신도 집단과 외국 종교자료가 점점 더 당-국가체제에 도전하고 사회를 분열시키는 것으로 분석했다. 공산당 관리들은 이제 계속 종교적 믿음은 당원자격과 어울리지 않는다는 것을 강조한다. Dumbaugh, China-U.S. Relations, (March 17, 2008), pp. 32-33.

오 시기나 인권탄압에는 차이가 없다. 공안당국은 아주 치밀하고 정교하게, 또 어떤 때는 아주 가혹하게 행동했다. 후진타오 시기 중국은 겉으로 보이는 것과는 다르게 실제로는 좌파 전체주의로 큰 발걸음을 내디뎠다."[1]

★ 전문가 분석

후진타오가 당 총서기로 재직하던 중간시점인 2007년 4월 미국 대외관계위원회 (CFR: Council for Foreign Relations)가 주도해 니콜라스 라디(Nicholas Lardy), 애쉬턴 카터 (Ashton B. Carter), 아론 프리드버그(Aaron L. Friedberg), 해리 하딩(Harry Harding), 데이비드 램프턴(David M. Lampton), 윈스턴 로드(Winston Lord), 앤드루 네이턴(Andrew J. Nathan), 웬디 셔먼(Wendy R. Sherman)을 포함해 30명 이상의 저명한 전문가, 학자, 전직 관리들이 참여한 120페이지 분량의 대중국 보고서는 그 당시 중국의 대내외적 상황에 관한 가장 포괄적인 평가를 제시했다. 그 보고서는 2007년 당시 세계 최고의 전문가들이 중국의 객관적 현실, 그리고 중국, 미·중 관계의 미래에 대해 어떻게 관찰하는지를 상세하게 보여주는데, 일정시간이 지난 이 시점에 그것은 그들의 평가가 옳았는지, 너무 낙관적이었는지, 또는 잘못된 가정에 기초해 중국 자체를 잘못 인식하고 있었는지를 포함해 여러 가지를 뒤돌아보게 만든다.[2]

① 오늘날의 중국, 그리고 미국의 대책

오늘날 중국이 강대국으로 등장하면서 세계정세가 변하고 있다. 중국의 경제, 군사 파워 성장은 미국인들의 그 나라에 대한 인식을 변화시키는데, 그것은 2004년 미국인의 59%가 그 나라에 호의를 가진 반면 2007년 현재 대부분의 미국인들이 중국을 큰 위협으로 간주하는 것에서 확실하게 입증된다.[3] 미국뿐 아니라 서방세계 전체에 중국은 많은 우려의 대상으로 대두된다. 중국경제는 놀라운 속도로 성장하고, 군사현대화는 우주 프로

---

1) 홍콩 언론에 유출된 후진타오가 직접 쓴 브리핑 자료는 쿠바와 북한의 경제정책은 잘못됐지만 그들의 전반적인 정치방향은 옳다고 말했다. 그 말은 그가 중국에서 끝까지 공산주의를 고수하려는 한다는 것을 알려주었다. China Under Hu Jintao, http://factsanddetails.com
2) 프로젝트 참여자들은 중지를 모아 보고서를 작성했지만, 각 개인은 보고서 세부사항에 대해 약간씩 이견이 있었다. 그 내용은 보고서 뒷부분에 소수의견으로 첨부했다.
3) 2004년 중국을 경제위협으로 본 미국인은 전체 인구의 24%에 불과했다.

그램 개발 수준에 도달했으며, 외교적으로는 세계 곳곳에 영향력을 확대시키면서 이란, 수단, 북한과 같은 반서방 국가들과 유대를 강화한다. 그러나 중국 역시 미국에 호의적인 것은 아니다. 중국인들은 1999년 미 공군의 베오그라드(Belgrade) 중국대사관 폭격, 2000년 올림픽 유치 당시 워싱턴의 개입, 그리고 2001년 중국 전투기와 미국 정찰기의 충돌을 기억, 혐오한다. 그들은 베이징에 대한 워싱턴의 내정간섭을 민주주의를 확산시켜 중국을 해체시키려는 시도로 인식하고, 대만에 대한 무기판매는 양안 적대관계를 지속시키려는 행위로 간주하며, 중앙아시아 군사배치, 몽골리아 및 베트남에 대한 미국접근을 중국봉쇄의 조짐으로 의심한다. 그들은 미국의 첨단기술 수출통제는 중국경제를 성장하지 못하게 하려는 불공정한 처사라고 비난한다. 그들은 후진타오가 주창하는 '평화발전' 구호가 너무 나약한 것일 수 있다는 의구심을 갖고 있다. 워싱턴은 어떻게 대응해야 할까? 미국에게 가장 이성적인 방법은 견제와 협력을 병행하는 것이다. 미국의 정책은 중국을 서방 주도의 국제공동체에 통합시키는 노력과 베이징의 부당하고 비생산적인 행동에 대한 견제를 혼합시켜야 한다.[1]

중국의 경제, 사회현실 진단

중국경제가 전설적 성장을 이루었다는 것에는 이견이 없다. 2006년 중국의 명목상 GDP는 2.5조 달러인데, 그것은 명목상으로는 미국, 일본, 독일 다음의 세계 4번째 규모이지만 구매력을 감안할 때 그것은 미국 다음의 2위로 올라선다. 2006년 중국인의 일인당 GDP는 구매력을 감안하면 7,600달러인데, 이것은 1980년대 중반에 비하면 10년 만에 10배 증가한 것을 보여준다.[2] 중국 경제성장의 엔진은 민간 기업이다. 정부가 주도하는 국유기업은 적어도 규모에서는 작아지고 있는데, 1990년대 중반 약 30만 개였던 그 숫자는 2000년대 중반까지 약 15만 개로 축소되고 그 종사자 수는 40% 감소했다. 세계 FDI 수주에서 중국은 보통 미국 다음의 2위를 차지한다. 2001년 WTO에 가입하면서 중국은 관세를 줄이고 대부분의 쿼터를 제거했다. 정부는 국내기업들의 생산성 제고를 밀어붙이고, 연구개발(R&D)과 고등교육에 더 많은 예산을 지출한다.[3] 덩샤오핑 시대부터

1) Council on Foreign Relations (Frank Sampson Jannuzi, Dennis C. Blair, Carla A. Hills, ed.), U.S.−China Relations: An Affirmative Agenda, A Responsible Course (Report of an Independent Task Force), (April 2007), pp. 3−10.
2) 구매력을 감안한 중국의 일인당 GDP 순위는 229개 국가 중 109위였다. 중국인 평균수명은 72세이고, 5세 이하 아동 사망률은 1970년 1천명당 120명에서 2004년 31명으로 줄어들었으며, 문맹률은 거의 70% 축소되어 오늘날 93%의 중국인이 문맹이 아니다.

추진된 중국의 시장형 경제개혁은 그렇게 중국인들에게 실질혜택을 전달하고 놀라울 속도의 현대화를 가능하게 했다.[1]

　　그러나 아직도 가시적 미래에 중국이 미국이나 다른 현대 산업국과 경쟁할 정도로 발돋움하지는 못할 것인데, 그 이유는 그 나라에는 해결해야 할 수많은 난제가 존재하기 때문이다. 놀라운 경제발전에도 불구하고 중국은 아직 해결해야 할 많은 과제를 안고 있다. 경제에서 보통 가장 먼저 거론되는 이슈는 국유기업 문제다. 국유기업은 제조업 산출의 거의 1/3을 관할하는데, 그들은 비효율성으로 인해 생산성 추가증대의 걸림돌로 남아 있다. 더 심각한 문제는 비록 경제발전 과정에서 4억 명이 절대빈곤에서 벗어났지만, 아직도 같은 숫자의 4억 명이 하루 2달러 이하의 돈으로 생활하면서 지속적 빈곤에 처해 있는 것이다. 중국의 환경악화는 상상을 초월한다. WHO 통계는 중국에서 매년 40만 명이 공기오염으로 조기 사망하는 것을 보여주는데, 그 가장 큰 원인은 중국이 전력생산을 위해 매주 하나씩 석탄발전소를 새로 건설하기 때문이다. 중국은 현재 세계 최대의 SO_2 배출국이고 2009년까지 미국을 젖히고 세계 최대의 이산화탄소 배출국이 될 것인데, 2020년까지 1억대로 증가할 자동차는 공기오염을 더 악화시킬 것이다.[2] 깨끗한 식수의 경우, 중국 물의 원천인 황하는 산업성장과 도시증가 과정에서 물이 말랐고 그로 인해 도시인구의 2/3는 물 부족을 경험한다. 1인당 물 공급은 세계평균의 25% 수준이다. 중국에서 3억 명은 화학물질, 독으로 오염된 물을 마시고 6억 명은 인간, 동물배설물에 오염된 물을 마신다. 양자강 하류는 너무 오염돼 태평양 최대 오염원이다.[3]

　　사회적 난제 역시 끝없이 이어진다. 중국시민들이 가장 큰 불만을 가진 문제는 당, 정부관리들 가운데 부패가 사라지지 않는 것이다. 2005년에는 11만 5천 명의 관리가 부패로 처벌받았고, 3억 달러 이상의 공적자금이 회수됐으며, 그 해 후진타오 주석은 부패가 당의 정통성을 위협하는 가장 큰 위험이라고 지적하면서 그 문제를 반드시 해결하겠다고 공언했다. 2006년에는 상해 당서기이면서 정치국원인 천량위(Chen Liangyu)가 연기

3) 그러나 중국은 아직도 R&D에서 미국의 10% 이하를 지출하고 과학 분야 국제경쟁력 보유자 숫자는 미국의 10% 이하이다.
1) CFR, U.S-China Relations, pp. 12-14.
2) 중국의 석탄 사용에서 발생되는 SO_2는 일본, 한국 산성비의 원인이다.
3) CFR, U.S-China Relations, p. 17.

금 절도와 관련되어 해임됐다.[1] 증가하는 빈부격차 역시 중요한 사회문제이다. 중국에서는 30만 명의 백만장자가 5,300억 달러의 자산을 통제한다. 지방의 소득수준은 도시의 1/3에 불과하고 해안지방 주민들은 가장 가난한 오지 사람들에 비해 10배 더 잘 산다. 불우한 환경 탈피를 위해 도시로 불법 이주해 온 근로자 수는 1억 6천만 명에 달한다. 2004년 대중소요는 10년 전에 비해 10배 증가한 7만 4천 건으로 집계됐다. 후진타오 집권 중반기 몇몇 경우에는 10만 명 이상이 시위에 참여했는데, 그것은 천안문 사태 이후 최대의 시위이다. 해외를 여행해 선진국 사정을 잘 아는 중산층들 역시 불만을 표시한다. 그들이 결성한 NGO는 28만 개에 달하는데, 정부는 도시에서는 이주노동자, 해고근로자의 NGO, 그리고 지방에서는 인권, 노동법, 종교 관련 NGO 활동을 경계, 방해한다.[2]

　　종교와 소수민족 문제는 아직도 중국사회의 두 가지 골칫거리이다. 당국은 종교세력의 성장에 대해 경계를 늦추지 않는데, 당은 사업가가 당원이 되는 것은 허용하는 반면 종교인의 입당은 공식적으로 금지한다. 정부는 기독교 지하교회를 억압하고 천주교 통제를 위해 북한과 비슷하게 바티칸과 관계없이 자체적으로 주교를 임명한다.[3] 정부는 특히 파룬궁을 사악한 집단으로 인식하는데, 왜냐하면 1999년 정부정책에 반대하기 위해 그 회원 1만 명이 당 건물 앞에서 시위했기 때문이다. 그렇지만 오늘날 종교탄압은 건국 초에 비해 훨씬 줄어들었는데, 그것은 부분적으로 기독교인 수가 6천만에 이르고 중국이 세계에서 가장 많은 성경을 출판하는 나라라는 사실에서 입증된다. 불교도 당과 정부 정통성에 도전하지 않는 한 문제가 없다. 한편 국내에서 가장 해결하기 어려운 문제는 소수민족과 관련돼 있다. 중국에 존재하는 56개 공식 소수민족 중에서 베이징이 가장 우려하는 것은 두 인종 총합에서 전체 인구의 5% 이하를 구성하는 위구르 무슬림과 티베트인이다. 2천만 위구르 무슬림이 거주하는 신장지역과 5백만 인구의 티베트 자치지역은 중국 전체영토의 40%를 차지하는데, 신장에는 중국 최대유전이 존재하는 한편 인도와 국경을 공유하는 티베트는 세계 수력자원의 50% 잠재력과 더불어 우라늄, 기타 희귀금속의 풍부한 매장량을 보유한다.[4] 신장에서는 그동안 수천 명 위구르인이 투옥되거나 기소

---

1) 연기금의 증발, 공적자금 남용을 포함해 부패는 여러 형태를 띠는데, 국제투명성기구는 경제성장에 따라 전체적인 부가 증대한 것이 부패의 기회를 제공한다고 지적하면서 중국의 투명성을 159개 국가 중 70위로 평가했다. 천량위는 지난 10년 간 처벌받은 최고위 관리로서 장쩌민 파벌에 속한다.

2) CFR, U.S－China Relations, pp. 19－21, 25.

3) 당국이 천주교를 특별히 경계하는 것은 바티칸이 대만과 외교관계를 맺고 있기 때문이다.

4) 티베트의 하천은 인더스, 브라마푸트라(Brahmaputra), 살윈(Salween), 메콩(Mekong) 강의 원류이다.

됐는데, 그 중 상당수는 사형 당했다. 9·11 이후 미국이 그 지역 분리주의 그룹 ETIM (East Turkestan Independence Movement)을 테러집단으로 분류하면서 베이징의 위구르 탄압은 한층 더 심해졌다. 티베트에서는 2005년 130명의 승려, 비구니들이 정치적 이유로 투옥됐고, 티베트 수도 라자(Lhasa)에는 50명 이상의 정치범이 반혁명 죄목으로 감금돼 있다. 이들 지역은 독립이 불가능한데, 왜냐하면 베이징 당국이 회유, 동화, 진압의 다양한 방법으로 그들을 통제, 억압하는 반면 외국이나 외부집단의 그들에 대한 지지, 지원은 제한적이기 때문이다. 한족의 서부로의 이주는 끝없이 계속되는데, 신장지역의 석유산업과 중앙아시아 이웃들과의 국경무역은 수백만 명을 중국 북서부로 몰려들게 한다. 2006년의 칭하이 티베트 철도는 더 많은 한족이 티베트에 거주하게 만들었다. 그 모든 것은 베이징의 의도적 소수민족 동화, 탄압정책의 소산이다.[1]

당과 정부의 대응책

국내문제를 해결하고 정통성을 유지하기 위한 중국정부의 광범위한 대응은 경제 및 사회여건 개선, 주민도전의 억압, 그리고 정보 통제라는 당근과 채찍 요소를 혼용하는 형태로 진행된다. 2004년 후진타오 정부는 '조화사회 건설'의 슬로건을 내걸었는데, 그것은 지속적 발전을 유지하는 가운데 계층, 개인 간 평등을 유지하고 근로계층, 실업계층, 고령층을 포함하는 취약계층 삶의 질을 향상시키는 목적을 띤다. 그 정책의 하이라이트는 2005년 선포된 모든 농업관련 세금(agricultural tax)의 폐지이다. 사회안전망 확충에 관한 정부의 주요정책은 7억 농민을 위한 지방 건강보험체계 설치인데, 원자바오 총리는 2010년까지 그 계획을 현실화시킬 것이라고 공언했다. 사회개혁, 지속성장 발전의 또 다른 수단은 저개발 지역을 위한 대규모 투자다. 2000년 시작된 '서부 대개발' 전략은 간수, 닝샤, 칭하이, 신장, 윈난(Yunnan)성의 인프라와 경제성장을 촉진했다. 2005년 이후 당국은 중공업 발상지인 북동지역 개발에 관심을 쏟는데, 정부는 한때 러스트 벨트(rust belt)였던 그곳에 '동북부 재건'(Rejuvenate the Northeast)의 구호하에 새 고속도로를 건설하고 랴오닝, 지린, 헤이룽장 성 첨단기술 연구단지에 70억 달러 이상을 투자했다.[2] 정부는 환경보호에도 새로이 관심을 두는데, 삼림과 습지보호를 위해 몇 개의 프로그램을 실시했다.[3] 환경

---

1) CFR, U.S-China Relations, pp. 22-25.
2) 서부 대개발과 동북부 재건사업은 당국으로서는 대규모 자금을 투자한 것이지만, 해외로부터 중국 해안지방 프로젝트를 위해 유입되는 연 600~700억 달러 규모 투자에 비하면 그 규모는 약소하다.
3) 그 프로그램은 3가지로 삼림보호 프로그램, 자연림 보존프로그램, 그리고 습지복구 프로그램을 포함한다.

관련 기타 조치도 약간의 성과를 거두고 진전을 이루었다. 중국은 연료에서 납을 제거하는 최초의 개도국이 됐고, 미국보다 더 빠른 속도로 엄격한 연료효율성, 그리고 유럽 자동차 배기기준을 채택했다. 그러나 지방정부들은 중앙정부와는 달리 아직은 경제성장에 더 관심이 많고, 새 환경기준 채택과 그 시행에 관심을 덜 둔다.[1]

사회여건 개선을 위한 정부의 한 가지 조치는 사법개혁이다. 당국은 '구금 및 송환' 조항을 폐지했는데, 그로 인해 정부는 더 이상 도시로 불법 이주해 온 농민을 체포할 수 없게 됐다. 정부는 과거 범죄가 소명되지 않은 상태에서 3년까지 피의자를 구금할 수 있었던 노동교화제도의 문제점을 논의하기 시작했고, 또 처음으로 과거 무고한 사람을 강제자백으로 사형시키고 처형된 죄수의 장기를 판매한 것이 잘못된 것이었다고 공식 인정했다.[2] 그러나 반면 정치 리더들은 서방식 정치민주화에는 난색을 표명한다. 1980년대의 서방식 민주화에 대한 열망은 1989년 천안문 사태를 기점으로 퇴조했고, 그런 움직임은 쉽사리 살아나지 않을 것이다. 과거 노동운동 리더로서 홍콩에서 활동하는 한동팡(Han Dongfang) 같은 체제 비판자들의 관심은 더 이상 중국 공산정권 타도가 아니라 근로자의 권리증진이다. 오늘날 대학 캠퍼스에서 민주화의 움직임은 찾아볼 수 없고, 일반 대중도 서구식 민주화에는 관심이 없다. 중국정부는 그렇게 평등사회, 환경증진, 사법개혁을 포함하는 전반적이고 광범위한 경제, 사회여건 개선을 추진하고, 그것은 상당한 의미를 지닌다. 그러나 그 성과여부의 확인은 더 오랜 시간이 걸릴 것이고, 이 모든 개혁을 입법, 시행할 중국의 제도적 능력부족에 비추어 그 성공을 단정하기는 어려울 것이다.[3]

한편 시민들을 만족시키고 더 나은 사회를 만들기 위한 노력과는 별개로, 당국은 국가보안 규정을 활용해 반체제 인사들을 밀착감시하고 구금한다. 현재 중국에는 850명의 정치범과 수천 명의 국가보안법 사범이 구속돼 있고, 당국을 비판한 많은 사람들은 베이징의 특별 관리 대상이다. 정부독재는 1998년 야당지위를 인정받으려던 민주당 창당시도에 대한 일망타진에서 여실히 드러나는데, 그 리더들은 국가 전복죄로 체포되어 최대 13

------

1) CFR, U.S-China Relations, pp. 26-29.
2) 다른 심오한 사법체계 개혁도 진행 중인데, 그것은 사법부의 전문성 제고, 정부 정보공개 확대, 그리고 시민의 행정법 제정 참여와 같은 사안을 포함한다.
3) 이 보고서를 작성한 태스크 포스는 중국의 개혁이 서방의 기대에 다가가는 진정한 민주개혁은 아니라고 말했다. CFR, U.S-China Relations, pp. 26-29.

년까지 감옥에서 생활했다. 지방에서의 억압은 더 강력하다. 2005년 12월 광동성 동저우 (Dongzhou) 경찰은 지역발전소 건설에 반대하는 주민시위를 무력 진압했는데, 그 과정에서 몇몇 비무장 민간인이 사망했다.[1] 정부가 국민을 억압하는 또 다른 수단은 정보통제이다. 약간 과장해서 말하면, 중국에는 자유언론은 없고 모든 국내정보 흐름은 정부에 의해 통제된다. 당국에는 정보검열을 위해 3~5만 명의 요원이 근무하는데, 그들은 대만, 파룬궁, 천안문사건과 같은 반체제, 국가정통성에 도전하는 국내외 기사나 방송내용을 집중 감시한다. 세계정보의 원천인 인터넷 확산이 시민들의 정치개혁 움직임을 돕지만, 정부의 통제능력은 그보다 더 빨리 진화한다. 베이징 당국은 민주개혁, 국제인권의 기준에 공감하지 않고, 민주화 세력의 존재에도 불구하고 대부분 중국인들 역시 자기들 나라가 옳은 방향으로 가고 있다고 믿는다. 2006년 퓨 리서치(Pew Research poll) 여론조사는 81%의 중국인들이 현재 중국의 상태에 만족하는 것을 보여주는데, 그것은 2002년 48%, 2005년 72%에 비해 큰 변화임을 가리킨다.[2]

중국의 군사현대화

중국 군사현대화는 단기적, 장기적인 두 차원에서 논의될 수 있다. 2005년 펜타곤의 의회 보고서에 따르면, 중국의 군사현대화는 단기적으로는 대만과 더불어 남중국해와 동중국해에서 짧은 기간의 고강도 갈등에서 승리를 목표로 하고 있고 장기적으로는 오일수입, 서쪽과 동북쪽 국경의 불안정한 정권, 그리고 미국의 봉쇄에 대비하는 성격을 띤다.[3] 2006년 미국 4개년 국방검토(QDR: Quadrennial Defense Review) 보고서는 미국과 전쟁 가능성이 가장 크고 미국의 군사우위를 넘어서는 전력발전의 가능성이 가장 큰 나라로 중국을 지목했다. 2007년 국가정보국장 존 네그로폰테(John D. Negroponte)는 의회에서 중국의 군사현대화는 대만문제 해결 이후에도 강대국지위 확보를 위해 계속 추진될 것이라고 증언했다. 베이징의 강대국 열망은 우주 프로그램에 대한 집중투자에서 확연하게 드러난다.[4] 2006년 QDR은 중국의 우주 관련기술, 미사일, 공군능력이 주변 분쟁지역에

---

1) 2000년대 들어와 발생하는 사회적 소요는 매년 수만 건에 달하는데, 동저우 사건은 집회, 결사, 언론의 자유가 중국에서는 제한되고 또 선을 넘는 사람들은 심한 처벌의 대상이라는 사실을 보여준다.
2) CFR, U.S-China Relations, pp. 29-31.
3) 남중국해에서의 갈등은 영토 및 무역교통로 관련 분쟁 가능성을 의미한다.
4) 2003년 인간을 우주로 보낸 3번째 국가인 중국은 2024년까지 인간을 달에 보내는 목표를 갖고 있다. 상업위성, 감시위성, 정보통신 위성을 포함해서 우주프로그램에 대한 투자는 모두 이중 적용성을 갖는데, 왜냐하면 그 기술들은 전부 군사적 목적으로 사용될 수 있기 때문이다.

서 강력한 정책수단으로 작용할 수 있다고 지적했는데, 그를 입증하듯 2007년 1월 베이징은 노후한 중국 일기위성(weather satellite) 중 하나를 미사일로 격추했다. 그 기술과 능력은 일단 유사시 대만 인근에서 작전하는 미국 군사위성을 위협할 것이다. 이제 중국은 미국, 러시아와 더불어 첨단 우주기술을 보유하는 3개국 중 하나가 됐다.[1]

오늘날 중국 군사는 어떤 상태에 있는가? 1990년 이전 중국 인민해방군(PLA: People's Liberation Army)은 약간의 핵미사일 능력에 뒷받침 받고 낙후된 재래식 무기로 무장한 대규모 지상군에 의존했다. 그러나 제1차 걸프전 당시 미군의 연합지휘체제, 정밀 융단폭격에 자극받은 베이징은 1990년대 중반 이후 광범위한 군사현대화를 시작했다. 중국은 병력을 1백만 명 이상 축소시키고 외국으로부터 첨단무기를 도입하기 시작했는데, 미국과 EU의 무기수출 금지에 대항해 PLA는 러시아로부터 기술과 장비를 수입했다.[2] 방위산업 기반이 공고해지면서 최근 중국은 그동안 지연됐던 F-10 전투기를 독자적으로 개발했는데, 그것은 성능에서 미국 F-16, 이스라엘 라비(Lavi)와 비슷한 수준이다. 중국이 계속해서 생산하는 첨단 무기체계는 다양한 사거리의 지상배치 미사일이다. PLA 군사현대화는 국방 전 분야에 걸친 여러 차원에서 대대적 개혁의 성격을 띤다. 군사전략은 미래전쟁이 국경, 테러관련 소규모 국지전이라는 인식하에서 '인민전쟁'(People's War)으로부터 첨단무기체계와 합동전투작전을 중시하는 '첨단기술 조건하에서의 국지전'으로 변경됐다. 핵전력 현대화는 이동식(road-mobile) 고체연료 핵미사일 배치에 초점을 맞추는데, 그 목적은 노후화된 20개 액체연료 ICBM을 대체하기 위한 것이다. 대만 건너편에는 성능이 증대된 탄도미사일을 배치하는데, 그 숫자는 매년 1백기씩 추가된다. 전력발전의 측면에서는 병력을 축소시키는 대신 그에 필요한 재원은 더 강건한 우주, 육, 해, 공군, 전자전, 지휘통제체제 구축을 위한 장비, 무기구매로 이전된다. 국방비는 2000~2005년 기간 290억 달러로 두 배 증가했는데, 구매력, 해외무기구매, 준군사조직을 위한 지출을 포함하면 그 액수는 600~900억 달러에 달한다.[3] 군사훈련은 3군 합동 연례 수륙양

----

1) CFR, U.S-China Relations, pp. 47-48.

2) PLA가 수입한 무기는 Il-76 중 수송기(heavy airlift), 수호이전투기, SA-10 대공 방어미사일체계, Mi-17 및 Ka-28 헬리콥터, 첨단 미사일을 장착한 소브레메니급(Sovremenny-class)구축함, 그리고 킬로급(Kilo-class) 디젤-전기 잠수함을 포함했다.

3) 중국은 해외무기구매 경우는 국가계획위원회 예산과 같은 별도의 계정을 사용하는데, 2005년 그 액수는 약 30억 달러였다. What does China really spend on its military? ChinaPower Project, https://chinapower.csis.org

용훈련을 포함해 더 높은 수준, 더 높은 강도의 세련되고 효율적 훈련을 지향한다. 마지막으로 군 본연의 임무에 집중하도록 PLA는 종래의 국내안보 업무에서 해방됐고, 그 임무는 인민무장 경찰에게로 이전됐다.[1]

그러나 많은 진전에도 불구하고 PLA는 마찬가지로 많은 약점을 갖고 있다. 무엇보다도 현재의 지휘통제 능력으로는 신무기와 장비의 운영이 어렵고, 전문부사관(professional noncommissioned officers) 집단의 부족은 첨단무기, 기술 운영을 어렵게 하며, 신식, 구식장비의 혼합사용은 군사작전에서 어려움을 초래한다. 러시아, 이스라엘, EU를 포함하는 여러 나라로부터의 기술, 무기, 장비수입은 공급과 유지보수 체계구축을 어렵게 하고, 장거리 폭격기, 항모, 대규모 공중수송 부대의 부족은 힘의 투사를 어렵게 한다. 또 PLA는 최근 전투경험이 없는데, 이것들은 자금의 추가투자로 하루아침에 개선되지 않을 것이다. 반면 일본군과 한국군 같은 PLA의 잠재 경쟁자들은 군사현대화를 멈추지 않는다.[2] 러시아의 경우는 이중적인데, 왜냐하면 그 나라는 중국과 군사협력을 진행하면서도 잠재적 경쟁자이기 때문이다.[3] 미국으로서는 태평양 전구, 특히 괌에 전진 배치된 해군 및 공군전력을 상향조정하고 있고, 처음으로 핵추진 항모를 일본에 배치할 계획을 선언했다. 미 공군 및 해상전력은 중국보다 1~3세대 앞서 있고 미국의 국방비 지출은 중국의 8배이다. 미군은 최근 많은 전투경험을 통해 연합, 통합작전에 관한 많은 지식을 획득했고, 주요 아시아 동맹국들과 상호운용성 증진을 위해 다자훈련을 실시중이며, 인도, 몽골리아, 인도네시아와 군사협력 증진을 추구한다. 유산과 경험, 장비와 기술 수준, 인력과 재원에 비추어, 미국은 중국에 대한 우주, 공중, 해상 우위를 누린다. 2030년까지 중국이 군사적으로 미국과 동등하게 되는 것은 어려울 것이다.[4]

1) CFR, U.S-China Relations, pp. 49-50.
2) 지난 15년간 일본은 이지스(Aegis) 레이더 배치, 해군함정과 공군전투기의 첨단미사일 장착을 통해 전력을 향상시켰는데, 북한 위협에 대비한 미·일 전역미사일방어체계(TMD: Theater Missile Defense)는 일단 유사시 중국을 겨냥해 사용될 것이다. 한국 역시 군사현대화를 통해 노후한 전투기, 프리깃함, 탱크, 포병장비를 교체했고, 이라크에 3천 명 이상의 병력 파견으로 미군과의 군사적 상호 운용성(inter-operability)을 제고시켰다.
3) 푸틴 치하 러시아의 국방비는 2001~2006년 기간 81억 불에서 310억 달러로 4배 증가했다. 2007년 2월 러시아 국방장관은 1,900억 달러 상당의 야심찬 8개년 현대화 계획을 발표했는데, 그것은 수십 기의 첨단 ICBM, 31척의 신형함정, 신형 항모배치를 포함해 기존 무기의 45% 교체를 추구한다. 그 계획의 완수여부는 더 두고 보아야 하지만, 그 노력은 중국의 방위계획에 어려움을 더할 것이다.
4) 대만은 어떠한가? 1990년대에 대만은 미국, 프랑스로부터 150대의 F-16, 60대의 미라지(Mirage) 첨단 전투기, 프리깃함, 지대공 미사일, 그리고 공중 조기경보기를 구매했다. 또 대만은 자체적으로 순항

대외관계 접근방식

중국의 대외정책은 아시아를 넘어 지구적 영향력 확보를 지향한다. 중국의 대외정책은 부분적으로는 아직도 유효한 '평화공존 5원칙'에 근거하는데, 베이징은 그 원칙을 주로 중국 또는 이란, 수단, 베네수엘라, 북한을 포함해 반미국가들에 대한 미국의 내정간섭 방지에 사용해왔다. 그러나 해외 영향력이 증가하면서 중국의 대외정책은 더 적극적으로 변화하는데, 중국외교는 3가지 목표에 초점을 맞추는 것으로 평가된다. 그것은 미국과 협력하면서 반중국 연합을 방지하고, 주변에 평화지대를 창출해 경제발전을 위한 안전을 보장하며, 경제발전을 위한 에너지 확보에 만전을 기하는 것이다.[1]

첫째, 미국에 대한 협력과 견제의 병행은 무엇을 의미하는가? 중국은 미국과의 관계 파탄 시 많은 부작용이 초래될 것을 잘 알고 있다. 2006년 4월 후진타오가 워싱턴을 방문하면서 미·중 양국은 공통이익을 위해 상호협력을 필요로 한다고 말했는데, 그것은 미국과의 우호관계 유지를 위한 의도적 발언이었다. 그러나 동시에 중국은 지구 곳곳에서 미국 영향력 상쇄를 시도하는데, 그것은 동남아, 중동, 아프리카로의 진출과 협력확대, 중·러 유대, 그리고 미·일 동맹에 대한 반대에서 나타난다. 중국은 그렇듯 미국에게 협력과 견제의 이중전략을 구사하는데, 베이징은 그 방식을 자국의 지속적 경제성장과 안보이익을 위한 가장 합리적 접근법으로 인식한다. 둘째, 평화지대(Zone of Peace) 창출은 중국이 가능한 한 주변국들과 평화를 유지하는 것으로, 그 이유는 지속적 국력발전을 위해서 다른 나라들과의 평화가 필요하기 때문이다. 지난 20년 간 중국의 평화지대는 크게 확대됐는데, 그것은 러시아, 인도, 베트남과 국경문제 해결, 그리고 과거 동남아에서 중국이 공산주의 혁명움직임을 지원하던 국가들인 인도네시아, 캄보디아, 필리핀, 말레이시아, 미얀마와의 경제, 정치유대 발전에 의해 도움을 받았다. 중국은 한걸음 더 나아가 2006년 10월 중국 난닝(Nanning)에서 개최된 중국-아세안 공식유대 15주년 기념식에서 참가국들에게 경제를 넘어 테러리즘, 해적, 안보관련 이슈를 시정하기 위해 군사대화와

미사일, 지대공 미사일, 전투기를 개발하려 노력했다. 그러나 2000년대 민주당 정부하에서의 국방비 지출은 감소했다. 대만정부는 2001년 부시행정부가 판매를 승인한 잠수함, 대 잠함 순찰항공기, 그리고 미사일 방어체제를 구매할 예산 180억 달러 확보에 실패했다. 현재는 30억 달러 규모의 퇴역하는 F-5 전투기를 대체할 60대의 F-16 전투기를 구매를 추진하고 있지만, 그 예산은 아직 책정되지 않았다. CFR, U.S-China Relations, pp. 51-54.

1) Ibid. pp. 33-34.

교류를 확대, 제도화할 것을 촉구했다. 그것은 단순한 평화지대 이상의 의미를 띠는데, 왜냐하면 안보, 군사교류는 경제, 문화협력과는 다른 차원의 협력이기 때문이다. 그렇지만 중국의 영향력에는 한계가 있는데, 그 이유는 지난 수천 년에 걸친 중국의 조공관계와 내정간섭을 잘 인지하는 주변국들이 강대국으로 등장하는 베이징의 의도를 무조건적으로 수용하지는 않기 때문이다. 그런 의심을 의식해 후진타오의 외교고문 정비지안(Zheng Bijian)은 2003년 화평굴기(Peaceful Rise)라는 용어를 만들었으나, 그 후 그 뉘앙스를 더 완화시키기 위해 평화발전(Peaceful Development)이라는 구호를 새로 제시했다. 셋째, 천연자원 확보는 최근 중국 대외정책의 특별하고 두드러지는 양상이다. 세계에서 두 번째 큰 에너지 소비국인 중국의 공급자 다변화 시도는 동남아, 중앙아시아, 중동, 아프리카, 중남미대륙을 포함해 전 세계로 확대된다.1) 중앙아시아에서 중국은 SCO 회원국들이 보유한 오일과 가스의 수입, 그리고 그 지역을 통과하는 에너지의 운송과 관련한 협력을 추진한다. 중국 에너지 외교에서 두드러지는 것은 아프리카로의 진출인데, 베이징은 서방이 문제 삼는 아프리카 일부 국가들의 인권문제는 그냥 무시한다. 엄청난 자원을 보유한 아프리카 대륙으로부터 중국은 원유, 구리, 목재를 포함해 다양한 원자재를 수입하지만, 그 경제관계는 안보관계로까지 확대된다. 2000년 이후 중국-아프리카 쌍방향 무역은 4배 증가해 2005년 400억 달러가 됐는데, 그것은 중국을 EU와 미국 다음의 아프리카 3번째 규모 무역파트너에 위치시킨다. 8만 명 이상의 중국인이 아프리카에 거주하고 2006년 앙골라는 사우디아라비아를 대신해 중국에 대한 최대 석유공급국이 됐다. 총서기 취임 이후 후진타오는 성대한 환영의 분위기에서 벌써 3차례 아프리카를 순방했고, 2006년 11월 아프리카 53개국 중 48개국이 참가한 중국-아프리카 정상회의에서 후진타오는 그들에게 지원과 투자를 2배 이상 증가시킬 것을 약속했다. 베이징은 아프리카 안보지원에도 적극적인데, 중국은 나이지리아, 짐바브웨, 자이레를 포함한 여러 나라에 다양한 무기를 판매한다. 베이징은 또 아프리카에서 활발한 평화유지 활동을 전개하는데, 2007년 현재 남수단, 콩고, 라이베리아에 850명의 중국군이 주둔한다.2)

---

1) 중국이 많은 에너지를 필요로 하는 이유는 경제규모뿐 아니라 그 나라 산업의 에너지 효율성이 낮기 때문이다. 중국은 GDP 1달러를 생산하기 위해 일본보다 9배 많은 에너지를 사용한다.

2) 그러나 2006년 12월 남아프리카 공화국 대통령 타보 므베코(Thabo Mbeko)는 아프리카는 중국과 식민관계가 되지 않도록 조심해야 한다고 경고했는데, 그것은 중국은 제조품을 수출하고 아프리카는 원료만을 수출하는 불균형적 관계를 경고하는 발언이었다. CFR, U.S-China Relations, pp. 35-36, 43-44.

중국의 대외무역에서 한 가지 특기사항은 서방의 인권중시 조건과는 달리 베이징이 무역파트너의 내정에 거의 간섭하지 않고 정치적 조건을 부과하지 않는 것이다. 미국 입장에서 문제가 되는 것은 그것이 아프리카 독재국가인 수단, 짐바브웨, 앙골라 같은 나라들에 대한 서방의 자유민주주의 관련 압력을 무력화시키는 것이다. 베이징은 최근 앙골라에 20억 달러 재정지원을 제공했는데, 그것은 그 나라에 대한 IMF, IBRD의 반부패 조치를 조건으로 하는 채무 구제금융 시도를 무위로 돌려놓았다. 중국은 유엔안보리에서도 수시로 인권관련 제재에 반대한다. 베이징은 더 나아가 워싱턴의 이중 잣대(double standard)를 비난하는데, 미국이 경제적 이유로 사우디아라비아, 카자흐스탄, 리비아와 같은 비민주 국가 인권은 눈감아주고, 미얀마에서는 과거 관계의 지속차원에서 계속 석유, 가스에 투자하며, 동시에 중국에게 수단에 투자하지 말 것을 요구한다는 것이다. 그렇지만 중국이 건설적으로 행동한 경우도 있는데, 예컨대 베이징은 워싱턴의 입장을 수용해 원유수요의 10% 이상을 수입하는 이란에 대해 순항미사일 수출을 중단한 바 있다. 오늘날 미국과 서방은 이란 핵개발 저지를 위해 노력하는데, 워싱턴은 베이징에 비확산의 중요성, 그리고 미·중 관계와 중이란 관계의 상대적 중요성을 고려해야 한다고 설득할 필요가 있다.[1]

일본 및 대만관계

세계로 뻗어나가는 중국은 어느 대륙, 어느 나라를 막론하고 중시한다. 그러나 일본과 대만은 중국에게 대외관계에서 특별한 위상을 차지하는데, 왜냐하면 이웃국가 일본은 아태지역 최대의 잠재경쟁자이고 대만은 베이징이 본토의 일부로 간주해 통일의 대상으로 공언하는 나라이기 때문이다. 중국과 일본은 경제에서 매우 밀접한 관계를 유지한다. 중국 내에서 2만 5천 개 이상의 일본회사가 활동하고 그 두 나라는 서로에게 주요 무역파트너이다. 그럼에도 불구하고 양국의 정치관계는 예외적으로 냉랭한데, 그것은 서로를 역사적 차원의 적, 미래의 경쟁상대로 인식하기 때문이다. 중국은 고이즈미의 야스쿠니 신사참배, 일부 일본교과서의 전쟁범죄에 관한 부정, 그리고 대만에 대한 미·일 협력증진을 비난하는 반면, 일본은 중국의 증대하는 경제력과 군사현대화에 대한 의심을 거두지 않는다. 두 나라에는 상대방을 겨냥하는 민족주의가 광범위하게 퍼져있다. 중국과 일본은 동중국해 센카쿠 열도 분쟁에 연루돼 있는데, 그곳에서 베이징은 해저오일과 가스지대를 개발해 도쿄를 자극한다. 반면 일본은 중국의 취약한 인권상황을 비판하고 베이

---

1) Ibid., pp. 45–46.

징이 의도적으로 반일감정을 자극하는 것으로 파악한다. 그러나 최근 양국관계가 다소 호전됐는데, 그것은 중·일 관계의 지나친 악화를 우려한 신임총리 아베 신조가 베이징을 방문해 후진타오와 관계개선을 추진했기 때문이다. 그때 아베는 베이징의 최대 관심사인 야스쿠니 신사참배에 관해 긍정도 부정도 않는 애매한 태도를 보였고 또 일본 일부 언론은 총리가 신사참배 권리를 갖고 있다고 주장했지만, 후진타오는 아베의 입장을 전향적으로 수용했다. 더 나아가 후진타오와 아베는 역사문제 공동연구를 위한 학자그룹 구성과 추가적 긴장완화 조치에 합의했다. 영토분쟁 미해결에도 불구하고 양국관계는 호전국면으로 진입하고 있다. 개인 레벨에서는 관광, 해외유학, 문화교류가 모두 번성한다. 그러나 양국관계는 늘 그렇듯 국내정치의 영향을 받을 것인데, 베이징은 특히 민족주의 정서를 수시로 대일관계 목적에 이용하는 것으로 보인다. 양국관계는 근본적으로 교과서, 위안부, 동중국해 영토분쟁을 해결하지 못했고, 두 나라 모두 서로의 잠재 위협에 대비해 무장하는 것이 절대적으로 필요하다고 믿는다. 북한 핵문제도 양국 간 관계개선의 걸림돌로 작용할 수 있다.[1]

중·대만 관계는 어떤가? 후진타오의 타이베이에 대한 접근법은 대만의 독립정서를 제한하고, 대만을 경제적으로 본토와 연계시키며, 워싱턴의 대만지지를 약화시키는 장기전 성격이 더 강하다. 그렇지만 베이징은 일단 유사시에 대비해 대만 건너편 해안에 수많은 미사일을 배치하는 강압적 전략을 그대로 유지한다. 2005년 봄 베이징은 대만의 천수이벤에 대한 경고 성격으로 대만 반분리법을 통과시켰는데, 비록 그 법안이 일단 유사시 대만에 대한 군사력 사용을 규정했지만 그것은 동시에 유연하고 다양한 형태로 동등한 입장에서 대만과의 대화를 촉구하는 양보적 언어를 포함했다. 법안 통과 이후 후진타오는 수개월에 걸쳐 대만의 야당 정치인들을 레드카펫으로 극진하게 대우했고, 오늘날 중·대만 관계는 대만정치인 초청, 경제, 문화통합으로 특징지어진다. 중국과 대만의 경제, 문화교류는 시간이 가면서 더 강화된다. 대만 회사들은 1천억 불 이상을 중국에 투자했고, 매년 650억 달러 수준의 양안무역에서 대만은 훨씬 큰 흑자를 거둬들인다. 대만회사들은 최첨단 기술만 제외하고 상당수준의 민감한 기술도 중국으로 이전했다. 인구 5%에 달하는 120만 이상의 대만시민이 중국에 거주지를 보유하고 양안 간 결혼도 증가한다. 베이징과 타이베이는 직접 전세기, 인도주의 협력, 경제교류에 합의했고, 중국과 대만의

---

1) Ibid., pp. 37-39.

통합은 막을 수 없는 추세로 보인다. 천수이벤은 2004년 대선에서 간신히 당선된 이후에도 계속 독립을 주장하지만, 더 많은 숫자의 대만 국민들은 그의 헌법 개정 시도를 지지하지 않는다. 그는 오히려 부패 스캔들, 그리고 의회를 지배하는 팬블루(Pan-Blue) 야당연합의 부상으로 골치를 앓는다.[1] 그가 계속 독립을 추진할 것이라는 우려가 있지만, 그럴 가능성은 별로 없다. 오늘날 양안 간 긴장은 과거보다 훨씬 완화됐는데, 그것은 베이징의 전술변화, 민진당이 처한 국내위상, 워싱턴의 양안분쟁 억지 입장이 복합적으로 작용한 결과이다. 베이징은 통일을 위해 군사력 사용을 마다하지 않을 것이라고 말하지만, 미국의 반대를 무릅쓰고 그런 시도를 할 수는 없다. 대만인들은 현재로서는 독립이나 통일보다는 서로 교류하면서 각자의 정체성을 유지하는 현상유지를 원한다. 대만문제의 단기적 해결은 불가능하고, 미국의 대만정책은 문제의 해결보다는 차이를 잘 운영하고 현상유지를 추구하는 것이 현명한 방법이다.[2]

미·중 관계

2002년 부시행정부는 국가안보전략 보고서에서 베이징에 대해 많이 비판했는데, 그것은 대만과 인권에 대한 중국의 인식, 민주주의와 종교의 자유에 대한 베이징의 거부, 그리고 중국 국방현대화의 위협과 관련된 것이었다. 그러나 미국의 중국에 대한 평가는 계속 엇갈렸는데, 대표적인 예는 2004년 그 당시 국무장관 콜린 파월(Colin Powell)이 미·중 관계는 닉슨-마오 화해 이후 최상의 상태에 있다고 말한 반면 2007년 부통령 딕 체이니(Dick Cheney)는 PLA의 급속한 군사력 증강은 베이징이 말하는 화평굴기의 목적과 일치하지 않는다고 맹비난한 것이다. 서로 상치되는 이런 견해들은 미국의 대중국 정책효율성을 떨어뜨린다. 미국은 일관성 있는 정책을 필요로 하는데, 중국을 국제 공동체에 통합하려 노력하는 동시에 의견불일치에 대해서는 외교, 군사, 경제의 모든 요소를 활용해 강력하게 대치해야 한다.[3]

---

1) 팬블루는 민진당에 반대하는 야당연합을 뜻하는 것으로, 그 명칭은 그들이 상징적으로 사용하는 색깔이 푸른색인 것에서 유래한다.
2) 대만문제는 원래는 미·중 리더들이 모두 무력투쟁을 생각하고 준비하는 유일한 이슈다. 대만문제에 대해 미국은 중국과의 3개 공동선언과 1979년 대만관계법에 의해 운영한다. 그 3개 공동선언은 미국은 '하나의 중국'(One China) 정책을 지지하고 양안 긴장의 축소에 따라 미국의 무기판매를 축소한다는 것이고, 대만관계법은 미국으로 하여금 대만이 자위에 충분하도록 필요한 무기와 방위서비스를 제공할 의무를 부여한다. 중국은 특히 미국의 무기와 서비스 제공을 내정 간섭으로 본다. CFR, U.S-China Relations, pp. 40-42.
3) Ibid., pp. 55-56.

미·중 관계는 안보와 경제 두 가지 차원에서 논의될 수 있다. 미·중 안보관계는 어떤 양상인가? 부시대통령이 취임한 직후 2001년 봄 발생한 EP-3 사건은 초기 미·중 군사관계의 상징이 됐지만, 9·11 이후 양자 군사관계는 제자리를 찾아가고 이제는 고위급 대화, 실무대화, 상호 함정방문, 그리고 기능적 교환이 진행된다. 2005년 미 국방장관 도널드 럼스펠드는 임기 중 처음 중국을 방문하면서 미국 관리로서는 처음으로 중국 전략 미사일 군인 제2포병본부를 시찰했다. 2006년 미·중 해군은 하와이 인근에서 2개의 훈련을 실시했는데, 하나는 파섹스(PASSEX: Passing Exercise)이고 다른 하나는 사렉스 (SAREX: Search-And-Rescue Exercise)였다. 곧 이어 중국 해군함정이 2000년 이후 처음으로 미국 항구를 방문했다. 그럼에도 불구하고 미·중 군사관계는 취약한 상태에 처해 있고 서로에 대한 불신으로 특징지어진다. 가장 핵심적으로 양국 군부는 대만과 전략핵무기 문제에 관한 소통에서 전혀 진전을 이루지 못한다. 2006년 4월 부시와 후진타오가 중국 전략핵무기 현대화와 미국 MD에 관한 신뢰구축 조치에 합의했지만, 그 이후 오늘날까지 진전은 없다.[1]

미·중 두 나라의 안보관계는 상당한 긴장을 내포하는데, 두 나라는 많은 이슈에서 서로 다른 입장을 드러낸다. 예를 들어, 두 나라는 북한이 제기하는 위협에 대해서 커다란 입장 차이를 보인다. 베이징은 북한의 붕괴를 원치 않는데, 왜냐하면 그것이 중국 동북부지역을 불안정화시켜 중국의 국가안보에 부정적 영향을 미칠 것이기 때문이다. 북한핵과 관련한 베이징의 계산은 복잡하다. 베이징은 북한이 핵을 사용하거나 수출할 것으로는 보지 않지만, 미국의 대북제재나 군사행동으로 인한 난민발생과 북한정권 붕괴가능성 증대, 그리고 일본, 한국, 대만의 핵무장 가능성 증대 등 불안정 요인을 감안해 북핵 폐기를 원한다. 북핵 해결을 위해 중국은 자국이 가진 지렛대를 사용한다. 베이징은 북한이 사용하는 오일의 90%를 공급하는데, 그것은 전기 생산과 더불어 북한군 운영에 있어서 아주 중요한 요소이다. 비록 북한이 국내석탄을 사용해 필요한 전기의 80%를 생산하지만, 오일중단은 북한경제에 심각한 타격을 주고 군대에 큰 긴장을 준다. 그러나 문제는 베이징이 평양에 대한 최대 압력 행사를 꺼리는 것이다. 그 이유는 일단 유사시 김정일이

---

1) PLA는 펜타곤의 중국군대 투명성 요구에 대해 강력히 반대하는데, 그들은 펜타곤의 요구를 강자의 약자에 대한 횡포라고 주장한다. 최근 PLA는 2년에 한 번 국방백서를 발간하지만, 그 안의 내용은 투명성 증진에 거의 도움이 되지 않는다. 2007년 3월 미 합참의장 피터 페이스(Peter Pace)는 중국을 방문하면서 미중 양국의 더 긴밀한 안보관계 형성을 촉구했다. Ibid., p. 67.

어떻게 행동할지 알 수 없고 또 그 승계정부가 더 낫다는 보장이 없기 때문이다. 중국이 대북압력에서 조심하는 또 다른 이유는 베이징이 워싱턴의 의도를 의심하기 때문이다. 그들은 미국이 원하는 것이 한반도 비핵화인지, 북한 정권교체인지, 아니면 미군이 주둔하는 핵무장한 통일한국인지 확신을 갖지 못한다.[1]

미·중 두 나라는 미국의 중국에 대한 군사기술, 무기 이전문제에서도 큰 이견을 드러낸다. 1989년 천안문사태 이전 미국은 COCOM에도 불구하고 대소견제에 협력하는 중국에 해외 군사판매를 통해 일정수준의 군사 장비를 제공했고, 베이징은 미국으로부터 기계, 컴퓨터, 우주시스템 같은 첨단 민군 범용기술을 공세적으로 구매했다. 그러나 천안문사태와 소련 붕괴 이후 미국은 군사기술과 장비이전을 대외정책 지렛대로 사용하면서 인권을 포함하는 중국 대내, 대외정책의 변경을 요구했다.[2] 그러나 대중국 기술이전 통제가 쉬운 일은 아니다. 2005년 미국은 EU에 천안문 이후 부과된 대중국 무기판매 금지 지속을 설득했지만, 프랑스를 포함해 EU는 대체로 중국에 기술수출을 선호한다. 그 이유는 그들이 중국 기술시장 선점을 희망하기 때문이다. 미국과 EU의 제재가 가져온 또 다른 결과는 중국이 러시아로부터 무기를 수입하고 공동생산하면서 연합 군사훈련을 시행하는 것이다. 그럼에도 불구하고 국가안보, 경제안보의 필요성에 비추어 미국은 중국에 민감한 기술수출을 자제해야 한다. 수출통제는 중국에 대한 지렛대 역할을 하는데, 그것은 그를 통해 워싱턴이 미국 이익에 반하는 베이징의 행동을 처벌할 수 있기 때문이다. 부시행정부는 수십 개 중국기업을 제재했는데, 그 이유는 그들이 이란, 리비아, 북한에 범용기술을 판매했기 때문이다.[3]

그러면 미·중 경제관계의 현실은 무엇인가? 미·중 경제관계는 일반적으로 중국의 부당한 경제행위가 미국경제를 위협하고 미·중 적자를 초래하는 것으로 알려져 있다. 중국이 '책임 있는 당사자' 역할을 해야 한다고 촉구하는 연설에서 미 국무부 부장관 로버트 조엘릭 역시 그와 비슷한 취지로 말했다. 그러나 몇몇 이슈를 자세히 검토하면 현실은

1) Ibid. pp. 68-69.
2) 미 의회는 대중국 핵 협력을 미국의 비확산 목표와 연계시켰고, 또 비슷하게 중국의 미사일기술 확산을 막기 위해 대중국 우주협력에 제한을 가했다.
3) 그동안 390억 달러 대중국 수출 중 30억 달러만 상무부의 수출허가가 필요했는데, 지금은 그것들도 거의 다 허가됐다. 현재 미 상무부는 중국에 대해 47개 범용기술 제한을 검토 중이다. Ibid., pp. 70-72.

그런 주장과 상당한 차이를 보인다.

우선적 검토대상은 지적재산권 관련 문제이다. 미 상공회의소는 중국의 지적재산권 (IPR: Intellectual Property Rights) 침해로 인해 미국이 연 2천억~2천 5백억 달러 무역적자를 보는 것으로 판단하고, 미 상무부는 중국의 CD, DVD와 같은 디지털 미디어에 대한 해적행위 만으로도 매년 23억 달러를 손해 본다고 분석한다. 그러나 그 액수는 과장된 것으로 보이는데, 왜냐하면 간단하게 말해서 중국수요는 유동적이고 또 수많은 중국 소비자들이 그런 고가의 진품을 살 충분한 소득이 없기 때문이다. 또 IPR 관련 미국의 우려를 시정하려는 중국의 노력이 아직 부족한 것은 사실이지만 지적재산권 관련법 시행은 많은 문제를 내포한다. 예를 들어 2007년 3월 중국은 WTO 규정에 부합하는 세계 지적재산권(WIPO: World Intellectual Property Organization) 관련 2개 협정에 가입했지만, 확실한 법집행에 관한 WTO 기준이 취약한 것을 포함해 여러 이유로 화이자, GM, 스타벅스 같은 미국기업들은 WTO 제소를 꺼렸다. 또 중국을 포함해 전 세계 어느 나라도 지적재산권 집행을 다른 법률 시행보다 우선시하지는 않는다. 그러나 장기적으로 상황은 개선될 것인데, 왜냐하면 이미 중국기업 자체의 지적재산권이 침해받고 있기 때문이다.[1]

미·중 경제관계와 관련된 두 번째 이슈는 중국의 통화가치 문제이다. 흔히 말하듯, 중국 위안화가 저평가되어 미국 무역적자에 다소 부정적 영향을 미치는 것은 사실이다. 그러나 IPR의 경우와 비슷하게 모든 잘못을 중국에게 돌릴 수 있는지 의문인데, 실제로 중국의 급격한 평가절상이 미국에게 이익인지는 불분명하다. 예를 들어 2005~2007년 기간 위안화의 6.5%의 평가절상이 있었지만, 오히려 그 기간 중국의 대미수출과 미국의 대중국 적자는 증가했다.[2] 중국은 서서히 위안화 절상으로 나아가고 있지만, 급격한 평가절상은 미·중 모두에게 부정적 영향을 줄 것이다. 만약 중국이 가치가 떨어진 미 재무성 채권을 매각한다면 위안화에 대한 달러약화는 미국의 주택시장을 잠식하면서 이자율 상승으로 귀결될 것이고, 그것은 동시에 중국 금융 분야의 불안정을 촉발할 것이다. 그러나 반면 만약 베이징이 평가 절상된 위안화로 미국 기업을 마구잡이로 사들인다면, 그것

1) 최근 중국기업들이 상표를 등록하고 특허를 출원하는 사례가 많이 늘어나는데, 그에 비례해 IPR 관련 조사와 권리침해를 주장하는 소송도 더 늘어나는 추세이다.
2) 보고서 참여자들은 중국이 25% 이상 급격히 통화를 평가절상 할 경우에도 미국에게는 단지 200~400억 달러 이익이 있을 것으로 추정했다.

은 미국에게 더 큰 악몽이 될 것이다. 실제, 대중 무역적자의 주요원인은 위안화 평가절하가 아니고, 미국은 위안화 평가절상이 중국과의 무역문제를 해결하리라고 기대하지 말아야 한다. 가장 중요하게 위안화 가치는 미국 대중국 무역적자의 근본원인 중 하나와 분리될 수 없는데, 그것은 미·중 양국의 소비와 예금 패턴이다. 한마디로, 미국은 너무 많이 소비하면서 너무 적게 예금하고, 중국은 그 반대이다. 중국이 GDP 성장 방식을 바꾸는 것은 미·중 무역적자 축소에 도움을 줄 수 있는데, 비록 베이징이 2004년 투자, 수출 위주 발전모델로부터 교육, 복지, 연금, 건강보험을 포함해 소비주도 성장으로 전환할 것이라고 선언했지만, 그 효과는 아직 미미하고 중국의 대미흑자 역시 계속 증가한다. 그렇듯 미국이 관세인상을 위협의 수단으로 삼아 중국에게 통화가치를 높이도록 압력을 가하는 시도는 잘못된 것이고 성공하지도 못할 것이다.[1]

　　미·중 경제관계를 어떻게 보아야 할까? 전체적으로 미국이 양국무역으로 인해 입는 혜택은 약 700억 달러 정도로 추산되는데, 그 무역은 생산성, 산업산출, 고용, 임금증대 측면에서 미국의 기업과 소비자 모두에게 이익을 부여한다. 중국의 경제부상은 미국경제를 잠식하지 않고, 오히려 중국의 경제성장은 미·중 경제 모두에게 긍정적 효과를 가져다준다. 중국은 모든 개도국 중 가장 개방적 경제를 운영하는 나라 중 하나이고, 미국에게 중국은 가장 빠르게 성장하는 수출시장이다. 2000~2005년 미국의 대중국 수출은 다른 지역 수출에 비해 그 비율에서 16배 더 빨리 증가했고, 미국에게 중국은 3번째 무역상대국, 그리고 중국에게 미국은 세계최대 무역국으로 자리매김했다. 중국과의 무역 및 투자조건은 상대적으로 양호하다. 중국은 WTO 규정을 대체로 준수해 수입관세를 낮게 책정하고 쿼터사용은 일부 농산품에 한정한다. 개방적 해외투자환경은 세계 많은 기업들로 하여금 1978년 이후 중국에 총 6천억 달러 이상을 투자하게 유도했는데, 그 FDI 중 2/3는 제조업분야에 투입됐다. 중국 내 외국회사는 중국 제조품의 거의 30%를 생산하는데, 그것은 EU 내 외국회사의 제조품 생산비율보다 약간 높고, 미국 내 비율보다 50% 더 높으며, 일본에 비해서는 25배 더 높은 비율이다. 그 통계치는 중국이 얼마나 많이 해외투자에 개방되어 있는지를 단적으로 입증한다. 많은 사람들은 미국의 제조업 상실이 모두 해외무역 탓이라고 말하지만, 그것은 사실이 아니다. 2000~2003년 285만 개 직업 상실 중 해외무역의 영향에 의한 것은 30~60만개 수준이었다. 그 중에서도 중국요인은

---

1) Ibid., pp 57－61.

아주 작고, 실제로는 생산성 하락으로 인한 수출부진과 주기적 불경기 때문이었다. 비록 중국이 모든 경제정책을 WTO에 맞춘 것은 아니만, 전체적으로 미·중 무역, 투자관계는 양국 모두에게 이익이다.[1]

② CFR 보고서에 대한 소수의견

CFR 보고서 작성에 참여한 대부분 전문가들은 그 문서의 전반적 분석, 결론, 권고에 동의했지만, 그 중 몇몇은 어떤 이데올로기적 측면이나 정책, 특정 세부사항, 또는 미래 미국의 대중국 정책에 대해 이견을 보이거나 추가의견을 개진했다.

몇몇 학자, 전문가들은 정치, 경제체제로서의 중국과 미·중 관계의 미래를 비관적으로 보면서 워싱턴이 중국에 대해 더 강경하게 대응할 것을 주문 하는듯한 보수적 견해를 제시했다. 아서 월드론(Arthur Waldron)은 CFR 보고서가 중국의 존재와 그 정부의 행동, 그리고 중국의 미래에 관해 부정확, 불공정하게 평가한다고 다음과 같이 비판했다. 중국 정치와 정부는 정통성을 결여하고, 그로 인해 언제, 어디서 국민들로부터의 극단적 저항에 직면할지 알 수 없다. 오늘날 중국경제는 승승장구하는 것 같지만 국유기업, 고령화, 금융부실 등 여러 부정적 요인으로 인해 그 성장추세가 지속되고 국민들의 생활수준이 정말로 더 나아질지는 예단하기 어렵다. 중국의 군비증강은 아시아에서 군비경쟁을 촉발하는 위험한 행동인데, 그것은 일본의 핵무장으로 이어질 수 있다. 대만은 계속 독립국가로 존재해야 하는데, 워싱턴과 자유세계는 대만에 대한 중국의 주권을 인정하지 않도록 협력해야 한다. 만약 중국이 정말로 국외, 국내에서 성공하려면 베이징은 과거 1990년대 러시아와 비슷하게 중국을 진정한 의미에서 민주화시켜야 한다. 그것은 서구방식의 선거제도, 공정경쟁을 보장하는 다당제, 더 완전한 시장경제, 언론과 출판에 관한 시민적 자유를 포함한다. 베이징에 의한 현재 대내외 행로의 지속은 미국과의 충돌로 이어질 것이다.

아서 월드론은 해롤드 브라운(Harold Brown)과 함께 다시 한 번 CFR 보고서를 비판했는데, 그 두 사람은 그 문서가 미·중 관계의 미래에 대해 지나치게 긍정적으로 서술, 분석하는 것에 동의할 수 없다고 주장했다. 미·중의 수십 년 후 미래는 대결로 특징지어질 것이다. 지금 두 나라는 WMD 확산방지를 포함하는 몇몇 사안에서는 협력하지만, 향

---

1) Ibid., pp. 62－65.

후 수십 년간 그들의 협력은 매우 제한적일 것이다. 폴 케네디가 '강대국의 흥망'에서 말하듯 역사는 기득권 국가와 부상하는 국가의 관계는 투쟁으로 점철된다는 것을 보여준다. 베이징은 그들의 집요한 목표를 포기하지 않을 것인데, 그것은 일당 독재의 지속, 경제 및 군사력 증대를 통한 지구적 파워로의 등장, 그리고 지난 150년 간의 역사적 수치로부터의 정신적 회복을 포함한다. 미·중 양국은 완전히 다른 국내정치 체계를 갖고 있다. 그것은 냉전시대 차이에 버금가는데, 자유주의와 공산주의의 근본적 차이는 극복하기 어려울 것이다. 그것은 모든 분야에서의 마찰을 야기할 것이다.[1)]

    프린스턴 대학 정치학자 아론 프리드버그(Aaron Friedberg) 역시 비슷한 의견을 제시했다. 그는 미국의 대중국 정책이 협력과 견제를 병행해야 한다고 말하는 CFR 보고서는 베이징 견제의 어려움을 과소평가한다고 주장했다. 그는 미국이 중동전쟁에 몰입하는 사이 중국은 거대한 파워를 구축했다고 강조했다. 베이징은 경제적으로 세계 곳곳에 침투하고 동남아, 중앙아시아, 중동, 아프리카에서 새로운 지역제도 도입을 통해 지구적 영향력을 확대시킨다. 군사적으로도 이미 PLA는 서태평양에서 미국의 군사우위에 도전할 역량을 구축했다. 역사적으로 국가들은 잠재 경쟁국에 대해 유리한 세력균형을 추구하는데, 과연 미국이 중국에 대해 그렇게 할 수 있을 지 의문이다. 베이징은 미국이 과거 조지 H. W. 부시가 고르바초프에게 권고한 '평화로운 진화'(peaceful evolution)를 통해 중국을 붕괴시키려 한다고 믿고 있는데, 그런 의심이 존재하고 근본적 정치체제와 미래 지향점이 다른 상황에서 두 나라의 협력은 제한적일 것이다.

    비슷한 취지에서 윈스턴 로드(Winston Lord)와 랜디 쉬라이버(Randy Schriver)는 이 보고서가 중국의 국내체제와 대외행동의 근본적 성격을 너무 안이하게 본다고 비판했다. 중국은 체제 순응적 국가가 아니다. 그 나라의 사고방식은 서구 방식과 크게 다르다. 베이징의 행동은 중국이 세계적으로 통용되는 국제기준에 대한 존중심이 없고, 정치, 군사, 경제차원에서 미국의 이익에 해를 끼치거나 또는 모호하게 행동하고 있음을 보여준다. 베이징은 워싱턴의 견해를 신중하게 경청하지 않을 것이고 또 국제규범을 더 철저하게 준수하려 하지도 않을 것이다. 중국은 미국의 경제이익과 관련해 하루에 7억 달러의 손실을 끼치는데, 워싱턴은 그 부정적 현실에서 탈피할 방안을 강구해야 한다. 미국

------

1) 아서 월드론은 팬실베니아 대학(University of Pennsylvania) 역사학 교수이다. 해롤드 브라운은 CSIS 이사회 임원이고 1977~9181년 미 국방장관으로 재직했다. Ibid., pp. 99 – 100, 105 – 106

이 그 현실에 대해 안이한 태도를 취하는 한 미국의 대중국 적자는 계속 불어날 것이다. 베이징의 대외관계 행동은 공산주의, 권위주의 독재라는 국내정치적 특성을 반영한다. 그것은 미국과 서방 중심의 사상, 행동과 융합하지 못할 것이다. 중국을 더 개방적, 인도주의적, 민주적으로 전환시키기 위해 미국은 더 많은 노력을 기울여야 한다. 워싱턴은 중국의 정치개혁과 인권증진을 독려해야 한다.[1]

반면 다른 몇몇 전문가는 보고서의 내용과 관련해 진보적 성격의 추가견해를 밝혔다. 모리스 그린버그(Maurice R. Greenberg)와 허버트 레빈(Herbert Levin)은 이 보고서에는 미·중 관계에 관한 많은 긍정적 논의가 있다고 말하면서 미국이 중국에게 계속 집요하게 민주주의를 강요하면 안 된다고 주장했다. 제2차 세계대전 이후 미국이 동아시아를 지배한 특별한 시기는 끝나가고 새로운 국제관계가 형성되고 있다. 미국은 새로운 현실을 부정하지 말아야 한다. 오늘날 중국은 생활방식, 경제행태에서 문화혁명 이전의 중국과는 판이하게 다르다. 윌슨의 민족자결주의가 말하듯, 미국은 세계가 평등하고 각 나라가 고유한 주권, 역사, 문화를 갖고 있음을 인정해야 한다. 미국은 중국을 혼란으로 몰고 가지 말아야 하는데, 왜냐하면 그 경우 오늘날 중국이 이룬 것과 같은 커다란 변화는 오히려 중단, 퇴행할 것이기 때문이다. 미국은 중국에게 서방 중심적 정치를 강요하지 말아야 하는데, 왜냐하면 한 나라의 정치제도와 체제는 그 역사적 배경, 국민적 합의에 의해 형성되고 또 형성되어야 하기 때문이다. 중국의 정체제도는 중국인들의 몫이다. 그것은 그들의 선택이어야 하는데, 미국은 중국과의 차이를 인정해야 하고 양국 간 건설적 관계를 막지 말아야 한다.

버지니아 캠스키(Virginia Ann Kamsky)는 이 보고서가 미·중 관계의 미래에 관해 낙관과 우려를 공정하게 분석한다고 말하면서, 미국이 중국의 변화를 촉구, 유도하려면 미국 역시 마찬가지로 새롭게 변화, 진전해야 한다고 주장했다. 미국은 식민주의적 강연(colonial lecturing)과 이중 잣대로는 중국을 변화시킬 수 없다. 미·중이 서로를 존중하고 상대방의 입장을 경청, 수용해야만 두 나라 모두 서로에게서 혜택을 입을 수 있을 것이다. 수만 명의 중국인 학생들이 미국에 유학하고 미국을 배우는 것과 마찬가지로, 미국인

---

1) 아론 프리드버그는 프린스턴 대학 정치학 교수이다. 그는 2003~2005년 미국 부통령 국가안보 부보좌역으로 활동했다. 윈스턴 로드는 클린턴행정부 동아태 차관보로 재직했다. 랜디 쉬라이버는 미 국무부 동아태 부차관보를 역임했다. Ibid., pp. 100－101, 104－105.

역시 어릴 때부터 중국어를 배우고 고등학교 교환 프로그램에서 중국 문화에 대해 친숙해져야 한다. 어느 한 나라가 우월하고 어느 한 사상, 문명이 우월하다는 생각은 배제되어야 한다. 상호교류, 상대방에 대한 존중은 서로에 대한 이해를 깊게 하고, 두 나라를 세계문제, 미래운영에서 평등하고 동등한 파트너로 만들 것이며, 양국 간 불화, 반목, 이견을 해소시키는 근본적 전환점을 마련할 것이다.[1]

---

1) 모리스 그린버그는 C. V. Starr & Co., Inc. 회장으로 전 뉴욕 연방 준비은행(Federal Reserve Bank of New York) 의장으로 재직했다. 허버트 레빈은 34년 경력의 직업외교관으로 국가안보위원회(NSC), 국가정보위원회(NIC: National Intelligence Council), 국가계획위원회(PPC: Policy Planning Council) 위원으로 근무했다. 버지니아 캠스키는 Kamsky Associates, Inc. (KAI) 회장으로 그 이전 미·중 관계 국가위원회(National Committee on U.S.−China Relations) 의장으로 활동했다. Ibid., pp. 101, 103−104.

제4장
고이즈미와 자민당 내각의 일본

2001년 4월 총리로 취임한 고이즈미 준이치로는 세계정치의 전환기적 시기에 일본을 이끌었다.[1] 그의 재임 중 미국은 아프간, 이라크 전쟁을 벌였고, 러시아는 푸틴의 리더십에 따라 반미, 반서방 성향을 보이면서 강대국 지위를 탈환하려 시도했으며, 중국은 장쩌민을 이어받은 후진타오 치하에서 하루가 다르게 국력을 신장시키고 있었다. 일본 안보를 위협하는 커다란 요인은 북한으로부터 유래했는데, 왜냐하면 일본은 북한의 직접적 핵 및 미사일 사정권 안에 놓여있기 때문이었다. 급변하는 국제정세 속에

_고이즈미 준이치로

서 고이즈미가 채택한 안보정책은 미·일 동맹 강화, 대외안보역량 강화, 군사력증강을 위한 헌법 개정 시도를 포함했다.[2] 그는 아태지역에서 일본에 대한 직접적 위협으로 인식되는 중국 및 북한과의 전의를 다지기 위해 전사자들이 묻혀있는 신사에 계속 참배했는데, 그 행위는 일본의 전쟁역사를 기억하는 중국, 한국, 일본 내 상당수 국민들의 반발을 자초했고 심지어 미국도 그의 자극적 행동에 반대했다. 신사참배를 포함해 심한 우경화 경향으로 인해 세계로부터 많은 비난을 받은 고이즈미 시기의 일본 대외관계는 대미관계를 제외하면 침체를 면치 못했다. 그의 집권기간 일본의 대외관계는 수많은 주변국들과 불화를 야기했는데, 결국 그의 자민당 후임 총리인 아베 신조, 후쿠다 야스오, 아소 다로 집권 시기, 도쿄의 대외정책은 고이즈미의 접근방식을 포기하고 주변국들과의 관계

---

1) 고이즈미 준이치로는 2001년 4월 26일부터 2006년 9월 26일까지 일본 총리로 재직했다. 1972년 처음 당선된 이후 계속 중의원에서 활동해 온 그는 자민당 내각에서 우편 및 정보통신 담당 우정대신(1988~1989), 보건, 복지 담당 후생대신(1996~1998)을 역임하고 총리에 올랐다. 당과 정부 내 모두에서 강력한 개혁 옹호자로 알려진 고이즈미는 광범위한 대중적 지지를 누렸다. Koizumi Junichiro/ Biography & Facts/ Britannica.com, https://www.britannica.com〉biography

2) 2001년 10월 고이즈미는 자위대에 일본 본토를 넘어서는 더 큰 작전범위를 허용했고, 자위대 병력은 이라크에 파견됐다. 고이즈미 정부는 또 일본 차관급 방위청을 장관급 방위성으로 격상시키는 법안을 도입했다. 그 방위청은 2007년 1월 9일 아베 신조 제1차 내각 당시 방위성으로 승격됐다.

개선을 추구했다.

　국내문제에서 고이즈미가 가장 중시한 것은 경제 활성화였다. 고이즈미는 흔들리는 경제를 되살려야 하는 어려운 과제를 이어받았다. 지난 10년간의 일본경제는 자산과 버블의 붕괴, 평균 1%대의 저성장, 국제경쟁력 약화, 실업률 증가에서 헤어나지 못했고, 1990년대 말에도 금융과 회사의 악성부채 증가현상은 그대로 존재했다. 비록 일본이 아직 경제규모에서 세계 2위의 자리를 차지하고 있었고 많은 나라와 국제기구가 일본으로부터의 재정지원을 모색했지만, 일본경제는 '잃어버린 10년'을 넘어 또 하나의 잃어버린 10년으로 진입할 위험을 배제할 수 없었다. 고이즈미는 불필요한 정부지출 축소, 우편업무 민영화, 또 실패하는 기업지원 관례의 종식을 목표로 내걸고 경제를 되살리겠다는 야심찬 포부를 내세웠다. 그의 집권기간 거대한 우편제도 개혁을 포함해 몇몇 개혁이 이루어졌고, 그것은 일본경제에 상당 수준 긍정적 효과를 가져왔다. 그러나 그 이후에도 일본경제는 뚜렷한 성장세를 기록하지 못했고, 그것은 약 3년의 자민당 잔여 집권기와 3년 3개월의 짧은 민주당 통치시기를 넘어 제2기 아베 내각에 들어와 또다시 경제를 살리려는 아베노믹스로 이어졌다.

---

01 대외관계

(1) 미국관계

　고이즈미 총리의 대외관계에서 가장 중요한 시도는 미·일 관계 강화였다. 무엇보다도 중국의 부상과 북한의 핵무장에 반대해 고이즈미는 일본 역시 더 군사력, 경제력을 증진시키고 세계에서 더 높은 국제적 위상을 획득해야 한다고 생각했는데, 그는 그것은 전통적 우방이며 세계 최고 강대국인 미국과의 관계강화가 없이는 불가능한 임무라는 것을 잘 알았다. 많은 분석가들은 미·일 우호관계는 미국대통령 조지 W. 부시와 고이즈미의 개인적 친분에 근거했다고 말했는데, 그들은 고이즈미와 부시의 캠프 데이비드(Camp David)에서의 최초의 만남이 놀라울 정도로 친근한 분위기에서 진행된 것으로 묘사했다. 미·일 협력은 순조롭게 진행됐다. 비록 비전투 임무에 국한돼 있었지만, 아프간전쟁을 위한 도쿄의 군사지원은 미국 및 연합군에게 큰 도움을 주었다. 이라크전쟁에 대한 고이즈미 정부의 외교적 지지는 그 전쟁의 부당성으로 인해 비난받는 부시행정부에게 큰 심리적 위안을 주었고, 이라크 신생 친미정권에 대한 도쿄의 경제지원 역시 워싱턴의 재정부담을 덜어주었다. 미·일 안보협의회(SCC)에서의 양국협의는 두 나라 안보협력을 더 공고하게 이끌었고, 그들은 그곳에서 지구적, 지역적, 양자 차원의 다양한 외교안보 주제를 논의했다. 워싱턴은 도쿄의 미국 MD 참여에 환호했는데, 왜냐하면 일본은 미사일방어 관련 기술에서 미국 못지않게 선진기술을 갖고 있기 때문이었다.[1] 고이즈미의 대외정책은 그의 후임 아베 신조 제1기 내각에 일정부분 전수됐다. 고이즈미의 신사참배, 역사왜곡을 포함하는 노골적 우경화를 배제하고 아시아 국가들과의 관계를 개선하면서, 아베는 조심스럽게 미국의 리더십을 추종했다. 그것은 미국, 호주, 인도 민주국가 연합세력 구축에 참여한 도쿄의 의도에서 확연하게 드러난다. 비록 미·일 두 나라 간에 북한의 일본인 납치문제와 관련해 이견이 존재하고 오키나와 주일미군 문제의 해결이 한동안 지연되었지만, 그것은 세계를 대상으로 하는 두 나라의 거대한 안보구상에 전혀 걸림돌이 될 이유가 없었다. 헌법 9조 제한은 시간이 가면서 해결될 것이다. 국제적 패권을 위해 협력하는 두 나라에게 양자 경제 분쟁 역시 지엽적 문제에 불과했다.

(2) 중국관계

고이즈미 시기 중·일 관계는 분란의 연속이었다. 두 나라는 지난 수십 년간 볼 수 없을 정도로 최악의 관계를 유지했다. 그 시발점은 고이즈미의 신사참배였는데, 과거 역사에 민감한 중국인들과 베이징 정부는 일본총리의 행동을 거칠게 규탄했다. 그러나 고이즈미는 신사방문을 중단할 의도가 없었는데, 그는 주변국의 반대에도 불구하고 그것을 자주적, 주권적 권리로 인식했을 가능성이 높다. 그 이유는 국가리더는 대체로 역사적 맥락에서 자국 이익을 계산하기 때문이다. 그러나 그 의도가 무엇이건 도쿄의 행동은 주변국들에게 많은 분노를 불러일으켰고 더구나 그의 행동은 앞뒤가 맞지 않았다. 가장 대표적인 것은 신사에 계속 참배하면서 총리가 아니라 개인자격으로의 행사라는 것을 강조한 것인데, 그것은 오히려 중국, 한국을 비롯해 주변국들의 분노를 더 자극했다. 과거의 전

---

[1] 오래전 로널드 레이건 행정부 시절 미국이 '별들의 전쟁'을 계획했을 때 워싱턴은 일본의 기술지원을 요청했지만, 도쿄는 그 제안을 거부했다. 그 때 미국의 전략은 미사일관련 양국 공동연구회를 조직해 일본으로부터 기술을 이전받는 것이었다.

쟁범죄를 사죄한다고 말하면서 신사에 참배하는 것 역시 마찬가지로 인식됐다. 아마 고이즈미로서는 그런 이상한 해명을 하지 않는 것이 차라리 더 나았을 것이다. 고이즈미와 아베를 포함해 자민당 집권기에는 유난히 우경화 현상이 두드러졌는데, 예컨대 과거 역사를 부정하는 교과서들이 출판되고 난징대학살을 부인하는 발언이 잇따랐기 때문이다. 일본 자민당 집권기 도쿄의 역사 관련 행태에서 문제가 되는 것은 고이즈미 또는 아베 자신의 발언만이 아니었다. 비록 그들은 언어사용에 조심했을 수 있지만, 그들과 함께 하는 수많은 정치인, 각료들의 발언은 도가 지나쳤다. 난징대학살을 부정하고 위안부문제를 특정방향으로 왜곡 유도하는 것에 대해 중국을 포함해 일본의 주변국들은 계속 분노했다. 일본 리더그룹의 의식과 미래의도가 무엇이건, 자민당 집권기에 그들은 그렇게 우경화를 선택했다.

그래도 제1기 아베내각, 후쿠다 야스오, 그리고 아소 다로 내각을 거치면서 자민당 내각이 언행을 자제한 것은 일본의 대외관계 개선을 도왔다. 고이즈미의 무분별한 행동으로 인해 일본의 대외관계가 난관에 직면하고 있다는 것을 확실하게 인식하는 그들은 언사에 조심했고, 중국의 실용주의 리더 후진타오는 그들의 제스처에 화답했다. 제1차 아베내각 이후의 중·일 관계는 급진적으로 개선됐는데, 아베 신조, 후쿠다 야스오의 중국 방문과 그에 대한 답방인 후진타오의 일본 방문은 순식간에 이루어진 화해였다. 그 관계 개선은 후쿠다 내각 당시 일본의 중국 지진피해에 대한 지원, 양국 해군함정의 상호방문으로까지 이어지는 획기적인 것이었다. 그러나 그것은 양측 모두의 실용적 필요에 의한 일시적 화해였다. 그 이유는 양국은 역사문제로만 대치한 것이 아니라, 세계와 아태지역에서의 외교적 위상, 동중국해 영토문제, 대만을 둘러싼 미·일 동맹의 간섭 움직임, 그리고 근본적인 상호의심을 포함해 수많은 양자 우려를 갖고 있기 때문이었다. 전문가들은 중·일 양국의 일시적 관계개선은 서로에게 긍정적 효과를 자아내지만, 그럼에도 불구하고 그것은 지정학적 갈등으로 인해 잠시만 지속될 것으로 예측했다. 그들의 예상대로 중·일은 자민당 정권을 교체하고 집권한 민주당(DPJ) 시기에 또다시 크게 충돌했다. 과거 일본 제국주의 행동에 대해 사과하면서 민주당은 반미, 친중국, 친아시아를 표방했지만, 도쿄의 중국에 대한 그런 우호적 태도는 베이징에 의해 일순간에 거부됐다. 중국 어선이 센카쿠 열도 인근에서 조업 중 일본 경비선에 나포됐을 때, 베이징 당국과 중국 인민 모두는 총궐기해서 일본을 성토했다. 중국인들에게 일본 민주당의 사과, 호의는 아무 의미가 없었다. 중국과의 새롭고 산뜻한 출발을 원하는 하토야마 유키오, 간 나오토 내각의 우호적 태도는 아무런 보상을 받지 못했다. 그 이후 이시하라 신타로의 도발로 인한 도쿄정부의 센카쿠열도 매입 시에도 똑같은 현상이 반복됐다. 노다 요시히코 정부가 사태악화를 막기 위해 불가피하게 센카쿠를 국유화했다고 설명했지만, 베이징 정부와 중국 국민들은 일본 때리기로 일관했다. 이제 대치와 화해의 악순환 과정에서 도쿄는 많은 교훈을 얻었다. "힘없는 상태에서의 유화는 작동하지 않는다"(Appeasement from a weak position does not work)는 제2차 세계대전을 앞둔 연합세력과 히틀러 간의 '또 다른 뮌헨'(Another Munich)의 교훈이 그것이었다.

_하토야마 유키오

(3) 러시아 관계

러시아에 대해서도 고이즈미와 자민당 집권기 일본외교는 아무 성과를 거두지 못했는데, 왜냐하면 양국관계의 핵심에 있는 평화협정 체결과 북방 4개 도서 문제에서 아무 진척이 없기 때문이었다. 일본은 오래전부터 온건한 방식으로 러시아에 북방 4개 도서 반환을 요구해왔는데, 그것은 주로 경제지원을 제공하는 대가로 모스크바의 선의를 유도하는 형태였다. 도쿄가 그렇게 행동하는 이유는 그 당시 일본의 유일한 지렛대는 경제력이기 때문이다. 고이즈미 역시 그 전 10년 간 일본 리더들이 그랬듯 러시아 리더와의 회동에서 양국 간 포괄적인 정치, 경제, 사회문화 차원의 관계개선을 전제로 두 나라가 북방 4개 도서 해결과 평화협정 체결에 이르기를 기대했고, 2003년에도 그런 시도가 있었다. 그 해 러·일 양국 간에는 군사, 경제협력 증진에 대한 기대가 그 어느 때보다 더 컸다. 실제 푸틴과 고이즈미는 여러 계기에 양국 외교, 경제협력, 북방 4개 도서, 양국 평화협정에 관해 많은 의견을 교환할 기회를 가졌다. 그러나 두 리더는 영토분쟁에서 합의에 이를 수 없었는데, 그것은 부분적으로는 민족주의에 민감한 양국 국민들이 자국 리더의 양보적 입장을 수용하지 않기 때문이었다. 그런 사건은 수시로 발발했는데, 푸틴이 2004년 두 개의 북방도서 반환을 암시했을 때, 또 2008년 후쿠다 총리하에서 일본교과서가 쿠릴 일부열도가 일본소유라고 기술했을 때, 러시아 국민들이 반발한 것이 그런 예다.1)

---

1) 2009년 러시아 메드베데프 대통령 시절, 일본 아소 총리와 푸틴 총리의 일본에서의 만남 역시 러시아 국민들의 반발로 인해 무력화됐는데, 왜냐하면 아소 총리가 예산위원회에서 러시아의 4개 도서 점령은 불법이라고 말한 것에 러시아 국민들이 크게 반발했기 때문이다. Simo Santeri Holttinen, Post-Cold Ear Japan's National Security History, pp. 87-91.

마찬가지로 러시아인들이 홋카이도 인근 무인도에 교회를 건설했을 때 일본인들도 그에 크게 반발했다. 과거 옐친 당시에도 모스크바는 북방 4개 도서에 관해 잠시 이완된 태도를 내비쳤는데, 그것은 러시아 국민들로부터 많은 비난의 대상이 된 바 있다. 그것은 민주주의 시대에 독재국가인건 민주국가이건 국민의 요구에 부응해야 하는 모든 정치 리더들의 어려움을 반증했다. 우발적 사태도 양국 관계진전과 영토문제 해결을 가로막는 장애였는데, 예컨대 러시아 해안경비대가 그 지역 일대에서 조업하는 일본어선을 나포하고

_러시아 해안경비대

어떤 경우에는 어부를 사살한 것이 그런 예였다. 일본인 어부를 사살 또는 상해했을 때 모스크바는 그것은 일본어선의 불법적 행위와 도주로 인한 불가피한 조치였다고 강변했지만, 도쿄가 특별히 취할 수 있는 조치는 항의와 비난이 전부였다. 어떤 면에서 양국 정부는 북방 4개 도서와 평화협정 문제가 해결될 수 없음을 인지하면서도 의례적으로 만나고 외교행위에 개입하는 것으로 보였다. 고이즈미를 승계한 아베, 후쿠다 총리 시기에도 러시아 해양경비대는 수시로 일본 어선을 나포했고, 도쿄정부가 할 수 있는 일은 비난 이외에는 없었다.[1] 러·일 간의 불균형적 파워관계와 모스크바의 강압적 행동으로 인해 일본은 커다란 반러시아 정서를 가진 나라중 하나가 됐는데, 2012년 노다 요시히코 총리 당시 여론조사(Pew Global Attitudes Project Survey)에 따르면 일본인의 72%가 러시아를 혐오국가로 보고 있었다. 북방 4개 도서를 둘러싼 러·일 간의 줄다리기는 힘없는 국가가 할 수 있는 일은 없다는 진실을 다시 한 번 깨우쳐 주었다. 일본의 경제력은 러시아의 경제가 부활하면서 더욱 더 영향을 미치지 못했고, 극동에서의 러·일 에너지 협력은 역학상 오히려 도쿄에게 더 필요한 것이었다. 아무 지렛대가 없는 일본은 유화적 태도로 모스크바의 선의에 기대는 것 이외의 다른 옵션은 없었다. 그런 국제정치 현실을 입증하듯, 푸틴을 승계한 메드베데프 대통령은 2010년과 2012년 북방 4개 도서 일부를 방문하면서 그곳이 분명히 러시아 영토라고 재확인하고 그곳에 새로운 군사시설 건설을 지시했다. 도쿄의 비난과 항의는 아무 의미가 없었고, 그 두 나라 간의 영토분쟁에 관한 현상유지는 세력균형의 변화가 없이는 해결이 불가능했다.

....

1) 민주당 하토야마 유키오 총리 시기에도 러시아 공격헬기는 그 지역에서 조업하는 일본어선 두 척에 총격을 가했다.

고이즈미를 포함하는 자민당 총리들의 집권시절, 일본의 주변 강대국들과의 대외관계는 사실상 성공을 거둔 것은 거의 없었다. 아베, 후쿠다, 아소 총리의 중국과의 관계개선은 불행 중 다행이었지만, 그것은 기껏해야 간신히 원래 중일 관계로의 복귀였을 뿐이다. 유일한 성공이라면 도쿄가 워싱턴의 긍정적 평가를 받은 것인데, 그것이 무의미한 것은 아니었다. 그것은 러시아, 중국과의 관계에서 나타나듯 사실 일본에게는 가장 큰 버팀목이었다. 그러나 고이즈미의 지나친 우경화는 일본안보에 전혀 도움이 되지 않았다. 신사참배와 과거 역사의 부정은 일본에 대한 국제적 이미지를 훼손시키고 도쿄에 대한 증오심만 키울 뿐이었다. 에릭 헤긴보탐(Eric Heginbotham)과 수많은 아시아인들이 말하듯, 만약 일본이 제2차 세계대전의 참화를 사과하는 독일방식을 채택했다면 오히려 그것은 일본에 대한 악감정을 순화시켰을 것이다.

02 국내정치와 사회, 경제

(1) 고이즈미 리더십

자민당(LDP: Liberal Democratic Party) 대표 경선에서 승리하면서 2001년 4월 고이즈미 총리체제가 출범했다. 경선 당시 그는 정부채권을 30조엔 이내에서 발행하고, 악성부채를 청산하며, '일본 우정공사'(Japan Post)를 민영화하고, 재정과 산업을 부활시킬 것이라고 서약했다. 그것은 국가경제와 기업 경쟁력을 부활시키고, 방만하게 예산을 지출해 국가부채를 늘리는 정치권과 관료제의 관행을 타파하며, 생산성 낮은 국영기업을 민영화시켜 국가경쟁력과 국민에 대한 봉사를 진작시키는 목적을 띠었다. 내각구성에서 그는 기존방식인 파벌에 기초한 임명을 따르기보다는 여성의원 5명을 포함해 업무 적합도를 고려해 적임자를 선발했고, 대중은 그 결정을 신선하게 받아들였다. 의회연설에서 고이즈미는 억압 없는 자유로운 사회와 경제 구조개혁을 강조했다. 그는 구조개혁이 없이는 경제회복이 없고, 민간부문에서 달성할 수 있는 모든 것은 민간분야의 손에 맡겨야 하며, 지방정부에게 위임될 수 있는 모든 것은 지방정부에 귀속되어야 한다고 말했다. 대외관계에 대해서 그는 미·일 동맹, 그리고 이웃과의 우호관계를 위한 국제협력의 중요성을 강

조했다. 취임 2개월 후 2001년 6월 그의 지지도는 85%의 압도적 수준이었다.[1]

고이즈미는 개혁과제 수행을 위해 총리실과 내각 산하에 몇몇 위원회를 도입했다. 경제 및 재정위원회는 금융, 재정, 예산, 사회복지 문제를 담당했고, 규제개혁위원회는 불필요한 경제, 사회규제를 철폐하기 위한 목적을 띠었으며, 라운드테이블은 우편 및 정보통신, 그리고 선거를 포함해 기타 중요사항을 논의하는 임무를 수행했다. 관방장관 산하에는 권력분산 과제를 논의하는 위원회가 설치됐다. 이 여러 위원회에는 많은 외부 민간전문가들이 초청됐다. 그의 경제구조 개혁시도는 정치권, 관료, 약간의 시민을 포함해 국내 일부계층으로부터 반대에 부딪쳤는데, 그 이유는 그것이 단기적으로 기업실적을 악화시키고 복지혜택을 줄일 가능성이 있기 때문이었다. 그러나 더 많은 숫자의 대중은 그런 그의 대담함을 지지했고, 그의 새로운 방식을 기존의 비효율적 체계를 바꾸려는 노력으로 인식했다. 일시적인 지지율 부침이 있고 선거에서 어려움을 겪은 적도 있었지만, 전반적으로 고이즈미의 정치, 경제운영은 국민들로부터 많은 호응을 받았다.

취임 후 처음 치러지고 비례대표제가 새로 도입된 2001년 7월 참의원 선거에서 고이즈미는 승리를 거두었는데, 그때 여당인 자민당은 고이즈미 인기에 힘입어 121석 의석 중 64석을 확보했다. 2002년 초 다나까 외무상 해임, 약간의 경제슬럼프, 그리고 자민당의 부패관련 스캔들로 인해 여당과 고이즈미 지지율은 잠시 동반 하락했지만, 자민당은 여야 합의에 의한 중의원 해산 3개월 후 치러진 2009년 11월 총선에서도 승리했다. 그때 자민당은 의석 과반수에 약간 못 미치는 237석을 확보했지만, 연립여당과의 협력으로 하원운영에는 아무 문제가 없었다.[2] 그때까지 고이즈미는 대외관계 관련 많은 임무를 성공적으로 수행했다. 9·11 사태가 발생했을 때 그는 연립여당인 공명당(Komeito), 보수당(Conservative Party)과 함께 참의원에서 대테러협력 특별법을 통과시켰고, 2002년 9월과 2003년 5월 북한을 두 차례 방문해 일본인 납치자 5명 송환을 실현시켰다. 미국이 이라크를 침공했을 때에는 그는 조지 W. 부시 대통령을 지지한다고 선언했고, 2003년 7월에는 참의원에서 이라크 인도주의, 재건지원 관련 특별법을 압도적으로 통과시켜 비전투지역 자위대 파견승인을 이끌어냈다.

....

1) Chapter Twenty, Period of President Koizumi's Leadership/ Liberal...; https://www.jimin.jp〉about-ldp〉history; Koizumi's popularity hits fresh peak, (June, 12, 2001), www.cnn.com
2) Koizumi ally quits politics over scandal, BBC News, (April 8, 2002), www.bbc.com

2004~2005년 기간 고이즈미는 약간의 시련에 부딪쳤지만 승부사적 기질을 무기로 그 난관을 돌파했다. 2004년 5월에는 사법개혁 관련법들이 제정되고 일본에 배심원제도 가 도입됐다. 6월에는 그 당시 중의원의 가장 중요한 입법인 연금개혁 관련 법안들이 참 의원 전체회의(plenary session)를 통과했다.[1] 그러나 재정개혁을 위해 연금을 축소시키려 는 고이즈미의 정책안은 아주 인기가 없었다. 그 이유는 그 조치로 인해 직접적으로 영향 받는 사람들이 그 법안에 반대했기 때문이다. 그것은 2004년 7월의 참의원 선거에 부정 적 영향을 미쳤는데, 그 때 자민당은 49석을 차지해 2001년 선거에 비해 15석의 의석을 잃었고 공명당과의 연립을 통해 간신히 과반수를 유지했다. 그러나 재정건전성과 경제를 살려야 한다는 의무감으로 무장한 고이즈미는 2005년 1월 또다시 중의원에서 그 회기가 끝나기 전에 '일본 우정공사' 민영화 법안을 통과시키고 싶다는 의사를 밝혔다. 그때 야당은 물론 여당내의 상 당한 반대에도 불구하고 자민당 지도부는 그 법안을 중의원에 제 출해 5표 차이로 통과시켰다. 그렇지만 그 법안은 8월 참의원 투 표에서 거부됐다.[2] 저축은행(savings bank)과 보험 업무를 포괄하 는 일본 우정공사를 개편하려는 고이즈미의 시도는 직업상실과

_일본 우정공사

서비스 축소의 우려로 인해 연금개혁보다 더 인기가 없었고 상당수 국민들의 커다란 저 항에 직면했다. 그러나 위기에서 고이즈미는 또다시 승부수를 던졌다. 그는 과거 수차례 공언한대로 그 즉시 중의원을 해산하고 그 법안에 반대표를 던진 37명 의원을 재공천하 지 않기로 결정했으며, 새로운 지역구에 고이즈미 아이들(Koizumi Kids)로 알려진 새 인

---

1) 그 법안 통과 당시, 일부 내각 장관들은 각자가 지불해야 하는 연금비용을 내지 않은 것으로 드러났고, 사 회보장 기관의 운영과 관리는 개인정보 보호를 포함해 여러 측면에서 형편없이 취약한 것으로 나타났다.

2) 일본 우정공사(Japan Post)는 일본정부가 소유한 회사로서 우편 및 택배(package delivery) 서비스, 은 행 서비스, 그리고 생명보험을 제공한 회사이다. 그 회사는 일본 내 최대 고용주로서 40만 명의 직원이 있고 일본 전체에서 24,700개의 우체국을 운영했다. 모든 일본정부 피고용인 중 1/3이 일본 우정공사 소속이었다. 일본 우정공사는 2007년 9월 30일자로 일본우정주식회사(Japan Post Holdings)로 민영화 하기로 결정됐다. 민영화된 이후 세부조직으로는 우편업무(Postal Service), 우편예금(Postal Savings), 우편생명보험(Postal Life Insurance)이 업무를 수행한다. 일본 우정공사는 세계 최대의 우편예금체계 를 운영했고 세계 최대의 개인예금 보유기관으로 알려졌다. 유초(yu-cho)은행 예금계좌에 2.1조 달 러의 가계자산을 보유했고, 간포(kampo) 생명보험 서비스에 1.2조 달러 가계자산을 보유했다. 그 보 유액은 일본 가계자산의 25%를 차지했다. (그러나 2010년 민영화는 임시 보류됐다. 일본 재무성 (Ministry of Finance)이 100% 주주로 남아있는 상태에서 2012년 10월 일본정부는 3년 이내에 일본 우정주식회사 주식 관련 결정을 내릴 것이라고 말했는데, 그것은 부분적으로는 2011년 지진과 쓰나미 에 의해 파괴된 지역재건을 위한 자금을 마련하기 위한 것이었다.) Japan government aims to list Japan Post in three years, Reuters, (October 26, 2012)

물들을 추천했다. 조기선거에서 자민당이 승리할 가능성은 처음에는 불투명했다. 연립여당인 공명당은 심지어 만약 일본민주당이 하원에서 과반수를 획득하면 그들과 연립정부를 구성할 것이라고 말했다.[1] 그러나 하원을 해산하고 자민당 반란파 의원을 제명한 이후 고이즈미의 지지율은 20% 상승했고, 정부 지지율은 50%대 후반으로 증가했다. 유권자들은 새 선거를 일본 우정공사 개혁, 그리고 미래 경제건전성에 대한 찬성과 반대 이슈로 해석했다. 2005년 9월 중의원 선거는 자민당의 압도적 승리로 귀결됐다. 소선거구에서 296석을 확보하고 비례대표에서 압도적으로 승리해 자민당은 중의원에서 2/3 다수를 차지하는 결과를 이루어냈다. 그 이후 9~10월에 걸쳐 우편서비스 개혁안은 중의원, 참의원을 모두 통과해 정상 입법됐다. 그렇게 고이즈미는 처음에 약속한 대로 수많은 개혁을 이루어냈는데, 그는 자민당 임기제한으로 인해 2006년 9월 총리직에서 물러났다. 그의 총리직은 아베 신조에게 승계됐다.[2]

(2) 고이즈미 개혁의 성과

정치에서의 압도적 승리와 더불어 고이즈미 집권 5년 반 기간 많은 개혁이 이루어졌다. 그 중에서도 가장 중요한 것은 경제와 관련된 것이었다. 처음부터 고이즈미는 민간은행에 빚진 국가 악성부채를 해결해 재정건전성을 증대시키고, 일본 우정공사를 민영화하며, 무기력한 경제를 활성화시키는 새로운 방법을 모색했다. 고이즈미는 게이요 대학 경제학자 다케나카 헤이조(Heizo Takenaka)를 경제재정상으로 임명해 그로 하여금 금융문제를 해결하도록 지시했다. 우선 주요은행의 악성부채 대출문제가 많이 시정됐다. 2002~2005년 사이 주요은행의 악성부채 양은 약 70% 감소했다. 일본경제는 꾸준한 회복을 보였고, 주식시장은 반등하는 양상을 보였다. IMF와 OECD에 따르면, 2004년 일본의 GDP 성장은 G7 국가 중 최고 수준이었다. 두 번째로, 2006년 6월까지 건강보험 개혁 법안들이 통과됐다. 세 번째로, 2006년 3월까지 1,500개 이상의 불필요한 규제가 폐지됐다. 그 밖에도 4개 도로관련 공사들이 민영화됐고, 정부 효율성을 증진시키기 위한 행정개혁법이 통과됐다. 국가 및 지방재정 개혁에서 3조엔 세수가 지방정부로 이전되고, 2004~2006년 회계연도 기간 4.7조엔 규모의 정부지원 재할당이 이루어졌다.[3] 정치, 국

---

1) New Komeito exec signals willingness to jump LDP ship, The Japan Times, (July 28, 2005)
2) Chapter Twenty, https://www.jimin.jp〉 about-ldp〉 history
3) 정치적으로는 아직 지방표가 도시 표에 비해 수배 더 강력하지만, 고이즈미는 주요도시에서 지지세가

방 분야 개혁도 있었다. 고이즈미는 연구위원회를 구성해 헌법 개정의 필요를 검토했고, 2005년 10월 자민당은 공식적으로 새로운 일본헌법 초안의 필요성을 선언했다. 국방개혁을 위해 고이즈미가 도입한 입법안인 차관급 방위청을 장관급 방위성으로 전환하는 법안은 2006년 12월 제1차 아베내각에서 현실화됐다.[1]

1) 일본경제의 개선

고이즈미 집권기 일본경제는 회복기에 진입했다. 고이즈미 정부는 한편으로는 경제구조개혁을 추진하면서 다른 한편 경제성장을 시도했다. 1999년 초 제로금리로 공식전향한 이후, 일본은행은 2001년 3월 통화의 '양적완화' 정책을 도입했다. 새 통화를 찍어내는 양적완화(QE: Quantitative Easing)는 은행이 보유한 돈의 양을 늘려 거둬들이지 못하는 악성부채로부터의 손실을 보전하고, 차례로 은행들에게 개인과 사업체에 더 많은 자금대여를 가능하게 할 것으로 기대됐다. 1998년 이후 물가는 계속 하락하고 있었는데, 양적완화는 그런 디플레이션 압력을 완화시켰다. 양적완화 규모는 2004년까지 계속 확대됐는데, 그 이유는 가격하락의 반등이 원하는 만큼 나타나는 데 시간이 걸리기 때문이었다. 2006년 3월 이제 경제상황이 더 좋아지고 디플레이션 시기가 끝나가는 조짐이 보이면서 중앙은행은 양적완화를 끝낸다고 선언했다. 금융 분야가 더 건전해 지고 회사 부채수준이 낮아지면서, 그것들은 투자를 도와 수출성장을 이루었고 2002년 중반부터 2007년까지 경제성장이 이루어졌다. 2003~2007년 5년간 연평균 1.8%의 GDP 성장이 있었고, 더 나은 경제실적은 GDP 대비 예산적자의 축소를 도왔다. 예산적자는 2003년 GDP 대비 8%에서 2007년 2%까지 축소됐다.[2]

2) 고이즈미에 대한 평가

9월 30일 총리직에서 물러나는 고이즈미는 개혁자로서의 명성을 얻었다. 자민당에 오래 몸담아온 그는 파벌에 의해 움직이기보다는 합리적 의사결정, 능력에 따른 평가를

증가하는 추세를 반영해 자민당 정치기반을 전통적인 지방과 농촌으로부터 신자유주의적인 도시로 이동시키려 시도하는 것으로 보였다.

1) Chapter Twenty, https://www.jimin.jp〉 about－ldp〉 history
2) Daniel Harari, Japan's economy: from the 'lost decade' to Abenomics, (Japanese) House of Commons, Standard Note: SN06629, Section: Economic Policy and Statistics, (October 2013), pp. 4－5.

원했고, 새로운 일본의 탄생을 기대했다. 그는 그의 인기를 자민당 파벌과 싸우는 데 사용했다. 그의 임기동안 일본 정부기구는 새로운 모습으로 태어났다. 그는 주변의 따가운 시선에 별로 연연하지 않았고 기득권 세력과 일부 국민들의 반대에도 불구하고 국가개혁의 소신에 따라 움직였다. 그를 떠받쳐 준 것은 동료의원이나 특정 개인, 집단이 아니라 더 큰 의미에서의 국민의 지지였다. 파벌에 찌들고 타협으로 부패한 정치권을 개혁하려는 고이즈미의 의도는 국민에게 크게 환영받았다. 그는 외롭게 투쟁했지만 그에 대한 국내외의 많은 비판에도 불구하고 국민들의 그에 대한 지지는 강력했다. 일본 국민들은 더 나은 일본, 세계로 진출하는 일본을 원했고, 고이즈미는 그 개혁의 적임자로 인식됐다. 그는 국민과 함께 세계 속에서 일본의 위상제고를 갈망했다. 경제규모, 국제기구에 대한 거대한 지원에도 불구하고 외교적 영향력 제로의 일본은 고이즈미나 모든 국민 실망의 원천 중 하나였다. 그는 경제적으로 일본을 새로운 궤도에 올려놓았다. 그의 임기 중 일본경제는 하락으로부터 벗어났다. 물론 그것은 제한적 성장이고 그 이후 또다시 일본의 경제는 상대적 침체를 면치 못했지만 그래도 그의 구조개혁 시도는 미래성장을 위한 주춧돌 역할을 자임했다. 새로운 성장이 시작되면서 투자에 따른 더 많은 일자리가 생겨나고 무역이 활성화 됐다. 그래도 일본의 고질적인 저소비는 성장의 발목을 잡았다. 고이즈미에 대한 가장 큰 비판은 야스쿠니 신사를 참배한 것에서 유래했고, 그것은 일본의 중요한 이웃들과의 관계를 망쳤다.[1]

(3) 고이즈미 이후 정치변화

_후쿠다 야스오

2007년 7월 참의원 선거에서 야당인 민주당이 승리하면서 고이즈미의 후임 아베 신조 총리는 현직에서 물러나고, 그 해 9월 자민당의 실용주의 정치인 후쿠다 야스오가 총리직을 맡았다. 자민당의 참의원 선거에서의 패배는 처음 있는 일이었다. 자민당은 연립여당 공명당과의 협력으로 아직 중의원을 장악하고 있었지만, DPJ 리더 오자와 이치로의 정치술수는 계속 자민당 지지세를 하락시켰다. 총리 취임 후 후쿠다의 지지율은 30~40% 수준으로 계속 하락했고, 그에 대한 반대비율은 지지추세를 넘어섰다.[2] 자민당은 취약했지만 민주당 역시 내분으로 인해

1) The man who remade Japan-Japan-The ..., https://www.economist.com〉 2006/09/14
2) 2008년 초 민주당은 후쿠다에 대한 불신임을 시사했지만 그들 자신이 아직 총선 준비가 덜 된 이유로

영향력이 감소했는데, 그로 인해 역설적으로 일본정치는 잠시 안정된 것으로 보였다. 한편 민주당은 2007년 7월 참의원 선거에서 승리하면서 일본에서 양당체제의 길을 열었다. 2007년 참의원 선거 승리는 민주당이 1/3 이상의 의석을 잃었던 2005년 중의원 선거에서의 참패를 완전히 반전시켰다. 2000년대 초 이후 민주당은 몇몇 선거에서 개혁 지향적 도시 및 무소속 유권자들의 지지를 받으면서 점차 세력을 확대해 왔다. 그러나 개혁 선호층은 2005년 9월 DPJ보다는 자민당에 투표했는데, 그 이유는 그들이 LDP를 원해서가 아니라 고이즈미라는 그 당 리더의 개혁 기치를 선호했기 때문이다. 2007년 선거에서 그 젊은 개혁적 유권자들은 이번에는 또다시 DPJ를 선택했는데, 그것은 고이즈미 리더십이 사라진 상태에서 DPJ가 오자와의 선거전략에 따라 경제, 사회문제와 관련한 자민당에 대한 불만을 유도하고 동시에 자민당 텃밭인 지방에서 많은 수 득표에 성공했기 때문이다.[1]

1) 헌법 개정문제

1990년대 초 이후의 헌법수정에 대한 국민들의 반대는 점차 약화되고, 이제는 헌법이 어떻게 수정되어야 하는지에 대한 관심이 증대하는 상황이었다. 2005년 10월 자민당은 헌법 수정초안을 공개했는데, 큰 변화는 제9조 전쟁 부정조항의 내용을 부분적으로 완화시키려는 움직임이었다. 특히 그 수정 초안은 외국군대와의 집단안보 참여를 허락하는 성격을 띠었다. 헌법수정과 관련된 LDP와 DPJ의 논란은 헌법이 개정되어야 하는지 여부가 아니라 그것이 어떻게 수정되어야 하는가에 관한 것인데, 그것은 상당부분 중국 및 북한관련 우려에서 비롯됐다. 2005년 3월 일본 하원의 모든 당이 참여한 헌법조사위원회는 중의원 2/3 이상이 일본의 유엔 집단안보 참여와 제9조 전쟁 부정조항 일부 유지를 선호한다는 보고서를 공개했다. 헌법 수정은 상하 양원 2/3 이상에 의한 승인과 그 이후 국민투표에서의 과반수 승인을 필요로 한다. 2007년 5월 아베총리 시절, 일본의회는 헌법투표 진행세부안에 관한 입법을 통과시켰다.[2]

그 위협을 거둬들였다.

1) 오자와는 1993년 중반 탈당하기 전까지는 자민당의 최고 리더 중 하나였다. 그는 자민당을 탈당한 이후 일본의 정치, 경제개혁, 그리고 미·일동맹을 유지하는 가운데 아시아를 중시하는 유엔 중심적이고 독자적인 안보정책을 주장했다. 민주당은 2016년 유신당과의 합당을 통해 민진당으로 당명을 바꿨다. Emma Chanlett-Avery, Mark E. Manyin, William H. Cooper, Japan-U.S. Relations: Issues for Congress, pp. 17-19.

2) 자민당과 일본 민주당은 둘 다 내부적으로 매파와 비둘기파로 분열돼 있는데, 그 균열은 DPJ가 더 심하다. Ibid., p. 19.

★ 전문가 분석

① 일본 안보정책의 특수성

조지 W. 부시 행정부가 중동에서 두 개의 전쟁을 벌이고 세계 각지에서 '테러와의 전쟁' 일환으로 작은 수많은 전투에 개입할 때, 일본은 아프가니스탄 전쟁에서 미군 함정을 지원하고 이라크 전쟁에서는 비전투 임무에 병력을 파견했다. 일본 내에서 고이즈미 정부 출범 이후 신사참배와 평화헌법 개정 논의가 진행되고 새로운 민족주의가 발현하는 상황에서, 중국, 한국을 포함해 아시아 많은 국가들은 도쿄의 우경화를 거의 기정사실로 이해했다. 세계 안보에 깊숙이 개입해 있는 워싱턴은 일본의 유엔안보리 진출에는 반대하면서도 도쿄의 더 큰 공헌, 더 적극적 안보기여를 원했지만, 일본 국내여론은 아직도 그에 반대하는 추세가 더 강했다. 비록 평화헌법 개정에 대한 지지가 40%대 후반으로 점점 다가가고 있었지만 반전 여론과 일본의 군사역할 증대에 대해 아직도 반신반의하는 분위기는 강력했다. 전문가들은 일본행동에 대해 분석하면서 다양한 의견을 제시했는데, 예컨대 에릭 헤긴보탐(Eric Heginbotham)과 리처드 사무엘스(Richard J. Samuels)는 과거 논리의 연장선상에서 9·11 테러와 아프간 전쟁 이후에도 일본의 주요 목표는 과거 중상주의적 경제관심이고, 미국은 일본이 영국과 같이 군사지원을 제공하는 형태로 행동할 것을 기대하지 말아야 한다고 주장했다.[1] 그러나 동아시아 안보문제 전문가 제니퍼 린드(Jeniffer Lind)는 일본 안보행동의 합리성에 대해 약간 다른 시각을 제시했는데, 그녀는 도쿄의 안보행동이 아직 소극적인 이유는 평화주의라는 반 군사정서 때문이 아니라 미국이라는 강력한 동맹에게 그 책임을 전가하고 있기 때문이라고 주장했다. 린드는 다음과 같은 흥미 있는 분석을 제시했다.

일본안보에 관한 논의

평화헌법을 보유하고 국민들이 해외 군사팽창에 반대하는 일본은 폭력적 국제정치에서 예외적 존재로 여겨지는 경향이 있다. 특히 구성주의(constructivism) 학파는 제2차 세계대전 이후 발달한 일본의 반 군사주의(antimilitarism) 문화가 도쿄로 하여금 고도로

---

1) 그들은 일본의 중상주의적 경제관심은 중·일 관계, 이란-일본관계에서 잘 나타난다고 말하면서, 일본의 그런 행태는 미국의 이익을 해칠 수 있고 워싱턴은 도쿄의 그런 행동을 용인하지 말아야 한다고 주장했다. Eric Heginbotham and Richard J. Samuels, "Japan's Dual Hedge," Foreign Affairs, Vol. 81, No. 5를 참조할 것.

자제하는 대외정책을 추구하고 공격적 전력발전(force development)을 포기하도록 만들었다고 주장한다. 그들은 일본의 전후 행동은 국내적 요소가 국제정치에 영향을 미치는 대표적 케이스라는 논리를 전개한다. 얼핏 보기에 그런 견해는 일리가 있어 보인다: 그러나 일본 안보와 관련된 주요 사안의 검토는 그들 입장의 문제점을 발견하게 하는데, 보다 더 객관적인 진실에 다가가기 위해 몇 가지 사안을 살펴볼 필요가 있다. 여기서 3가지 주장이 제기될 것이다. 첫째, 일부 전문가들은 일본 군사력이 매우 취약(pygmy)하다고 말하는데, 그것은 현실을 전혀 잘못 아는 것이다. 둘째, 일본행동에 대한 구성주의 시각은 그 나라 군사력 성장의 현실에 대한 객관적 설명을 제시하지 못한다. 셋째, 일본의 전후 안보행동은 도쿄의 현실주의적인 책임전가(buck-passing) 전략의 산물이다. 진정 일본의 반군사주의 규범이 도쿄의 대외, 안보정책에 의미 있는 제한을 가하는지, 또는 가할 수 있는지 의문이다. 미국 대외정책에 관한 함의와 관련해서, 일본이 책임전가 전략을 추구하는 동안에는 워싱턴은 도쿄로 하여금 미·일 동맹에 더 큰 공헌을 하도록 만들기 어렵다는 것을 알게 될 것이다.[1]

일본 군사력 평가

많은 전문가들은 일본의 국방비가 GDP에서 차지하는 비율에 초점을 맞춰 일본의 군사력이 취약한 것으로 이해하는 경향이 있다. 그러나 그것은 전혀 잘못된 접근법인데, 왜냐하면 중요한 것은 비율이 아니라 실질 액수이기 때문이다. GDP가 큰 나라에서 작은 비율의 국방비는 얼마든지 GDP가 작은 나라의 높은 비율 국방비보다 실제 액수가 훨씬 클 수 있다. 대부분의 나라가 국방비를 GDP 1.5~3% 수준에서 지출하는 반면, 일본이 GDP의 1% 수준을 유지하는 것이 오해를 불러일으킨다. 군사력 측정에서 두 가지 지표가 의미가 있는데, 하나는 특정국가의 무기, 인력을 포함하는 국방체계에 사용되는 국방비 총액이고 다른 하나는 그 군대의 실제 전투수행능력이다. 전체 국방비 지출에 있어서 일본은 세계에서 2~3위권에 위치한다. 일본은 공식 환율, 명목상 국방비 차원에서는 미국 다음의 두 번째로 많은 금액을 지출하는 나라이다. 그러나 국내 물가에 기초한 구매력(PPP: Purchasing Power Parity)을 감안하면 일본의 국방비 지출은 미국, 러시아 다음의 세 번째이다. 일본은 분명 가장 높은 수준의 국방비를 지출하는 나라 중 하나이다.[2]

---

1) 2013년 제럴드 시걸(Gerald Segal)도 일본의 안보행동과 관련해 린드와 비슷한 주장을 전개했다. Jeniffer M. Lind, "Pacifism or Passing the Buck?" International Security, Vol. 29, No. 1 (Summer 2004), pp. 92-94.

2) Ibid., pp. 95-96.

그러면 일본은 실제 군사능력에서 어떤 위상을 점하고 있나? 그것을 위해서는 방어와 공격차원에서 육군의 지상전, 공군의 공중에서의 작전우월성, 해군의 해양에서의 통제력을 평가해야 한다. 결론부터 말하면 일본자위대는 지상군은 아주 취약하고, 공군은 탁월한 능력을 보유하며, 해군은 3군 중 가장 강력하고 세계 최고수준에 다가간다. 우선 지상전 능력에서 육상자위대는 거의 전투능력이 없다. 그 군대는 1개의 장갑사단(armored division) 능력 밖에는 없다. 그렇게 된 이유 중 하나는 일본이 해협(moat)에 의해 이웃 잠재적국들로부터 분리되어 본토 방어를 위해서 공군과 해군에 의존하기 때문이다. 방어를 떠나 지상군의 공격능력은 더 취약하다. 그들은 미국이 아프간 전쟁 당시 보여주었던 초기공격을 위한 공중투하(airborne), 공중강습사단(air assault divisions)을 결여하고, 어느 전쟁에서나 가장 앞장서 적의 해안을 휩쓰는 첨병 공격부대인 해병대가 없다. 지상 작전을 위한 공중지원은 제한적이다. F-2 전투기가 폭탄을 투하하고 코브라 공격헬기가 탱크에 미사일을 발사할 수 있지만, 일본은 광범위한 체계의 정밀유도무기를 결여한다. 또 지상전에 사용되는 해군의 장거리 지상공격미사일도 확보되지 않았다. 지상군을 위한 병참이 취약한 것은 거의 당연시된다.[1]

그러나 일본공군의 사정은 다른데, 그들은 적의 대공방어망 공격을 위한 정밀무기 결여를 포함하는 일부 제한에도 불구하고 공중에서 상당한 우월성을 발휘할 수 있다. 일본 항공자위대는 강력한 방어능력을 보유한다. 그들은 전투기 숫자, 공중조기경보체제, 파일럿 훈련에 비추어 세계에서 손꼽히는 능력을 갖췄다. 무기체계의 중추를 이루는 것은 최첨단 F-15 전투기와 약간 수의 (미국 F-16과 비슷한 성능의) 첨단 F-2 전투기들이다. AWACS(Airborne Early Warning and Control System)는 전장인지 능력을 강화하고 적 항공기에 대비한 전투기들의 작전을 도와 공군의 효율성을 배가시킨다. 일본 전투기 조종사들은 세계에서 가장 잘 훈련이 되어있다. 일본공군의 능력은 미국, 영국, 프랑스 다음으로 세계 4위에 위치한다. 그들은 항공기 대수와 질, 훈련수준, 공중지휘에서 독일, 이탈리아 공군보다 더 우수하고, 파일럿 훈련시간이 연간 20시간 밖에 되지 않는 러시아보다도 전력에서 앞선다. 항공자위대는 공격능력에서 특히 탁월하다. 북쪽 홋카이도에서 남쪽 오키나와까지 1,600마일에 걸쳐 펼쳐져 있는 공군기지의 F-15 전투기들은 대만해협, 한반도, 그리고 해상교통로 방어를 위한 공군력 투사에 문제가 없다. 일본은 현재 전

---

1) Ibid., p. 97.

투기 작전범위를 두 배 이상 늘릴 공중급유능력을 개발 중이다. 일본 전투기는 어느 나라 공군력에도 상당한 도전을 제기할 것이다.[1]

해군은 어떤가? 일본자위대 최대의 군사능력은 해군의 해상통제력에 근거한다. 해상 자위대의 핵심전력은 4개 현대 전투선단(battle group)이다. 첨단 공중방어 및 대잠수함 전투능력을 갖춘 이들 전투그룹은 일본영해를 보호하고 전시에는 적 함정이나 상업선박 을 모니터, 파괴하기 위해 배치된다. 이들은 본토에서 멀리 떨어진 해외원정 작전까지 가 능한데, 레이더를 장착하고 효율적인 대함 및 대잠수함 무기를 발사하는 P－3 해상순찰 항공기들에 의해 지원받는다. 이 장거리 항공기들은 남중국해에서 일본의 해군전력 투사 를 가능케 한다. 주요 수상전투함과 총 톤수에서 일본은 세계 3위이다. 해양능력에서 일 본은 거의 영국에 근접하고 다른 모든 유럽 국가들보다 더 우월한 전력을 갖추고 있다. 중국 해군은 주요 수상함 숫자는 더 많지만 압도적으로 경 프리깃(light frigates)함으로 구 성되고 공중방어능력에서 일본에 한참 뒤진다. 오직 항모와 모든 첨단기능을 보유한 미 국 해군만이 일본 해상자위대를 압도할 것이다. 종합하면 일본군이 취약하지 않다는 것 은 자명하다. 일본은 국방비 총지출에서 2~3위 수준이고, 공군력과 해군력은 세계 최고 수준에 도달해 있다.[2]

현실주의적 해석

구성주의 학파는 국내규범과 정체성이 한 나라의 안보정책에 강력한 효과를 갖는다 고 주장한다. 그들은 군사 당국과 군사력 사용에 혐오감을 가진 반군사주의 문화(culture of antimilitarism)는 일반대중이나 정치그룹에 영향을 미쳐 한 나라를 군사중시 경향으로 부터 멀리하게 만든다고 말한다. 잘 알려진 정치학자 피터 카젠쉬타인(Peter Katzenstein) 은 일본의 상대적 위상과 안보정책 사이에 주목할 만한 관계가 없다고 주장한다. 구성주 의 학파는 일본의 군사정책은 반군사주의 규범에 제한받아왔고, 앞으로도 계속 그럴 것 이라고 주장한다. 그러나 구성주의는 일본의 안보정책과 군사현실을 제대로 설명하지 못 한다. 현실주의 사상가들은 국제사회의 무질서(anarchy) 위험을 완화시키기 위해 국가는 몇 가지 대외정책 전략을 추구한다고 분석했다. 두 개의 공격적 전략은 정복(conquest), 그리고 이익을 찾기 위한 편승전략(bandwagoning)이다. 방어전략에서 첫 번째 요소는 세

---

1) Ibid., pp. 97－98.
2) Ibid., pp. 99－101.

력균형(balancing)인데, 그것은 군사력을 증가시키고 군사동맹을 형성해 공격적 국가에 대항하는 것이다. 두 번째 요소는 책임전가(buck-passing)이다. 책임전가는 위협에 대해 세력균형을 취해야 할 필요를 느끼지만, 다른 국가에 의존하면서 가능하면 적게 균형에 나서는 것이다. 쉽게 말해 그것은 상황을 주시하면서 최소한의 노력만 투입하는 전략으로, 일본은 미국에 책임을 전가시키고 안보, 군사협력에서 최소한의 비용만 지불한다는 의미이다. 현실주의자 이론가들은 책임전가가 어떤 조건하에서 이루어지는가에 관한 가설을 제시했는데, 한 가지 경우는 그 나라가 지리나 군사기술 조건에서 침략의 위험을 시급하게 느끼지 않을 때 그렇게 한다는 것이다. 일본의 경우, 그것은 아직은 안보가 안전하기 때문에 도쿄가 그 잠재 적국에게 적극적으로 균형을 취하지 않는다는 것을 의미한다. 그 이론에 따르면, 그 나라가 상대적으로 안전하고 가시적 위협을 봉쇄할 강력한 동맹이 있을 때 책임전가는 특히 매력적이다. 전체 틀에서 객관적으로 평가하면, 일본에 만연한 반 군사 사회규범은 일본의 안보정책과 행동을 제한하지 못했다. 반 군사규범은 일본이 상당한 공격, 방어능력을 가진 가장 강력한 세계적 군사력을 건설하는 것을 막지 못했다. 그리고 일본 리더들이 계속 말하듯이, 만약 일본이 위협받는다면 그 규범들은 일본의 핵무기 보유를 막지 못할 것이다. 제2차 세계대전 이후 일본은 고도로 제한된 대외정책을 추구했지만, 그 제한은 반 군사규범보다는 책임전가로 더 잘 설명된다. 한 가지 함의는 반 군사에 관한 강조는 국내규범이 일본 리더들에게 부과하는 제한을 과다 설명하는 것이다. 두 번째 함의는 일본이 책임전가를 계속하는 한, 그들이 추가적인 값비싼 군사능력을 구축하거나 미·일 동맹 내에서 새로운 주요역할을 하도록 설득하는 것은 어려울 것이라는 것이다. 미국이 동아시아에서 군사주둔을 축소시키지 않는 한, 또는 다른 사건이 일본의 위협 환경을 악화시키지 않는 한, 일본은 군사공헌에서 실질적 증가를 원하는 미국의 요구를 무산시킬 것이다.[1]

② 중·일 경쟁의 격화

고이즈미의 신사참배와 우경화로 인해 중일 관계가 계속 악화되는 상황에서 일본 전문가 켄트 캘더(Kent Calder)는 중·일 두 나라의 경제유대 만으로는 그 라이벌 경쟁이 완화되지 않을 것이라고 말하면서 미국이 건설적 역할을 할 것을 촉구했다. 그는 중·일 관계의 역학에 대해 다음과 같이 분석했다.

---

1) Ibid., pp. 101-120.

반목의 원인

중국과 일본은 동아시아에서 가장 강력한 두 개의 강대세력이다. 그들의 경제활동은 그 지역 전체의 3/4을 차지하고 두 나라 국방비를 합친 것은 그 지역 국방비의 절반을 넘는다. 지난 5년 간 그들의 양자무역이 2배로 늘어나고 경제유대가 더 깊어졌음에도 불구하고 그들 관계는 점차 긴장되는데, 그것은 미국과 세계 전체에 위험한 함의를 갖는다. 그 두 나라는 지금 팽팽한 경쟁관계에 처해 있는데, 그것은 일본이 경제적으로 정체돼 있는 사이 중국의 경제가 급속도로 성장하고 군사력도 그에 발맞춰 증강됐기 때문이다. 중국은 지난 17년 간 매년 국방비를 두 자리 숫자로 증가시키면서 핵 및 재래식 전력을 증강시켰고, 일본은 평화헌법과 미·일 동맹하에서 첨단 군사기술 수준을 유지하고 협력을 증가시킨다. 일부에서는 중·일 관계를 과거 제1차 세계대전 이전 영·독 관계와 비교하는데, 그것은 안보딜레마를 만들어 내고 일본의 군국주의 부활을 자극한다. 제2차 세계대전의 기억이 민족주의를 부추기고 국민들의 개입이 늘어나면서 양국은 모두 서로에게 대항적 입장을 취한다. 이제 투키디데스(Thucydides)가 말하는 현상유지 국가와 부상하는 국가 사이에 투쟁의 장이 마련됐고, 호혜적 경제관계 만으로 그 파워경쟁이 완화되지는 않을 것이다.[1]

두 나라를 충돌하게 하는 많은 경쟁적 요인이 존재한다. 첫째는 오키나와 서쪽 해저 100마일 지점에 묻혀있는 에너지 관할문제이다. 양국은 모두 그 지역의 오일과 가스를 매력적인 에너지 원천으로 간주한다. 중국은 급성장하는 경제를 뒷받침하기 위해 많은 에너지를 필요로 하고, 일본은 오일과 가스의 99%를 해외에서 수입한다. 그 지역 관할권을 주장하기 위해 두 나라는 서로 다른 논리를 제시하는데, 베이징은 그곳이 중국 본토에서 뻗어나가는 대륙붕의 일부라고 말하고 도쿄는 그 지역은 일본영해와 중국영해 사이의 중간선이라고 말한다. 2004년 5월 중국이 그 중간선 4Km 떨어진 춘샤오(Chunxiao) 가스지대에서 시추작업을 하면서 갈등이 발생하기 시작했는데, 그 이후 양측의 경쟁은 더 고조됐다. 2004년 11월 PLA 해군 핵추진잠수함이 오키나와 인근 일본 수역에 2시간 이상 침범했고, 2005년 봄에는 중국 공군정찰기가 근래 최고 빈도로 분쟁지역 상공에 출현했다. 중국전함이 춘샤오 필드 인근을 순찰하는 가운데, 일본정부는 자국 회사들의 그 지역

---

1) Kent E. Calder, "China and Japan's Simmering Rivalry," Foreign Affairs, Vol. 85, No. 2 (March/April 2006), p. 129.

천연가스 탐사를 승인하면서 유사시에 대비해 일본인 시추인력 보호 법안을 준비했다. 두 번째로는 한반도와 대만 이슈가 두 나라의 경쟁을 자극하는데, 왜냐하면 그 두 나라의 향배는 중·일 간 세력균형에 영향을 미치기 때문이다. 한국과 대만은 최근 큰 변화의 와중에 있다. 2000년 6월 남북한 정상회담 이후 양국무역은 150% 증가했고, 국경을 가로지르는 여행은 붐을 이루었으며, 개성에는 특별경제구역이 설치됐다. 남북한 갈등이 하락할 가능성이 높은 상태에서 중·일의 한반도 영향력 경쟁은 다시 불붙여질 것인데, 그것은 1894~1895년 제1차 중·일 전쟁을 촉발시킨 것과 비슷한 성격의 경쟁이다. 대만은 어떤가? 중국과 대만은 경제적으로 더 얽혀간다. 본토와 대만 양안투자는 이제 1천억 달러가 넘는다. 2004년에 대만 해외투자의 70% 이상이 중국으로 가고, 대만 노동력의 10%가 중국에서 일하며, 대만인이 소유한 4개 회사가 본토 10개 최대 수출회사에 속한다. 대만은 이제 미국보다 중국하고 훨씬 많이 무역한다. 또 베이징과 대만 야당 간에는 정치적 화해가 진행된다. 그러는 사이 두 나라의 군사능력은 증가했다. 중국은 대만해협에 수십 척의 잠수함, 프리깃 함, 800기의 단거리 미사일, 1,200대 이상의 전투기와 수만 병력을 배치했고, 대만 역시 미사일과 약 300대의 F-16을 배치했다. 셋째 베이징은 계속 군사력을 증강하는데, 그것은 도쿄의 안보태세 강화 필요성을 증대시킨다. 대만을 겨냥한 중국 미사일은 카데나(Kadena) 공군기지를 포함해 일본 내 미국 방위시설의 70%가 위치해 있는 오키나와와 일본 본토에 쉽게 도달하는데, 일본이 미국과 함께 2006년 미사일방어 공동실험에 나서는 것은 그런 우려를 중화시키는 노력의 일부이다. 일본이 헌법 개정을 고려하는 것 역시 마찬가지의 의미를 갖는데, 지난 10년 간 사회주의자와 공산당 좌파 비율이 14%에서 13%로 줄어든 것, 그리고 일본민주당(DPJ)에서 국방매파의 등장은 보수 자민당과 그 연정 파트너들에게 헌법 개정에 필요한 2/3 다수 확보 가능성을 높인다. 그 헌법 개정은 자위대 재무장과 일본의 집단방위 참여 권리를 정당화할 것이다.[1]

역사의 피해

일본의 중국 침략과 중국의 일본에 대한 저항의 역사는 오랜 시간을 거슬러 올라가고, 그 유산에 관한 논의는 아직도 양국 협력을 가로막는다. 중국에서 중국공산당(CCP)의 정통성은 항일전쟁과 철저하게 연계돼 있고, 정부의 교육정책은 항일투쟁, 민족주의를 강조하고 인터넷은 민족주의 정서의 확산을 가속화한다. 2005년 봄 4천 4백만 중국인들이 일본의 유엔안보리 영구이사회 자격추진에 반대하는 전자청원을 제출했다. 반면 일본인들

1) Ibid., pp. 130-132.

의 중국에 대한 호감 역시 계속 감소하는데, 내각관방(Cabinet Secretariat, 내각서기국) 여론
조사에 의하면 그것은 1980년대 천안문사태 이전 75%로부터 2001년 10월 48%, 2004년
38%, 그리고 2005년 10월 32%로 하락했다. 그 추세는 중국 내 반일감정과 시위, 그리고
베이징의 정치, 군사공세에 대한 반작용을 반영하고, 일본 정치인들의 야스쿠니 신사참배
역시 그런 연장선상에서 진행된다. 고이즈미는 4년 간 신사에 5번 참배했는데, 그것은 지
난 20년 간 단 두 명의 현직총리가 각자 한 번씩 신사를 방문한 것과 대조된다. 고이즈미
는 신사참배의 개인적이고 비공식적 성격을 강조하면서 그 방문을 계속 고수한다. 고이즈
미와 내각관방장관(Chief Cabinet Secretary) 아베 신조는 자민당 내에서 압도적 영향력을
발휘하는 모리(Mori) 파벌에 속하는데, 1930~1940년대 군국주의 정치 리더십과 강력한
연계를 갖고 있는 그들은 국익에 관해 보수적 개념을 갖고 있다. 그러나 베이징은 고이즈
미의 신사참배를 강력하게 비난하고, 다른 한편 일본의 재무장 전망과 신사참배는 아시아
에서 환영받지 못한다. 일본 내에서도 6명의 전 총리와 일본 최대 6개 신문 중 5개가 신
사참배에 반대했다. 경험 많은 미국 외교관들은 사석에서 야스쿠니 방문은 도쿄에 많은
부정적 영향을 가져온다고 말한다. 예를 들어 베이징은 역사카드를 사용해 도쿄를 고립시
키는데 정교한 전략을 구사하고, 그것을 구실로 일본의 유엔안보리 진출에 반대한다. 일
본은 외교에서도 불이익을 받게 되는데, 중국의 반대뿐 아니라 에너지에서부터 환경, 안
보협력까지 지구적, 지역적 모든 차원의 외교에서 지렛대를 잃을 수 있기 때문이다. 나중
에, 일본은 그 지역 다른 나라들로부터 외교적으로 고립될 수 있다.[1]

미국의 역할

동아시아와 아태지역에 특별한 이익을 보유하는 미국은 중·일 긴장을 완화시켜야
하는데, 가장 합리적인 방법은 미·일 동맹의 중요성을 재확인 하면서 중·일 양국의 대
화를 독려하는 것이다. 9·11 이후 미·일 동맹은 더 강화된 모습을 보인다. 일본은 자위대
를 아라비아 해 작전에 투입했고, 2004년 1월에는 이라크에 파병했다. 2005년 11월 아
베 관방장관은 미·일 차세대 요격미사일 공동개발을 선언했다. 그러나 일본 내의 미국에
대한 감정은 생각만큼 우호적이지 않다. 많은 일본인들은 이라크 관련 미국정책, 군사전
환 가능성, 주둔국 지원에 관한 워싱턴의 정책, 그리고 일본의 유엔안보리 상임이사국 진
출시도에 대한 미국의 불확실한 지지에 불만을 표시한다. 2005년 12월 요미우리-갤럽
여론조사는 이것을 확실하게 보여주는데, 76%의 미국 응답자가 일본을 신뢰하는 반면

---

1) Ibid., pp. 133–135.

53%의 일본인들은 미국을 신뢰하지 않는 것으로 나타났다. 또 응답자의 43%는 주일미군 감축을 원한다고 말했고, 27%는 미·일 관계가 나쁜(bad) 것으로 규정했다. 미국은 미·일 태스크 포스를 구성해 중일 관계개선을 도와야 한다. 다자간 공식 메커니즘과 동시에 기업가, 학자와 같은 민간인이 참여하는 트랙(track)2는 미, 중, 일 3자 협력을 도울 것이다. 에너지 분야의 3자 대화, 중·일 간 군부대화, 재난구조를 위한 다자 위기계획 같은 것도 도움이 될 것이다. 2001년 중반 이후 중일 정상회담은 없었고 중간계층 관료조정 네트워크는 심하게 훼손됐는데, 고이즈미가 현직에 있는 한 일본 대외정책의 심각한 변화는 없을 것이다. 이제 그가 2006년 9월 퇴임하면서 새로운 기회의 창이 열릴 수도 있을 것이다.[1]

---

1) Ibid., pp. 135−139.

결언

조지 W. 부시 행정부는 미국의 패권을 더 강화시키겠다는 포부를 갖고 임기를 시작했지만 뜻밖의 9·11 사태로 인해 전혀 예상치 않은 국제관계를 맞이했다. 그 과정에서 미국은 많은 상처를 입었고 반면 그와 경쟁관계에 있던 러시아와 중국은 완전한 강대국으로 등장했다. 2019년 오늘날 워싱턴이 러시아나 중국을 미국의 뜻대로 움직일 수 있을 것이라 생각하는 사람은 없다.[1] 미국의 팍스 아메리카나(Pax Americana) 시대는 지나가고 있다. 전문가들은 미국의 국제적 주도권은 약화되고 국제질서는 G2를 거쳐 G0의 시대로 진입했다는 진단에 대체로 동의한다. 20~30년 후 중국의 GDP가 미국의 두 배에 달할 것이라는 IMF, IBRD의 예측은 그 시기 베이징의 파워가 어떨지를 예감케 한다. 러시아 역시 비슷하다. 러시아 사람들 상당수는 자기들 나라가 중국의 파워와 영향력을 따라가지 못하리라는 것을 잘 알고 있지만, 그에 그렇게 연연해하지 않는다. 러시아는 푸틴의 리더십하에서 강대국으로서의 원래 위치를 상당 수준 되찾았고, 또 중국과의 우호관계에 매우 만족해한다. 아마 나중에 중국의 팍스 시니카(Pax Sinica) 시대가 도래한다면 국제정치의 원리에 따라 그때 중·러 간에 반목이 발생할 수 있을 것이다. 그러나 힘의 상대적 하락에도 불구하고 아직 미국의 파워가 건재 하는 현시점에 그렇게 미래 중·러 간의 분쟁 또는 중·러 두 나라 간의 세력균형을 미리 생각하는 사람은 거의 없다. 러시아와 중국 두 나라는 약간의 상호 불만에도 불구하고 미국의 패권에 반대해 서로 협력하는 것에 만족해한다. 드미트리 메드베데프가 대통령 시절 중러 관계는 역사상 최상의 상태에 있다고 말한 것이 그것이다.

---

1) Kurt M. Campbell and Ely Ratner, The China Reckoning (How Beijing Defied American Expectation), Foreign Affairs, Vol. 97, No. 2 (March/ April 2018), pp. 60−70.

01 부시 행정부 외교안보의 재구성

(1) 9·11 이전

부시 행정부의 외교안보 정책수행을 어떻게 보아야 할까? 처음 출범했을 때 워싱턴 당국의 안보목표는 미래에 가장 우려되는 잠재 경쟁자인 중국과 그보다는 약하지만 아직 경계대상인 러시아를 미국이 원하는 나라로 길들이겠다는 것, 그리고 러시아에서 유출되는 WMD 기술 및 무기 확산을 방지하고 WMD와 관련되어 지역에서 문제를 유발하는 '악의 축' 국가들인 이라크, 북한, 이란의 정권을 교체하겠다는 것이었다. 미국이 그런 안보목표를 세우는 것은 문제될 것이 없는데, 왜냐하면 그것은 세계정부가 없는 무정부 상태(anarchy)에서 그 나라의 고유권한이기 때문이다. 다만 문제가 되는 것은 민족자결, 국가 간의 평등, 주권존중의 국제윤리규범(international norm)하에서 마찬가지의 동등한 권리를 가진 상대국들을 대상으로 과연 그런 원대한 계획이 실현 가능성이 있는가 하는 것인데, 중국 관련 목표는 아마 9·11이 발생하지 않았다 하더라도 그 성공 가능성을 보장하기 어려웠을 것이다. 그 이유는 국제정치는 항상 세력균형 속에서 진행되고, 미국과 EU가 1990년대 중반 이후 본격적으로 진행된 중·러 양국의 협력에서 유래하는 군사, 경제능력을 넘어서지 못할 것이기 때문이다. 더구나 헌팅턴이 설명한 바와 같이 이슬람과 유교국가의 연계를 감안한다면 워싱턴의 시도는 실패할 확률이 더 컸을 것이다.

그런 대전제하에서, 부시 행정부가 중국을 길들이겠다는 생각은 독특한 구상은 아닌데, 왜냐하면 미국의 입장과 위상에 있는 나라들은 늘 그런 식으로 행동했기 때문이다. 예를 들어 잘 알려진 바와 같이 19세기 말 영국은 궁극적으로 독일을 자국의 적으로 지목하기 전에는 프랑스 또는 러시아를 자국에 도전할 나라로 간주해 그에 대한 대비를 서둘렀다. 부시의 전임자 빌 클린턴의 경우도 마찬가지였다. 그와 펜타곤, 그리고 수많은 전문가들 역시 동일한 문제를 논의했고, 그때 미국이 일본이나 독일을 미래의 잠재 적으로 간주한 것이 그것이다. 부시가 중국과 러시아를 미래의 주적으로 겨냥한 것은 빌 클린턴이 냉전 당시 소련에 반대해 함께 투쟁하던 동맹국 일본이나 독일을 미래의 도전자로 간주한 것에 비하면 오히려 도덕적으로는 덜 문제시 될 것이다. 미국의 행동은 다만 존 머샤이머(John Mearsheimer)가 국제정치는 '위험하고 더러운 비즈니스'라고 말한 한 가지 예에 불과할 뿐이다. 그러나 사실 목표를 위해 궁극적으로 적군과 아군을 가리지 않는 행위는 미국에만 국한된 것도 아니고 어느 나라나 마찬가지이다. 18세기 프러시아, 오스트리아를 둘러싸고 국익의 변화에 따라 영국과 프랑스를 포함해 군사동맹이 180도 전환된 '외교혁명'(diplomatic revolution)이 그 상징적 예다(한 가지 덧붙이면, 결과적으로 19세기 영국의 도전자가 독일로 판명 나고 21세기 미국에 대한 도전자가 일본에서 중국으로 바뀐 것에 관심을 가질 필요가 있는데, 왜냐하면 그것은 한 국가의 일순간적 판단이 항상 정확한 것이 아님을 보여주기 때문이다). 한편 부시 행정부는 중국의 부상에 대비해 전통적 우방인 일본을 동원하고 새로이 인도와의 관계강화를 추진했는데, 그것은 19세기 늦게 영국이 확정적인 적으로 독일을 새로이 식별하면서 제1차 세계대전 전 프랑스와 동맹을 맺고 프랑스–러시아, 러시아–영국의 3개국 중복동맹을 통해 세 나라가 독일을 '포위'(encircle)한 것과 비슷한 형태를 띤다. 비록 아직 미국–인도 관계가 동맹이 아니고 또 앞으로도 그렇게 될 가능성은 거의 없지만, 워싱턴의 그런 노력은 국가 간 경쟁의 메커니즘과 그 양상이 얼마나 치열한지를 잘 보여준다. 미국의 입장에서 안타까운 것은 인도가 미국으로부터 핵기술을 이전받는 상황에서 뉴델리가 중국과의 핵 협력, 또 인도–러시아 협력을 마다하지 않는 현실이다.

대량살상무기 확산방지를 위해 부시 행정부가 러시아에 WMD 기술 및 무기유출 자제를 촉구하고 동시에 이라크, 북한, 이란을 '악의 축'으로 규정하면서 그들의 정권교체를 추진하려 한 것 역시 마찬가지의 속성을 띤다. 그것은 워싱턴이 가공할 위력의 치사무기 확산제한을 통해 미국안보에 위협이 되는 장애를 축소시키고 더 나아가 세계를 지배하는 데 방해되는 걸림돌을 제거하겠다는 의도에서 비롯됐다. 그 구상은 빌 클린턴 시대 이미 시작된 것으로 부시가 그 전략을 계속하는 것은 미국안보에 반드시 필요한 조치였다. 부시는 9·11 이후 만약 그 사태 당시 알카에다가 핵무기를 보유했다면 그 참화는 3천 명 사망을 넘어 정말로 상상하고 싶지도 않은 상황일 것이라고 말했는데, 그 발언은 워싱턴의 WMD 확산방지 논리의 정당성을 잘 말해준다. 오늘날 트럼프 행정부는 이란의 핵개발 가능성을 원천 차단하기 위해 오바마 행정부가 테헤란과 체결한 핵 협정을 파기했는데, 그 결정 역시 그 당위성에 관한 많은 논란과 비난에도 불구하고 WMD의 위력을 반증하는 처사이다.

그러나 여기에서도 간과할 수 없는 사실은 반서방 국가들은 전혀 다르게 생각한다는 것이다(WMD의 경우 충분한 핵전력을 보유한 러시아는 미국과 '모스크바 협정'을 통해 양국의 핵무기 공동축소에 합의했는데, 그것은 살상의 수준과 안보비용을 축소시키기 위한 구조적 군비통제에 해당한다. 그러나). 모스크바는 북한의 수십 기 핵미사일, 또는 이란의 핵개발 가능성에 대해서 크게 우려하지 않는데, 왜냐하면 그 무기들이 러시아를 겨냥할 가능성은 거의 없기 때문이다. 중국도 유사한 생각을 갖고 있다. 반미 성향의 북한이 그 핵무기를 베이징을 향해 배치하지는 않을 것이다. 이란이 핵을 개발한다면 그것 역시 서방의 위협에 대비하기 위한 것이다. 그들로서는 아마 북한 핵과 미래의 이란 핵이 지구적 차원에서 미국과 대결하고 한반도, 아태지역, 중동지역에서 서방세력의 확대를 막는 중요한 역할을 수행한다고 생각할 것이다. 또 그들은 논리적으로 수천 개의 고도화된 핵무기를 가진 미국과 서방이 수십 기의 북한 핵, 그리고 아직 개발되지도 않은 이란 핵의 미래를 가정해 그 모든 것을 계속 위협으로 상정하는 것은 논리상 맞지 않는다고 주장할 것이다.[1] 그들은 미국이 가진 핵무기는 안전하고 반서방 국가가 가진 WMD는 위험하다는 워싱턴의 입장이 너무 편파적이라고 인식할 것인데, 그 현실은 모든 국가는 서로 다르게 생각하고 어느 한쪽의 입장만이 반드시 옳은 것이 아니라는 것을 입증한다. 케네스 월츠(Kenneth Waltz)는 파키스탄의 핵무기 보유가 인도의 핵을 견제해 서남아시아의 안정을 도울 것이라고 말했는데, 러시아와 중국은 그의 말에 동의할 것이다(물론 그들의 그런 입장은 한국에게는 치명적 위협이다).

(2) 9·11 이후

그러나 그 당시의 현실, 그리고 각자가 주장하는 논리가 무엇이건 역사는 그 방향으로 흘러가지 않았다. 러시아, 중국을 미국의 영향 하에 귀속시키고 '악의 축' 국가들을 정권교체 시킨다는 워싱턴의 구상은 무위로 돌아갔다. 갑자기 터져 나온 9·11은 세계 역사를 바꾸는 결정적 분기점으로 작용했다. 9·11을 계기로 미국은 러시아, 중국의 협력을 필요로 했고, 그로 인해 오히려 워싱턴은 그들의 요구를 수용해야 했다. 워싱턴이 러시아와 중국 길들이기를 포기했음에도 불구하고 미·러 관계가 악화된 것은 미국이 원래 원하던 WMD 기술유출의 방지나 러시아 민주화가 실패했기 때문이 아니라, 부시 행정부가 모스크바의 반대를 무릅쓰고 나토의 확대와 동유럽 MD 설치를 끝까지 밀어붙였기 때문이다. 중국과 관련해서는 워싱턴은 베이징 길들이기를 사실상 포기했고, 북핵문제 해결은

---

1) Dmitri Trenin, "Russia Redefines Itself and Its Relations with the West," The Washington Quarterly, Vol. 30, No. 2 (Spring 2007), p. 102.

실효성이 의문시되는 6자회담으로 이관됐으며, 이란 핵개발 가능성 차단을 위한 안보리에서의 미국의 시도는 성공하지 못했다. 반면 나중에 이라크는 핵을 개발하지 않고 있다는 것이 입증됐다.

　그런 가운데 9·11 사태가 발생했다. 헌팅턴은 '문명의 충돌'에서 서방과의 투쟁은 이슬람 문명의 도전으로부터 시작될 것이라고 예측했는데, 그의 주장과 분석은 기존의 현실을 그대로 반영했고 또 그 과정에서 그는 의미 있는 많은 논점을 제시했다. 그는 자유민주주의는 서방의 아주 희귀한 개념이고 그것은 보편적이기보다는 서방이 세계를 제패하는 과정에서 보편적인 사상으로 인식됐다고 말했다. 또 그는 서방은 그동안 WMD 확산방지를 위해 국제적 합의, 국제제도, 무기와 기술의 이전금지, 또 경제제재를 의도적으로 활용했다고 말했다. 그의 설명은 WMD 확산방지가 세계평화와 인류의 안전을 지키기 위한 서방의 고매한 이성의 산물이라는 서방 국가, 학자, 전문가들의 주장과는 큰 대조를 이룬다. 그의 설명은 미래에 대한 정확한 예측을 넘어 인간, 국가, 문명 모두가 원천적 한계로 인해 서로 승리하려 투쟁하는 상태에서 서로 어떻게 다른 가치를 추구하는지, 또 특수이익을 위해 어떻게 대의명분을 활용하는지를 선명하게 보여준다. 그리고 마지막으로 '문명의 충돌'을 위한 처방에서 그가 서방은 내부적으로 단결해야 하고, 다른 가능한 동맹을 하나라도 더 많이 끌어들여야 하며, 군사력 감축을 자제하고, 이슬람-유교국가의 군사력 확대를 저지해야 한다고 말한 것은 그의 예측과 대비책 모두가 현실주의자(realist)로서의 관점에서 이루어졌음을 보여준다. 그는 주장의 맨 끝에 모든 나라들은 문명의 충돌보다는 문명의 공존이 중요하다는 사실을 배워야 한다고 말했는데, 그의 말은 사실상 좁은 이익에 몰두하는 이기적 국가에게 그럴 가능성은 없다는 것을 암시한다. 그 모든 것은 이상의 고매함과는 별도로 현실세계 역학에 관한 깊이 있는 통찰의 중요성을 재확인시킨다. 그의 분석은 서구문명, 자유주의 가치의 장점에 대한 그의 신념과 선호에도 불구하고 어느 개인, 국가, 문명이나 이상을 갖고 있지만 그것들은 모두 상대적 원리에 따라 움직이며 어느 한 가지 만이 절대적으로 옳은 선이 아님을 시사한다.

　9·11에 의해 촉발된 '테러와의 전쟁'을 어떻게 평가해야 할까? 미국이 아프간 전쟁을 시작한 것은 문제될 것이 없다. 그것은 9·11을 촉발시킨 알카에다와 그들을 보호하는 탈레반 세력에 대한 보복이었는데, 유엔안보리 승인과 국제안보지원군(ISAF) 결성이 입증하듯 러시아, 중국을 포함해 전 세계 모든 국가들은 그 전쟁에 관해 이의를 제기하지 않

았다. 나중에 알카에다 리더 빈 라덴이 미 해군 특수부대(Navy SEALS)에 의해 사살됐을 때, 오바마는 이제 정의는 이루어졌다(Justice is done)고 말했다. 정의(justice)의 정의(definition)는 시대에 따라 조금씩 변화해 왔지만 고전적인 '이에는 이, 눈에는 눈'에서부터 19세기 '기여의 원칙'에 이르기까지 불변의 요소는 '주는 대로 받는 것'(reciprocity)이다.[1] 그러나 아프간 전쟁에서 부시 행정부는 처음 예상과는 달리 많은 어려움을 겪었다. 부시 행정부는 아프간 전쟁을 시작한 지 2개월 만에 원래 목표인 탈레반 정권을 붕괴시켰지만, 그 전쟁은 오바마 행정부에 의해 모든 주요 전투부대가 철수하기까지 14년이라는 오랜 시간이 걸리고 그 과정에서 수천 명의 병사가 사망하고 수천억 달러의 자금이 소요됐다. 2019년 오늘날에도 아프가니스탄 내 정세는 불안정한데, 그곳에 잔류하면서 친미 아쉬라프 가니(Ashraf Ghani) 정부를 돕는 1만 명 미군병사들은 아직도 수시로 반군 공격에 의해 살해된다. 아프간 전쟁에서 가장 문제가 되는 것은 미국 펜타곤 민간 리더십이 처음 그 전쟁을 시작할 때 그 최종 승리 가능성을 너무 안이하게 판단한 것이다. 미국은 탈레반정권 붕괴 1년 반 후 주요전투 종식을 선언했는데, 그 이후 본격적으로 진행된 시아파 카르자이 친미정권 수립과 ISAF의 아프간 전쟁 지원이 그 나라 안정에 충분한 동력을 제공할 것으로 판단했다. 그 직전 부시 행정부는 이라크 전쟁까지 시작했는데, 그것은 정말로 큰 착각이었다. 그 이유는 미국이 이라크 전쟁에 치중하는 동안 아프가니스탄에서 반군의 세력이 점점 확대되고 2007년 이후에는 모든 형태의 전쟁전술을 동원하는 반군폭력을 진압할 능력을 상실했기 때문이다. 또 아프간 전쟁은 연합군 간의 협력부족, 아프가니스탄 내 반미, 반서방 정서의 증가를 포함해 많은 취약점을 노출했다. 아마도 그런 것은 모든 전쟁에서 나타나는 공통적 현상일 것이다. 그래도 후임 오바마 대통령 취임 초기 수만 명 규모의 병력증강을 통해 사태를 진정시키고 일단 출구전략을 시행할 수 있었는데, 그것은 결과적으로 워싱턴에게는 큰 다행이었다.

(3) '테러와의 전쟁' 평가

9·11 사태, 테러와의 전쟁, 아프간 전쟁에 관한 전문가들의 분석은 어떤 의미를 갖는가? 2019년 현재의 입장에서 뒤돌아 볼 때, 배리 포전(Barry Posen)이 제시하는 '선별적 개입'은 현명한 전략으로 보인다. 그는 그 당시 미국에 퍼져 있는 여러 전략 이론을 설명

---

1) 정의에 관한 연구로 유명한 존 롤스(John Rawls)는 국내 정치에서의 정의는 약자를 돕는 것이라는 시각을 옹호했다.

하면서 신고립주의, 자유주의적 국제주의, 그리고 패권적 접근법의 문제점을 정확하게 지적한다. 특히 그는 중동 반서방 국가들에 대한 일괄적이고 전면적 공격을 통해 그 지역에 미국의 압도적 위상을 확립하자는 패권주의자들의 전략은 반 이슬람으로 간주될 것이라고 말하는데, 그것은 현실에 대한 정확한 진단이고 아무리 우월한 국가라도 모든 것을 자국 마음대로 할 수 없다는 기본가정에 전제한 접근법이다.

인도네시아 정치인 유스프 와난디(Jusuf Wanandi)의 주장 역시 같은 맥락에서 이해될 수 있다. 그가 가장 중요하게 제시하는 조언은 미국이 대외정책 수행에 있어서 동맹국 및 파트너 국가들의 의견을 고려해야 한다는 것인데, 그것은 부시 행정부의 무소불위적 일방주의 행동에 대한 경고이다. 그는 대테러 전략은 지구적 연합을 필요로 한다고 말했는데, 부시 행정부가 유엔안보리의 승인이 없이, 또 심지어 가까운 동맹국 프랑스, 독일까지 반대하는 이라크 전쟁을 일방적으로 진행해 전 세계 비난의 대상이 되고 더 나아가 그것이 미국이 쇠퇴하는 계기로 이어진 것은 인간집단으로 구성된 국가가 가끔은 얼마나 무모한 일을 저지르는지를 단적으로 보여준다. 더구나 와난디는 미국이 이스라엘−팔레스타인 문제에서 균형적으로 행동해야 한다고 조언했는데, 그것은 빌 클린턴에서부터 부시, 오바마 행정부에까지 미국의 중요한 중동정책이었다. 그러나 오늘날 이스라엘 네타냐후 총리는 요르단 서안지구 정착촌 확대 추진을 공언하고 미국의 트럼프 행정부는 그 정책을 지지하고 나섰는데, 그것은 미래 중동문제에서 통제하기 어려운 많은 부작용을 초래할 것이다.[1] 마지막으로 그는 이라크 관련 전면전 움직임에 반대하면서 왜 이슬람이 서방을 증오하는지를 알아야 하고 동시에 이슬람은 테러리스트들에게 이용당하지 말아야 한다고 말했는데, 그의 견해는 한쪽이 부당한 피해를 끼치지 않는 한 당사자 모두가 상대방의 권리를 인정하고 서로가 공존해야 한다는 단순한 진실을 일깨워준다. 흥미로운 것은 세계에는 월츠가 말하는 방어적 현실주의(defensive realism)뿐 아니라 머샤이머가 말하는 공격적 현실주의(offensive realism) 측면도 함께 존재한다는 사실이다.

스테펜 월트(Stephen Walt)의 의견 역시 탁월하다. 그의 견해는 자유주의적 국제주의의 특성을 띠는 전형적인 미국 민주당 성향으로, 그것은 서방식 자유, 인권, 시장경제 확산을 옹호하면서 동시에 다른 나라에 대한 힘의 남용이 없어야 한다는 것이다. 그래서 그

---

1) Dana H. Allin and Steven N. Simon, "Trump and the Holy Land," Foreign Affairs, Vol. 96, No. 2 (March/April 2017), pp. 37−38.

는 BWC, CTBT, 교토 기후협정과 같은 국제협약, 유엔을 포함하는 국제기구, 국가 간 협력의 중요성을 강조하고 미국이 일방주의를 자제해야 한다고 말했다. 동시에 그는 미국과 자유주의 가치가 승리할 수 있도록 대테러 전쟁을 위한 전략, 전술적 차원의 방안을 제시한다. 그의 견해가 문제될 것은 전혀 없다. 그것은 서구문명에 대한 자부심을 유지하는 가운데 타국을 존중하는 관점으로 세계 많은 곳으로부터 환영받는 접근법이다. 그런 맥락에서 그는 러시아와 나토 확대 및 MD 설치에서 대결보다는 타협을 추구하고, 중국과는 대만문제가 발목을 잡지 않도록 서로 상대방의 입장을 고려할 것을 주문한다. 만약 미국이 월트의 조언대로 행동했다면 오늘날과 같은 미·러 관계의 완전한 반목은 없었을 것이다. 그러나 한 가지 지적할 것은 그가 중동의 안정과 평화를 위해 이스라엘이 가자지구(Gaza Strip)를 팔레스타인 사람들에게 돌려주어야 한다고 조언한 것인데, 실제 2005년 아리엘 샤론(Ariel Sharon) 총리 치하에서 텔아비브가 이스라엘－팔레스타인 평화를 위해 그 조치를 취했지만 가자지구는 오히려 하마스(Hamas)의 테러 전진기지로 변모했다.[1] 그것은 어느 한쪽의 선의를 다른 쪽이 똑같이 받아들이지 않고 또 감사해 하지도 않는다는 것을 입증한다. 다른 한 가지 지적할 것은 아프가니스탄을 비롯한 중동에서 자유주의 국가를 건설해야 한다는 월트의 조언과는 다르게, 2019년 오늘날까지 워싱턴이 아프가니스탄, 이라크에서 시도한 그 전략은 전혀 성공을 거두지 못하고 있고 아직도 이슬람 문명이 가장 혐오, 경계하는 것은 자유주의 사상의 이슬람 침투라는 사실이다. 마지막으로 그는 모든 것을 넘어 미국이 해외개입을 축소하고 역외 균형자 역할로 돌아설 것을 권고했는데, 다행이도 2019년 오늘날 그것은 세계 안보전문가들의 공감대를 이루는 견해이다.

아프간 전쟁 자체에 관한 전문가 분석 역시 많은 것을 일깨워준다. 우선 안자 마누엘(Anja Manuel)과 피터 싱어(P. W. Singer)는 전쟁 초기 아프가니스탄에서 가장 시급한 임무는 모든 인종, 부족파벌이 합의하는 아프간 군대 창설이라고 주장했는데, 그보다 더 시기적절한 조언은 없었을 것이다. 그 이유는 미국, ISAF와 탈레반 반군이 벌이는 전쟁은 아프간 영토 위에서 진행되는데, 그 나라 전쟁의 가장 중요한 당사자인 카불 과도행정당국의 병력이 터무니없이 부족하고 또 그마저 경쟁하는 파벌로 인해 그들이 정치, 군사적으로 언제, 어떻게 분열될지 알 수 없기 때문이었다. 다시 말하면 그들은 가능한 한 빨

---

1) 1993년과 1995년 빌 클린턴 대통령 중재로 이스라엘과 PLO 간에 평화를 추진하는 오슬로 협정(Oslo Accords) I, II가 체결됐는데, 그 당시 이스라엘 주역 이츠하크 라빈(Yitzhak Rabin) 총리는 1995년 이스라엘 극우민족주의자에게 암살당했다.

리 미국이 나서서 아프간 친서방 세력의 정치파벌과 그들이 운영하는 사병을 혁파해 카불당국이 하나로 결집하도록 만들어야 한다고 주장한 것인데, 그것은 그들 말대로 향후 수십만 병력이 요구되는 상황에서 가장 시급한 과제였음이 틀림없다. 그러나 그런 조언에도 불구하고 결과적으로 아프간 군대는 오랫동안 지지부진하고 훈련조차 되지 않았는데, 그런 현실은 전쟁을 포함해 모든 대외관계에서 한 나라 국민의 단결, 단합, 그리고 자체 군사력이 얼마나 중요한지를 다시 한 번 되돌아보게 한다.

두 번째로, 탈레반 정권 축출 이후 새로 집권한 북부동맹의 문제점에 관한 설명에서 캐시 개논(Kathy Gannon)은 아프가니스탄의 가까운 지난 역사, 그리고 탈레반뿐 아니라 북부동맹까지 얼마나 잔인하고 부도덕한 집단인지를 잘 보여준다. 아직도 아프가니스탄에 정치파벌이 운영하는 개인감옥이 존재하고 특정집단이 아편무역으로 1년에 수억 달러 자금을 거둬들인다는 설명은 전 세계 모든 사람들을 놀라게 할 뿐이다. 그녀는 동시에 워싱턴이 그곳에서 추진하는 전략 역시 부도덕하고 근시안적이라고 말하면서 미국은 북부동맹이 아닌 다른 파트너를 선정해야 한다고 주장했다. 그러나 아프가니스탄의 과거와 현재에 관한 개논의 설명은 그 나라의 믿기지 않는 객관적 현실을 잘 보여주지만, 북부동맹이 아닌 다른 파트너와의 유대가 새로운 아프가니스탄의 탄생으로 이어졌을지는 의문이다. 그 이유는 북부동맹을 제외한 유일한 옵션은 파슈툰인데, 미국이 축출한 탈레반이 파슈툰 부족이기 때문이다. 또 다른 이유는 어느 특정 정파가 들어서도 그 나라의 정치, 사회, 경제발전은 순식간에 이루어지지 않을 것인데, 왜냐하면 각 개인은 정치인이나 국민이나 훌륭하고 존경할만한 사람이 있지만 전체적으로는 그 국민의 수준이 그 나라의 정치수준이기 때문이다. 실제 2019년 오늘날의 아프가니스탄 현실 역시 지난 20년 전과 크게 다르지 않고, 아직도 국내 파벌간의 화해, 정치, 경제발전은 이루어지지 않고 있다.

그러면 세 번째로 '아프간 전쟁의 막다른 골목'에 대해 설명한 이반 노발로프(Ivan Knovalov)의 견해는 어떻게 받아들여야 할까? 아프가니스탄에서 전쟁하는 연합군의 협력이 어떻게 부족한지에 관해 그는 생동감 있게 설명한다. 실제 전쟁에서 가장 큰 희생을 치르는 나라가 미국, 영국, 캐나다, 네덜란드라는 그의 말은 사실이고, 나토가 정말 제대로 작동하는지 의문이라는 그의 언급은 역사적으로 국가들이 어느 나라를 막론하고 왜 그렇게 분쟁에서 벗어날 수 없는지를 역설적으로 말해준다. 아프간 병력의 문제점에 대한 그의 세부적 지적도 탁월하고, 그 분석은 위에 언급한 마누엘과 싱어의 주장과 같은 맥락에서 이해될 수 있다. 탈레반 전술에 대한 묘사와 파키스탄의 중요성에 관한 설명 역시 전쟁에 임하는 연합군에게 많은 도움을 줄 것이다. 그러나 그는 병력증강으로 미군이 아프간 전쟁을 승리로 이끌 수 있을지에 대해 의문을 표시했는데, 다행스럽게 오바마 행정부는 대대적으로 병력을 증강하고 2011년 빈 라덴을 사살하면서 그 목표를 달성했다.

부시 행정부의 이라크 전쟁은 어떻게 보아야 할까? 이라크 전쟁에서 가장 중요한 이슈는 그것이 정당한 전쟁으로 인정받지 못하는 것이다. 그 이유는 뚜렷한 이유 없이 시작된 그 전쟁이 '주권의 존중'이라는 국제윤리규범을 무시했고, 그에 대해 유엔안보리의 승인이 없었으며, 러시아, 중국뿐 아니라 심지어 프랑스, 독일과 같은 핵심 나토 동맹국까지 반대했기 때문이다. 특히 나중에 밝혀진 바와 같이 부시 행정부의 주장과는 달리 이라크가 알카에다와 내통하지 않았고 또 그 나라에 핵무기가 없었던 것은 그 전쟁이 얼마나 무모하고 억지성격을 띠었는지를 말해준다.[1] 수천 명 미군을 포함해 수만, 수십만 명의 이라크인 인적 희생을 가져온 그 전쟁은 현재와 미래 역사에 전형적인 강대국 횡포 중 하나로 기록될 것이다. 존스홉킨스 대학의 로버트 터커(Robert Tucker) 교수는 이라크 전쟁을 하는 부시의 미국이야말로 '불량국가'(rogue state)라고 말했는데, 그의 코멘트가 많은 진실을 담고 있음을 부인하기는 어려울 것이다.[2] 안타까운 것은 그 전쟁을 거치면서 미국의 힘이 하락하기 시작한 것인데, 그것은 아마 지난 수천 년간 이어져 온 강대국 흥망성쇠 과정의 시작일 것이다. 다른 한편 그 전쟁은 세계의 '전쟁과 평화'를 책임지는 유엔 역할의 한계를 보여주었다. 안보리에서 비토권을 가진 상임이사국들이 결사적으로 반대했음에도 불구하고 그 기구는 워싱턴 행동의 부당함을 막지 못했다. 그 현실은 유엔을 포함해 안보관련 국제기구의 핵심성격이 세계평화보다는 강대국의 세력균형을 논의, 조정하기 위해 조직됐다는 분석을 정당화한다. 1970년대 국제적 필요에 의해 서방이 자유주의 대만을 축출하고 그 대신 공산주의 중국을 안보리 상임이사국으로 초청한 것이 그런 비근한 예다. 역사적으로 국제기구는 대체로 비슷하게 작동했다. 15세기 이탈리아 반도 모든 도시국가들이 모인 국제기구인 '최신성동맹'(Most Holy League)에서 5개의 강대

---

1) 이라크에서 핵무기가 없다는 것이 확인되면서 부시 대통령은 그 전쟁은 이라크와 중동을 자유민주주의로 전환시키는 목적을 가졌다고 말을 바꿨는데, 그것은 수많은 전문가, 중동국가들로부터 심한 비난에 처했다. 전문가들은 그 발언이 서방문화의 이슬람 침투를 혐오하는 중동정서에 기름을 붓는 행위이며 정말로 '문명의 충돌'을 야기할 수 있는 무분별한 행동이라고 비판했다.

2) 클린턴 행정부 당시 국무장관으로 재직한 매들린 올브라이트도 부시 행정부의 이라크 침공을 맹비난했다.

도시(Big Five)는 역내 평화가 아니라 자기들의 세력균형 논의에 몰두했고, 그 과정에서 작은 도시국가들은 희생을 면치 못했다. 나폴레옹 전쟁 이후의 '비인회의'(Congress of Vienna)체제에서도 국경선 획정을 포함해 유럽 내 모든 국제문제는 5개 강대국(Big Five)에 의해 운영됐다. 제1차 세계대전 이후 미국 대통령 우드로우 윌슨(Woodrow Wilson)이 창설한 국제연맹(League of Nations)은 다소 경우가 달랐는데, 그 기구는 미국의 불참으로 프랑스가 좌지우지했다. 그러나 국제기구와 관련해 잊지 말아야 할 것은 그 조직은 역할과 비용을 포함해 강대국들의 참여가 없이는 제대로 운영될 수 없다는 것이다. 그것은 세계안보는 몇몇 핵심 강대국이 운영한다는 사실을 재확인시키고, 국제정치에서 강대국은 생산자(producer)이고 나머지는 소비자(consumer)라는 조지 리스카(George Liska)의 식견, 그리고 전 세계에서 자기 운명을 스스로 결정할 수 있는 나라는 미국, 러시아, 중국, 인도뿐이라는 러시아 전문가 드미트리 트레닌(Dmitri Trenin)의 흥미 있는 주장을 상기시킨다.[1]

이라크 전쟁의 과정에 관한 전문가 견해는 어떻게 이해해야 할까? 이라크 전쟁의 성격과 향후 미국 정책방향에 관한 분석에서 래리 다이아몬드(Larry Diamond)는 그 전쟁은 미군 및 연합군에 대한 이라크인의 국민적 반미투쟁인 동시에 시아파와 수니파 간의 공동체적 내란이라고 말했다. 그것은 일부 전문가들이 그 전쟁을 이라크 인들의 내란일 뿐이라고 몰아가는 것을 부정하는 정직한 진단인데, 그들이 그 전쟁을 그렇게 호도하려는 이유는 아마도 미국의 엄청난 책임을 모면하려는 의도에서 비롯됐을 것이다. 그는 또 미국과 친미 시아파 말리키 정부가 수니 저항을 진압하지 못할 것으로 예상하면서 전쟁을 종식시키고 평화를 이루기 위해 두 갈래 동시처방을 제시하는데, 하나는 미국, 유엔, EU, 또 필요한 중동 행위자를 포함하는 국제사회가 개입해 시아, 수니 화해를 돕는 것이고 다른 하나는 정치, 경제파워의 올바른 배분을 유도할 다수가 동의하는 헌법을 도입하고 그동안 진행되던 국가건설을 차질 없이 계속하는 것이다. 다이아몬드의 처방은 매우 합리적인데, 왜냐하면 그 방안은 언젠가는 종전을 하고 이라크 인들에게 통치권한을 돌려주기 위한 필요에서 시아, 쿠르드, 수니라는 당사자 모두가 서로 한발씩 물러나 공평하게

---

1) 약소국의 취약한 위상에 관해서는 Robert L. Rothstein, <u>Alliances and Small Powers</u>, New York and London: Columbia University Press, 1968; Michael Handel, <u>Weak States in the International System</u>, London: Frank Cass and Company Limited, 1981; 약소국이 동원할 수 있는 파워에 관해서는 Annet B. Fox, <u>The Power of Small States</u>, Chicago: University of Chicago Press, 1959를 참조할 것

이익을 나누는 형태를 띠기 때문이다. 그러나 일단 여기서 간단히 지적할 것은 그는 그의 의견을 2006년 후반기 이라크 전쟁이 최고조로 악화되고 미국의 실패 가능성이 높아지던 시기에 제안했는데, 평화를 유도하려는 그의 방안은 아마 모든 당사자들에게 수용이 어려웠을 것이다. 그 이유는 시아파는 또다시 불행했던 과거로의 회귀를 우려하는 반면 반군들은 자기들이 승리할 것이라고 생각했을 가능성이 높기 때문이다. 미국의 입장에서도 그 전쟁에서 반드시 승리해야 하는데, 왜냐하면 그렇지 않을 경우 그 나라는 더 큰 혼란, 심지어 더 큰 국제전으로 비화하고 또 비록 그것이 잘못 시작된 전쟁일지라도 실패할 경우 미국의 명분은 더욱 더 초라해질 것이기 때문이다. 결과적으로 부시 행정부가 추진한 전략은 다이아몬드의 조언과는 달리 그 몇 달 후 추진된 수만 명 병력증강과 퍼트레이어스의 '수니의 각성'을 통해 전쟁을 승리로 이끈 것이다. 그것은 적과의 타협과 화해가 아니라 현명한 전략과 힘의 우위를 통한 압도적 승리였는데, 그로 인해 미국은 일단 이라크를 안정화시키고 그 이후 오바마 행정부에 이르러 그 나라로부터 성공적으로 철수할 수 있었다.

한편 제임스 도빈스(James Dobbins)는 부시 행정부가 제2차 세계대전 이후 독일, 일본을 다루듯 이라크를 전쟁승리에 의한 전리품으로 간주해 모든 전후 처리를 독단적으로 진행한 것이 잘못이라고 지적하면서 그 전쟁을 종식시키고 미국이 그 전쟁으로부터 탈출하기 위해서는 지역외교가 필요하다고 주장했다. 그의 견해는 한편으로는 다이아몬드가 처방한 국제사회 개입 필요성과 비슷한 맥락에서 이해될 수 있는데, 주목할 것은 그가 지역외교를 위해서 미국이 이라크, 또 이라크를 넘어 중동을 자유주의로 민주화시킨다는 발상을 포기 또는 지연시켜야 한다고 말한 것이다. 심지어 그는 자유민주주의는 중동지역에 수용 가능한 개념이 아니라고 말했는데, 그것은 제2차 세계대전 이후 당적을 막론하고 미국이 추진해 온 근대화(modernization), 또 냉전 이후 시대 특히 민주당 행정부, '민주적 평화'(democratic peace)를 말하는 마이클 도일(Michael Doyle), 스테펜 월트를 포함하는 수많은 자유민주주의 옹호세력의 관념과는 완전히 대비되는 발상이다. 가장 핵심적으로 이라크와 중동에 자유민주주의를 강요하지 말라는 그의 조언은 2019년 오늘날 뒤돌아 볼 때 현실을 직시하고 미래를 내다보는 베테랑 외교관의 냉철한 판단으로 평가될 것이다. 차임 카우프만(Chaim Kaufman) 교수의 분석 역시 현실주의자로서의 탁월한 인식을 반영한다. 그는 다이아몬드나 기타 합리적 이성을 강조하는 그룹이 선호하는 권력의 분산은 원래 어렵기도 하지만 시아파가 사형집행조를 운영하고 시아와 수니가 서로 대량 학살하는 오늘날의 현실에서 타협의 가능성은 전무하다고 말한다. 그는 워싱턴은 그 부당한 전쟁으로 인해 앞으로도 오랫동안 전 세계로부터 비난받을 것이라고 말하면서 향후 가장 필요한 이라크 주둔 미군의 임무는 시아, 수니파 주민이 더 이상 억울하게 희생당하지 않도록 그들을 보호하는 것이라고 강조한다. 그의 판단과 처방은 정확한 현실인식에 기초한 미국을 위한 방안으로, 그것은 이미 발생한 비극을 최소화하는 방향으로 설정된 것으로 보인다. 그 이후의 이라크 상황은 그가 예측하고 조언한대로 흘러갔고, 그것은 미국이 친미정권을 유지하는 가운데 오바마 행정부의 성공적 출구전략으로 이어졌다. 마지막으로 레슬리 겔브(Leslie Gelb)는 다이아몬드가 주장하는 정책과 거의 비슷한 방안을 제시한다. 그는 연방제 설립을 통해서 경쟁하는 집단의 정치, 경제적 권력분산을 유도해야 한다고 주장한다. 그의 연방제는 지방정부에게 중앙정부 법안을 비토 할 수 있는 권한을 부여하고, 각 지역의 지방정부에게 충분한 오일수입을 보장하며, 지역 간에 불가침조약을 체결하는 특별한 방식이다. 그 방안은 또 지역 간 불가침을 보호하기 위해 이웃 국가들의 불가침 재확인을 전제로 하는데, 그것은 마치 제1차 세계대전 이후 유럽의 안정을 재보장하기 위해 도입된 로카르노 조약(Locarno Pact)을 상기시킨다. 그 방안은 다이아몬드 경우에 언급했듯이 합리적이기는 하지만 역사는 다른 방향으로 진행됐다. 높고 고매한 이상은 존경할 가치가 있지만, 현실을 더 정확하게 인식하고 실현가능한 방안을 제시하는 것 역시 중요할 것이다.

(4) 강대국 관계의 현실주의 진단

미·러 관계는 2002년 5월 부시와 푸틴의 모스크바 정상회담 공동선언이 말해주듯 순조롭게 출발했다. 그때 그들은 대테러, 나토-러시아 위원회, WMD 비확산, 미사일방어망, 지역갈등 해소에 관한 협력을 약속했다. 국내조치와 관련해서 푸틴은 적어도 선언적으로는 서방이 선호하는 민주주의, 인권, 언론의 자유 수호를 수용했다. 그러나 양국관계는 대테러, WMD 확산방지에서 일부 협력을 제외하면 파국의 길로 나갔는데, 그 이유는 부시 행정부가 푸틴 정부의 지속적 설득과 반대에도 불구하고 나토확대, 그리고 워싱턴이 원하는 형태의 동유럽 MD 설치를 끝까지 고수했기 때문이다. 앞에서 계속 말했듯이 워싱턴의 정책은 미국의 이익을 위한 것으로 문제될 이유가 없지만, 모스크바의 반대 역시 자국 이익보호를 위한 것으로 문제될 이유가 없다. 여기서 문제는 관계국들이 모두 자기의 안보이익만 강조할 때 그것이 안보딜레마(security dilemma)로 이어지고 당사자들은 어렵고 때로는 감당하기 어려운 후과를 감내해야 하는 것이다. 실제 미·러 관계는 치킨게임(chicken game) 양상을 띠었다. 그런데 흥미로운 것은 게임이론(game theory)이 말하듯 정면충돌이 반복되면 시간이 가면서 협력이 발생하게 되어 있는데, 미·러 관계는 러시아－조지아 5일 전쟁과 모스크바의 2014년 크리미아 점령 이후에도 아직 그 상태로 진입하지 않았다. 두 나라는 2019년 현재에도 협력이 배제된 경쟁관계, 대치상태에 놓여 있다. 비록 오바마 행정부가 출범 초 리셋(reset) 정책을 구사하면서 미·러 두 나라 관계가 한동안 순항했지만, 그 역시 나토확대와 MD 문제로 인해 다시 파국으로 향했다.[1]

드미트리 트레닌(Dmitri Trenin)의 분석은 그 당시 미·러 관계 파탄의 과정과 역학, 러시아의 심리와 정책에 관해 많은 것을 알려준다. 그는 서방의 러시아에 대한 부당한 대우, 나토와 EU 확대를 통한 러시아 영향권 흡수 시도 등으로 인해 앞으로 러시아에서 친서방 정부는 나타나지 않을 것이라고 말했는데, 그의 견해는 그 당시 현실을 정확하게 반영하고 미래 미·러 관계를 정확하게 예측했다. 역사적 현실은 그가 예상한 대로 흘러갔다. 그는 또 러시아는 친서방은 아니지만 반서방도 아니며 또 서방이 예외적으로 근시안적 정책을 추진하지 않는 한 중·러 동맹은 발생하지 않을 것이라고 말했는데, 그것은 러시아의 향후 정책은 서방의 태도와 행동에 달려 있음을 의미한다. 그러나 여기서 한 가지 굳이 지적하자면 러시아가 친서방, 반서방도 아니고 서방이 러시아를 있는 그대로 대우해야 한다는 그의 주장은 다소 과장된 것으로 보인다. 그 이유는 수백 년 이상의 역사 속에 뿌리박힌 러시아 정교회(Orthodoxy)와 범슬라브주의(Pan－Slavism)는 본질적으로 러시아를 서방과 분리시키고, 러시아는 성격상 친 서방이기 어렵기 때문이다.[2] 그래도 서방이 절제하면 서로 문화, 문명이 다르더라도 양측이 평화공존할 수 있다는 그의 식견은 수용해야 할 것이다. 한 가지 더 강조하고 싶은 것은 서방의 오만과 일방주의로 인해 미·러 관계가 망가진 것은 사실이지만, 미래 양국관계를 포함해 모든 것이 반드시 서방만의

1) 2014년 푸틴의 크리미아 점령과 관련해 보통 서방은 그것이 소련제국을 부활시키려는 푸틴의 의도에서 유래한 것으로 비난하지만, 존 머샤이머는 그 근본 원인은 나토의 동쪽으로의 확대, 그리고 서방의 우크라이나 내 친 민주주의 세력 활동에 대한 지원이라고 분석했다. John J. Mearsheimer, "Why the Ukraine Crisis Is the West's Fault," Foreign Affairs, Vol. 93, No. 5 (September/October 2014), pp. 77－89.
2) 범슬라브주의는 역사 속에 뿌리박힌 러시아 민족주의로, 그것은 러시아 정신에서 나오는 힘이 러시아를 서유럽의 지배로부터 자유롭게 한다는 사상이다. 그 사상은 파워는 정신적 목적에 봉사하고 신에 도달하기 위한 수단이라고 말한다.

책임은 아니라는 것이다. 그것은 왜냐하면 러시아 역시 방어목적이든 공격 목적이든 지난 수백 년간 외부로의 팽창을 추구해 왔고 또 앞으로도 더 국력이 강화되면서 다시 강대국으로서의 행동을 멈추지 않을 것이기 때문이다. 어떤 이유에서건 이미 러시아는 구소련 공화국들과 관계를 강화하고 중국과 다자, 양자차원에서 안보, 경제협력을 진행하며, 중앙아시아에서 SCO 국가들과 공조를 계속하고 중동에서 반서방 국가들과 협력하고 있는데, 그것은 러시아가 강대국을 넘어 제국으로 향하고 있음을 말해준다.

한편 미·중 관계는 미·러 관계만큼 복잡하거나 갈등 속에 있지 않았다. 미·중 두 나라는 대테러 분야에서 활발하게 협력했고, WMD와 재래식 무기 확산에서는 상당한 견해차에도 불구하고 서로가 개진하는 이의는 제한적이었으며, SCO와 대만안보를 포함하는 국제이슈의 운영 역시 약간의 논란에도 불구하고 큰 문제는 없었다. 미·중 관계가 순조롭게 진행된 가장 큰 이유는 부시 행정부가 베이징에게 지나친 안보 및 국내 관련 요구를 자제했기 때문이다. 흥미 있는 것은 워싱턴이 선의에 의해 베이징을 우대한 것이 아니라 '테러와의 전쟁' 목적상 강대국으로 자리매김해 가는 중국과의 관계가 엇나갈 경우의 부정적 결과를 우려했기 때문이다. 그 두 나라 관계는 각자가 이익을 추구해 가면서 우호관계를 유지하기 위해 서로 자제하는 성숙하고 절제된 성격을 띠었다.

미·중 관계의 현재와 미래, 그리고 미국의 아시아 정책에 대해 제임스 호지(James Hoge)가 제시한 의견은 어떻게 보아야 하나? 그는 전 세계적 차원의 세력균형이 서양에서 동양으로 이동해 가고 있는 현실에서 미국은 아시아의 떠오르는 강대국 중국, 인도와 협력을 강화해야 한다고 주장했다. 그는 중국과 인도가 가장 강력한 국가로 부상하고, 동남아는 중국을 중심으로 해외연계망을 확대하며, 북한, 대만은 아시아 정세의 돌발변수가 될 수 있다고 말했다. 그의 관찰은 예리하면서도 몇 가지 점에서 이색적이다. 첫째, 그는 파워가 서양에서 동양으로 이동하고 있다고 말하는데, 그것은 중국의 부상은 인정하면서도 세계정치 담론에서 미국의 힘과 EU 능력의 중요성을 신성시하는 대부분 서방 전문가들의 진단과는 약간 다르다. 그렇지만 그의 분석을 부정하기는 어려울 것이다. 두 번째는 일본의 파워가 미래에는 상대적으로 하락할 것이라는 그의 전망인데, 그것은 중국, 인도의 성장속도, 잠재성장력에 비추어 전혀 근거 없는 말은 아니다. 실제 1990년대 초 이후 시작된 '잃어버린 20년'을 넘어 2019년 오늘날까지 일본경제는 세계 3위의 GDP 규모를 유지하는 상태에서도 성장세는 별로 인상적이지 않기 때문이다. 고이즈미의 경제개혁이 일본의 경제성장을 돕고 그 이후 제2기 아베내각의 아베노믹스(Abenomics)가 경제성장에 모든 노력을 쏟아 부었지만 그 성과는 기대보다 약하다.[1] 서방에서는 국가주도의 경제, 관치금융으로 인한 금융권 부실, 낙농업분야에 대한 지나친 보호, 그리고 고령화 등 여러 요인을 일본경제 부진의 원인으로 지적하는데, 그 원인 여부를 떠나 현재의 현실은 호지의 지적에 상당한 정당성을 부여한다. 또 일본 능력 하락의 전망에 비추어 호지는 미국이 중국, 인도와 함께 아시아에서 강대국 클럽을 구축해 아태지역 정세를 이끌어 나갈 것을 권고하는데, 그것은 일부 현실성 있는 제안이기는 하지만 도쿄에게는 아마 큰 심리적 타격을 주는 조언일 것이다.

한 가지 특기할 것은 그가 한미 관계에서 워싱턴의 서울에 대한 기대가 적어졌다고 말하는 것인데, 그는 그 이유로 노무현 정부, 그리고 한국 청년층의 반미성향을 거론했다. 그것은 그 당시 한국 내에서 반미, 친중 정서가 확산된 것에 대한 실망감을 반영한다. 하나 덧붙이면, 그 당시 여러 전문가들은 유럽에 널리 퍼진 반미감정이 부시 행정부에 대한 불만에서 비롯된 것과 달리 한국에서는 부시 행정부가 아닌 미국 자체에 대한 반감이 존재한다고 지적했다. 사실 한국에는 상당수준의 반미 감정이 존재하고 오늘날의 한국은 점점 더 중국 쪽으로 기울어지는 것으로 보이는데, 한미동맹의 약화는 한국안보의 미래를 위기로 몰아갈 것이다. 동맹은 이익에 따라 전환하는데, 북한 핵 폐기 가능성이 의문시되고 중국의 힘이 하루가 다르게 커지는 상황에서, 그리고 2019년 오늘날 미국의 중재에도 불구하고 한일관계까지 악화되는 상황에서 한미관계가 제대로 작동하지 않을 경우의 미래는 너무도 위험할 것이다. 한국은 가깝게는 애치슨(Dean Acheson) 발언의 교훈을 잊지 말아야 하고 멀리는 통일문제가 제기될 때 동맹이 흔들리고 핵무기가 결여된 한국의 입장이 어떨 것인지를 심사숙고해야 할 것이다. 또 대화를 통한 통일과 관련해서는 예멘의 경우를 참고해야 하는데, 왜냐하면 국가는 늘 최악의 상황(worst case scenario)에 대비해야 하기 때문이다.

....

1) 아베는 2012년 12월 총리 취임 이후 아베노믹스로 일본경제 살리기에 나섰는데, 그 수단으로 통화의 양적완화, 정부재정지출 확대, 구조개혁의 세 가지 수단을 동원한다. 그러나 정부지출 확대는 이미 그 효용이 약화됐고, 구조개혁은 거의 이루어지지 않고 있다. 정부재정 지출 확대는 소비세 인상으로 2014년 4월 이후 그 효과가 상쇄됐다. 생산성 증대를 위해 가장 필요한 것은 기업 구조조정이지만, 도쿄 당국은 일본의 내수시장을 겨냥하는 생산성이 낮고 경쟁력이 없는 기업 간 잘못된 합병을 추진하면서 경쟁촉진 또는 노동유연성 증진과는 거리가 먼 정책을 시행한다. 그래서 일본에서 새로 생겨나는 직업은 비정규 임시직이 더 많다. Richard Katz, "Voodoo Abenomics (Japan Failed Comeback Plan)," Foreign Affairs, Vol. 93, No. 4 (July/August 2014), pp. 133–141.

그러면 중국 대외관계의 원칙으로 후진타오가 처음에 내세운 화평굴기(peaceful rise)가 이치에 맞지 않는다고 지적하는 머샤이머의 분석은 어떻게 이해해야 할까? 머샤이머는 우선 중국은 부상하면서 주변국과 평화롭게 지내는 것이 아니라 많은 갈등을 초래할 것이라고 말한다. 또 중국의 부상에 대항해 미국이 러시아, 인도, 일본, 싱가포르, 한국, 베트남을 포함하는 주변국들과 연합해 중국의 부상을 봉쇄할 것이라고 주장한다. 일단 중국이 힘이 커지면서 주변국들과 갈등을 빚을 것이라는 그의 분석은 부정하기 어려울 것이다. 그 이유는 지난 수천 년간 반복되어 온 현상이 중국의 경우에만 예외가 될 가능성은 거의 없기 때문이다. 이미 중국이 미국과 원천적인 경쟁관계에 있고 일본과는 심한 적대관계를 유지하는 것만으로도 베이징의 미래 대외관계의 모습을 예상해 볼 수 있다. 중국은 또 아세안, 인도와 협력을 진행하면서도 영토분쟁 등 해결하기 어려운 난제에 직면해 있는데, 그것 역시 중국의 미래 대외관계를 엿보게 한다. 가장 대표적으로 '문명의 충돌'에서 말하는 서방 대 이슬람—유교국가 관계 역시 중국의 대외관계 갈등이 피해가기 어려운 것임을 말해준다. 그렇게 좌충우돌하는 중국에 반대해 미국이 봉쇄를 시도하고 다른 나라들이 그에 동참할 것이라는 그의 전망 역시 상당한 설득력을 갖는데, 왜냐하면 세력균형을 위한 국가 간 동맹, 연합, 투쟁은 국가관계의 보편적 현상이기 때문이다.

그러나 그 설명의 과정에서 그가 제시하는 논리는 약간의 문제를 갖고 있는 것으로 보인다. 예컨대 머샤이머는 미국이 서반구에서 지역패권을 확립하기 위해 유럽을 몰아냈듯이 중국 역시 아시아에서 패권을 설정한 후에는 미국을 밀어내려 시도할 것이며, 그것이 미·중 갈등, 미국의 중국봉쇄로 이어질 것이라고 말한다. 그 논리를 정당화하기 위해 그는 미국이 서반구에서 세력을 확대시킨 과정을 설명하는데, 그의 분석은 많은 진실을 담고 있다. 그렇지만 그는 단지 미국이라는 한 나라의 팽창 역사에 근거해 어느 강대국이든 자국이 속한 지역, 국제체제 내에서 패권을 확립하려 하고 그 이외의 지역에서는 다른 패권국이 나타나지 못하게 개입, 방해한다고 말하는데, 그것이 전부 사실인지는 의문이다. 그 말은 지역 패권국들은 모두 소위 해외균형자(offshore balancer) 역할을 시도하는 것 같은 뉘앙스를 주는데, 그것은 역사적으로 사실이 아니다. 예를 들어, 17세기 중반 루이 14세의 프랑스는 유럽에서 거의 패권을 장악하고 동인도, 서인도 회사를 통해 외부로의 팽창을 기도했지만 다른 지역의 패권국 등장을 방해하려는 움직임은 없었다. 또 그럴 여력도 없었다. 그 당시 세계 최고의 강대국 중국 역시 동아시아에서 패권을 장악했지만, 다른 지역 패권국의 등장을 방해하려는 생각은 없었고, 또 교통통신의 취약으로 인해 그럴 여유, 필요도 없었다. 19세기 영국은 유럽에서 절대적 패권을 장악한 것이 아니라 전 세계로 진출해 지구적 차원에서 프랑스, 러시아, 독일, 미국에 비해 상대적으로 유리한 세력균형을 장악했고, 오늘날 뒤돌아 볼 때 그것을 '영국에 의한 평화'(Pax Britannica)라고 부를 뿐이다. 러시아, 프러시아, 오스트리아, 프랑스를 포함해 어느 유럽국가도 19세기 당시 유럽에서 확실하게 패권을 설정한 나라는 없었다. 그 당시 미국 동부의 연방국가는 고립주의를 표방하면서 북아메리카 동부에서 중서부로 영토를 확장해 나갔고, 그 과정에서 그곳에 침투해 있던 유럽제국 및 멕시코와의 전쟁, 그리고 여러 나라들로부터의 토지매입을 통해 영토를 확장했다. 그 당시의 미국은 해외원정에 나설 입장이 아니었다. 그리고 미국은 19세기 중반 산업혁명이 진행되고 그로 인해 산업, 군사력이 확대되면서 대체로 1890년대 이후 세계원정에 나서 몇몇 해외영토를 확보했고, 제1차 세계대전에서 영국, 독일을 포함해 유럽이 폐허가 되면서 세계정치에서 비로소 두각을 나타냈다. 그러나 그 이후에도 국제연맹 가입이 무산되면서 미국은 또 다시 고립주의로 회귀하고, 세계정치의 중심은 아직 유럽, 특히 영국이 아직도 실질적 세계패권을 보유했다. 그렇게 20세기 초 세계 최대의 경제규모와 최고 생산성에도 불구하고, 미국은 제2차 세계대전에서 또다시 유럽이 폐허가 되기 전까지는 세계사의 주역이 아니라 아직은 변두리에 머물러 있었다. 이 모든 것은 머샤이머의 논리와는 달리 한 지역의 패권국은 자기 지역에 머물면서 다른 대륙이나 지역의 강대국의 부상을 방해하는 것이 아니라, 가능하면 한 치라도 더 넓은 영역에서 영향력 확대를 추구하고 그것이 성공하면 그 지역에 패권이 성립된다는 것을 말해준다.

머샤이머의 주장과 관련해 또 한 가지 지적할 것은 그가 러시아, 인도, 일본, 싱가포르, 한국, 베트남 같은 주변국들이 중국을 봉쇄하기 위해 미국과 연합할 것이라고 전망한 것인데, 가시적 미래에 러시아, 인도가 미국의 시도에 동참할 가능성은 거의 없을 것이다. 그 이유는 일단 오늘날 중·러 관계는 아주 양호하고, 경제, 군사파워가 압도적으로 성장해 중국이 러시아와 같은 거대하고 막강한 국가를 위협하는 데 얼마나 오랜 시간이 걸릴지, 또는 과연 중국이 러시아를 위협할 수 있을 지 의문이기 때문이다. 또 비록 최장 30년 후 중국의 GDP가 미국의 두 배가 된다 해도 베이징이 그 경제력과 군사력으로 미국을 압도할 수 있다고 생각하는 것은 오산이다. 그것은 압도적인 경제력 격차에도 불구하고 오늘날 미국이 러시아를 제압하지 못하는 것과 마찬가지이다. 오히려 중국이 부상하면서 미래 국제질서 구조는 미국, 중국, 러시아라는 서로 침범하기 어려운 강대국들이 각각의 영향권을 설정하고 서로 협력과 견제를 병행하면서 공존하는 형태일 가능성이 높다. 조지 리스카(George Liska)를 포함해 국제정치의 석학들은 비인체제와 비슷하게 강대국들이 협력구조(Great Power Concert)를 만들고 세계를 분할, 지배하는 것이 오히려 현실적 방안이라고 말했는데, 정말로 미래 국제구조가 그렇게 정착된다면 오히려 강대국 간 평화가 오래 지속될 수 있을 것이다.[1] 인도의 경우도 비슷하다. 그 이유는 오늘날 인도는 미국, 러시아, 중국, 일본 모두와 중립적 우호관계를 유지하는데, 미래 미·중 충돌 시 인도의 파워, 러시아, 미국의 힘, 일본의 동향, 그리고 각국의 이해관계 등 여러 요소가 고려대상이기 때문이다. 또 머샤이머의 말과는 달리 싱가포르, 한국, 베트남을 포함하는 주변국들이 미국의 반 중국 연합에 가담할 가능성도 장담할 수 없는데, 왜냐하면 강대국들은 서로 세력균형에 나서는 반면 강대국이 아닌 나라들은 대체로 승자 편에 서는 편승전략(bandwagoning)을 선호하는 경향이 있기 때문이다. 일본은 미국 편에 설 가능성이 높지만, 다른 나라들의 태도는 더 두고 보아야 할 것이다.

반면, 미·일 관계는 두 나라가 동맹인 이유로 미·러, 미·중 관계와는 완전히 달랐다. 그러나 그 관계도 약간의 부침을 경험했는데, 그것은 왜냐하면 우경화로 특징지어지는 고이즈미 시기 미·일 관계는 특별히 서로 우호적이었지만 2009년 9월 민주당(DPJ)이 집권한 이후 3년여 기간에는 약간의 우여곡절을 겪었기 때문이다. 그럼에도 불구하고 DPJ도 나중에는 미국의 중요성을 재인식하고 오키나와 기지이전 관련 미국의 요구를 수용했고, 무능한 DPJ를 제치고 자민당이 재집권하면서 오늘날 미·일 관계는 지난 수십 년의 원상을 회복했다. 미·일 관계의 맥락에서 가장 주목할 점은 DPJ가 반미성향을 드러내고 중국, 한국, 아세안을 포함해 아시아 중시전략을 추진했음에도 불구하고 베이징이 도쿄의 진정성과 관계없이 자기들 이익을 위해 일본을 무차별적으로 밀어붙인 것이다. 그로 인해 일본은 또다시 친미로 원상 복귀했지만, 그 사건은 나토와 MD를 둘러싼 미·러 관계와 마찬가지로 자국 중심적 국제관계가 상대 당사자의 진심에 그다지 연연하지 않음

[1] 헨리 키신저는 다극적 비인체제가 19세기 유럽 내 평화유지의 중요한 요인이라고 말했는데, 그 말은 일리가 있지만 실제 19세기 유럽 내에서 전쟁이 적었던 가장 큰 이유는 그 나라들이 해외원정에서 충분한 이익을 얻어 유럽 내에서 싸울 필요가 없었기 때문이다. 그 대신 그들은 제국주의 열망으로 인해 해외에서 경쟁했고 그로 인해 제1차 세계대전이 발발했다. 그들은 제1차 세계대전 당시 유럽으로 돌아와 본토에서 전쟁한 후 또 다시 과거 해외식민지로 나가 경쟁했고, 제2차 세계대전이 또다시 발발했다. 제2차 세계대전은 베르사이유 평화조약의 조건이 너무 혹독한 것이 독일인들에게 반감을 준 것도 전쟁 발발의 요인이지만, 큰 틀에서 그것은 영국의 세계패권에 대한 독일의 두 번째 도전으로 해석된다.

을 재확인시켜 준다.

  2012년 말 자민당이 재집권하고 아베 신조가 두 번째 총리직을 맡은 이후에도 일본은 고이즈미 시기의 노골적 우경화는 아니지만 계속 민족주의적 성향을 띠는 형태로 행동하는데, 일본에서 새롭게 대두되는 민족주의에 관한 유진 매튜스(Eugene Matthews)의 분석은 어떻게 이해해야 할까? 그는 신민족주의 발현은 일본인들, 특히 전쟁의 위험을 모르는 청년층이 해외에서 증대하는 위협과 일본 외교위상의 하락, 그리고 국내에서 침체하는 경제로부터 벗어나기를 원하는 것에서 비롯됐고, 그로 인해 일본 내에서 평화헌법 제9조의 개정, 핵무장 필요성, 그리고 국내 경제구조 개혁 주장이 증가한다고 진단한다. 그는 또 일본인들은 주변국의 계속적인 과거 관련 사과 요구에 피로를 느끼고, 주변국들이 역사문제와 헌법 제9조에 초점을 맞추는 것은 오히려 일본인들의 증오를 부추긴다고 말한다. 그의 그런 분석은 오늘날 일본이 겪는 대내외적 위기감을 사실 그대로 드러내는 것으로 일정수준 객관적 현실을 반영한다. 그렇지만 세부적으로 일본 정치권의 야스쿠니 신사방문이 그들의 군사영웅 존경에 대한 표시이기 때문에 그것을 비판하지 말아야 한다는 그의 주장이 전적으로 옳은지는 의문인데, 왜냐하면 야스쿠니가 전범 이외 전사자의 유해를 안치하는 것은 사실이지만 동시에 어느 한편의 권리가 다른 쪽의 권리를 침해할 때 상대방이 그것을 부정의로 인식, 대응하는 것 역시 그들의 권리이기 때문이다. 중국이나 아시아에서 일본 제국주의의 피해를 입은 국가들이 일본의 우경화에 묵묵부답으로 일관한다면, 아마도 도쿄와 일본인들의 우경편향은 끝이 없을 것이고 그것은 종국에는 당사자 모두의 커다란 재앙으로 이어질 것이다. 일본의 행동은 국제관계의 큰 틀, 국제윤리 규범, 세력균형의 원리에 비추어 그 움직임의 반경을 고려해야 하는데, 왜냐하면 그것은 비단 일본만의 문제가 아니라 전 세계 모든 국가의 전쟁과 평화에 공통으로 적용되는 우선적 원칙이기 때문이다. 한 가지 더 지적하면 그는 주변국은 일본의 헌법 개정에 반대하지 말아야 하고 미국은 아시아 평화를 위해 일본 핵무장을 막아야 한다고 조언하는데, 미래의 일본은 역사의 원리, 오늘날의 국제정치 현실에 비추어 결국은 헌법 개정과 핵무장으로 갈 가능성이 높을 것이다. 헌법 개정은 이미 의회에서는 상, 하원 모두를 통과할 수 있는 상태에서 국민여론의 추이를 지켜보는 상태에 있고, 일본(과 독일)의 핵무장과 관련해 케네스 월츠(Kenneth Waltz)는 오래전 그 나라가 필요시 핵무장으로 가는 것을 막을 수 있는 나라는 없을 것이라고 예측한 바 있다.

02 강대국 위상으로의 복귀

대외관계에서 푸틴은 신중하고 현명하게 판단했다. 미국의 안보와 관련한 여러 요청에 푸틴 정부는 협력적으로 행동했고 그 와중에 나토와 MD를 둘러싼 워싱턴의 일방적 정책시행에 대해 수년에 걸쳐 행동변화를 촉구했다. 한동안 모스크바의 행동은 미국의 일방주의에 반대로 일관하는 수동적 형태를 띠었지만, 워싱턴 정책을 변화시키려는 모든 노력이 거부됐을 때 푸틴은 단호하게 공세로 돌아섰다. 그렇지 않았으면 러시아는 미국 주도 나토와 MD에 의해 포위돼 그 안보의 미래가 어떻게 될 지 알 수 없게 됐을 것이다. 서방은 모든 면에서 러시아를 탓하지만 객관적으로는 10년 이상의 오랜 기간 인내심을 갖고 (부시뿐 아니라 오바마 행정부의) 워싱턴을 설득하려 모든 노력을 기울인 모스크바를 비난하기는 어려울 것이다. 구소련공화국과의 관계설정에서도 푸틴은 현실적으로 판단하고 많은 성과를 거뒀다. 제도적 협력 틀인 CIS가 취약한 상태에서 푸틴은 군사동맹 강화, 구소련공화국 경제통합, 그리고 상하이협력기구 발전에 많은 노력을 쏟았고, 그것은 대체로 긍정적인 결과를 가져왔다. 우호관계를 맺고 있는 개별공화국들이 모스크바의 뜻대로 움직이지 않을 때는, 푸틴 정부는 압박과 지원의 두 갈래 정책을 구사하는 수년간의 끈질긴 노력으로 그들을 러시아 영향권에 더 확실하게 귀속시켰다. 반면 친러 자치공화국 위상문제로 분쟁을 겪는 나라들에서 푸틴 정부는 러시아 소수민족 보호를 명분으로 현상유지를 추구했고, 러시아 영향권에서 이탈해 서방에 동참하려는 나라들에 대해서는 예방전쟁, 거부하기 어려운 경제압박, 그리고 영토흡수를 위협하는 무력행사 경고를 통해 그들의 의지를 포기시켰다. 오늘날 서방은 러시아의 위협 앞에 조지아와 우크라이나를 나토에 편입시키려는 계획을 포기했는데, 그것은 푸틴 정책의 성공을 반증한다.

푸틴 정부의 대중국 관계진전은 특별히 성공적이었다. 두 나라 관계진전은 약간의 의견 불일치에도 불구하고 특별한 중요성을 갖는데, 왜냐하면 그것은 미국에 맞설 수 있는 세계에서 가장 강력한 두 나라의 군사, 경제를 중심축으로 진행되는 외교, 안보협력이기 때문이다. 러시아가 수천 개의 핵무기와 중동 산유국 못지않은 에너지를 보유하고 중국의 산업능력이 구매력을 감안할 때 미국을 넘어서고 그 군사력이 일취월장하는 상황에서, 두 나라의 협력은 미국 국제적 주도권의 종식을 알리는 발걸음이 될 것이다. 미국은 EU의 정치, 군사지원에도 불구하고 중러 유대의 파워를 넘어서지 못할 것인데, 왜냐하면 영국의 탈퇴, 러시아 에너지와 중동 무슬림 이민자 유입에 대한 회원국의 서로 다른 태도, 동유럽 근로계층 진입으로 인한 직업 상실에 대한 서유럽의 불만, 그리고 그 모든 것으로 인한 각국 극우정당의 출현에서 나타나듯 EU는 이미 분열 상태로 진입했기 때문이다. 동시에 EU가 앞으로도 안보결속이 더 긴밀해질 가능성은 적은데, 왜냐하면 러시아나 중국은 과거 냉전시대 소련과 같이 서방을 결속시킬 그런 전체주의 이데올로기적 형태의 경쟁자가 아니기 때문이다. EU 국가들이 나토와 별개로 자기들 자신의 동맹을 창출하는 것도 불가능할 것인데, 왜냐하면 그것은 아직도 막강한 힘을 가진 미국이 그에 반대하고 내부적으로도 프랑스와 독일의 미래를 향한 암묵적 경쟁과 회원국들의 이질성이 그런 가능성을 배제할 것이기 때문이다. 돌이켜 보면, 클린턴, 부시, 오바마 행정부가 나토와 MD를 밀어붙인 것이 실수이고 그 추진을 자제했어야 한다고 생각할 수 있을 것이다. 그러나 반드시 미국이 정책을 비합리적으로만 볼 수는 없는데, 왜냐하면 그런 우월적이고 흔치 않은 기회에서, 그리고 수많은 돌발변수로 가득 찬 미래에 대해 누구도 정확하게 예측할 수 없는 상황에서, 어느 나라나 더 나은 안보환경을 만들려고 시도하는 것이 상식적 판단이기 때문이다. 이론적으로 다극체제로의 이동을 전망하고 국제질서의 전환기에 미국이 다른 강대국들과 더 나은 관계를 유지할 것을 제안하는 몇몇 석학들의 권고에도 불구하고 정책 입안자들이 그 조언을 따르기 어려운 이유는 그것이 '기회의 상실'로 이어질 가능성을 배제할 수 없기 때문이다. 오히려 역사에서는 강대국이 힘이 하락하는 상황에서도 패권과 더 유리한 세력균형 창출을 위해 모든 역량을 동원하고 결국은 국제적 주도권을 잃거나 심지어 멸망하는 것을 볼 수 있는데, 16세기 유럽 패권국 스페인이 모든 경제력 상실에도 불구하고 필립 2세와 필립 3세 시기 수십 년간의 해외전쟁을 포함해 수많은 국제원정에 나선 것, 19세기 말 제정 러시아가 경제, 군사력 부족에도 불구하고 대외팽창을 시도한 것, 그리고 부분적으로는 브레즈네프 이후 외교 고립에 처한 소련이 경제력 부족에도 불구하고 미국에 끝까지 맞서려 시도한 것이 그런 경우이다. 더구나 상대방에 대한 배려가 반드시 더 나은 결과를 가져오는 것도 아닌데, 오바마 행정부가 이라크, 아프간 전쟁 종식 이후 '아랍의 봄'과 시리아 내전개입을 최소화하면서 중동에 대한 비간섭 차원에서 자발적으로 자제하는 것을 계기로 러시아가 그 지역에 적극적으로 침투한 것이 하나의 예가 될 것이다. 반면 미국의 닉슨 행정부가 데탕트로 시간을 벌고 중국과의 협력관계를 구축하면서 군비통제를 통해 국방비용을 줄이려 한 것, 또 트럼프 행정부가 러시아를 자극하지 않으면서 중국과의 무역전쟁, 국내투자 증대, 동맹국 방위분담금 증액을 통해 미국경제를 되살리려 하는 것은 국제정치 차원에서는 미래 강대국 경쟁에 대비해 파워의 기반을 강화하려는 조치로 간주되어야 할 것이다. 러시아의 일본관계 역시 아무 문제가 없었다. 푸틴은 고이즈미와 여러 차례 만나고 일본과의 안보, 경제, 사회문화 교류 협력에는 합의했지만 도쿄가 가장 원하는 북방 4개 도서 반환과 평화협정 체결 요구는 수용하지 않았다. 모스크바는 전략적으로 중요하고 경제적으로 큰 가치가 있는 자국 관리 하의 영토를 잠재 적국의 요청에 따라 임의로 반환할 이유가 없었고, 러·일 두 나라 관계는 모스크바에 유리한 현상유지에 머물렀다. 푸틴 정부는 반미, 반서방 국가들과의 외교 역시 성공적으로 수행했다. 푸틴의 이란, 리비아, 베네수엘라 방문은 중동, 북 아프리카, 남미에서 러시아 지역거점의 확보를 의미했다. 푸틴의 뉴델리 방문은 러시아ー인도 관계강화를 넘어 인도의 미국과 일본에 대한 밀착을 희석, 중립화시키는 목적을 띠었다.

  푸틴 정부의 국내정책 역시 대부분의 전문가들이 예상하는 것을 넘어서는 성공을 기록했다. 가장 중요한 것은 러시아 최대의 약점이었던 경제력의 부활이었다. 러시아의 경제회복은 에너지 가격 상승에 크게 힘입었지만 그 못지않게 중요한 것은 푸틴의 경제 관련 리더십이었다. 그는 에너지를 무기로 수출과 수입을 늘리면서 국제경제에 활발히 참여했고, 규제철폐, 금융개혁, 조세제도 개편을 포함해 기업경쟁력 강화를 위한 광범위한 경제개혁을 실시했으며, 유사산업 통폐합을 통한 규모의 경제 도입으로 역시 기업의 국제경쟁력 제고를 추진했다. 러시아 경제는 원칙적으로는 사유재산, 사기업 위주의 경제였지만, 역사적 전통에 따른 공동체적 삶을 위해 과거 민영화됐던 핵심 전략산업을 다시 국유화했다. 이제 러시아 경제는 국가가 주도하는 국가 자본주의와 비슷한 형태를 띠었고, 국민들은 사기업에 종사하면서도 통제경제 하에서 올리가키의 부패, 경제횡포, 외화 유출을 우려할 필요가 없게 됐다. 경제를 개혁하면서 푸틴은 정치적 중앙집권화와 사회 부패를 뿌리 뽑기 위한 사회정화를 시행했다. 정치제도, 선거제도 변화는 푸틴에게 권력을 집중시켜 그로 하여금 원하는 방향으로 국가가 움직이게 했으며, 조직범죄 및 체첸 테러와의 투쟁은 국민들에게 사회적 혼란, 무질서로부터의 안정을 가져왔다. 그러나 정치, 사회적 변화는 동시에 일부 국민과 서방으로부터 많은 비판의 대상이 됐는데, 왜냐하면 그 조치들이 개인의 정치, 사회적 자유의 억압, 인권침해, 언론탄압을 수반했기 때문이다. 권위주의에 익숙한 대부분 국민들은 푸틴의 개혁을 질서의 회복으로 인식, 환영한 반면, 서구민주주의를 선호하는 일부 민주주의자들은 그의 정치방식을 독재로 이해했다. 그러나 다른 측면과는 달리 전력발전, 국방개혁은 생각보다 느렸다. 지난 10여년 간 소홀히

했던 군사력을 하루아침에 원상회복하기는 어려웠다. 비록 푸틴이 군사 재정비를 중시하고 경제가 회복되면서 국방비가 점차 증가했지만, 러시아 군을 서방에 버금가는 군대로 재조직하는 것은 더 오랜 시간을 요구했다. 지휘체계, 병력충원을 포함하는 군 구조개편, 그리고 군대 내 부조리 척결에도 오랜 시간이 걸렸는데, 그것들은 모두 군부 내 지휘관들의 미래 군 발전에 관한 인식, 국방비 규모, 그리고 전반적인 사회현실과 연관돼 있었다. 그래도 푸틴의 군사발전, 국방개혁에 대한 의지는 그를 승계한 메드베데프 대통령 하에서 지속됐고, 그 이후 대규모 국방비 증액, 무기체계 현대화, 전력발전, 인력구조 개편을 통해 러시아 군은 2014년 크리미아 합병 당시 서방을 놀라게 하는 새로운 일류군대로 재탄생했다.

러시아의 정치, 사회, 경제, 군사에 관한 전문가들의 견해는 그 나라에 관해 많은 것을 알려준다. 리처드 파이프스는 한마디로 푸틴의 권위주의, 독재는 푸틴이 강제하는 것이 아니라 국민이 원하는 것이라고 말하는데, 그것은 일반적 인식과는 큰 차이를 나타낸다. 그 이유는 서방사회는 대체로 푸틴이라는 독특한 인물로 인해 러시아에서 자유민주주의가 쇠퇴하고 있다고 주장하기 때문이다. 그러나 러시아의 역사와 현실에 기초한 그의 예리한 분석에 이의를 제기하기는 어려울 것이다. 실제 러시아 문화의 뿌리는 13~14세기 몽골 원나라의 지배에서 시작됐다. 징기스칸의 원제국은 군사정복을 통해 러시아를 지배했고 그 과정에서 몽골의 문화가 러시아에 이식됐는데, 그 핵심은 "인민은 국가에 봉사한다"는 권위주의, 절대주의였다. 원 제국 몰락이후 러시아에서는 전지전능한 정치리더의 부상이 필요하다는 요구가 빗발쳤는데, 그것은 러시아를 둘러싼 스텝지역으로부터 타타르(Tartars)족의 지속적 침략에서 비롯됐다. 그로 인해 러시아에서 짜르가 탄생하고 이반 뇌제(Ivan, the Terrible)를 거쳐 18세기 피터대제의 강력한 해외원정에서의 지속적 승리로 러시아는 영토를 극적으로 넓힐 수 있었다(그 이전 러시아인들의 시베리아로의 진출은 세이블(sable) 모피를 찾아 그 지역으로 진입한 것이 최초의 계기였다). 그래서 18세기 전반기 서유럽에서 프랑스 해외자산이 영국으로 넘어가는 동안, 중부유럽, 동유럽에서는 러시아, 프러시아, 오스트리아 세 나라가 서로 각축했다. 그러나 서유럽이 청교도혁명, 명예혁명, 프랑스 대혁명, 그리고 미국 독립혁명의 4개 민주혁명을 거치고 산업혁명에 따른 대량생산, 해외로의 정복이 이어지는 동안, 러시아는 정체된 상태에 있었다. 비록 크리미아 전쟁(1854~1856)에서 패배한 이후 농노해방, 입법부 도입 시도, 젬스트보 설치 등 개혁이 있었지만, 알렉산드르 1세의 피살을 포함해 그 이후의 정치발전은 진정한 발전을 이루지 못했다.[1] 19세기의 러시아는 서유럽에 비해 정치, 군사, 사회, 경제 모든 분야에서 크게 뒤떨어진 상태에 있었다. 대외적으로 러시아인들은 서유럽의 위협, 그리고 국제경쟁에서 도태될 수 있다는 위기의식으로 가득 차 있었다. 이데올로기에서 짜르를 지지하는 정치이론은 없었다. 급진적 지식인들은 짜르와 관료에 반대했는데, 오히려 짜르는 업무수행에서 비효율적이었고 관료통치에 많은 어려움을 겪었다. 서유럽이 과학, 이성, 합리, 개인주의, 자유주의, 보수주의를 추구했을 때, 러시아에 그런 다양한 사상은 없었고 시민사회의 전통 역시 부재했다. 경제는 서구보다 훨씬 낙후됐는데, 산업의 취약으로 인해 제조품을 수입하고 원료를 수출했으며 교통망이 발달하지 못하고 과학기술이 취약했다. 1880년대에 공업화가 급속히 진행됐지만, 러시아 혁명 당시에도 산업근로자는 전체 인구의 1%에 못 미쳤다. 군사적으로도 산업혁명에 따른 신무기로 무장한 서방 군대에 비해 완전한 열세였다. 그 당시 러시아인들은 서방에 대해 큰 반감과 열등감을 갖고 있었는데, 러시아문화의 뿌리로서 공동체 중심적이고 러시아 선민사상과 민족의 구원을 설파하는 정교회(Orthodoxy)는 서구문명으로부터 영향 받았을 때 배타적인 전체주의적 종교로 변질됐다. 러시아인들의 열세는 러 · 일 전쟁에서의 패배에서도 그대로 드러났는데, 그 이후 또다시 진수된 개혁 역시 겉치장에 불과했다. 육군과 해군의 반란, 또 농민, 근로계층의 반란에 직면해 짜르 니콜라이 2세는 의회, 정당, 언론, 헌법을 수용하는 자유주의 개혁을 발표했지만, 그것은 실효를 거두지 못했다. 그 당시 서방사상은 자유주의와 칼 마르크스의 공산주의 두 개 이론이 각축했는데, 러시아 토양에 서구민주주의의 토론, 타협적 요소는 발붙이기 어려웠을 것이다. 제1차 세계대전 중 러시아는 1917년 혁명을 겪었는데, 처음의 2월 혁명에서 짜르를 폐위하고 의회와 소비에트가 공존하는 시기를 거쳐 10월 혁명에서 레닌이 공산혁명을 성공시켰다.[2] 공산주의는 러시아인들에게 여러 면에서 큰 의미를 가졌다. 대내외적 위기에서 급진적 지식인들은 마르크스, 레닌이즘을 제시했는데, 그것은 반서방 이데올로기로서 러시아인들의 열등감 회복을 도왔다. 그것은 서방을 따라 잡는 것으로 자본주의와의 투쟁을 의미했다. 새로운 정치제도는 짜르보다 더 나은 사회적 안전을 보장하고, 그것은 새로운 소련인의 탄생으로 이어질 것이다. 경제적으로 집단노동은 평등사회를 구현하고 실업을 추방할 것이다. 대외적으로 공산주의 이데올로기는 국제적 리더십과 제3세계 발전모델을 제시할 것이다. 러시아 역사는 그렇게 처음의 절대 전능한

---

1) 알렉산드르 2세는 전제 군주제로 회귀하고 모든 개혁을 포기했다.
2) 짜르 니콜라이 2세는 처음에 궁중에 연금되었다가 나중에 시베리아로 유배된 뒤 처형됐다. 그 가족들도 모두 처형됐다.

국가 필요성과 공산주의 이데올로기가 통합되어 전체주의적 속성을 띠게 됐고, 파이프스가 말하는 형태로 옐친시대의 짧은 서구민주주의 실험을 거쳐 또 다시 원래의 모습으로 복귀했다. 그것은 헌팅턴이 '문명의 충돌'에서 말하는 서구화에 반대하는 러시아화, 엘리트의 토속화, 뿌리로의 복귀, 개별정체성 강화의 맥락에서 이해될 수 있을 것이다.

러시아의 '군사 우선주의'에 관한 알렉산더 골츠(Alexander Golts)와 토냐 퍼트남(Tonya Putnam)의 분석 역시 러시아의 국가, 사회적 특성, 군사사상, 군 현실에 관해 많은 것을 알려준다. 러시아 역사를 가로지르는 그들의 설명은 2004년 현재 왜 러시아에서 국방개혁이 진행되지 않는지, 또 피터대제 이후 오늘날까지 왜 러시아인들이 군사, 국방을 그렇게 중시하는지에 초점이 맞춰져 있는데, 찰스 틸리(Charles Tilly)를 거론하면서 언급하는 서방 일반, 독일, 일본사회와의 비교는 많은 흥미를 자아낸다. 그들의 설명은 많은 진실을 내포한다. 과거나 지금이나 러시아인들에게 국방은 그 국가와 사회의 가장 중요한 가치이고, 러시아인들은 국가와 국민 모두 조국수호에 이바지해야 하고 군대가 그 선두역할을 맡아야 한다고 믿는다. 골츠와 퍼트남이 말하듯 그런 문화는 독일, 일본과 유사성을 갖는데, 왜냐하면 서구민주주의 제도 도입에도 불구하고 독일문화의 뿌리는 1871년 통일의 주역으로 군사를 중시하는 프러시아에서 유래한 것이고 일본은 12세기 이후 700년에 걸친 사무라이의 군사문화가 오늘날 일본의 역사적 뿌리를 이루기 때문이다. 독일과 일본문화의 유사성은 제2차 세계대전 이전 일본에서 20년 이상 근무한 독일무관 칼 카이저호프의 발언에서도 나타나는데, 그는 군사 공동체적 사고에 기초한 두 나라 문화가 너무 비슷한 것에 놀랐다고 말한 바 있다. 또 일본이 메이지 유신 이후 여러 나라 정치, 군사제도를 도입했지만, 특히 독일 것을 많이 흡수한 이유는 그 사회구조, 사상, 문화적 배경에 유사성이 있기 때문이었다. 반면 영국과 미국의 문화는 뿌리에 있어서 독일, 일본, 러시아와는 매우 다른데, 그 이유는 청교도 혁명, 명예혁명의 주역이 배링턴 무어(Barrington Moore)가 말하듯 지주와 상인이었고, 그로 인해 그들이 '자본가적 충동'(bourgeois impulse)에 따라 상업적 가치를 가장 중시했기 때문이다(무어는 만약 프랑스에서 상뀔로드가 대대적으로 참여한 프랑스 대혁명이 발생하지 않았다면 그 나라도 독일과 일본식 파시스트 근대화의 길을 갔을 것이라고 말했다). 그렇지만 러시아에서 소련시대의 군사모델은 지속될 가능성이 높고 대량징집의 큰 틀은 바뀌지 않을 것이라는 골츠와 퍼트남의 예측은 부분적으로는 빗나간 것으로 보아야 하는데, 왜냐하면 세르듀코프의 개혁은 전방위적이고 큰 변화를 가져왔기 때문이다. 그래도 일부 모병제 도입에도 불구하고 서방과의 대결을 상정하는 100만 병력을 위한 대량징집의 큰 틀이 바뀐 것은 아니고, 더구나 러시아의 군사사상, 국방중심의 사고는 그대로 유지되고 있다.

올리가키 처벌에 관한 마셜 골드만(Marshall Goldman)의 분석은 매우 역동적이다. 그의 설명은 올리가키들이 부를 축적하기 위해 어떤 방법을 동원했고, 그들이 신분세탁을 위해 어떻게 행동했으며, 나중에 어떻게 정치권력까지 탐했는지를 자세히 보여준다. 또 그는 푸틴이 일부 올리가키들을 감옥으로 보내고 그들의 자산을 몰수하는 과정에 대해서 자세히 설명하는데, 그 과정에서 푸틴은 국가주의자, 민족주의자, 정의롭고 공정한 사람으로, 그리고 국민들의 압도적 지지를 받는 정치리더로 묘사된다. 그러나 골드만은 동시에 올리가키 처벌이 국내에서 권력투쟁 성격을 띠고 있는 것으로 파악하고, 또 푸틴의 행동이 정치사회적 권위주의, 국가주의적 경제통제에 비추어 서구민주주의로부터의 후퇴를 의미하는 것으로 규정한다. 그의 분석은 흥미 있으면서도 사실적이고 또 동시에 편파적이지 않은데, 왜냐하면 그의 시각은 러시아인들에게는 그들의 눈높이에 맞고 서구인들에게는 서방의 관점에서 옳기 때문이다. 두 개의 다른 문화, 역사적 배경을 가진 사람들이 하나의 현상을 그렇게 전혀 다른 시각에서 인식한다는 것은 세계에서 한 가지 시각만이 절대적으로 옳은 것이 아니며 또 절대 선이 존재하지 않음을 입증한다.

03 역사적 과업을 위한 행진

후진타오 치하에서 중국은 대외관계를 슬기롭게 운영했다. 미국과는 대테러, WMD 확산방지에서 수위를 조절해 협력하면서 대만관계, 영향권 보호, 내정간섭 불허 등 핵심 이익을 무난히 지켜냈다.[1] 미·중 양자관계에서도 베이징은 외교, 경제, 군사대화를 통해 워싱턴의 요구를 선별적으로 수용하고, 필요한 범위 내에서 미국을 자극하지 않는 방식

[1] 보스톤 대학(Boston College)의 로스 교수는 대만과 관련해 제3장 중국 챕터에 포함된 30명 전문가들의 견해와 거의 동일하게 분석했다. 2004년 말 대만 의회선거에서 천수이벤의 민진당이 대패한 것을 계기로 국민당이 기회를 포착해 중국-대만 관계를 극적으로 발전시킨 사건에 대해 설명하면서, 로스는 이제 대만에서 독립 움직임은 종식됐다고 말했다. Robert S. Ross, "Taiwan's Fading Independence Movement," Foreign Affairs, Vol. 85, No. 2 (March/April 2006), pp. 141-148.

으로 협력했다. 베이징은 워싱턴이 중국의 의지를 넘어설 능력이 없다는 것을 잘 알았고, 워싱턴 역시 일정한계 내에서 베이징에 대한 모든 종류의 요구를 자제했다. 후진타오 정부는 러시아와는 역사상 최고의 밀월관계를 유지했다. 중러 두 나라는 국제무대에서 공동보조를 취했고, 군사, 에너지 협력은 두 나라 관계를 더 유기적으로 연계시켰다. 두 나라 협력의 가장 중요한 합리성은 미국의 패권추구에 대한 두려움, 적대감을 반영했고, 그것은 끝없이 계속되는 국제정치 투쟁에서 세력균형의 우선성을 입증한다. 미국의 힘이 완전히 기울지 않는 한, 또 미국이 우월감에 기초한 태도, 정책을 확실하게 바꾸지 않는 한, 앞으로도 두 나라 협력은 외교, 군사, 경제차원에서 오래 지속될 것이다.

한편 원만한 대외관계를 원하는 중국 대외정책에서의 유일한 예외는 일본과의 관계였는데, 베이징이 도쿄에 분노, 부정적 태도를 취하고 강경 대응한 가장 직접적 이유는 고이즈미 정부의 신사참배, 역사왜곡이었고 동시에 동중국해 영토분쟁도 갈등의 또 다른 원인을 제공했다. 베이징은 고이즈미 정부의 아프간 전쟁지원에 크게 반대하지 않았고 심지어 국제사회 대부분이 반대하는 이라크 전쟁에 대한 도쿄의 지원에 대해서도 별 언급이 없었다. 그렇지만 신사참배와 역사왜곡은 중국에게 노골적 도발로 인식됐는데, 그 이유는 그것이 중국인의 가장 아픈 마음의 상처를 자극하는 행위였기 때문이다. 오늘날 중국인들의 심리를 표현하는 핵심적 상징이 서방과 일본의 중국침략으로 인한 '19세기의 상처받은 자존심'이라는 사실을 감안할 때, 도쿄의 행동이 베이징의 반작용을 초래하는 것은 당연한 귀결이다. 세계 굴지의 경제, 군사 파워 중국은 이제 미국을 믿고 도발하는 일본의 행동을 더 이상 방관, 방치할 이유가 없었다. 중국에게 일본은 이제 더 이상 '떠오르는 해'(Rising Sun)가 아니라 이미 '지는 해'(Setting Sun)였다. 아베 제1기 내각 이후 일본의 태도변화에 따라 중·일 관계가 다시 호전되고 잠시 양국협력이 재개됐지만, 그것이 또다시 동중국해 영토 관할 문제로 폭발한 것은 미래의 양국관계가 순탄하지 않을 것임을 예고한다. 특히 민주당의 역사관련 적극적 사과와 협력, 양보적 자세에도 불구하고 2010년 9월 트롤어선 사건, 또 2012년 9월 일본정부의 센카쿠 열도 매입 당시 베이징이 취한 태도, 행동에 비추어 앞으로도 중·일 관계는 오랜 기간 좁힐 수 없는 평행선을 달릴 것이다. 그리고 중국과 인도의 부상이 아시아 미래의 최대변수로 간주되는 상황에서 일본의 입지는 더 좁아질 것이다. 미국의 인도-태평양 전략, 그리고 일본의 인도, 호주를 포함하는 아태 민주동맹 참여에도 불구하고 중일 관계에서 일본의 위상은 계속 위협받을 것이다.

후진타오 정부의 기타 지역과의 관계 역시 중국의 세계로의 진출을 지원했다. 동남 아시아, 서남아시아에서 베이징은 기민하게 행동했다. 중국은 분쟁을 최소화시키면서 관련국들과의 경제, 안보협력 유대를 진전시켜 나갔는데, 그것은 견제와 협력, 압박과 대화 병행의 이중전략 형태를 띠었다. 국경분쟁, 영토분쟁, 미래 경쟁관계를 넘어 베이징은 현재에 충실하고 해결하기 어려운 문제는 일단 뒤로 순연시키는 현실적 정책을 시행했다. 앞으로도 미국은 필리핀, 베트남과 함께 중국의 남중국해 지배를 막을 것이지만, 베이징은 경제 지렛대, 군사위협을 통해 계속 중국 이익보호 증대를 추구할 것이다. 그럼에도 불구하고 큰 틀에서 동남아시아는 중국 영향권으로 분류되기 쉬운데, 그 이유는 더 많은 숫자의 아세안 국가들이 중국의 리더십에 점차 동화되어 가기 때문이다. 중동, 아프리카에서의 중국 활동 역시 전 세계의 관심대상이다. 중동에서 후진타오 정부는 아랍 및 이슬람 국가들과 에너지를 매개로 경제, 군사관계를 증진시켰는데, 그들 중에는 친서방 뿐 아니라 많은 반미, 반서방 국가들이 포함돼 있다. 아프리카에서도 중국은 에너지를 중심으로 경제관계를 확대해 나갔는데, 후진타오 집권 말 그 규모는 이미 그 지역 최대 경제협력 국가인 미국을 넘어섰다. 아프리카의 경우 그곳에서 활동하는 중국인 실제숫자는 공식통계보다 몇 배 더 많은 것으로 알려져 있는데, 복잡한 조건이 붙어있지 않은 중국의 재정, 군사지원은 환영의 대상이다. 그럼에도 불구하고 최근 많은 나라들이 중국의 저의를 의심하는 경향이 커지는데, 그 이유는 현지 국가들 간에 베이징의 지원이 아프리카 지배를 의도하고 또 중국 회사들이 서방회사에 비해 덜 착취하는 것이 아니라는 인식이 확산되고 있기 때문이다.[1] 그래도 중국은 평화유지군을 파견하고, 몇몇 개별국가들과 군사협력을 진행하며, 지부티에 새로운 군사기지를 설립하면서 아프리카의 강력한 경제, 군사 행위자로 부상한다. 사실상 후진타오는 중동, 아프리카에 중요한 경제, 군사거점을 설치하는데 성공했는데, 그것은 전통적으로 EU와 미국 영향권으로의 중국 진입, 그리고 중국의 지구적 영향력 확대를 의미한다. 중국의 EU, 미주지역과의 경제교류 확대도 마찬가지로 해석될 수 있다. 많은 EU 국가들이 중국과 무역, 투자관계를 맺고 일부 중남미 국가

---

1) 서방이 모든 협상에서 복잡한 절차와 조건을 첨부시키는 대신 적어도 중국은 신속하게 일을 처리해 불편을 덜어준다는 내용에 대해서는 "Africa's Turn (A Conversation with Macky Sall)," Foreign Affairs, Vol. 92, No. 5 (September/October 2013), pp. 2-8을 참조할 것; 반면 중국이 외형적으로는 앙골라, 콩고 민주공화국을 포함해서 서방으로부터 대출제한을 받는 아프리카 국가들에게 손쉽게 자금을 대여하고, 반면 막후에서는 비밀협상을 통해 착취적 조건을 내걸어 서방보다 더 심하게 폭리를 취한다는 내용에 관해서는 Howard W. French, "The Plunder of Africa (ow Everybody Holds the Continent Back)," Foreign Affairs, Vol. 94, No. 4 (July/August 2015), pp. 150-155.

들은 에너지 합작개발뿐 아니라 군사교류도 진행하는데, 그것은 진정 미국의 텃밭에 대한 중국의 점진적 침투를 의미한다. 이제 전 지구적 차원에서 중국은 서서히 미국의 영향권을 잠식하고, 그것은 현상유지 국가인 미국과 부상하는 국가인 중국의 충돌 가능성을 높일 뿐이다. 그 두 강대국의 대립은 만약 조금이라도 군사적 충돌이 발생한다면 그것은 냉전시대와 비슷하게 핵무기의 파괴적 영향으로 인해 직접적 전쟁이기보다는 주변에서의 프락치 전쟁(proxy war)의 형태를 띠기 쉬운데, 그 두 나라의 이익이 교차하는 지역의 국가들은 그런 가능성에 유의해야 할 것이다. 그때 일본은 미국의 편에 서고, 러시아라는 막강한 나라는 중국의 편에 설 것이며, EU는 미국을 지원하면서도 부분적으로는 분열돼 있을 것이다.

그러면 후진타오의 국내정책은 어떻게 평가해야 할까? 후진타오가 처음 리더로 등장했을 때, 2011년 중국의 명목상 GDP가 일본 GDP를 넘어서고 PPP를 감안할 경우 2014년 그것이 미국 GDP보다 더 클 것이라고 예상한 전문가는 거의 없었다. 그들 대부분은 여러 이유로 중국의 경제성장은 가까운 시일 내에 결국은 정체될 것이라고 주장했다. 그래도 일각에서는 그 긍정적 가능성을 부인하지 않았는데, 예를 들어 어느 전문가들은 중국경제가 "지구경제에서 정점을 찍을 때 그것은 1820년대 유럽이 산업혁명의 문턱에서 세계경제의 32%를 담당한 것보다 더 많은 파워를 발휘할 것"이라고 말한 바 있다.[1] 한마디로 중국의 경제성장은 전 세계를 놀라게 했다. 서방에서는 계속 중국경제의 문제점을 지적하면서 베이징이 지속적 성장을 유지하려면 더 확고한 시장경제 기준과 원칙을 채택해야 한다고 주장했지만, 일본, 그리고 과거 한국 박정희정부의 신중상주의(neomercantilism)와 성격상 비슷한 중국식 '사회주의 시장경제'는 세계적 차원의 경제전설을 만들어내는데 성공했다. 오늘날에도 서방에서는 계속 국유기업, 금융과 관련된 문제점을 지적하고, 중국이 고정투자와 수출을 통한 성장을 지양하고 에너지 소비에 따르는 환경오염 폐해에 더 많은 관심을 가질 것을 촉구한다. 그래도 중국은 큰 틀에서 과거 방식을 포기하려 하지 않는데, 왜냐하면 특히 정부가 통제하는 국유기업은 군사와 연관된 정보통신, 에너지, 중화학 등 국가적 전략산업 육성에 절대적으로 필요하기 때문이다. 그것은 러시아 푸틴 대통령이 추진하는 전략산업 재국유화, 관련 산업 통폐합과 상당한 유사성을 갖는다. 그것은 모두 사회주의, 공동체 우선주의 국가들의 내부적 특성과 연계돼

---

1) David Hale and Lytic H. Hale, "China Takes Off," Foreign Affairs, Vol. 82, No. 6 (November/December 2003), pp. 36-37.

있다. 오늘날에도 시진핑 주석이 시도하는 일대일로 사업은 국유기업 주도로 시행되는데, 흥미 있는 것은 서방의 많은 경제 전문가들이 오바마 행정부가 그 사업에 불참한 것을 미국의 경제성장 기회를 잃은 잘못된 결정으로 간주하는 것이다.[1] 아마도 중국의 국유기업들은 국내에서의 손실을 생산성이 아직 취약한 제3세계에서의 인프라 건설에서 찾으려 할 것이고, 그 과정에서 베이징은 필요할 경우 산업 합리화를 통한 산업 구조조정을 시도할 것이다. 그래도 세계 최고의 국제 재정기관들은 궁극적으로 중국의 GDP가 향후 수십 년에 걸쳐 미국의 두 배가 될 것으로 예상하는데, 그것은 중국경제의 근본적 잠재력이 얼마나 큰지를 여실히 보여준다.

마찬가지로 중국의 군사력 성장 역시 세계 많은 국가들의 관심거리인 동시에 우려의 대상이다. PLA 군사현대화의 핵심은 우주능력 신장, 핵미사일전력 고도화, 첨단 지휘통신 감시체계(C4ISR) 선진화, 서태평양에서 미 항모군단 공략을 위한 '접근방지, 지역거부'(A2/AD) 능력배양, 그리고 재래식 전력증강을 포함한다. 그동안 후진타오 정부는 미국에 뒤지는 중국 군사력을 현대화시키기 위해 많은 노력을 기울여왔고, 그 격차는 20년 이내로 축소됐다. 시진핑은 리더 취임 이후 중국의 민족주의, 일대일로, 중화민족의 부흥, 중국의 꿈 슬로건을 내걸고 21세기 중반까지 세계 최강의 군대를 만들 것이라는 포부를 밝혔는데, 그에 따른 국방비 증액, 기술도입, 방산기술 증진을 통해 그 격차는 더욱 좁혀질 것이다. 수십 년 후 냉전시대 미·소 간 상호확증파괴(MAD: Mutual Assured Destruction)와 비슷하게 미·중 군사력 균형의 시대가 도래할 것인데, 그때까지 중국의 핵전력과 러시아의 군사지원은 베이징에 대한 워싱턴의 군사위협을 견제할 것이다. 중국 군사기술 증진을 약화시키기 위해 냉전시대 코콤(COCOM)과 비슷하게 미국이 추진하는 범용기술 수출금지는 큰 효과를 보지 못할 것인데, 그 이유는 러시아와의 군사협력을 넘어 EU, 이스라엘과 같은 선진산업국들로부터 선진 방위기술이 유입되고 중국의 자체 노력이 계속 가속화될 것이기 때문이다. 이미 세계적으로 미국이 중국을 상대로 군사력을 휘둘러 국가목표를 달성하리라고 생각하는 사람은 없는데, 그것은 벌써 중국의 군사력이 상당 수준에 도달했음을 반증한다.

한편 후진타오의 정치, 사회개혁 시도는 중국인들의 관점에서는 상당수준의 성과를

---

1) Gal Luft, "China's Infrastructure Play," Foreign Affairs, Vol. 95, No. 5 (September/October 2016), pp. 68-75.

거두었다. 당 개혁의 초점은 당내 민주주의 진전, CCP의 정통성 고양에 맞춰졌고, 정부 개혁은 의사결정 과정의 투명성 증대, 인민을 위한 행정을 강조했다. 국민들은 '사회주의 조화사회'와 '소강사회' 기치하에서 후진타오 정부가 추진하는 부패척결, 빈부격차 해소, 인민복지 증진 노력을 환영했다. 교육, 연금을 위해 정부는 더 많은 비용을 지출했고, 임금인상, 주택보급, 건강보험 확대, 지역 간 불균형 해소는 인민생활 향상을 도왔다. 그렇지만 그 개혁은 원하는 일부 목표 달성에는 큰 어려움을 드러냈는데, 아직도 법치보다는 연고가 중요했고, 부패는 인간관계를 중시하는 중국의 문화적 특성으로 인해 근절시키기 어려웠으며, 인민들의 현격한 삶의 질 향상에도 불구하고 빈부격차는 지니계수가 입증하듯 미국 및 일부 남미국가 수준으로 더 확대됐다. 특히 서방의 자유민주주의 시각에서 그 모든 개혁은 일당체제, 권위주의 독재의 특성을 더 강화시킬 뿐이었다. 러시아의 경우와 비슷하게, 후진타오와 베이징 정부를 지지하는 대부분 인민들에게 그 국내개혁이 미래를 향한 진보적 발걸음인 반면, 개인의 자유, 인권, 언론의 자유를 선호하는 일부 반체제 세력에게 그것은 중국식 민주주의의 고착을 의미했다.

중국의 대외관계, 군사, 경제, 국내 전반에 관해 30명 전문가들이 공동으로 작성한 보고서는 어떻게 평가해야 할까? 그 문서는 2007년 현재 미·중 두 나라 국민 대다수가 서로를 미래의 위협으로 간주하고 있다고 말하고 미국의 대중국 정책이 견제와 협력의 두 가지 방식을 혼용할 것을 조언하는데, 그것은 모두 합리적 분석, 견해이다. 그렇듯 그 보고서는 많은 진실을 담고 있고 또 많은 정보를 제공한다. 그러나 2019년 오늘날 뒤돌아 볼 때 그 문서가 중국의 발전 가능성을 너무 낮게 보고 동시에 미·중 충돌의 미래를 너무 낙관적으로 전망한 것을 부인하기는 어려울 것이다. 우선 대외관계 전반에 있어서 에너지 확보를 위한 아프리카로의 진출이 군사유대로 발전하는 양상, 평화지대 창출을 위한 동남아 국가들과의 협력, 그리고 일본 및 대만과의 관계에 관한 설명은 모두 객관적 사실에 근거한 정확한 서술, 분석이다. 대외관계에서 평화공존 5원칙을 선별적으로 적용하고, 대외무역에서 인권 등의 정치적 조건을 부과하지 않으며, 또 국제회의 및 포럼에서 워싱턴의 인권관련 이중 잣대를 비난하는 베이징 외교가 서방의 자유민주주의 확산시도를 어떻게 저지하는가에 관한 설명은 오늘날 미·중 관계의 경쟁적 측면을 단적으로 보여준다. 미·중 관계에 관한 구체적인 설명은 경제, 안보를 아우르는 포괄적 분석으로, 그것 역시 부정하기 어려운 사실에 근거한다. 그 중에서도 가장 관심을 끄는 부분은 워싱턴 주도의 무기기술 수출 금지가 서방의 정치적 목표를 달성하기 어렵고 미·중 경제관계에서 미국이 무역적자를 보는 이유가 중국의 부당한 조치에 따른 것이 아니라는 견해이다. 그런 결론은 미국 및 서방 일반의 대체적 주장을 거스르는 것인데, 그 보고서의 견해가 서방의 일방적인 정치적 비난보다 진실에 더 가깝다는 것은 이미 밝혀진지 오래이다.[1] 오늘날 트럼프 행정부는 또 다시 중국통화 런민비가 평가절하 되어있다고 주장하면서 관세부과를 통해 무역적자를 해소하는 정책을 추진 중인데, 그 보고서의 분석은 그런 접근법이 성공하지 못할 가능성을 암시한다. 만약 트럼프가 장기간 현재 정책을 시행한다면 그것은 미국 일부기업에게는 도움이 되지만 생활비용 증대에 불만을 토로하는 미국 중산층 소비자의 커다란 반발을 부를 것이다.

그러나 중국의 경제, 군사에 관한 분석이 모두 옳은지는 의문이다. 중국경제의 현실에 관한 설명은 대부분 사실과 부합하지만, 그 내부적 약점인 국유기업의 비효율성, 절대 빈곤층의 규모, 그리고 환경악화 부작용으로 인한 경제성장 가능성에 대한 부정적 평가는 2019년 오늘 뒤돌아 볼 때 더 이상 사실이 아닌 것으로 판단돼야 할 것이다.[2] PLA 군사력에 관한 평가는 약간 애매한데, 왜냐하면 군사현대화에 관한 서술은 매우 정확하고 포괄적이지만 지휘통제능력 결여, 공중수송 부족 등 몇몇 이유로 인해 2030년까지 힘의 투사가 불가능하다는 견해는 절반의 진실만을 말하기 때문이다. 아마 더 정확한 표현을 위해서는, 그때까지 재래식 전력에서 중국이 미국을 따라잡을 가능성이 없음에도 불구하고 중국의 핵전력은 미·중 군사충돌을 방지하고 동시에 중국의 재래식 전력은 세계

---

1) 닐 휴즈는 미국은 중국 경제정책이 많은 것을 위반하고 있다고 비난하지만 사실 베이징이 비난받을 것은 거의 없다고 분석한다. 그는 중국이 평가 절하된 통화를 사용해 부당이익을 취하고 있다는 서방의 주장은 전혀 사실이 아니며 오히려 중국은 WTO에 가입하기 위해 수많은 불리한 조건까지 수용했다고 말한다. Neil C. Hughes, "A Trade War with China?" Foreign Affairs, Vol. 84, No. 4 (July/August 2005), pp. 94–106.

2) 중국 경제와 관련해 제기되는 중요 관심사 중 하나는 국가부채 문제이다. 정부, 기업, 가계의 모든 부채를 모두 합친 국가 총부채는 2007년 GDP의 158%였는데, 그것은 2014년 GDP의 282%에 도달했다. 국가부채의 가장 큰 부분은 지방정부가 은행자금을 빌려 공항, 항만, 고속도로 등 인프라 사업을 하는 것에서 유래한다. 그 과정에서 4개 국책은행을 포함해 모든 금융기관이 부실대출에 시달리는데, 중앙정부는 자산 운영회사를 설립하고 수백억 불을 투입해 모든 은행의 유독성 대출을 떠안는다. 그 과정에서 국가부채는 계속 늘어나는데, 앞으로도 그 문제의 해결은 많은 노력을 필요로 할 것이다. 그렇지만 일정기간 베이징은 그 문제를 해결해 나갈 수 있을 것인데, 우선 전 세계로의 중국기업 진출이 정부재정을 포함해 국내의 자금수요를 도울 것이다. 또 정부는 금융기구 재구조화, 국유기업의 부분적 합리화, 장기채권 발행, 재산세 인상 등 다양한 수단을 동원해 경제를 이끌어 나갈 것이다. Zhiwu Chen "China's Dangerous Debt (Why Economy Could Be Headed for Trouble)," Foreign Affairs, Vol. 94, No. 3 (May/ June 2015), pp. 13–18.

각지에서 베이징의 절제된 정치적 목표를 달성하는 데는 큰 지장이 없는 위협적 수준이라고 말해야 할 것이다. 더구나 보고서는 러시아를 중국의 잠재적 경쟁자로 규정해 중·러 군사협력의 중요성을 덜 중시하는데, 그것은 양국관계의 현재와 미래에 대한 부정확한 판단으로 보인다. 중국사회에 대한 진단도 비슷한데, 왜냐하면 그 현실에 관한 서술은 정확한 반면 미래에 대한 전망은 지나치게 부정적이기 때문이다. 2019년의 현실은 보고서에서 거론된 사회문제로 인해 중국이 흔들리는 증거는 없음을 보여준다. 예를 들어 부패로 인해 정치와 사회가 크게 영향 받는 것은 아닌데, 그것은 상당부분 시진핑의 강력한 부패척결 시도의 결과이다. 그는 2013~2014년 기간 정치국 상무위원회 전 임원과 같은 일부 고위직을 포함해 27만 명 간부를 부패혐의로 처벌했는데, 그것은 국민들로부터 많은 지지를 받았다. 빈부격차는 과거보다 더 커졌지만, 국민들 상당수가 중산층으로 부상하는 상황에서 그것을 준 시장경제체제 하에서 불가피한 현상으로 인식한다. 종교도 사이비 성격을 띤 것이 아니면 사회 내에서 별 문제를 야기하지 않는데, 왜냐하면 약간의 불만에도 불구하고 국민들이 종교는 당의 정통성에 도전하지 말아야 한다는 국가 방침을 수용하기 때문이다. 오히려 시장경제가 확산되고 물질문명이 발달해 개인주의가 확산되고 사회적 신뢰가 부족한 현실에서 종교, 특히 기독교와 불교는 사람들에게 마음의 안식처를 제공하는 긍정적 역할을 수행하는 측면이 있다. 당이 권위주의적 위계질서의 특징을 가진 유교를 장려하는 이유도 그것이 사회 안정에 도움이 되기 때문이다.[1] 전체적으로 후진타오보다 더 권위주의적인 시진핑 출현 이후에도 중국인들의 당과 정부에 대한 지지, 그리고 중국이 올바른 방향으로 가고 있다는 인민의 인식은 더 강화되고 있다.[2]

반면 이 보고서의 일부 내용에 대한 소수의견은 그 문서의 과도함을 지적, 논의한다. 몇몇 전문가들은 완전히 서방의 관점에서 중국정부가 정통성을 결여하고 국민들의 저항에 직면할 것이라고 예상하는데, 그것은 (위에 언급한 바와 같이) 객관적 현실을 반영

....

1) John Osburg, "Can't Buy My Love (China's New Rich and Its Crisis of Values)," Foreign Affairs, Vol. 93, No. 5 (September/October 2014), pp. 147–149.

2) 에릭 리는 당이 붕괴되는 일은 없을 것이라고 주장하면서 그동안 CCP가 성공적으로 추진해 온 필요한 정책과 제도의 도입, 공정한 인사, 혁신적 정책의 시행을 그 근거로 제시했다. 그는 특히 중국의 당, 정부가 신뢰받는 이유는 경제실적보다 CCP가 나라를 구해냈다는 국민들의 민족주의 의식이라고 강조한다. 그는 또 인민에 대한 자유는 일당체제 전복을 꾀하는 극소수를 제외한 모두에게 주어져 있고, 그 자유는 다른 나라 못지않다고 강조한다. Eric X. Li, "The Life of Party (The Post–Democratic Future Begins in China)," Foreign Affairs, Vol. 92, No. 1 (January/February 2013), pp. 34–46.

하지 못하고 동시에 자신만이 옳다는 서방식 관점으로 중국인들의 인식, 눈높이와는 전혀 다른 견해이다. 그렇지만 미·중 관계가 충돌로 이어질 것이라는 그들의 견해는 존중되어야 하는데, 왜냐하면 그것은 역사적으로 반복되는 부정할 수 없는 현실이기 때문이다. 문제가 되는 것은 충돌의 형태일 뿐인데, 아마 그것은 당연히 양자 간 직접충돌이 아니라 앞서 말한 바와 같이 지정학 전문가들이 말하는 유라시아 대륙의 주변을 따라 펼쳐지는 '파쇄벨트'(shatter belt)에서의 군사 분쟁이기 쉬울 것이다. 아직 주변에서의 미·중 군사충돌은 발생하지 않았지만, 동남아 지역에서의 분쟁은 그 미래를 엿보게 하고 한반도 역시 미·중 충돌 가능성이 있는 곳으로 보아야 할 것이다. 그 보고서가 중국 공산주의의 근본적 성격, 능력을 너무 안이하게 본다는 지적, 또 과연 미국이 앞으로 중국의 도전을 막아낼 수 있는 능력이 있는지를 의문시하는 의견 역시 존중되어야 하는데, 왜냐하면 그 견해들은 현실에 대한 냉철한 인식에 기초해 중국의 위험성에 대한 경종을 울리기 때문이다. 한편, 미국의 세계지배라는 특별한 시기가 끝나가고 새로운 관계가 형성되는 시기에 중국에게 서구민주주의를 강요하지 말아야 한다는 견해는 나의 권리와 타인의 권리가 동등하다는 입장을 옹호하는 고상한 접근이다. 그것은 서로의 인권을 존중하고 상호 협력하는 태도를 의미하지만, 다른 한편 타국에게 일방적으로 호의적인 나라의 진심은 액면 그대로 받아들여지지 않는다는 역사적 진실을 잊지 말아야 한다. 근대 현실주의의 선구자 마키아벨리는 "인간은 감사할 줄 모른다"고 말했는데, 그것은 국가 간 관계에서도 부정할 수 없는 현실일 것이다.

04 과도한 우경화와 국가경쟁력 제고 시도

고이즈미와 자민당 집권기 일본의 대외관계를 특별히 성공적으로 볼 이유는 없을 것인데, 오히려 어떤 면에서 그것은 실패로 간주될 것이다. 그 이유는 미·일 동맹 강화로 일본이 미국의 맹방으로서의 입지를 더 공고히 했지만, 반면 지나친 우경화로 인한 중국과의 대치가 도쿄의 행동반경을 심하게 제한했기 때문이다. 러·일 관계에서의 현상유지 역시 도쿄에게 성공으로 간주될 이유는 없었다. 그러나 고이즈미가 미·일 관계강화를 시도한 것은 중국의 부상과 북한 핵무장에 대항하기 위한 목적을 띤 것으로 누구도 그것이 잘못되었다고 생각하는 사람은 없다. 그것은 중국, 한반도 인근에 위치한 일본이라는 나라의 지정학적 변화에 따른 자의적 선택일 뿐이었다. 그와 자민당은 소프트파워는 하드파워를 대체할 수 없다는 인식을 갖고 있었고, 민족주의적 친미 보수주의 세력인 그들은 미국이 일본에 기대하는 더 많은 군사적 책임을 떠맡기를 원했다. 그렇지만 고이즈미의 노골적 우경화는 완전히 불필요한 행위였다. 정치리더로서 고이즈미는 그 행동이 중국에 반대해 민족주의 정서를 자극하고 국민을 결집시킬 수 있으리라고 생각했을 수 있지만 그것은 큰 오산이었는데, 그것은 2019년 현재 아직도 일본 국민의 절반이상이 평화헌법 개정에 찬성하지 않고 있는 현실에서 확연히 드러난다. 실제 주변 국가들의 반대에도 불구하고 고이즈미가 그 행동을 중단하지 않은 것은 오히려 일본의 국익에 손해를 끼쳤는데, 그것은 중국 및 아시아 국가들과의 더 이상의 관계악화는 위험하다고 판단한 제1기 아베내각 이후의 태도변화에서 여실히 입증된다. 고이즈미 시대의 일본외교는 어느 측면에서는 중요하지 않은 일에 집착하지 말라는 한스 모겐소의 격언을 상기시킨다. 향후 일본의 정책은 어느 나라나 그렇듯이 외교관계에 신중을 기하는 가운데 파워의 기본인 경제, 군사력을 강화하는 것이 최선의 방책인데, 흥미로우면서도 일본에게 실망스러운 것은 서방의 많은 전문가들이 도쿄의 국제안보 관련 기여 가능성을 별로 높지 않게 평가하는 것이다.[1] 그래도 일각에서 말하듯 일본이 중국에 굴복해 베이징의 영향력을 수용할 가능성은 낮은데, 그 이유는 국제적 주도권을 잃는다 해도 일본의 맹방인 미국은 세계 굴지의 강대국으로 남을 것이고 더 나아가 일본은 강대국에 편승하는 중견국가나 약소국이 아니라 세력균형에 나서는 강대국이기 때문이다. 특히 해양세력의 특성을 갖고 유라시아 대륙으로 진입하는 미국은 또 다른 해양국가 일본을 절실히 필요로 할 것이다.

　　그러나 국제관계와는 달리 고이즈미의 국내문제 해결 노력은 높이 평가되어야 할 것이다. 그는 수많은 경제, 정치개혁을 추진했는데, 그 궁극적 목표는 국가 경쟁력을 제고시키는 것으로 그 시도는 국민들로부터 큰 환영을 받았다. 그의 독특한 스타일, 광범위한 개혁추진, 그리고 비통상적 행동방식은 고이즈미의 개혁자로서의 이미지를 굳혔는데,

---

1) 그러한 견해는 Gerald Curtis, "Japan's Cautious Hawks (Why Tokyo is unlikely to Pursue and Aggressive Foreign Policy)," Foreign Affairs, Vol. 92, No. 2 (March/April 2013), pp. 77~86을 참조할 것. 커티스는 일본은 19세기 후반 서방의 침투와 그로 인한 불평등조약의 체결, 또 그로부터 살아남기 위한 메이지 유신의 기억에 사로잡힌 국가로, 미국의 안보능력이 약화되어 일본을 방어할 수 없거나 또는 외부로부터의 위협에 의해 생존이 문제시 될 경우가 아니면 대외팽창을 하지 않을 것이라고 주장한다.

그 모든 것은 새로이 형성되는 국제질서 속에서 더 능력 있고 대외적으로 인정받는 일본을 창출하기 위한 것이었다. 비록 신사참배, 역사왜곡으로 인해 비난과 논란의 대상이 됐지만, 정치 리더로서 고이즈미의 개혁은 무기력한 일본을 새롭게 태어나게 하는 정신적 동력을 제공하고 새로운 일본을 원하는 국민들의 여망에 답하는 시대적 소명을 지향했다. 그는 경제 거인(economic giant)임에도 불구하고 외교적 난장이(dwarf)로 남아 있는 일본의 국제적 위상을 바로잡고 국내의 수많은 규제 및 경쟁을 배제하는 관행으로 인해 정체에서 벗어나지 못하는 일본경제를 되살리기를 원했다. 그를 승계한 아베, 후쿠다, 아소총리 시기의 일본은 중국 및 주변과의 관계개선을 제외하면 특별한 것 없이 조용히 고이즈미 시대를 마무리하는 성격에 불과했다. 고이즈미는 그의 후임 세 명 총리에 비하면 예외적이었고 자민당의 능력은 점점 쇠퇴하는 것으로 보였다.[1] 그렇지만 그들 역시 절제된 외교를 통해 주변국들과의 외교관계를 개선하는 중요한 임무를 완수했다. 그 이후 역사상 처음으로 집권한 민주당은 국가에 대한 3년 여 짧은 기간의 봉사 이후 대내외적 무능력으로 인해 또다시 자민당에게 국가통치 권한을 이양해야 했다. 민주당은 도쿄가 워싱턴의 어젠다에 너무 가까이 하지 말아야 하고 일본이 미국의 피후견국(client state)이 되지 말아야 한다고 생각했는데, 일본헌법의 개정, 또 오키나와 미군기지 이전 등의 구체적 문제에 관해서는 내부적으로 분열돼 있었고 일관된 정책을 결여했다.[2] 그들에게 가장 안타까운 것은 친아시아 정책, 과거 역사에 대한 심심한 사과에도 불구하고 동중국해 문제로 인해 중국으로부터 완전히 외면당한 것인데, 그 사건들은 국가 간 관계가 얼마나 냉혹한지, 또 국가들이 과거 역사에 얼마나 연연하는지를 선명하게 보여준다.

일본의 안보와 관련된 전문가들의 견해는 어떻게 평가해야 할까? 다트머스 대학의 제니퍼 린드(Jeniffer Lind) 교수는 일본 대외정책의 소극적 경향은 구성주의 학파가 말하는 국내 반군사주의 문화에 기인하는 것이 아니라 도쿄가 의도적으로 미국에게 방위의 모든 책임을 전가하기 때문이라고 주장했는데, 그 견해는 일정부분의 진실을 내포하지만 그것이 모두 옳은지는 의문이다. 우선 그녀가 도쿄의 안보정책을 소극적이라고 단정하는 것은 일본이 아프간, 이라크 전쟁에 더 적극적으로 군사 개입하고, 중국의 부상, 북핵문

---

1) David Arase, "Japan in 2008: A Prelude to Change?" Asian Survey, Vol. XLIX, No. 1 (January/February 2009), p. 113.
2) Margarita Estevez-Abe, "Feeling Triumphalist in Tokyo (The Real Reasons Nationalism Is Back in Japan)," Foreign Affairs, Vol. 93, No. 3 (May/June, 2014), pp. 165-167.

제 해결과 같은 국제적 난제에 더 솔선수범해 견제해 줄 것을 기대하는 미국의 입장을 반영하는 것으로 보인다. 그러나 중국과 한국을 포함하는 많은 아시아 국가들은 일본의 더 적극적인 군사 활동은 고사하고 그 전조로 보이는 신사참배, 역사왜곡 단계에서부터 반대했는데, 그것은 미국과 일부 아시아 국가들 간 인식의 커다란 격차, 인식의 상대성을 입증한다. 그런 대전제하에서, 일본사회의 반군사 규범이 일본의 막강한 전력증강을 설명하지 못한다는 린드의 주장은 일정수준의 설득력을 갖는다. 다시 말해 그녀는 만약 일본의 반군사주의가 그렇게 강하다면 어떻게 국민들의 반대 앞에서 일본의 국방비가 세계 최고수준이고 또 군사력 역시 세계 최고수준에 달할 수 있느냐고 묻는데, 그것은 합당한 논리적 질문이다. 그러나 동시에 또 다른 진실은 구성주의가 주장하는 바와 같이 반군사 여론, 또는 평화헌법으로 인해 일본의 대외적 적극성이 전투부대의 파병 없이 현 상태에 머물러 있는 것도 부정하기 어렵다는 것이다. 환언하면 실제에 있어서는 구성주의가 중시하는 케네스 월츠의 두 번째 이미지(second image)인 국내요소가 일본의 대외정책을 적어도 부분적으로는 설명할 수 있다는 것이다. 다른 한편, 린드는 도쿄의 행동이 현실주의적 계산에 의해 (일본 본토) 침략의 위험이 아직은 시급하지 않고 안보가 아직은 안전한 상태에서의 책임전가 전략이라고 말하는데, 그 분석이 모두 사실인지 의문이다. 그 이유는 그녀 말대로 그런 논리가 일리가 있기도 하지만 다른 한편으로는 일본 내에는 자민당 정부와 함께 평화헌법의 개정을 통해 더 적극적 국제안보 개입을 원하는 국민이 전체의 거의 절반에 다가가기 때문이다. 더구나 오늘날의 세계에서 일본 본토를 공격하겠다는 생각을 가진 나라는 아마 없을 것인데, 왜냐하면 일본은 이미 제2차 세계대전 당시 수십 대 전투기를 탑재한 경항공모함 여러 척, 다양한 규모의 잠수함, 그리고 그 당시 최고수준 성능의 제로전투기를 보유한 나라로 미래 군사잠재력은 가공할 수준이기 때문이다.

오늘날 일본이 군사력 증강을 자제하고 장거리 미사일, 장거리 폭격기, 항모를 포함하는 공격형 무기를 보유하지 않는 이유는 제2차 세계대전 패전으로 이후 평화헌법에 의한 전수방위 정책의 결과일 뿐이다. 더 나아가 책임전가라는 용어는 일본이 기회주의적으로 미국을 착취하는 것같이 들리는데, 많은 일본인들은 아마 그런 의견에 동의하지 않을 것이다. 월츠는 일찍이 일본, 독일과 같이 강대국 경제를 가진 국가들은 자기들이 마땅히 받아야 할 국제적 존경과 위상이 확보되지 않을 경우 내부적 자제는 국가 무능력에 대한 비판으로 전환되게 되어 있고, 또 제2차 세계대전에서 유래한 세대적 기억이 희석되면서 군사력 증강과 핵무장 자제에 관한 인내는 점차 약해질 것이라고 예측했는데, 그 말 속에 일본이 기회주의적 이유로 미국에 책임을 전가하고 있다는 뉘앙스는 전혀 내포되어 있지 않다.[1] 그는 국가의 자존심은 국적과 관계없이 모든 나라에 공통적이라고 말했는데, 미국, 영국, 프랑스, 중국, 북한, 인도, 파키스탄이 핵무장하고, 이스라엘의 핵무장이 현실로 인정되며, 이란의 핵개발이 우려되는 상황에서 독일이 그렇듯 일본도 어느 시점에는 헌법 개정, 핵무장의 길을 밟을 가능성이 클 것이다.[2] 그래도 현실주의가 구성주의보다 일본의 안보를 더 잘 설명한다는 그녀의 주장은 수용이 가능한데, 왜냐하면 국제관계의 역사는 외부위협의 성격에 따라 반군사정서를 포함하는 국내규범이 얼마든지 바뀌고 국가의 행동 역시 크게 바뀔 수 있음을 보여주기 때문이다. 과거 19세기 말 '신제국주의 시대'(The Age of New Imperialism)라는 국제환경 속에서 독일의 국내여론이 변하고 독일이 대외팽창의 길로 나가 결국에는 제1차 세계대전으로 이어진 것이 그것이다.

한편 켄트 캘더(Kent Calder)는 린드 주장의 뉘앙스와는 달리 중·일 간 경쟁은 세계 전체에 큰 여파를 끼칠 정도로 위험한 것으로 미국이 그 사이에서 건설적 역할을 해야 한다고 주장하는데, 중·일 반목에 관한 그의 설명은 두 나라 관계에 관해 많은 것을 알려준다. 중·일 반목이 동중국해 영토분쟁, 베이징 군사력 증강과 관련 있다는 분석은 당연하지만, 중·일 두 나라가 한반도 영향력을 놓고 경쟁할 것이며 그것이 1984~1985년 청일 전쟁과 비슷한 성격을 가질 것이라는 그의 견해는 현실과 너무 동떨어진 것으로 보인다. 그 이유는 19세기 동아시아 국제정세와 오늘날의 안보환경은 전혀 다르고, 또 동시에 일본은 미래 잠재력에도 불구하고 한반도에서 중국과 영향력 경쟁을 할 정도의 강대국은 아니기 때문이다. 강대국의 간섭에 관해 말하려면 그는 아마 미·중 간의 한반도에 대한 영향력 경쟁을 거론했어야 할 것이다. 한편 그의 견해에서 흥미 있는 점이 몇 가지 있는데, 하나는 고이즈미의 신사참배에 대응해 베이징이 활용하는 역사카드가 일본을 세계로부터 성공적으로 고립시킨다는 분석이다. 앞에서 말했듯, 고이즈미의 신사참배, 역사 왜곡은 어느 의미에서도 불필요하고 잘못된 정책일 뿐이었다. 다른 하나는 일본 내에 상당 수준의 반미 정서가 존재한다는 여론조사인데, 그것은 아마도 일본의 미국에 대한 원천적이고 내재적인 성향이기보다는 '테러와의 전쟁'에 몰두하는 부시 행정부의 무관심으

[1] Kenneth N. Waltz, "The Emerging Structure of International Politics," International Security, Vol. 18, No. 2 (Fall 1993), pp. 62-67.
[2] 독일은 통일 당시 주변국과의 협상에 의해 병력을 일정수준 내에서 유지해야 하고 핵무장 역시 금지되어 있다.

로 인한 결과일 것이다. 통상적으로 전문가들은 유럽과 일본 내 반미는 대체로 해당 시기의 특정 행정부 정책에 대한 반대이고 미국이라는 나라에 대한 반대는 아니라고 말한다. 그것은 러시아, 중국, 한국 일부, 그리고 반서방 이슬람의 반미와는 성격이 다르다.

인명
색인

사항
색인

저자 약력

유찬열

연세대학교 이학사
미국 American University 정치학 석사(비교정치)
미국 Johns Hopkins University 정치학 박사(국제정치)

한국 국방연구원 선임연구원(1991-1996)
덕성여자대학교 정치외교학과 교수(1996-2018)
UC Berkeley 대학교 Visiting Scholar
한국 공공정책학회 회장
한국 국제정치학회 연구이사, 이사
서울신문 명예 논설위원
Marquis Who's Who in the World 등재
덕성여자대학교 명예교수

저서
국가의 이성: 국제 체제의 역사와 원리
세계 외교정책론(공저)
미국의 외교정책(공저)
강대국 패권경쟁과 남북한관계: 1990년대 이야기

연구 논문 및 보고서
The Survival Strategy of North Korea and a Road to the Unification of Korea, *Contemporary Security Policy*
Anti-American, Pro-Chinese Sentiment in South Korea, *East Asia: An International Quarterly*
North Korea's Resurgence and China's Rise: Implications for the Future of Northeast Asian Security, *East Asia: An International Quarterly*
The Second North Korean Nuclear Crisis, *The National Interest*.
21세기 국제체제와 미국의 준비 (국제정치 논총)
북한핵위기의 구조와 해결전망(공공정책연구)
김정은 체제의 대내외 정책평가 (비교 민주주의연구) 등 50여 편

신문 및 잡지 기고
부시 행정부 대외정책 전망, 서울신문
북한 핵실험에 대한 현실주의적 시각, 미주 중앙일보
신뢰 흠집 나선 안 될 한미 우호, 세계일보
한미 FTA 국회비준의 의미, 헤럴드 경제
천안함 피격사건 5주기와 우리의 각오, 국방일보
불확실성의 세계정세와 한국의 선택, 서울신문
미중일 삼각파도와 우리의 항로, 서울신문
통일로 가는 좁은 문, 서울신문
약소국 우크라이나의 비애, 서울신문
일본의 역사 왜곡을 넘어서려면, 서울신문
국정원 논란에서 우려되는 점들, 국민일보 등 20여개 칼럼

미국의 외교안보와 강대국 경쟁

초판발행   2020년 1월 20일

지은이   유찬열
펴낸이   안종만·안상준

편 집   전채린
기획/마케팅   김한유
표지디자인   박현정
제 작   우인도·고철민

펴낸곳   (주) **박영사**
                 서울특별시 종로구 새문안로3길 36, 1601
                 등록 1959. 3. 11. 제300-1959-1호(倫)

전 화   02)733-6771
f a x   02)736-4818
e-mail   pys@pybook.co.kr
homepage   www.pybook.co.kr
ISBN   979-11-303-0918-7   93340

정 가   27,000원